普通高等教育“十一五”国家级规划教材
高 等 学 校 信 息 管 理 示 范 教 材

管理信息系统

（第 2 版）

王要武　主编

電子工業出版社
Publishing House of Electronics Industry
北京 • BEIJING

内容简介

本书在概要介绍信息与信息系统的有关概念、管理信息系统的理论基础、管理信息系统开发的技术基础、管理信息系统的开发方法和过程管理的基础上，详细地阐述了管理信息系统规划、分析、设计、实施和评价的原理，系统地论述了结构化系统开发方法、面向对象开发方法、网络环境下信息系统的开发、决策支持系统和专家系统等内容，并对信息系统和数据分析技术的发展、信息系统对组织与社会的影响、信息资源管理、信息道德、信息政策与法规等进行了前瞻性的分析。全书共分 11 章，并附有适量的实例、案例和习题。

本书既可作为高等学校管理类本科生各专业管理信息系统课程的教材，也可作为企、事业单位相关管理人员及计算机应用软件开发人员的参考书。

图书在版编目（CIP）数据

管理信息系统（第 2 版）/王要武主编. —2 版. —北京：电子工业出版社，2008.9
普通高等教育“十一五”国家级规划教材. 高等学校信息管理示范教材
ISBN 978-7-121-07403-5

Ⅰ.管… Ⅱ.王… Ⅲ. 管理信息系统—高等学校—教材 Ⅳ.C931.6

中国版本图书馆 CIP 数据核字（2008）第 143712 号

责任编辑：刘宪兰　徐蕾薇
印　　刷：北京虎彩文化传播有限公司
装　　订：北京虎彩文化传播有限公司
出版发行：电子工业出版社
　　　　　北京市海淀区万寿路 173 信箱　邮编　100036
开　　本：787×1092　1/16　印张：26.5　字数：612 千字
版　　次：2003 年 1 月第 1 版
　　　　　2008 年 9 月第 2 版
印　　次：2020 年12月第 17 次印刷
定　　价：46.00 元

凡所购买电子工业出版社图书有缺损问题，请向购买书店调换。若书店售缺，请与本社发行部联系，联系及邮购电话：（010）88254888。

质量投诉请发邮件至 zlts@phei.com.cn，盗版侵权举报请发邮件至 dbqq@phei.com.cn。

服务热线：（010）88258888。

第 1 版序

20 世纪 70 年代，当强大的信息化巨潮还蕴藏在大洋深处，我们的陆地只有一阵微风吹来之时，有识之士们就开始推动信息化专业人才的培养计划，为迎接即将到来的信息化巨潮扩军备战。他们一方面推动着信息技术的普及；另一方面根据不同领域的需求，从不同的角度创办了不同类型的信息化专业，这就是管理信息系统专业、经济信息管理专业、科技信息管理专业、医学信息管理专业、林业信息管理专业、农业信息管理专业……实际上，这些专业培养目标可以概括为：为各行业、各部门培养以 CIO 为目标的信息化专门人才。从这一点上看，这些专业的课程设置应当具有相当大的共同性。1996 年，出于多种考虑，教育部将这些专业合并为一个——信息管理与信息系统专业。

以 CIO 为目标的信息化专门人才是一类管理人才。但是他们所管理的主要对象是信息。这样的知识需求，将信息管理与信息系统专业定位于管理学科，与信息学、经济学、法学等学科交叉。这样的学科特点，给课程建设和教材建设带来不少困难。近 30 年来，尽管我们和许多同行已经进行了不懈的努力，把信息管理与信息系统专业的课程建设和教材建设向前推进了一大步，但是仍然不尽如人意，许多课程和教材还没有体现信息管理专业的特色和需要。在多次有关的研讨会上，大家一致呼吁编写一套真正体现信息管理与信息系统专业特色的教材。

新编和出版一套专业教材是要冒风险的，而编写和出版一套以瞬息万变的信息和信息技术为管理对象的专业教材就要冒更大的风险。国内信息业界著名的出版商——电子工业出版社，以超人的胆略愿意同我们一道承担这一风险，组织编写出版一套新的信息管理与信息系统专业核心教材。这套教材冠以“新编”二字，是试图在其体系上能比已有教材更体现信息专业的特色，同时，在内容上要能反映最新信息技术的进步及最新信息管理思想和方法。

目前，国内开设信息管理与信息系统专业的高等院校已经超过 200 所。这样一个数字一方面表明信息化已经深入人心，信息化队伍的规模正在急速扩大，信息化队伍的素质正在不断提高；另一方面，也给我们增加了巨大的压力，使我们深感责任重大。特别是在国内本领域的三位知名学者——黄梯云、陈禹、马费成，以及其他一批著名专家和后起之秀愿意与我们共担风险，鼓舞了我们挑起这副重担的勇气。同时，我们也把这套教材的不断精化寄希望于广大同仁，愿我们把这套教材越改越好，永改永新。

编委会

2002 年 5 月

第 2 版序

管理作为有效实现目标的社会活动，自古有之。古代的中国人、巴比伦人、苏美尔人、古埃及人、希伯来人、古希腊人和古罗马人，都创立了许多管理思想。但是现代西方管理的基本思想是与近代大工业生产及科学技术的发展紧密联系在一起的，如亚当·斯密的管理思想是与第一次工业革命联系在一起的；从此开始，管理思想不断发展，如泰罗、吉尔布雷斯、甘特、福特等人的科学管理，法约尔、韦伯等人的组织管理；梅奥等人的行为管理等，马斯洛的需求层次理论，赫茨伯格的双因素理论等。随着计算机的出现，人类处理信息的能力得到极大的提高，也同时认识到信息资源的能动作用，管理的核心随之转移到了信息之上——信息管理应运而生。随着世界性的信息化浪潮的迅速推进，信息管理扩展到了各行各业，又形成电子商务、电子政务、企业信息化、医院信息化……多个子领域，迅速形成一个庞大而独立的专业领域和学科范畴，仅 2005 年初步统计，我国信息管理本科专业已经有 500 多个布点。这套教材就是为满足这样的教学要求，于 2001 年以“新编信息管理与信息系统核心教材”为名开始组织编写的。

从目前看，信息管理专业大致可以分为两个大的方向：信息系统建设与管理和信息资源建设与管理。在具体教学中各个学校大都采取了以其中一个方向为主兼顾另一个方向的做法。所以，我们从一开始，就把这套书定位在二者兼顾上。

教学是一个严肃的过程，教材的质量是教学的生命线。为了保证这套教材的质量，每本书的作者都是在充分调研的基础上确定的，在编写的过程中编者、作者和编辑反复沟通。与此同时，我们还聘请了这个领域有代表性的知名学者——黄梯云、陈禹、马费成作为顾问，并聘请有关专家参加编辑委员会的工作，层层把关。在大家的共同努力下，这套书的质量得到了社会的肯定，在 2006 年公布的国家“十一五”规划教材中，这套书的大部分都列入其中。这一结果鼓舞我们把这套书编写得更好。我们也把这个结果作为一个新的起点，并按照大家的建议，把这套教材更名为“信息管理示范教材”。

“示范”就是抛砖引玉，希望通过我们的努力，把信息管理专业教材的质量提高到一个新的高度。同时，也希望广大读者提出批评、建议和予以指导。

编委会

2007 年 6 月

第7版序

第 1 版前言

管理信息系统是一门综合了管理科学、信息科学、系统科学、行为科学、计算机科学和通信技术的新兴边缘学科。由于它在实际工作中的重要作用，因而管理信息系统成了信息管理与信息系统专业及其他管理类专业教学计划中的一门核心课程。

本书在参考、借鉴国内外较多的相关教材、专著的基础上，注重突出以下四个特色：

1．系统性。对管理信息系统的开发方法作了比较全面的介绍和归纳，并在系统规划、系统分析、系统设计、系统实施各阶段进行了详细的说明。

2．实用性。本书注重理论联系实际，结合实例、案例来表述基本理论和方法，并且通过习题加深学生对教学内容的理解。

3．通俗性。本书在编写过程中，注意深入浅出，用简洁、流畅的语言进行原理、方法和示例的描述。

4．前瞻性。本书不但对现有的管理信息系统的基本知识、原理和方法进行介绍，还展望了未来发展。

本书共分 10 章，在介绍管理信息系统的有关概念、结构、功能和开发方法的基础上，阐述了管理信息系统规划、分析、设计、实施和评价的原理，系统地论述了结构化系统开发方法，面向对象开发方法和网络环境下信息系统的开发，决策支持系统和专家系统，信息系统的发展及对未来的影响等内容，并附有适量的实例、案例和习题。

本书可以作为高等学校信息管理与信息系统专业以及管理类各专业的教材，也可供企、事业管理人员及计算机应用软件开发人员等作为参考书。

本书由哈尔滨工业大学王要武任主编，李晓东、孙立新任副主编。具体编写分工为：第 1 章由王要武编写；第 2、4 章由李晓东编写；第 3 章由孙成双编写；第 5 章由张德群编写；第 6、10 章由孙立新编写；第 7 章由李云波编写；第 8 章由翟凤勇编写；第 9 章由李良宝编写。

哈尔滨工业大学黄梯云教授审阅了本书的编写大纲，并且提出了宝贵的指导意见，在此表示衷心的感谢。

由于编者水平有限，书中难免有不当之处，敬请读者指正。

编　者

2002 年 11 月

第 2 版前言

管理信息系统是一门综合了管理科学、信息科学、系统科学、行为科学、计算机科学和通信技术的新兴边缘学科。由于它在实际工作中的重要作用，因而管理信息系统成了高等学校管理类本科专业教学计划中的一门核心课程。

作者于 2003 年编写的新编高等院校信息管理与信息系统专业核心教材中的《管理信息系统》（电子工业出版社出版），出版发行仅 5 年多，就重印了 10 余次，发行数万册，受到许多高校任课教师和学生的好评。但随着计算机技术、特别是网络技术的迅猛发展，该教材的系统性、前瞻性和实践性需要进一步完善。

在本次修订的过程中，作者力图站在学科的前沿，使《管理信息系统》（第 2 版）充分反映管理类专业的教学需求，在参考、借鉴国内外较多的相关教材、专著的基础上，集众家所长，注重突出以下四个特色：

1．系统性。对管理信息系统的开发过程和开发方法进行全面的介绍和归纳，特别注重介绍那些伴随计算机技术发展而产生的新的开发方法，并且在系统规划、系统分析、系统设计和系统实施各阶段进行详细的说明。

2．实用性。注重理论联系实际，结合实例和案例，表述基本理论和方法，并且通过习题加深学生对教学内容的理解，特别注重将科研成果和系统开发的成功案例引入教材，充分体现案例教学的特点。

3．通俗性。在编写过程中，注意深入浅出，循序渐进，用简洁、流畅的语言描述原理、方法和示例。

4．前瞻性。不但要对现有的管理信息系统的基本知识、基本原理和基本方法进行介绍，还要展望其未来发展。

本书共分 11 章。在概要介绍信息与信息系统的有关概念、管理信息系统的理论基础、管理信息系统开发的技术基础、管理信息系统的开发方法和过程管理的基础上，详细地阐述了管理信息系统规划、分析、设计、实施和评价的原理，系统地论述了结构化系统开发方法、面向对象开发方法、网络环境下信息系统的开发，以及决策支持系统和专家系统等内容，并对信息系统和数据分析技术的发展、信息系统对组织与社会的影响、信息资源管理、信息道德、信息政策与法规等进行了前瞻性的分析。结合教学内容，书中还附有适量的实例、案例和习题。

本书既可作为高等学校管理类本科生各专业管理信息系统课程的教材，也可供企、事业管理人员及计算机应用软件开发人员等作为参考书。

本书由哈尔滨工业大学王要武教授主编和统稿，李晓东教授任副主编并协助统稿。具体编写分工为：第 1、2 章由王要武编写；第 3、5 章由李晓东编写；第 4 章由孙成双编写；第 6 章由张德群编写；第 7、11 章由孙立新编写；第 8 章由李云波编写；第 9 章由翟凤勇编写；第 10 章由李良宝编写。各章的新增案例分析内容分别由李晓东、徐蕴玺和王要武编写。

本书的出版得到了电子工业出版社的大力支持和帮助，特别是刘宪兰高级编辑，为本书的文字加工和出版倾注了大量的心血。在此作者表示衷心感谢。

感谢哈尔滨工业大学黄梯云教授对本书第 1 版编写大纲的审阅和指导，感谢所有关心和支持本书编写和出版的人们。

王要武

2008 年 5 月于哈尔滨

目　　录

第1章

管理信息系统概述

引言

管理需要信息，现代组织的管理需要信息系统的支持。计算机等信息技术在管理中的应用已发展成专门的“管理信息系统”领域。管理信息系统是一门综合了管理科学、信息科学、系统科学、计算机科学和通信技术等的新兴学科。

管理信息系统引用其他学科的概念，把它们综合集成为一门系统性的学科。它面向管理，利用系统的观点、数学的方法和计算机应用三大要素，形成自己独特的内涵，从而形成系统型、交叉型与边缘型的学科。

通过本章学习，可以了解（或掌握）：

- 信息与信息系统的概念；
- 信息系统的发展；
- 管理信息系统的概念；
- 管理信息系统的功能和特点；
- 管理信息系统的分类；
- 管理信息系统的基本模式；
- 管理信息系统的结构；
- 管理信息系统的学科体系；
- 与管理信息系统有关的信息技术应用领域。

1.1 信息与信息系统

现代社会是信息社会。随着现代信息技术的快速发展，对信息的处理和利用已经深入人类生活的各个方面，人们对信息的处理和利用离不开信息系统。信息是信息系统的重要成分，信息系统能否发挥作用，发挥多大的作用，都取决于有没有足够的、高质量的信息。信息系统的根本目的是利用信息技术，实现信息资源的开发利用。

1.1.1 信息的概念

1. 信息的含义

信息（Information）是现代社会中人们广泛使用的一个概念。“信息”一词来源于拉丁文“Informatio”，原意为解释、陈述。随着信息的地位和作用的不断增强，以及人们对信息的认识的不断加深，信息的含义也在不断发展。

目前，理论界对信息的表述众说纷纭，但一般认为，众多的表述只是由于理解信息的角度不同、研究的目的不同而产生的，本质上的差异并不很大。综合各种表述，能够比较准确包含信息本质特征的定义是：信息是经过加工的数据；信息是有一定含义的数据；信息是对决策有价值的数据。信息反映着客观世界中各种事物的特征和变化，是可以借助某种载体加以传递的有用知识。具体可从如下四个方面进一步理解。

1）信息是对客观事物特征和变化的反映

客观世界中任何事物都在不停地运动和变化，呈现出不同的特征。人们通常所说的信号、情况、指令、资料、情报、档案都属于信息的范畴，因为它们都是对客观事物特征和变化的反映。

2）信息是可以传递的

信息是构成事物联系的基础。人们通过感官直接获得的周围的信息极为有限，大量的信息需要通过传输工具获得，即信息必须是由人们可以识别的符号、文字、数据、语言、图像、声音等信息载体来表现和传递的。

3）信息是有用的

信息的有用性是相对于其特定的接收者而言的。同样一则信息，对有的人来说，它就是信息，而对另外一些不关心它的人来说，就没有什么作用和影响，因而就不是信息。例如，北京市的天气预报，对于居住在北京的人来说是信息，而对居住在其他城市的人来说就不一定是信息。

4）信息形成知识

所谓知识，就是反映各种事物的信息进入人们的大脑，对神经细胞产生作用后留下的痕迹，人们正是通过获得信息来认识事物、区别事物和改造世界的。

2. 信息与数据

信息的概念不同于数据。数据是反映客观实体的属性值，或对客观事物的记载。数据由一些可以鉴别的符号表示，如数字、文字、声音、图像或图形等。数据本身无特定含义，只是记录事物的性质、形态、数量特征的抽象符号。

由于信息是指对数据进行加工处理后得到的有用的数据，人们占有了信息就可以加深对事物的理解并达到某些特定的目的。因而，区分数据和信息在信息系统开发中十分重要。可以把信息与数据的关系比喻为产品与原料的关系。信息不随承载它的实体形式的改变而变化；数据则不然，随着载体的不同，数据的表现形式可以不同。例如，同一则信息，既可以写在纸介质上，也可以刻在光盘上。

信息与数据是相对的两个不可分割的概念，信息须以数据的形式来表征，对数据进行加工处理，可以得到新的数据，新数据经过解释又可以得到新的信息。但是，在一些不很严格的场合或不易区分的情况下，人们也把它们当作同义词，如数据处理又可称为信息处理、数据管理亦可称为信息管理等。

1.1.2　信息的分类

信息所包含的内容是多种多样的，可以从不同的角度对其进行分类。

1．按信息的特征分

按信息的特征，信息可分为自然信息和社会信息。自然信息是反映自然事物的，由自然界产生的信息，如遗传信息、气象信息等；社会信息是反映有关人类社会的信息，对整个社会可以分为政治信息、科技信息、文化信息、市场信息和经济信息等。而对于企业来讲，所关心的基本上是经济信息和市场信息。自然信息与社会信息的本质区别在于社会信息可以由人类进行各种加工处理，成为改造世界和发明创造的有用知识。

2．按管理层次分

按管理层次的不同，信息可分为战略级信息、战术级信息和作业（执行）级信息。战略级信息是高层管理人员制定组织长期战略的信息，如未来经济状况的预测信息；战术级信息为中层管理人员监督和控制业务活动、有效地分配资源提供所需的信息，如各种报表信息；作业级信息是反映组织具体业务情况的信息，如应付款信息、入库信息。战术级信息是建立在作业级信息基础上的信息，战略级信息则主要来自组织的外部环境。

3．按信息的加工程度分

按加工程度的差别，信息可分为原始信息和综合信息。从信息源直接收集的信息为原始信息；在原始信息的基础上，经过信息系统的综合、加工产生出来的新的信息称为综合信息。产生原始信息的信息源往往分布广且较分散，收集的工作量一般很大，而综合信息对管理决策更有用。

4．按信息来源分

按不同的来源渠道，信息可分为内部信息和外部信息。凡是在系统内部产生的信息称为内部信息；在系统外部产生的信息称为外部信息（或称为环境信息）。对管理而言，一个组织系统的内、外部信息都非常有用。

5. 按信息稳定性分

按稳定性的高低，信息可分为固定信息和流动信息。固定信息是指在一定时期内具有相对稳定性，且可以重复利用的信息，如各种定额、标准、工艺流程、规章制度、国家政策法规等；而流动信息是指在生产经营活动中不断产生和变化的信息，它的时效性很强，如反映企业人、财、物、产、供、销状态及其他相关环境状况的各种原始记录、单据、报表、情报等。

6. 按信息流向分

按流向的不同，信息可分为输入信息、中间信息和输出信息。

1.1.3　信息的性质

尽管信息的类型及其表现形式是多种多样的，但都有着各自的特性。一般来说，信息具有以下七个性质。

1. 真实性

真实的信息才是有价值的。真实、准确和客观的信息可以帮助管理者做出正确的决策，而虚假、错误的信息可能使管理者做出错误的决策。在信息系统中，保证信息的真实性尤为重要。一方面，要注重收集信息的正确性；另一方面，对信息进行传送、存储和加工处理时，要切实保证不失真。

2. 时效性

信息的时效是指从信息源发送信息，经过接收、加工、传递、利用的时间间隔及其效率。对于信息使用者来说，信息的传输、加工和利用都必须考虑其时效性。时间间隔愈短，使用信息愈及时，使用程度愈高，时效性愈强。特别是对于需要实时处理信息的场合，必须通过选用载体与通道将时间间隔控制在允许的范围之内。

3. 不完全性

关于客观事实的信息是不可能全部得到的，这与人们认识事物的程度有关。因此数据收集或信息转换要有主观思路，要运用已有的知识，抓住事物的主要矛盾，进行分析和判断，去粗取精，去伪存真，抽出有用的信息。

4. 层次性

信息与管理一样，也具有层次性。不同级别的管理者有不同的职责，处理的决策类型不同，需要的信息也不同。而且不同层次的信息也具有不同的特征。表 1.1 分别从信息的来源、寿命、加工方法、精度等六个方面分析了处于不同管理层次的信息的特征。

5. 可存储性

在一定条件下，信息可借助于不同的载体，以某种方式存储起来。存储的信息亦可在适当的条件下同载体一起进行传输，信息在传输中可以转化载体而不影响信息的内容。信息的可存储性为信息的积累、加工以及不同场合的应用提供了可能。

表 1.1　不同管理层次信息的特征

管理层次	战略级	战术级	作业级
信息的来源	信息大都来自外部，如企业的发展目标、新产品更新换代、企业竞争对手和市场需求等信息	既有来自外部的信息，也有来自内部的信息，如领导的指示、各基层部门的生产能力等来自内部，各种原材料的价格来自外部	大部分来自内部，如生产调度、指标完成情况、成本计算和工资计算等
信息的寿命	一般是企业发展战略和长远规划。考虑的时间尺度比较长，如三年计划和五年计划	所设计的信息一般比较短，如年度计划、季度计划和月统计报表	信息时间更短。有的只使用一次后即没有保存价值了，如职工考勤表等
信息加工方法	灵活多变，计算过程和使用的工具复杂，如预测模型、决策模型等	相对固定，如年度计划基本固定，只需根据具体情况个别调整，变化不大	信息加工方法最为固定，如每月工资发放的计算、报表的编制、每月收发料统计等，都有一套固定的办法
信息的精度	不需要十分精确	较精确	精确度高
使用频率	低	中	高
保密要求	高	中	低

6. 共享性

一个信息源的信息可以为多个信息接收者接收并且多次使用，还可以由接收者继续传输。一般情况下，共享不会造成信息源信息的丢失，也不会改变信息的内容。信息的共享有其两面性，一方面它有利于信息资源的充分利用，另一方面也可能造成信息的贬值，不利于保密。

7. 价值性

信息是经过加工并对生产经营活动产生影响的数据，是劳动创造的，是一种资源，因而是有价值的。索取一份经济情报，或者利用大型数据库查阅文献所付费用是信息价值的部分体现。信息的使用价值必须经过转换才能得到。信息的价值还体现在及时性上，“时间就是金钱”可以理解为及时获得有用的信息，信息资源就转换为物质财富。如果时过境迁，知道了也没有用，信息也就没有什么价值了。因此，管理者要善于转换，去实现信息的价值。

1.1.4　系统与信息系统

1. 系统的概念

在现实世界中，“系统”一词被广泛使用着。自然界存在宇宙系统、生态系统、生物系统等；人体内部有血液循环系统、呼吸系统、神经系统等。这些系统是自然形成的，属于自然系统。企业也是系统，企业利用人、资金、原料、设备等资源，达到盈利的目的。对企业对象实施管理的系统是企业管理系统，该系统是由销售、生产、财务、人事、后勤等相互联系、相互作用的部分结合成的有机整体，其目的是为了完成经营计划。在管理过程中使用的信息系统，是由人、计算机、软件和信息组成的，可进行信息的收集、存储、处理、检索和传输，目的是为有关人员提供服务的信息。

有关系统的定义也有很多种。

一般系统论的创立者 L.V.Bertalanffy 把系统定义为“相互作用的诸要素的复合体”。有学者认为，系统是处于一定的环境中，为达到某种目的，由相互联系和相互作用的若干组成部分（元素）组成的有机整体。

关于系统的含义，也有人理解为：系统是由若干部分组成。这些要素可能是一些个体、元件、零件，也可能本身就是一个系统（称为子系统）。系统和子系统是相对的。系统具有一定的结构，指系统的各个要素之间相对稳定地保持着某种秩序，是系统组成各要素间相互联系、相互作用的内在方式；系统有一定的功能，即系统在存在和运动过程中所表现的功效、作用和能力。虽然系统的定义各异，但都隐含了这几个方面的含义。

根据系统的含义，可以归纳得出系统的如下五个特征。

1）整体性

整体性是系统的基本属性，一个系统至少要由两个或更多的、可以相互区别的要素或子系统进行有机结合，形成具有一定结构和功能的整体。系统的整体目标要靠系统的各个部分的共同作用才能实现。

2）目的性

任何系统都具有明确的目的性。所谓目的就是系统运行要达到的预期目标，它表现为系统所要实现的各项功能。不同的系统目的可以不同，但系统的结构都是按系统的目的建立的，系统目的或功能决定着系统各要素的组成和结构。因此，在建设系统的过程中，首先要明确系统目的，然后选取达到目的的若干途径，从中找出最好的途径，实施并且监控、修正，最后达到目的。

3）层次性

系统有大有小，任何复杂的系统都有一定的层次结构。一方面，系统是上一级的子系统（元素），而上一级系统又是更上一级系统的元素；另一方面，系统可以进一步分成若干个子系统（元素）。以此类推，可以将一个系统逐层分解，体现出系统的层次性。由于系统的层次性，使得人们在实现一个系统时可以采用分解的方法，先把一个系统合理、正确地划分为若干层次。从较高层进行分析，可以了解一个系统的全貌；从较低层分析，则可深入了解一个系统每个部分的细节。

4）相关性

相关性指系统内的各要素相互制约、相互影响、相互依存的关系。构成系统的各个部分虽然是相互联系、相互独立的，但它们并不是孤立地存在于系统之中，而是在运动过程中相互联系、相互依存。这里所说的联系包括结构联系、功能联系和因果联系等。这些联系决定了整个系统的运行机制，分析这些联系是构筑一个系统的基础。

5）环境适应性

任何一个系统的存在和运行都受到环境的约束和限制，系统在环境中运转。环境是一种更高层次的系统。系统与其环境相互交流、相互影响，进行物质的、能量的或信息的交换。不能适应环境变化的系统是没有生命力的。

2. 信息系统

信息系统是以加工处理信息为主的系统，它由人、硬件、软件和数据资源组成，目的是及时、正确地收集、处理、存储、传输和提供信息。广义上说，任何进行信息加工处理的系统都可视为信息系统，如生命信息系统、企业信息系统、文献信息系统、地理信息系统等。本书讨论的信息系统是狭义的概念，是基于计算机、通信技术等现代化信息技术手段且服务于管理领域的信息系统，即计算机信息管理系统。

信息系统的功能是对信息进行采集、处理、存储、管理、检索和传输，并且能向有关人员提供有用的信息。

1）信息的采集

信息的采集是信息系统其他功能的基础，采集的作用是将分布在不同信息源的信息收集起来。在原始数据收集过程中，应坚持目的性、准确性、适用性、系统性、纪实性和经济性等原则。信息的采集一般要经过明确采集目的，形成并优化采集方案，制定采集计划，采集和分类汇总等环节。

2）信息的处理

通过各种途径和方法收集到的原始数据，须经过综合加工处理，才能成为对企业有用的信息。信息处理一般须经过真伪鉴别、排错校验、分类整理和加工分析四个环节。信息处理的方式包括排序、分类、归并、查询、统计、结算、预测、模拟以及进行各种数学运算。现代化的信息处理系统都是以计算机为基础来完成信息处理工作的，其处理能力越来越强。

3）信息的传输

从信息采集地采集的数据要传送到处理中心，经过加工处理后传送到使用者手中，这些都涉及信息的传输问题。信息通过传输形成信息流。信息流具有双向流特征，也就是信息传输包括正向传输和反馈两个方面。企业信息传输既有不同管理层之间的信息垂直传输，也有同一管理层各部门之间的信息横向传输。为了提高传输速度和效率，企业应合理设置组织机构，明确规定信息传输的级别、流程、时限以及接收方和传递方的职责。还应尽可能采用先进的工具，如电话、传真、计算机网络通信等，尽量减少人工传递。

4）信息的存储

数据进入信息系统后，经过加工处理形成对管理有用的信息。由于不同信息的属性和时效不同，加工处理后的信息，有的立即利用，有的暂时不用；有的只有一次性利用的价值，但绝大多数信息具有多次、长期利用的价值。因此，必须将这些信息进行存储保管，以便随时调用。当组织相当庞大时，所需存储的信息量也非常大，这时就要依靠先进的信息存储技术。信息的存储包括物理存储和逻辑组织两个方面。物理存储是指将信息存储在适当的介质上；逻辑组织是指按信息的内在联系组织和使用数据，把大量的信息组织成合理的结构。

5）信息的检索

信息存储的目的是为了信息的再利用，存储于各种介质上的庞大数据要便于使用者检索，为用户提供方便的查询方式。信息检索和信息存储属于同一问题的两个方面，两者密切相关，迅速准确的检索应以先进科学的存储为前提。为此，必须对信息进行科学的分类和编码，采用先进的存储媒体和检索工具。信息检索一般要用到数据库技术和方法。数据库的处理方式和检索方式决定着检索速度的快慢。

6）信息的输出

信息管理的目的是按管理职能的要求，保质保量地输出信息。衡量信息管理有效性的关键不在于信息收集、加工、存储、传输等环节，而在于信息输出的实效、精度和数量等能否充分满足管理的要求。信息输出还要根据信息的特点，选择合适的输出媒体、输出格式、输出方式，以确保信息传递便捷准确、使用方便以及保密需要等。

1.1.5 信息系统的发展

信息系统的发展与计算机技术、通信技术和管理科学的发展紧密相关。虽然信息系统和信息处理在人类文明开始就已存在，但直到电子计算机问世、信息技术的飞跃以及现代社会对信息需求的增长，才迅速发展起来。近半个世纪以来，信息系统的发展经历了由单机到网络，由电子数据处理到管理信息系统、再到决策支持系统，由数据处理到智能处理的过程，且呈相互交叉的关系。这个发展过程大致经历了以下三个阶段。

1. 电子数据处理系统阶段

在电子数据处理系统（EDPS，Electronic Data Processing System）阶段，计算机主要用于支持企业运行层的日常具体业务，所处理的问题位于管理工作的底层，所处理的业务活动有记录、汇总、综合和分类等，主要的操作是排序、列表、更新和生成等。目的是迅速、及时、正确地处理大量数据，提高数据处理的效率，实现数据处理的自动化，将人们从繁重的手工数据处理工作中解放出来，从而提高工作效率。从发展阶段来看，它可分为单项数据处理和综合数据处理两个时期。

1）单项数据处理

这一时期是电子数据处理的初级阶段，时间从20世纪50年代中期到60年代中期。主要是用计算机部分地代替手工劳动，进行一些简单的单项数据处理工作，如工资计算、统计产量等。

2）综合数据处理

这一时期从20世纪60年代中期到70年代初期。在此期间计算机技术有了很大发展，出现了大容量直接存取的外存储器；一台计算机能够带动若干终端，可对多个过程的有关业务数据进行综合处理。这时，各类信息报告系统（管理信息系统的雏形）应运而生。其特点是按事先规定要求提供各类状态报告，如生产状态报告、服务状态报告、研究状态报告等。

2. 管理信息系统阶段

20世纪70年代初，随着数据库技术、网络技术和科学管理方法的发展，计算机在管理上的应用日益广泛，管理信息系统逐渐成熟起来。

管理信息系统（MIS，Management Information Systems）将管理学的理论和管理方

法融入到计算机处理过程中，提供信息，支持企业或组织的运行、管理和决策功能。管理信息系统有着非常广泛的内涵，它不仅是一个计算机系统，还是包括设备、人、信息资源、管理手段和管理方法等多方面因素的一个复杂的信息系统。管理信息系统最大的特点是高度集中，能将组织中的数据和信息集中起来，进行快速处理，统一使用。有一个中心数据库和计算机网络系统是管理信息系统的重要标志。管理信息系统的处理方式是在数据库和网络基础上的分布式处理。随着计算机网络和通信技术的发展，不仅能把组织内部的各级管理联结起来，而且能够克服地理界限，把分散在不同地区的计算机网互联，形成跨地区的各种业务信息系统和管理信息系统。

3．决策支持系统阶段

决策支持系统（DSS，Decision Support Systems）产生于 20 世纪 70 年代初，其产生源于管理信息系统应用中存在的问题。由于在应用过程中缺乏对企业组织机构和不同层次管理人员决策行为的深入研究，忽视了人在管理决策过程中不可替代的作用。因而在辅助企业高层管理决策工作中，面对一些复杂的决策问题，管理信息系统往往无能为力，未能达到预定的效果。为解决应用中存在的问题，人们对管理信息系统的应用模式和有关的理论问题进行了深入研究，提出了决策支持系统的概念。

决策支持系统是把数据库处理与经济管理数学模型的优化计算结合起来，具有管理、辅助决策和预测功能的管理信息系统。决策支持系统面向组织中的高层管理人员，以解决半结构化问题为主；强调决策过程中人的作用，系统对人的决策只起辅助和支持的作用；更重要的是决策过程的支持以应用模型为主，系统模型反映了决策制定原则和机理。在结构上，决策支持系统由数据库、模型库、方法库和相关的部分组成。

综上所述，EDPS、管理信息系统和决策支持系统各自代表了信息系统发展过程中的某个阶段，至今仍各自不断地发展着，而且呈现出相互交叉的作用关系。EDPS 是面向业务的信息系统，管理信息系统是面向管理的信息系统，决策支持系统则是面向决策的信息系统。决策支持系统在组织中可能是一个独立的系统，也可能作为管理信息系统的一个高层子系统而存在。

1.2　管理信息系统的理论基础

管理信息系统是一门正在发展的新兴的边缘学科。因此，管理信息系统是一个不断发展的概念。从发展过程来看，管理信息系统是在传统的电子数据处理系统的基础上发展起来的。它避免了电子数据处理系统在管理领域应用时的弊端，在处理方法、手段、技术等方面都有较大的发展，而且有着广泛的应用领域。

1.2.1　管理信息系统的概念

作为一门新的学科，管理信息系统的学科理论基础尚不完善。国内外学者给管理信息系统所下的定义至今尚不统一。但却反映出人们对管理信息系统的认识在逐步加深，其定义也同样在逐渐发展和成熟。大体上可从广义和狭义两个方面叙述。

1．广义的管理信息系统

从系统论和管理控制论的角度，认为管理信息系统是存在于任何组织内部，为管理决策服务的信息收集、加工、存储、传输、检索和输出系统，即任何组织和单位都存在一个管理信息系统。

2．狭义的管理信息系统

狭义的管理信息系统是指按照系统思想建立起来的以计算机为工具，为管理决策服务的信息系统。它体现了信息管理中现代管理科学、系统科学、计算机技术及通信技术，向各级管理者提供经营管理的决策支持。强调了管理信息系统的预测和决策功能，而且是一个综合的人—机系统。

管理信息系统既能进行一般的事务处理工作，代替信息管理人员的繁杂劳动，又能为组织决策人员提供辅助决策功能，为管理决策科学化提供应用技术和基本工具。因此，管理信息系统也可以理解为一个以计算机为工具，具有数据处理、预测、控制和辅助决策功能的信息系统。管理信息系统首先是一个信息系统，应具备信息系统的基本功能，同时，管理信息系统又具备它特有的预测、计划、控制和辅助决策功能。可以说，管理信息系统体现了管理现代化的标志，即系统的观点、数学的方法和计算机应用这三要素。

1.2.2　管理信息系统的功能和特点

1．管理信息系统的功能

管理信息系统的功能主要有以下四个方面。

1）数据处理功能

能够进行数据的收集和输入，数据传输，数据存储，数据加工处理，以供查询；能够完成各种统计和综合处理工作，及时提供各种信息。

2）预测功能

能够运用现代数学方法、统计方法或模拟方法，根据过去的数据预测未来的情况。

3）计划控制功能

根据各职能部门提供的数据，对计划的执行情况进行监控、检查、比较执行与计划的差异，对差异情况进行分析，辅助管理人员及时进行控制。

4）决策优化功能

利用各种经济数学模型和存储在计算机中的大量数据，辅助各级管理人员进行决策，以期合理利用人、财、物和信息资源，取得最大经济效益。

2．管理信息系统的特点

由以上管理信息系统的概念和功能可以看出，管理信息系统具有如下五个特点。

1）面向管理决策

管理信息系统是为管理服务的信息系统，它能根据管理的需要，及时提供所需的信息，为组织各管理层次提供决策支持。

2）综合性

管理信息系统是一个对组织进行全面管理的综合系统，从开发管理信息系统的角度看，在一个组织内可根据需要先开发个别领域的子系统，然后进行综合，最后达到应用管理信息系统进行综合管理的目标，产生更高层次的管理信息，为管理决策服务。

3）人—机系统

管理信息系统的目标是辅助决策，决策由人来做，所以管理信息系统是一个人—机结合的系统。在管理信息系统的构成中，各级管理人员既是系统的使用者，又是系统的组成部分。因此，在系统开发过程中，要正确界定人和计算机在系统中的地位和作用，充分发挥人和计算机各自的优势，使系统总体性能达到最优。

4）现代管理方法和管理手段的结合

管理信息系统的应用不仅仅是简单地采用计算机技术提高处理速度，而且在开发过程中融入了现代化的管理思想和方法，将先进的管理方法和管理手段结合起来，真正实现管理决策支持的作用。

5）多学科交叉的边缘学科

管理信息系统作为一门新兴的学科，它的基本理论来自于计算机科学与技术、应用数学、管理理论、决策理论、运筹学等学科的相关理论，其学科体系仍处于不断发展和完善的过程之中，是一个具有自身特色的边缘学科，同时它也是一个应用领域。

1.2.3　管理信息系统的分类

管理信息系统是一个广泛的概念，从不同的角度有不同的分类方法。从系统的功能和应用上可以分如下五类。

1．国家经济信息系统

国家经济信息系统是一个包含综合统计部门（如国家发展和改革委员会、国家统计局）在内的国家级信息系统。在国家经济信息系统下，纵向联系各省、市、地、县及重点企业的经济信息系统，横向联系外贸、能源、交通等各行业信息系统，形成一个纵横交错、覆盖全国的综合经济信息系统。其主要功能是收集、处理、存储和分析与国民经济有关的各类经济信息，及时、准确地掌握国民经济运行状况，为各级经济管理部门提供统计分析和经济预测信息，也为各级经济管理部门及企业提供经济信息。

2．企业管理信息系统

企业管理信息系统面向工厂、企业，如制造业、商业企业、建筑业企业等，主要进行管理信息的加工处理，是一类最复杂的信息系统，一般应具备对工厂生产监控、预测和决策支持的功能。大型企业的管理信息系统一般都包括“人、财、物”、“产、供、销”以及质量、技术等，同时技术要求也很复杂，因而，常被作为典型加以研究，有力地促进了管理信息系统的发展。

3．事务型管理信息系统

事务型管理信息系统面向事业单位，主要进行日常事务的处理，如医院管理信息系统、饭店管理信息系统、学校管理信息系统等。由于不同应用单位处理的事务不同，管理信息系统的逻辑模型也不尽相同，但基本处理对象都是管理事务信息，要求系统具有较高的实用性和数据处理能力，决策工作相对较少，而且数学模型使用的也较少。

4．行政机关办公型管理信息系统

国家各级行政机关办公管理自动化，对提高领导机关的办公质量和效率，改进服务水平具有重要意义。办公型管理信息系统的特点是办公自动化和无纸化，在行政机关办公型管理信息系统中，主要应用局域网、打印、传真、印刷、微缩等技术，提高办公事务效率。行政机关办公型管理信息系统，对下要与各部门下级行政机关信息系统互联，对上要与上级行政主管决策服务系统整合，为行政主管领导提供决策支持信息。

5．专业型管理信息系统

专业型管理信息系统是指从事特定行业或领域的管理信息系统，如人口管理信息系统、物价管理信息系统、科技人才管理信息系统、房地产开发管理信息系统等。这类信息系统专业性强，信息相对专业，主要功能是收集、存储、加工和预测等，技术相对简单，规模一般较大。

还有一类专业性更强的信息系统，如铁路运输管理信息系统、电力建设管理信息系统、银行管理信息系统、民航信息系统、邮电信息系统等。它们的特点是综合性强，包括上述各种管理信息系统的特点，因此，被称为“综合型”的管理信息系统。

1.2.4 管理信息系统的基本模式与结构

1．管理信息系统的基本模式

管理信息系统的基本类型取决于业务信息系统，业务信息系统的主要作用是针对某项业务处理要求进行数据处理，代替业务人员的烦琐和重复的劳动，提高信息处理的准确性和效率。图 1.1 是以企业为例，描述管理信息系统的基本模式。

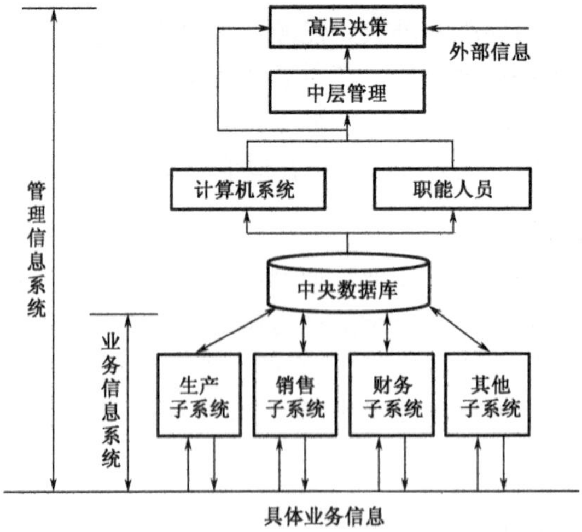

图 1.1　管理信息系统的基本模式

图 1.1 中的生产子系统、销售子系统、财务子系统等都是业务信息系统，是对具体业务进行数据处理，如财务子系统要对每一笔收支进行登账和处理。管理信息系统则是对各业务子系统进行控制和管理，对整个系统的战略、战术等问题做出预测和决策。

管理信息系统底层的业务信息系统是为各有关职能子系统服务的，而上层则主要是为各级领导提供及时、准确的预测和决策信息的。相对而言，业务信息系统所处理的信息具有详尽、具体、结构严谨、精确程度高、数据量大的特点；为领导服务所处理的信息则是综合、概括和抽象的，灵活性较大。

管理信息系统是一个一体化或集成系统，它从企业管理的总体出发，综合考虑，具有集中统一规划的数据库及功能完善的数据库管理系统，保证各种职能部门共享数据，减少数据的冗余度，保证数据的兼容性和一致性。

管理信息系统用数学模型分析数据，辅助决策。为了提供管理者决策所需的信息，需要用到数学模型，如联系于资源消耗的投资决策模型，联系于生产调度的调度模型等。模型可以用来发现问题，寻找可行解、非劣解和最优解。

2．管理信息系统的结构

管理信息系统的结构是指管理信息系统各组成部分所构成的框架，由于对不同组成部分的不同理解，就构成了不同的结构方式。主要包括概念结构、层次结构、功能结构和硬件结构等。

1）管理信息系统的概念结构

从总体概念上看，管理信息系统由四大部件组成，即信息源、信息处理器、信息用户和信息管理者。它们之间的关系如图 1.2 所示。

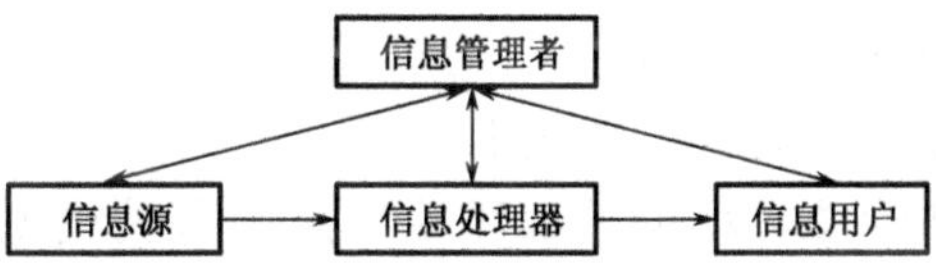

图 1.2　管理信息系统的概念结构

信息源是信息的产生地，即管理信息系统的数据来源；信息处理器主要是进行信息的接收、传输、加工、存储、输出等任务；信息用户是信息的使用者，包括企业内部同管理层次的管理者；信息管理者则依据信息用户的要求，负责管理信息系统的设计开发、运行管理与维护。

2）管理信息系统的层次结构

由于一般的组织管理均是分层次的，如战略管理、管理控制、作业管理等，为其服务的信息处理与决策支持也相应分为三层，这三个层次构成了管理信息系统的纵向结构。从横向来看，任何企业都可以按照各个管理组织或机构的职能，组成管理信息系统的横向结构，如销售与市场、生产管理、物资管理、财务与会计、人事管理等。从处理的内容及决策的层次来看，信息处理所需资源的数量随管理任务的层次而变化。一般基层管理的业务信息处理量大，层次越高，信息量越小，形成如图 1.3 所示的金字塔式管理信息系统结构。管理信息系统按照自下而上的层次结构，可分为事务处理、作业管理、管理控制和战略管理四个层次。

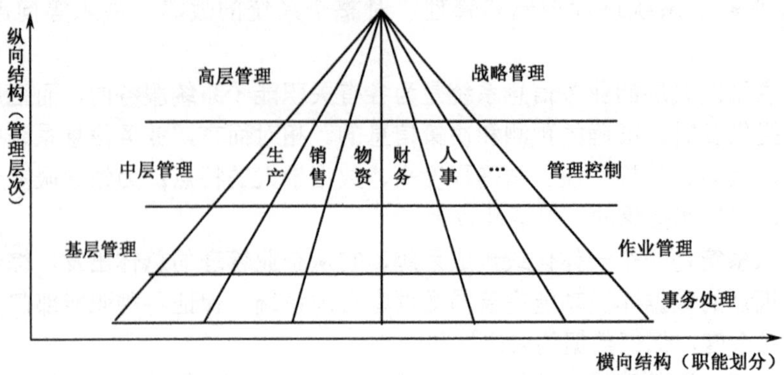

图1.3　管理信息系统的金字塔结构

① 事务处理。主要处理日常工作中的各类统计、报表、信息查询和文件档案管理等。

② 作业管理。主要协助管理者合理安排各项业务活动的短期计划，如生产日程安排等。根据计划实施情况进行调度、控制，以及对日常业务活动进行分析、总结和提出报告等。其主要信息来源是企业的内部环境信息，特别是反映当前业务活动情况的信息。

③ 管理控制。根据企业的整体目标和长期规划，制定中期生产、供应和销售活动计划，运用各种计划、预算、分析、决策模型和有关信息，协助管理者分析问题，检查和修改计划与预算，分析、评价、预测当前活动及其发展趋势，以及对企业目标的影响等。管理控制需要利用大量的反映业务活动状况的内部信息，也需要大量反映市场情况、原材料供应者和竞争者状况的外部信息。

④ 战略管理。协助管理者根据外部环境信息和有关模型方法确定和调整企业目标，制定和调整长期规划、总行动方针等。战略管理要利用下层各层次信息处理的结果，也要使用大量的内外部信息，如用户、竞争者、原材料供应者的情况，国家和地区社会经济状况与发展趋势，国家和行业管理部门的各种方针、政策。政治、心理因素、民族、文化背景等，对战略管理也有重要影响。

从信息处理层次上看，越靠近金字塔的顶端，信息处理的非结构化程度越强，信息量越少，这些信息用于满足企业高层决策者的需求；而在金字塔的中部和底部，信息量越来越大，信息处理的结构化程度也越来越强，这些信息用于满足企业的中层和基层管理人员及操作人员的需求。在金字塔的不同层次之间存在着信息的交流，高层的信息处理以底层的信息为基础，通过对底层信息的综合、提炼和加工得到上层信息。上层信息则指导和控制底层信息的处理过程。

3）管理信息系统的功能结构

管理信息系统从使用者的角度看，总是有一个目标，并具有多种功能。各种功能之间又有各种信息联系，构成一个有机结合的整体，形成一个功能结构。图1.4所示的管理信息系统功能/层次矩阵反映了支持整个组织在不同层次的各种功能。图中每列代表一种管理功能，管理功能的划分因组织的规模不同而不同，没有标准的分法；图中每行表示一个管理层次；行列交叉表示每一种功能子系统。

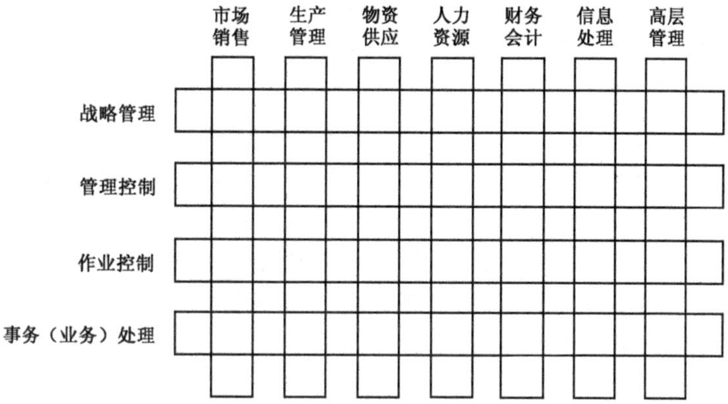

图 1.4　管理信息系统功能/层次矩阵

各子系统的功能如下。

（1）市场销售子系统。市场销售功能通常包括产品的销售和推销，以及售后服务的全部活动。事务（业务）处理有销售订单和推销订单的处理；作业控制活动包括雇用和培训销售人员、销售和推销日常调度，还包括按区域、产品、顾客的销售数量的定期分析等；在管理控制方面，包括总的销售成果和市场计划的比较，它要用到有关客户、竞争者、竞争产品和销售力量等方面的数据；在战略管理方面包括新市场的开拓和新市场的战略，使用的信息有顾客分析、竞争者分析、顾客调查信息、收入预测和技术预测等。

（2）生产管理子系统。包括产品的设计、生产设备计划、生产设备的调度与运行、生产工人的雇用与培训、质量的控制与检查等。在该子系统中，典型的事务（业务）处理是生产指令、装配单、成品单、废品单和工时单等的处理。作业控制要求把实际进度与计划比较，找出瓶颈环节。管理控制需要概括性报告，反映进度计划、单位成本、所用工时等项目在整个计划中的绩效变动情况；战略管理则要考虑加工方法及各种自动化方案的选择。

（3）物资供应子系统。包括采购、收货、库存控制、分发等管理活动。事务（业务）处理数据为购货申请、购货订单、加工单、收货报告、库存票、提货单等；作业控制要求把物资供应情况与计划进行比较，产生库存水平、采购成本、出库项目和库存营业额等分析报告。管理控制信息包括计划库存与实际库存的比较，采购成本、缺货情况及库存周转率等。战略管理主要涉及新的物资供应战略、对供应商的新政策以及“自制与外购”的比较分析等，还有新的供应方案、新技术等信息。

（4）人力资源子系统。包括人力资源计划、职工档案管理、员工的选聘、培训、岗位调配、业绩考核、工资福利、退休的解聘等。其事务（业务）处理产生有关聘用条件、工作岗位职责说明、培训说明、人员基本情况数据、工资和业绩变化、工作时间、福利和终止聘用通知等。管理控制主要进行实际情况与计划比较、找出差距制定调整措施、产生各种报告和分析结果，用以说明在岗工人的数量、招工费用、技术专长的构成、应付工资、工资率的分配及是否符合政府就业政策等。战略管理包括人力资源状况分析、人力资源战略和方案评价、人力资源政策的制定。人力资源子系统适用的信息除了本企业综合性信息外，还包括国家的人事政策、工资水平、教育情况和世界局势等。

（5）财务会计子系统。财务与会计有着不同的工作目标和工作内容，但它们之间有着密切的联系。财务的目标是保证企业的财务要求，使其花费尽可能低。会计则是把财务业务分类、总结，编制标准财务报表、制定预算及对成本数据的分类与分析。作业控制关心每天的差错和异常情况报告，延迟处理的报告和未处理业务的报告等。管理控制包括预算计划和成本数据的分析比较（如财务资源的实际成本、处理会计数据的成本和差错率），综合财务状况分析、改进财务运作的途径等。战略管理关心的是投资理财效果，对企业战略计划的财务保证能力以及中长期的投资、融资、成本和预算系统计划等。

（6）信息处理子系统。该子系统集中管理企业的信息资源，保证企业各职能部门获得必要的信息资源和信息处理服务，包括管理信息系统的规划建设、软件和硬件的维护管理、企业网站的建设与日常管理、响应各类信息需求、为其他子系统提供技术支持等。典型的事务（业务）处理是处理请求、控制管理信息系统的运行、报告硬件和软件的故障、网站内容的更新等。作业控制包括软件和硬件故障维护、信息安全保障等。管理控制要求分析信息系统运行状况，如设备费用、程序员的能力、项目开发的实施计划等情况的比较，找出差距并制定改进的方案等。战略管理关心信息功能的组织，信息系统的总体规划，硬件和软件的总体结构，系统运行效果，信息保证能力，提出管理信息系统建设的长远规划。办公自动化可以看做是与信息处理系统合一的子系统，也可作为一个独立的子系统。

（7）高级管理子系统。每个组织都有一个高层领导层，如公司总经理和各职能领域的副总经理组成的委员会，高层管理子系统为高层领导服务。事务（业务）处理和作业控制活动主要是信息的查询和决策的支持、日常公文处理、会议安排、内部指令发送及外部信息交流等。管理控制层要求进行各功能子系统执行计划的总结和计划的比较分析、找出问题并提出调整方案。最高层的战略管理活动需要确定企业的定位和发展方向，制定竞争策略和融资投资战略等，它要求综合外部和内部的信息。外部信息包括竞争者信息、区域经济指数、顾客偏好、提供服务的质量等。

4）管理信息系统的软件结构

在管理信息系统的功能/层次矩阵的基础上进行纵横综合，纵向上把不同层次的管理业务按职能综合起来，横向上把同一层次的各种职能综合在一起，做到信息集中统一，程序模块共享，各子系统功能无缝集成。由此形成一个完整的一体化的系统，即管理信息系统的软件结构，如图 1.5 所示。

显然，管理信息系统是由各功能子系统组成的，每个功能子系统又可分为事务（业务）处理、作业控制、管理控制、战略管理四个主要信息处理部分。每个功能子系统都有自己的文件，即图中每个方块是一段程序块或一个文件。例如，生产管理的软件系统是由支持战略管理的模块、支持管理控制、作业控制以及事务（业务）处理的模块所组成的系统，并带有自己的专用数据文件。整个系统有为全系统共享的数据和程序，包括为多个职能部门服务的公用文件、公用程序、为多个应用程序共用的分析与决策模型的公用模型库及数据库管理系统等。

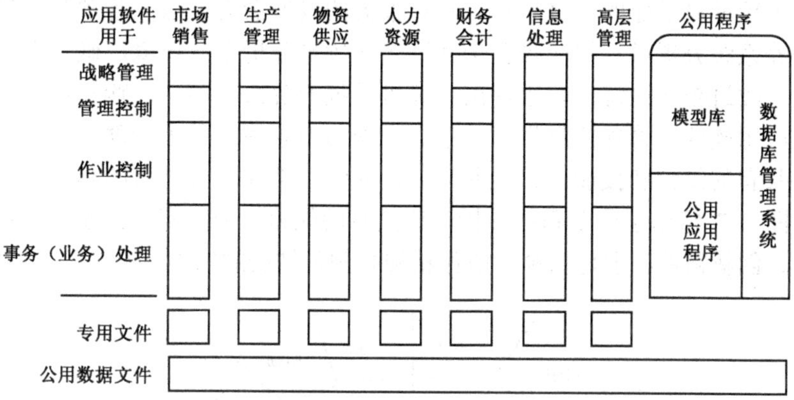

图 1.5　管理信息系统的软件结构

1.2.5　管理信息系统的学科体系

由前面叙述的概念可知，管理信息系统是一门综合了管理科学、信息科学、系统科学、行为科学、计算机科学和通信技术的新兴学科。随着这些学科的飞速发展，管理信息系统博采诸多学科之长，如市场学、运筹学、经济学、行为科学、系统论、信息论、控制论、决策科学、软件工程、通信技术、数据库技术、网络技术等，逐渐形成了具有自身特点的、多学科融合和交叉的一门学科体系。

1．管理信息系统学科的三要素

管理信息系统学科的形成依赖于管理科学和技术科学的发展，其三要素即系统观点、数学方法和计算机技术是管理现代化的标志，如图 1.6 所示。

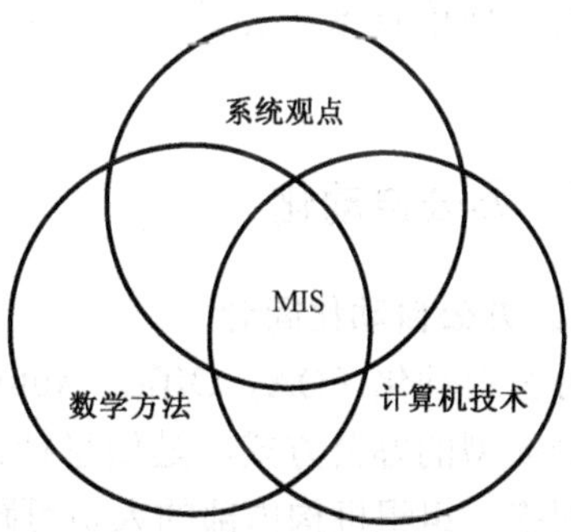

图 1.6　管理信息系统学科的三要素

系统观点即把研究对象作为整体而不是局部来考虑，着眼于整体的优化；数学方法就是用定量技术研究对象，采用各种数学模型和运行模型分析系统；计算机技术则是建立模型、分析模型、实现优化的工具。

管理信息系统与当今飞速发展的电子信息技术密切相关。从广义上说，任何企业不论是否使用计算机，都要进行信息的收集、加工和使用。只有计算机在企业中实际应用，管理信息系统才能显示其功能；只有现代计算机硬件、软件、网络和通信技术的高度发展，管理信息系统才能像今天这样，受到越来越广泛的重视。

2．管理信息系统学科设置

目前，中国许多综合性大学都在管理学院或经济管理学院设置了信息管理与信息系统专业，其他管理类专业也都开设有各类管理信息系统课程。信息管理与信息系统作为管理科学与工程学科下面的二级学科，具有很大的发展潜力。信息管理与信息系统专业的目标是培养系统分析员。他应当善于帮助企业领导分析企业环境，确定企业目标，抓住关键因素，改进企业系统；善于提出计算机系统的解决方案，选购和运行系统硬件，选购或开发应用软件，管理信息资源。信息管理与信息系统属于管理类专业，它应具有管理专业所共有的知识和技能。该专业培养出的学生不仅要有丰富的知识，而且应有很好的素质，图 1.7 给出了一个系统分析员应具有的能力模型。同时，系统分析员还应具有主动精神、创新精神、求是精神、协作精神和刻苦钻研的精神。

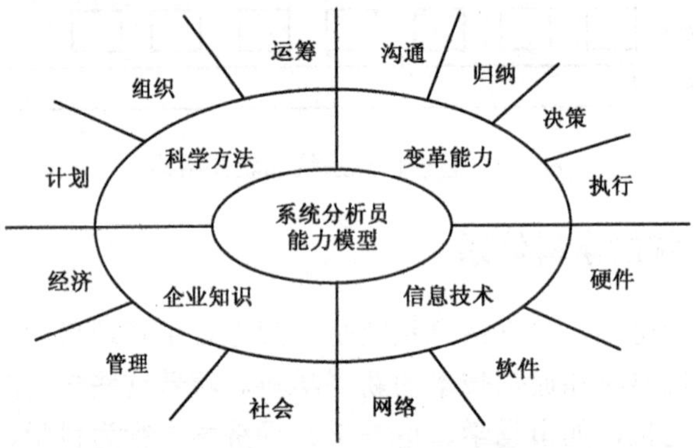

图 1.7　系统分析员应具有的能力模型

1.3　与管理信息系统相关的信息技术应用领域

与管理信息系统相关的信息技术应用领域主要有办公自动化、电子政务和电子商务等。

1.3.1　办公自动化

1．办公自动化简介

办公自动化（OA，Office Automation）是将现代化办公和计算机网络功能结合起来的一种新型的办公方式，是信息社会一个非常活跃和具有很强生命力的技术应用领域。通过网络，组织机构内部的人员可跨越时间、地点协同工作。通过 OA 系统所实施的交换式网络应用，使信息的传递更加快捷和方便，从而极大地扩展了办公手段，实现了办公的高效率。

办公自动化系统产生于 20 世纪 70 年代的美国，其产生主要有两方面的原因：20 世纪 70 年代中期，发达国家生产力水平急剧上升，办公室业务信息急剧增加，原有的手工方式无法满足信息和业务增长的要求，先进技术和手段的应用势在必行；同时，20 世纪 70 年代末和 80 年代初，微电子技术、计算机技术和网络通信技术得到了迅猛的发展，尤其是微型计算机的出现，为办公自动化系统发展和广泛使用提供了良好的技术和物质基础。

作为信息系统的一种类型，办公自动化系统具有自身的特点。办公自动化系统通过在办公事务中引进现代化管理方法、科技手段和各种辅助工具，从而在不同程度上实现办公工作的自动化。从本质上说，办公自动化系统是以解决非结构化的管理问题为主的设备驱动系统。它强调即席式的工作模式，主要对分布存储的信息进行分散处理。

图 1.8 给出了某公司办公自动化系统的总体框架。

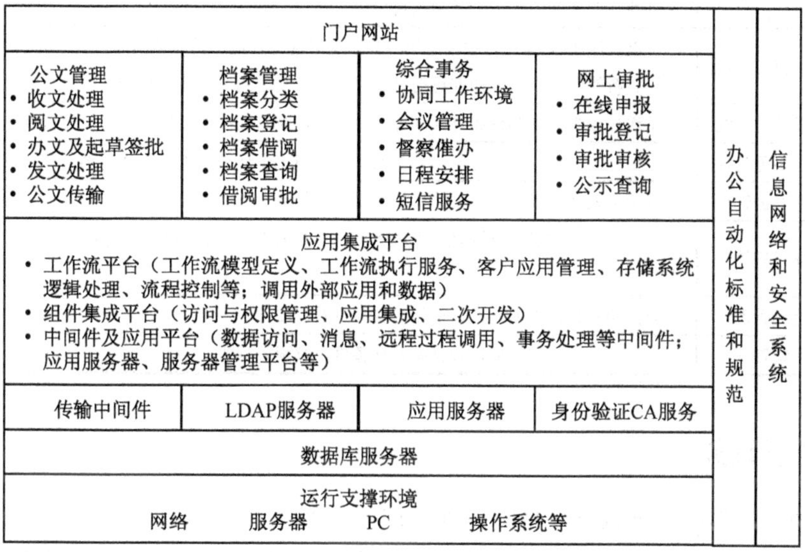

图 1.8　办公自动化系统的总体框架

2．办公自动化系统的基本功能

不同的企业、政府部门和组织，其办公自动化系统的功能不尽相同。但有一些通用的基本功能，是一般的办公自动化系统都要具备的。表 1.2 列出了办公自动化系统的一些通用的基本功能。

表 1.2　办公自动化系统的一些通用的基本功能

序号	功 能 模 块	功 能 说 明
1	发文管理	可自动生成文号、主题词，带手写笔批注，与 Word 进行无缝结合，具有修改痕迹保留功能，可以选择模板、套红头和电子盖章
2	收文管理	按照相关的收文流程，将收文以附件或者是 Word 文档的方式录入，请相关的领导进行批示，可直接将收文转成发文
3	待办事宜	显示整个 OA 系统中需要当前用户办理的收文、发文、流程审批等文件。用户可直接进入待办事宜模块处理需要办理的文件
4	流程监控	对正在流转过程中的文件进行监控，如果文件的传输出现错误，或者流程的走向不对，可

		以重新选择需要进行的活动
5	督办通知	可发送督察催办通知，设定阅读范围，等待承办人员的回应。如果对方未回应，可发送邮件催办或与手机结合发送短消息催办。承办人员可以填写办理结果

续表

序号	功能模块	功能说明
6	会议管理	包括实现会议计划、日程、通知、组织、纪要、归档、查询、统计等功能和会议室管理功能，使会议通知、协调、安排都能在网络环境下实现
7	在线会议	可以选择若干人召开在线的讨论会议，大家选择出席会议的时候将会打开一个交谈的窗口，也可查看会议的详细内容，下载相关的附件
8	新闻通知	可以建立组织的公告和新闻，选择阅读范围，也可以选择发布公告的位置，如发布到个人主页的滚动新闻中，或者是弹出窗口等
9	短信息系统	可以发送OA系统内短消息给用户，也可选择发送手机短信给用户。办公软件中的新邮件通知和新的代办事宜通知亦可通过短消息系统发送到用户的手机上
10	电子邮件系统	发送与接收内部邮件和外部邮件，并将邮件存入数据库，以便今后浏览查询
11	部门事务处理	包括部门文件、部门值班、休假安排、部门工作计划、部门工作总结、部门活动等
12	个人办公管理	包括个人通信录、日程安排、工作报告、其他个人文档等
13	领导日程管理	可以由秘书代领导创建他的个人行程，并保存到领导的日程安排模块中。或者也可由领导自己发布
14	档案管理	公文和各种文件的归档，借阅有权限查看的文件
15	系统管理	包括人员、部门注册，数据库管理备份，权限管理等

1.3.2 电子政务

电子政务（E-government）是国内外发展的一个热点，目前正向统一标准、统一平台、协同业务的一体化方向发展。未来的电子政务构建在宽带网络、大型数据管理和信息系统安全基础之上，整合优化政府信息资源和实现信息共享，实现政府各职能部门的核心业务流程和内部办公自动化；实现跨部门的协同业务流程和协同办公；通过政府信息门户（虚拟政府），实现政府信息资源社会共享、社会信息收集，完成公共管理和各种个性化服务。构建具有现代信息社会特征、高效、协调、规范、透明和科学的政务运作、政府服务和社会管理新体系，将大大加强政府决策能力、应急处理能力、管理能力和公共服务能力，以适应经济、社会发展的需要。

1. 电子政务的基本应用模式

电子政务是指各级政府机构的政务处理电子化，包括内部核心政务电子化，信息公布与发布电子化，信息传递与交换电子化，公众服务电子化等。电子政务的基本应用模式如图1.9所示。

1）G2G——政府对政府的电子政务

G2G（Government to Government）是应用于上下级、平级政府及其部门之间的电子政务。

政府机关内部的电子政务应用模式主要定位于机关自身公务处理电子化。主要涉及公文处理、视频会议、事务处理、日程管理、流程监控、信息服务、档案管理、决策支持、信息资源管理和知识管理等方面。

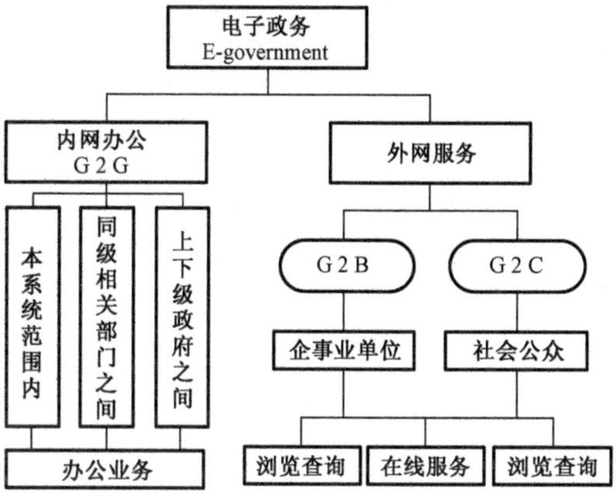

图 1.9　电子政务的基本应用模式

政府机关之间电子政务应用模式主要定位于政府机关系统内部公务处理的电子化。主要借助网络（内网），通过电子公文传输系统、办文系统、一站式办公系统和协同办公系统等收发、传递公文及其他形式的政务信息，以会签、联合行文、联合审批和远程会议等方式处理公务。

2）G2B——政府对企业的电子政务

G2B（Government to Business）是一种政府对企业的电子政务模式，政府主要通过电子化网络系统为企业提供公共服务。

G2B 主要应用于电子采购与招标、电子化报税、电子证照办理与审批、公布相关政策和提供咨询服务等。例如，“一网式审批”采用统一入口、统一出口和多部门网上联合办公方式，大大缩短了审批时间。

3）G2C——政府对公民的电子政务

G2C（Government to Citizen）是指政府通过电子化网络系统为公民提供各种服务。强调政府的对外公共服务功能，服务对象是社会公众特别是公民个人。

G2C 的服务范围包括通过网络发布政府的方针、政策，发布重要信息；开展政务公开、现行文件公开；介绍政府机构的设置、职能和联系方式；提供交互式咨询服务、教育培训服务、行政事务审批和就业指导等。

2. 电子政务的主要功能

电子政务的实现离不开网络平台，离不开电子化手段，离不开信息技术的支持，离不开信息基础设施、信息系统及相关软硬件技术发展提供的条件，但这些只是辅助手段而非“主角”。电子政务的重点是“政务”而非“电子”，或者说，电子政务的根本是政务应用功能。

电子政务的主要功能可以从政府职能部门核心业务、政府门户、协同业务、办公自动化、知识管理和公共服务六个方面进行划分，如图 1.10 所示。

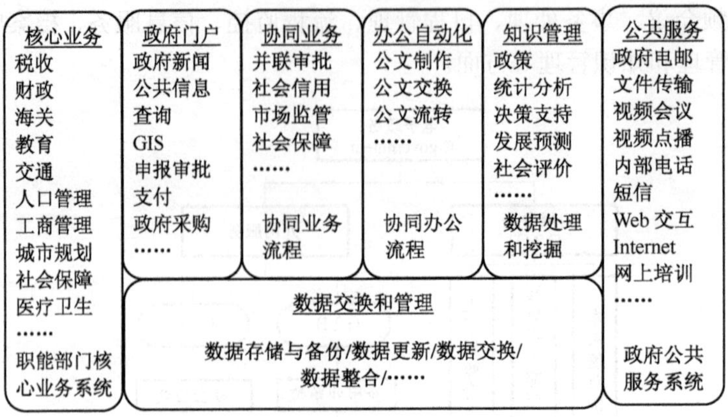

图 1.10　电子政务的主要功能

1.3.3　电子商务

1. 电子商务的概念与特点

电子商务（Electronic Commerce、Electronic Business）是指通过计算机在网络上进行业务通信和交易处理等商务活动。其主要功能包括网上的广告、订货、付款、客户服务和货物递交等销售、售前和售后服务，以及市场调查分析、财务核计及生产安排等多项利用 Internet 开发的商业活动。严格定义的电子商务概念是：电子商务是指对整个贸易活动实现电子化。

电子商务有广义和狭义之分。狭义的电子商务也称做电子交易（E-commerce），主要是指利用 Web 提供的通信手段在网上进行的交易。而广义的电子商务包括电子交易在内的利用 Web 进行的全部商业活动，如市场分析、客户联系、物资调配等，亦称做电子商业（E-business）。这些商务活动可以发生于公司内部、公司之间及公司与客户之间。

电子商务的优越性主要体现在：大大提高了通信速度，尤其是国际范围内的通信速度；节省了潜在开支，如电子邮件节省了通信邮费，而电子数据交换则大大节省了管理和人员环节的开销；增加了客户和供货方的联系，如电子商务系统网络站点使得客户和供货方均能了解对方的最新数据，而电子数据交换（EDI）则意味着企业间的合作得到了加强；提高了服务质量，能以一种快捷方便的方式提供企业及其产品的信息及客户所需的服务；提供了交互式的销售渠道，使商家能及时得到市场反馈，改进本身的工作；提供全天候的服务，即 365 天、每天 24 小时的服务。电子商务的上述优越性最终会导致企业竞争力的提高。

2. 电子商务的主要模式

目前广泛使用的电子商务模式主要有 B2C 模式、B2B 模式和 C2C 模式。

1）B2C 模式

B2C（Business to Customer）模式的电子商务是以 Internet 为主要手段，由商家或企业通过网站向消费者提供商品和服务的一种商务模式。目前，在 Internet 上遍布了各种类型的 B2C 网站，提供从鲜花、书籍到计算机、汽车等各种消费品和服务。HP 网上专卖店；亚马逊、卓越、当当等购书网站均属于此种模式。由于各种因素的制约，目前以及未来比较长的一段时间内，这种模式的电子商务还只能占比较小的比重。但是从长远来看，企业对消费者的电子商务将取得快速发展，并将最终在电子商务领域占据重要地位。

2）B2B 模式

B2B（Business to Business）模式的电子商务是企业与企业之间通过互联网进行产品、服务及信息的交换。阿里巴巴就是一个比较典型的 B2B 商务模式。

传统的企业间的交易往往要耗费企业大量的资源和时间，无论是销售、分销还是采购都要占用产品成本。通过 B2B 的交易方式，买卖双方能够在网上完成整个业务流程，从建立最初印象到货比三家，再到讨价还价、签单和交货，最后到客户服务。B2B 使企业之间的交易减少许多事务性的工作流程和管理费用，降低了企业经营成本。网络的便利及延伸性使企业扩大了活动范围，企业发展跨地区跨国界更方便，成本更低廉。

B2B 不仅仅是建立一个网上的买卖者群体，它也为企业之间的战略合作提供了基础。任何一家企业，不论它具有多强的技术实力或多好的经营战略，要想单独实现 B2B 是完全不可能的。单打独斗的时代已经过去，企业间建立合作联盟逐渐成为发展趋势。网络使得信息通行无阻，企业之间可以通过网络在市场、产品或经营等方面建立互补互惠的合作，形成水平或垂直形式的业务整合，以更大的规模、更强的实力、更经济的运作真正达到全球运筹管理的模式。

3）C2C 模式

C2C（Customer to Customer）模式的电子商务是消费者对消费者的交易模式。该模式通过为买卖双方提供一个在线交易平台，使卖方可以主动提供商品上网拍卖，而买方可以自行选择商品进行竞价，其特点类似于现实商务世界中的跳蚤市场。ebay、易趣、淘宝就是比较典型的 C2C 商务模式。

从理论上来说，C2C 模式是最能够体现互联网的精神和优势的，数量巨大、地域不同、时间不一的买方和同样规模的卖方通过一个平台找到合适的对家进行交易，在传统领域要实现这样大的工程几乎是不可想象的。同传统的二手市场相比，它不再受到时间和空间的限制，节约了大量的市场沟通成本，其价值是显而易见的。

本章小结

信息（Information）是现代社会中人们所广泛使用的一个概念。能够比较准确包含信息本质特征的定义是：信息是经过加工的数据；信息是有一定含义的数据；信息是对决策有价值的数据。信息反映着客观世界中各种事物的特征和变化，是可以借助某种载体加以传递的有用知识。

信息的概念不同于数据。数据是反映客观实体的属性值，或对客观事物的记载。而信息是指对数据进行加工处理后得到的有用的数据，人们占有了信息就可以加深对事物的理解并达到某些特定的目的。

信息所包含的内容是多种多样的。可以从特征、管理层次、加工程度、来源渠道、稳定性和流向等多个不同的角度进行分类。

信息具有真实性、时效性、不完全性、层次性、可存储性、共享性和价值性。

系统具有整体性、目的性、层次性、相关性和环境适应性等特征。信息系统是以加工处理信息为主的系统，它由人、硬件、软件和数据资源组成，目的是及时、正确地收集、处理、存储、传输和提供信息。

信息系统的发展与计算机技术、通信技术和管理科学的发展紧密相关。近半个世纪以来，信息系统的发展经历了由单机到网络，由电子数据处理到管理信息系统、再到决策支持系统，由数据处理到智能处理的过程，而且呈相互交叉的关系。

管理信息系统是一门正在发展的新兴的边缘学科。从广义上看，管理信息系统是存在于任何组织内部，为管理决策服务的信息收集、加工、存储、传输、检索和输出系统。狭义的管理信息系统是指按照系统思想建立起来的以计算机为工具，为管理决策服务的信息系统。管理信息系统的功能主要有数据处理、预测、计划控制和决策优化。其特点是面向管理决策、综合性、人—机系统、现代管理方法和管理手段的结合、多学科交叉的边缘学科。

管理信息系统从系统的功能和应用上可以分为国家经济信息系统、企业管理信息系统、事务型管理信息系统、行政机关办公型管理信息系统、专业型管理信息系统。管理信息系统的结构包括概念结构、层次结构、功能结构和软件结构。

管理信息系统学科的形成依赖于管理科学和技术科学的发展，其三要素即系统观点、数学方法和计算机技术是管理现代化的标志。管理信息系统的相关技术包括计算机技术、计算机通信技术、计算机网络技术及数据库技术。

与管理信息系统相关的信息技术应用领域主要有办公自动化、电子政务和电子商务等。

问题讨论

1. 什么是信息？
2. 信息与数据的区别是什么？
3. 如何对信息进行分类？
4. 信息具有哪些性质？
5. 如何理解信息系统？信息系统具有哪些功能？
6. 信息系统的发展经历了哪些阶段？
7. 试从广义和狭义的不同角度叙述管理信息系统的概念。
8. 管理信息系统具有哪些功能？它的特点是什么？
9. 管理信息系统的基本模式中业务息息相通的作用是什么？
10. 试从系统的功能和应用上对管理信息系统进行分类。
11. 试用文字描述管理信息系统的金字塔形结构。
12. 如何理解管理信息系统的功能/层次矩阵？
13. 管理信息系统学科的三要素是什么？

14. 与管理信息系统相关的应用技术领域主要有哪些？

案例分析 1.1

某市政府办公厅政务系统建设案例分析

1. 系统需求概况

某市政府办公厅政务信息系统的主要内容涵盖办公厅内部政务行为和办公厅与各级部门之间的政务行为。结合办公厅政务信息化工作的实际情况和目前国内外电子政务建设的经验，建成后的系统应能有效运用先进的计算机技术和网络技术，建立面向领导决策支持服务，以高效、公开、勤政、廉洁为特征的管理和工作模式；通过网络化应用，打破时间、空间和部门限制，提高工作效率和管理与服务的规范性；同时，还应辅助以可靠的安全保障和统一的建设标准和规范。从而使市政府信息化建设水平从基础的办公自动化，转向网络互联、信息共享、应用互动的电子政务体系。

通过该项目的建设，建立起以市政府办公厅为核心的完整的政府系统网络、应用和信息资源运行体系，为全面实现该市政府电子政务建设的总体目标打下坚实的基础。

2. 系统建设目标

（1）能够整合政府办公厅各业务子系统，将原有的、新建的以及将来的业务子系统整合成为一个整体，各业务子系统之间业务流程和数据可以进行交互，使已有的办公自动化上升为政务信息化的应用层面。

（2）能够整合来自办公厅内部、公务网和各市、县、委、办、局的各种政务信息资源，提高政务资源的利用率，提供决策支持服务。

（3）各市、县、委、办、局可通过数据交换平台与办公厅进行可靠、安全、便捷的数据交换，实现网络化办公的迫切需求。

（4）在已有安全措施的基础上，进一步加强系统的安全性，使之满足国家对涉密系统建设所必需的要求。

（5）能够满足未来 5 年的应用和系统扩展，并逐步形成办公业务的规范标准。

（6）能够保存 5 年时间的各种历史数据，争取能够在业务数据遭到损坏后进行快速恢复。

（7）能够对网络和系统进行全面的管理。

3. 系统建设的总体方案

在该方案中，一方面根据办公厅具体需求并考虑到未来发展趋势对办公厅内部网络和主机设备进行升级优化，采用较为成熟、性能较好的千兆位以太网/快速以太网为标准，重要设备采用双机配置，互相备份并均衡负载。随着市公务网的建立和使用，办公厅内部局域网将通过公务网与各市、县、委、办、局网络系统进行互联。另一方面，在已有网络安全措施的基础上，建立应用安全的基础平台，为实现安全的应用业务提供必备的基础平台。系统建设总体框架如图 1.11 所示。

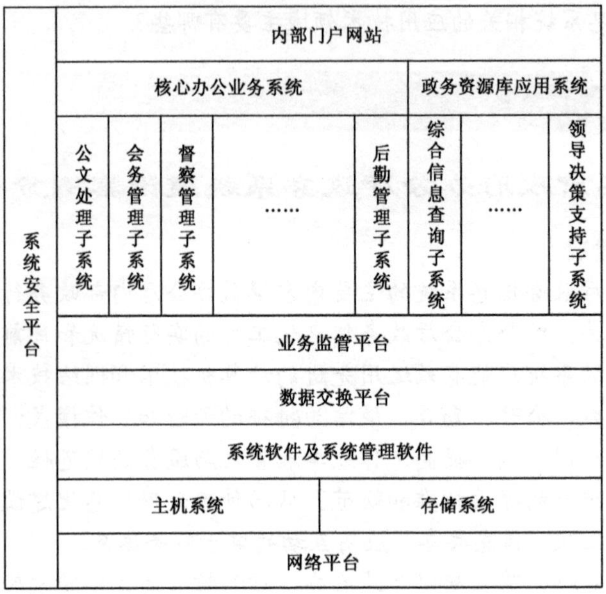

图 1.11　某市政府办公厅政务系统建设总体框架

系统基础平台设计在考虑了现有网络设施的使用特点以及现阶段的业务需求的同时，还充分考虑了系统未来发展的需要，具有先进性和较高的可扩展性。

建立在系统基础平台之上的各类应用系统是整个项目的重中之重。首先，根据办公厅政务信息化系统的应用需求和技术发展趋势，该方案采用 B/A/S 三层应用结构作为整体应用架构，实现安全的信息交换与办公业务；其次，采用模块化设计的思想，通过业务监管平台对各业务子系统进行集中管理和监控，实现业务流程的全面监督，满足应用系统扩展的需求；第三，通过数据交换平台的建设，实现办公厅同其他单位之间的数据交换，满足网络办公的需求；第四，通过建立政务资源库应用系统，提高政府资源的有效利用，为市领导提供决策支持服务。

办公厅内部应用系统以 Web 浏览器作为应用客户端，通过统一的内部门户网站访问各应用系统，实现业务功能。另一方面，各个外部系统均可采用基于 XML 技术的队列机制，通过数据交换平台，与内部应用系统进行可靠、安全、便捷的数据交换。

4. 应用系统方案

该市政府办公厅政务信息化系统中的整个应用系统由核心办公业务系统、政务资源库应用系统、内部门户网站、业务监管平台和数据交换平台组成，其应用组成结构如图 1.12 所示。

1）核心办公业务系统

提供对市政府办公厅各项办公业务的管理，由公文处理、档案管理、会务管理等多个业务子系统组成，处理办公厅日常办公业务。

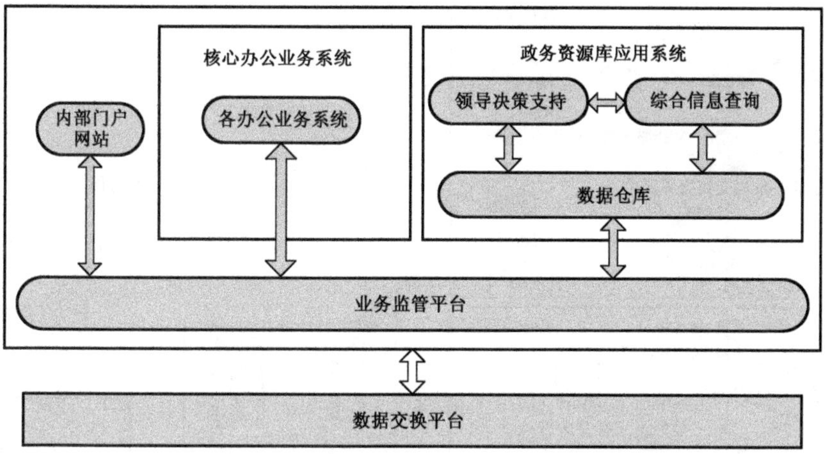

图 1.12　某市政府办公厅政务信息化系统应用组成结构

2）政务资源库应用系统

在应用核心办公业务系统的基础上，将来源于核心办公业务系统的综合办公业务信息，以及来源于市公务网的共享信息进行处理分析后，为市领导提供咨询服务和决策支持功能。

3）内部门户网站

为办公厅政务信息化系统提供统一的应用访问入口和个性化的服务。

4）业务监管平台

为办公厅政务信息化系统的运行、扩展、联系、管理提供支撑和集中监督管理。

5）数据交换平台

根据市政府办公厅政务信息化系统的要求，完成政府办公厅与其他政府机构之间的文件、简报、信息等数据交换，是整个政府办公厅政务信息化系统同外部系统的统一入口和出口。

5. 系统架构设计

该市政府办公厅政务信息化系统建设主要涉及三个基础部分，即网络平台、主机系统和存储系统，它们分别向办公厅政务信息化系统提供网络传输及互联服务、应用运行环境。

1）网络平台

该系统的网络平台将以 IP 协议作为统一的协议标准来建设整个网络，并采用以太网技术，充分考虑到整个网络的冗余连接，可靠性、安全性、高效率和扩展性等要求，整个网络系统具体由核心交换区、政务处理区、用户接入区、数据交换区和异地备份区五个部分组成。网络结构如图 1.13 所示。

在市政府办公厅大楼中心设置一个中心机房，主要网络设备放置在中心机房内。此外，另外再设置若干个分配线间，放置楼层交换机，分别管理相应的信息点和设备。

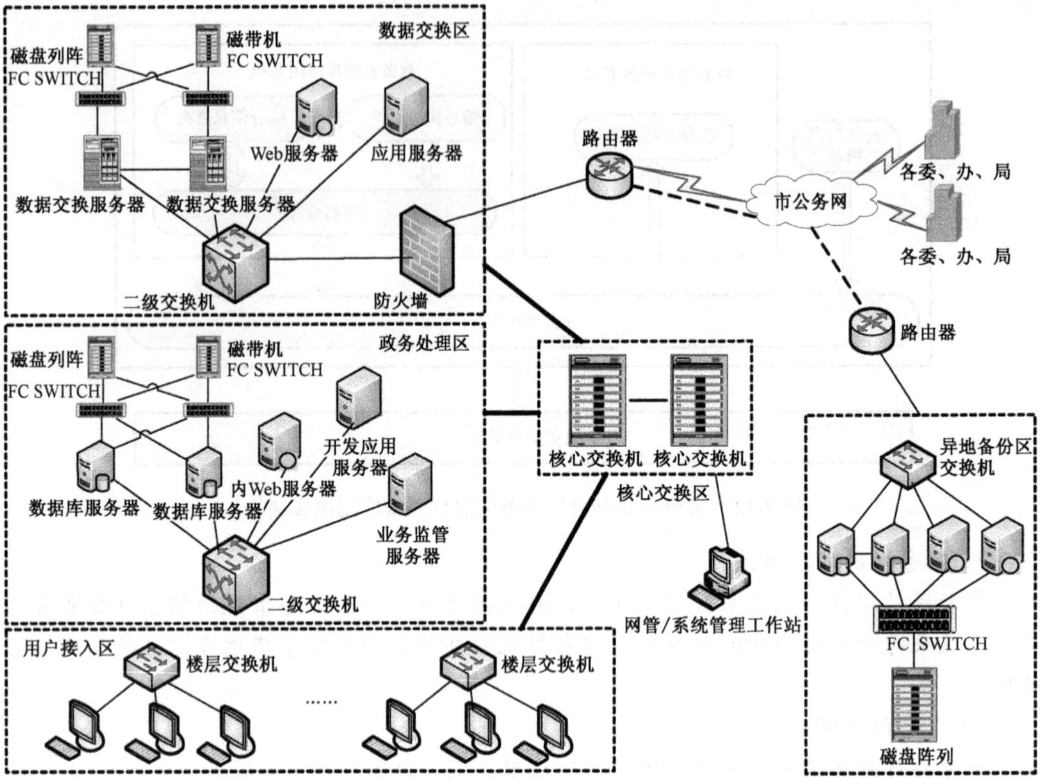

图 1.13　某市政府办公厅政务信息化系统网络结构

2）主机平台

对于该系统而言，其应用系统是一个包括多个子系统、具有大量内外部通信、涉及联机事务处理的系统，且应用系统有不断扩展的可能，因此有必要引入中间件和应用服务器平台的概念。所以，整个系统的主机平台考虑按照三层架构的模式，建立一个位于应用层面之上的、统一的系统平台，这种做法将系统的硬件设备和系统应用分离，可以有效地控制整个系统的硬件投入，并有利于系统的统一管理。平台结构如图 1.14 所示。

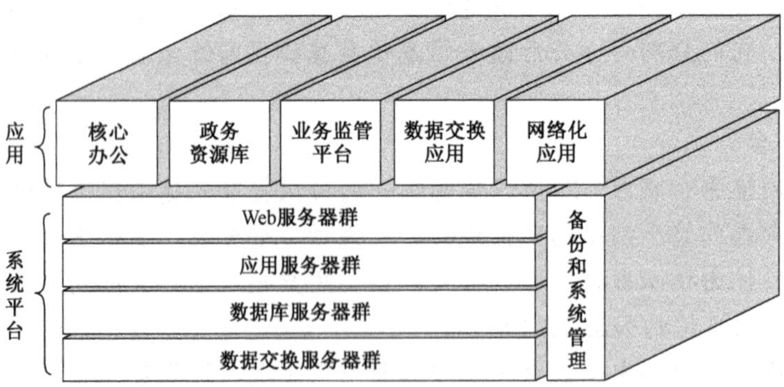

图 1.14　某市政府办公厅政务信息化系统平台结构

该系统的主机平台以客户机/应用服务器/数据库服务器三层体系结构实现，采用应用服务器平台控制数据库访问请求和处理。其中负责各类业务处理的服务器以及提供一些特定服务的服务器定义为应用服务器，由多台 Web 服务器组成的服务器群作为客户机层，中心数据库/数据仓库服务器群作为数据库服务器层。

3）数据库系统

鉴于该市政府办公厅政务信息化系统的数据规模与实际要求，建立两个数据库系统。

（1）办公资源库。在办公厅内部核心办公业务系统中建立办公资源库，整理汇总办公信息和社会基础信息，采用业界主流的 Oracle 数据库。

（2）数据仓库。当大量的数据被整合在一起后，应能够支持任意方式查询的即席查询方式，这需要使用在线分析工具帮助使用者从各种角度分析数据、进行对比，自动地生成相关的报告，而且对于设定预警条件的应用能够提供良好的支持。数据仓库能够完成数据的集中和信息整理，提升信息管理水平和业务决策管理水平，加强领导对其服务业状况、资源分布等的全面了解，从而提高决策的科学性和反应能力，随着应用开发和研究的不断深入，数据仓库系统将逐渐从被动回答问题逐渐转化为主动发现问题和规律。

（3）公务资源信息库。随着市公务网的建设，办公厅对外接口处（数据交换平台）建立公务网信息资源库，存放办公厅对外共享的数据以及从公务网共享资源库中收集的各类信息。考虑到公务网中共享数据格式不尽相同，因此数据交换平台中公务资源信息库采用业界标准 XML 数据库，以实现不同格式之间的数据交换。

6. 系统安全设计

该市政府办公厅经过多年的信息化建设，已充分认识到安全的重要性和必要性，实施了必要的安全措施，包括配置了防火墙、网络审计系统，取得了良好的效果。但随着网络技术的不断发展，通过网络攻击信息系统的手段越来越多，办公厅政务信息化系统也可能面临着网络和应用的安全威胁。针对现在的安全技术发展和市政府办公厅系统的具体结构和应用，其安全保密系统的核心是保证信息的安全。在此基础上，结合办公厅系统的实际情况，面向办公服务，建立统一的认证和授权机制；通过对人员、数据和设备的管理和监控来保证办公厅系统安全、稳定、高效、可靠地运行，并建立完善的管理制度。采取多层次、多方面的结构，从技术、服务、管理三个层面进行安全设计。

案例分析 1.2

某集团管理信息系统案例分析

1. 企业概况

某集团在国内外有下属单位 10 家，涉及商贸、工业、旅游业等行业。主要经营汽车进出口业务、国内外旅游业务、旅行车制造业务、化工产品生产业务、汽车专用技术开发业务和计算机应用程序开发。

2. 企业信息系统建设动因分析

随着信息技术的飞速发展，企业面临的竞争环境发生了根本性变化，如顾客需求瞬息万变，技术创新不断加速，竞争日趋激烈。在这种形势下，企业管理必须转变，从粗放经营向成本控制转变，从部门管理到企业级协同管理转变。只有这样，才能适应竞争形势的变化。

1）技术落后无法满足现行经营管理的需求

随着业务水平、管理水平和应用水平的提高，原有系统只能在局域网上运行，不能进行远程处理，经常出现数据混乱的现象，不能准确地对账，而且重复录入性工作多，特别是银行对账单不能直接引入，需要手工录入。这种财务系统已远远满足不了业务管理的需要。

2）财务核算不能实现数据共享和传递

原有系统最大不足之处在于存在信息孤岛，不能满足集团公司对财务整体状况进行监控、统计和内部对账等管理的需要。

3）事前、事中控制困难

由于原有系统功能简单，财务不能完全甩账，只能做事后分析，不能进行事前计划和事中控制，难以较好地发挥财务监控的作用。

因此，集团通过一系列的分析，决定更新原有的财务系统，建设一套具有本企业特色、先进、实用、可靠的管理信息系统，以适应集团的总体发展战略。

3. 管理信息系统解决方案

1）系统建设目标

集团内部采用统一的财务系统，统一会计制度和会计原则，方便财务信息的采集，同时适应集团内部不同行业的财务核算要求；组建集团财务信息网络，集团内部数据共享，上级机构对下级机构的财务从计算机上做到即时查询、审计，严格集团的内部监管制度，强化财务管理；集团内部财务数据能及时自动上报，上级机构能对上报数据进行汇总、合并和分析，使集团领导及时掌握全集团的经营状况，为其提供决策支持数据，提高集团的市场应变能力。

财务电算化系统具有 Web 功能，支持远程录入、查询、会计凭证、账簿、报表等有关会计数据，实现远程操作；能实现预算编制、预算执行和预算评价三个过程。能对资金的使用、结构、安全、成本（含利息）和效益进行控制。

2）网络硬件环境解决方案

集团下属 10 家单位，分布在国内外各地，国内主要分两个区域，集团所有的账务处理分别在以上两区域集中处理。甲区域已有一个局域网，为了给管理信息系统提供硬件环境，公司在财务部增加一台服务器，组成一个财务小局域网，再与原有的局域网连接，形成一个大局域网，最后与互联网连接。乙区域与甲区域相似。具体如图 1.15 所示。

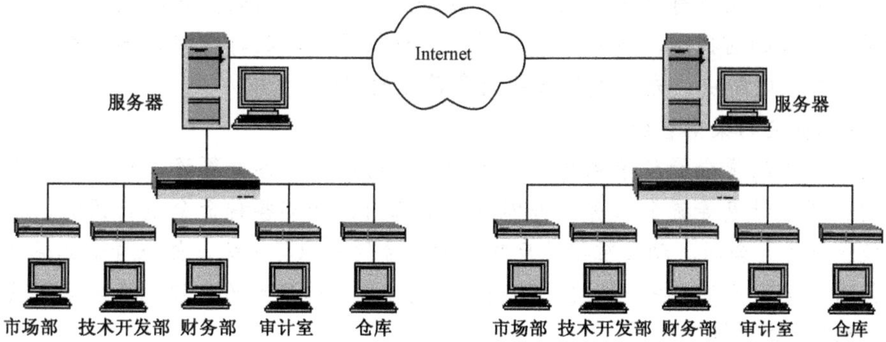

图 1.15　集团网络示意图

3）应用解决方案

管理信息系统功能结构图如图 1.16 所示。

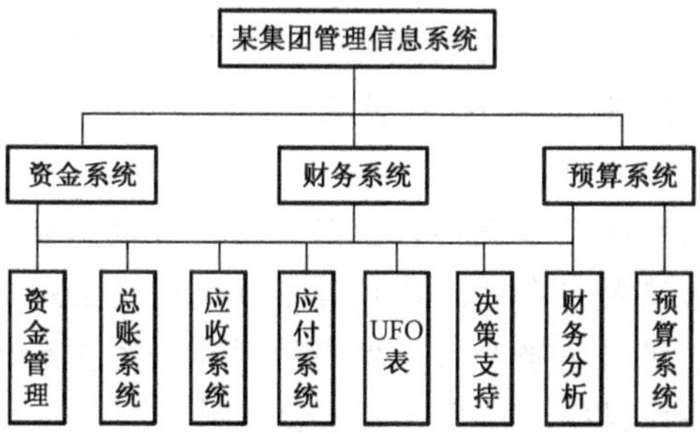

图 1.16　管理信息系统功能结构图

4）业务流程解决方案

管理信息系统通过集中建账、统一基础科目设置、集中数据管理、远程实时查账等手段，全面支持集中式集团管理模式。

4．效果评析

1）统一设置基础科目实现集团信息可比性

集团利用系统中统一科目的功能，这样就解决了总部对下属单位的财务核算、预算、资金的实时监控和对比分析等问题，以便整合集团内、外部资源，发挥总部的计划与控制作用。

2）数据的集中管理，保证了集中式管理模式的实现

集团管理信息系统以集团总部为中心，各下属单位集中建账，两个区域之间采用互联网传递数据，总部对整个集团的财务信息可以一目了然，方便地实现了账、证、表数据的高度集成，保证了集团公司集中式管理的实现。

3）实现异地实时查询与统计分析，充分发挥领导的监控职能

基于 Web 功能的管理信息系统提供了远程查账功能，集团可以根据报表反映出来的结果，追溯到业务发生的最原始单据，系统使财务报表上报制度大为简化，财务报表传递周期明显缩短；还具备了财务预算、异地实时查询、统计、分析和监督管理等在传统

桌面型财务软件中无法有效完成的功能。领导能对各单位的财务状况进行实时监控；在不影响单位工作的前提下，领导能够及时获取有效信息，及时发现各单位在财务管理中存在的问题并及时解决，充分发挥领导财务监控的职能。

4）强化资金的集中管理

利用系统中的资金管理子系统，集团能够很好地处理各类筹资、投资、担保、内部资金拨付、资金计息等资金业务，并能够对企业内、外部各种资金进行预测、控制和分析，管理各种资金合同，动态准确地反映各项资金的来源与去向，保证资金的运作效率。并且，集团实现了资金的统一调配，控制资金的流出，降低风险，提高资金运作效益。

5）辅助核算评析

在实际业务中，有许多辅助核算，如将成本、费用进行项目核算，可以及时准确地了解各业务利润。

6）丰富的报表查询为管理提供支持

在完成日常业务的基础上，该系统提供灵活多样的查询方式、组合式查询条件，这些报表的提供满足了财务部门账表的数据要求，以及业务部门和分管总经理的查询和汇总要求，同时为统计部门提供必要的统计数据。

7）实现预算管理

预算编制。财务部门发布预算表格时，同时提供与预算期相等时间（期）的各预算单位的历史实际数据，给编制者参考；各预算单位编好送至财务部门，预算管理系统据此自动生成预算汇总表；经过董事会决议发布的预算方案在系统中不能随意修改，如需变更，需在系统中履行签批程序；预算实现滚动编制。

预算执行。财务人员能够实时掌握各预算的执行情况（发生进度）；向各预算单位提供预算执行进度等预算提示报告；预算期内，各预算单位可就预算的部分内容通过规定的程序要求做预算变更，财务系统应当揭示部分预算变更对全面预算的影响；对费用和现金实行严格控制，突破预算的支出提供提示、警告以及不得录入等多种选项，并提供单项报告。

预算评价。提供按月度、季度和年度的预算指标与实际数的对照分析，反映预算执行差额和差率，提供预算执行差异和趋势报告。

第 2 章

管理信息系统开发的技术基础

引言

管理信息系统的建立依赖于计算机技术、计算机通信技术、计算机网络技术和数据库技术的支持。了解管理信息系统的这些技术基础，有助于把握系统开发的各个关键的技术环节。

通过本章学习，可以了解（或掌握）：

- 计算机技术基础；
- 管理信息系统的计算机通信技术基础；
- 管理信息系统的计算机网络技术基础；
- 管理信息系统的数据库技术基础。

2.1　计算机技术

计算机技术是管理信息系统开发的基础，管理信息系统的开发必须关注计算机技术的最新进展。

回顾计算机技术的发展历史，可以清晰地理出计算机研究发展的主干，即计算机硬件技术、计算机软件技术和智能接口技术。仔细探究起来，不同技术的发展都有着各自的特点：计算机体系结构，以追求计算速度和存储容量为目标；软件技术的发展，以最大限度地管理和发挥硬件能力为推动力；智能接口技术的发展，以实现人—机交互的人—机和谐为原动力。

有关分析认为，未来的计算机技术将向超高速、微型、并行处理、智能化、网络化和移动化的方向发展。

2.1.1　超高速计算机的发展

超高速计算机在今天的科学研究领域，从气候变化分析、核聚变能源开发到细胞结构的研究，都扮演着不可替代的角色。

2007 年 11 月 12 日，最新的第 30 届全球最快超级计算机 TOP500 排行榜在美国里诺召开的 SC07 国际超级计算会议上正式发布。一年两次的全球 TOP500 超级计算机排行榜反映了全球高端计算机的技术发展趋势和应用情况，揭示了高性能计算机（HPC）今后的发展方向。

1．全球最快超级计算机 TOP10

IBM 的蓝色基因/L（BlueGene/L）再一次荣登首位。BlueGene/L System 是由 IBM 公司与美国能源部国家核安全局（NNSA）联合开发的，在美国能源部 Lawrence Livermore 国家实验室中使用。从 2004 年开始，BlueGene/L 就一直占据着 TOP500 排行榜中头把交椅的位置。如今 BlueGene/L 的发展速度更是令人瞠目结舌。该系统目前运行速度高达 478.2TFlops（用 TFlops 表示每秒 1 万亿次浮点运算），而在 6 个月前的 TOP500 中，它的最快速度还仅为 280.6TFlops。图 2.1 是 IBM 的蓝色基因/L 超级计算机的图片。

图 2.1　IBM 蓝色基因/L 超级计算机

第二名的位置仍然属于 IBM。BlueGene/P，这款首次安装在德国 Forschungszentrum Juelich 研究中心的计算机，速度达到了 167.3TFlops。BlueGene/P 是 BlueGene 系列的新一代产品，按照 IBM 的设计，它能够以超过 1PFlops（每秒 1 000 万亿次浮点运算）的速度连续运行，计算能力超过普通计算机的 10 万倍，通过配置甚至能够达到 3PFlops 的速度。与 BlueGene/L 相比，BlueGene/P 采用了更多和更快的 850MHz 的处理器，采用更多的内存和 SMP 模式来支持多线程应用；BlueGene/P 极大地扩展了连接网络的性能，最大可能地减少了大型并行计算系统中固有的常见瓶颈；BlueGene/P 的所有软件如系统管理、编程环境都得到了全面更新。

获得第三名的超级计算机是安装在美国新墨西哥州计算应用中心（NMCAC）的 SGI Altix ICE 8200。该系统是 SGI 基于 Altix ICE 8200 开发的新一代系统，其运算速度达到 126.9TFlops。SGI Altix ICE 8200 是第一套真正专为高性能计算应用以及大规模集群工作流设计的刀片式服务器。

第四名被印度 Tata Sons 研究中心的 Cluster Platform 3000 BL460c 获得，这也是印度首次杀入 TOP10 行列。Cluster Platform 3000 BL460c 由惠普公司制造，包含了多项先进的创新技术，具有 117.9TFlops 的运算速度。

第五名仍属于惠普，新一代 Cluster Platform 3000 BL460c 安装于瑞典的政府机构，其运算速度为 102.8TFlops。

第六至第十名全部为美国研究机构的系统，均为美国克雷（Cray）或 IBM 制造。

2．超级计算机 TOP500 的分布情况

从超级计算机生产厂商角度看，相当长的一段时间内，IBM 和惠普的系统占领着 TOP500 一半以上的份额。本届排行榜 IBM 以 232 台（占 46.4%）的绝对优势重新夺回了第一的位置，惠普的系统数量为 166 台（占 33.2%）。IBM 自从 2004 年 6 月就一直领先于惠普，但是在上一届 TOP500 排行榜中，IBM 系统在数量上被惠普超过：IBM 从 47.2%下降到 38.4%，而惠普从 31.6%上升到 40.6%。

从处理器角度看，多核处理器占据着统治地位。令人印象深刻的是采用 Intel Clovertown 四核处理器的系统由上一届的 19 个发展到了本届的 120 个。超过半数的系统仍使用双核心处理器。

本届的 500 个系统中，有 354 个系统使用了英特尔的处理器，约占 72.2%；上一届排行榜中这一数字为 57.8%。AMD 在 2006 年超过了 IBM 处理器，本届仍然以 78 个系统应用的成绩保持了第二名的位置，占 15.6%；上一届为 21%。IBM 处理器在 61 个系统当中得到了应用，占据 12.2%的份额，与上一届 85 个系统（17%）相比略有下降。

性能方面，TOP500 名单最后一名的成绩从上一次的 4.8TFlops 增加到了 5.98TFlops。本届 TOP500 排名中的最后一名已经能够排到上一届的第 255 位，发展之快令人惊叹！TOP500 所有系统的总体性能也从第 28 届的 3.54PFlops 和第 29 届的 4.92PFlops 增加到了 6.97PFlops。TOP100 的最后一位也从第 29 届的 9.29TFlops 增加到了 12.97TFlops。

在操作系统方面，381 台超级计算机采用 Linux，约占 76.2%，独领风骚。另外，有

6台采用微软的 Windows Computer Cluster Server 2003，两台采用 Mac OS X 操作系统。

从体系架构来看，工业标准化的集群系统已经占据了 TOP500 排行榜的垄断地位，406个系统都标明了 Clusters，占据了 TOP500 中 81.2%的份额。

千兆位以太网仍然是最常用的网络系统互联技术，应用于 270 个系统中，比上一届的 211 个系统有所上升。InfiniBand 技术以 121 个系统紧随其后。

国家分布上，美国仍然是 HPC 最大的消费者，占据了 500 台系统中的 284 台。欧洲由上一届的 127 台增加至 149 台，位列第二。其中，英国以 48 台的成绩确立了欧洲第一的位置（上一届为 43 台）；德国以 31 台位居欧洲第二（上一届为 24 台）。亚洲占据了 58 台，与上一届相比下降了 14 台，位列第三。其中，日本从上一届的 23 台下降到 20 台，但优势依然显著。值得一提的是，虽然日本的超级计算机数量不如英国，但它的计算总能力早已超过了英国。日本排名最高的是东京工业大学的“TSUBAME”，位列第十六名。曾于 2002 年打败美国的领先地位，排名世界第一的地球模拟器（Earth Simulator）此次列第三十名。中国内地从上一届的 13 台下降到 10 台。印度从上一届的 8 台上升到 9 台。

3. 中国高性能计算机性能 TOP100

2007 年 11 月 8 日，中国高性能计算机性能 TOP100 排行榜在京发布。中石化胜利油田分公司地球物理研究所的 IBM BladeCenter HS21 Cluster 以 18.6TFlops 排名首位。中国国家气象局的 IBM SP eServer pSeries 655 以 10.31TFlops 位居第二。上海超级计算中心的曙光 4000A/640x4 Opteron 以 8.061TFlops 名列第三。中国气象局国家卫星气象中心的 SGI Altix 4700/Itanium2 Montecito 以 7.127TFlops 名列第四。第五至第十位均来自惠普公司。图 2.2 是曙光 4000A 超级计算机的图片。

图 2.2 曙光 4000A 超级计算机

本届排行榜系统的总 Linpack 性能达到了 307.35TFlops，比 2006 年 191.55TFlops 的总性能增长了 1.6 倍，国内高性能计算产业呈现出蓬勃发展的趋势。

榜单中，国内高性能计算领域的第一大厂商曙光比 2006 年增加了 4 套，共有 29 套系统入围，其中 23 套都是基于 AMD 皓龙处理器。其他国内厂商如浪潮等也都有所增长。从 CPU 来看，凭借新推出的真四核“巴塞罗那”的高性能计算优势，AMD 皓龙系统的总量从 2006 年的 24 套增加到 28 套，增长了 16.7%。新上榜的系统中有 3 套是基于

AMD 四核皓龙处理器“巴塞罗那”，而且这 3 套系统都是由曙光设计的。

2.1.2　计算机技术的发展预测

据国外媒体报道，权威调研机构 IDC 等对 2008 年 IT 市场的发展趋势进行了预测，这些预测从一些侧面反映了计算机技术的发展趋势。

1．SaaS（软件即服务）

近年来，一种通过在线使用软件的服务越来越受到人们的关注。一时间，ASP 服务、软件租用、月租型、托管型、在线软件充斥着软件世界，月租型 CRM、在线 OA、托管型 ERP 让人感觉新鲜。但仔细了解，你会感觉到 SaaS（软件即服务）不仅仅耳目一新，而且它带来的是一场软件行业的变革。

SaaS（软件即服务，Software as a Service）是一种新的软件服务模式，客户通过服务商的网站了解到自己花多少钱，可以得到多少应用功能的软件服务，并通过在线试用，在确定符合自己需求的基础上，购买服务，通过上网来使用这种服务。这种模式使得软件具有更佳的基础：一方面，厂商不得不对客户的满意度给予更加密切的关注，并由此对问题和扩展需求做出更快的响应，从而使软件服务更加趋于标准化；另一方面，厂商还要照顾到个别企业的特殊要求，实现高频率的升级完善，使客户感觉每一个修订都是吻合自己的需求。

2008 年将成为“SaaS（软件即服务）年”，IBM、微软及其他厂商会争相提供网络服务，来顺应市场的需求。

2．应用型服务器

由于受企业规模、资金供应、人员配备和 IT 管理经验等多方面的限制，中小企业在选购服务器时面临很多困难，对服务器的管理也都感觉非常头疼。如何保证购买回来的服务器在应用中稳定运行，成为中小企业必须解决的难题。一款性价比高、功能强大、应用简单、管理便捷、后期维护费用低的软硬兼备的产品，以及解决方案是中小企业信息化建设中迫切需要的强大平台。对于服务器厂商而言，把握住中小企业需求，想客户之所想，打造出最佳性价比的产品，才能占领中小企业市场的最高领地。

针对这种情况，戴尔、惠普、IBM 和 Sun 等厂商 2008 年将把服务器当作“商业应用产品”来销售。即在服务器中预装应用，并允许用户轻松下载传统软件和服务。

3．Eureka 2.0

社交网站的风靡导致数字信息大爆炸。IDC 预计，2008 年的数字信息总量将达到 4 000 亿 GB，而 2007 年为 2 550 亿 GB。因此，“Eureka 2.0”软件将随之诞生。

“Eureka 2.0”可以对数字信息进行分析，类似于目前所谓的“语义搜索”。因此，它可以帮助企业监控品牌知名度和客户满意度等。

4．绿色 IT

IDC 调研显示，一方面企业数据中心的能耗问题凸显，另一方面大型企业数据中心的 IT 系统使用率大多在 35%左右，有的甚至只有 15%。IT 系统的高能耗和低使用率矛盾突出。

节能与环保必将渗透到 IT 系统的每个领域，不仅会在芯片、PC、服务器、存储、网络设备、打印机外设产品等硬件设计中增加节能功能，还将会出现有效提高系统利用率的软件以及以节能环保为导向的解决方案。新一代的绿色 IT 系统生态链必将形成和完善。

5. 智能化与虚拟化

计算机将变得越来越聪明，甚至具有一定的思考能力、判断能力及一定的自然语言能力。计算机除了具备键盘、鼠标等传统输入方式之外，还将具备更加自然的输入手段（如语音输入、手写输入），让人能产生身临其境感觉的各种交互设备也陆续出现，虚拟现实技术是这一领域发展的集中体现。

微软董事长比尔·盖茨宣称：用户将越来越多地使用语音或触摸屏，而不是键盘来操作计算机。他说："这是我们目前正致力的一个业务方向。"盖茨在卡耐基梅隆大学发表演讲时表示，微软预计未来 5 年，人们通过语音输入进行网络搜索的次数将超过键盘输入进行的搜索。他还表示，这种软件必须更加先进，目前这种软件在生物学和天文学等各个学科领域内已越来越多。盖茨说："这种软件需要处理大量的信息，计算机必须能够运用那些数据来进行运算，这一点非常重要。"

2008 年，虚拟化将从市场概念炒作，转变成真正为企业带来好处的新技术。从硬件厂商来看，Intel、AMD 纷纷在自己的芯片设计中加入对虚拟化软件的支持，将会进一步推动虚拟化技术的深入发展。从软件厂商来看，VMware、Microsoft、Xen、Swsoft 将进一步深入在中国的发展，并且开始与国内服务器厂商的合作。对于企业用户而言，虚拟化技术可以提高系统利用率、有效降低物理硬件设备数量、降低 IT 管理复杂度等，必将爆发出更大的活力。

随着 Internet 的迅速普及，以及计算机技术的飞速发展，计算机网络中新的应用大量出现，极大地提高了人们的工作、学习效率，改善了人们的生活水平。计算机技术与无线通信技术的融合使移动性成为计算机技术的另一个特点。

2.2 数据通信技术

数据通信技术也是管理信息系统开发的基础。数据通信克服了时间和空间上的限制，使人们可以利用终端在远距离共同使用计算机，提高了计算机的利用率，使计算机的应用范围扩大到社会各个领域，从而使社会信息化进一步向前推进。

2.2.1 通信技术及其发展

通信是指在两点或多点之间进行的信息交换过程。通信技术的内涵，则是实现信息的空间和时间的无失真转移。通俗地说，就是要把各种形式的信息通过通信网络快速、准确、安全、方便地从发信者传送到收信者。

现代通信产生于 1835 年。这一年，莫尔斯（S.F.Morse）发明了电报。1837 年，莫尔斯电码的出现使得莫尔斯电磁式有线电报问世。1886 年，马可尼发明了无线电报机。1876 年，贝尔（A.G.Bell）发明了电话机。1878 年，人工电话交换局出现。1892 年，史瑞桥自动交换局设立。1912 年，美国 Emerson 公司制造出世界上第一台收音机。1925 年，英国人约翰・贝德发明了世界上第一台电视机。19 世纪 30 年代，控制论、信息论等理论形成。

最近 50 年，通信技术包括了数据传输信道的发展、数据传输技术的发展和 20 世纪 80 年代后的多方向发展。数据传输信道的发展包括同轴电缆、双绞线、光纤、越洋海底电缆、微波信道、短波信道、无线通信和卫星通信等。数据传输技术的发展包括基带传输、频带传输及调制技术、同步技术、多路复用技术、数据交换技术、编码、加密、差错控制技术和数据通信网、设备、协议等。20 世纪 80 年代后，电报发展为用户电报和智能电报。电话发展为自动电话、程控电话、可视图文电话和 IP 电话。同时还出现了移动无线通信、多媒体技术和数字电视等多种通信技术。

近年来，以计算机为核心的信息通信技术（ICT，Information and Communications Technology）凭借网络飞速发展，渗透到社会生活的各个领域。ICT 不同于传统通信技术，它的字面意思是信息通信技术。ICT 产生的背景是行业间的融合以及对信息社会的强烈诉求。ICT 作为信息通信技术的全面表述更能准确地反映支撑信息社会发展的通信方式，同时也反映了电信在信息时代自身职能和使命的演进。

2.2.2　数据通信

1. 数据通信的基本概念

在通信领域中，信息一般可分为语音、数据和图像三大类型。数据是具有某种含义的数字信号的组合，如字母、数字和符号等。这些字母、数字和符号在传输时，可以用离散的数字信号逐一准确地表达出来。将这样的数据信号加到数据传输信道上进行传输，到达接收地点后再正确地恢复出原始发送的数据信息。

如果一个通信系统传输的信息是数据，则这种通信称为数据通信。更具体地说，数据通信是指计算机和其他数字设备之间通过通信结点、有线或无线链路进行数字信息的交换。数据通信是计算机和通信相结合的产物；是计算机与计算机、计算机与终端以及终端与终端之间的通信；是按照某种协议连接信息处理装置和数据传输装置，进行数据的传输及处理。数据通信克服了时间和空间上的限制，使人们可以利用终端在远距离共同使用计算机，提高了计算机的利用率，使计算机的应用范围扩大到各个社会生活领域，从而使信息化社会进一步向前推进。

为了实现数据通信，就必须进行数据传输，即将位于一地的数据源发出的数据信息通过数据通信网络传送到另一地的数据接收设备。被传递的数据信息的类型是多种多样的，其典型的应用有文件传输、语音交流、视频会议等。

2. 数据通信的特点

数据通信和电报、电话通信相比，有如下六个特点。

（1）数据通信是人—机或机—机通信，换句话说，数据通信至少有计算机或数字设备参与，计算机直接参与通信是数据通信的重要特征。

（2）数据传输的准确性要求高，需要严格的通信协议。

（3）数据通信对差错敏感，可靠性要求高。

（4）数据通信对时延和时延抖动不敏感。

（5）传输速率高，要求接续和传输响应时间快。

（6）数据通信的突发度高，通信持续时间差异大，是一种阵发式通信。

3．数据通信的基本组成

简单的数据通信，只需通过计算机或终端设备的串行口或并行口，用电缆将其连接起来，就能进行数据传输，这通常是近距离的通信。而远程复杂的数据通信则是在计算机通信网络系统中进行，多台计算机和通信连接设备按一定规则组合起来，通过不同的通信介质（分组数据交换网、电话线路、卫星信道等）来完成数据的传输。

图 2.3 是一个最简单的远程通信网的基本组成，它包括以下五类基本元素。

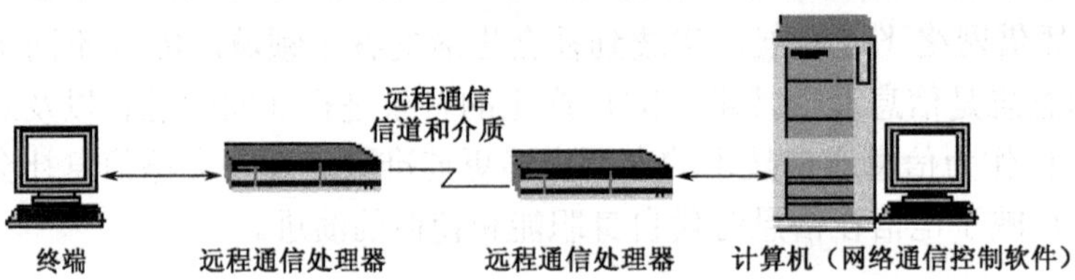

图 2.3　远程通信的基本组成

1）终端

它是位于数据通信系统人—机界面上的设备，可作为数据传输的起点或终点，发送和接收数据信息。可以是任何一种输入/输出设备。

2）远程通信处理器

支持终端与计算机之间的数据传送与接收。这些设备有调制解调器、集线器、路由器、交换机以及自动呼叫/应答器等。

3）远程通信通道和介质

远程通信的数据是在通道和介质上进行传输的。远程通信通道是多种介质的组合。例如，双绞线、同轴电缆、光纤电缆、微波系统及通信卫星，通过连接网络中的端点形成远程通信通道。

4）计算机

不同类型与规格的计算机经远程通信通道连接在一起，完成指定的信息处理。例如，一台主干计算机可以作为大型网络的主计算机；一些小型计算机则作为网络的前端处理机；微型计算机则作为小型网络的服务器。

5）网络通信控制软件

该软件由控制远程通信活动及管理远程通信功能的程序组成。例如，用于主计算机的通信管理程序，用于微型计算机网络服务器的网络操作系统，用于微型机的通信软件包等。

无论现实世界中的网络有多大、多么复杂，都是这五类基本元素在工作并支持组织的远程通信活动。

数据通信系统的技术指标主要从数据的传输数量、传输质量和信道容量来衡量。传输数量是指传输信号的速度，相应的指标是数据传输率；传输质量是指信息传输的可靠性，一般用出错率来衡量；信道容量是指能传输信息的最大能力，用单位时间内最大可传送的比特数来表示。

2.2.3　OSI 与 TCP/IP 参考模型

在两台计算机或者网络设备交换信息之前，必须建立通信连接，这就需要协议。网络协议就是一组规则，两台设备使用它实现通信。OSI 与 TCP/IP 参考模型和协议标准可以帮助实现网络设备之间的互通。

1．OSI 参考模型

1）OSI 分层通信概念

20 世纪 70 年代早期，有很多不同的计算机厂商，它们的产品大多互不兼容。而且，每个厂商有不同的产品线，甚至一个公司内部的不同产品线之间也互不兼容。为了解决这个问题，国际标准化组织提出了开放系统互联（OSI）参考模型，供设备厂商和软件开发者在生产产品时参照。所谓开放系统，指的是遵循 OSI 参考模型和相关协议标准能够实现互联的具有各种应用目的的计算机系统。

如图 2.4 所示，OSI 参考模型分为 7 层，它描述了通过网络传递信息所必须完成的工作。当数据通过网络传输时，它必须通过 OSI 参考模型的每一层。数据经过每一层时都要附加上一些信息。到了接收端，这些附加的信息又被移走。第 4 到第 7 层在端结点实现，称为上层协议；第 1 到第 3 层称为底层协议，其功能是由计算机和网络共同执行的。

OSI 参考模型仅仅是一个模型，也就是一个概念框架，用于描述网络设备或成员所必需的功能。但并没有哪个实际的网络产品严格地遵照该模型来实现。

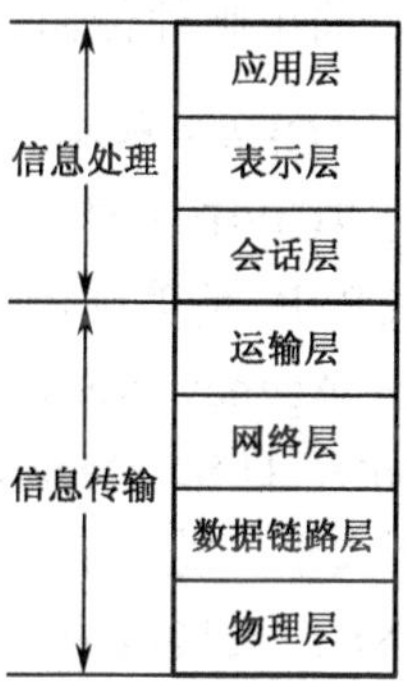

图 2.4　OSI 参考模型

2）OSI 模型各层基本功能

第 1 层：物理层（Physical）。定义传输介质如何连接到计算机上，以及电信号或光信号如何在传输介质上传输。物理层定义了所支持的电缆或无线接口的类型，以及支持的传输速率。根据物理接口的不同，每种网络业务和网络设备都有相应的物理层规范。

第 2 层：数据链路层（Data Link）。数据链路层负责在两个相邻结点间的线路上，无差错地传送以帧为单位的数据。每一帧包括一定数量的数据和一些必要的控制信息。和物理层相似，数据链路层要负责建立、维持和释放数据链路的连接。在传送数据时，如果接收点检测到所传数据中有差错，就要通知发方重发这一帧。

第 3 层：网络层（Network）。区分网络上的计算机并决定如何在网络上传送信息。这一层的主要任务是附加地址信息，以及通过网络及中间结点转移数据的控制信息。它要负责建立、维护和终止连接，包括包的交换、选路、数据拥塞、数据的再封装以及逻辑地址到物理地址的转换。网络层协议的例子有 X.25、网际协议（IP）等。

第 4 层：传输层（Transport）。负责纠正传输差错并保证信息可靠地传送。它提供端到端的差错恢复和流量控制，包括包的处理、消息的再打包、将消息分割成小的包以及差错的处理。传输层协议的例子有传输控制协议（TCP）、用户数据报协议（UDP）。

第 5 层：会话层（Session）。负责会话连接的建立、管理和安全性。用户与用户的逻辑上的联系（两个表示层进程的逻辑上联系）通常称为会话。会话层按照在应用进程之间约定的原则，建立、监视计算机之间的会话连接，提供进程间通信的控制结构。

第 6 层：表示层（Presentation）。采用软件应用可以理解的格式来表示信息。它完成数据格式的转换，从而可以提供一个标准的应用接口和公共的通信服务。它提供的服务有加密、压缩和转换格式。表示层在每个包中增加了一个字段，该字段说明了包中的信息是如何编码的。例如，它可以说明是否对数据进行了压缩，如果是，还要说明用的是哪种压缩方法，这样，接收端就可以正确地解压缩。它也可以说明是否对数据进行了加密，如果是，还要说明用的是哪种加密方法，这样接收端也就可以正确地解密。表示层保证了收发双方能看见相同格式的信息。

第 7 层：应用层（Application）。负责用户程序和网络其他业务之间交换信息。这一层支持应用和用户程序。它为应用进程访问网络提供了一个窗口。它处理一般的网络接入、流量控制、差错恢复和文件传输。应用层协议的例子有文件传输协议（FTP）、Telnet、简单邮件传输协议（SMTP）和超文本传输协议（HTTP）。

2. TCP/IP 参考模型

1）TCP/IP 参考模型的起源

TCP/IP 是美国国防部高级研究计划局计算机网（ARPANET，Advanced Research Projects Agency Network）和其后继 Internet 使用的参考模型。ARPANET 是由美国国防部（DoD，U.S. Department of Defense）赞助的研究网络。最初，它只连接了美国境内的四所大学。随后的几年中，它通过租用的电话线连接了数百所大学和政府部门。最终 ARPANET 发展成为全球规模最大的互联网络——Internet。最初的 ARPANET 于 1990 年永久性地关闭。

现在，TCP/IP 已成为 Internet 上通信的标准。TCP/IP 协议从出现到现在，一共有 6 个版本。目前使用的是版本 4（记为 IPv4），将来的趋势是使用版本 6（记为 IPv6）。

2）TCP/IP 参考模型的特点

Internet 上的 TCP/IP 协议之所以能够得到迅速发展，不仅因为它是美国军方指定使用的通信协议，更重要的是它恰恰适应了世界范围内的数据通信的需要。TCP/IP 协议主要有以下四个特点：①开放的协议标准，可以免费使用，并且独立于特定的计算机硬件与操作系统；②独立于特定的网络硬件，可以运行于局域网、广域网，更适用于互联网中；③统一的网络地址分配方案，使得整个 TCP/IP 设备在网中都具有唯一的地址；④标准化的高层协议，可以提供多种可靠的用户服务。

3）TCP/IP 参考模型的层次结构

TCP/IP 参考模型分为四个层次：应用层、传输层、网络互联层和网络接口层。其层次的构成及其与 OSI 参考模型的大致对应关系，如图 2.5 所示。

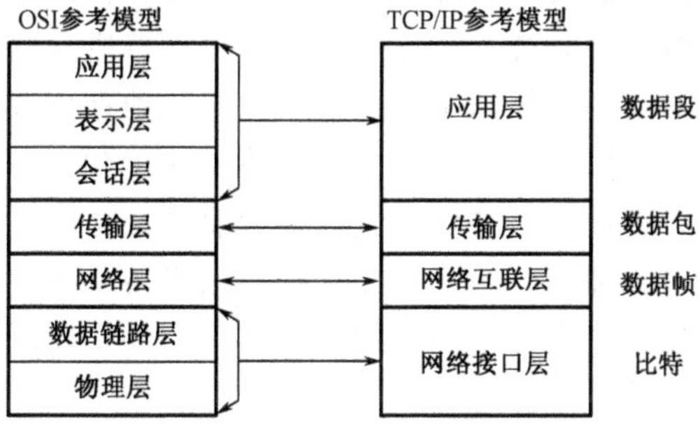

图 2.5　TCP/IP 层次的构成及其与 OSI 参考模型的大致对应关系

各层的主要功能如下。

网络接口层（Network Interface）：其主要功能是负责通过网络发送和接收 IP 数据包。实际上 TCP/IP 参考模型没有真正描述这一层的实现，只是要求能够提供给其上层网络互联层一个访问接口，以便在其上传递 IP 分组。由于这一层次未被定义，所以其具体的实现方法将随着网络类型的不同而不同。

网络互联层（Internet）：网络互联层是整个 TCP/IP 参考明晰的核心。它的功能是把分组发往目标网络或主机。同时，为了尽快地发送分组，可能需要沿不同的路径同时进行分组传递。因此，分组到达的顺序和发送的顺序可能不同，这就需要上层必须对分组进行排序。该层定义了分组格式和协议，即 IP（Internet Protocol）协议。网络互联层除了需要完成路由的功能外，也可以完成将不同类型的网络（异构网）互联的任务。除此之外，网络互联层还需要完成拥塞控制的功能。

传输层（Transport）：在 TCP/IP 模型中，传输层的功能是使源端主机和目标端主机上的对等实体可以进行会话。在传输层定义了两种服务质量不同的协议，即传输控制协议 TCP（Transmission Control Protocol）和用户数据报协议 UDP（User Datagram Protocol）。TCP 协议是一个面向连接的、可靠的协议。它将一台主机发出的字节流无差错地发往互联网上的其他主机。在发送端，它负责把上层传送下来的字节流分成报文段并传递给下层。在接收端，它负责把收到的报文进行重组后递交给上层。TCP 协议还要处理端到端的流量控制，以避免缓慢接收的接收方没有足够的缓冲区接收发送方发送的大量数据。UDP 协议是一个不可靠的、无连接协议，主要适用于不需要对报文进行排序和流量控制的场合。

应用层（Application）：TCP/IP 模型将 OSI 参考模型中的会话层和表示层的功能合并到应用层实现。应用层协议支持文件传输、电子邮件、远程登录、网络管理和 Web 浏览等应用。

2.3　计算机网络技术

管理信息系统是由计算机技术、数据通信技术、计算机网络技术、信息处理技术、科学管理方法和人组成的综合系统。在这个系统中，计算机网络是整个系统结构的主体和系统运行的基础。计算机网络是指空间位置（尤其是地理位置）不同，具有独立功能的多个计算机系统，用通信技术（通信设备和线路）连接起来，并以网络协议、网络操作系统等网络软件实现网络资源（硬件、软件及信息或数据）共享的技术系统。一个企业或组织中的信息系统大多都是分布式的，利用通信设备和线路将地理位置不同、功能独立的多个计算机系统互联起来，以功能完善的网络软件实现网络中资源共享和信息传递，是管理信息系统的主要运行方式。

2.3.1　计算机网络的分类

计算机网络的分类方法很多，如按网络地域范围的分类、按传输速率的分类和按通信介质的分类等。

1．按网络地域范围的分类

按网络覆盖的地域范围，计算机网络可分为局域网、城域网、广域网和 Internet。

1）局域网

局域网（LAN，Local Area Network）是在有限范围内，将各种计算机和外围设备（如打印机）连接而成的网络。其传输距离在 0.1～10km，传输速率一般为 10Mbps/100Mbps，传输速率与计算机和设备连接用的介质及局域网软件有关。局域网是计算机网络发展最快的一个分支，经过 20 世纪 60 年代的技术准备、70 年代的技术开发和 80 年代的商品化阶段，现在已经在企、事业单位的计算机应用中发挥着重要作用，目前正朝着多平台、多协议、异机种方向发展，数据传输速率和带宽也在不断提高。

2）城域网

城域网（MAN，Metro Area Network）的范围可以覆盖一个城市或是相连的几个小城市，物理距离在 50km 之内。当要连接的计算机超出局域网的范围之后，城域网就出现了。城域网使用局域网的拓扑结构和广域网的某些协议。如同局域网一样，城域网不使用公共电话系统传输数据。一般的城域网使用光纤作为传输介质，以 100Mbps/1 000Mbps 的速度传输数据。

3）广域网

当要连接的计算机和设备的距离超过了局域网和城域网的范围时，就可以使用广域网（WAN，Wide Area Network）。广域网是一种跨地区的数据通信网络，通常由两个或多个局域网组成。计算机常常使用电信运营商提供的设备作为信息传输平台，例如通过公用网（如电话网）连接到广域网，也可以通过专线或卫星连接。WAN 对通信的要求高、复杂性也高。广域网的传输距离可遍及全球。在广域网上，可以使用多个网络协议。

4）Internet

Internet 又称国际计算机互联网，是目前世界上影响最大的国际性计算机网络。它以 TCP/IP 网络协议将各种不同类型、不同规模、位于不同地理位置的物理网络连接成一个整体。它也是一个国际性的通信网络集合体，融合了现代通信技术和现代计算机技术，集各部门、领域的各种信息资源为一体，从而构成网上用户共享的信息资源网。Internet 发展很快，目前已形成覆盖全球的网络。

2．按传输速率分类

网络的传输速率有快有慢，传输速率快的称高速网，传输速率慢的称低速网。传输速率的单位是 bps（每秒比特数，英文缩写为 bps）。一般将传输速率在 kbps～Mbps 范围的网络称为低速网，在 Mbps～Gbps 范围的网称为高速网。也可以将 kbps 网称为低速网，将 Mbps 网称为中速网，将 Gbps 网称为高速网。

网络的传输速率与网络的带宽有直接关系。带宽是指传输信道的宽度，带宽的单位是 Hz（赫兹）。按照传输信道的宽度可分为窄带网和宽带网。一般将 kHz～MHz 带宽的网称为窄带网，将 MHz～GHz 的网称为宽带网。也可以将 kHz 带宽的网称为窄带网，将 MHz 带宽的网称为中带网，将 GHz 带宽的网称为宽带网。通常情况下，高速网就是宽带网，低速网就是窄带网。

3．按传输介质分类

传输介质是指数据传输系统中发送装置和接收装置间的物理媒体，按其物理形态可以划分为有线和无线两大类。

1）有线网

传输介质采用有线介质连接的网络称为有线网。常用的有线传输介质有双绞线、同轴电缆和光缆。

双绞线是由两根绝缘金属线互相缠绕而成的，这样的一对线作为一条通信线路，由四对双绞线构成双绞线电缆。双绞线点到点的通信距离一般不能超过 100m。目前，计算机网络上使用的双绞线按其传输速率分为三类线、五类线、六类线、七类线，传输速率在 10Mbps～600Mbps，双绞线电缆的连接器一般为 RJ—45。

同轴电缆由内、外两个导体组成，内导体可以由单股或多股线组成，外导体一般由金属编织网组成。内、外导体之间有绝缘材料，其阻抗为 50Ω。同轴电缆分为粗缆和细缆，粗缆用 DB-15 连接器，细缆用 BNC 和 T 连接器。

光缆由两层折射率不同的材料组成。内层是由具有高折射率的玻璃单根纤维体组成，外层包一层折射率较低的材料。光缆的传输形式分为单模传输和多模传输，单模传输性能优于多模传输。所以，光缆分为单模光缆和多模光缆。单模光缆传送距离为几十千米，多模光缆为几千米。光缆的传输速率可达到每秒几百兆位。光缆用 ST 或 SC 连接器。光缆的优点是不会受到电磁的干扰，传输的距离也比电缆远，传输速率高。但光缆的安装和维护比较困难，需要专用的设备。

2）无线网

采用无线介质连接的网络称为无线网。目前无线网主要采用三种技术，即微波通信、红外线通信和激光通信。这三种技术都是以大气为介质的。其中微波通信用途最广，目前的卫星网就是一种特殊形式的微波通信，它利用地球同步卫星作中继站来转发微波信号，一个同步卫星可以覆盖地球的三分之一以上表面，三个同步卫星就可以覆盖地球上全部通信区域。

2.3.2 局域网

1. 局域网的组成

局域网一般由传输介质、网络连接设备、网络服务器、网络工作站和网络软件组成。

1）传输介质

局域网使用的传输介质主要是双绞线、同轴电缆和光纤；此外还有一些传输介质附属设备，主要指将传输介质与传输介质、通信设备进行连接的网络配件。

2）网络连接设备

主要包括网络适配器、集线器（Hub）、交换机等。网络适配器是网络系统中的通信控制器，用于连接计算机和电缆线，计算机之间通过电缆进行高速数据传输。微型机局域网中的网络适配器通常是一块集成电路板（也称网卡），安装在微型计算机主机的扩展槽上，通过网络配件与传输介质相连。集线器（Hub）是一种特殊的中继器，作为网络传输介质间的中央结点，能够提供多端口服务。交换机是组成网络的系统的核心设备，是用来控制数据通信的设备，它过滤出不是发往特定网络内计算机的数据流，因而大大提高了通信效率。交换机限制不必要的通信任务，相当于增强了其他通信任务的数据传输能力。通过交换机可以显著提高整个用户网络的应用性能。

3）网络服务器

网络服务器是网络的运行和资源管理中心，通过网络操作系统对网络进行统一管理，支持用户对大容量硬盘、共享打印机、系统软件、应用软件和数据信息等共享资源的存取和访问，实现网络的功能。网络服务器可以是高性能微机、工作站、小型计算机或中大型计算机，一般具有通信处理、快速访问和安全容错等功能。

4）网络工作站

网络工作站是网络的前端，用户通过网络工作站进行网络通信、共享网络资源和接受各种网络服务。网络工作站一般采用微型计算机，除了进行网络通信外，工作站本身也具有一定数据处理能力。

5）网络软件

网络软件包括网络协议软件、通信软件和网络操作系统。网络软件功能的强弱直接影响到整个网络的性能。协议软件主要用于实现物理层和数据链路层的某些功能，如网卡中的驱动程序。通信软件用于管理多工作站的信息传输。网络操作系统管理整个网络范围内的任务管理和资源的管理及分配，监控网络的运行状态，对网络用户进行管理，并为网络用户提供各种网络服务。

2. 局域网的拓扑结构

局域网的拓扑结构指网络中结点和通信线路的几何排序，它对整个网络的设计、功能、经济性、可靠性都有影响，三种常用的局域网拓扑结构为星形、总线形和环形，如图 2.6 所示。

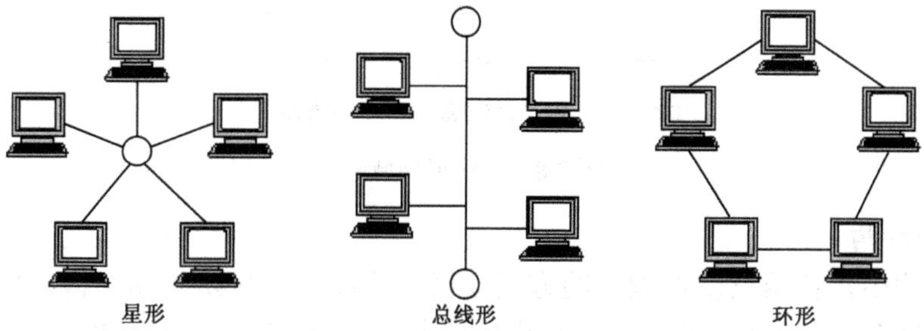

图 2.6　三种常用的局域网拓扑结构

1）星形结构

星形结构以中央结点为中心，一个结点向另一个结点发送数据，必须向中央结点发出请求，一旦建立连接，这两个结点之间就是一条专用连接线路，信息传输通过中央结点的存储－转接来完成，星形结构提供集中化的资源分配和管理，如图 2.7 所示。星形结构的优点是易于故障隔离、易于旁路和修复故障点，而且性价比较高。此外，和其他拓扑结构相比，星形结构的网络在变更或增加新的计算机方面较为容易。它的缺点是需要大量的电缆来连接所有的站点，而且当集线器发生故障时，整个网络将面临崩溃。

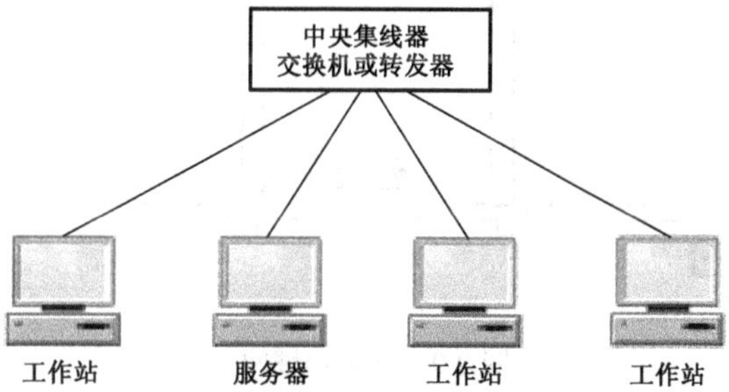

图 2.7　星形局域网

2）总线形结构

总线形结构的所有结点都通过相应硬件接口连接到一条无源公共总线上，任何一个结点发出的信息都可沿着总线传输，并被总线上其他任何一个结点接收，它的传输方向是从发送点向两端扩散传送，是一种广播式结构，如图 2.8 所示。总线结构的优点是安装简单、易于扩充、可靠性高，一个结点损坏，不会影响整个网络工作，但由于共用一条总线，所以要解决两个结点同时向一个结点发送信息的碰撞问题，这对实时性要求较高的场合不太适用。另外，电缆的故障更是会影响到很多用户，并且在流量很大时网络速率将会下降。

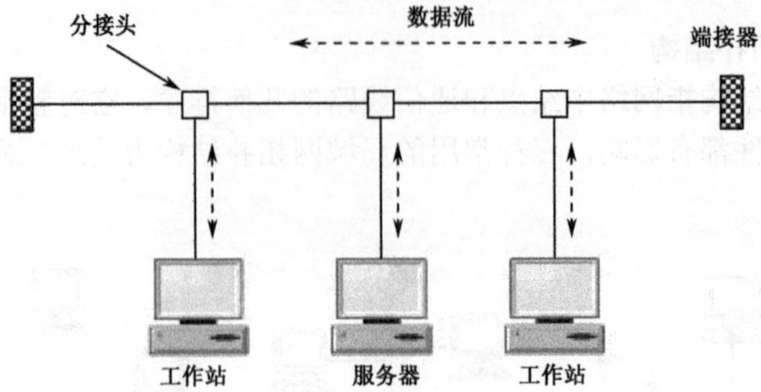

图 2.8　总线形局域网

3）环形结构

环形结构中，各结点以点到点的方式连接，形成一个封闭的环结构，如图 2.9 所示。信号在每个站点接收、再生，并传送到环上的下一个结点，并且数据在环上的传送是朝着一个方向进行的。环形结构的优点是能够将信号传送到较远的距离，这是因为每个站点都可以再生信号。这种结构还易于实现分布式控制而且所有的计算机都拥有平等的访问权。此外，环形结构实时性好、信息吞吐量大、网的周长可达 200km，结点可达几百个。环形结构的缺点是对站点的故障比较敏感（即一个站点的故障可能会破坏整个环）。而且，环形网络不易隔离故障，而且网络的局部变动将影响整个网络的操作。此外，因为环路是封闭的，所以扩充也不够方便。

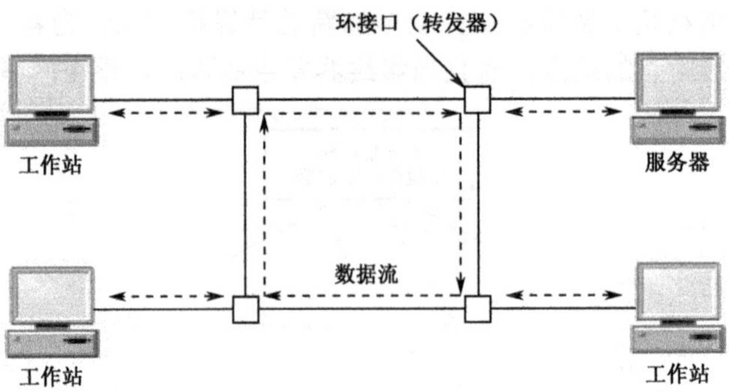

图 2.9　环形局域网

3．常见局域网的类型

目前常见的局域网的类型包括以太网（Ethernet）、光纤分布式数据接口（FDDI）、异步传输模式（ATM）、令牌环网（Token Ring）和无线局域网（WLAN）等，它们在拓扑结构、传输介质、传输速率和数据格式等多方面都有许多不同。

1）以太网（Ethernet）

以太网（Ethernet）是 Xerox、Digital Equipment 和 Intel 三家公司开发的局域网组网规范，并于 20 世纪 80 年代初首次出版，称为 DIX1.0。1982 年修改后的版本为 DIX2.0。这三家公司将此规范提交给 IEEE（电子电气工程师协会）802 委员会，经过 IEEE 成员的修改并通过，变成了 IEEE 的正式标准，并编号为 IEEE802.3。Ethernet 和 IEEE802.3 虽然有很多规定不同，但术语 Ethernet 与 802.3 是兼容的。IEEE 将 802.3 标准提交国际标准化组织（ISO）第一联合技术委员会（JTC1），再次经过修订变成了国际标准 ISO 8802-3。

早期局域网技术的关键是如何解决连接在同一总线上的多个网络结点有秩序地共享一个信道的问题，而以太网络正是利用载波监听多路访问/碰撞检测（CSMA/CD）技术成功地提高了局域网络共享信道的传输利用率，从而得以发展和流行的。

20 世纪 90 年代，交换型以太网得到了发展，并先后推出了 100 兆的快速以太网、1 000 兆的千兆位以太网和 10 000 兆的万兆位以太网等更高速的以太网技术。以太网的帧格式特别适合于传输 IP 数据包。随着 Internet 的快速发展，以太网被广泛使用。值得一提的是，如果接入网也采用以太网，将形成从局域网、接入网、城域网到广域网全部是以太网的结构，这样采用与 IP 数据包结构近似的以太网帧结构，各网之间无缝连接，中间不需要任何格式转换，可以提高运行效率，方便管理，降低成本，这种结构可以提供端到端的连接。基于以上原因，以太网接入得到了快速发展，并且越来越受到人们的重视。

2）FDDI 网络

光纤分布式数据接口（FDDI）是一种使用光纤作为传输介质的、高速的、通用的环形网络。它能以 100Mbps 的速率跨越长达 200km 的距离，连接多达 500 个设备，既可用于城域网络也可用于小范围局域网。FDDI 采用令牌传递的方式解决共享信道冲突问题，与共享式以太网的 CSMA/CD 的效率相比在理论上要稍高一点（但仍远比不上交换式以太网），采用双环结构的 FDDI 还具有链路连接的冗余能力，因而非常适于做多个局域网络的主干。然而 FDDI 与以太网一样，其本质仍是介质共享、无连接的网络，这就意味着它仍然不能提供服务质量保证和更高的带宽利用率。在少量站点通信的网络环境中，它可达到比共享以太网稍高的通信效率，但随着站点的增多，效率会急剧下降，这时候无论从性能和价格都无法与交换式以太网、ATM 网相比。交换式 FDDI 会提高介质共享效率，但同交换式以太网一样，这一提高也是有限的，不能解决本质问题。另外，FDDI 有两个突出的问题极大地影响了这一技术的进一步推广，一个是其居高不下的建设成本，特别是交换式 FDDI 的价格甚至会高出某些 ATM 交换机；另一个是其停滞不前的组网技术，由于网络半径和令牌长度的制约，现有条件下 FDDI 将不可能出现高出 100M 的带宽。面对不断降低成本，同时在技术上不断发展创新的 ATM 和快速交换以太网技术的激烈竞争，FDDI 的市场占有率逐年缩减。据相关部门统计，现在各大专院校、科研院所、政府职能机关建立局域网或城域网的设计倾向较为集中在 ATM 和快速以太网这两种技术上，原先建立较早的 FDDI 网络，也在向星形、交换式的其他网络技术过渡。

3）ATM 网络

随着人们对集语音、图像和数据为一体的多媒体通信需求的日益增加，特别是为了适应今后信息高速公路建设的需要，人们又提出了宽带综合业务数字网（B-ISDN）这种全新的通信网络，而 B-ISDN 的实现需要一种全新的传输模式，此即异步传输模式（ATM，Asynchronous Transfer Mode）。在 1990 年，国际电报电话咨询委员会（CCITT）正式建议将 ATM 作为实现 B-ISDN 的一项技术基础。这样，以 ATM 为机制的信息传输和交换模式也就成为电信和计算机网络操作的基础和 21 世纪通信的主体之一。

大多数数据目前都是在 LAN 上传送，如以太网等。在 ATM 网上应用 LANE 技术（LAN Emulation Over ATM，即在 ATM 网上进行 LAN 局域网的模拟），可以把分布在不同区域的网互联起来，在广域网上实现局域网的功能。对于用户来讲，他们所接触到的仍然是传统的局域网的范畴，根本感觉不到 LANE 的存在。

LANE 技术主要用到了 LANE Server，它可以存在于一个或多个交换机内，也可以放在一台单独的工作站中，LANE Server 可简写为 LES，主要功能就是进行 MAC-to-ATM 的地址转换，因为 Ethernet 用的是 MAC 地址，ATM 用的是自己的地址方案，通过 LES 地址转换，可以把分布在 ATM 边缘的 LANE Client（LEC）连接起来。图 2.10 显示了 LANE 的工作方式。

LANE 的工作方式具体描述如下：①LAN Switch 从 Ethernet 终端接收到一个帧，这个帧的目的地址是 ATM 网络另一端的一台 Ethernet 终端；LEC 即 LANE Client（它驻留在 LAN Switch 中）于是就发送一个 MAC-to-ATM 地址转换请求到 LES（LES 驻留在 ATM Switch 中）；②LES 发送多点组播至网络上的其他 LEC；③在地址表中含有被叫 MAC 地址的 LEC 向 LEC 做出响应；④LEC 接着便向其他 LEC 广播这个响应；⑤发送地址转换请求的 LEC 认知这个响应，并得到目的地的 ATM 地址，接着便通过 ATM 网建立一条 SVC 至目的 LEC 的通道，用 ATM 信元传送数据。

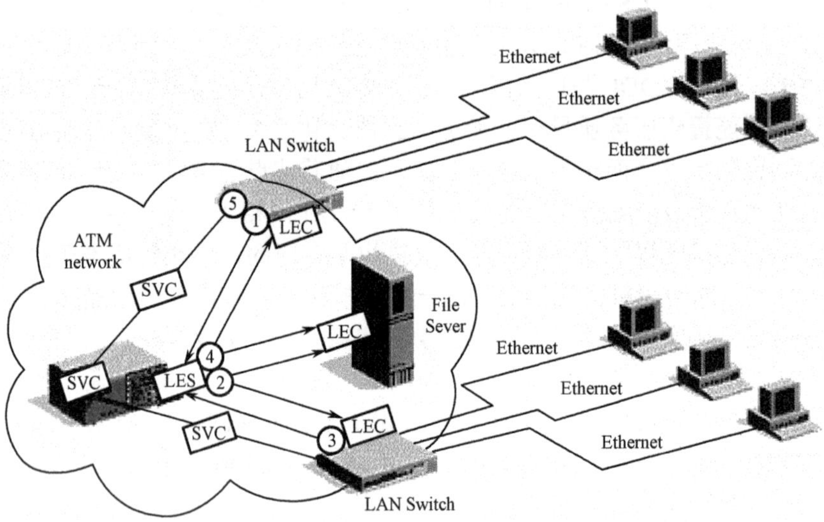

图 2.10　LANE 的工作方式

4）令牌环网（Token Ring）

令牌环网（Token Ring）是 IBM 公司于 20 世纪 70 年代发展的，现在这种网络比较少见。在老式的令牌环网中，数据传输速率为 4Mbps 或 16Mbps，新型的快速令牌环网速率可达 100Mbps。令牌环网的传输方法在物理上采用了星形拓扑结构，但逻辑上仍是环形拓扑结构。结点间采用多站访问部件（MAU，Multistation Access Unit）连接在一起。MAU 是一种专业化集线器，它是用来围绕工作站计算机的环路进行传输。由于数据包看起来像在环中传输，所以在工作站和 MAU 中没有终结器。

在这种网络中，有一种专门的帧称为“令牌”，在环路上持续地传输来确定一个结点何时可以发送包。令牌为 24 位长，有 3 个 8 位的域，分别是首定界符（SD，Start Delimiter）、访问控制（AC，Access Control）和终定界符（ED，End Delimiter）。首定界符是一种与众不同的信号模式，作为一种非数据信号表现出来，用途是防止它被解释成其他东西。这种独特的 8 位组合只能被识别为帧首标识符（SOF）。由于目前以太网技术发展迅速，而令牌网存在固有缺点，因此令牌在整个计算机局域网已不多见，原来提供令牌网设备的厂商多数也退出了市场，所以在目前局域网市场中令牌网可以说是“明日黄花”了。

5）无线局域网（WLAN）

无线局域网（WLAN）利用电磁波在空气中发送和接收数据，而不需要线缆介质。WLAN 的数据传输速率现在已经能够达到 1 000Mbps，传输距离可远至 20km 以上。无线联网方式是对有线联网方式的一种补充和扩展，使网上的计算机具有可移动性，能快速、方便地解决有线方式不易实现的网络联通问题。与有线网络相比，WLAN 具有以下四个优点。

（1）安装便捷。一般在网络建设当中，施工周期最长、对周边环境影响最大的就是网络布线的施工了。在施工过程中，往往需要破墙掘地、穿线架管。而 WLAN 最大的优势就是免去或减少了这部分繁杂的网络布线的工作量，一般只要安放一个或多个接入点（Access Point）设备就可建立覆盖整个建筑或地区的局域网络。

（2）使用灵活。在有线网络中，网络设备的安放位置受网络信息点位置的限制。而一旦 WLAN 建成后，在无线网的信号覆盖区域内任何一个位置都可以接入网络，进行通信。

（3）经济节约。由于有线网络中缺少灵活性，这就要求网络的规划者尽可能地考虑未来发展的需要，这就往往导致需要预设大量利用率较低的信息点。而一旦网络的发展超出了预期的设计规划时，又要花费较多费用进行网络改造。而 WLAN 可以避免或减少以上情况的发生。

（4）易于扩展。WLAN 有多种配置方式，能够根据实际需要灵活选择。这样，WLAN 能够胜任只有几个用户的小型局域网到上千用户的大型网络，并且能够提供像“漫游（Roaming）”等有线网络无法提供的特性。

由于 WLAN 具有多方面的优点，其发展十分迅速。在最近几年里，WLAN 已经在医院、商店、工厂和学校等不适合网络布线的场合得到了广泛的应用。

2.3.3　互联网

1. 互联网概述

通常，单个网络内的资源经常无法满足所有用户的需求，在一个网络上的用户经常需要和另一个网络上的用户通信。为了使连接在不同网络上的任意两台计算机之间能够进行通信，最直观的一种方法是将各个网络的所有特性都合并到一个网络中。但由于世界上有许多网络，而且这些网络常常具有不同的特性，使用不同的硬件和软件，因此将所有的特性合并到一个网络中的做法并不合理。确切地说，人们所要求的是将各种不同类型的网络互相连接起来的能力，使得位于任何网络上的两个站点之间能够互相通信。从用户的角度来看，一组相互连接的网络可以简化成一个大网络。

如果每个网络成员都保持它自身的特性，并且需要使用一些特殊的机制来完成经过多个网络间的通信，那么这整个网络配置通常就被称为是一个互联网。图 2.11 是一个互联网的示例。

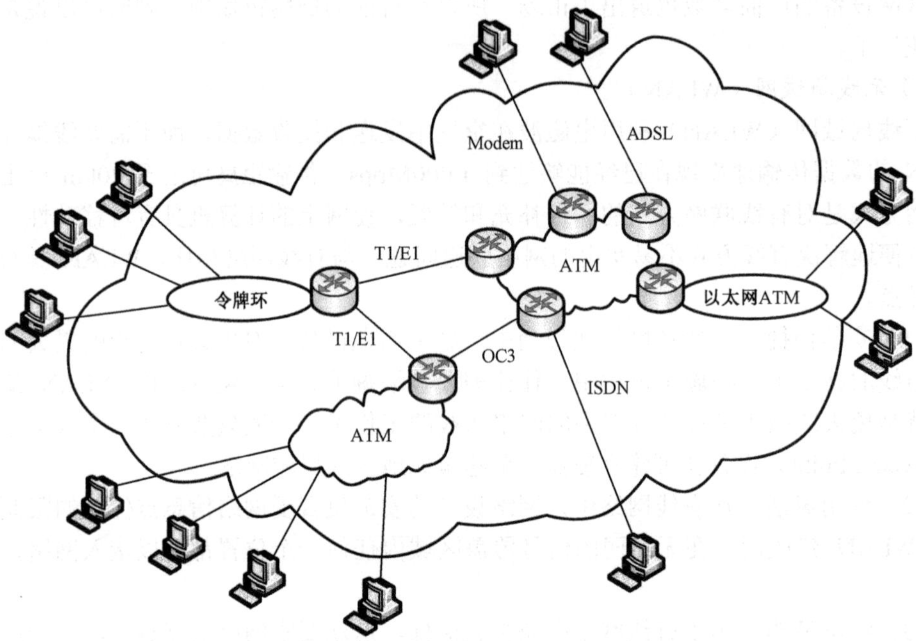

图 2.11 互联网的示例

互联网中的每个成员网络都能支持与该网络相连的设备之间的通信，这些设备被称为端系统或主机。另外，网络和网络之间通过称为中间系统的设备相连接。中间系统提供了通信路径，并执行必要的中继和路由选择功能，以使连接到互联网的不同网络上的设备之间能够交换数据。

2. 互联网的关键技术

互联网的关键技术主要包括三部分。

1）TCP/IP 技术

TCP/IP 是互联网的核心，利用 TCP/IP 协议可以方便地实现多个网络的无缝连接。

2）IP 地址和域名

为了确保数据通信时能相互识别，连在互联网上的每台主机都必须有一个唯一的标识，即主机的 IP 地址。IP 地址由 32 位（即 4 字节）二进制数组成，例如某台主机的主机号码（32 位二进制数的 IP 地址）是：11001010011000110110110000010001100，为了书写方便，将其分成 4 组，每组 8 位，用小数点隔开，每一组数译成十进制数，其范围为 0～255，如 202.193.64.34。

32 位二进制数的 IP 地址对计算机来说十分有效，但用户使用和记忆都很不方便。为此，引入了字符形式的 IP 地址，即域名。一般来说，域名分为三部分，其格式为“商标名（或企业名）.单位性质代码.国家代码”，如 hit.edu.cn。

一台计算机可以有多个域名（一般用于不同的目的），但只能有一个 IP 地址。一台主机从一个地方移到另一个地方，当它属于不同的网络时，其 IP 地址必须更换，但是可以保留原来的域名。

3）统一资源定位器（URL，Uniform Resource Locator）

URL 是专门为标识网上资源位置而设的一种编码方式。URL 是一个简单的格式化字符串，包括被访问的资源类型、服务器的地址及文件的位置等，又被称为“网址”。

URL 的格式为“传输协议：//主机 IP 地址或域名地址/资源所在路径/文件名”。例如，在 Internet 浏览器的 URL 框中输入“http://www.hit.edu.cn/about/profile.htm”，就可以进入哈尔滨工业大学学校简介页面。

3. 实现网络互联的设备

实现网络互联的设备主要有集线器、交换机、路由器、网关和防火墙等。

1）集线器

集线器（HUB）是计算机网络中连接多个计算机或其他设备的连接设备，是对网络进行集中管理的最小单元。它只是一个信号放大和中转的设备，不具备自动寻址能力和交换作用。在环形网络中，只存在一个物理信号传输通道，所有信号都是通过一条传输介质来传输的，这样就存在各结点争抢信道的矛盾，传输效率较低。引入集线器这一网络集线设备后，每一个站是用它自己专用的传输介质连接到集线器的，各结点间不再只有一个传输通道，各结点发回来的信号通过集线器集中，集线器再把信号整形、放大后发送到所有结点上，这样至少在上行通道上不再出现碰撞现象。

采用集线器所连接的网络，在逻辑功能上仍然是同一个网络。例如，在图 2.12 所示的同轴电缆以太网中，两段电缆其实相当于一段。集线器仅仅起了扩展距离的作用，但它不能提供隔离功能。

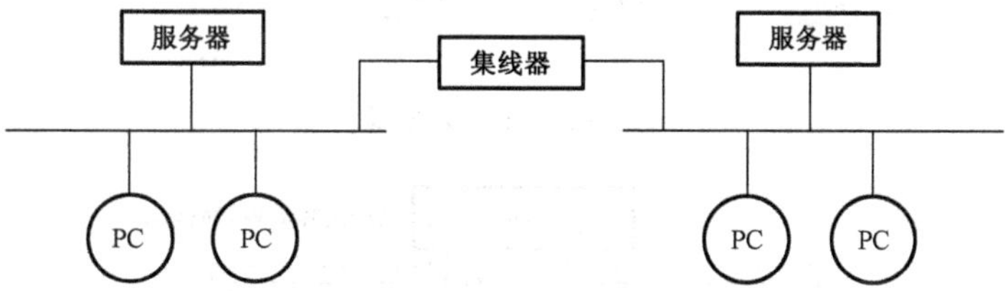

图 2.12　用集线器扩展局域网

图 2.13 是一些 HUB 产品的图片。

根据带宽的不同，目前市面上用于局域网（一般是指小型局域网）的 HUB 可分为 10M、100M 和 10/100M 自适应三种。在规模较大的网络中，还使用 1000M 和 100/1 000M 自适应两种。

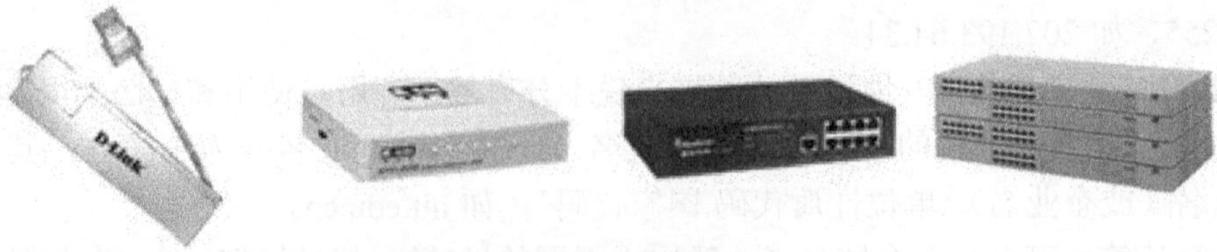

图 2.13　HUB 产品的图片

按照扩展方式分类，集线器有可堆叠集线器和不可堆叠集线器两种。当集线器的端口不够用时，可通过两种扩展方式来增加端口数——堆叠和级联。堆叠是指能够使用专门的连接线，通过专用的端口将若干集线器堆叠在一起，从而将堆叠中的几个集线器视为一个集线器来使用和管理。级联是在网络中增加结点数的另一种方法，但是此项功能的使用一般是有条件的，即集线器必须提供可级联的端口，此端口上常标有“Uplink”或“MDI”字样，用此端口与其他的集线器进行级联。目前，几乎所有的机架式集线器均可进行堆叠和级联，而桌面式集线器则大多只能级联而不能够堆叠。

按照工作方式，集线器可分为有源集线器、无源集线器和智能集线器三种。有源集线器也叫共享媒体集线器，它可以再生和转发信号，如图 2.14 所示。这种集线器需要电源。无源集线器只是作为一个连接点，它不会再生信号，信号仅仅经过集线器。这种集线器不需要电源。配线板和分线盒都属于无源集线器。智能集线器也叫交换集线器，通常提供综合管理网络互联功能以及基于 SNMP 的网络管理功能，还提供桥接、选路和交换的功能，如图 2.15 所示。智能集线器能提供一组工作站之间的连接。这些智能集线器又可以通过一个骨干网连接起来，以便实现不同的工作组之间的通信。智能集线器还可与骨干路由器相连，通过骨干路由器实现广域的连接。

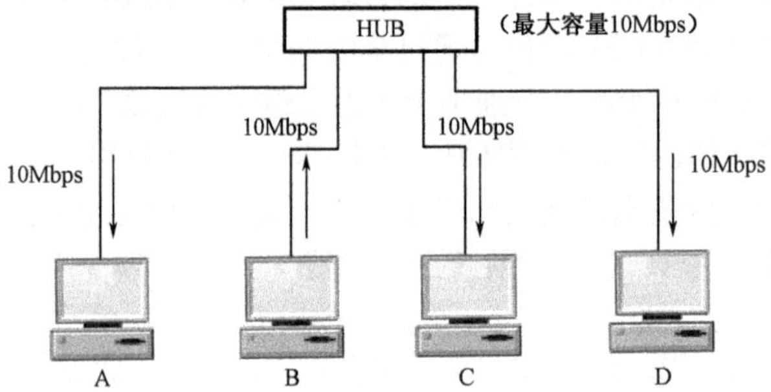

图 2.14　有源集线器

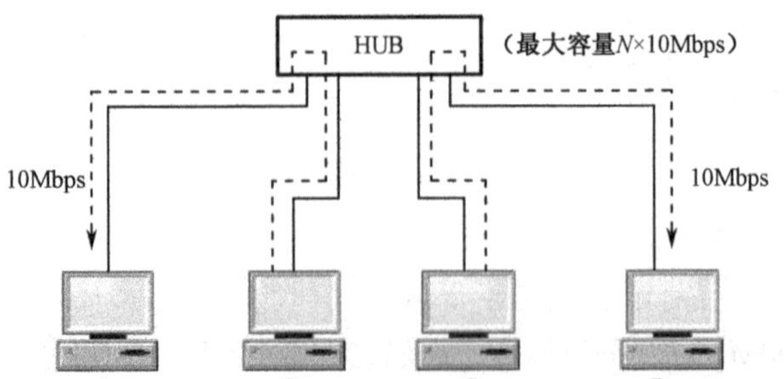

图 2.15　智能集线器

2）交换机

交换机（Switch）也叫交换式集线器，它通过对信息进行重新生成，并经过内部处理后转发至指定端口，具备自动寻址能力和交换作用，由于交换机根据所传递信息包的目的地址，将每一信息包独立地从源端口送至目的端口，避免了和其他端口发生碰撞。因此，交换机可以同时互不影响地传送这些信息包，并防止传输碰撞，提高了网络的实际吞吐量。交换机的每个端口都拥有自己的 MAC 地址。

图 2.16 是两个交换机产品的图片。

图 2.16　交换机产品的图片

交换机与集线器的区别主要有以下四点。

（1）两者处于 OSI 体系结构的不同层。集线器属于 OSI 的第一层物理层设备，而交换机属于 OSI 的第二层数据链路层设备。这意味着集线器只是对数据的传输起到同步、放大和整形的作用，对数据传输中的短帧、碎片等无法进行有效的处理，不能保证数据传输的完整性和正确性。而交换机不但可以对数据的传输做到同步、放大和整形，而且可以过滤短帧、碎片等。

（2）数据传输方式不同。目前，80%的局域网（LAN）是以太网，在局域网中大量地使用了集线器（HUB）或交换机（Switch）这两种连接设备。利用集线器连接的局域网叫共享式局域网，利用交换机连接的局域网叫交换式局域网。

（3）带宽占用方式不同。集线器不管有多少个端口，所有端口都是共享一条带宽，在同一时刻只能有两个端口传送数据，其他端口只能等待。同时，集线器只能工作在半双工模式下。而对于交换机而言，每个端口都有一条独占的带宽，这样在速率上对于每个端口来说有了根本的保障，当两个端口工作时并不影响其他端口的工作。同时，交换机不但可以工作在半双工模式下，而且可以工作在全双工模式下。

（4）传输模式不同。集线器只能采用半双工方式进行传输，因为集线器是共享传输介质的，这样在上行通道上集线器一次只能传输一个任务，要么是接收数据，要么是发送数据。而交换机则不一样，它是采用全双工方式来传输数据的，因此在同一时刻可以同时进行数据的接收和发送，这不但令数据的传输速度大大加快，而且在整个系统的吞吐量方面交换机比集线器至少要快一倍以上。

3）路由器

路由器（Router）是一种用于连接多个网络或网段的网络设备。这些网络可以是几个使用不同协议和体系结构的网络（如互联网与局域网），也可以是几个不同网段的网络（如大型互联网中不同部门的网络）。当数据信息从这样各不相同的一个网络传输到另外一个网络时，其工作就是由路由器来完成。

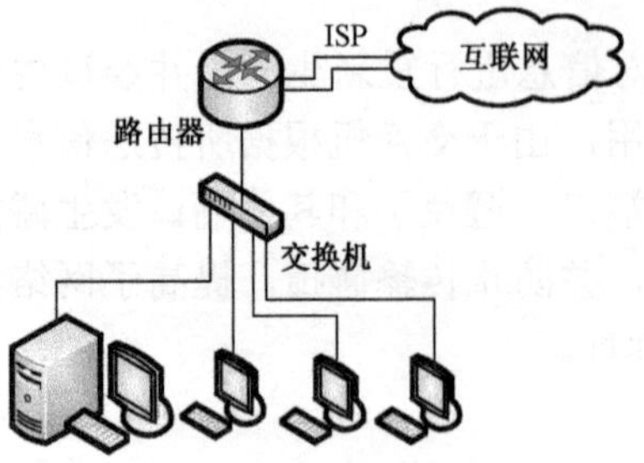

图 2.17　两个不同网络通过路由器互联

路由器在连接不同网络或网段时，可以对这些网络之间的数据信息进行“翻译”，使其成为双方都能“读”懂的数据，这样就可以实现不同网络或网段间的互联互通（见图 2.17）。同时，它还具有判断网络地址和选择路径以及过滤和分隔网络信息流的功能。目前，路由器已成为各种骨干网络内部之间、骨干网之间以及骨干网和互联网之间连接的枢纽。

图 2.18 给出了一些路由器产品的图片。

图 2.18　路由器产品的图片

路由器与交换机的区别主要有以下四点。

（1）工作层次不同。最初的交换机是工作在 OSI/RM 开放体系结构的数据链路层，而路由器一开始就设计工作在 OSI 模型的网络层。由于交换机工作在 OSI 的第二层（数据链路层），所以它的工作原理比较简单。而路由器工作在 OSI 的第三层（网络层），可以得到更多的协议信息，因此路由器可以做出更加智能的转发决策。

（2）数据转发所依据的对象不同。交换机是利用物理地址（即 MAC 地址）来确定转发数据的目的地址。而路由器则是利用不同网络的 ID 号（即 IP 地址）来确定数据转发的地址。

（3）传统的交换机只能分割冲突域，不能分割广播域，而路由器可以分割广播域。由交换机连接的网段仍属于同一个广播域，广播数据包会在交换机连接的所有网段上传播，在某些情况下会导致通信拥挤和安全漏洞。连接到路由器上的网段会被分配成不同的广播域，广播数据不会穿过路由器。虽然第三层以上交换机具有 VLAN 功能，也可以分割广播域，但是各子广播域之间是不能通信交流的，它们之间的交流仍然需要路由器。

（4）路由器提供了防火墙的服务。路由器仅仅转发特定地址的数据包，不传送不支持路由协议的数据包和未知目标网络的数据包，从而可以防止广播风暴。

4）网关

网关（Gateway）又称网间连接器、协议转换器。网关工作在传输层上，是最复杂的网络互联设备，仅用于两个高层协议不同的网络互联。

网关的类型主要有传输网关、应用网关和安全网关。

传输网关用于在两个网络间建立传输连接。利用传输网关，不同网络上的主机间可以建立起跨越多个网络的、级联的、点对点的传输连接。

应用网关在应用层上进行协议转换，其主要作用是将某个服务的一种数据格式转化为该服务的另外一种数据格式，从而实现数据交流。这种网关常作为某个特定服务的服务器，但是又兼具网关的功能。最常见的此类服务器是邮件服务器。电子邮件有好几种格式，如 POP3、SMTP、FAX、X.400、MHS 等，如果 SMTP 邮件服务器提供了 POP3、SMTP、FAX、X.400 等邮件的网关接口，那么就可以便利地通过 SMTP 邮件服务器向其他服务器发送邮件了。

最常用的安全网关是包过滤器，实际上就是对数据包的原地址，目的地址和端口号，网络协议进行授权。通过对这些信息的过滤处理，让有许可权的数据包传输通过网关，而对那些没有许可权的数据包进行拦截甚至丢弃。这与软件防火墙有一定意义上的相同之处，但是与软件防火墙相比，安全网关数据处理量大，处理速度快，可以很好地对整个本地网络进行保护而不对整个网络造成瓶颈。

图 2.19 给出了一些网关产品的图片。

图 2.19　网关产品的图片

5）防火墙

所谓防火墙指的是一个由软件和硬件设备组合而成，在内部网和外部网之间、专用网与公共网之间的界面上构造的保护屏障。它是一种获取安全性方法的形象说法，是一种计算机硬件和软件的结合，使 Internet 与 Intranet 之间建立起一个安全网关（Security Gateway），从而保护内部网免受非法用户的侵入。

防火墙主要由服务访问政策、验证工具、包过滤和应用网关 4 个部分组成。

2.3.4 Internet

Internet 是一个典型的互联网，是一个世界范围的互联网，它被广泛地用于连接大学、政府机关、公司和个人用户。Internet 是成千上万信息资源的总称，这些资源以电子文件的形式，在线地分布在世界各地的计算机上。Internet 上开发了许多应用系统，供接入网上的用户使用，网上的用户可以方便地交换信息，共享资源。Internet 是各种使用 TCP/IP 协议（传输控制协议/网间协议）互相通信的数据网络的集合。

1. Internet 的接入方式

Internet 的接入方式主要有拨号接入、局域网接入和无线接入三种类型。目前，一种借助电力线上网的方式也在发展中。

1）拨号接入

拨号接入的方式主要有以下四种。

（1）电话线上网。这是早期接入 Internet 的一种方式，它使用普通电话调制解调器（Modem）和电话线接入 Internet，速率较低。不考虑线路和静电等外部因素的影响，其速率不超过 56kbps，且上网后电话就被占用。

（2）ISDN 上网。ISDN（Integrated Services Digital Network，综合业务数字网）是以综合数字电话网 IDN（Integrated Digital Network）为基础发展起来的通信网络，即数字交换和数字传输结合形成了综合业务数字网。综合业务数字网的关键在于数字化技术综合的实现，随着光纤技术、多媒体技术、高分辨率动态图像与文件传输技术的发展，人们对数据传输速率的要求越来越高。可通过网络终端 NT、ISDN 终端适配器、ISDN 代理服务器、专用 ISDN 路由器等设备接入 Internet。ISDN 具有节省投资、使用方便、传输速率高、质量好等特点。

（3）xDSL 上网。xDSL 是 DSL 的统称，它们以铜电话线作为传输介质，采用点对点的接入技术，常用的有 ADSL 和 HDSL。HDSL 主要用于数字交换机的连接、高带宽视频会议、远程教学、蜂窝电话基站连接、专线网络建立等方面；ADSL 适合双向带宽要求不一致的应用，如 Web 浏览、多媒体点播以及消息发布等。

（4）Cable Modem 上网。Cable Modem 是一种适用于光纤/铜线混合接入网（HFC）的调制，允许用户通过有线电视网进行高速数据接入（如接入 Internet）的设备。其本身不是单纯的调制解调器，而是一个协调器和加密设备，还起到路由和网卡的部分作用。

2）局域网接入

局域网接入的主要形式是光纤+局域网（FTTx+LAN）。这是一种利用光纤+5 类线方式的宽带接入方案。由于光纤传输系统的容量大、损耗小、抗电磁干扰力强、成本逐步降低，光纤接入将是全业务接入网的主要发展方向，并且光纤到户将成为主要服务形式。

3）无线接入

无线接入是继有线接入之后发展起来的另一种互联网的接入方式。借助无线接入技术，无论在何时、何地，人们都可以轻松地接入互联网。常用的无线接入方式在结构上大致上可分为 2 种类型，一种是局端设备之间通过无线方式互联，如图 2.20 所示。另一种是用户终端采用无线接入方式接入局端设备，如图 2.21 所示。

4）电力线上网

电力线上网（电力线通信技术，PLC）是指利用电线传输数据信号的一种通信方式。家庭采用这种技术，理论上不需重新布线就能实现上网、打电话、有线电视等多种应用，而且可以通过房间里任意一个电源插座上网。多年来，这种发展中的技术在全球范围都被认为尚不成熟，一直没有得到广泛应用。但有业内人士指出，技术问题都可以通过技术手段来解决，一旦 PLC 技术上趋于成熟，特别是国家监管政策明朗以后，很可能会改变国内宽带市场目前的格局。

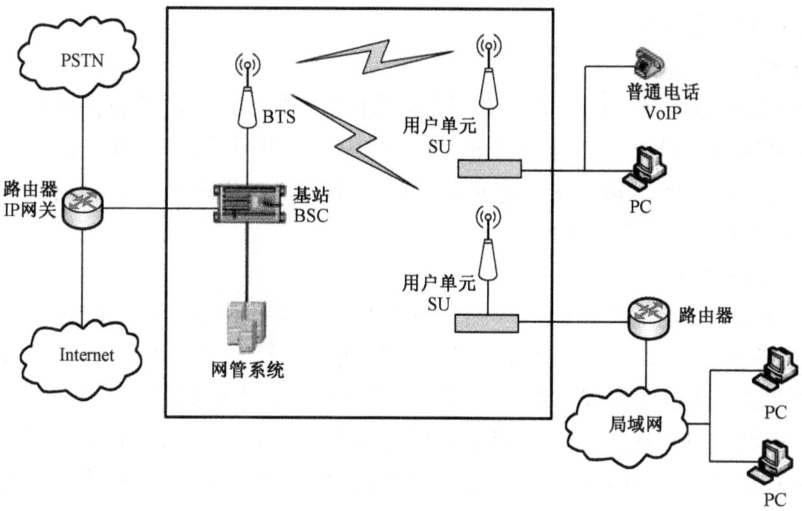

图 2.20　局端设备之间通过无线方式互联

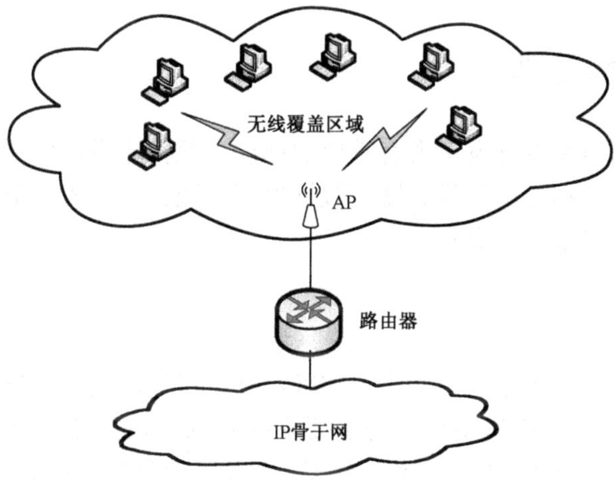

图 2.21　用户终端采用无线接入方式接入局端设备

2．Internet 的应用

Internet 的应用主要体现在以下四方面。

1）万维网

万维网（WWW，World Wide Web）是无数个网络站点和网页的集合，它们在一起构成了 Internet 最主要的部分。它实际上是多媒体的集合，即集文本、声音、图像、视频等多媒体信息于一身的全球信息资源网络，是由超级链接连接而成的，通过网络浏览器上网观看的就是万维网的内容。

2）电子邮件

电子邮件（E-mail）是 Internet 上使用最早、最广泛的一种服务。用户只要能与 Internet 连接，具有收发电子邮件的程序及个人的 E-mail 地址，就可以与 Internet 上有 E-mail 地址的所有用户方便、快速、经济地交换电子邮件。电子邮件改变了人们的通信方式，提高了交流的效率。

3）讨论组

讨论组（Usenet）是一个由众多趣味相同的用户共同组织起来的各种专题讨论组的集合，通常也称为全球性的电子公告板系统（BBS），用于发布公告、新闻、评论集等各种文章供网上用户使用和讨论。它实际上是一个协议，描述如何将讨论的内容存储在计算机上，并在计算机之间传输。

4）文件传输协议

协议是 Internet 上文件传输的基础，通常所说的文件传输协议（FTP，File Transfer Protocol）是基于该协议的一种服务，是一个描述在本地计算机与远程计算机之间进行文件传输的协议。通过该协议，用户可以从一个 Internet 主机向另一个 Internet 主机复制文件。FTP 曾经是 Internet 中的一种重要的交流形式。目前，常用它来从远程主机中复制所需的各类软件。在 Internet 上，绝大多数提供 FTP 文件访问的计算机都支持匿名 FTP，即允许任意一台计算机上任意一个用户访问公用文件，同时还提供大量免费或收取少量费用的软件。

2.4　数据库技术基础

数据库设计在信息系统开发中占有重要的地位，数据库设计的质量将影响信息系统的运行效率及用户对数据使用的满意度。数据处理、数据库技术、数据库应用系统对保证数据库设计质量具有重要的影响。

2.4.1　数据处理

数据处理是指把来自科学研究、生产实践和社会经济活动等领域中的原始数据，用一定的设备和手段，加工成满足用户使用要求的数据。数据处理是管理活动的基本内容，也是管理信息系统的基本功能。数据处理一般不涉及复杂的数学计算，但要求处理的数据量大，因此，在进行数据处理时要考虑数据以怎样的方式存储在计算机中，采用何种数据结构有利于数据的存储和取用，以及用什么方法从已组织好的数据中检索数据。

1．数据组织

1）数据组织的层次

在管理信息系统中，大量数据以一定的形式存放在各种存储介质中，数据的组织方式及内在联系的表示方式决定着数据处理的效率。为了使数据成为有意义的信息，需要将数据有序地组织起来，才能对数据进行有效的处理。数据的逻辑组织由数据项、记录、文件、数据库这四个基本逻辑元素组成，形成了以数据库为最高层的层次结构，如图 2.22 所示。

2）数据项

数据项是组成数据系统的有意义的最小单位，其作用是描述一个处理对象的某些属性。如数据处理对象是学生，学生的属性包括姓名、学号、各门课程的成绩等。

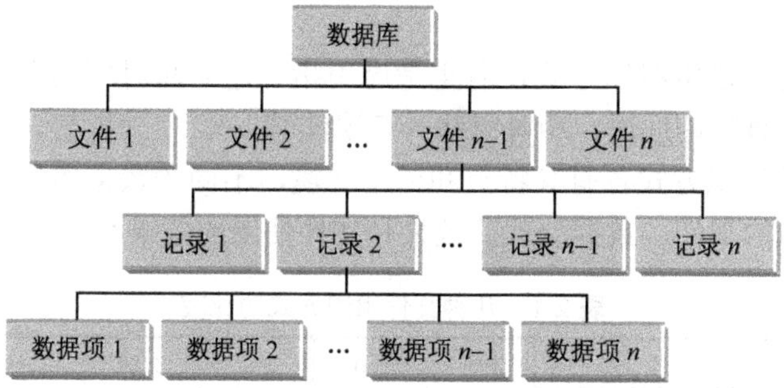

图 2.22　数据组织的层次结构

3）记录

记录是某一对象有关的一切数据项的集合，如处理对象是学生，则描述某个学生属性的集合即为该学生的记录。标识记录的数据项称为关键字，通常把唯一地标识一条记录的关键字称为主关键字，可按关键字查询数据。

4）文件

文件是相同记录的集合，如学生情况文件包含有关学生的记录。文件的建立与维护是计算机处理系统重要的工作之一。

5）数据库

数据库是逻辑相关文件的集合，它不仅是若干文件的集合，还意味着对文件的重新组织，以便最大限度地减少数据的重复存储。运用数据库方式管理数据，可以把存在不同文件中的逻辑相关的数据存放在一个文件中，以提高处理效率。

在计算机信息系统中，文件是数据库组织的基础，任何对数据库的操作最终都要转化为对数据文件的操作。因此文件的逻辑组织方式和物理存储方式将直接影响整个信息系统的效率。

2. 文件组织方式

文件组织是数据组织的一部分，主要指数据记录在外存设备上的组织。当用户使用文件中数据时，文件中记录排列有一定的逻辑顺序，同时文件的数据记录又按一定的物理顺序存储到外存设备中。一般数据记录的逻辑顺序与物理顺序是不一致的，所以，必须建立并确定数据记录的物理顺序和逻辑顺序之间的对应关系。常见的文件组织方式有以下三种。

1）顺序组织文件

该文件中数据记录的物理顺序与逻辑顺序一致，即文件的记录是按关键字值的递增（或递减）次序排序，形成了记录的逻辑顺序。顺序文件可以存放在不同的物理介质上，如磁带、磁盘等。

2）索引文件

具有索引表的文件称为索引文件，由索引与主文件两部分组成。索引文件必须存储于随机存储介质上，如磁盘等。

3）直接存取文件

这是一种常见的逻辑组织形式，着重考虑用指针建立起对应的逻辑关系。直接存取文件的组织方式有直接地址法、相对键法、杂凑法等。

以上三种文件组织方式各有其特点和应用环境，不同的数据组织方法和不同的介质对于采用何种类型的文件、数据处理的效果和文件使用的效果有很大影响，见表 2.1。

表 2.1　几种文件组织方式的比较

使用效果 文件组织	文件处理方法		文件大小	查找速度	文件活动率	文建易变性	响应时间	复杂度	对软件要求
	顺序处理	直接存取							
顺序存取文件	很好	不能处理	无限制	慢	大	高	长	中	低
索引文件	好	好	中等	较快	中	中	中	高	中
直接存取文件	不能处理	很好	有限制	快	一般	不高	短	低	高

2.4.2　数据库技术

1. 数据库系统的性能

数据库是指存储在一起的有组织、可共享的数据集合。这些数据不存在冗余，可为多种应用服务，数据的存储独立于使用它的程序。数据库管理系统是管理数据库数据的一组软件，负责数据的定义、装载、修改、检索和维护等功能。一个数据库系统应具备以下六方面的性能。

1）数据的逻辑独立性

数据逻辑组织的改变不影响或少影响原来的应用程序执行。如数据模型中增加新的记录型，某一个记录型中增添了新的数据项等。

2）数据模型的复杂性

数据库必须有能力描述客观事物及其联系的复杂性。常用的数据模型主要有层次模型、网状模型和关系模型，每一个数据库系统只能使用一种模型。

3）数据的共享性

允许多个用户同时存取数据库中的数据，也允许通过多种高级语言程序或命令文件使用数据。数据库能以最优方式适合于多个用户和应用程序的需要。

4）数据的安全保密性

数据要被多个用户共享，就必须保护数据，防止不合法的使用。常常采用一些安全保密措施，如用口令或其他手段检查用户身份，以判断用户能否对数据进行存取。

5）数据的完整性

数据的完整性包括数据的正确性、有效性和兼容性。正确的数据不一定有效，系统必须有检验措施，以控制数据在一定范围内有效，或者这一部分数据与另一部分数据必须满足一定的关系。

6）良好的人—机界面

为满足用户和数据打交道，系统必须有良好的人—机界面，使用户掌握容易、使用方便，系统的响应速度快，数据库在单位时间内的吞吐量大。

2. 数据库系统的构成

数据库系统是由计算机系统、数据库、数据库管理系统和有关人员组成的具有高度组织的总体。

1）计算机系统

计算机系统指用于数据库管理的计算机软硬件系统。数据库需要大容量的主存以存放和运行操作系统、数据库管理系统程序和应用程序等；需要大容量的直接存储设备及较高的网络功能。

2）数据库

数据库包括存放实际数据的物理数据库和存放数据逻辑结构的描述数据库。

3）数据库管理系统

数据库管理系统是一组对数据库进行管理的软件，通常包括数据定义语言及其编译程序、数据操纵语言及其编译程序和数据管理理性程序。

4）有关人员

有关人员指对数据库进行有效控制的数据库管理员、设计数据库管理系统的系统程序员及用户。

3. 数据库管理系统

数据库管理系统（DBMS）是一组计算机程序，控制组织和用户的数据库生成、维护和使用。其主要功能如图 2.23 所示。

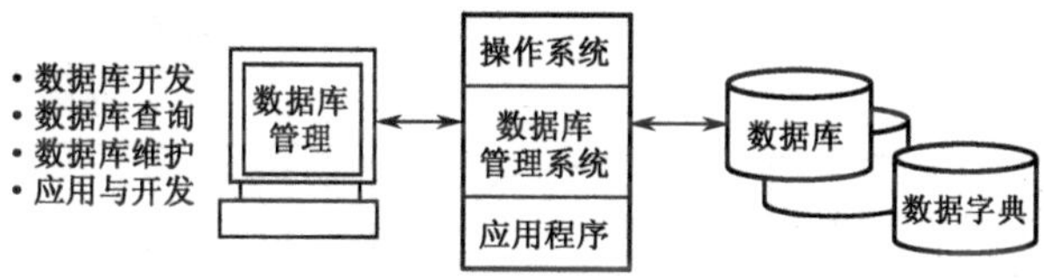

图 2.23　数据库管理系统的主要功能

1）数据库开发

数据库管理软件允许用户很方便地开发他们自己的数据库，DBMS 也允许数据库管理员在专家的指导下对整个组织的数据库开发给予控制，以此改善组织数据库的完整性与安全性。

2）数据库查询

用户可以使用 DBMS 中的查询语言或报告发生器询问数据库中的数据，可以在显示器或打印机直接接受机器的响应，不要求用户进行程序设计。用户只要掌握一些简单的请求，查询语言就能让用户方便、快捷地得到联机查询的响应。

3）数据库维护

数据库需要经常更新数据以适应企业新的状况，数据库数据的变化需要进行各种修改以保证数据的准确性。这种数据库维护处理是在 DBMS 的支持下，由传送处理程序及其他用户应用软件实现的。

4）应用与开发

DBMS 的一个重要作用是应用开发，可以利用 DBMS 软件包提供的内部程序设计语言开发完整的应用程序。

5）数据字典

数据字典是数据库管理的重要工具。数据字典是超越数据的计算机分类与目录，字典的内容是关于数据的数据。数据字典含有管理数据定义的数据库，其内容包括组织数据库的结构、数据元素及其他特征。数据字典由数据库管理员控制、管理和维护。

4. 数据库设计

数据库设计在信息系统开发中占有重要的地位，数据库设计的质量将影响信息系统的运行效率及用户对数据使用的满意度。如何根据用户的需求及企业生存环境，在指定的数据库管理系统上设计数据库的逻辑模型，最终建成企业数据库是从现实世界向计算机世界转换的过程。

1）信息的转换

信息是人们提供关于现实世界客观存在事物的反映，数据则是用来表示信息的一种符号。要将反映客观事物状态的数据，经过一定的组织，转换成为计算机内的数据，将经历四个不同的状态，如图 2.24 所示。

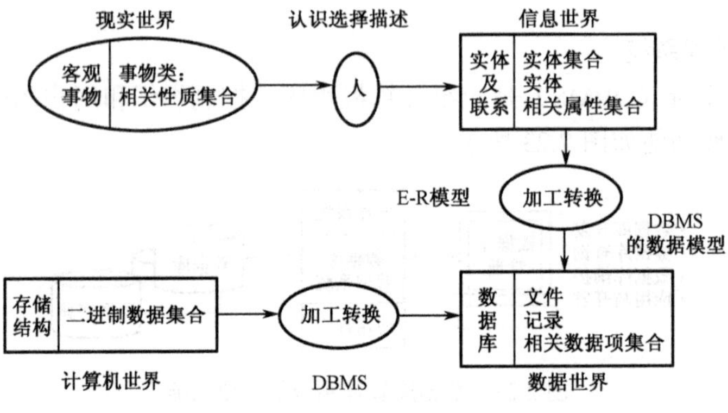

图 2.24　信息的转换过程

从现实世界、客观（信息）世界到数据世界是一个认识的过程，也是抽象和映射的过程，相应的数据库设计也要经历类似的过程，即数据库设计也要包括用户需求分析、概念结构设计、逻辑结构设计和物理结构设计四个阶段。用户需求分析用以确认数据库的用户需求；概念结构设计是根据用户需求设计数据库模型，也称概念模型，可以用实体联系模型（E-R 模型）表示；逻辑结构设计是将概念模型转换成某种数据库管理系统支持的数据模型；物理结构设计是为数据模型在设备上选定合适的存储结构和存取方法。

2）E-R 信息模型的设计

E-R（Entity Relationship Approach）方法，即实体-联系方法，该方法通过 E-R 图形表示信息世界中的实体、属性、关系的模型。

实体可以是人，也可以是物或抽象的概念，可以指事物之间的联系，如一个人、一件物品、一个部门等都可以是实体；属性指实体具有的某种特性，用来描述一个实体，如学生实体可由学号、姓名、年龄、性别、专业、年级等属性来刻画；联系是指反映到信息世界中的现实世界的事物存在的这样或那样的联系。在信息世界中，事物之间的联系可分为实体内部的联系和实体之间的联系两种。

在 E-R 图中，实体、联系和属性分别用方框、菱形和椭圆形表示。作为标识，框内填入相应的实体名、联系名及属性名。图 2.25 显示了两个实体间三种不同联系的 E-R 图。

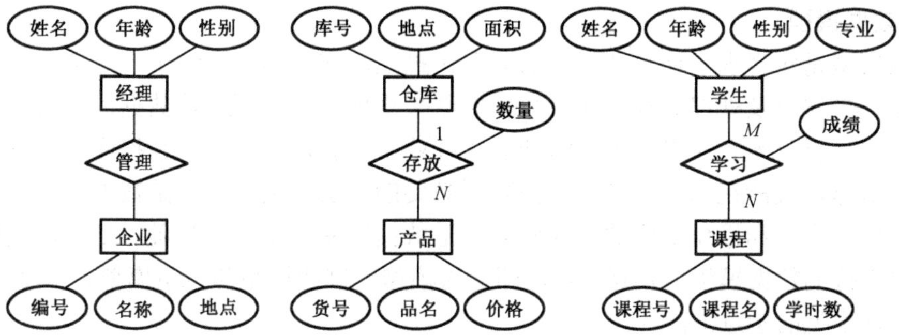

（a）经理与企业一对一关系　（b）仓库与产品一对多关系　（c）学生与课程多对多关系

图 2.25　两个实体间三种不同联系的 E-R 图

在分析企业信息系统时，根据用户的不同要求，画出各个用户的局部 E-R 图，然后再对各局部 E-R 图加以综合，产生总体 E-R 图。为了图示简明起见，一般图中可以不画属性，而是用文字列于文中。例如，图 2.26 给出了某企业物资入库管理 E-R 图。

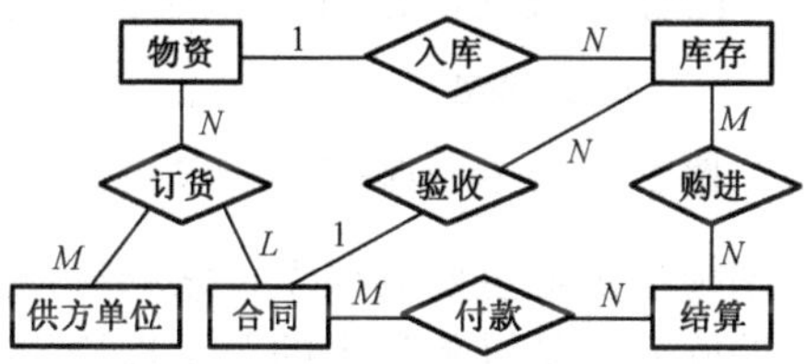

实体	属性	联系	联系方式
供方单位	单位号 单位名 地址 联系人 邮政编码	入库	1:N
物资	物资代码 名称 规格 备注	验收	1:N
库存	入库号 日期 货位 数量	购进	多对多
合同	合同号 数量 金额 备注	付款	多对多
结算	结算编号 用途 金额 经手人	订货	M:N:L

图 2.26　某企业物资入库管理 E-R 图

图中实体之间的联系可以这样理解：一种物资可以分多次入库，所以入库是一对多联系；一份合同订购的物资可以分多次验收，所以验收也是一对多联系；一次购进的物资可以经多次结算，而一次结算可以承办多次购进的物资，所以是多对多的联系，其属性值为入库号、结算编号、数量和金额；付款也是多对多的联系，其属性值为结算编号、合同号、数量和金额；订货是一个数量超过两个的不同类型实体之间的联系。在订货业务中，一种物资可以由多家供应，产生多笔合同。反之，一个供应单位可供应多种物资，产生多笔合同，所以在图中用 M:N:L 的结构来表示。订货联系的属性为物资代码、单位号、合同号、数量和单价。

E-R 图直观易懂，能比较准确地反映出现实世界的信息联系，并从概念上表示了一个数据库的信息组织情况。数据库系统设计人员可根据 E-R 图，结合具体 DBMS 所提供的数据模型类型，将实体的属性与联系演变为 DBMS 所能支持的数据模型。

5. 数据模型

数据模型是对客观事物及其联系的数据化描述。在数据库系统中，对现实世界中数据的抽象、描述以及处理等都是通过数据模型来实现的。模型能使数据以记录的形式组织在一起，综合反映企业组织经营活动的各种业务信息，它既能使数据库含有各个用户所需要的信息，又能在综合的过程中去除不必要的冗余。数据模型是数据库系统设计中用于提供信息表示和操作手段的形式构架，是数据库系统实现的基础。目前，实际数据库系统中支持的数据模型主要有三种，即层次模型、网状模型和关系模型。图 2.27 给出了三种数据模型的示意图。

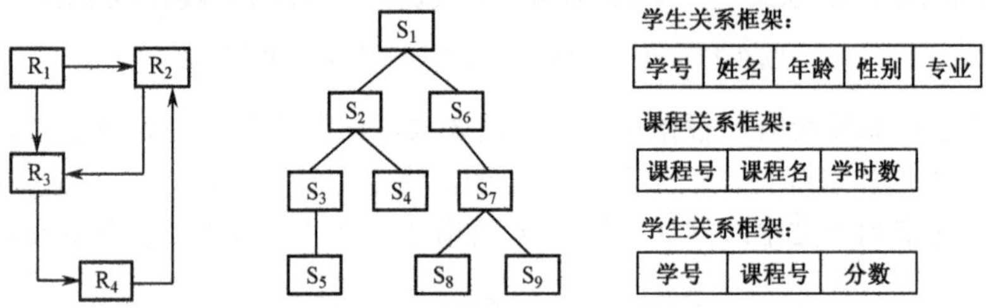

（a）网络模型　（b）层次模型　（c）关系模型

图 2.27　三种数据模型的示意图

在上述三种模型中，关系模型是最重要的模型，它的特点是用人们最熟悉的表格数据的形式描述数据记录之间的联系，是以数学中的关系理论为基础的。该模型简化了程序开发及数据库建立的工作量，因而应用广泛，并在数据库系统中占据了主导地位。

2.4.3　数据库应用系统的结构

数据库应用系统包括四种结构，即集中式应用结构、文件服务器结构、客户/服务器结构和浏览器/服务器结构。

1. 集中式应用结构

在 20 世纪 60 至 70 年代，数据库系统环境是大型机环境。大型机代表一种“集中式”的环境，这种环境主要由一台功能强大、允许多用户连接的计算机组成。多个终端通过网络连接到大型机上，并可以与大型机进行通信。这种结构的优点是可以实现集中管理，安全性好，但其缺点是费用昂贵，不能真正划分应用程序的逻辑。大型机的另一个主要问题就是对最终用户的限制，终端只能与大型机进行通信，而其他的一些任务，像用户的手工处理、字处理软件的使用或者个人计算机都无法与大型机交互。

2. 文件服务器结构

在这种结构中，应用程序是在客户工作站上，而不是在服务器上运行。这种结构的特点是将共享数据资源集中管理，而将应用程序分散安排在各个客户工作站上。文件服务器结构的优点在于实现的费用比较低廉，而且配置非常灵活，在一个局域网中可以方便地增减客户端工作站。其缺点在于：由于文件服务器只提供文件服务，所有的应用处理都要在客户端完成，这就意味着客户端的个人计算机必须要有足够的能力，以便执行需要完成的任何程序。这可能经常需要对客户端的计算机进行升级，否则就很难改进应用程序的功能，提高应用程序的性能。

3. 客户/服务器结构

客户/服务器（C/S，Client/Server）结构允许应用程序分别在客户工作站和服务器上执行，这样就可以合理地划分应用逻辑，充分发挥客户工作站和服务器两方面的性能。C/S 结构的客户工作站向服务器发送的是处理请求，而不是文件请求；服务器返回的是处理的结果，而不是整个文件，从而极大地减少了网络流量。大型机集中式结构的所有程序都在主机内执行，而文件服务器结构的所有程序都在客户端执行，这两种结构都不能提供真正的可伸缩应用系统框架。而 C/S 结构则可以将应用逻辑分布在客户工作站和服务器之间，可以提供更快更有效的应用程序性能。

4. 浏览器/服务器结构

两层 C/S 结构实现了功能的分布式处理，充分利用了各个组成部分的处理能力，使系统整体更加合理。但是还存在一些不足，其中典型的是客户端配置的复杂性。在客户端需要进行应用系统软件安装和环境配置，使系统的维护工作复杂化。当系统升级时，需要对所有客户端进行重新安装和发布，维护成本很高。另外，在该结构中，客户端的软件非常复杂，对同一处理事务会有较大的差异，用户需要进行不断地学习，影响了系统的使用效率。因此，在 C/S 结构的基础上出现了浏览器/服务器（B/S，Browser/Server）的三层结构的系统。该结构的优点主要体现在：应用的处理一般采用中间件，而中间件以独立、封装和共享为特点，可以实现很好的共享和性能保证，从而有效地降低开发成本；实现了应用程序和数据的分离，当业务发生改变时，只需要将应用程序进行修改并更新应用服务器，其他层次均不需要进行修改，因此维护比较方便；由于将应用程序和数据进行了分离，因此当某方面出了问题，即可针对性地进行处理，停止相应的服务或重启服务，具有针对性，使管理非常方便。

本章小结

计算机技术是管理信息系统开发的基础，管理信息系统的开发必须关注计算机技术的最新进展。有关分析认为，未来的计算机技术将向超高速、微型、并行处理、智能化、网络化和移动化的方向发展。

数据通信是指计算机和其他数字设备之间通过通信结点、有线或无线链路进行数字信息的交换。数据通信是计算机和通信相结合的产物；是计算机与计算机，计算机与终端以及终端与终端之间的通信；是按照某种协议连接信息处理装置和数据传输装置，进行数据的传输及处理。数据通信克服了时间和空间上的限制，使人们可以利用终端在远距离共同使用计算机，提高了计算机的利用率，使计算机的应用范围扩大到各个社会生活领域，从而使信息化社会进一步向前推进。

最简单的远程通信网，由终端、远程通信处理器、远程通信通道和介质、计算机和网络通信控制软件五类基本元素组成。

在两台计算机或者网络设备交换信息之前，必须建立通信连接，这就需要协议。网络协议就是一组规则，两台设备使用它实现通信。OSI 与 TCP/IP 参考模型和协议标准可以帮助实现网络设备之间的互通。

计算机网络是指空间位置不同，具有独立功能的多个计算机系统，用通信技术连接起来，并以网络协议、网络操作系统等网络软件实现网络资源共享的技术系统。计算机网络的分类方法很多，通常按网络的地域范围可分为局域网、城域网、广域网和 Internet。

数据库系统是由计算机系统、数据、数据库管理系统和有关人员组成的具有高度组织的总体。数据库管理系统（DBMS）是一组计算机程序，控制组织和用户的数据库生成、维护和使用。数据库设计在信息系统开发中占有重要的地位，数据库设计的质量将影响信息系统的运行效率及用户对数据使用的满意度。

从数据库应用系统结构的角度来看，它包括了四种应用系统结构，即集中式应用结构、文件服务器结构、客户/服务器结构、浏览器/服务器结构。

问题讨论

1. 计算机技术未来的发展趋势是什么？
2. 什么是数据通信？
3. 数据通信网由哪些基本元素组成？
4. OSI 参考模型是由哪些层次构成的，各层次都具有哪些功能？
5. TCP/IP 参考模型是由哪些层次构成的，各层次都具有哪些功能？
6. OSI 与 TCP/IP 参考模型具有怎样的对应关系？
7. 什么是计算机网络？
8. 计算机网络按地域范围可分为哪几种类型？
9. 局域网主要有哪几种拓扑结构？
10. 什么是互联网？实现网络互联主要有哪些设备？
11. 什么是 Internet？Internet 的接入方式主要有几类？其主要应用方向有哪些？
12. 什么是数据处理？
13. 数据库系统是如何构成的？数据库管理系统的主要功能有哪些？
14. 数据库应用系统包括哪几种应用结构？

案例分析 2.1

某市政府数据中心建设方案分析

1. 建设目标

按照“统一设计、统一建设、统一维护、分布使用”的原则，建立市电子政务工程政府数据中心，集中建设网络平台、安全平台、系统平台，为电子政务应用系统提供一个稳定、高效、安全、可靠、易于管理维护、便于扩充的运行环境，使其成为电子政务系统的交换中心、数据中心、网管中心、安全中心和运行中心。

2. 建设内容

政府数据中心运行环境的建设内容包括网络管理平台、安全平台、系统平台和应用支撑平台的建设，提供集中的互联网接入和政府专网的接入服务，提供集中的数据库服务，提供统一用户管理、协作调度、监督检查、数据交换和数据共享服务，为电子政务各类应用提供统一的运行环境。

市电子政务应用网络管理平台包括对政务内网、政府专网的管理，是市电子政务系统的政府信息数据及其他运行管理信息数据的传输和交换中枢。政务专网一期工程要求与市各委办局以及下属区、县、市连接，估计有 200 个网络结点。鉴于专网投资大，建议采用租用方式，通过招标确定网络服务提供商，采取 VPN 方式建立高速宽带的政府专网，以保证政府专网的安全。

电子政务应用安全平台由 CA 认证系统、入侵检测系统、防火墙系统、防病毒系统以及网络管理系统等组成。鉴于 CA 认证系统投资大、运行维护费用高，建议在本市设立 RA，租用专业的 CA 公司的服务。其他系统自己投资建设。

电子政务系统平台是各类应用的基石，主要包括硬件、操作系统、应用服务器和数据库服务器等。在本期方案中，在硬件和软件的选择上，在综合考虑投资性价比的前提下，需要充分满足未来可预见用户数量、并发访问量、数据规模和数据吞吐率的峰值要求。因此，确定服务器采用 PC 服务器，操作系统采用 Linux 系统，应用服务器采用 WebLogic，数据库采用 Oracle 9i，通过负载均衡和容错、容灾来保障大规模访问的效率、可靠性和安全性。

市电子政务应用支撑平台主要包括统一用户管理、工作流管理、信息发布管理系统、统一消息系统、安全加密系统、全文检索系统等，其中，统一用户管理、工作流管理是依靠应用架构平台来实现的。应用支撑平台是所有电子政务应用系统的基础，所有电子政务应用逻辑实现和事务处理都需要借助应用支撑平台来实现。

3. 建设方案说明

政府数据中心运行环境拓扑结构如图 2.28 所示。

运行环境包括外网运行环境和专网运行环境。外网运行环境主要为外网门户网站和电子邮件系统提供支撑，外网门户网站使用两台服务器以 Cluster 方式建立 Web 服务器群，采取 HA 架构为应用和数据库提供服务，使用两台服务器以 Cluster 方式为电子邮件系统和 DNS 提供服务。外网采用防火墙、入侵检测、防病毒等技术措施，建立安全防御体系。外网和专网之间采用安全网闸实现安全隔离，保证专网的安全性。

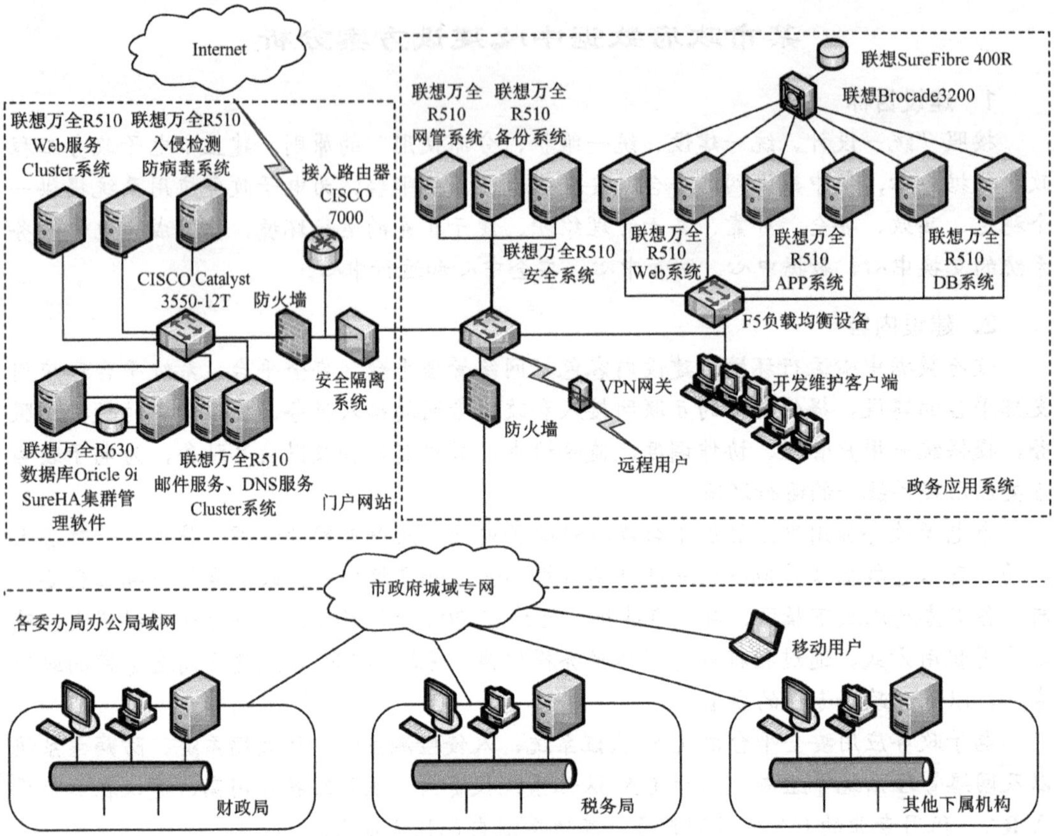

图 2.28　政府数据中心运行环境拓扑结构

专网运行环境要求较高，采用七层交换方式实现 Web 服务、应用服务、数据库服务的负载均衡，满足访问性能的要求，采用 SAN 架构实现网络存储。在专网内，采用防火墙、入侵检测、防病毒等技术措施，建立专网安全防御体系。同时部署网络管理系统、数据备份系统，保证系统的运行稳定。

4．产品选型

1）服务器

鉴于该市的实际情况和已有的运行经验，服务器采用国产高档 PC 服务器，一般服务器选择双路服务器，这里选择联想万全 R510 系列；数据库服务器选择四路服务器，这里选择联想万全 R630 系列。

2）网络设备

接入路由器建议采用 CISCO 7 000 系列；具体配置参考和电信服务商的接入方式；中心交换机采用 CISCO Catalyst 3 550-12T 多层交换机；需要两台，主要是作为数据中心的核心交换机。

3）存储系统

存储系统采用 SAN 技术架构，其中存储设备选择联想公司的 SureFibre 400R，光纤交换机选择联想 Brocade3200 光纤交换机，集群管理软件选择联想公司的 SureHA 集群管理软件。

4）系统软件

操作系统主要选择红旗公司的 Advance Server 4.0，部分服务选择微软公司的 Windows 2000 Service，数据库软件选择 Oracle 公司的 Oracle 9i，应用服务器选择 BEA 公司的 Web Logic，电子邮件系统选择红旗公司的邮件服务器。

5）安全系统

采取防火墙、入侵检测、防病毒等多种措施进行安全防护。防火墙采用国产的天融信 FW4000—S 型防火墙；共实施两台百兆防火墙，一台配置在专网和外网之间，用于隔离专网和外网，保护专网不受来自外网接入的攻击；第二台用于隔离专网和各部委办局、区市县网络，保护专网不受来自这些网络的攻击。

入侵检测系统采用汉帮公司的 HBIDS-Ⅱ，防病毒软件采用诺顿公司的防病毒软件。

6）备份系统

这里采用 HP 公司的磁带机和 CA 公司的备份软件组成备份系统。

7）网管系统

采用飞博公司的 IP View 建立网络管理系统。

8）安全隔离系统

采用杭州展望科技公司的 EGAP 安全隔离系统。

案例分析 2.2

典型中小企业组网实例分析

某小企业组网，申请了一个公网 IP 和 10M 带宽，配置了一台 CISCO 路由器，一台 Web 服务器、一台 FILE 服务器和一台 FTP 服务器，客户端办公计算机（假设 300 台左右），多部门划分 VLAN，用 ACL 控制各部门访问权限，配置网络打印机。网络拓扑结构如图 2.29 所示。

网络的具体配置方案如下：

1. 配置路由器

1）配置接口

```
Interface fastethernet0/1
Ip address 172.27.0.1 255.255.255.252
Duplex auto
Speed auto
Ip nat inside
No shutdown
```

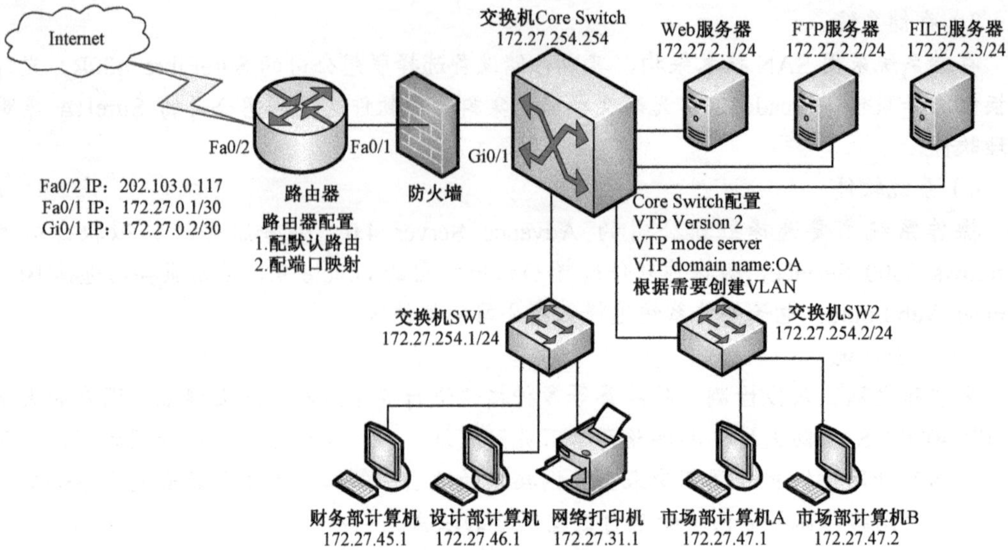

图 2.29　典型中小企业网络拓扑结构

Interface fastethernet0/2
Ip address 202.103.0.117 255.255.255.248
Duplex auto
Speed auto
Ip nat outside
No shutdown

2）配置路由

ip route 0.0.0.0 0.0.0.0 202.103.0.117

3）配置过载

ip nat inside source list 110 interface FastEthernet0/2 overload
access-list 110 permit ip 172.27.0.0　0.0.255.255　any

4）配置端口映射

Ip nat inside source static tcp 172.27.2.1 80 202.103.0.117 80 映射 Web 服务器
Ip nat inside source static tcp 172.27.2.2 21 202.102.0.117 21 映射 FTP 服务器
文件服务器 172.27.2.3 只提供企业内网使用，不配置端口映射

2. 配置交换机 Core switch CISCO 4503

1）配置 VTP

VTP Version　　: 2
Configuration Revision　　: 7
Maximum VLANs supported locally　　: 1005
Number of existing VLANs　　: 9
VTP Operating Mode　　: Server
VTP Domain Name　　: OA

```
VTP Pruning Mode                    : Disabled
VTP V2 Mode                         : Enabled
VTP Traps Generation                : Enabled
```

2）配置 VLAN

```
core-sw#vlan database                              进入 vlan 配置模式
core-sw（vlan）#vtp domain OA                      设置 vtp 管理域名称 OA
core-sw（vlan）#vtp server                         设置交换机为服务器模式
core-sw（vlan）#vlan 2 name  管理                  创建 VLAN2，命名为管理
core-sw（vlan）#vlan 10 name 市场                  创建 VLAN 10，命名为市场
core-sw（vlan）#vlan 11 name 财务                  创建 VLAN 11，命名为市场
core-sw（vlan）#vlan 12 name 设计                  创建 VLAN 12，命名为市场
core-sw（vlan）#vlan 13 name netprinter
core-sw（vlan）#vlan 20 name server
```

配置 CORE-SW 管理 IP

```
core-sw（config）#interface vlan 2
core-sw（config-if）#ip address 172.27.254.254 255.255.255.0
```

配置各个 VLAN 网关 IP

```
core-sw（config）#interface vlan 10
core-sw（config-if）#ip address 172.27.47.254 255.255.255.0
core-sw（config）#interface vlan 11
core-sw（config-if）#ip address 172.27.45.254 255.255.255.0
core-sw（config）#interface vlan 12
core-sw（config-if）#ip address 172.27.46.254 255.255.255.0
core-sw（config）#interface vlan 13
core-sw（config-if）#ip address 172.27.31.254 255.255.255.0
core-sw（config）#interface vlan 20
core-sw（config-if）#ip address 172.27.2.254 255.255.255.0
```

将 CORE-SW 上的端口根据需要划分至各个 VLAN

3）配置 ACL

应用在各个部门 VLAN 接口上，控制各部门互访。

```
access-list 10 permit 172.27.2.0 0.0.0.255
access-list 10 permit 172.27.31.0 0.0.0.255
access-list 10 deny   172.27.0.0 0.0.255.255
access-list 10 permit any
```

access-list 10 应用于 VLAN 10 OUT 方向上，市场部内部可以互访，可以访问服务器网段和网络打印机网段，但不能访问财务部和设计部所在网段。

```
access-list 11 permit 172.27.2.0 0.0.0.255
access-list 11 permit 172.27.31.0 0.0.0.255
```

```
access-list 11 permit 172.27.47.0 0.0.0.255
access-list 11 deny   172.27.0.0 0.0.255.255
access-list 11 permit any
```

access-list 11 应用在 VLAN 11 OUT 方向上，财务部内部可以互访问，可以访问服务器网段和网络打印机网络，可以访问市场部网段，但不能访问设计部网段。

设计部 VLAN 12，网络打印机 VLAN 13，服务器 VLAN 20 可以访问任意网段，应用访问列表 access-list 101 在 in 的方向上，封掉常见病毒端口（可以根据实际需要将此 ACL 应用于任一接口）。

```
access-list 101 deny    tcp any any eq 1068
access-list 101 deny    tcp any any eq 2046
access-list 101 deny    udp any any eq 2046
access-list 101 deny    tcp any any eq 4444
access-list 101 deny    udp any any eq 4444
access-list 101 deny    tcp any any eq 1434
access-list 101 deny    udp any any eq 1434
access-list 101 deny    tcp any any eq 5554
access-list 101 deny    tcp any any eq 9996
access-list 101 deny    tcp any any eq 6881
access-list 101 deny    tcp any any eq 6882
access-list 101 deny    tcp any any eq 16881
access-list 101 deny    udp any any eq 5554
access-list 101 deny    udp any any eq 9996
access-list 101 deny    udp any any eq 6881
access-list 101 deny    udp any any eq 6882
access-list 101 deny    udp any any eq 16881
access-list 101 permit ip any any
```

4）配置 OSPF

```
!
router ospf 100
log-adjacency-changes
network 172.27.0.0 0.0.255.255 area 0
default-information originate
!
```

3. 配置接入层交换机 CISCO 2950

1）配置 VTP

```
VTP Version                          : 2
Configuration Revision               : 7
```

```
Maximum VLANs supported locally      : 1005
Number of existing VLANs             : 9
VTP Operating Mode                   : Client
VTP Domain Name                      : OA
VTP Pruning Mode                     : Enabled    打开 VTP 修剪
VTP V2 Mode                          : Enabled
VTP Traps Generation                 : Enabled
```

2）配置 VLAN

```
sw1#vlan database                    进入 vlan 配置模式
sw1（vlan）#vtp domain OA            设置 vtp 管理域名称 OA
sw1（vlan）#vtp server               设置交换机为服务器模式
```

配置接入层交换机管理 IP

```
Sw1（config）#interface vlan 2
  Sw1（config-if）#ip address 172.27.254.1 255.255.255.0
Sw2（config）#interface vlan 2
  Sw2（config-if）#ip address 172.27.254.2 255.255.255.0
```

将接入层交换机各端口根据需要，划入各个 VLAN

例:

```
Sw1（config）#interface fa0/1
  Sw1（config-if）#swi access vlan 12
Sw2（config）#interface range fa0/1 - 10
  Sw2（config-if）# swi access vlan 13
```

4. 配置办公计算机

市场部办公计算机

IP：172.27.47.1

子网：255.255.255.0

网关：172.27.47.254

DNS：202.10.20.30　　注：配置所有地区的电信 DNS 服务器即可

202.10.22.33

为了加强对办公计算机的管理，采用固定 IP 地址的方法，对人员、计算机、IP、MAC 地址进行登记，可以安装一台监控 PC，使用 SNIFFER 软件对外网出口进行监控。

第3章

管理信息系统的开发

引言

对于任何一个想要利用计算机改善管理工作的企业来说，首先面临着建立以计算机为基础的管理信息系统的问题，即系统开发问题。系统开发工作的好坏，直接影响到整个计算机辅助管理工作的成败。系统开发和采用何种方式进行系统开发、如何组织开发过程是一个管理信息系统能否成功的关键点。

通过本章学习，可以了解（或掌握）：

- 管理信息系统开发的条件；
- 管理信息系统开发的原则；
- 系统开发的结构化方法；
- 系统开发的原型法；
- 面向对象的系统开发方法；
- 快速应用开发方法；
- 阶段性开发方法；
- 管理信息系统开发的方式；
- 管理信息系统开发的计划与控制；
- 管理信息系统开发的组织与项目管理。

3.1　管理信息系统开发的条件与原则

管理信息系统的开发是建立企业管理信息系统过程中最重要的、必不可少的工作。纵观国内外系统开发成功的经验和失败的教训，可以知道开发管理信息系统首先要具备一定基础和条件，合理运用相应的开发技术，要遵循系统开发的原则。

3.1.1　管理信息系统开发的条件

实践表明，开发管理信息系统要具备一定的基础和条件。

1．领导重视与业务部门的支持

管理信息系统开发是一项庞大的系统工程，周期长，耗资大，涉及整个管理体制、管理方法、人事调动等诸多因素。这些问题单靠系统分析员和他领导的一个小组是无力解决的，必须主要领导亲自抓。从领导的角度，综观全局，协调各方面的关系，有始有终地把管理信息系统从分析、设计到实施抓到底，才能取得成功。领导者充分重视，是建立管理信息系统的重要条件。

管理信息系统的开发更离不开各业务管理部门的支持，因为各级业务部门的管理人员最熟悉本部门的业务管理活动和信息需求，熟悉本部门的业务流程，了解本部门的工作特点。因此，吸收他们参与到管理信息系统的开发，才能满足用户的需求。

2．具有一定科学管理工作基础

管理信息系统是在科学管理的基础上发展起来的。只有在合理的管理体制、完善的规章制度、稳定的生产秩序、科学的管理方法和完整准确的原始数据的基础上，才能考虑管理信息系统的开发问题。为了适应计算机管理的要求，企业的管理工作必须逐步实现管理工作的程序化、管理业务的标准化、报表文件的统一化、数据资料的完善化与代码化。

1）管理工作程序化

管理工作程序化就是要有全企业以及各个职能部门的工作流程图，人们从流程图上一眼就能看清楚各个职能部门的管理工作是如何一环扣一环地进行的，这样既便于计算机处理，又能从中找出不合理的环节予以更正。

2）管理业务标准化

管理业务标准化就是把管理工作中重复出现的业务，按照现代化生产对管理的客观要求以及管理人员长期积累的经验，规定成标准的工作程序和工作方法，用制度将它固定下来，成为行动的准则。

3）报表文件的统一化

报表文件的统一化就是要设计一套通盘的报表格式和内容，避免职能部门各行其事。报表泛滥会给基层工作带来压力，数据多次重复，往返传抄也会造成遗漏和重复。

4）数据资料的完善化与代码化

数据资料的完善化与代码化就是企业的数据资料一定要完整，而且将数据编码。

3．建立一支专业队伍

在建立和使用管理信息系统过程中，企业内部的人员构成将发生变化。一部分工作人员可能要改变自己的工作性质和内容，还要配备一些新的专业人员，如系统分析员、程序设计员、计算机操作人员，硬软件维修人员等。为了建立这支专业队伍，必须做好选择和培训工作。特别要注意对系统分析员的选择和培养，因为他要研究整个企业系统及各个组成部分的活动，并且要根据研究的结果进行系统设计和实施。因此，系统分析员既要有丰富的实际工作经验和企业管理的专门知识，又要熟悉计算机的硬件、软件及管理数学方法。

从具有实践经验的人员中培养系统分析员，能在较短的时间内开始系统分析和系统设计工作。此外，因为很难在短期内培养起一个“全能”的系统分析员，所以组织几个各有专长的专家，成立一个系统分析和系统设计小组，担负整个管理信息系统的分析、设计和实施任务，是较为现实的做法。为了相互配合，协调一致，有共同的语言是很重要的，故对这些专家也必须有针对性地加以培训。

4．具备一定的资金能力

管理信息系统开发要有一定的物质基础。管理信息系统开发是一项投资大、风险大的系统工程。企业在管理信息系统开发过程中，需要购买机器设备，购买软件，消耗各种材料，发生人工费用、培训费用以及其他一些相关的费用。这些费用对企业来说是一个不小的负担。为了保证管理信息系统开发的顺利进行，开发前应有一个总体规划，进行可行性论证。对所需资金应有一个合理的预算，制定资金筹措计划，保证资金按期到位；开发过程中要加强资金管理，防止浪费现象的发生。

3.1.2　管理信息系统开发的原则

企业是一个人工、动态、开放的系统，管理信息系统从信息流的角度反映企业系统，这个系统应该具有目的性、整体性、相关性、环境适应性等一般系统的特征。管理信息系统的开发过程本身也是一个系统原则和思想的应用过程。因此，系统工程理论应该是系统开发的方法论基础，对应的指导原则有如下六点。

1．创新原则

不是简单地用计算机模仿传统的手工作业方式，而是充分发挥计算机的各种能力去改革传统的工作。如果从一开始就想用计算机代替人去干那些一般事务性工作，肯定弥补不了开发管理信息系统所耗的巨大费用。所以在建立管理信息系统时，就要寻找管理中的薄弱环节，分析它所带来的损失，想办法用计算机来克服它们。特别是人们一直认为应该干而又不能干的工作，如果用计算机来完成，一定会收到良好的效果。

2．面向用户原则

这是系统目的性的体现，管理信息系统的目的是及时、准确地收集企业的数据，并加工成信息，保证信息的畅通，为企业各项决策、经营、计划和控制活动提供依据，使企业各机构和生产环节活动联结为一个统一的整体。它是为管理工作服务的，建成的系统要由管理人员（用户）来使用。系统开发的成功与否取决于是否符合用户的需要，满足用户的要求是开发工作的出发点和归宿；用户是否满意是衡量系统开发质量的首要标准。

用户要求一般难以用简单的语言表达，而是随着开发工作的进展而不断明确和具体化的。因此，在系统开发的整个过程中，开发人员应始终与用户保持密切联系，不断地、及时地了解用户的要求和意见。同时，要得到广大管理人员的支持，并组织他们参加到开发小组中。这是开发工作取得成功的必要条件之一。

3．整体性原则

系统的整体性，主要体现在功能目标的一致性和系统结构的有机化。为此，首先坚持统一规划、严格按阶段分步实施的方针，采用先确定逻辑模型，再设计物理模型的开发思路。其次，注重继承与发展的有机结合。传统的手工信息处理，由于处理手段的限制，采用各职能部门分别收集和保存信息、分散处理信息的形式。计算机化的信息系统如果只是改变处理手段，仍然模拟人工的处理形式，就会把手工信息分散处理的弊病带到新系统中，使信息大量重复（冗余），不能实现资源共享，信息难以畅通，不能形成一个完整的系统。为使所开发的新系统既能实现原系统的基本功能和新的用户功能需求，又能摆脱手工系统传统工作方式的影响，必须寻求系统的整体优化。因此，要站在整个企业的角度来通盘考虑，克服本位观念。有些在局部看来最优，在整体看来不优的决策一定不要引入。各部门的职能分工，任务安排也要考虑相互协调的问题，局部服从整体。

4．相关性原则

管理信息系统是由多个子系统（功能）组成的，整个系统是一个不可分割的整体。整个系统的功能并不是各子系统的简单加总，其功能应比所有子系统的功能总和还要大得多。组成管理信息系统的各子系统都有其独立功能，同时又相互联系，相互作用，通过信息流把它们的功能联系起来。如果它们之中的一个子系统发生了变化，其他子系统也要相应地进行改变和调整。因此，不能不考虑其他子系统而设计某一子系统。整个系统为层次结构，系统可分解为多个子系统，子系统同样又可分解为更细一级的子系统。系统、子系统均有自身的目标、界限、输入/输出和处理内容，但它们不应该被孤立看待和处理。

5．动态适应性原则

随着企业发展规模的扩大以及外界环境的不断变化，会出现新的管理内容，旧的管理内容也会有所更动。为了适应这种变化，管理信息系统必须具有良好的可扩展性和易维护性。能够经常与外界环境保持最佳适应状态的系统，才是理想的系统，不能适应环境变化的系统是没有生命力的。开发管理信息系统必须具有开放性、超前性的眼光，使系统具备较强的动态适应性。因而，在设计管理信息系统时，一定要留有充分的余地。各种编码、记录、文件程序等都要便于今后的变动和增新。

6. 工程化、标准化原则

管理信息系统的开发走过很长一段弯路，很大程度是因为在开发管理过程中随意性太强所造成的。因此，系统的开发管理必须采用工程化和标准化的方法，即科学划分工作阶段，制定阶段性考核标准，分步组织实施，所有的文档和工作成果要按标准存档。这样做的好处一是在系统开发时便于人们沟通，形成文字的东西不容易产生“二义性”；二是系统开发的阶段性成果明显，可以在此基础上继续前进，目的明确；三是有案可查，使未来系统的修改、维护和扩充比较容易。

3.2 管理信息系统的开发方法

管理信息系统的开发是一项艰巨的工作，需要大量的人力、财力和时间的投入。系统开发的效率、质量、成本及用户的满意程度，除了管理、技术等方面的因素外，很大程度上取决于系统开发方法的选择。传统的系统开发方法，在编程前不重视系统分析和设计，不重视在系统开发前完成必要的文档。20 世纪 70 年代以来，西方在经历了“软件危机”以后，开始重视系统开发方法的研究，提出了许多新的系统开发方法，常用的有结构化系统开发方法、原型法、面向对象的开发方法、快速应用开发方法和阶段性开发方法等。

3.2.1 结构化系统开发方法

1. 结构化系统开发方法的含义

结构化系统开发方法（SSDM，Structured System Development Methodologies），亦称系统开发生命周期法，是指用系统工程的思想和工程化的方法，按照用户至上的原则，自顶向下整体性分析与设计和自底向上逐步实施的系统开发过程。

结构化系统开发方法是系统工程思想和工程化方法在系统开发领域的运用。它先将整个信息系统开发过程划分出若干个相对独立的阶段，如系统规划、系统分析、系统设计、系统实施等，再严格规定每一阶段的任务和工作步骤，同时提供便于理解和交流的开发工具方法（图表）。在系统分析时，采用自顶向下、逐层分解，由抽象到具体的逐步认识问题的过程；在系统设计时，先考虑系统整体的优化，然后再考虑局部的优化问题；在系统实施时，则坚持自底向上，先局部后整体，通过标准化模块的链接形成完整的系统。

结构化系统开发方法是具有良好效果的经典方法之一。尽管当今系统开发工具有了很大的革新与进步，但结构化系统开发方法在系统的需求分析和逻辑设计方面仍不失为一种最有效的方法。

2. 系统开发的生命周期

用结构化系统开发方法开发一个系统，可将整个开发过程划分为若干个首尾相连接的阶段，每个阶段内部又包含若干前后关联的工作步骤，一般称之为系统开发的生命周期（SDLC，Systems Development Life Cycle）。生命周期各阶段的划分不尽相同，如三阶段、四阶段、五阶段等，但人们对整个开发过程要完成的主要工作有一致的认同。图 3.1 给出了管理信息系统生命周期的五阶段划分方法。

1）系统规划阶段

这一阶段的任务是对企业的环境、目标、现行系统的状况进行初步调查，明确问题，确定信息系统的发展战略，对建设新系统的需求做出分析和预测，分析建设新系统所受的各种约束，研究建设新系统的必要性和可能性。根据需要和可能，给出拟建系统的备选方案，从技术和经济角度对方案进行可行性分析，写出可行性分析报告，提交用户批准后，将系统建议方案及实施计划编写成系统开发任务书，进入系统分析阶段。

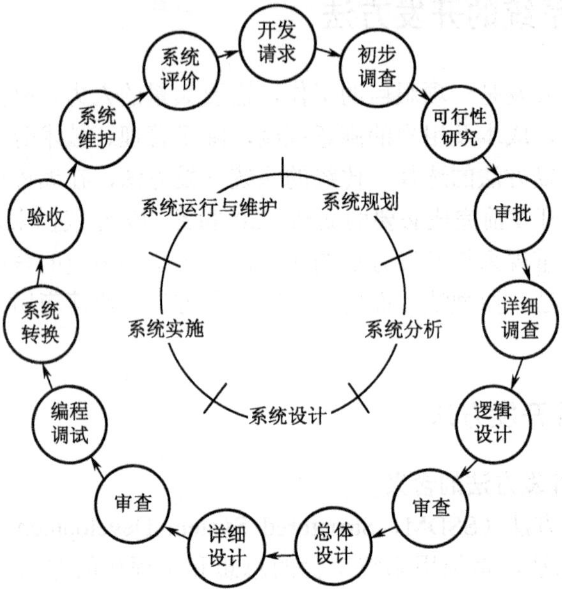

图 3.1　管理信息系统的生命周期

2）系统分析阶段

该阶段的主要内容是对现行系统进行详细调查，在此基础上进行组织机构功能分析；管理业务流程分析；数据与数据流程分析；功能与数据之间的关系分析；建立新系统逻辑模型；形成综合性的系统分析报告，并提交用户讨论审核，然后转入系统设计阶段。

3）系统设计阶段

在系统分析工作基础上，以系统分析报告为依据，进行总体结构设计，然后分别进行代码设计、数据库/文件设计、输入/输出设计、模块结构与功能设计。与此同时，根据总体设计的要求，购置有关设备，并安装调试。最终给出系统的物理模型和系统设计报告，提交用户讨论审核。批准确认后，转入系统实施阶段。

4）系统实施阶段

系统实施是将设计的系统付诸实现的阶段。这一阶段工作内容为程序设计；程序调试（单调、分调、总调）；计算机等设备的购置、安装与调试；人员培训；数据准备和初始化；系统调试与转化，最后投入试运行并进行完善性维护。

5）系统运行与维护阶段

该阶段是系统开发成功后，交付用户正式使用、发挥效益的时期。其主要工作内容包括系统的日常运行管理与维护；系统综合评价及系统开发项目的监理审计等。在系统运行过程中，可能由于环境变化导致系统功能不足，或者开发过程中未能发现或无法解决的功能要求，需要对系统进行修改、维护或者是局部调整。

当系统运行若干年之后，系统运行的环境可能会发生根本性的变化，出现一些不可调和的大问题。此时，用户将会进一步提出开发新系统的要求，也就标志着老系统生命的结束，新系统的诞生。

本书第 4、5、6、7 章，将详细介绍结构化系统开发方法的实施步骤、工作要点和图表工具等。

3．结构化系统开发方法的优点

结构化系统开发方法是在对传统的、自发的系统开发方法批判性继承的基础上，通过不断的理论和实践探索而形成的一种系统化方法。其突出的优点主要有以下两点。

1）强调系统开发过程的整体性和全局性

结构化系统开发方法特别强调在整体优化的前提下，考虑具体的分析设计问题，即自顶向下的观点。

2）严格地区分开发阶段

该方法强调一步一步地严格进行系统分析、设计和实施，每一步工作都及时地总结，发现问题及时地反馈和纠正，后一阶段的工作必须建立在前一阶段工作成果的基础之上，从而使每一阶段的工作都有可靠的依据，避免了开发过程的盲目混乱状态，极大地提高了系统开发的成功率。

4．结构化系统开发方法的缺点

随着计算机应用的深入以及计算机软、硬件的迅速发展，对系统开发的时间要求越来越高，管理信息系统更新的步伐越来越快，时间短、费用低不仅成为系统开发的基本要求，而且随着功能强大的辅助开发软件的不断涌现而成为可能。面对这种新的趋势，强调规范化、标准化的结构化系统开发方法已逐渐地暴露出很多缺点和不足，主要表现在以下四个方面。

1）开发周期过长

严格的阶段划分和文档要求误时费事，致使开发周期延长。

2）难以适应迅速变化的环境

由于开发周期长，不能随便变更前一阶段的工作成果，可能导致后一阶段工作无法及时把环境变化的要求反映到开发方案中来，致使最终开发出的系统可能脱离现实。

3）使用的工具落后

大量的分析设计图表难以采用计算机完成，而必须通过手工绘制，费事费时。

4）有违认识事物的规律性

要求系统开发者在调查中就充分地掌握用户需求、管理状况以及预见可能发生的变化，这不大符合人们循序渐进地认识事物的规律性。

必须指出的是，尽管结构化系统开发方法存在一些缺点，但其严密的理论基础和系统工程方法仍然是系统开发中不可缺少的。而且，对于复杂系统的开发往往必须采用结构化方法。随着大量开发工具的引入，开发工作效率大大提高，使得结构化方法的生命力越来越强。目前它仍然是一种被广泛采用的系统开发方法，特别是当这种方法与其他方法结合使用时效果更好。

3.2.2 原型法

原型法（PA，Prototyping Approach）是 20 世纪 80 年代随着计算机软件技术的发展，特别是在关系数据库系统、第四代程序设计语言和各种功能强大的辅助系统开发工具产生的基础之上，提出的一种具有全新的设计思想和开发工具的系统开发方法。

1．原型与原型法概念

所谓原型，是指由系统分析设计人员与用户合作，在短期内定义用户基本需求的基础上，开发出的一个只具备基本功能、实验性的、简易的应用软件。它不同于只是逻辑意义上的、不可运行的“模型”。实际上，原型就是一个实实在在的、可运行的管理信息系统软件，只不过由于对用户需求把握尚不全面和准确，软件的功能并不十分完善而已。

原型法是指借助于功能强大的辅助系统开发工具，按照不断寻优的设计思想，通过反复的完善性实验而最终开发出符合用户要求的管理信息系统的过程和方法。即首先快速开发一个原型，然后运行这个原型，再通过对原型的不断评价和改进，使之逐步完善，直至用户满意为止。

原型法的基本思想是在投入大量的人力、物力之前，在限定的时间内，用最经济的方法，开发出一个可实际运行的系统原型。引进工业生产中在设计阶段和生产阶段中的试制样品的方法，解决需求规格确立困难的问题。在原型系统的运行中用户发现问题，提出修改意见，技术人员完善原型，使它逐步满足用户的要求。因此，用户的需求是通过不断的运行和评价原型而逐步明确的。在系统开发过程中，用户不再面对难以理解的图表，而是直观的软件，在演示或使用中提出需求，避免了需求表达不清等问题，使系统开发真正体现面向用户的原则。其开发过程是分析、设计、编程、运行、评价多次重复，不断演进的过程，如图 3.2 所示。

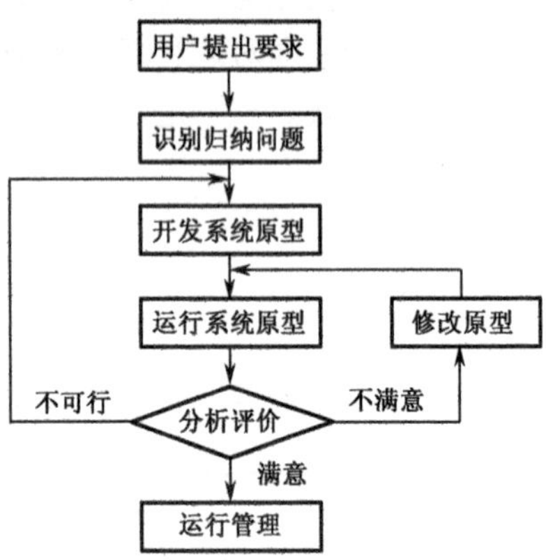

图 3.2 原型方法的工作流程

原型法的开发必须满足四个条件，即开发周期必须短且成本低；要求用户参与评价原型；原型必须是可运行的；原型要易于修改。

2. 原型法的软件支持环境

原型法的运用必须有一个前提，那就是要有一个强有力的软件支持环境。没有功能强大的辅助系统开发工具的支持，原型法的优势难以变成现实。一般认为，原型法所需要的软件支撑环境主要有方便灵活的关系数据库系统（RDBS），它具有高度适用性，允许直接进行数据的模型化和简化程序开发；与 RDBS 相对应的、方便灵活的数据字典描述工具，它具有存储所有实体和控制信息的功能；与 RDBS 相对应的快速查询系统，能支持任意非过程化的（即交互定义方式）组合条件查询；用以支持结构化程序的软件工具（如第四代程序设计语言或信息系统开发生成环境等），并且允许采用交互的方式迅速地书写和维护，产生任意程序语言的模块（即原型）；非过程化的报告或屏幕生成器，允许设计人员详细定义报告或屏幕输出样本；自动文档编排，提供与数据字典相联系的自动文档化功能。

3. 原型法的特点

上述原型方法无论原理还是流程都十分简单，并无任何高深的理论和技术，因而备受推崇，并在实践中获得巨大的成功。这主要是由于原型法更多地遵循了人们认识事物的规律，更容易为人们所普遍接受。其特点有如下四点。

1）认识论上的突破

从认识论的角度来看，人们认识事物都不可能一次就完全了解，开发过程是一个循环往复的反馈过程，它符合用户对计算机应用的认识逐步发展、循序渐进的过程。人们对于事物的描述，往往都受环境的启发而不断完善，开始时用户和设计者对于系统功能要求的认识是不完整的、粗糙的，通过建立原型、演示或使用原型、修改原型的循环过程，设计者以原型为媒介，及时取得来自用户的反馈信息，不断发现问题，反复修改、完善系统，确保用户的要求得到较好的满足。

2）改进了用户和系统设计者的信息交流方式

原型方法将模拟手段引入系统分析的初期阶段，有用户的直接参与，所有问题的讨论都是围绕某一个确定原型而进行的，这样可以直接而又及时地发现问题，并进行修正。能够及早暴露系统实现后存在的一些问题，可以减少信息系统的设计错误，开发人员在开发过程中就能对系统做出改进。在大多数情况下，设计中的错误是对用户需求的一种不完善或不准确的理解造成的，实质上也是一种信息交流上的问题。当用户和开发人员采用原型法后，改善了信息的沟通状况，设计错误必然大大减少。另外，原型法能使用户很快接触和使用系统，容易为不熟悉计算机应用的用户所接受，提高用户参与系统开发的积极性。

3）更加贴近实际，提高用户满意程度

借助于原型系统，为用户建立正确的信息模型和功能模型，由用户和系统设计者、编程人员共同制定合理的解决方案。由原型法得出的最终系统的需求来自于原型系统的运行经验，为用户建立了正确的信息模型，完全符合用户的需求。当用户并不相信初始系统的需求时，采用现实系统原型做试验，要比参加系统分析设计会议、依靠阅读难懂的图表想象待开发的目标系统更有意义，有助于激发用户主动参与的积极性，提高对系统的满意程度。

4）降低了开发风险及开发成本

由于使用原型系统测试开发思想及方案，只有当风险程度通过原型使用户和开发人员意见一致时，才能继续开发最终系统，因而减少了开发失败的可能性。在原型法的应用中无须多余的文档资料，还可以充分利用最新的软件工具，摆脱了老一套的工作方法，使系统开发的时间、费用大大减少，效率、技术等方面都大大地提高了。同时，还减少了用户培训时间，简化了管理，因而也就降低了系统开发成本。

4. 原型法的局限性

原型法比起结构化系统开发方法固然有其时代的优越性，但它不能取代结构化开发方法。它的应用有一定的局限性，主要表现在以下四个方面。

1）开发工具要求高

原型法需要有现代化的开发工具支持，否则开发工作量太大、成本过高，就失去了采用原型法的优势。应该说，开发工具的水平是原型法能否顺利实现的第一要素。

2）解决复杂系统和大系统问题很困难

对于大型的系统，如果不经过系统分析来进行整体性划分，想要直接用屏幕来一个一个的模拟是很困难的。对于复杂系统（如复杂的控制系统），功能种类多、技术复杂、实现困难，与性能仿真模拟工具和应用业务领域知识密切相关、进入实用阶段的很少，所以原型法很难解决大系统和复杂系统问题。

3）管理水平要求高

如果原系统的基础管理不善、信息处理过程混乱，将使原型法的运用产生困难，首先是由于对象工作过程不清，构造原型有一定困难；其次是由于基础管理不好，没有科学合理的方法可依，系统开发容易走上机械地模拟原来手工系统的做法。

4）系统的交互方式必须简单明了

对于大量运算的、逻辑性较强的程序模块，原型方法很难构造出模型来供人评价，因为这类问题没有那么多的交互方式，也不是三言两语就可以把问题说清楚的。对于有大量批处理的系统，由于交互方式问题，使用原型法也会遇到某些困难。

值得指出的是，从严格意义上说，目前的原型法不是一种独立的软件工程方法学，它只是一种系统开发思想，并没有专门配套的开发工具方法。它只支持在软件开发早期阶段快速生成后期产品样品的过程，没有确定在这种过程中必须使用哪种开发方法。因此，它不是完整意义的方法论体系。这就注定原型法必须与其他系统开发方法（如结构化系统开发方法）结合使用，才能发挥其效能。

3.2.3 面向对象的开发方法

面向对象开发方法（OO，Object Oriented）是从 20 世纪 80 年代各种面向对象的程序设计方法（如 Smalltalk，C++等）逐步发展而来的。面向对象方法不像那种功能分解方法，只能单纯反映管理功能的结构状态，数据流程模型只是侧重反映事物的信息特征和流程，信息模拟只能被动地迎合实际问题需要的做法，而是从面向对象的角度进行系统的分析与设计，为人们认识事物，进而为开发系统提供了一种全新的思路和方法。

1．面向对象方法的基本思想

客观世界是由各种各样的对象组成的，对象是一个独立存在的实体，从外部可以了解它的功能，但其内部细节是“隐蔽”的，它不受外界干扰。每种对象都有各自的内部状态和运动规律，不同的对象之间相互作用和联系构成了各种不同的系统。面向对象方法的基本思想是基于所研究的问题，对问题空间（软件域）进行自然分割，识别其中的对象及其相互关系，建立问题空间的信息模型。在此基础上进行系统设计，用对应对象和关系的软件模块构造系统。使系统的开发过程能像硬件组装那样，由“软件集成块”构筑。当设计和实现一个信息系统时，如能在满足需求的条件下，把系统设计成由一些不可变的（相对固定）部分组成的最小集合，这个设计就是最好的。它把握了事物的本质，因而不再会被周围环境（物理环境和管理模式）的变化以及用户没完没了的需求变化所左右。这些不可变的部分就是所谓的对象。

1）客观事物都是由对象组成的

对象（object）是在原事物基础上抽象的结果，任何复杂的事物都可以通过对象的某种组合构成。

2）对象由属性和方法组成

属性（attribute）反映了对象的信息特征，如特点、值、状态等，方法（method）则用来定义改变属性状态的各种操作。

3）对象之间的联系通过传递消息来实现

传递消息（message）的方式是通过消息模式（message pattern）和方法所定义的操作过程来完成的。

4）对象可按其属性进行归类

类（class）有一定的结构，类上可以有超类（superclass），类下可以有子类（subclass）。这种对象或类之间的层次结构是靠继承关系维系的。

5）对象是被封装的实体

所谓封装（encapsulation），即指严格的模块化。这种封装的对象满足软件工程的一切要求，而且可以直接被面向对象的程序设计语言所接受。

2．面向对象方法的开发过程

通常认为，面向对象方法的开发过程包括系统调查和需求分析（定义问题），分析问题的性质和求解问题（识别对象），详细设计问题和程序实现四个步骤。

1）系统调查和需求分析

对系统将要面临的具体管理问题及用户对系统开发的需求进行调查研究，确定系统目标；对所要研究的系统进行系统需求调查分析，弄清系统要干什么的问题。

2）分析问题的性质和求解问题

根据系统目标分析问题和求解问题，在众多的复杂现象中抽象地识别需要的对象，弄清对象的行为、结构、属性等；弄清可能施于对象的操作方法，为对象与操作的关系建立接口。这一阶段被称为面向对象的分析。

3）详细设计问题

给出对象的实现描述。整理问题、详细地设计对象，对分析结果做进一步的抽象、归纳和整理，最后以范式的形式确定对象。这一阶段被称为面向对象的设计。

4）程序实现

采用面向对象的程序设计语言实现抽象出来的范式形式的对象，使之成为应用程序软件。这一阶段被称为面向对象的程序设计。

3．面向对象方法的评价

面向对象方法的出发点和所追求的基本目标是使分析、设计和实现一个系统的方法，尽可能接近人们认识一个系统的方法，也就是使描述问题的问题空间和解决问题的方法空间在结构上尽可能一致。这一目标的实现，首先通过对问题空间进行自然分割（对象及其关系），以便以接近人类思维的方式建立问题域模型；然后对客观实体进行结构模拟和行为模拟，使设计出来的软件尽可能直接地描述现实世界，构造出模块化、可重用、应变能力和维护性好的软件，并达到控制软件的复杂性和降低开发维护费用的目的。

1）需要一个详细的需求分析报告

不管使用何种设计方法，成功的关键在于对应用的深刻理解。在使用面向对象方法进行系统分析与设计的时候，同样也需要有一个详细的需求分析报告。这和结构化方法的要求是相同的。

2）从小到大，自下而上的分析过程

在有了需求分析以后，面向对象方法从面向对象的角度帮助人们认识事物，将系统中存在的对象抽象出来加以描述，进而开发整个系统。面向对象方法是从系统应该“做什么”的角度出发，在需求分析的基础上提炼解决问题的对象。所分析对象实体的属性、功能是很具体的，即面向对象方法是从小到大，自下而上的。这个思路与结构化分析方法的思路正好相反。面向对象方法中首要的是找出对象及其关系，并将其模块化，然后通过把这些基本单元进行不同组合，最终产生应用软件。从某种意义上说，面向对象方法比结构化方法和其他方法更接近现实世界。

3）完成从对象客体的描述到软件结构之间的转换

面向对象的方法以对象为基础，利用特定的软件工具直接完成从对象客体的描述到软件结构之间的转换，这是面向对象的方法最主要的特点。面向对象方法的应用解决了传统结构化开发方法中客观世界描述工具与软件结构的不一致性问题，缩短了开发周期，解决了从分析和设计等到软件模块结构之间多次转换映射的繁杂过程。与原型法一样，面向对象方法需要功能强大的软件支持环境才可应用。

4）必须与其他方法综合运用才能充分发挥其优势

在大型的信息系统开发中，如果不经过自顶向下的整体划分，而是一开始就自底向上地采用面向对象方法开发系统，很难得出系统的全貌，就会造成系统结构不合理、各部分关系失调等问题。因此，面向对象方法必须与其他方法（如结构化开发方法）综合运用才能充分发挥其优势。

3.2.4　快速应用开发方法

1．快速应用开发方法概述

快速应用开发（RAD，Rapid Application Development）是由计算机顾问和作家 James Martin 于 1991 年最早提出的，是一种试图快速生成系统而不会牺牲质量的结构化开发方法。RAD 与原型法有同样的目标——对用户需求做出快速反应，但它范围更广。该方法现在已经被广泛应用于全球的先进 IT 社区，使用的单位从美国陆军研究实验室到香港特别行政区的信息技术服务部。RAD 的目标是在 60 到 90 天的短时间内建立符合用户要求的业务软件。这一目标意味着用户和开发者都需要做出一定的让步。但是，由于 80:20 的指导原则（开发最重要的 80%的功能所需要的时间往往只占整个开发周期的 20%），这种妥协无碍大局。在用户和开发者对拟开发的管理信息系统项目缺乏共识和目标的情况下，快速应用开发是一种行之有效的开发模式。

许多单位都经历过代价沉重的管理信息系统开发项目。整个开发过程不仅耗费大量的时间和资源，而且最终交付使用的系统也往往无法达到用户预期的要求。

传统系统开发方法的第一步通常是收集用户的业务要求。在此之后，用户就可能要耐心等待结果。实际上，开发过程如此漫长，在此过程中，用户的业务要求和期望均可能发生迅速的变化。从这种意义上说，传统的方法就像一个“要么全部，要么什么也没有”的解决方案。当开发流程全部完成，系统交给用户使用时，还是不能满足当时的需求。RAD 是解决这类问题的有效工具。

2．RAD 生命周期

图 3.3 描述了 Martin 提出的四阶段的 RAD 生命周期。Martin 生命周期各阶段的名称与结构化开发方法有所不同，但其包括的工作顺序是相同的。

在结构化开发方法中，来自信息系统部门的代表负责主要的工作，用户仅在新系统与老系统交接阶段参与。而在 RAD 方法中却恰好相反，除了构建阶段而外，用户在各阶段都起了主要作用，如图 3.4 所示。Martin 的基本逻辑就是，用户的参与程度越高，尤其是早期阶段，系统开发就越快。

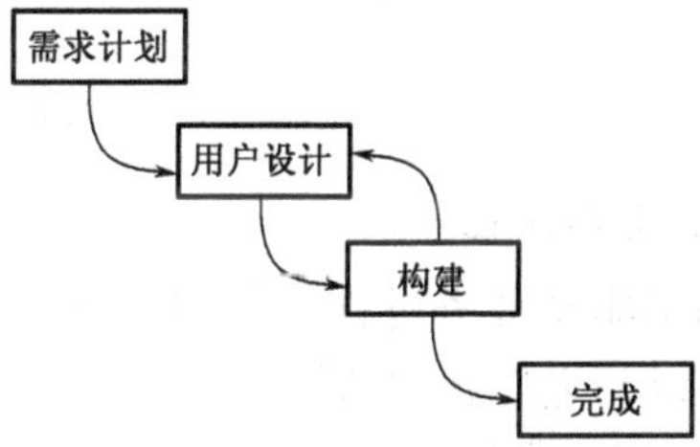

图 3.3　RAD 生命周期

3．RAD 模型

快速应用开发模型是一个增量型的软件开发过程模型，强调极短的开发周期。该模型是瀑布模型的一个“高速”变种，通过大量使用可复用构件，采用基于构件的建造方法赢得了快速开发。如果正确地理解了需求，而且约束了项目的范围，利用这种模型可以很快创建出功能完善的信息系统。其流程从业务建模开始，随后是数据建模、过程建模、应用生成、测试及反复。RAD 模型的工作过程如图 3.5 所示。

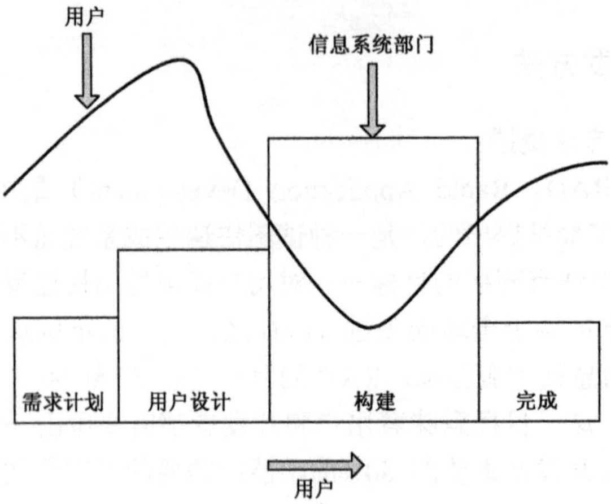

图 3.4　RAD 开发中的用户参与情况

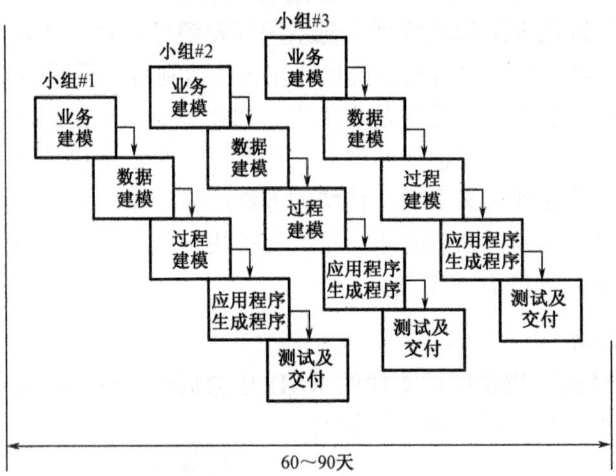

图 3.5　RAD 模型的工作过程

1）业务建模

确定驱动业务过程运作的信息、要生成的信息、如何生成、信息流的去向及其处理等，可以辅之以数据流图。

2）数据建模

为支持业务过程的数据流查找数据对象集合、定义数据对象属性，并与其他数据对象的关系构成数据模型，可辅之以 E-R 图。

3）过程建模

使数据对象在信息流中完成各业务功能，创建过程以描述数据对象的增加、修改、删除、查找，即细化数据流图中的处理框。

4）应用程序生成

利用第四代语言（4GL）写出处理程序，重用已有构件或创建新的可重用构件，利用环境提供的工具自动生成以构造出整个的应用系统。

5）测试与交付

对新创建的构件进行测试。而对于大量重用的构件，一般只做总体测试。

4．RAD 方法的适用性分析

RAD 方法通过大量使用可复用构件加快了开发速度，对信息系统的开发特别有效。但是与所有其他开发方法一样，RAD 方法也存在一些缺陷，使其在一些场合下不能奏效。表 3.1 列出了对 RAD 方法的适用性分析结果。

表 3.1　RAD 方法的适用性分析结果

适用 RAD 的情况	不适用 RAD 的情况
开发的软件相对独立，可以单独使用	应用软件必须与多个现有系统或程序协同工作
软件可利用许多现有的类库（APIs）	几乎没有现成可用的组件
系统操作性能（如速度）并非关键的考虑因素	程序具有很高的操作性能指标
应用的开发可以使用高端的软件开发工具	系统开发不能使用高端的软件开发工具
系统用户覆盖面较窄（内部使用或面向垂直市场）	系统用户覆盖面广，数量大（面向水平市场或大众）
项目的范围（“宏观”进度表）和时限（“微观”进度表）都受到较严格的控制	RAD 偏离目标，变成快速但粗制滥造的开发
系统可靠性并非关键的考虑因素	系统可靠性目标要求较高
系统可分解成多个独立的模块	系统无法模块化（无法进行多组同步开发）
所采用的技术相对成熟（已使用超过一年）	使用过于“前卫”的技术，因而风险过高

5．RAD 方法的基本要素

1）管理

管理者尤其是高层管理者应该是喜欢用新的方式来做事的试验者，或者是能很快知道如何使用新的方法的早期采用者。

2）人员

比起由单个小组开展所有的系统生命周期活动，RAD 认识到由几个专门小组完成工作会更为有效。这些小组的成员精通完成指定任务所需的方法及工具。Martin 称之为 SWAT（Skilled With Advanced Tools）小组。

3）方法

基本的 RAD 方法就是 RAD 生命周期。

4）工具

RAD 工具主要包括第四代编程语言、配合原型开发和代码生成的 CASE 工具。CASE 工具使用计算机来编制文档，这些文档可以转换到操作软件和数据库中。

3.2.5　阶段性开发方法

现今，被很多公司广泛采用的一种方法是阶段性开发（Phased Development）方法。结构化系统开发方法的贡献是明确了开发阶段的逻辑顺序性，原型法的贡献是对反复征求用户反馈的重视，RAD 的贡献是用户参与的概念。阶段性开发则是结构化系统开发方法、原型法和 RAD 的结合体，它融合了每种方法的最佳特征。

1. 阶段性开发的各个阶段

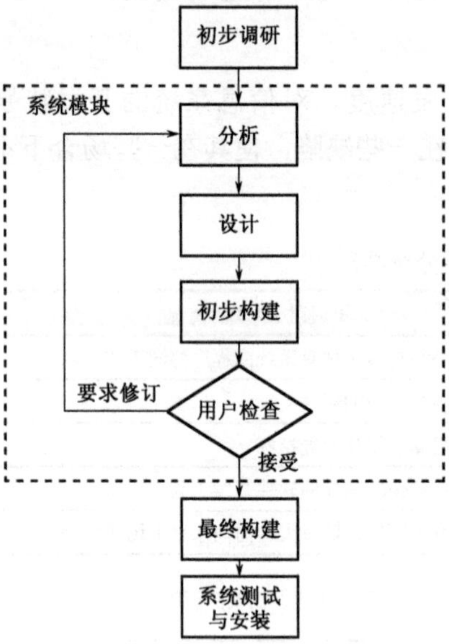

图 3.6　阶段性开发的各个阶段

阶段性开发包括初步调研、分析、设计、初步构建、最终构建、系统测试与安装六个阶段，如图 3.6 所示。

1）*初步调研*

开发人员、用户和信息专家进行企业分析，了解组织的系统问题；明确新系统的目标、限制条件、风险和范围；评估工程和系统的可行性；将系统细分为一些主要的组件；获得用户的反馈。

2）*分析*

开发人员使用各种信息收集技术来分析用户对每个系统模块的功能性需求，然后以流程、数据和对象模型的形式将结果文档化。

3）*设计*

开发人员设计每个新系统模块的组件以及与其他系统的接口，然后使用各种建模技术将设计文档化。

4）*初步构建*

开发人员构建并测试每个系统模块的软件和数据，并获得用户的反馈。任何没有得到用户认可的模块，都要重做分析、设计和初步构建三个阶段。

5）*最终构建*

将软件模块集成以形成系统，并用数据进行测试。另外还要获得并测试需要的硬件，构建设备，培训用户。培训包括用户使用系统时应遵循的程序，通常是关于在用户工作站上的系统安装程序。

6）*系统测试与安装*

开发人员设计并实施系统测试，测试不仅包括软件和数据测试，还包括其他信息资源——硬件、设备、人员和程序的测试。然后安装系统组件，并进行用户验收。用户验收是项目即将完成的信号。系统投入使用一段时间后，可能是几周或几个月，要进行后期安装检查，以确保系统满足用户的功能性要求。

这些阶段的顺序与传统的生命周期法的顺序相似。不同的是，阶段性开发方法要求对每个系统模块分别重复进行分析、设计和初步构建三个阶段，而不是对整个系统。当一个阶段被每个模块都经历过一遍后，一个阶段就算完成了。这也是该方法被称为阶段性开发的缘由。

2. 模块的阶段

图 3.7 说明了如何将模块阶段集成为系统开发。在这个例子中，系统细分为三个主要的模块——报表编写、数据库和 Web 接口。不同的系统，模块的数量也不同。可以看

到，在图 3.7 中，每个模块分别进行分析、设计、初步构建和用户检查。而且，只要用户检查后觉得有必要，这三个阶段就要重复进行。这反映了原型法的特点。

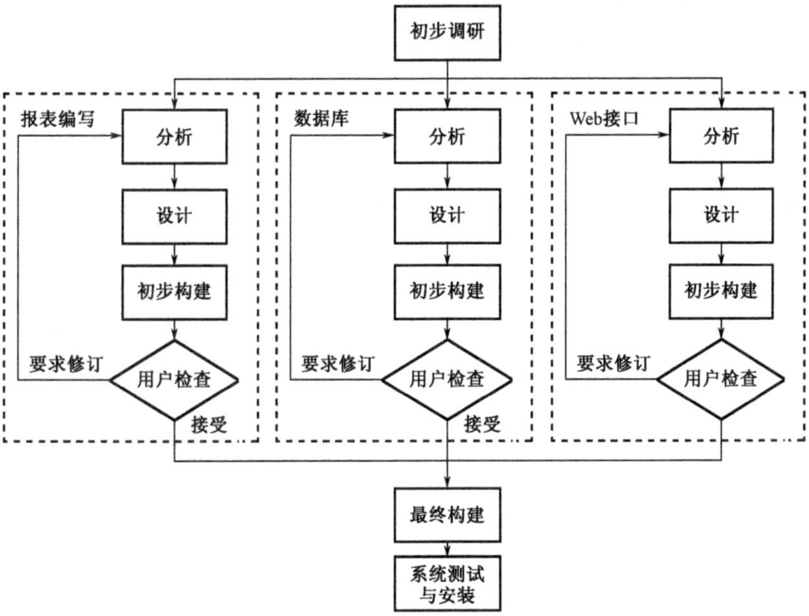

图 3.7　模块的阶段

3.2.6　不同开发方法的比较

通过以上介绍可以看出，结构化系统开发方法、原型法、面向对象的开发方法、RAD 和阶段性开发方法各有千秋。

结构化系统开发方法是经典的开发方法，强调从系统出发，自顶向下、逐步求精地开发系统。开发过程中始终贯穿着这个思想，开发过程规范，思路清楚。但是在总体思路上比较保守，是以不变应万变来适应环境的变化。

原型法强调开发方与用户的交流，是从动态的角度来看待系统变化，采用的是以变应变的思路，从思路上看比结构化的系统开发方法要先进。原型法在计算机的开发工具上要求比较高，对于中小型的信息系统开发应该说效果很好，但对于大型的、复杂的系统在原型的制作上有相当的困难，在实际应用中，通常是与结构化方法结合起来一起使用。

面向对象的方法是从另外一个全新的角度来看问题。即从系统的基本构成入手，从现实世界中抽象出系统组成的基本实体（对象）。对象是构成要开发的信息系统的最基本要素。如果把这些对象描述清楚了，就能够以比较大的自由度来构建信息系统，当外界环境发生变化后，可以通过重新组合对象来应对环境的变化。面向对象方法的局限性在于对计算机工具要求高，在没有进行全面的系统性调查分析之前，把握这个系统的结构有困难。因此，目前该方法的应用也是需要与其他方法相结合的。

RAD 是结构化方法的设计和实施阶段的备选方法。RAD 的主要贡献在于通过基于计算机的工具和专门项目小组，加快系统投入使用的速度。

阶段性开发方法使用结构化方法作为基本框架，将它应用于下面的模块化开发。阶段性开发使用与 RAD 一样的工具和专门项目小组的概念。

综上所述，只有结构化系统开发方法能真正较全面地支持整个系统开发过程。其他几种方法尽管有很多优点，但都只能作为结构化系统开发方法在局部开发环节上的补充，暂时都还不能替代其在系统开发过程中的主导地位。

3.3 管理信息系统开发的过程管理

管理信息系统开发周期长、耗费大，涉及管理思想、管理方法的转变，必须加强对管理信息系统开发过程的控制和管理，否则将导致系统开发的失败。如系统长期不能交付使用，成本超支或软件不能满足管理要求，维护困难等。因此，为了保证系统开发成功，并取得很好的经济效益和社会效益，必须对系统开发的全过程进行精心的组织和管理。

3.3.1 管理信息系统的开发方式

管理信息系统的开发有多种方式，如自行开发、委托开发、合作开发、咨询开发和外购软件等，每种方式各有优点和不足之处，可以根据资源、技术力量，外部环境等各种因素进行选择。不论哪种方式都必须有本单位的人员参加，并在系统开发的全过程中培养、锻炼本单位的系统开发和维护人员队伍。下面简要介绍这几种方式各自的特点。

1. 自行开发

自行开发即企业完全以自己的力量进行开发。对于拥有系统开发所需人才和技术的企业来说，自行开发是一种较好的选择。其优点是易于协调，可以保证进度；开发人员熟悉企业情况，可以较好地满足用户的需求；方便运行与维护；可以满足特殊需要等。其缺点是开发周期较长，成功率低，系统的技术水平和规范程度往往不高。

2. 委托开发

委托开发也称交钥匙工程，即企业将开发项目完全委托给一个开发单位，系统建成后再交付企业使用。这种方式被采用的不多，因为管理信息系统开发项目与其他技术改造等项目不同，它与企业管理密切联系，需求经常变化，而开发单位往往由于沟通障碍存在对用户需求理解不透的问题，所开发的软件不能完全满足企业的需求，而且系统的运行维护也存在一些问题。

3. 合作开发

企业与外部的开发单位合作，双方共同开发。这种方式结合了以上两种方式的优点，更加有利于企业人员熟悉和维护系统，也能借助开发单位的经验，有利于提高系统水平，因而这种方式被普遍采用。合作开发的主要问题是企业如何选择合适的开发伙伴。它应该有技术实力，有类似企业的开发经历，熟悉行业特点，一般多为大专院校和科研院所。必要时可以采取招标的方式选择开发伙伴。

4．咨询开发

咨询开发以企业自己的力量为主，外请专家进行咨询的方式。主要是系统分析员进行咨询指导，如帮助做系统的总体规划和系统分析；而系统的实施由企业自己进行。这种方式是对自行开发方式的一种补充。

5．外购商品化软件

近年来，随着软件产业的发展，外购商品化软件作为一种新型的开发方式，既节省时间，又能保证软件的质量，成功率高。但有时存在难以满足企业的特殊需求，需要进行二次开发的问题。在这种情况下，如果企业自己不具备二次开发能力，可以采取外包工程的方式，将系统的建设交由专业软件公司完成。

3.3.2　管理信息系统开发的计划与控制

1．进度计划与控制

在总体规划阶段就应制定系统开发大致的进度计划。随着系统分析、系统设计的不断深入，再制定系统详细的开发进度计划，并指定专人负责。在今后执行过程中，项目负责人要对各项任务进行定期检查。系统开发的进度计划以甘特图的形式表示，如表 3.2 所示，按计划定期检查，确保系统按计划进行。

表 3.2　某企业管理信息系统开发进度安排

序号	工作项目	进度安排		完成者	提交的文档
		2006 年	2007 年		
		6 7 8 9 10 11 12	1 2 3 4 5 6 7 8 9 10 11 12		
1	总体规划			分析设计组	可行性研究报告
2	系统分析			系统分析组	系统分析说明书
3	系统设计			系统设计组	系统设计说明书
4	硬件安装测试			硬件组	硬件测试报告
5	经营子系统开发			程序组	程序说明书
6	物资子系统开发			程序组	程序说明书
7	生产子系统开发			程序组	程序说明书
8	财务子系统开发			程序组	程序说明书
9	人员培训			分析软件组	人员培训计划
10	系统总调			各小组	测试报告
11	系统试运行			各小组	运行结果
12	系统评价			各小组	总结

2．阶段性评审

系统各阶段完成后，要进行评审，审核各阶段的工作，然后进入后一阶段工作。尤其要做好系统分析阶段的评审工作，把好质量关，为系统的成功开发打下基础。

3.3.3 管理信息系统开发的组织与项目管理

管理信息系统的开发是在用户和各类开发人员共同努力下完成的。如何正确处理各类人员之间的关系，使开发工作能按时、保质、在经费许可的范围内完成，是系统开发组织与项目管理的重要内容。

1. 系统开发的组织

系统开发涉及的人员较多，为了确保领导与协调有力，分工与职责明确，需要建立相应的组织机构。通常的做法是成立两个小组，即系统开发领导小组和系统开发工作小组。

1）系统开发领导小组

系统开发领导小组的任务是制定管理信息系统规划，在开发过程中，根据客观发展情况进行决策，协调各方面的关系，控制开发进度。小组成员应包括一名企业领导、系统开发项目负责人、有经验的系统分析师，以及用户各主要部门的业务负责人。领导小组不负责开发的具体技术工作，其组成成员中有的可能并不具备计算机应用的知识和经验。领导小组的职责是：

（1）提出建立新系统的目标、规划和总的开发策略；

（2）保证满足企业不同部门对新系统的需求；

（3）对开发工作进行监督与控制，对开发项目的目标、预算、进度、工作质量进行监督与控制，审查和批准系统开发各阶段的工作报告，组织阶段验收，提出继续开发或暂停开发的建议；

（4）协调系统开发中有关的各项工作；

（5）向上级组织报告系统开发工作的进展情况；

（6）组织系统的验收；

（7）负责主要成员的任用和规定各成员的职责范围等。

2）系统开发工作小组

系统开发工作小组由系统分析员，即系统工程师负责。其任务是根据系统目标和系统开发领导小组的指导开展具体工作。这些工作包括开发方法的选择，各类调查的设计和实施，调查结果的分析，撰写可行性报告，系统的逻辑设计，系统的物理设计，系统的具体编程和实施，制定新旧系统的交接方案，监控新系统的运行；如果需要，协助组织进行新的组织机构变革和新的管理规章制度的制定。这个小组的成员主要是由负责开发的一方组成，即若干系统分析和设计人员。组织中应该有一个通晓全局的管理者参加，负责具体的联络和沟通。小组的生命周期应该是从系统的设想提出之日起直至系统正式交付运行。

2. 系统开发的项目管理

项目管理也是一项系统工程。它要负责协调各类开发人员和各级用户之间的关系，做好文档的管理工作，控制系统开发的进度、项目的经费开支和经费控制等，以保证开发过程有条不紊地进行。一般而言，系统开发项目管理的内容包括以下四个方面。

1）计划管理

计划管理主要工作内容为：制定总体计划，确定系统开发范围，估算开发所需资源，划分系统开发阶段，分步实施，同时明确系统开发重点；制定阶段计划，分解阶段任务，估算阶段工作，规划阶段工作进度；工程计划执行情况检查，找出无法按计划完成的原因并提出相应建议，以对计划做出相应调整。

2）技术管理

技术管理主要工作内容为：标准化管理，确定所依据的标准，确定自定标准范围；安全管理，制定安全保密制度，排除不安全因素，进行安全保密教育。

3）质量管理

质量管理主要工作内容为：贯彻系统开发过程质量管理原则；确定系统质量管理指标体系；保证系统的可使用性、系统的正确性、系统的适用性、可维护性以及文档完整性；系统开发周期内的质量管理，分阶段确认工程质量指标，实行质量责任制；对各项任务进行质量检查，分阶段质量评审，分析影响阶段质量的原因。

4）资源管理

资源管理主要工作内容为：人员管理——制定各类专业人员需求计划，对人员进行合理组织和使用，进行人员培训；软件资源管理——明确软件需求和软件来源，合理使用软件，重视软件的日常维护；硬件资源管理——熟悉系统运行环境和硬件系统配置，制定硬件安全使用制度，重视硬件维护保养，加强对辅助设备的管理；资金管理——严格执行投资概算，包括硬件软件投资、系统开发费用、运行和维护费用，做到资金使用平衡，定期编制资金使用报表。

3. 系统开发的有关人员及分工

在系统开发过程中，涉及各级各类的开发人员和企业的管理人员，如何做好组织管理工作，使全体人员各尽所能，相互配合，体现集体协作的力量，是保证信息系统开发成功的关键因素。直接参加系统开发的人员包括企业高层领导、项目主管、系统分析员、程序设计员和管理人员五类，具体分工情况如下。

1）企业高层领导

一个企业要开发信息系统，高层领导重视是关键，最重要的是企业第一把手对这个问题的认识。信息系统的开发必然要涉及企业中的组织结构的变动。而对于组织结构的变动，实际上就是对于人的权力和职责的再分配。这种工作在一个组织中，如果没有第一把手的首肯，是不可能做好的。对于信息系统这种组织中的神经中枢系统，其目标必须与组织的战略目标一致，否则系统建立之后是无法运作的。组织战略目标与信息系统目标的结合只有最高领导才能把握。所以，组织中的高层领导必须是系统开发小组的领导成员，并且要在把握大方向时切实地投入时间和精力。

2）项目主管

项目主管是实际系统开发的业务领导者与组织者，在系统开发中起着举足轻重的作用。他要主持整个系统开发，确定工作目标以及确定实现目标的具体方案。一个成功的项目主管需要会管理和懂技术两方面工作的才能。管理需要项目主管有很强的管理能力和与人进行交流的能力。技术方面的工作才能包括对计算机科学技术的掌握和应用，有能力制定系统开发时有关问题的技术解决方案与技术路线。

3）系统分析员

系统分析员的主要任务是研究用户对信息系统的需求，进行可行性研究；进行系统分析与设计；负责对新系统的安装、测试和技术文件的编写。系统分析员不仅应当具备计算机硬件、软件的知识，懂得企业管理的业务，还应了解现代化管理方法以及各种经济数学模型在企业管理中的应用，并且应当具有理论联系实际、灵活运用上述知识的能力。

系统分析员也要善于处理人际关系，能与各类人员建立良好的合作关系；能正确理解各级管理人员提出的需求，灵活运用现代管理方法，将这些需求经过分析和逻辑抽象转换为计算机系统的设计方案，成为编写程序的依据。

4）程序设计员

程序设计员的主要任务是按照系统分析员所提出的设计方案编制程序、调试程序、修改程序，直到新系统投入运行。在系统交付使用以后，企业的程序设计员还要担负系统的运行维护工作，负责程序的改进任务。程序设计员应该有较强的逻辑思维能力，掌握计算机软件的基本知识，熟练掌握数据库及程序设计语言。

5）企业管理人员

参加系统开发的企业管理人员代表用户，他们的角色在系统开发的前期和后期起着非常重要的作用。在前期他们要把自己的需求非常准确和全面地提供给系统分析员；在与计算机工作人员进行沟通时，要把业务流程和系统功能阐述得很透彻。在后期系统的雏形出来之后，能够根据系统的功能，对系统进行客观的评价，找出系统改进方向。因此，参与系统开发的管理人员必须是业务骨干，了解自己的部门或者自己工作的关键点和难点是什么，更重要的是能够对未来信息系统的构成和添加哪些新功能有自己的看法。

由于新系统的采用，势必造成原来管理方法和思路的改变。企业管理人员应按照新系统的要求，组织基础管理工作的整顿，提供新系统运行所需的各种基础数据，积极参与新系统开发所需要的培训，尽快适应新系统的工作思路和流程。

总之，系统的计算机开发人员和各级管理人员必须发挥各自的专业特长，注重实际经验的研究，注重沟通，进行正确的分工与合作，发挥各自的优势，取长补短，明确各自的责任，保证开发工作的顺利进行。

经过以上讨论，可以清楚地认识到系统开发的关键要素应该是先进的思路、不同人员的配合协调、科学的组织管理和现代化的系统开发方法。

本章小结

系统开发和采用何种方式进行系统开发，是一个信息系统能否成功的关键点。成功开发管理信息系统必须具有正确的指导思想、必要的开发条件保证、科学的组织管理、合理选择开发方式和方法。

系统开发的任务就是根据企业管理的战略目标、规模、性质等具体情况，从系统论的观点出发，运用系统工程的方法，按照系统发展的规律，为企业建立计算机化的信息系统。其中最核心的工作，就是设计一套适合现代企业管理要求的应用软件系统。

系统开发的主要特点是复杂性高、创造性强、质量要求高、产品是无形的和开发的历史短。这些特点在系统开发时必须注意，并据此设计系统开发的过程和选定开发方法。

系统开发的指导性原则，实际上是给出了系统开发者应该具备的思维方式。首先应该将系统开发和系统开发的过程看做一个系统工程。在这个前提下，要注意从目的性、整体性、相关性、环境适应性和科学的管理开发过程出发，思考问题和解决问题。

结构化系统开发方法是一类方法的总称，是指用系统工程的思想和工程化的方法，按照用户至上的原则，自顶向下整体性分析与设计和自底向上逐步实施的系统开发过程。其开发特点包括系统观点、用户至上、严格区分工作阶段、工程化管理和充分预料可能发生的变化。结构化系统开发方法将整个开发过程划分为系统规划、系统分析、系统设计、系统实施、系统运行五个首尾相连接的阶段，每一个阶段内部又包含若干前后关联的工作步骤，一般称之为系统开发的生命周期。

原型法是指借助于功能强大的辅助系统开发工具，按照不断寻优的设计思想，通过反复的完善性实验而最终开发出符合用户要求的管理信息系统的过程和方法。原型法的开发必须满足四个条件，即原型的开发周期必须短，成本低；要求用户参与评价原型；原型必须是可运行的；原型易于修改。其开发过程是分析、设计、编程、运行、评价多次重复，不断演进的过程。使用该方法需要有一个强有力的软件支持环境。

对象是客观世界中的实体在特定问题空间（软件域）中的映像，它具有相对独立性、动态连接性、继承和类比性等特征。面向对象方法的基本思想是基于所研究的问题，对问题空间（软件域）进行自然分割，识别其中的对象及其相互关系，建立问题空间的信息模型，在此基础上进行系统设计，用对应对象和关系的软件模块构造系统。其开发过程包括定义问题、识别对象、详细设计问题和程序实现四个步骤。

快速应用开发是一种试图快速生成系统而不会牺牲质量的生命周期开发方法。RAD 与原型法有同样的目标——对用户需求做出快速反应，但它范围更广。在用户和开发者对拟开发的管理系统信息项目缺乏共识和目标的情况下，快速应用开发是一种行之有效的开发模式。

阶段性开发是目前被很多公司广泛采用的一种开发方法。结构化方法的贡献是明确了开发阶段的逻辑顺序性，原型法的贡献是对反复征求用户反馈的重视，RAD 的贡献是用户参与的概念。阶段性开发则是结构化方法、原型法和 RAD 的结合体，它融合了每种方法的最佳特征。

只有结构化系统开发方法能真正较全面地支持整个系统开发过程。其他几种方法尽管有很多优点，但都只能作为结构化系统开发方法在局部开发环节上的补充，暂时都还不能替代其在系统开发过程中的主导地位。

系统开发的组织和管理必须是科学的，要从组织上成立开发领导小组和开发工作执行小组，要采用科学管理方法和工具进行项目管理。项目管理的内容包括计划管理、技术管理、质量管理和资源管理四个方面。参加开发工作的人员主要包括四类，即组织的领导者、系统分析员、程序设计员和组织中的普通管理者。

常见的系统开发方式有自行开发、委托开发、合作开发、咨询开发和外购软件等，每种方式均有其适应条件和优缺点，企业可以根据自身的条件和能力选择其中的一种。

问题讨论

1. 试述系统开发的条件、任务、特点和原则。
2. 何谓系统的生命周期？试述管理信息系统生命周期的组成及各阶段的工作内容。
3. 如何看待结构化系统开发方法？
4. 原型法的基本思想是什么？如何应用原型法开发系统？
5. 简述原型法的优缺点。
6. 何谓对象和类？其基本特征如何？
7. 面向对象法的基本思想是什么？如何应用面向对象法开发系统？
8. 什么是快速应用开发方法？
9. 阶段性开发包括哪些开发阶段？
10. 比较几种开发方法的优劣。
11. 管理信息系统的开发方式有哪些？
12. 在系统开发中需要建立什么组织，各自的职责如何？
13. 系统开发项目管理的内容有哪些？
14. 系统开发人员有哪几类？他们是如何分工的？

案例分析 3.1

某省政府办公厅政务系统开发方案

1. 系统开发背景

作为国民经济的龙头，政府机构必须在信息技术数字化、网络化的大趋势下把握机会，进一步转变职能，改革现有的业务流程和办事方式，实现和推进电子政务，以适应新时代的需要。经过多年的建设，该省已初步形成了一个良好的城市信息化发展基础，电子政务建设到了全面规划、整体推进、重点突破的实质性发展阶段。省政府办公厅作为省政府的主要职能部门，自身信息化程度将直接关系到省政务信息化建设的成果。随着信息技术的发展和政府信息化工作的推进，办公厅通过内部办公业务系统承办的公文和信息也日益增加，所涉及的业务范围也越来越广，现有的政务应用系统功能已不能满足业务发展的要求，而且已有的系统基础平台，包括网络平台、主机平台、安全平台，也已不能满足日益增长的业务需求和安全需求。因此，有必要进行新一轮的政务信息化建设，使省政府办公厅政务信息化系统的水平更上一个台阶。

2. 基本需求

省政府办公厅政务信息化系统的主要内容涵盖办公厅内部政务行为和办公厅和各级部门之间的政务行为。结合省府办公厅政务信息化工作的实际情况和目前国内外电子政务建设的经验，建成后的系统应有效地运用先进的计算机技术和网络技术，建立起面向领导决策支持服务，以高效、公开、勤政、廉洁为特征的管理和工作模式；通过网络化应用，打破时间、空间和部门限制，提高工作效率和管理与服务的规范性；同时，还应辅助以可靠的安全保障和统一的建设标准和规范。从而使政府信息化建设水平从基础的办公自动化形式，向着网络互联、信息共享、应用互动的电子政务体系产生一次飞跃。

3. 系统开发思路

本方案设计将以应用需求为出发点，采用先进的理念和技术，构建全新的电子政务业务模式，力求实现数据的标准化、系统的模块化、流程的规范化、操作的简易化、运行的智能化和应用的个性化，以适应电子政务系统建设的发展趋势。

在政务信息化系统的建设上，充分考虑与系统建设现状相适应，以应用为重点，从高效管理入手，实现应用系统的平滑过渡。同时，在与国务院办公厅通过办公业务资源网进行连接的基础上，实现与国务院办公厅对政务信息化建设要求的衔接。

4. 系统开发的组织

为了确保整个项目的顺利实施和按时、按质的完成，以达到用户的各方面要求，在项目实施前就成立由省政府办公厅和软件开发公司共同组成的项目实施机构。项目实施机构由图 3.8 所示的 8 个专门小组构成。

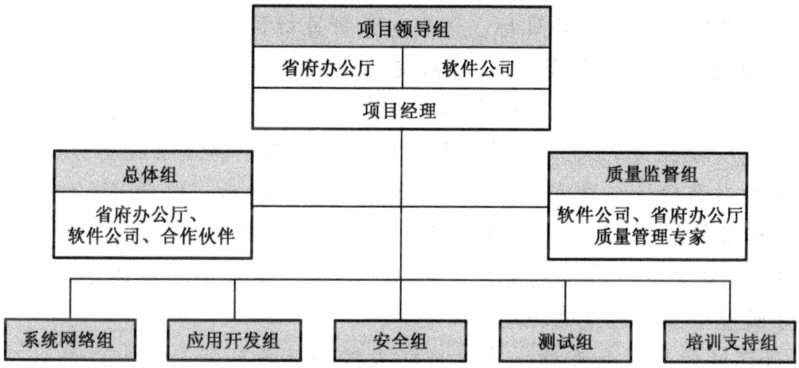

图 3.8　某省政府办公厅系统开发项目的组织

（1）项目领导组。由软件公司委任的项目总监、项目经理及有关技术专家和省政府办公厅有关领导共同组成，负责解决实施中的问题。其中，项目总监全权代表软件公司负责该项目的进度、计划、商务、监督等工作，定期向用户汇报工作；项目经理直接对项目总监负责，主要负责项目管理等具体工作（包括制定技术和工作规范，指导各组的工作；监督和检查实施计划执行情况，协同质量监督组把好质量关；监督合同执行等）。

（2）总体组。由省政府办公厅、软件公司和合作伙伴等有关技术专家组成。负责制定系统总体方案，解决系统建设中的技术问题，制定系统优化方案。

（3）系统网络组。负责布线、网络、系统软硬件的集成调试工作；技术支持，配合总体组和测试组。

（4）应用开发组。负责应用系统建设；技术支持、配合总体组和测试组。

（5）安全组。负责安全架构总体设计；参与或配合应用安全的实现技术支持、配合总体组和测试组。

（6）测试组。制定测试方案，进行系统各项测试，向有关实施组报告测试结果等。

（7）培训支持组。由软件公司的有关培训人员和技术支持专家组成，在系统实施过程中给用户有关需要的培训，在系统投入运行后负责系统维护工作，具体工作包括给用户提供有关培训，对运行中出现的属于应用系统错误的程序进行修正，对运行中出现的非应用系统错误的故障排除。

（8）质量监督（QA）组。由软件公司的有关人员组成，负责工程实施全过程的质量监督与检查，制定各阶段质量检查指标，给出质量控制报告。

5. 项目开发与实施过程

对于大型系统开发项目而言，实施中遵循良好的项目开发和实施过程，其意义超过了开发人员具有的开发实施能力本身。在实施过程中，软件公司加强与用户的沟通并形成合力提供有力的保障。项目开发和实施过程包括四个与用户方密切相关的阶段。

（1）项目范围和需求的定义。在项目开始阶段，有必要定义项目范围和需求概要，以确保对于将要完成的工作有一致的认识。在这个阶段，还要确定和系统架构有关的技术问题，以及将来可能需要的系统关键特性。项目范围和需求定义包括三个方面：①目标和内容定义。系统的关键业务目标，识别和分析目标群的特征和需求（他们的主要信息需求，感兴趣的领域和使用模式）。②系统功能需求。关键特性和需求的确定，区分关键特性优先级。③非功能需求。如负载和性能需求，可靠性、安全性、可用性等，高层系统架构。该阶段提交的文档包括《用户需求说明书》和《系统功能说明书》，并需要得到用户方的书面确认。在完成项目范围和需求定义之后，将开始系统的设计开发工作。项目范围和需求定义阶段的主要风险是：不能按计划提交《用户需求说明书》和《系统功能说明书》，或者迟迟得不到用户方的书面确认，使后续的系统开发工作无法正常开展，直接导致整个项目进度的拖延。

（2）运行环境的安装和开通。在项目所采购的设备到货后，可以开始进行系统安装，为系统的联调测试以及试运行提供基本的运行环境。运行环境的安装和开通包括两方面的工作：①系统安装计划的制定。确定系统资源分配原则，安装现场进行实地考察布置，系统安装方案。②系统安装实施。网络设备安装，主机及存储系统安装，系统软件安装，系统管理软件安装。该阶段提交的文档包括《系统开通证明》和《系统安装环境报告》，并由用户对《系统开通证明》签字认可。运行环境的安装和开通阶段的主要风险是设备未能及时到货。

（3）系统提交和验收。系统提交和验收阶段，已完成了整个系统的开发和联调测试工作，向用户提交应用系统，进行验收测试和试运行。①系统提交。原有数据的迁移，现有系统的整合，提交验收计划。②系统验收测试和试运行。③进行系统验收。该阶段的结束标志是完成系统验收及其系统移交工作。在本阶段提交的文档包括《项目验收计划》、《系统交付清单》和《项目验收报告》，建设方和用户双方在项目验收报告和系统交付清单上签字。

（4）项目后期服务。项目后期服务主要指系统维护，是整个项目实施过程的重要组成部分。优质的系统维护工作，对于提高客户满意度、保证系统充分发挥效益，具有特殊的意义。在省政府办公厅系统试运行期间和系统正式验收签证之日起计 12 个月内，软件公司提供免费系统维护。在免费系统维护期结束后，软件公司将依据双方签订的维护合同，继续为用户提供优质的服务。由项目组和客户支持部共同组成一支具备专业素质和优良服务意识的系统维护团队，针对省政府办公厅系统制定预防问题发生的维护计划，并保证诊断工具和维护设备随时可用。系统维护服务主要包括以下几个方面：①现场派驻。系统试运行开始后，软件公司派资深公司常驻办公厅现场，提供实时的技术服务。②故障响应。在系统试运行期间，为了在省政府办公厅政务信息化建设项目中给予客户更好的技术服务，软件公司将组织有关技术骨干对本项目的系统进行定向技术支持。③定期技术服务。除故障响应服务外，软件公司将定期提供对系统软硬件的维修保养服务，正确了解用户系统运行状态，以便正确提供系统故障预防措施的建议，使用户系统处于最佳运行状态。④电话热线服务。软件公司客户支持部在系统维护期，将为本项目提供电话热线服务。

6. 实施进度

本项目的实施从 2007 年 9 月开始，至 2007 年 12 月底结束。具体进度安排见表 3.3。

表 3.3　项目实施进度安排

任务名称	2007.9		2007.10		2007.11		2007.12		提交物件
总体实施方案									系统总体概述
设备采购									提交文档：《项目采购清单》、《项目采购计划》、《项目设备签收单》、《项目设备接收单》、《系统开通证明》、《系统安装环境报告》 交付设备，系统运行环境
网络平台安装									
主机系统安装									
存储设备安装									
系统软件安装									
系统管理软件安装									
安全系统建设									提交文档：《用户需求说明书》、《系统功能说明书》、《软件需求分析确认书》、《用户手册》 交付应用系统
业务监管平台建设									
办公业务系统开发									
办公业务系统联调测试									
办公业务系统培训									
数据交换平台建设									
政务资源库应用系统开发									
政务资源库应用系统联调测试									
政务资源库应用系统培训									
系统总体试运行									提交文档：《系统测试报告》、《系统维护手册》
系统总体验收									提交文档：《项目验收计划》、《系统交付清单》、《项目验收报告》

案例分析 3.2

某城市电子政务信息系统开发的过程管理

1. 系统开发方式选择

鉴于目前电子政务系统及数据库软件的快速发展及产品丰富，一切从头做起的方法显然是不可取的。最好的办法是在优秀软件二次开发集成的基础上，在关键的功能需求实现及接口上进行技术攻关。在这种有丰富现有软件的技术背景下开发，采取原型设计方法比较适应功能目标的不断扩充。每个阶段功能目标的实现，都能给用户阶段产品使用，是能比较快速出成品和经济的开发方法。在系统设计过程中也结合使用生命周期法。

原型设计方法大致可分为设计原型、求精原型和完成设计三个阶段。

在设计原型阶段也需进行系统分析，然而在总体上没有像生命周期法那样系统化、精细化。因为所做的系统并没有非常固定的结构和稳定的需求，用户的需求是随着对系统的操作而逐步认识，随工作的进展又逐步提出更高的需求。因而，在确定信息需求时采用了建立在系统理论基础上的目的/手段分析方法（E/M 方法）。该方法的模型如图 3.9 所示。

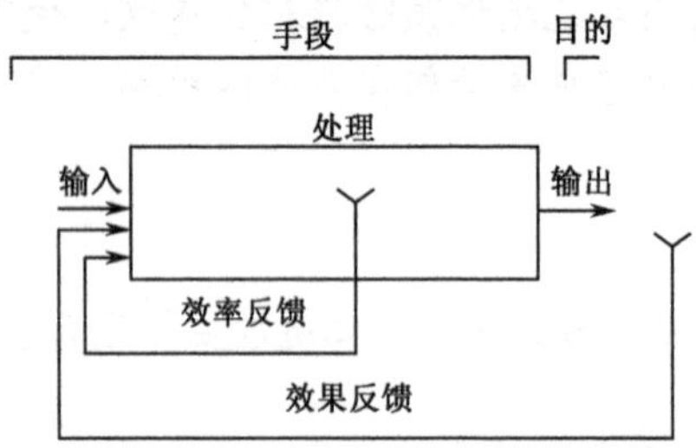

图 3.9　目的/手段分析方法示意图

根据目前电子政务业务处理的流程，首先建立宏观上所需达到的目的，然后分析达到该目的所需的各种手段，进一步分析用计算机工具如何实现及所涉及的数据流，逐步形成由各功能模块组成的系统功能结构图，进而完成系统的功能结构设计。在结构设计中为了使结构图清晰、简捷、不依赖过程，采用以变换为中心（即从数据流程中找出主要处理功能及输入/输出数据流形成高层次模块，再逐层分解）和以事务为中心（即把对同一种类型事务的处理功能合并）的设计策略，使系统分析及设计产生的原型能更快，更符合用户的需求而提出。同时，尽快使用软件开发工具和已商品化的软件包，尽量减少程序设计的工作量。

在求精原型阶段，可通过与用户的交流，对用户的需求深入理解及用户进一步提出的扩充要求，对原型进行多次反复修改。

完成设计阶段是将实验性成果转成最终设计成果，完善功能、优化方法、编写文档，是工作量最大的阶段。

2. 系统开发的组织

建立项目的组织结构是对项目的人力资源进行合理的配置和分工，使参与项目的各方人员能有效地协同工作，发挥最高的效率。

1）项目组织的总体框架

该市电子政务系统是由市政府信息化领导小组负责统一规划和指导，市信息管理中心负责管理，由项目实施单位配合完成系统的实施。

各组织机构之间的关系如图 3.10 所示。

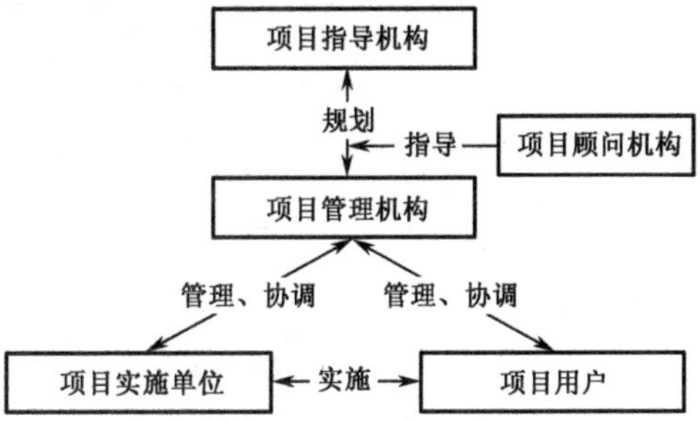

图 3.10　某城市电子政务系统建设组织机构关系图

项目指导机构：该市政府信息化领导小组。负责制定信息化工作的方针、政策，制定电子政务系统的总体规划，并负责方案审定、项目指导和审批。

项目顾问机构：负责为项目的正确规划和实施提供政策资源、知识资源以及技术方面的辅导支持。

项目管理机构：主要由信息主管部门和项目实施单位的主要负责人参与。处于项目指导机构与项目实施单位和项目用户之间，起到承上启下，组织、管理、协调的作用。会同业务部门明确项目相关的业务规范、制度和标准，协调项目实施单位和项目用户的关系，落实项目技术及实施方案，对项目进度和质量进行监督检查，并负责组织项目验收。

项目实施单位：项目的承接单位。负责系统的需求分析、设计、软件开发和工程实施等工作，并提供后续的技术支持和服务。以项目经理制进行管理，负责项目全过程的人员组织、计划安排、质量和过程控制。

项目用户：使用系统的各业务部门。负责提出系统的需求，配合项目的实施，组织系统的应用和日常维护。

2）项目实施组织结构

项目实施的组织是专指项目实施单位在具体项目中对质量、进度计划、实施服务和资源调配进行有效管理和控制的组织形式和管理方法，以保证系统工程的正常开展，达到系统的总体目标，如图 3.11 所示。

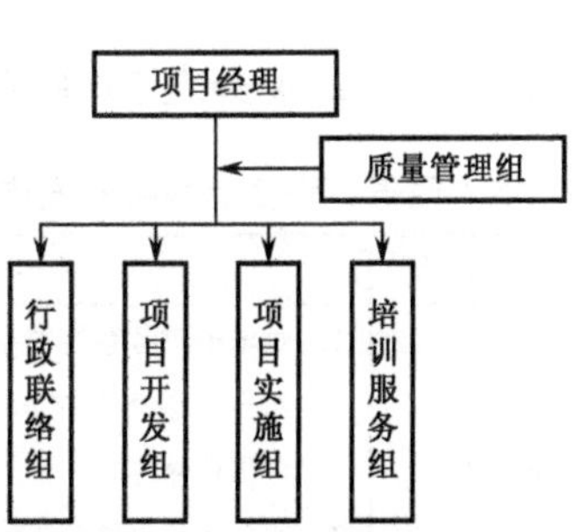

图 3.11　某城市电子政务系统项目实施组织机构图

项目组织的具体职责分别如表 3.4 和表 3.5 所示。

表 3.4　电子政务管理信息系统项目组织职责表

序　号	项目成员	职责说明
1	项目经理	负责制定项目的技术和实施方案、组织项目成员，制定实施计划和费用预算，对项目进度和经费进行监控，召集项目例会，对项目过程进行评估和总结。项目经理对整个项目实施负全责
2	行政联络组	负责项目有关的商务、行政、计划和财务等方面的工作，包括对外的联络，有关活动的安排，费用的结算及其他日常办公事务等
3	项目开发组	由系统分析员、程序主管和高级程序员等角色组成，负责综合政务办公系统的需求分析、详细设计、程序编码及测试等工作，并负责相关技术文档的编写
4	项目实施组	负责相关系统软件、应用软件的配置、安装、调试和运行维护等工作
5	培训服务组	负责用户的技术培训、技术支持和服务工作，并负责项目相关文档的管理
6	质量管理组	负责系统的整体测试工作，在项目实施全过程对完成的工作内容和文档进行质量跟踪检查，保证整个系统按照总体进度保质保量地完成

表 3.5　电子政务管理信息系统项目人员安排表

序　号	成员姓名	公司职务	项目角色	职责说明
1		技术副总	项目经理	项目总负责人
2		商务总监	行政联络组组长	负责项目行政及商务事务
3		软件部经理	项目开发组组长	负责需求分析和设计
4		产品经理	程序主管	负责程序设计的管理和指导
5		高级程序员	高级程序员	负责程序设计
6		工程部经理	项目实施组组长	负责项目实施管理
7		实施工程师	实施工程师	项目实施
8		QA 管理经理	质量管理组组长	负责质量监督控制
9		测试工程师	测试工程师	系统集成测试
10		制作部经理	高级设计师	界面设计
11		制作员	制作员	界面制作
12		策划经理	培训服务组组长	负责培训组织和文档管理
13		支持工程师	售后服务支持	负责售后支持资源调度

3. 系统开发的计划进度

某城市电子政务信息系统建设的计划进度如表 3.6 所示。

表 3.6　电子政务管理信息系统开发进度表

阶　段	启动时间	时间周期	主要工作内容
第一期 （调研规划期）	2005-6-1	4 个月	1. 对电子政务系统的整体需求进行全面的调研和分析 2. 对业内现有新技术、产品和厂商进行深入考察，确定战略合作伙伴 3. 完成系统总体分析和规划 成果检查：总体规划通过董事会审批

续表

阶　　段	启动时间	时间周期	主要工作内容
建设第一期	2005-10-1	10 个月	1．引入新的开发工具、开发模式和新的信息化平台，对信息化团队进行新技术培训 2．完成进销存系统的开发和运行推广 3．完成电子政务平台的开发 成果检查：电子政务平台成功试运行
建设第二期	2006-7-1	6 个月	1．完成基础资源目录体系与交换体系 2．完成人口基础信息库、法人单位基础信息库等重要政务信息数据库 成果检查：上述信息库系统推广运行
建设第三期	2007-1-1	24 个月	1．完善政府门户网站 2．完成应急信息系统建设 3．协同业务办公系统建设 成果检查：上述信息库系统推广运行
建设完善期	2009-1-1	持续	信息化的持续完善和改进

4．系统开发的过程管理

项目过程管理是制定项目关键任务的工作流程，并通过对过程的记录和审查进行控制。由于电子政务系统项目的核心工作内容是软件开发，因此，围绕软件开发的过程制定如下项目主要的工作流程，如图 3.12 所示。

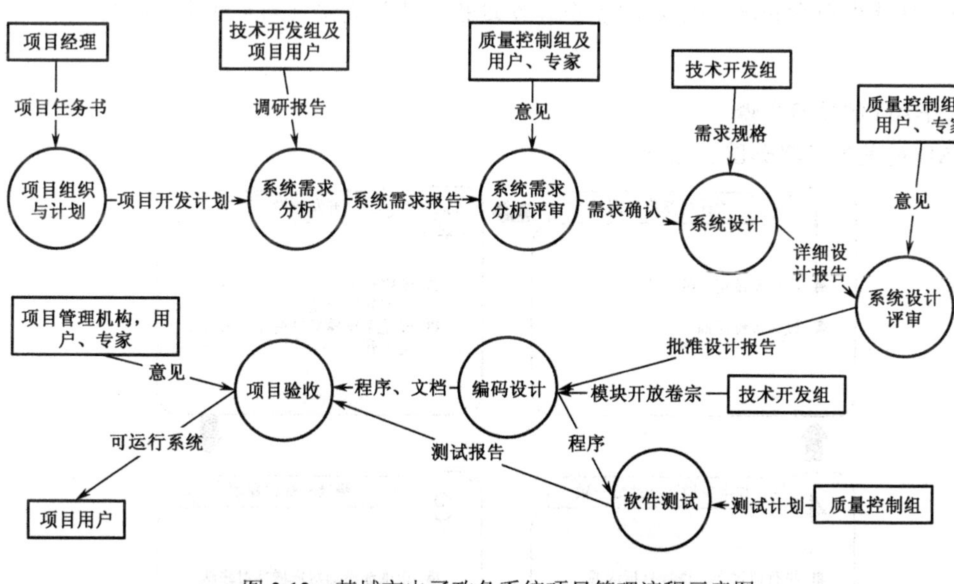

图 3.12　某城市电子政务系统项目管理流程示意图

案例分析 3.3

某公用事业服务商应用支撑系统的 RAD 开发

1. 系统开发背景

一家大型地区性公用事业服务商，需要解决系统灵活性和缩短新产品推出所需时间方面的关键 IT 问题。为此，该公司与麦肯锡共同决定开发一套灵活的支撑系统。通过 RAD，该公司明确了关键业务要求以及如何让用户完全接受新软件的条件。随后便在短短的 30 天内建立了一个实用的原型。

RAD 小组首先制定了一套明确的目标，并在此基础上以研讨会的形式共同起草了一份情节串联图板。会后，开发小组将情节串联图板转化成一个工作原型。本流程只需要两到三名万维网编码员和一名美术设计员用 HTML、XML 和 Javascript 进行原型编码，有时会用到 Macromedia Dream Weaver 这一类的工具。开发原型的第一个版本大约需要三个工作日。项目小组同时规定研讨会之间的时间间隔至少为两个工作日。

随后，小组进一步征求用户在新功能、用户友好性、增加数据段等方面的意见，并据此改进原型。不到一个月，项目小组完成并交付了一个包含约 400 个用户屏幕而且精确反映业务要求的用户原型。此外，该项目还加强了 IT 和业务部门之间的总体协作和相互理解。

在 RAD 完成后，开发小组仅花了几个月的时间就把原型转化为最终运行系统。与传统的软件开发周期相比，RAD 把整个开发过程（从收集需求到系统交付使用）缩短到六个月。

2. RAD 的关键步骤

RAD 的关键步骤如图 3.13 所示。

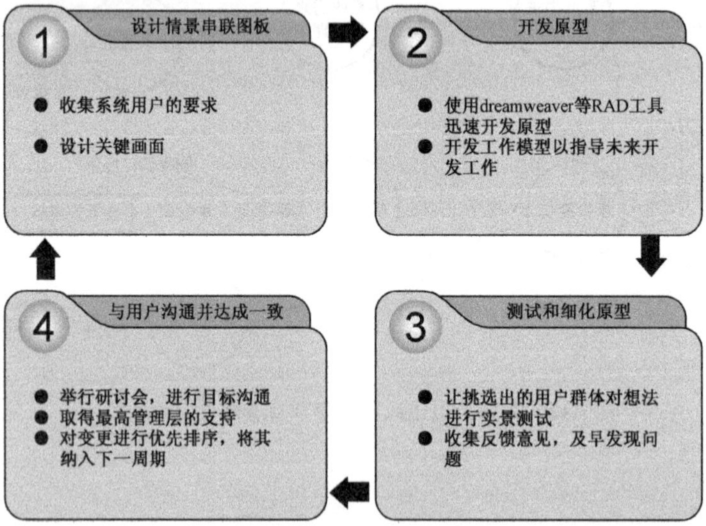

图 3.13　RAD 的关键步骤

3. RAD 的关键成功因素

根据麦肯锡的经验，快速应用开发的关键成功因素为：

（1）制定明确大胆的目标。

（2）对每一步骤/重复周期设定时间表和期限。

（3）确保取得管理层的支持。

另一个关键环节是在 RAD 流程中使用“混合”团队。每个小组由 5 到 6 人组成，包括系统开发人员和全职用户，以及其他有权决定需求的人。

为 RAD 小组配备的开发人员必须多才多艺，也就是说，他们应该能集分析员、设计员和程序员多种角色于一身。RAD 要求 IT 人员和业务用户在频繁的反复推敲交流过程中紧密协作，同时也弥补了双方的沟通差距。

麦肯锡的经验显示，RAD 能成为一套有效的工具，帮助 IT 满足业务要求，并为软件开发流程提供指导，从而实现软件系统的迅速交付。

第4章

系 统 规 划

引言

管理信息系统的总体规划通常又称管理信息系统的战略计划，是对组织总的信息系统目标、战略、信息系统资源和开发工作的一种综合性计划。其重要作用是保证管理信息系统支持组织的长期战略计划的实现，更有效地开发和管理组织的信息资源和信息系统资源，使信息系统的建设在统一的目标、战略及有序的环境下进行。

信息系统的建设是一项投资大、周期长、复杂程度高的社会技术系统工程。科学的规划可以减少盲目性，使系统具有良好的整体性、较高的适应性，建设工作具有良好的阶段性，从而有利于系统开发周期的缩短和开发费用的节约。

通过本章学习，可以了解（或掌握）：

- 信息系统发展的诺兰模型；
- 系统规划的内容、特点和具体步骤；
- 系统规划的常用方法；
- 企业流程重组的概念；
- 企业流程重组与管理信息系统的关系。

4.1　系统规划概述

系统规划是管理信息系统开发的主要阶段之一。离开系统规划，整个系统将会目标不清楚、任务不明确，并造成开发资源的极大浪费，导致管理信息系统的失败。

4.1.1　信息系统发展的诺兰模型

1．诺兰的发展阶段论

将计算机引入一个企业的管理中，大致需要经历从开始到成熟的成长过程。美国哈佛大学教授诺兰（R.Nolan）在 1974 年首次提出将此过程划分为四个发展阶段，被称为信息系统发展的诺兰模型。到 1980 年，诺兰对该模型做了进一步的修改和完善，把信息系统的成长过程划分为如图 4.1 所示的六个阶段。

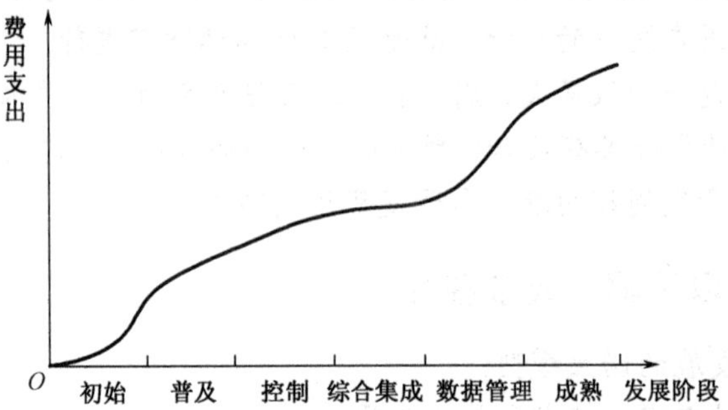

图 4.1　诺兰的六阶段模型

1）初始阶段

从企业购置第一台计算机开始，一般是在财务或统计部门应用。该阶段的特点是组织中只有少数人使用计算机，计算机是分散控制的，没有统一的计划。

2）普及阶段

随着计算机的应用见到成效，应用面迅速扩大，从企业少数部门扩散到各个部门，以至在对信息系统的管理和费用方面都产生了危机。在此阶段，计算机的数据处理能力得到飞速发展，但在组织内部又出现了大量数据冗余、数据不一致以及数据无法共享等许多的问题。

3）控制阶段

组织开始制定管理方法，控制对计算机的随意使用，使得计算机的使用正规化、制度化，推行成本–效益分析方法，但这种控制可能影响一些潜在效益的实现。而且针对已开发的应用系统的不协调和数据冗余等问题，建立统一的计划。

4）综合集成阶段

经过控制阶段的全面分析、引入数据库技术、建立数据通信网技术的条件下，数据处理系统进入一个高速发展阶段。建立集中式的数据库和能够充分利用及管理组织各种信息资源的系统。

5）数据管理阶段

诺兰认为，在集成化、综合系统实现之后，才会进入数据管理阶段，此阶段中数据成为组织的重要资源。在 20 世纪 80 年代，美国尚处在第四阶段，因此，诺兰没能对该阶段进行详细的描述。

6）成熟阶段

信息系统的成熟表现在它与组织的目标完全一致，可以满足组织中各管理层次的要求，能适应任何管理和技术的新的变化，从而真正实现信息资源的管理。

诺兰的阶段模型总结了发达国家信息系统发展的经验和规律。一般认为，模型中的各阶段都是不能跳跃的。因此，无论在确定开发管理信息系统的策略，或者在制定管理信息系统规划的时候，都应首先明确本企业当前处于哪一发展阶段，进而根据该阶段的特征指导信息系统的建设。

2. 发展阶段理论的应用

诺兰的发展阶段理论是说明企业信息化发展程度的有力工具。在 20 世纪 80 年代，美国有相当多的人接受了诺兰的观点。它在概念层次上对组织中信息化的计划制定过程是很有帮助的。诺兰的模型是第一个描述信息系统的发展阶段的抽象化模型，在这一点上该理论具有重要的意义。

经验表明，企业在计算机普及阶段以后，着手进行管理信息系统的系统规划会取得比较好的效果。一方面，普及阶段为组织应用计算机提供了学习的机会及实际经验的积累，并使组织对信息系统在管理中的作用和潜力有了直观和感性的认识；另一方面，早期在没有系统规划情况下开发的信息系统出现的数据不一致、大量数据冗余、重复开发、投资大而效率低等问题，使组织认识到系统总体规划的重要性。因此，在普及阶段以后进行系统规划，容易得到企业上层领导和各层管理人员的支持，有利于系统规划的顺利实施。

4.1.2 系统规划的重要性

系统规划是企业信息系统的长远发展规划，是建立管理信息系统的先行工作，是在系统开发前进行的，也称为总体规划或战略规划。系统规划是决策者、管理者和开发者共同制定和共同遵守的建立信息系统的纲领，是企业战略规划的一个重要组成部分，一个好的系统规划将意味着系统开发的顺利进行和成功。制定系统规划的主要目的是保证建立的目标系统的科学性、经济性、先进性和适用性，其重要性体现在如下四个方面。

1. 系统规划是系统开发的前提条件

管理信息系统的开发是一项极其复杂的系统工程。它涉及由高层到低层、由整体到局部、由决策到执行等各个层次、多个管理部门，以及企业人、财、物等各种资源的配置等，如果没有一个总体规划来统筹安排和协调，盲目地进行开发，必将造成资源的浪费和开发的失败。因此，系统规划是建立管理信息系统的先期工程，是开发的前提条件。

2. 系统规划是系统开发的纲领

系统规划涉及的内容明确规定系统开发的任务、方法、步骤，以及系统开发的原则，系统开发人员与系统管理人员共同遵守的准则和系统开发过程的管理和控制的手段等。这些都是指导系统开发的纲领性文件。

3．系统规划是系统开发成功的保证

总体规划把企业的远期目标和近期目标，外部环境和内部环境，整体效益和局部效益，自动业务和手工业务等诸方面的关系统筹协调起来；使系统的开发严格地按计划有序地进行，同时对开发过程中出现的各种偏差进行微观调控、及时修改、完善计划，从而可以有效地避免由于开发中、后期发生错误所造成的巨大损失，甚或是失败的后果。

4．系统规划是系统验收评价的标准

新系统建成后，应对系统运用的情况加以测定验收，对系统的目标、功能、特点等方面进行评价。这些工作是以系统规划中规定的内容为标准的，符合系统规划标准的系统开发是成功的，否则就是失败的。

4.1.3 系统规划的内容、特点和步骤

1．系统规划的内容

系统规划是管理信息系统生命周期的第一个阶段，这一阶段的主要目标是制定管理信息系统的长期发展方案，决定管理信息系统在整个生命周期内的发展方向、规模以及发展进程。信息系统规划主要包括以下六方面的内容。

1）信息系统的总目标、发展战略与总体结构的确定

根据企业的战略目标和内外约束条件，确定信息系统的总目标和总体结构，使管理信息系统的战略与整个企业的战略和目标协调一致。信息系统的总目标规定信息系统的发展方向，发展战略规划提出衡量具体工作完成的标准，总体结构则提供系统开发的框架。

2）企业现状分析

企业现状分析包括对计算机软件、硬件、产业人员、开发费用及当前信息系统的功能、应用环境和应用现状等情况，进行充分的了解和评价。

3）进行可行性研究

在现状分析的基础上，从技术、经济和社会因素等方面研究并论证系统开发的可行性。可行性研究的目的是用最小的代价，在最短的时间内确定问题是否能够得到解决。即所给定问题是否现实，目标系统是否存在可行的解决方案，或目标系统的建立所带来的收益是否大于建立系统的费用。这些问题的回答要通过客观准确的分析才能得到解决。

4）企业流程重组

对业务流程现状、存在问题和不足进行分析，使流程在新的技术条件下重组。企业流程重组是根据信息技术的特点，对手工方式下形成的业务流程进行根本性的重新考虑和重新设计。

5）对相关信息技术发展的预测

信息系统规划必然受到信息技术发展的影响。因此，对规划中涉及的软、硬件技术，网络技术，数据处理技术和方法的发展变化及其对信息系统的影响应做出预测。

6）资源分配计划

制定为实现系统开发计划而需要的软、硬件资源、数据通信设备、人员、技术和资金等计划，给出整个系统建设的概算，并进行可行性分析。

2．系统规划的特点

系统规划阶段是概念系统形成的时期。目前，用于信息系统规划的方法很多，不同的规划方法只是侧重点和适用的环境不同，无论哪种方法都需遵照系统工程的观点，采取阶段化、层次化、结构化和自上而下的管理控制方法。系统的总体规划是面向最高层次的系统分析，它具有以下五个特点。

1）全局性

系统规划是面向全局的、未来的、长远的关键问题，因此具有较强的不确定性，非结构化程度较高。

2）高层次

系统规划是高层次的系统分析，高层管理人员（包括高层信息管理人员）是工作的主体。

3）指导性

系统规划不易过细，对系统的描述仅在宏观层面上进行。系统规划的目的是为整个系统的建设确定目标、发展战略、总体结构方案和资源分配计划，而不是解决系统开发中的具体业务问题。因此，系统规划阶段是一个管理决策过程。它要给后续工作以指导，而不是替代后续工作。在系统规划阶段，系统结构着眼于子系统的划分，对数据的描述在于划分“数据类”，进一步的划分是后续工作的任务。

4）管理与技术相结合

系统规划是管理与技术相结合的过程，它要应用现代信息技术有效地支持管理决策的总体方案。规划人员对管理和技术发展的见识、开创精神、务实态度也是系统规划成功的关键因素。

5）环境适应性

系统规划是企业总体发展规划的一部分，要服从企业总体发展规划的要求，并随着环境的发展而变化。

3．系统规划的步骤

管理信息系统规划从开始到结束一般分为九个步骤，如图 4.2 所示。

1）确定规划的基本问题

明确规划的年限、规划的方法、规划的方式以及规划的策略等内容。

2）收集初始信息

收集初始信息包括从各级主管部门、市场同行业竞争者、本企业内部各管理职能部门，以及相关各种文件、书籍和杂志中收集信息。

3）评价系统状态和识别计划约束

评价系统状态和识别计划约束包括分析管理信息系统目标、开发方法、功能结构、信息部门的情况、风险度和政策等；识别系统现存的设备、软件及其质量；根据企业的财务情况、人力和物力等方面的限制，定义管理信息系统的约束条件和政策。

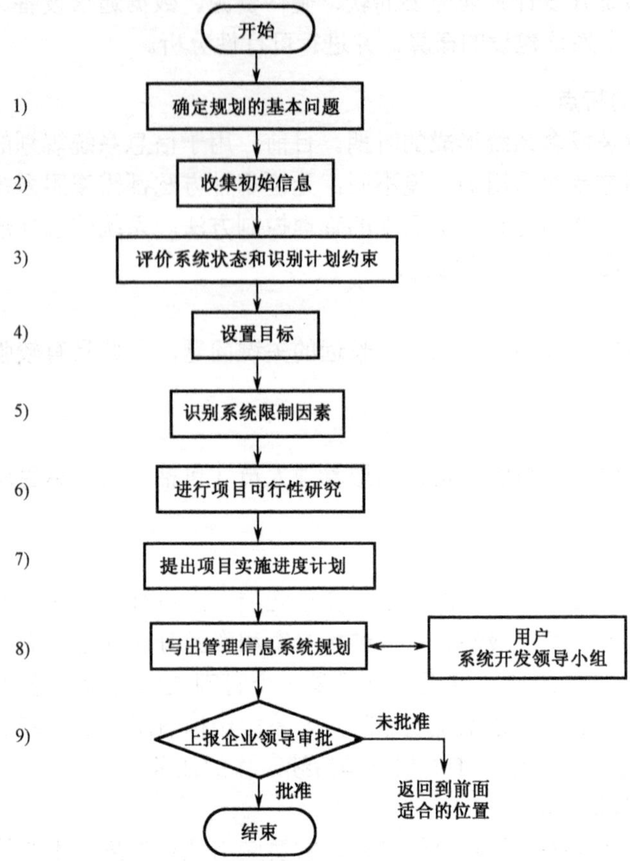

图 4.2　系统规划的步骤

4）设置目标

由企业领导和系统开发责任人依据企业整体目标，确定信息系统的目标，明确信息系统应具有的功能、服务的范围和质量等。

5）识别系统限制因素

实施系统目标，新系统的运作不可能不受到限制，新系统的限制因素包括环境造成的，如上级主管部门、税收部门、市场及客户等对信息的要求；另一类限制则是企业管理造成的，如现有的硬件设备、系统完成及运转的期限。

6）进行项目可行性研究

在上述分析的基础上，对待开发的系统从经济、技术和社会因素等方面进行可行性研究。运用技术经济理论与方法，分析系统开发的必要性与开发方案的可行性，以得出是否继续开发的明确结论，并对新系统实现的投入与产出做出全面的评估。

7）提出项目实施进度计划

根据项目的优先权、成本费用和人员情况，编制项目实施进度计划，列出开发进度表。

8）写出管理信息系统规划

通过不断与用户、系统开发领导小组成员交换意见，将管理信息系统规划书写成文。

9）上报企业领导审批

将系统规划上报企业领导审批。系统规划只有经过企业领导批准后才能生效，否则只能返回到前面某一步骤重新进行。

4.2 系统规划的常用方法

用于管理信息系统规划的方法很多，包括战略集合转移法（SST）、关键成功因素法（CSF）、企业系统规划法（BSP）、目的/方法分析法（E/M）、企业信息分析与集成技术法、投资回收法等。下面仅介绍应用最多的四种方法。

4.2.1 战略集合转移法（SST）

系统规划的一个最重要的任务是确定管理信息系统的战略和目标，使它们与组织总的战略和目标保持一致。在这些战略和目标指导下开发的信息系统，能支持组织长期战略的需要。1978 年，William King 提出了战略集合转移法（SST，Strategy Set Transformation）。该方法是把组织的总战略看成一个“信息集合”，包括使命、目标、战略以及其他战略变量（如管理的复杂性、对计算机应用的经验、改革的习惯以及重要的环境约束等）。管理信息系统的战略规划就是要把组织的这种战略集合转化为管理信息系统的战略集合。该战略集合由系统目标、环境约束和战略计划组成，图 4.3 给出了实现管理信息系统战略规划的过程。

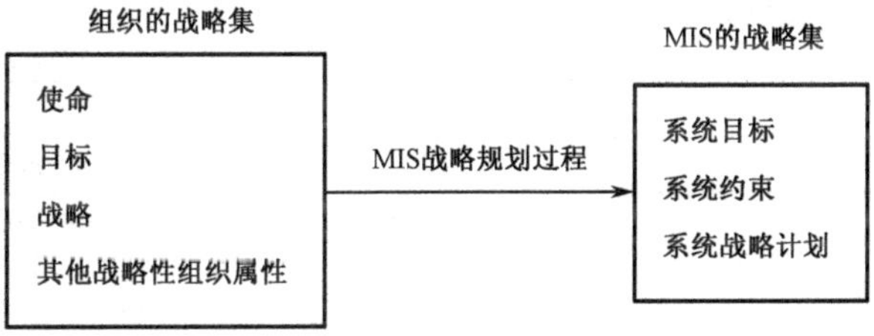

图 4.3　管理信息系统战略规划过程

SST 方法的应用基本包括以下两个步骤。

1. 识别组织的战略集

组织的战略集应在该组织的战略及长期计划的基础上进一步归纳形成。在很多情况下，组织的目标和战略不是由书面给出的，或者它们所取的形式对信息系统的总体规划用处不大。为此，信息系统的战略规划者就需要一个明确的战略集元素的确定过程。组织的战略集合的构造过程可按如下四个步骤进行。

1）刻画出组织的关联集团

“关联集团”是与该组织的有利害关系者，如“顾客”、“持股票人”、“雇员”、“管理者”和“供应商”等。

2）确定关联集团的要求

组织的使命、目标和战略就是要反映每个关联集团的要求。为此，要对每个关联集团要求的特性做定性描述，还要对他们这些要求被满足程度的直接和间接度量给予说明。

3）定义组织相对于每个关联集团的任务和战略

在每个关联集团要求的特性被确定以后，相对于这些关联集团的组织的任务和战略就要确定下来。

4）解释和验证组织的战略集

识别组织的战略后，应立即交给企业组织负责人审阅，收集反馈信息，经修改后进行下一工作。

2．将组织的战略集转化成管理信息系统的战略集

将组织战略集转化成管理信息系统的战略集的过程应该是一一对应的，包括目标、约束和设计原则，最后得到一个完整的管理信息系统的结构。

图 4.4 所示的是某企业运用 SST 方法进行管理信息系统战略规划的过程。

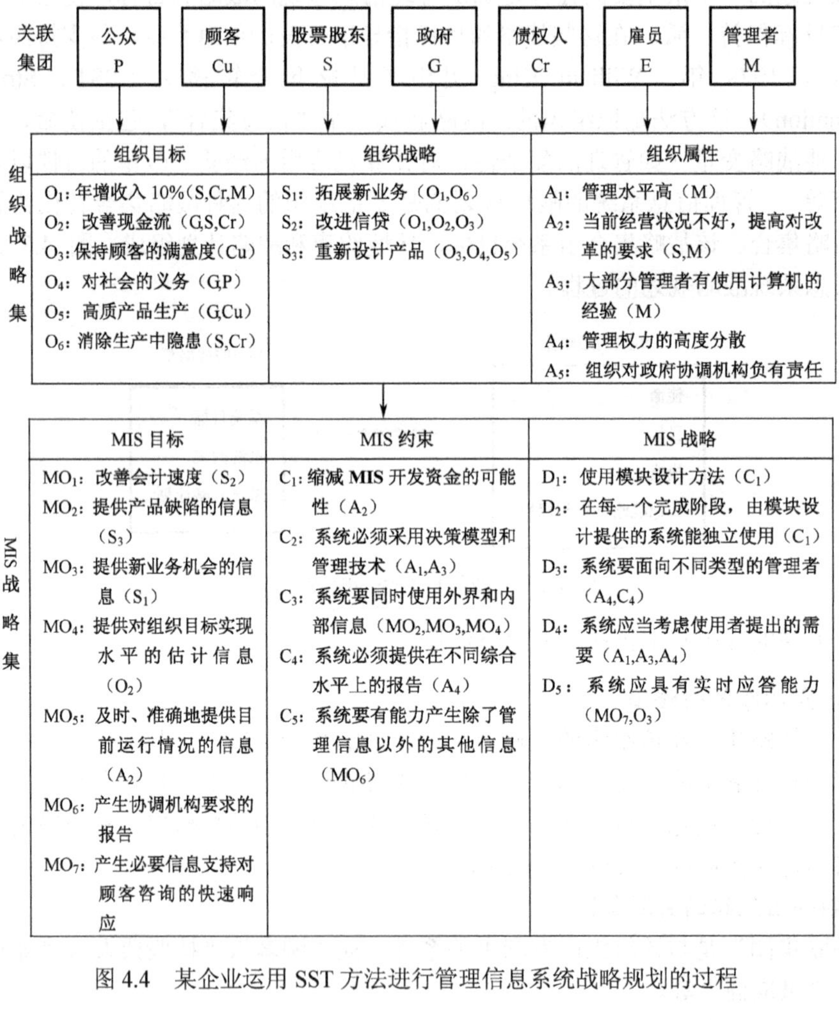

图 4.4　某企业运用 SST 方法进行管理信息系统战略规划的过程

在使用 SST 方法确定管理信息系统的战略和目标时，把两个战略集之间的关系完全表示出来是非常困难的。图 4.4 的例子只是表明两个战略集的关系，指出它们由关联集团推导出来的过程。例如，管理信息系统目标中的提供新业务机会的信息（MO_3）是由组织的拓展新业务（S_1）的战略导出的，这一战略又是组织目标中的年增收入 10%（O_1）和消除生产中隐患（O_6）所要求的，其中年增收入 10%（O_1）是关联集团股票股东、债权人和管理者要求的反映，消除生产中隐患（O_6）是关联集团股票股东和债权人要求的反映。又如，管理信息系统设计战略中的使用模块设计方法（D_1）是由管理信息系统约束中的缩减管理信息系统开发资金的可能性（C_1）导出的，缩减管理信息系统开发资金的可能性（C_1）与组织属性中的当前经营状况不好，提高对改革的要求（A_2）有关，而这个组织属性又是关联集团股票股东和管理者的要求。

管理信息系统的战略规划并不是一经制定就再也不发生变化的。事实上，各种内外部环境因素的变化都可能随时影响整个规划的适应性。因此，管理信息系统战略规划总是要做不断修改以适应变化的需要。

4.2.2　关键成功因素法（CSF）

1970 年，哈佛大学 William Zani 教授在管理信息系统模型中用到了关键成功变量，这些变量是确定管理信息系统成败的因素。过了 10 年，麻省理工学院（MIT）的 John Rockart 教授把关键成功因素（CSF，Critical Success Factors）提高成为管理信息系统战略。关键成功因素法的主要思想是“抓主要矛盾”。这是用以弥补在广泛的全面调查中，难以获得最高领导信息需求的一个有效方法和技术，并且在访问谈话中解释这一方法和进行信息需求调查所需的时间较少。虽然 CSF 是从信息系统设计角度提出来的，但它也被用于企业计划的制定和评价方面。

1．CSF 的基本概念

关键成功因素是指在一个组织中的若干能够决定组织在竞争中获胜的区域（或部门）。如果这些区域（或部门）的运行结果令人满意，组织就能在竞争中获胜；否则，组织在这一时期的努力将达不到预期的效果。不同的行业或同一行业中的不同组织可有不同的关键成功因素。

可以说，关键成功因素在组织的目标和完成这些目标所需要的浩瀚信息之间，起着一种引导和中间桥梁的作用。通过对关键成功因素的识别，可以找出弥补所需的关键性信息集合，去建立那些重点的信息系统。

2．CSF 应用步骤

关键成功因素法主要包括以下四个步骤。

1）目标识别

了解企业或管理信息系统的目标。

2）识别所有的成功因素

可以使用逐层分解的方法引出影响企业或管理信息系统目标的各种因素和影响这些因素的子因素，此步骤可以使用的工具是树枝因果图。例如，某企业有一个目标，是提高产品竞争力，可以用树枝因果图给出影响它的各种因素，以及影响这些因素的子因素，如图 4.5 所示。

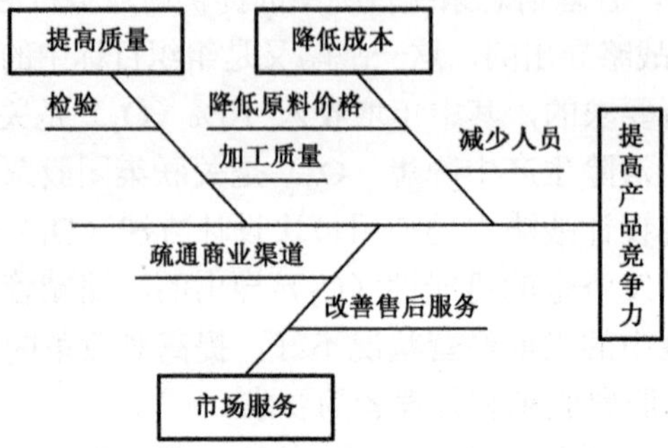

图 4.5　识别成功因素的树枝因果图

3）确定关键成功因素

对识别出的所有成功因素进行评价，并根据企业或管理信息系统的现状以及目标确定其关键成功因素，此步骤可以使用专家调查法或模糊综合评价方法等。

4）明确各关键成功因素的性能指标和评估标准

图 4.6 所示的是用 CSF 方法进行数据库分析的步骤。

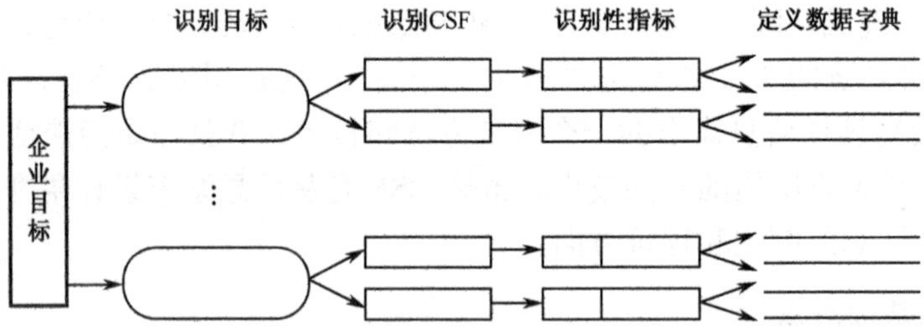

图 4.6　用 CSF 方法进行数据库分析的步骤

3. 关键成功因素的来源

对于一个企业来说，关键成功因素有两类：一是企业所在行业的成功因素；二是企业自身的成功因素。具体来说，企业的关键成功因素有以下四种来源。

1）行业的特殊结构

行业的性质可能决定某些关键成功因素。例如，在汽车工业中，制造成本控制就是一项非常重要的关键成功因素；在超级市场业，产品的组合和产品价格则是其关键成功因素。

2）竞争策略、行业地位和地理位置

特定行业的竞争策略也会决定关键成功因素。例如，对于具有相似目标的两家百货公司，一个是享有极高声誉的百货公司，它会将优质的客户服务、商品的新潮款式以及质量控制作为竞争的关键成功因素；而另一个是以打折闻名的百货公司，它会将商品的定价、广告效力等作为竞争的关键成功因素。

一个企业在同一行业中处于不同的地位，或者同一行业中位于不同地理位置的企业，都有不同的关键成功因素。

3）环境因素

这里的环境是广义的概念，如国民生产总值、世界经济形势、国家行业政策等。这些因素的变化将会导致许多企业的关键成功因素发生变化。例如，东南亚发生的金融危机，促使许多国际企业改变了其关键成功因素。

4）暂时性因素

企业内部的变化常会引起企业暂时性的关键成功因素。例如，某企业的一些管理人员因对上级不满提出辞职，这时重建企业管理班子立即成为该企业的关键成功因素，直到重建工作结束。

4. 关键成功因素的度量

在识别出高层管理人员的关键成功因素后，还需要讨论和分析与这些成功因素所有有关的资料，因为许多成功因素的度量需要组织外部的信息。

度量关键成功因素所需的很重要的一部分信息来源于主观评价，它们不能被数量化。这些信息是重要的管理资料，高层管理人员也习惯于使用这些软的但非常有用的度量。

关键成功因素可以分成两大类：一类是“监督”型的，另一类是“建设”型的。高层管理在当前经营状态下感受到的竞争压力越大，就越需要高水平“监督”型的关键成功因素，这是为了监督当前的工作。组织的经济压力越小或权力越分散，“建设”型的关键成功因素就越多，这主要是想通过改革方案来使组织适应未来的环境。

表 4.1 给出了一个打折百货公司的关键成功因素及其度量。

表 4.1　某打折百货公司的关键成功因素及其度量

关键成功因素	主 要 度 量
定价	各种产品系列的库存更新率
季节性商品返销	今年与去年同期产品库存分析（如 2008 年 3 月对 2007 年 3 月）
广告效力	各种产品系列各占有的市场份额

关键成功因素法与企业的战略规划紧密相关，企业的战略规划描述的是企业期望的目标，关键成功因素则提供了达到这些目标的关键性能指标及其评估标准。一个企业要想长期发展下去，就必须对关键成功因素进行认真和不断的选择和度量，并在需要的时候进行适当调整。

4.2.3　企业系统规划法（BSP）

企业系统规划法（BSP，Business System Planning）是美国 IBM 公司在 20 世纪 70 年代初，用于企业内部系统开发的一种方法。这种方法是基于用信息支持企业运行的思想，首先是自上而下地识别系统目标、识别企业的过程、识别数据，然后再自下而上地设计系统目标，最后把企业的目标转化为管理信息系统规划的全过程。

1. BSP 法的概念和原则

使用 BSP 方法的前提是企业内部有改善目前计算机信息系统，以及为建设新系统而建立总的战略的需求。BSP 是一个企业在长时间内构造、综合和实施信息系统所使用的规划方法，其基本概念与企业内的信息系统的长期目标密切相关。

1）信息系统必须支持企业的目标

系统规划的一个最重要的任务是确定管理信息系统的战略和目标，使它们与企业的战略和目标保持一致。信息系统是一个企业的有机组成部分，对企业的总体有效性起非常重要的作用。信息系统的开发和维护需要大量的资金和人力，所以信息系统必须支持企业的真正需要和企业的目标。重要的是让企业高级管理者认识这一原则，只有这样才能获得他们的大力支持和参与，从而保障系统规划使用 BSP 方法的顺利进行。

2）系统的规划应当表达企业各管理层次的需求

企业的管理过程有战略规划、管理控制和操作控制三个层次。确定企业的目标，以及为达到目标决定所使用的资源等属于战略规划的内容；管理控制是企业在实现其目标的过程中，为有效获得和使用企业资源而进行的管理活动；操作控制则是为保证有效完成具体的任务而进行的管理活动。系统规划应能表达企业的各个层次的需求，特别是对管理有直接影响的决策的支持。

3）信息系统能向整个企业提供一致的信息

信息的一致性是对信息系统的最基本的要求。由于传统的数据处理系统采用“自下而上”的开发方法，没有统一的规划，造成信息冗余、数据不一致，以及数据难以共享。因此，将数据作为企业的资源来管理是非常必要的，由企业的数据管理部门统一组织和协调，在总体规划时采用“自上而下”的规划方法，统一制定数据的域定义、结构定义和记录格式、更新时间及更新规则等，从而保证系统结构的完整性和信息的一致性，并在信息一致性的基础上为企业的各个部门所使用。

4）信息系统对组织机构和管理体制的变化具有适应性

信息系统应当实现对主要业务流程的改造和创新，并能够在组织机构和管理体制改变时保持工作能力。因此，要有适当的信息系统的设计技术。这种技术要独立于组织机构的各种因素。BSP 方法采用了业务流程的概念，同任何的组织体系和具体的管理职责无关。对任一企业，可从逻辑上定义一组流程，只要企业的产品和服务基本不变，则过程的改变就会极小。

5）信息系统的战略由信息系统总体结构中的子系统开始实现

一般来说，支持整个企业的总信息系统的规模太大，不可能一次完成；“自下而上”地建设信息系统存在严重问题，如数据不一致、难以共享、数据冗余，等等；因而有必要建立信息系统的长期目标。BSP 方法采用“自上而下”的系统规划，“自下而上”的系统实现，如图 4.7 所示。

2. BSP 法的工作步骤

使用 BSP 法进行系统规划是一项系统工程，其工作步骤有如下九个。

1）立项

需要企业最高领导者的赞同和批准，明确研究的范围和目标，以及期望的成果；成立研究小组，选择企业主要领导人之一担任组长，并应保证此领导人能用其全部的时间参加研究工作和指导研究小组的活动。

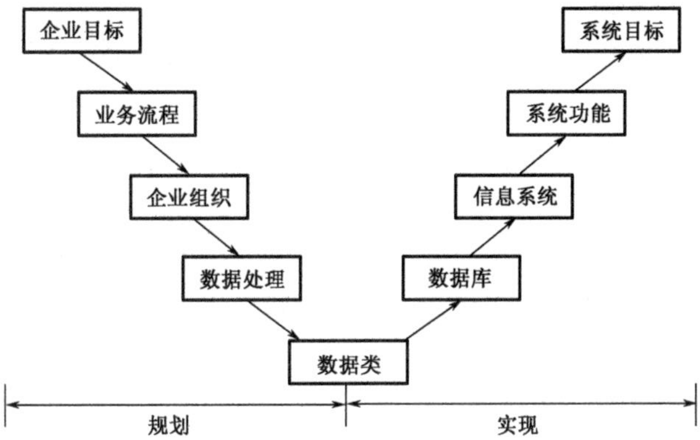

图 4.7　自上而下的系统规划和自下而上的系统实施

2）准备工作

对参加研究小组的成员和企业管理部门的管理者进行一定深度的培训；制定 BSP 的研究计划，画出总体规划工作的 PERT 图或甘特图；准备各种调查表和调查提纲。

3）调研

研究小组成员收集各方面有关的资料；通过查阅资料，深入分析和了解企业有关决策过程，组织职能和部门的主要活动以及存在的主要问题；对目前存在的和计划中的信息系统有个全面的了解。

4）定义业务过程（又称定义企业过程或定义管理功能）

定义业务过程是 BSP 方法的核心。业务过程指的是企业管理中必要且逻辑上相关的，为了完成某种管理功能的一组活动。定义业务过程的目的是了解信息系统的工作环境，以及建立企业的过程–组织实体间的关系矩阵。

5）业务流程重组

业务流程重组是在业务过程定义的基础上，找出哪些过程是正确的；哪些过程是低效的，需要在信息技术支持下进行优化处理；哪些过程不适合计算机信息处理的特点，应当取消。

6）定义数据类

在总体规划中，把系统中密切相关的信息归成一类数据，称为数据类，如客户、产品、合同等，都可称为数据类。数据的分类应按业务过程进行。

7）定义信息系统总体结构

数据类和业务过程都被识别出来后，就可定义信息系统的总体结构。定义信息系统总体结构的目的是刻画未来信息系统的框架和相应的数据类，主要工作就是划分子系统，具体实现可使用功能/数据类（U/C）矩阵。

8）确定总体结构中的优先顺序

由于资源的限制，系统的开发总有个先后次序，而不可能全面进行。划分子系统之后，根据企业目标和技术约束确定子系统实现的优先顺序。一般来讲，对企业贡献大的、需求迫切的、容易开发的优先开发。

9）形成最终研究报告

完成 BSP 研究的最终报告，整理研究成果，并提出建议书和制定开发计划。

3．定义业务过程

定义业务过程是指识别企业逻辑上相关的一组决策和活动的集合。这组决策和活动的集合也就是所要定义的业务过程。业务过程的识别是一个非结构化的分析和综合过程，主要包括计划与控制、产品和服务、支持资源三个方面的识别过程。通过后两种资源的生命周期分析，可以给出它们相应的业务过程定义；而计划与控制不是面向孤立的产品或资源，因此需单独考虑。

1）资源及其生命周期

这里的"资源"是一个广义的概念，指被管理的对象。识别企业过程就是根据企业资源的生命周期进行的。企业资源共分三类：关键性资源，支持性资源和协调性资源。关键性资源是指产品和服务；支持性资源是指为了实现企业的目标，必须使用和消耗的人员、资金和设备等；这两种资源是有形资源。协调性资源无产品形式，是指企业的计划和控制。

所谓的资源生命周期是指一项资源从获得到退出所经历的阶段，一般分为产生、获取、服务和归宿四个阶段。

2）识别计划和控制过程

分析、讨论和研究前几个阶段收集到的有关计划和控制方面的资料，就可以得到与企业计划和控制有关的业务过程。它们一般分为战略规划和管理控制两大类，具体如表 4.2 所示。

表 4.2　计划和控制过程

战略规划	管理控制
经济预测	市场/产品预测
组织计划	工作资金计划
人力资源开发	职工培训计划
发展目标制定	预算
产品设计计划	测量和评价

3）识别产品/服务和支持性资源过程

产品和服务的业务过程识别是按照产品/服务生命周期的四个阶段来进行的，一般从产生阶段开始，逐个阶段依次进行，且在识别的过程中注意保证每个阶段所识别的过程在层次上是一致的。支持性资源的业务过程识别与产品和服务的过程识别相同。

过程的识别实际上就是根据以上资源的生命周期模型，找到每个相应阶段上的必要的管理活动。对于识别出来的过程个数一般没有要求，可根据企业的规模和管理活动的多少而定。表 4.3 是产品/服务和支持性资源过程的一个例子。

表 4.3　产品/服务和支持性资源过程的示例

资源 过程 生命周期	产品/服务	支持性资源			
		材　料	资　金	人　员	设　备
产生阶段	• 市场计划 • 市场研究 • 产品开发计划 • 产品/市场预测	• 需求计划	• 财务计划 • 成本计划 • 投资计划	• 人事计划 • 工资管理	• 设备计划 • 设备更新
获取阶段	• 产品设计和开发 • 生产调度 • 工作计划 • 工程记录	• 材料采购 • 进库	• 资金接受 • 贷款	• 招聘 • 转业	• 设备采购 • 设备接收 • 基建
服务阶段	• 合同处理 • 库存控制 • 包装储运 • 产品服务管理	• 库存控制 • 材料调配	• 成本核算 • 管理会计 • 银行业务	• 人员培训 • 人事管理	• 设备维修
归宿阶段	• 销售策略 • 顾客订货 • 运输管理 • 售后服务	• 材料回收 • 应付款项	• 分配管理 • 应付款项	• 终止合同 • 解雇 • 退休	• 设备折旧 • 设备报废

4）建立企业过程和组织关系

识别的业务过程经过汇总分析，减少层次上的不一致性，以及进行功能的归类后，就可以与企业的组织机构联系起来。建立企业业务过程与组织关系的目的是进一步明确管理组织的职责功能，为进一步收集数据提供信息。对于企业业务过程和组织之间的联系，可以使用过程/组织矩阵来表示，如表 4.4 所示。

表 4.4　过程/组织矩阵

过程 关系 组织	市　场			销　售			人　员			财　务		材　料			……
	研究	预测	计划	地区管理	销售	订货服务	人员计划	培训	考勤	财务计划	成本计算	采购	库存控制	发运	
财务科	×		×		／		×		／	¤	¤	×		／	
技术科		／							／						
销售科	¤	¤	¤	¤	¤	¤			／				×		
规划科	×		×				¤								
人事科				／	／		¤	¤	¤	×					
……															

注：¤表示主要负责；×表示主要参加；／表示一般参加

4．定义数据类

数据类是指支持业务过程所必需的逻辑相关的数据。识别数据类的目的在于了解企业目前的数据状况和数据要求，以及数据与企业实体、业务过程之间的联系，查明数据共享的情况，建立功能/数据类矩阵，为定义信息系统总体结构提供基本依据。其中企业实体是指企业实施管理的对象，一般可按人、地点、物体、概念和事件进行分类，如企业员工、设备、产品和材料等。数据类的定义可分为如下三步。

1）分解数据类

根据资源的管理过程可以将数据分解成计划型、统计型、文档型和业务型四类，每个实体可以由这四种数据类型来描述。每种数据类型所反映的内容包括计划型反映目标等计划值，统计型反映企业的综合状况，文档型反映实体的现状，业务型反映生命周期各阶段过渡过程相关文档型数据的变化。

根据企业各组织机构的输入/输出数据的调查资料，将实体和数据类按数据的四种类型绘制在一个表内，就得到实体/数据类矩阵，如表 4.5 所示。

表 4.5　实体/数据类矩阵

类型 / 数据类 / 实体	计　划	统　计	文　档	业　务
产品	生产计划 质量计划 新产品开发计划	产品质量汇总 产成品入库汇总	产品质量标准 成品质检报告	订货合同 提货单 产品检验单
客户	市场计划 销售计划	销售合同汇总 营销历史数据	客户档案 客户订货数据	发运记录
设备	设备计划 维修计划	设备利用率	设备使用数据 设备维修数据	固定资产盈亏报表 设备购进记录
材料	原材料需求计划 原材料采购计划	材料月消耗表 库存材料汇总表	原材料质量日报 用料计算表	材料采购记录 入库出库单据
资金	财务计划	资产负债表 企业财务报表	会计报表 产成品价格表	应收应付业务 采购借款单
人员	工资计划 培训计划	劳动生产率 职工人数统计	职工档案	人事调动记录 劳动定额通知
其他	工作计划	工伤事故统计	企业规章制度	样品调拨单

2）数据/信息转换

将实体/数据类矩阵中的数据与企业业务过程联系起来，通过对每个过程标示其输入/输出数据，可以得到综合性的辅助决策信息，即数据类。图 4.8 是数据/信息转换的一个示例。

3）绘制功能/数据类矩阵

在分解数据类和数据/信息转换的基础上，就可以绘制功能/数据类矩阵。功能/数据类矩阵也称做 U/C 矩阵。将数据类作为列，功能（或过程）作为行，用功能与数据类交

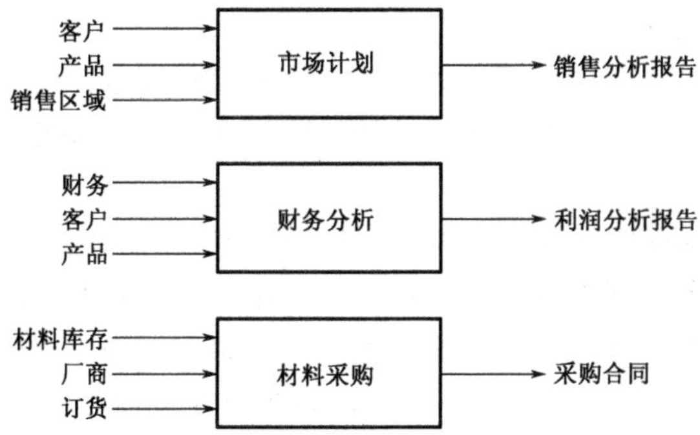

图 4.8　数据/信息转换示例

叉点上的符号 C（create）表示这类数据由相应的功能产生，用交叉点上的 U（use）表示这类功能使用相应的数据类，空着不填表示功能与数据无关。表 4.6 所示的是由企业内各项管理功能组和数据类之间的关系形成的 U/C 矩阵。经营计划功能需要使用有关成本和财务的数据，则在这些数据下面的经营计划行上标记符号 U，而产生的是计划数据，则在计划下经营计划行上标记符号 C。

表 4.6　功能/数据类矩阵

数据类 功能	客户	产品	订货	成本	操作顺序	材料表	零件规格	材料库存	职工	成品库存	销售区域	财务	机器负荷	计划	工作指令	材料供应
经营计划				U								U		C		
财务计划				U					U			U		C		
资产规模												C				
产品预测	U	U									U			U		
产品设计	U	C				U	C									
产品工艺		U				C	C	U								
库存控制								C		C					U	U
调度		U											U		C	
生产能力计划					U								C			U
材料需求		U				U										C
操作顺序					C								U		U	U
销售区域管理	C	U	U													
销售	U	U	U								C					
订货服务	U	U	C													
发运		U	U							U						
通用会计	U	U							U							
成本会计			U	C												
人员计划									C							
人员考核									U							

5. 定义信息系统总体结构

BSP 方法将功能和数据类两者作为定义企业信息系统总体结构的基础，具体做法是利用功能/数据类矩阵。定义信息系统的结构，即划分子系统需按如下两个步骤进行。

1）调整功能/数据类矩阵

首先，将功能按功能组排列。功能组是指同类型的功能，如“经营计划”、“财务计划”和“资产规模”属计划类型，归入到“经营计划”功能组。然后，调换“数据类”的横向位置，使得矩阵中的符号 C 最靠近对角线。最后，画出功能组对应的框，并给框起一个名字，每个框就是一个子系统。例如，将表 4.6 功能/数据类矩阵进行调整，得到表 4.7 所示的子系统。

表 4.7　划分子系统

功能 \ 数据类		计划	财务	产品	零件规格	材料表	材料库存	成品库存	工作指令	机器负荷	材料供应	操作顺序	客户	销售区域	订货	成本	职工
经营计划	经营计划	C	U													U	
	财务计划	C	U													U	U
	资产规模		C														
技术准备	产品预测	U		U									U	U			
	产品设计			C	C	U							U				
	产品工艺			U	C	C	U										
生产制造	库存控制						C	C	U		U						
	调度			U					C	U							
	生产能力计划									C	U	U					
	材料需求			U		U					C						
	操作顺序								U	U	U	C					
销售	销售区域管理			U									C		U		
	销售			U									U	C	U		
	订货服务			U									U		C		
	发运			U				U							U		
财会	通用会计			U									U				U
	成本会计														U	C	
人事	人员计划																C
	人员考核																U

利用 BSP 方法划分子系统应遵循三条原则：① 在功能上子系统应具有相对的独立性，一般一个子系统不应横跨两个或两个以上的业务过程；② 在数据上子系统应具有自身的完整性，通常情况下一个数据类只能由一个子系统生成；③ 在结构上子系统应具有规模的适中性，子系统在规模上不易太复杂。

2）确定子系统之间的关系

用箭头把落在框外的符号 U 与子系统连接起来，表示子系统之间的关系，参见表 4.8。例如，“计划”数据类由“经营计划”子系统产生，“技术准备”子系统将用到此数据类。

表 4.8　子系统之间的联系

功能 \ 数据类	计划	财务	产品	零件规格	材料表	材料库存	成品库存	工作指令	机器负荷	材料供应	操作顺序	客户	销售区域	订货	成本	职工
经营计划	C	U													U	
	C	U													U	U
		C														
技术准备	U		U									U	U			
			C	C	U							U				
			U	C	C											
生产制造						C	C	U		U						
			U					C	U							
									C	U	U					
			U		U					C						
								U	U	U	C					
销售			U									C		U		
			U									U	C	U		
			U									U		C		
			U				U							U		
财会			U									U				U
														U	C	
人事																C
																U

为了表达清楚，需要将流程图简化。去掉字母 C 和 U 并使用双向箭头（需要的时候可以适当移动功能组和数据类），最后得到简化的子系统结构图，如表 4.9 所示。

6．资源分配

企业用于管理信息系统开发的资源总是有限的，应针对这些项目的优先顺序进行合理分配。

一般来说，确定项目的优先顺序应按照如下四类标准进行考虑。

1）潜在效益

在近期内项目的实施是否可节省开发费用，长期看是否对投资回收有利，是否明显增强竞争优势。

2）对组织的影响

是否是组织的关键成功因素或亟待解决的主要问题。

表 4.9　子系统结构图简化

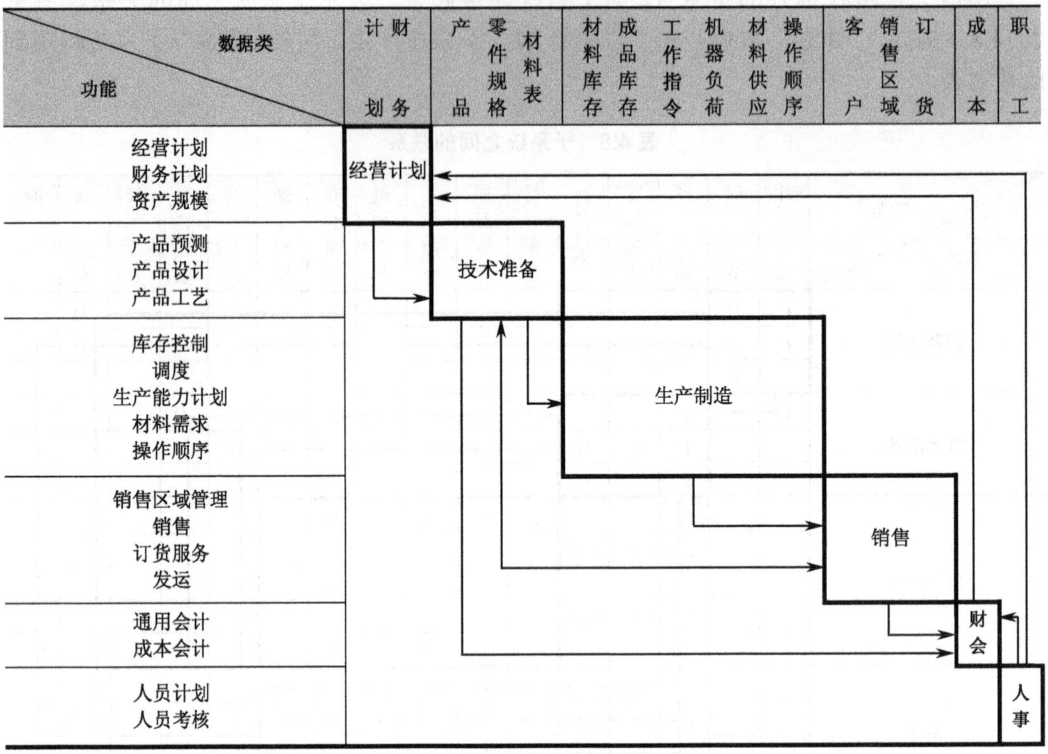

3）成功的可能性

从技术、组织、实施时间、风险情况以及可利用资源等方面，考虑项目成功的可能性的程度。

4）需求

用户的需求、项目的价值以及它与其他项目间的关系。例如，有些项目是其他项目实施的前提，则这些项目就应该优先实施。

对构成信息系统的各项目按上述四类标准进行分析，并按 1～10 个等级打分，分数的高低排列即为项目实施的优先顺序。

7. BSP 法的意义

BSP 法是最易理解的信息系统规划技术之一，相对于其他方法的优势在于其强大的数据结构规划能力，包括确定业务处理过程，列出支持每个处理过程的信息需求以及建立所需的数据项。通过使用 BSP 法，可以确定未来信息系统的总体结构，明确系统的子系统组成以及子系统开发的先后顺序，并对数据进行统一规划、管理和控制，明确各子系统之间的数据交换关系，从而保证信息的一致性。

利用 BSP 法进行系统规划，能保证所开发的信息系统独立于企业的组织机构。也就是说，如果将来企业的组织机构或管理体制发生变化，那么信息系统的结构体系不会受到太大的影响。即使如此，BSP 法也有不少的缺点，如实施起来需要大量的时间和财力支持，以及该方法不能将新技术与传统的数据处理系统进行有效的集成，等等。

4.2.4　目的/方法分析法

目的/方法分析法（Ends/Means Analysis，简称 E/M 分析法）是由明尼苏达大学的 Wetherbe 和 Davis 共同提出的，使用目的/方法分析方法进行系统规划的目的有两个：一是为输出制定有效性标准，二是为用于生成输出的处理过程规定效率标准。

1．制定输出的有效性标准

为制定输出的有效性标准，需寻求以下三个问题的解答。业务处理过程中提供的商品或者服务的目标是什么？是什么使得这些商品或服务对用户或接受者有效？需要什么信息来对有效性进行评价？表 4.10 给出了制定输出的有效性标准的一个示例。

表 4.10　制定输出的有效性标准的示例

目　标	效　用	信　息
处理用户订单	• 与竞争对手同时或先于竞争对手为用户提交订货	• 交付用户货物的总结报告和异样报表；与竞争对手在交货服务方面对比统计分析
提供用户服务	• 对资格用户快速提供信贷 • 对用户需求快速反应并尽量减少用户的不满	• 用户信用状况和付款历史 • 用户投诉的数量和类型以及解决投诉的平均时间

按表 4.10 所示内容，对以上三个问题的答案依次为：该业务处理过程中提供服务的目标是为用户提交订货；有效性的标准是当用户提出要求时，能够同时或是先于竞争对手向用户提交订货；有关用户交付以及与竞争对手相比较的交付服务方面的对比统计信息，可为管理者确定他们达到预定结果的有效程度提供反馈。

2．为用于生成输出的处理过程规定效率标准

在为用于生成输出的处理过程规定效率标准时，同样需要问三个问题。即用以产生或提供商品或服务的关键方法或关键业务流程是什么？在提供这些商品或服务的过程中什么因素构成了效率？评价效率需要什么样的信息？表 4.11 给出了生成输出的处理过程规定效率标准的一个示例。

表 4.11　生成输出的处理过程规定效率标准示例

方　法	有 效 性	信　息
处理订单	较低的处理成本	每笔处理成本的历史趋势
处理借贷申请	较低的处理成本	每笔处理成本的历史趋势
装运发货	使装运成本降至最低	按照订单、客户和地区进行分类的装运成本

按表 4.11 所示内容，对以上三个问题的答案依次为：产生或提供商品或服务的关键方法或关键业务流程是处理订单；订单处理的效率意味着最低的订货交易成本和货运成本；评价效率所需的信息可能包括每笔交易的成本、每笔信贷交易的成本和货运成本。

可以看出，目的/方法分析是通过使用简洁、直观的方法，寻求并确定信息需求的一种方法。

4.3　企业流程重组

业务流程重组（BPR，Business Process Reengineering）是 20 世纪 90 年代初由美国学者 Michael Hammer 和 James Champy 等提出的一种观念。BPR 的思想一经提出，即引起美国舆论的广泛注意，成为管理学界的一个重大成就。

4.3.1　企业流程重组的概念

目前，对于企业流程重组有许多不同的说法和译法，如核心过程再设计（Core Process Redesign）、企业经营过程重组、企业过程再造等。

企业流程是指为了完成企业的目标或任务而进行的一系列逻辑相关的业务活动，例如，从原材料的采购到向用户交付产品的一系列活动是企业的产品制造业务流程。企业流程重组就是对企业的业务流程进行根本性的思考和彻底的重新设计，以求获取企业经营方面的巨大业绩，如降低成本、提高质量、改善服务、提高效率等。

企业流程重组的定义包含如下四个方面的关键信息。

1．业务流程

重组的内容是企业的业务流程，而不是企业的组织等其他方面。然而，现在的企业组织是建立在亚当•斯密的分工理论基础上的，企业的完整业务活动被组织机构所分割和掩盖，人们熟悉的是部门、科室等机构，而对业务流程不够熟悉。另一方面，组织机构分工明确、界限清楚，可以非常清晰明了地画出来；流程却不同，流程不仅看不到，没有名称，通常也没有被有效地管理。

但是，企业流程重组的实施将导致企业组织的变化。业务流程重组后，企业为完成工作所需要的真正组织机构将变得明确、清晰，企业原有部门、科室的分工将会改变，一些组织结构会被合并或撤销。

2．根本性的思考

实施企业流程重组关心的是事物本来的样子，而不关心现在的样子。所以，提出的问题是“我们为什么要做现在的事？为什么要以现在的方式做事？现在的工作方式有什么不足？有没有别的工作方式？”，而不是“如何把现在的事情做得更好？”提出的诸如此类的根本性的问题，促使人们对管理企业方法所基于的习惯和假设进行观察、分析和思考。通过仔细的观察、深入的分析和思考，往往会发现这些习惯和假设中有一部分已经过时，甚至是错误的、不适用的。

在企业实施流程重组的最初阶段，不需要任何条条框框的限制，同时还必须抛弃一般已经认可的习惯和假设。例如，提出“如何才能更加有效地完成客户信用的审查工作？”这个问题本身，就需要分析和思考，因为提出这个问题的前提是已经假设了必须审查客户信用。在许多的情况下，信用审查的费用实际上可能已超过了审查工作可避免的损失。

3．彻底的重新设计

彻底的重新设计意味着追根溯源，从根本上重新设计企业的经营过程或业务流程，而不仅仅是做表面的改变或修补，是完全抛弃旧有的结构和过程，创造出新的工作方法。

企业流程与企业的运行方式、组织的协调合作、人的组织管理、新技术的应用与融合等密切相关。所以，企业流程重组是彻底的、全方位的重组。它涉及企业的人、经营过程、技术、组织结构和企业文化等各个方面，包括观念的重组、流程的重组和组织的重组，以新型企业文化代替旧的企业文化，以新的企业流程代替原有的企业流程，以扁平化的企业组织代替金字塔型的企业组织，等等。但是，其中的信息技术的应用是流程重组的核心，它既是流程重组的出发点，同时也是流程重组最终目标的体现。

4．巨大业绩

进行企业流程重组的目标不是为获得小的改善，而是取得业绩的巨大进步。如果企业只是需要对现有业绩的小的提高，那么既使它不实施 BPR 也可以达到目标。因为有许多传统的方法可以采用，例如，激励员工的积极性或者扩大产品宣传力度，开展产品促销活动，等等。当企业需要彻底改变时，才可以实施企业流程重组。因为实现企业流程重组是一件有风险、有阻力的重大改革。

一般来说，存在三种类型的企业实施 BPR：第一类是企业发现自身已经陷入困境之中，不进行彻底的改变，就有倒闭的可能；第二类是企业目前经营状况良好，但已感到来自竞争对手的压力，产生了危机感，并预测将来企业的经营状况可能变坏；第三类是企业当前的经营状况非常好，处于鼎盛的时期，并且企业在现在或可预见的将来都不存在明显的困难和危机。

从实施企业流程重组的需要来看，第一类企业是最适合，也是最急需的；第二类企业只是为了摆脱潜在的困境而提前实施 BPR；第三类企业的管理者是为了保持其领先的地位而实施 BPR。把实施 BRP 看做是提高企业竞争力的一种机会、一种手段，通过实施 BPR 来提高自己的业绩，加大企业的竞争优势，从而使竞争对手的经营更加困难，给其以极大的压力。

4.3.2　企业流程重组的实施

1．BPR 实施中有关人员的选择

BPR 的实施关系到企业的每个人，企业的各级管理者、每个工作人员都有可能直接参与到 BPR 工作中。正确地选择和合理地组织这些人，是企业顺利开展 BPR 的关键，有时决定着 BPR 实施的成功与否。一般而言，有五种角色直接从事 BPR 的工作：领导者、工程总监、项目主任、团队成员和指导委员会成员。

1）领导者

作为企业流程重组的领导者，其主要职责是规划企业重组的总目标，进行全局管理和协调工作，明确企业中每个人员的工作目标和工作责任。领导者一般从企业的高级管理者中选择；若进行小规模的重组，也可以由部门的管理者担任。

2）工程总监

主要负责企业 BPR 中所有相应的技术工作，作为 BPR 领导者的总参谋，工程总监同样也是从企业的高级管理者中选择。

3）项目主任

主要负责企业 BPR 中某个项目，提供此项目所需的资源，与此项目相关的企业各组织机构交涉、协调，以获得必要的支持。项目主任由 BPR 的领导者任命。

4）团队成员

参与企业 BPR 某一具体项目的人员。他们的主要工作是提出重组的建议和想法，制定具体计划和方案，以及实施批准后的计划和方案。一个团队一般有 5～10 个内外部成员组成。内部成员是指正被重组的业务中工作过的人员，外部成员是指没有在此重组业务中工作过的人员。内部成员熟悉业务；外部成员不受习惯束缚和影响，具有创新精神。因此，团队成员最好由这两类人共同组成。

5）指导委员会成员

一般来说，指导委员会可根据具体情况设立或不设立，设立时其成员是由除项目主任之外的企业高级管理人员组成，主要负责各 BPR 项目之间的问题协调事务。

2. BPR 实施的工作阶段

企业流程重组实际上是站在信息的高度，对企业流程的再思考和重新设计，是一个非常复杂的系统工程。为了有效地实施企业流程重组，Michael Hammer、Thomas H.Daverport 等学者把实施的过程分成若干阶段，被称为“BPR 生命周期”。

1）启动

企业实施 BPR 是一场深刻的变革，通常情况下都会遇到来自企业的各种阻力，如企业员工的抵制、经理等高级管理者的不配合等。为保证 BPR 的顺利进行，必须做好沟通工作，使企业的全体员工充分理解重组的必要性，并达成共识。

此阶段的主要相关活动包括：任命领导者并成立专门的重组委员会；获得高层经理人员对业务重组的支持；准备计划书：定义重组的范围、确定重组的目标、实施的方法和进度的安排；组建并培训重组团队的成员等。

2）选择再设计的流程

一般而言，一个企业不会同时对其全部的主要业务流程进行再设计。因此，首先识别准备改变的主要业务，评估如果不进行改变将产生的后果，然后选择需要重组的业务流程。

选择需要再设计的流程时，一般从以下三个方面考虑：迫切性，即哪些流程遇到了最大的困难；重要性，即哪些流程对客户的影响最大；可行性，即哪些流程可成功地进行再设计。

3）流程分析

流程分析就是对需要重新设计的流程进行分析，建立该流程的理想目标。一般而言，目标有降低成本，提高质量，缩短处理的时间，增进客户的满意度，增强企业的竞争力几种。

4）重新设计

重新设计企业流程是对现行制度及其背后的假设提出挑战。重新设计时先进行简化工作，减少不必要的工作环节，并将散乱无章的工作步骤整合成有条理、有效率的过程，最后是应用信息技术。

此阶段的主要相关活动包括：利用创造性思维建立设计的方案；定义新的流程模型，用流程图描述这些流程；设计与新流程适应的组织机构模型；定义技术需求，选择能够支持新流程的平台等。

5）评估

应用功能经济分析工具建立有关成本、效益等方面的评估标准，评估各可行方案，选择最合适的方案。

6）执行

在实施流程重组时，最好有选择性地建立一个原型系统，进行小范围的实验，通过试运行取得满意成果后，再进行大规模的推广。

具体实施过程中，将涉及许多方面的内容。如与员工就新的方案进行有效沟通，制定并实施变更管理计划；制定阶段性实施计划并实施；制定新业务流程和系统的培训计划并对员工进行培训，等等。

4.3.3　企业流程重组与管理信息系统的关系

1．信息技术与企业流程重组

企业流程重组是一种管理思想，一种经营变革的理念。信息技术是一种技术，BPR 可以独立于信息技术而存在。这种独立是相对的，在 BPR 由思想到现实的转变中，信息技术起到了一种良好的催化剂作用。从管理信息系统的角度来认识，BPR 主要是指利用信息技术，对组织内或组织之间的工作流和业务过程进行分析和再设计，主要用于减少业务的成本、缩短完成时间和提高质量的一系列技术。

在管理信息系统建设中，仅用计算机系统去模拟原手工管理的过程，不能从根本上提高企业的竞争能力，重要的是重组企业流程。按现代化信息处理的特点，对现有的企业流程进行重新设计，成为提高企业运行效率的重要途径。企业流程重组的本质在于根据新技术条件下信息处理的特点，以事物发生的自然过程寻找解决问题的途径。

企业在实现信息化的过程中，首先要实施 BPR，再利用信息技术促进 BPR 的实现。这样的企业信息化过程，实际上也是管理创新的过程。要处理好企业信息化和业务流程重建的关系，不能把两者等同起来。企业信息化需要先做好业务流程重建，而信息技术对新业务流程的重建是有极大促进作用的。

2．基于流程重组的信息系统规划

BSP 方法为管理信息系统的规划提供规范的步骤和方法。然而，BSP 方法是在企业现有流程的基础上进行的，在定义业务流程的过程中没有面向流程的创新、重组和规范化设计。因此，这样规划的信息系统难以适应企业经营环境的变化以及管理信息系统的发展，最终导致信息技术成为组织僵化的原因。在系统规划阶段引进业务流程重组，可

以有效地解决这个问题。这种面向流程的信息系统规划模型如图 4.9 所示。

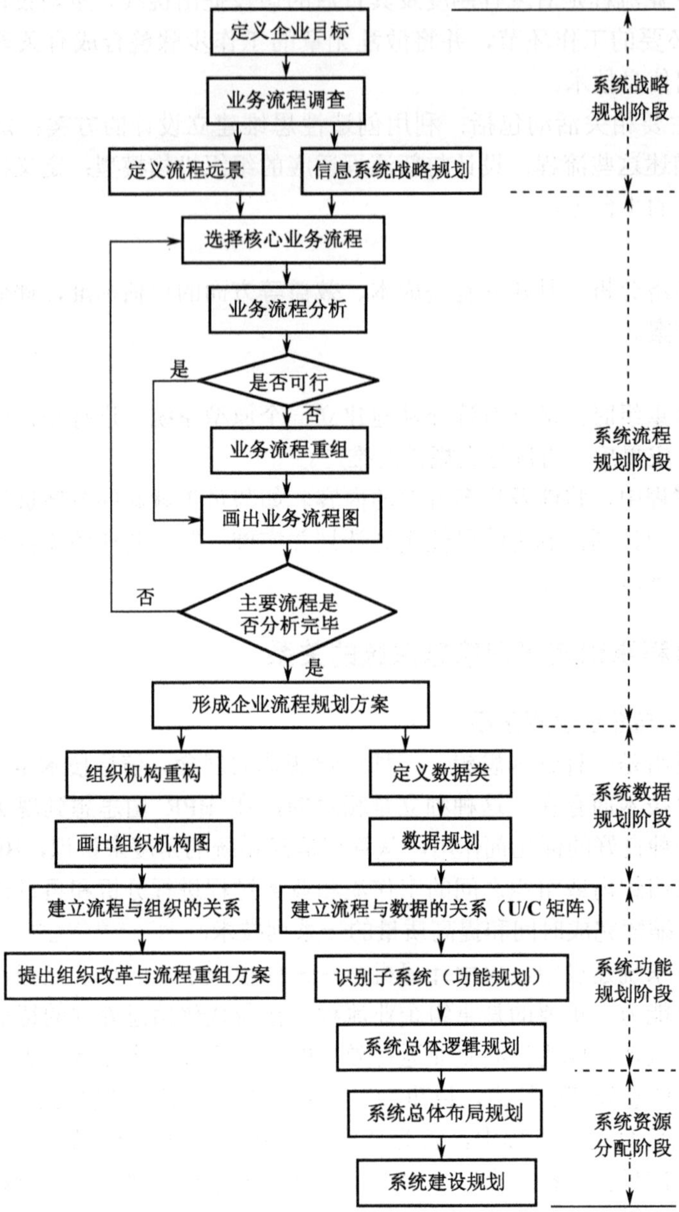

图 4.9　面向流程的信息系统规划模型

从图 4.9 可以看出，此规划模型结合了业务流程重组的思想，将系统规划分为五个阶段。

1）系统战略规划

首先定义企业的战略目标，认清企业的发展方向，然后进行业务流程调查，确定实施企业战略的成功因素。在此基础上定义企业流程远景和管理信息系统战略规划，以保证业务流程重组、管理信息系统目标与企业的目标保持一致。这里的流程远景是指对未来流程应该如何运行以及运行程度的具体描述。

2）系统流程规划

此阶段是面向流程的信息系统规划的重点，其主要任务是选择核心业务流程并进行分析，对依然可行的直接画出业务流程图，对需要改进的进行业务流程重构后再画出它的业务流程图，最终形成流程规划方案。

3）系统数据规划

在这一阶段的任务是对上一步得到的主要业务流程所产生和使用的数据进行识别和分类。首先是定义数据类，然后进行数据的规划，按时间长短、数据是否可共享以及数据的用途进行分类。

4）系统功能规划

通过使用 U/C 矩阵建立数据类过程的关系矩阵，并通过此矩阵识别管理信息系统的子系统以及系统的功能模块。

5）系统资源分配

根据应用项目的优先顺序以及资源分配评价的标准将企业的有限资源进行合理的分配。

本章小结

系统规划方法的研究主要集中在 20 世纪 70 年代和 80 年代，当前许多主要的规划方法都是这一时期提出的。到了 20 世纪 90 年代，管理信息系统研究领域的热门话题不再是规划方法，但是，系统规划仍是开发管理信息系统的主要阶段之一。离开系统规划，整个系统将会目标不清楚、任务不明确，并造成开发资源的极大浪费，导致管理信息系统的失败。

本章介绍了信息系统发展的诺兰六阶段模型，指出企业在计算机普及阶段着手制定管理信息系统总体规划会取得非常好的效果。

管理信息系统的系统规划是企业针对管理信息系统的建立和发展所做的一种战略性计划，应与企业的战略计划相协调，保证管理信息系统的开发支持企业的整体目标。本章介绍了进行信息系统规划的内容、特点和步骤。

战略集合转移法（SSF）、关键成功因素法（CSF）、企业系统规划法（BSP）和目的/方法（E/M）分析是信息系统规划的常用方法。SSF 是把企业的总战略、信息系统战略分别看成“信息集合”，系统规划的过程则是由组织战略集转换成信息系统战略集的过程。CSF 是一种帮助企业的最高领导确定其信息需求的高度有效的方法，此方法是通过分析找出使企业成功的关键因素，根据这些关键因素来确定系统的需求，进行规划。美国 IBM 公司的 BSP 是为规划内部信息系统而提出的一种总体规划模式。它通过全面调查，分析企业信息需求，制定信息系统的总体方案，划分子系统和确定各子系统实施的先后顺序。目的/方法（E/M）分析是为输出制定有效性标准且为用于生成输出的处理过程规定效率标准的一种系统规划技术。

业务流程重组（BPR）是 20 世纪 90 年代管理学界的一个重大成就，本章阐述了企业流程重组的有关概念，讨论了 BPR 与管理信息系统之间的关系。

问题讨论

1. 诺兰阶段模型的实用意义如何？它把信息系统的成长过程划分为哪几个阶段？
2. 管理信息系统开发时为什么必须进行系统规划？
3. 试述系统规划的主要内容和特点。
4. 系统规划一般有几个步骤？每个步骤的内容是什么？
5. 试述战略集合转化法的过程。
6. 什么是关键成功因素法？
7. 什么是 BSP 法？使用 BSP 法应遵循哪些主要原则？
8. 试述 U/C 矩阵的建立方法及其在系统规划中的作用。
9. 什么是企业流程重组？
10. 企业流程重组与管理信息系统之间有何关系？
11. 基于流程重组的信息系统规划的基本思想是什么？

案例分析 4.1

某城市电子政务信息系统建设规划

推行电子政务是国家信息化工作的重点，是深化行政管理体制改革的重要措施。“十一五”期间是中国着力推进行政管理体制改革，大力促进电子政务发展的重要时期。中共中央在关于制定“十一五”规划的建议中明确提出，“十一五”期间要“深化政府机构改革，优化组织结构，减少行政层级，理顺职责分工，推进电子政务，提高行政效率，降低行政成本。”国家信息化领导小组决定：“把电子政务建设作为今后一个时期中国信息化工作的重点，政府先行，带动国民经济和社会发展信息化。”加快电子政务建设，带动全市国民经济和社会发展信息化，是该市贯彻落实党中央关于加快行政管理体制改革，提高行政效率，降低行政成本的重要工作；是该市在较短时间内缩小与国内先进城市差距，实现跨越式发展目标的切入点；是“十一五”乃至其后更长时期内，信息化建设的重要工作内容；同时也是实现该市“十一五”国民经济和社会发展战略目标的重要保障。

1. 该市电子政务发展现状

“十五”期间，该市电子政务发展较快，形成了“一个平台（市政府电子政务网络平台）、两个政务信息网站（市政府门户网站和市政府政务信息资源网站）、三级网络联通（省、市、区县）、多个业务应用系统支撑”的电子政务建设模式。全市 74 个政府部门接入市电子政务网络平台。市政府公众信息网站，在推进政务公开、实现网上办事和公众参与等方面，发挥了积极作用，在全国政府门户网站测评中名列前茅。该市人民政府政务信息资源网功能不断完善，政务信息资源开发、整合与共享初见成效。该市空间地理基础信息公共服务平台、企业基础信息共享系统工程、电子缴税入库系统建设、市区两级平台网上行政审批互联系统等多个跨领域、跨系统平台建设取得初步成效。市直各机关电子化办公水平显著提高，市政府非密公文和信息无纸化传输系统、市发改委、市农委、市工商、税务、物价、审计、政府采购、劳动保障、环境保护、国土资源、城市规划、城市管理、房产管理、教育、文化、卫生、人民防空、档案管理、公安、消防等多个电子政务应用系统建设发挥重要作用。

“十五”期间该市电子政务建设取得的成效，为今后电子政务的进一步发展奠定了良好的基础。但从总体上看，该市电子政务建设仍处于初级发展阶段，公共服务效率较低、信息资源共享机制尚未建立、建设和应用，发展不平衡、安全保障能力有待于进一步提高、电子政务建设运行和管理体制还有待于进一步完善等问题，需要在“十一五”期间切实加以解决。

2. 该市电子政务信息系统建设的指导思想和原则

1）指导思想

该市电子政务建设的指导思想是：以“三个代表”重要思想为指导，适应改革开放和现代化建设对政务工作的要求，从该市实际出发，以需求为导向，以应用促发展，以政务信息资源开发利用为主线，建立信息共享和业务协同机制，提高行政效率，降低行政成本，促进行政管理体制改革，带动全市国民经济和社会信息化发展。

2）指导原则

该市电子政务建设遵循“统一规划，分步实施；需求主导，突出重点；整合资源，保障安全”的指导原则，以应用为中心，以网络平台建设为基础，以安全体系建设为保障，以提高政府工作效能和服务公众的质量为目的，建立健全建设和运行管理体制，动员全社会技术力量、资源和资金，基本建成电子政务框架体系。

统一规划，分步实施。按照该市信息化领导小组的统一部署，统一规划，利用统一的网络平台，按照统一的标准进行电子政务建设。避免各自为政、重复建设。充分发挥各方面的积极性，分类指导，分层推进，分步实施。

需求主导，突出重点。紧密结合政府职能转变和管理体制改革，根据政府业务和人民群众的需要，坚持经济效益和社会效益相统一，以关系社会经济发展全局、需求明确和基础较好的业务系统和支撑这些业务系统的统一网络平台为重点，稳步推进跨部门、跨领域电子政务系统建设。

整合资源，保障安全。充分利用已有的网络、业务系统和信息资源，本着实事求是、尊重部门差异和特点的原则，处理好电子政务建设的纵横关系，推进电子政务属地化管理，防止各自为政，加强资源整合，避免重复建设，促进互联互通，最大限度地实现资源共享。正确处理发展与安全的关系，综合平衡安全成本与风险，按照需求，划定信息安全域，实施等级保护，逐步建立健全电子政务安全保障体系，确保网络与信息安全。

依法推进，高效公开。严格执行国家颁布的《中华人民共和国行政许可法》、《中华人民共和国电子签名法》和国家有关电子政务信息公开和信息安全以及软件保护等一系列法规，加快制定颁布地方性政府电子政务建设管理办法，依法推进电子政务建设。不断完善政府门户网站和政务信息资源网的服务功能，依法推进政务信息公开和电子政务工作。

3. 该市电子政务信息系统发展规划目标

该市推进电子政务的总体目标是：围绕改善公共服务，加强社会管理，强化综合监管，完善宏观调控，基本建成标准统一，功能完善，纵向联通国家、省、市、区县（市），横向联通市直各党政机关的电子政务网络；初步建立起电子政务目录体系与交换体系和信息安全基础设施；城市空间地理基础信息、人口基础信息、企业基础信息、宏观经济信息等基础性、战略性政务信息资源开发利用取得重大进展；重点应用系统实现互联互通，政务信息共享和相关政务协同办公机制初步建立，60%以上行政许可项目实现在线处理；政府门户网站成为政府信息公开的重要渠道；与电子政务相关的法规和标准进一步完善；电子政务的公众认知度和满意度进一步提高；电子政务在党政机关提高管理和服务以及科学决策水平，提高行政效率和降低行政成本，增强应急处理能力，促进行政管理体制改革等方面的作用明显增强。

4. 该市电子政务信息系统建设规划的主要内容

1）整合构建统一的电子政务平台

建设市政务中心信息化基础设施，整合现有政务信息化资源，构建全市统一的电子政务平台，支撑政务信息资源导航、交换、共享、整合，为各类政务信息化应用提供网络基础、应用支撑和安全保障。

（1）网络基础平台。依托城市信息化基础设施，有线网和无线网融合、专用网和公用网配合，建设市电子政务网络基础平台，包括政务专网和政务外网两套物理隔离的宽带高速网络，承载包括数据、语音、视频的综合业务，适应政务信息化应用复杂多样和发展变化，及其对高性能、高稳定性、高安全性和高扩展性的要求。政务专网，以市级政务机关统一的局域网为核心，连接市直部门、直属单位和县（市）区机关，为全市政务信息化资源整合、机关办公和业务协同提供统一网络平台。政务专网是电子政务的核心平台，是承载电子政务的主干，是建设的重点。特殊政务要求的涉密网，依托政务专网通信平台，以“网中网”方式，采取相应的安全保密措施进行构建，其规划、建设和管理按涉密系统规定施行。政务外网，按统一标准进行规划、建设，统一出口、规范接入与管理，全市政务机关、部门和直属单位互联互通，共享全市基础性公共服务资源和互联网资源。

（2）两个支撑平台。一是安全支撑平台。按照国家、省电子政务系统规划部署和该市业务需求，基于 PKI/PMI、密码及数字签名技术，建设全市统一的安全支撑平台，为各类业务系统和应用支撑平台提供模式统一的认证、加密、授权、时戳、审计服务和基本安全防护，由此构建电子政务安全服务体系，提供贯穿网络和应用的整个电子政务的安全保障。二是应用支撑平台。在网络基础设施逻辑层及安全支撑逻辑层之上，建设基于多层架构的应用支撑平台，有效解决异构系统之间、数据库之间信息交换与共享，支持各种电子政务应用系统的构建与整合，实现跨部门的、统一的应用信息交换和业务协同处理功能，消除信息和应用孤岛，避免建造新的孤岛，为网上联合审批、协同办公提供技术支撑。

（3）三个功能中心。一是数据交换中心。建立统一的政务数据交换中心，实现跨平台异构应用系统的数据交换、共享与集成，支持电子政务"一站式"服务。通过数据交换中心实现数据共享和路由，既保证各部门业务系统间的有效协同，又保持相互独立性和低耦合性，从整体上提高系统运作效率和安全性，降低整合成本与风险。二是政务资源中心。集中管理电子政务基础资源，为政务机关和部门提供公共资源共享服务，实现共性资源、优势资源的共享和高效利用，降低电子政务系统的总体成本。构建物理分布、逻辑集中的政务数据中心，实现以基础信息数据库为支撑，涉及行政管理、经济运行、社会服务等综合政务业务信息资源的综合查询、统计分析、数据挖掘与利用。三是安全管理中心。建立基于 PKI/PMI 的认证/授权中心和用户管理中心，通过应用安全支撑平台，为各类电子政务应用提供逻辑上统一的身份识别、访问控制、安全审计、责任认定等安全管理。针对电子政务网络和应用可能遇到的各种安全威胁和风险，构建电子政务系统基本安全防护体系。合理规划和建设政务数据的备份、容灾系统等基础设施，提高应对突发事件的能力，确保整个电子政务系统的安全运行。

2）开发重要政务信息资源

开发战略性、基础性政务信息资源、重点业务信息资源，加快建立基础资源目录体系与交换体系，为电子政务业务系统和信息交换提供基础数据和技术支撑。主要包括人口基础信息库、法人单位基础信息库、自然资源和空间地理基础信息库、宏观经济数据库、法规公文数据库、信用基础数据库，以及政务机关和部门重要业务信息数据库。

3）整合建设三个关键系统

（1）政府门户网站。在各政府部门信息化建设的基础上，完善市政府门户网站的网络与服务功能，整合建设以市政府门户网站为枢纽、以部门和县区政府网站为结点的政府网站群系统。整合和规范各政府部门业务和信息系统，建立门户网站与部门业务和信息系统的互动机制，把门户网站建成发布政务信息、提供在线服务和实现交流互动的综合业务平台，为企业和居民提供"一站式"公共服务。

（2）应急信息系统。按照"总体规划、分步实施，加强整合、协同高效、平战结合、注重实效"的原则，依托电子政务统一平台，基于先进信息技术、信息系统和应急信息资源的多网整合，建成软硬件结合的多部门、多业务的整体联动系统，实现对自然灾害、事故灾难、公共卫生事件和社会安全事件的统一调度指挥、高效协同应对。系统应具备风险评估、监控预警、动态决策、综合协调、应急联动与总结评价等功能，由信息获取子系统、应急智能子系统和决策指挥子系统构成。应急平台建设，要从实际需求和存量资源出发，梳理和优化应急工作流程，加强业务系统和技术系统的高度融合，注重核心技术与装备的实用性、可靠性、先进性、标准化和扩展性。

（3）协同办公系统。一是基础办公系统。总结多年来机关办公自动化的实践，运用和集成先进技术，开发应用易操作的办公系统，包括公文办理、信息管理、督察督办、会议管理、公开电话、活动安排、建议提案、档案管理等，提高中、高层领导参与度。集成应用交互式桌面视讯系统、内部电子邮件系统等，为机关综合办公提供辅助和支持。开展视频点播、电视会议、电视转播等多媒体服务。二是公文交换系统。依托市政务专网平台和安全支撑平台，建设公文交换系统，市政务机关、部门和直属单位以电子的方式通过政务专网进行电子公文与信息的交换，避免纸质公文环节，实现全市机关电子公文交换与传输过程各个环节的控制与管理。通过开放的技术和接口规范实现与各办公自动化系统，以及其他公文交换系统的互联。三是政务专网门户。建设与完善政务信息资源与办公业务平台，提供统一的政务专网 Web 门户，通过对后台各种电子政务系统的统一接入服务和应用的集成，实现政务信息交换和业务协同。

4）建设和完善重点业务系统

依托统一的电子政务平台，以政府核心业务、关键业务为主要线索，打破条块界限，着力推进跨部门的综合业务和信息系统的建设与整合，全面提升政府服务、管理和效率。

（1）综合治税信息系统。依托市电子政务平台和税务信息化基础，建设集中管理、相互依托、数据规范、信息共享的涉税信息库和综合治税平台，实现涉税信息的互通共享，加强对重点行业、重点税种的监控和零散税收征管，并通过与财政、国库、银行业务系统的数据交换、挖掘和比对，有效地实现对税源的全方位控管。

（2）政府呼叫中心系统。整合市长公开电话、公用事业、投诉监督、监理执法等的呼叫资源，设立全市统一的多媒体呼叫中心平台，通过统一的特服号接入，集中受理用户对政府服务的需求，做到一次呼叫智能联动相关部门进行快速地需求响应，方便民众投诉/求助、咨询/查询、反馈等，建立政府和公民交流的便捷通道。

（3）行政审批业务系统。依据行政许可法，梳理、精简、优化行政审批业务流程，深度建设行政审批业务系统，构建网络化公共服务体系，真正实现网上审批，为企业和居民提供“一站式”服务。扩大应用范围，逐步延伸到县区、乡镇和社区，从整体上提高政府办事效率、公共服务水平和质量。推进行政审批的电子监管系统建设，保障网上审批的公正合理。

（4）财政资金结算系统。完善财政资金结算信息系统，实现全市所有财政资金使用单位的集中结算、远程报账和财务信息查询。运用网络和信息技术，从机制和手段上推动政府资金结算制度和方式的创新，规范会计制度和政府资金管理，强化财政资金使用监督，发挥财政资金的最大效益。

（5）网上审计系统。应对网络环境下政府管理、公共服务等业务方式的转变，依托市政务专网平台，建立与政府业务系统的互动机制，实现“预算跟踪＋联网核查”模式的跨部门、跨行业的网络化电子审计，加强对财政财务收支经常性审计监督，提高审计工作质量和效率，促进财政资金使用的规范合理。

（6）政务决策服务系统。在全市政务信息化业务系统建设与应用，以及重要信息资源开发的基础上，建立集成基础资源、政府管理、经济运行、关键业务等信息的数据仓库和数据分析系统。同时，对信息服务、多媒体应用、办公自动化等进行智能化系统集成，按需提供个性化信息，为领导办公决策服务。

（7）“双卡工程”。继续实施电子政务“公共服务一卡通”和“市民社会化服务一卡通”工程，以用户和服务为主线，整合为不同应用而向企业和市民发放的各种电子卡和数字证书，向法人、个体工商业者和公众提供便利服务。

5. 该市电子政务信息系统规划保障措施

（1）提高认识，加强领导。电子政务事关信息化发展的全局，各级党政领导要提高对电子政务重大意义的认识。按照国家关于电子政务建设指导意见的要求，围绕打造更具活力和开放的体制环境、更具吸引力的投资环境和更具和谐稳定的社会环境上下功夫，加强对电子政务工作的领导。市电子政务领导小组负责全市电子政务的统筹规划和决策，研究和协调电子政务工作中的重大问题。市电子政务领导小组工作办公室负责具体推进工作。各区、县（市）党政机关、市直机关各部门的主要领导同志要亲自负责电子政务工作，实施"一把手"工程，建立强有力的电子政务领导机构，形成全市统筹规划、统一领导、各部门分工负责的电子政务领导体系。

（2）完善体制，各负其责。按照国家的总体部署和要求，结合该市实际，市信息产业局负责跨部门跨系统和基础性平台的协调建设和管理，组织全市电子政务建设项目的专家论证工作。市直各机关按照分工，抓好各自部门的电子政务工作。各区、县（市）要从本地实际出发，抓好本地区的电子政务发展建设工作。在条件成熟时，组建全市政务信息资源管理中心。政务信息资源管理中心负责编制全市政务信息资源的发展规划，组织制定相应的政务信息资源管理办法，组织协调各业务部门政务信息资源的开发与建设，依托各业务主管部门，形成分级归口开发与管理，采取分布式存储的管理模式，建立起全市政务信息资源管理体制。保证信息资源的规范化管理和有效利用。

（3）加快立法，依法推进。以国家的法律法规为依据，认真执行《中华人民共和国电子签名法》、《中华人民共和国行政许可法》，贯彻落实《该市政务公开规定》和《该市信息化建设项目管理办法》，重点抓好地方性电子政务法规建设。"十一五"期间在调查研究的基础上，结合该市的实际，研究制定和颁布实施《该市电子政务管理办法》，将电子政务纳入法制化工作轨道。加快制定该市推进电子政务的技术政策、政府采购政策、电子政务项目概算标准。同时清理不适应电子政务发展的地方性法规、政府规章和文件，为实现电子政务网络管理、信息资源开发利用管理和网上信息管理的规范化、法制化，创造良好的法制环境。

（4）加强管理，加大投入。对于电子政务建设的具体项目，要按照基本建设项目审批程序和市财政预算审批程序审批，切实做好信息化项目的前期论证、可行性研究、方案设计、设备采购招标、工程监理和验收工作。电子政务建设项目，都要经过信息化专家委员会评估、论证后，方可组织实施。保证电子政务项目建设和运行资金。根据《国家信息化领导小组关于中国电子政务建设指导意见》（中办发[2002]17 号）的要求，电子政务建设所需的资金，采取各级政府分别负担的方式解决。市级电子政务系统的建设资金，由市级财政安排资金；建成之后的运行经费，纳入年度财政预算。各部门电子政务建设资金和运行经费，按照现行的财政管理体制和资金来源渠道安排解决。各区、县（市）电子政务建设资金和运行经费由区、县（市）负担。在政府为社会提供公共服务的领域，积极开拓市场化融资渠道，大力推进投融资、工程建设、运营管理的市场化运作，通过项目招商、授权经营、"运行外包"等多种形式，扩大资金来源，广泛吸引和利用外资，努力构建多元化的投资格局。

（5）以人为本，用好人才。鼓励在大专院校通过开设信息技术、信息经济、信息管理等相关专业课程，不断培养和输送信息化人才，为该市的电子政务建设服务。采取有效措施，充分用好人才，在工作条件和环境以及工资、住房、福利待遇、晋职晋级、继续学习等方面制定优惠政策，留住人才。逐步建立起较为完善的人才引进机制，为电子政务建设提供有效的人才保障。

案例分析 4.2

图书馆业务流程重组的内容

图书馆业务流程重组的主要内容应包括如下四个方面。

1. 图书馆组织结构的重组

传统的图书馆组织将图书馆按功能分为技术服务部（采访、编目等部门）和读者服务部（流通、参考咨询等部门）。在此组织框架下，职责分工专一，分层负责，上下层级之间联系强而横向之间沟通弱。这种传统的组织结构已难以适应当今环境的快速变化，表现出一定的滞后性。

为了适应环境的变化及变化的不确定性，BPR 理论提出新型的组织结构形式，即提倡组织扁平化，减少组织的层级结构，改变过去的金字塔型的决策结构，把员工组织成各个强调合作的工作团体。经过改造后的组织往往呈现出以往难以想象的活力和灵活性。

具体到各个图书馆组织，即要对图书馆组织结构进行改组、优化与整合，取消、合并旧机构，划分新机构。最终形成如下模式：文献业务部（或称资料处理组、信息资源管理部），负责传统的图书馆业务，包括采、编、典等；专业信息业务部（或称信息咨询组、用户服务部），通过信息技术的应用，强调服务工作的深入和扩展，包括计算机检索、网络建设、虚拟馆藏、专题数据库等；计算机及网络技术支持部（或称技术援助组、技术服务部），为以上两部门提供技术上和行政上的支持。重组后的图书馆结构呈扁平化，加强了横向联系，减少了纵向层次，许多非经常性的工作还可以靠临时组建的团队小组突击完成。这样的组织结构能更好地适应当前瞬息万变的环境，提高图书馆在信息社会的竞争力。

2. 图书馆组织目标的重组

在传统的图书馆组织中，长期形成的“采、分、编、典、流”的封闭式流水线，部门之间的联系是以文献进行的；图书馆与用户的联系主要靠最后的一环——借阅柜台；大多数部门只埋头于自己的工作之中，从不考虑自己工作的最终对象和最终目标。

业务流程重组通过流程简化、组织的扁平化以及打破流程分割等，增强组织成员对组织的整体认知，改变以往组织中局限于被分割的部门责任和局部目标的现象。在 BPR 中，组织更多地关注于产品和服务的结果及其为社会和顾客带来的价值和增值，员工也更多地关注组织的社会价值和目标以及自己所服务的顾客。

经过业务流程重组的图书馆，许多原本枯燥乏味的重复工作将被整合到计算机系统中，这对人的体力和脑力将是极大的解脱。人们可以有更多的时间和精力来从事图书馆本质的工作，即“为书找人”，“为人找书”，图书馆工作的重心从对文献信息的加工整理转为向用户提供服务这一组织的最终目标上来。图书馆不但要为到馆的读者服务，也要为不到馆的广大用户服务；不但要提供实际馆藏，还要提供网上资源，虚拟馆藏；不但要满足当前用户，还要努力发展新用户；不仅仅是提供服务，还要尽力提供优质服务……

3. 图书馆工作流程的重组和简化

运用现代信息技术改革图书馆原有业务流程，一些旧的业务流程会被调整、分化与合并，另一些旧的流程功能会被弱化，甚至取消。同时，产生一些新的流程，并且它们的作用将不断得到加强。总的原则是简化用户接受服务的流程，甚至简化到可为用户提供自己服务的机会。事实上，有些流程由用户完成比由工作人员完成还要便捷，用户有时也乐意自我服务，如图书馆一般信息的检索、预约与续借等。用户的这种自我服务就叫增值服务。

4. 关注图书馆员的主体价值

传统图书馆组织的另一缺陷，是它造成了组织中成员的单向度。人们被安置到某个部门的某个岗位，专业性从事某个项工作，如编目就编目、分类就分类，根本谈不上人的全面发展和创造性发挥。BPR 则不同，它不是假设人的单一性和专门化，而是提升了人的主体价值和创造性。它认为人并非天生厌恶工作，人们内心都有创造的冲动和渴望。

图书馆实施 BPR 的一个重要内容，是要重新发挥广大图书馆员被压抑的创造性和主动性。随着信息技术的广泛应用，越来越多的图书馆员将从后台走到前台，面向广大用户开展自己的工作。用户是一个复杂的群体，他们的信息需求也是多种多样，灵活易变的。这就要求图书馆员知识丰富、才能全面，要求图书馆员充分发挥自己的创造性，积极主动地去满足用户的各种信息需求。

第5章

系 统 分 析

引言

系统分析是管理信息系统开发的第二个阶段，主要解决系统“能做什么”的问题。通过详细调查研究和需求分析，深入描述及研究现行系统的工作流程及用户的各种需求，构思和设计用户比较满意的新系统逻辑模型，并提出适当的计算机硬、软件配置方案。系统分析阶段工作的深入与否直接影响新系统的设计质量和经济性，在整个系统开发过程中起着极其重要的作用。

通过本章学习，可以了解（或掌握）：

- 系统分析的任务、步骤；
- 结构化分析方法；
- 系统调查的原则、内容和方法；
- 组织结构与管理功能分析；
- 业务流程分析；
- 数据流程分析；
- 功能/数据分析；
- 新系统逻辑方案的构成；
- 系统分析报告的撰写。

5.1 系统分析概述

系统分析是在总体规划的指导下，对系统进行深入详细的调查研究，确定新系统逻辑模型的过程。结构化分析方法是企事业管理信息系统开发的一种较流行的系统分析方法。

5.1.1 系统分析的任务

系统分析阶段的主要任务是定义或制定新系统应该“做什么”的问题，而不涉及“如何做”。其任务可以归纳为以下两方面。

1．了解用户需求

详细了解每个业务过程和业务活动的工作流程及信息处理流程，理解用户对信息系统的需求，包括对系统功能、性能等方面的需求，对硬件配置、开发周期、开发方式等方面的意向及打算。这部分工作要求用户配合系统分析人员完成，先由用户提出初步的要求，经系统分析人员对系统的详细调查，进一步完善系统的功能、性能要求，最终以系统需求说明书的形式将系统需求定义下来，这部分工作是系统分析的核心。

2．确定系统逻辑模型，形成系统分析报告

在详细调查的基础上，运用各类系统开发的理论、开发方法和开发技术，确定系统应具有的逻辑功能，再用适当的方法表示出来，形成系统逻辑模型。新系统的逻辑模型由一系列图表和文字组成，在逻辑上描述新系统的目标和具有的各种功能和性能，并以系统分析报告的形式表达出来，为下一步系统设计提供依据。

5.1.2 系统分析的步骤

1．现行系统的详细调查

现行系统的详细调查是对被开发对象（系统）集中一段时间和人力，通过各种途径做全面、充分和详细的调查研究，弄清现行系统的边界，组织机构，人员分工，业务流程，各种计划、单据和报表的格式、种类及处理过程等，企业资源及约束情况，为系统开发做好原始资料的准备工作。

2．组织结构与业务流程分析

在详细调查的基础上，用一定的图表和文字对现行系统进行描述。开发一个新系统应该看做对组织的一种有目的的改造过程，详细了解各级组织的职能和有关人员的工作职责、决策内容及对新系统的要求。业务流程的分析应顺着原系统信息流动的过程逐步地进行，通过业务流程图详细描述各环节的处理业务及信息的来龙去脉。

3．系统数据流程分析

数据流程分析就是把数据在组织或原系统内部的流动情况抽象地独立出来，舍去具体组织机构、信息载体、处理工作、物资、材料等，仅从数据流动过程考察实际业务的数据处理模式。主要包括对信息的流动、传递、处理、存储等的分析。

4．建立新系统逻辑模型

在系统调查和系统分析的基础上建立新系统逻辑模型，可用一组图表工具表达和描述，方便用户和分析人员对系统提出改进意见。

5．提出系统分析报告

系统分析阶段的成果是系统分析报告。它是系统分析阶段的总结和向有关领导提交的文字报告，反映这个阶段调查分析的全部情况，是下一步系统设计的工作依据。

在运用上述步骤和方法进行系统分析时，调查研究将贯穿于系统分析的全过程。调查与分析经常交替进行，系统分析深入的程度将是影响管理信息系统成败的关键问题。要从用户的需求出发，因为用户是新系统的使用者。要在新系统中充分发挥计算机的作用，使计算机不仅提高工作效率，更重要的是优化管理的方法和手段，使管理的性质发生根本的变化，提高管理水平。

5.1.3　结构化分析方法

结构化分析（SA，Structured Analysis）方法由美国 Yourdon 公司提出，适用于分析大型的数据处理系统，是企事业管理信息系统开发的一种较流行的方法。它是在系统详细调查的基础上，描述新系统逻辑模型的一种方法，常与设计阶段的结构化设计（SD，Structured Design）和系统实施阶段的结构化程序设计（SP，Structured Programming）等方法衔接起来使用。在众多的分析技术中，它是一种简单实用、使用很广的方法。

1．结构化分析的基本概念

对于一个拟开发的复杂的管理信息系统，如何理解和表达它的功能呢？SA 方法使用自顶向下、逐层分解的方式，即由大到小，由表及里，逐步细化，逐层分解，直到能对整个系统清晰地理解和表达。其基本手段是“分解”和“抽象”。这是系统开发技术中控制复杂性的两种通用手段。图 5.1 是一个复杂系统的分解示意图，首先抽象出系统的基本模型 X，弄清它的输入和输出。为了理解它可以将其分解成 1，2，3，4，…，n 个子系统；如果子系统 1 和 2 仍然很复杂，可以将其再分解成 1.1，1.2，… 等子系统；如此继续下去，直到子系统足够简单，能够清楚地被理解和表达为止。

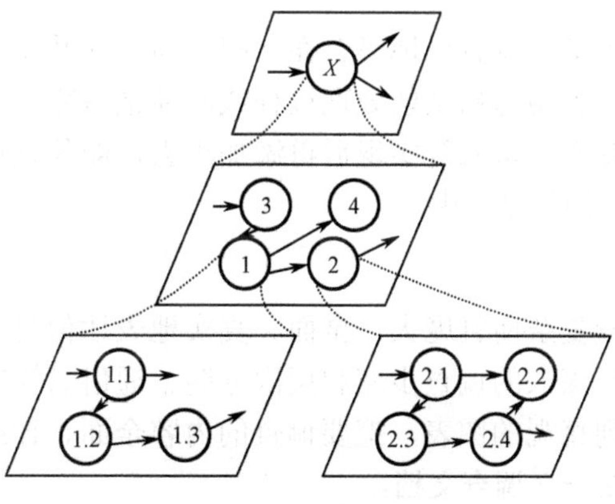

图 5.1　复杂系统的分解示意图

按照这样的方式，无论系统多么复杂，分析工作都可以有计划、有步骤、有条不紊地进行。系统规模再大，分析的复杂程度也不会随之增大，只是多分解几层而已。这样，对复杂系统的理解和描述就转化成对那些基本操作的理解和描述。问题由繁化简，由难转易，有效地控制了系统的复杂性。

2．结构化分析方法的实现

用 SA 方法进行系统分析可通过数据流图和数据词典来实现，所得到的系统分析报告主要由数据流图、数据词典组成。数据流图描述系统由哪些部分组成，以及各部分之间的联系，它是理解和表达系统功能要求的关键工具；数据词典描述系统中的每个数据。数据流图中出现的每个数据流名、每个文件名和每个加工名，在词典中都应有一个条目给出其定义。

5.2 现行系统的详细调查

与系统规划阶段的现状调查和可行性分析相比，详细调查的特点是目标更加明确，范围更加集中，在了解情况和数据收集方面进行的工作更为广泛深入，对许多问题都要进行透彻地了解和研究。

5.2.1 详细调查的原则

1．真实性

所谓真实性是指系统调查资料真实、准确地反映现行系统状况，不能依照调查者的意愿来反映系统的优点或不足。在很多情况下，系统调查人员并不参加系统分析和设计。因此，不完整甚至虚假的调查资料会影响系统分析设计人员的判断和分析。在系统调查中，不应急于评价系统的优劣并加以修改，而应把这部分工作留在系统分析阶段后期和系统设计阶段完成。因为，系统调查的过程首先应该是系统的设计者学习和了解现行系统的过程，只有确实了解整个系统的全部工作过程和工作原理后，才有可能从全局出发，提出一个完整、系统的修改方案。

2．全面性

任何系统都是由许多子系统有机地组合在一起从而实现其功能的。系统调查中如果疏忽大意或偷工减料，就容易忽略某些处理过程或漏掉某些账表。这些被忽略的部分如果在分析、设计中仍未发现，待系统实现后再添加进去，即使是可能的，其花费也要成倍增长，有时根本就无法加到系统中。

3．规范性

信息系统一般都比较复杂而且庞大。全面、真实地表达信息系统的逻辑模型，就需要有一套循序渐进、逐层深入的调查步骤和层次分明、通俗易懂的规范化逻辑模型描述方法。例如，利用一系列直观的图表，把要调查的内容全面、详细地列出来，这样既可提高调查质量，又可建立一套调查文档。

4. 启发性

调查是开发者通过业务人员获得信息的过程。能否真实地描述一个系统，不仅需要业务人员的密切配合，更需要调查人员的逐步引导，不断启发；尤其在考虑计算机处理的特殊性而进行的专门调查中，更应善于按使用者能够理解的方式提出问题，打开使用者的思路。

系统分析人员的调查过程主要是大量原始素材的汇集过程，应具有虚心、热心、耐心和细心的态度。分析员必须对这些内容进行整理、研究和分析，形成描述现行信息系统的文字材料。还可将有关内容绘制成描述现行系统的各种图表，以便在短期内对现行信息系统有全面详细的了解，并且与各级用户进行反复讨论、研究，反复修改，力求真实准确。

5.2.2　系统调查的内容

系统调查的内容十分广泛，涉及企业的生产、经营、管理、资源和环境等各个方面。一般可从系统的定性调查和定量调查两个方面进行。

1. 系统的定性调查

定性调查主要是对现有系统的功能进行总结，包括组织结构的调查、管理功能的调查、工作流程的调查、处理特点的调查与系统环境的调查等。

1）组织结构的调查

调查现行系统的组织机构、领导关系、人员分工和配备情况等。不仅可以了解现行系统的构成、业务分工，而且可以进一步了解人力资源，还可发现组织和人事等方面的不合理现象。

2）管理功能的调查

所谓功能，指的是完成某项工作的能力。为了实现系统目标，系统必须具有各种功能。各子系统功能的完成，又依赖于下面更具体的功能的完成。管理功能的调查是要确定系统的这种功能结构。

3）业务流程的调查

不同系统有着不同的功能，它们进行着不同的处理。分析人员要尽快熟悉业务，全面细致地了解整个系统各方面的业务流程，主要是为了发现和消除业务流程中不合理的环节。

4）数据流程调查

在业务流程的基础上舍去物质要素，对收集的数据及统计和处理数据的过程进行分析和整理，绘制原系统的数据流程图，为下一步分析做好准备。

5）处理特点的调查

调查处理特点是为确定合理有效的处理方式，需要紧密结合计算机处理方式和可能规模来完成。其内容包括数据汇集方式，使用数据的时间要求，现行处理方式及有无反馈控制等。

6）系统环境的调查

系统环境是指不直接包括在计算机信息系统之中，但对计算机系统有较大影响的因素的集合。环境不是设计的对象，但对设计有所影响和限制。环境调查的内容包括处理对象的数据来源，处理结果的输出时间与方式等。

2．系统的定量调查

定量调查的目的是弄清数据流量的大小、时间分布和发生频率，掌握系统的信息特征，据此确定系统规模，估计系统建设工作量，为下一阶段的系统设计提供科学依据。其内容包括下列四项工作。

1）收集各种原始凭证

通过这些凭证的收集，统计原始单据的数量，了解各种数据的格式、意义、产生时间、地点和向系统输入的方式，并对每张单据信息所占字节数做出估计，得出每月、每日、每时系统数据的流量。

2）收集各种输出报表

通过输出报表的收集，统计各种报表存储的字节数和印刷行数，分析其格式的合理程度。

3）统计各类数据的特征

通过对各类数据平均值、最大值、最大位数及其变化率等的统计，确定数据类型，重点弄清对系统影响大的静态数据的存储格式和存储量。

4）收集与新系统对比所需的资料

收集现行系统手工作业的各类业务工作量、作业周期、差错发生数等，供新旧系统对比时使用。

5.2.3　系统调查的方法

在做出开发新系统的决策之后，就应组织力量成立调查小组，采用多种方法对现有系统进行调查分析。详细调查应遵循用户参与的原则。调查组应由使用单位的业务人员、领导人员和设计单位的系统分析员、系统设计员共同组成。使用单位和设计单位的有机结合，既发挥了设计单位人员掌握计算机应用技术的优势，也利用了使用单位人员熟悉自身业务的长处，便于取长补短，互相协作，从计算机系统的观点深入了解管理系统。

为了全面及时地完成调查分析工作，调查组应拟订详细的调查计划，规定调查研究的范围和方法，明确调查组每个成员的工作任务。通常采用的调查方法有以下四种。

1．开调查会

开调查会是一种集中征询意见的办法，适于对系统的定性调查。可按两种组织方式进行：一是按职能部门召开座谈会，了解各个部门业务范围、工作内容、业务特点以及对新系统的想法和建议；二是召集各类人员联合座谈，着重听取使用单位对目前作业方式存在问题的介绍，对未来新系统解决问题的要求等。调查会要求吸收生产指挥人员和技术骨干参加。

2. 发调查表征询意见

系统调查表由问题和答案两部分组成。问题由主持调查工作的系统分析人员列出，答案主要由被调查单位的业务人员给出。利用调查表进行调查可以减轻被调查部门的工作负担，方便系统调查人员，得到的调查结果系统、准确。因为被调查单位可以利用工作间隙填写该表，业务人员不必和系统调查人员一起耗费大量连续的时间；如果系统调查人员离被调查单位较远，可用信函方式进行调查，从而降低调查费用。

系统调查人员在编制系统调查表时，应当充分考虑各种情况。问题本身提得全面、周到且明确，得到的答案就会比较完整与准确。用系统调查表进行调查，最大的困难在于设计调查表的各种问题。如果问题设计得不明确或不全面，那么得到的调查结果就不能令人满意。

3. 访问

访问是一种个别征询意见的办法，是收集数据的主要渠道之一。通过调查人员与被访问者的自由交谈，充分听取各方面的要求和希望，获得较为详细的定性、定量信息。访问时应从系统的输出/输入、信息的来源、去向、组织及处理等方面提出问题。

4. 直接参加业务实践

亲自参加业务实践，是了解系统的最好方法。通过以建立系统为目标的跟班学习，可以较深入地了解手工作业数据发生、传递、加工、存储、输出各环节的工作内容，这对建立模型或人工模拟都是至关重要的。

5.3 组织结构与业务流程分析

在系统详细调查的基础上，要对现行系统的组织机构及管理功能进行分析，并据此对业务流程做进一步的分析。

5.3.1 组织结构与管理功能分析

组织结构与管理功能分析主要有组织结构分析、组织与功能的关系分析及管理功能分析三部分内容。

1. 组织结构分析

企业组织结构分析主要根据系统调查的结果，给出企业的组织结构图。据此分析企业各部门间的内在联系，判断各部门的职能是否明确，是否真正发挥作用。根据同类型企业的国际、国内先进管理经验，对组织结构设置的合理性进行分析，找出存在的问题。根据计算机管理的要求，为决策者提供调整机构设置的参考意见。

一个组织（企业、公司、部门等）的机构设置，自上而下一般是按级别、分层次构成的，呈树状结构，表示各组成部分之间的隶属关系或管理与被管理的关系，图 5.2 给出了某企业的组织结构示意图。

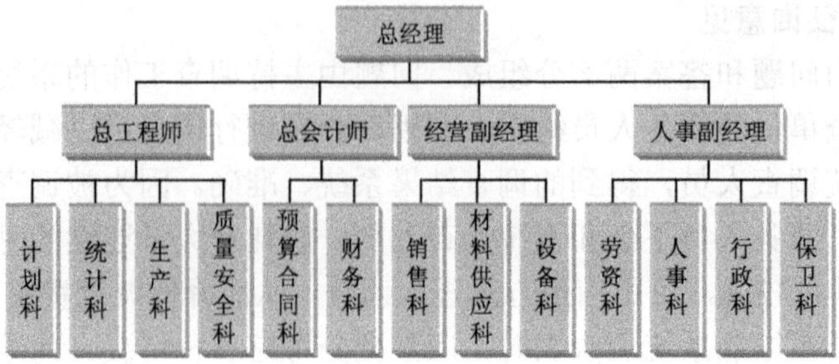

图 5.2　组织结构图

2. 组织与功能的关系分析

组织结构图反映了组织内部各部门之间的上下级及隶属关系，但对于组织内部各部门之间联系程度，各部门的主要业务职能及所承担的工作却反映不出来。借助组织/功能关系表，可将组织内各部门的主要业务职能、承担的工作及相互之间的业务关系清楚地反映出来，有助于后续的业务流程与数据流程的分析。组织/功能关系表中的横向表示各组织的名称，纵向表示功能与业务，中间栏则表示组织在执行业务功能过程中的作用，如表 5.1 所示。

表 5.1　组织/功能关系表

组织 功能	计划科	统计科	生产科	质量安全科	预算合同科	财务科	销售科	材料供应科	设备科	劳资科	人事科	行政科	保卫科	……
计划	●	√	○				○	○						
销售		√		√		○	●							
供应	√		○					●						
人事										○	●	√	√	
生产	√	√	●	○	○		√	○	○					
设备更新			√	√				○	●					
……														

注：“●”表示该项功能是对应组织的主要功能（主持工作的单位）；
“○”表示该单位是参加协调该项功能的单位；
“√”表示该单位是参加该项功能的相关单位。

3. 管理功能分析

为了实现目标，系统必须具有一定的功能。功能要以组织结构为背景识别和分析，因为每个组织都是一个功能机构，都有各自不同的功能。以组织结构图为背景分析清楚各部门的功能后，分层次将其归纳与整理，形成各层次的功能结构图；然后自上而下逐层归纳与整理，形成以系统目标为核心的整个系统的功能结构图。图 5.3 给出了某企业经营管理功能结构图。

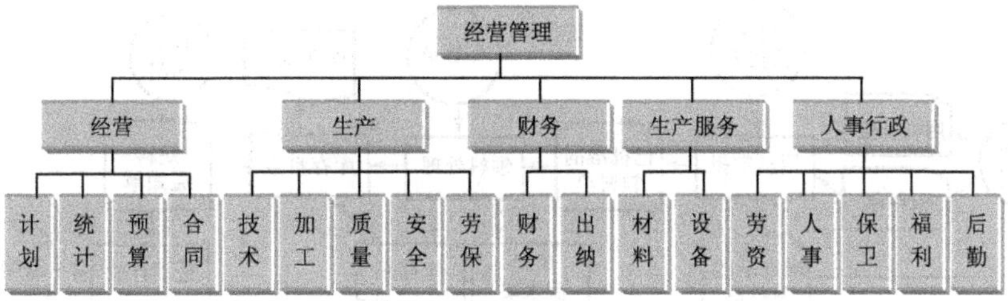

图 5.3　某企业经营管理功能结构图

5.3.2　业务流程分析

在现行系统详细调查中，管理业务流程调查是工作量大、烦琐而又细致的工作。在对系统的组织结构和功能进行分析后，需从一个业务流程的角度将系统调查中有关该业务流程的资料整理出来，做进一步的分析。

1．业务流程分析的任务

业务流程分析是在管理功能分析的基础上将其细化，利用系统调查的资料将业务处理过程中每个步骤，用一个完整的图形将其连接起来。业务流程分析的主要任务是调查系统中各环节的管理业务活动，掌握管理业务的内容、作用及信息的输入/输出，数据存储和信息的处理方法及过程等，为建立管理信息系统数据模型和逻辑模型打下基础。在此基础上，用尽量标准的符号描述，绘制现行系统业务流程图。

2．业务流程图

流程图是掌握现行系统状况，确立系统逻辑模型不可缺少的环节，是系统分析和描述现行系统的重要工具，是业务流程调查结果的图形化表示。它反映了现行系统各机构的业务处理过程和它们之间的业务分工与联系，以及连接各机构的物流、信息流的传递和流通关系，体现了现行系统的界限、环境、输入/输出、处理和数据存储等内容。通过业务流程图的绘制，可以发现问题，分析不足，优化业务处理过程。

1）业务流程图的图例

业务流程图的图例如图 5.4 所示，画图时符号的内部解释可直接用文字标于图上。

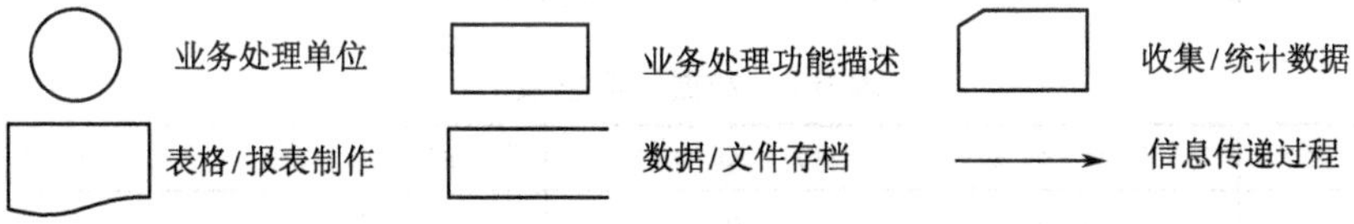

图 5.4　业务流程图图例

2）业务流程图的绘制

业务流程图的绘制并无严格的规则，只需简明扼要地如实反映实际业务过程即可。图 5.5 给出了某企业物资管理部门的业务流程图。

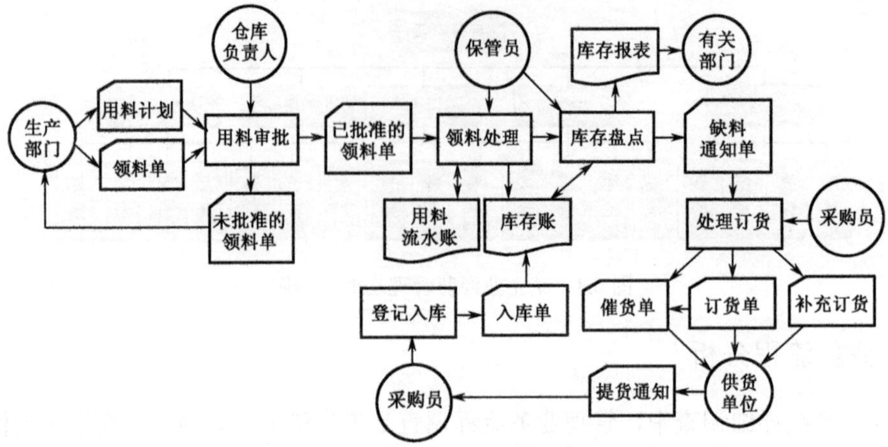

图 5.5　某企业物资管理部门的业务流程图

5.4　数据流程分析

业务流程分析中绘制的业务流程图，虽然能形象地表达管理过程中信息的流动和存储过程，但这其中还包括如货物、产品等物质要素。因此，必须进一步舍去物质要素，绘制系统的数据流图，对系统进行数据流程分析。

5.4.1　数据收集

系统数据流程分析的基础是数据或资料的收集，其原则是一切从实际出发。数据收集和数据分析工作没有明显的界限，数据收集常伴以分析，而数据分析又常需要补充收集数据。

收集的数据包括各部门的正式文件，如各种卡片、报表、各种会议记录；现行系统的说明文件，如各种流程图、程序；各部门外的数据来源，如上级文件、计算机公司的说明书、外单位的经验材料等。

数据收集的类型包括各种报表的内容和各种统计数字。收集的结果可以通过数据量汇总表（见表 5.2）和报表统计表（见表 5.3）进行描述。

表 5.2　数据量汇总表

数据名称	发生频率	月发生量（MB）	年发生量（MB）	保存年限
经营计划	1 次/日	0.2	2.4	2
财务账目	10 次/日	0.8	9.6	10
设备调度计划	1 次/周	0.1	1.2	1
物资采购计划	1 次/月	0.3	3.6	2

表 5.3　报表统计表

报表名称	制表单位	上报单位	下达单位	频率
计划报表	计划处	总经理、主管副总	公司下属各部门	1 次/月
销售年报	销售部	总经理、主管副总	公司下属各部门	1 次/年

5.4.2　数据分析

上述调查过程中得到的大量原始凭证、统计表、报表及相应的调查表等原始资料，基本上是由调查人员按组织结构或业务过程收集的，往往只是局部地反映某项管理业务对数据的需求和现有的数据管理状况。这些数据资料必须进行去粗取精、去伪存真地加工处理、汇总、整理和分析，使之协调一致，为整个系统数据资源的充分调用和共享数据资料奠定基础。

1. 数据分析的方式

1）围绕系统目标进行分析

围绕系统的目标、组织结构与业务功能，认真分析现已收集到的信息能否提供足够的支持。从业务处理角度看，为了满足正常的信息处理业务，需要哪些信息，哪些信息是冗余的，哪些信息暂缺而有待于进一步收集；从管理的角度来看，为了满足科学管理的需要，应该分析这些信息的精度如何，能否满足管理的需要，信息的及时性如何，可行的处理区间如何，能否满足对生产过程及时进行处理的要求；对于一些定量化的分析（如预测、控制等）能否提供信息支持，等等。

2）弄清信息周围环境

分清这些信息是从现有组织结构中哪个部门来的，目前用途如何，受周围哪些环境影响较大（如有的信息受具体统计人员的计算方法影响较大；有的信息受检测手段的影响较大；有的受外界条件影响，起伏变化较大），它的上一级（或称层次）信息结构是什么，下一级的信息结构是什么。

3）围绕现行业务流程进行分析

分析现有报表的数据是否全面，是否满足管理的需要，是否正确地反映业务的实物流；现有的业务流程有哪些弊病，需做哪些改进；做出这些改进后的信息与信息流应做什么样的相应改进，对信息的收集、加工、处理有什么新要求，等等。

根据业务流程分析哪些信息是多余的，哪些信息是系统内部可以产生的，哪些信息是需要长期保存的。

2. 数据分类

将系统调查得到的数据分为如下三类。

1）输入数据类

输入数据类即原始数据或基础数据，它是新系统运行后各子系统要用到的或网络传递的内容。

2）过程数据类

过程数据类主要指系统在处理过程中所产生的一些数据，如各种台账、账单和记录文件等，即新系统数据库要存储的、相互连接、调用和传递的主要内容。

3）最终输出数据类

最终输出数据类主要指决策者想要得到的一些数据，如系统运行所产生的各类报表、统计分析结果、决策方案等，即新系统运行输出和网络传递的主要内容。

数据分类还有益于用户界面设计，即输入/输出设计、人—机对话设计等。在这一步所用到的用户输入/输出格式，可对后续的用户界面设计起到指导作用。

3. 数据汇总

数据汇总是一项较为繁杂的工作，通常按如下四个步骤进行。

1）数据分类编码

将收集到的数据资料按业务过程进行分类编码，按处理过程的顺序排列。

2）数据完整性分析

按业务过程自顶向下对数据项进行整理，从本到源，直到记录数据的原始单据或凭证，确保数据的完整性和正确性。例如，对于成本管理业务，应从最终成本报表开始，检查报表中每栏数据的来源，一直查到最初的原始统计数据（如生产统计、成本消耗统计、产品统计、销售统计、库存统计等）或原始财务数据（如单据、凭证等）。

3）将所有原始数据和最终数据分类整理出来

原始数据是新系统确定关系数据库基本表的主要内容，而最终输出数据则反映管理业务所需要的主要指标。

4）确定数据的字长和精度

根据系统调查中用户对数据的使用情况以及今后预计该业务的发展规模，统一确定数据的字长和精度。对数值型数据还应分析数据的正、负号，小数前后的位数，取值范围等；对字符型数据则需要确定它的最大字长和是否中文等。这一步主要是为数据库设计做准备。

5.4.3　数据流程分析的方法

数据流程分析是把数据在原系统内部的流动情况抽象地独立出来，单从数据流动过程考查实际业务的数据处理模式。数据流程分析主要包括对信息的流动、传递、处理、存储等的分析。其目的是要发现和解决数据流通中的问题，如数据流程不畅，前后数据不匹配，数据处理过程不合理等。

数据流程分析可以按照自顶向下、逐层分解、逐步细化的结构化分析方式进行，通过分层的数据流图（DFD，Data Flow Diagram）来实现。DFD 是描述新系统数据输入、数据输出、数据存储及数据处理之间关系的一种强有利的工具，也是与用户进行紧密配合的有效媒介。通过这一阶段的数据流程分析，即可以将原系统的业务流程特点和用户需求展露无遗，分析系统的数据流向及其相互调用关系，又可为子系统划分打下基础。

1．数据流图

结构化分析的基本思想是大系统分解成小系统，小系统分解成更小的子系统。关键工作在于分解，分解是分析过程的核心。数据流图是描述分解的基本手段。它运用“数据流”、“文件”和“加工”等概念，描述系统的各个处理环节及处理环节之间信息的传递关系，直观地反映该系统的各个组成部分和不同组成部分之间的相互关系。

1）数据流图的组成

组成数据流图有四个基本元素，它们的代表符号及名称如图 5.6 所示。

图 5.6　数据流图基本元素的代表符号及名称

在数据流图中，数据流由一组成分固定的数据组成。它们反映系统各部分之间的信息传递关系；“加工”可以称为子系统或处理过程，是对数据流的一种处理，或产生新的数据，或使数据结构发生变化。一个数据流图中至少有一个“加工”，任何一个“加工”至少有一个输入数据流和一个输出数据流。具体到某个“加工”，所做的处理可能是输入、计算、分类、合并、统计、检查或输出等；文件是相关数据的集合，是系统中存储数据的工具。当一个“加工”产生的输出数据流不需要立刻被其他“加工”所引用，而是被多个“加工”在不同的时候加以引用时，就将其组织成一个文件存放在计算机存储器上。从 “加工”至文件的输出过程称为写文件，从文件至“加工”的过程称为读文件。一种特殊的文件就是计算机打印输出的表格等；外部项的源点是原始数据的来源地，由源点向系统提供数据。终点是信息的需求者，享用信息系统的输出。外部项可以是人、组织或其他系统。

2）数据流图的形成

数据流图的形成过程也就是系统分析的过程。由基本数据系统模型加外部项构成顶层数据流图。然后逐步分解“加工”，得到下一层数据流图。这种分解工作不断进行，直至最终获得的每个“加工”和每个文件都能使用计算机处理的底层数据流图。在进行数据流图的分解过程中逐步形成多层数据流图。分解的过程以计算机处理环境为背景，而不注重原系统的加工处理方法，重点考虑新建立的系统能否产生使用者需要的输出信息。

第一层数据流图应该概括地反映出信息系统最主要的逻辑功能，最主要的外部项，输入和输出数据流，数据存储。这四项内容应尽可能少，使人看到这张高层数据流图能一目了然，立即有一个深刻的印象，知道这个系统的主要功能是什么，由哪几个部分组成。

逐层分解的数据流图，是指对上一层数据流图中的每一个处理逻辑分别分解。随着处理逻辑的分解，功能也就越来越具体，数据存储、数据流也就越来越多，特别是输入和输出数据流的个数也会增加。必须注意，下一层的输入和输出数据流至少要和上一层的输入和输出数据流相对应。同样，下一层的外部项至少要和上一层的外部项相对应。一般来说，随着逐层分解，输入和输出数据流、外部项只能增加，绝不可能减少。每一层的数据流图中的处理逻辑不宜过多，一般在七个或八个以内，且要始终保持系统的完整性和一致性。如果分解出来的数据流图已经基本表达了系统所有的逻辑功能和必要的输入/输出，就没有必要再向下扩展了。这样，不但能使用户理解系统的逻辑功能，满足用户的要求，而且能使系统设计员和程序员在看到数据流图中的每个处理逻辑以后，会在头脑里形成一个简单明确的印象和概念，知道如何用程序去实现它。

2. 数据流图举例

假设某企业的采购部门每天需要一张订货报表，报表按材料编号排序，表中列出所有需要再次订货的材料。对于每种需要再次订货的材料应该列出下述数据：材料编号、材料名称、订货数量、目前价格、主要供货单位、次要供货单位等。材料入库或出库称为事务，通过仓库的终端把事务报告给订货系统。当某种零件的库存数量少于库存量临界值时，就应该再次订货。

画出订货系统的数据流图时，应先考虑数据的源点和终点。从上面对系统的描述可以知道，采购部每天需要一张订货报表，通过终端把事务报告给订货系统。所以，采购员是数据终点，而仓库管理员是数据源点。接下来考虑处理，问题给出“采购部需要报表”，因此必须有个产生报表的处理。事务的后果是改变材料库存量，然而任何改变数据的操作都是处理，所以对事物进行加工是另一个处理。最后考虑数据流和数据存储，系统把订货报表送给采购部，因此订货报表是一个数据流；事务需要仓库送到系统中，显然是另一个数据流。产生报表和处理事务这两个处理在时间上明显不匹配，每当有一个事务发生时立即处理它，然而每天只产生一次订货报表。因此，用来产生订货报表的数据必须存放一段时间，也就是应该有一个数据存储。

并不是所有数据存储和数据流都能直接从问题描述中提取出来。例如，“当某种材料的库存量少于库存量临界值时就应该再次订货”，这个事实意味着必须在某个地方有材料库存量和库存量临界值这样的数据。因为这些数据元素的存在时间看来应该比单个事务的存在时间长，所以认为有一个数据存储，保存库存清单数据是合理的。

一旦把数据流图的四种成分都分离出来后，就可着手画数据流图了。数据流图是系统逻辑模型的主体部分，而任何计算机系统实质上都是信息处理系统。也就是说，计算机系统都把输入数据变成输出数据。因此，任何系统的基本模型都是由若干数据源点、终点以及一个处理组成的。这个处理代表系统对数据加工变换的基本功能。对于上述订货系统可以画出如图 5.7 所示的基本系统模型，即顶层数据流图。

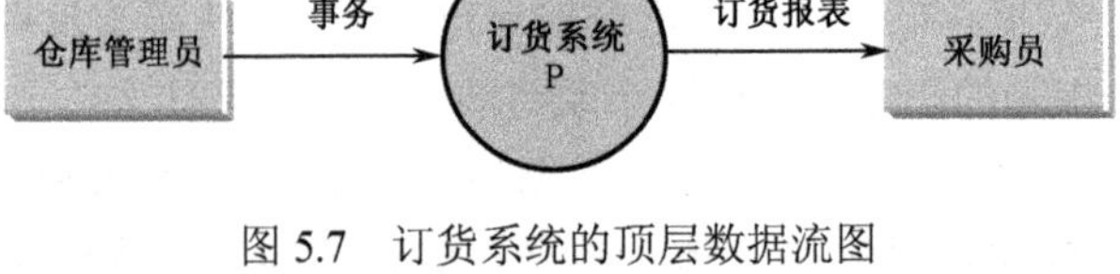

图 5.7 订货系统的顶层数据流图

在这个高层的数据流图上，可以很清楚地看出所有给定的数据源点和终点，但毕竟太抽象了，从这张图上对订货系统所能了解到的信息非常有限。下一步应该把基本系统模型细化，描绘系统的主要功能。从上述分析中可知，“产生报表”和“处理事务”是系统必须完成的两个“加工”，它们将替代图 5.7 中的“订货系统”。此外，细化后的数据流图中还增加了两个数据存储：处理事务需要“库存清单”数据；产生报表和处理事务在不同时间，因此需要存储“订货信息”。由此产生一层（功能级）数据流图，如图 5.8 所示。

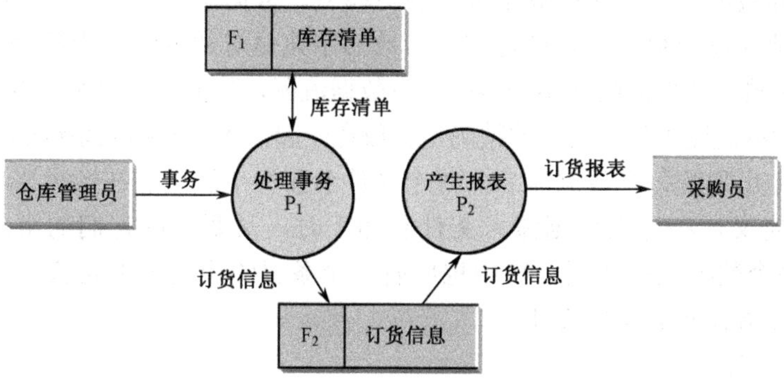

图 5.8　订货系统一层数据流图

接下来应对功能级数据流图中描绘的系统主要“加工”进一步细化。考虑通过系统的逻辑数据流：首先，当发生一个事务时必须接收它；其次，按照事务的内容修改库存清单；再次，如果更新后的库存量少于库存量临界值时，则应再次订货，也就是需要处理订货信息。因此，把“处理事务”这个“加工”分解为“接收事务”、“更新库存清单”和“处理订货”三个步骤，这在逻辑上是合理的，如图 5.9 所示。

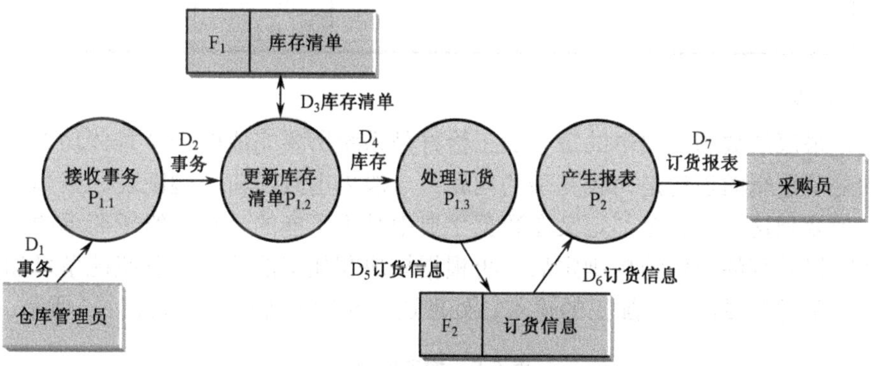

图 5.9　进一步分解后的数据流图

对于“产生报表”这个功能，由于订货报表中需要的数据在存储的订货信息中都会有，产生报表只不过是按一定顺序排列这些信息，再按一定格式打印出来。这些考虑属于物理实现的细节，不应该在流图中表现，因此不必进一步分解。同样道理，对“接收事务”或“更新库存清单”等功能也没有必要进一步细化。总之，当进一步分解将涉及如何以物理手段实现一个功能时，就不应该再分解了。

对数据流图分层细化时必须保持信息连续性。也就是说，当把一个处理分解为一系列处理时，分解前和分解后的输入/输出数据流必须相同。

3. 数据字典

数据字典是关于数据信息的集合，是在数据流图的基础上，对其中出现的每个数据流、加工、文件和数据项、外部项进行定义的工具。其作用是在软件分析和设计的过程中，提供关于数据的描述信息。

数据流图和数据字典共同构成系统的逻辑模型。数据流图是系统的大框架，反映数据在系统中的流向以及数据的转换过程，而数据字典是对数据流图中每个成分的精确描述。没有数据字典，数据流图就不严格；没有数据流图，数据字典也难以发挥作用。只有数据流图和对数据流图中每个元素的精确定义放在一起，才共同构成系统的逻辑模型。

数据流图中出现的每个数据流名，每个文件名和每个加工名在数据字典中都应有一个条目给出其定义。在定义数据流、文件和加工时，又要引用它们的组成部分（数据项）。所以，每个数据项在数据字典中也应有一个条目给出它们的定义。下面结合数据流图的实例，介绍数据字典的条目。

1）数据流条目

数据流条目主要说明数据流是由哪些数据项组成的，包括数据流编号、名称、来源、去处、组成、单位时间内的流量等，如表 5.4 所示。

表 5.4　数据流条目

编　号	名　称	来　源	去　处	组　成	流　量	说　明
D_1	材料出入库单	仓库管理员	处理事务	材料编号 材料名称 事务类型 数量	60 份/天	

2）加工条目

通常，最底层数据流图中的每个加工恰好是系统所要完成的一个具体功能，对于这个具体的处理逻辑的表达是比较复杂的问题。一般采用判断树、判断表、结构式语言等来描述，但要把这些内容全部定义在数据字典中是不可能的，只能给予简单的描述。当系统设计阶段系统的模块结构确定后，再根据模块和加工的关系，参照此条目加以详细描述。加工条目主要描述该加工的输入、处理逻辑和输出等内容，如表 5.5 所示。

表 5.5　加工条目

编　号	名　称	输　入	处 理 逻 辑	输　出
$P_{1.2}$	更新库存信息	①料出入库信息 ②库存清单	对每种材料在现有库存清单的基础上，加上入库量、减去出库量，再根据单价计算库存金额	D_1 库存清单 $P_{1.3}$ 处理订货
$P_{1.3}$	处理订货	库存信息	根据更新后的库存信息，若少于库存量临界值，则确定再次订货	D_2 订货信息

3）文件条目

文件也称数据存储条目，用来对文件进行定义，一般由表 5.6 中所列项目构成。

表 5.6　文件条目

编　号	名　称	输入数据流	输出数据流	组　成	组 成 形 式
F_2	订货信息文件	D_6（$P_{1.3}$—F_2）	D_7（F_2—P_2）	材料名称 材料编号 订货量 目前单价 主要供应者 次要供应者	按材料类别排序

4）数据项条目

数据项条目是对数据流、文件和加工中所列数据项的进一步描述，主要说明数据项类型、长度与取值范围等，其格式如表 5.7 所示。

表 5.7　数据项条目

数 据 编 号	名　称	数 据 类 型	长　度	取 值 范 围
0001	材料编号	字符型	4	0001～9999 10 个汉字
0002	材料名称	字符型	20	
0003	库存量	数值型	9	

5）外部项条目

一个系统的外部项应该是很少的。如果外部项过多，则说明系统缺少独立性。其格式如表 5.8 所示。

表 5.8　外部项条目

编　号	名　称	简　述	输出数据流	输入数据流
01	仓库管理员	对材料入出库进行登记	库存增减信息	提料单、入库单
02	采购员	根据订货报表组织订货	材料采购单	订货报表

按上述条目对数据流图中的所有组成部分进行定义，就可获得一套完整的数据字典资料，配合数据流图即构成系统分析报告的核心部分，再附以相应的说明，就可为系统设计提供重要的基础资料。

5.4.4　描述处理逻辑的工具

对于业务流程图和数据流程图中处理模块的复杂功能及实现步骤的描述，有时需要运用一些描述处理逻辑的工具来加以说明，如判定树、判定表与表格分配图等。

1．判定树

判定树是用树形分叉图表表示处理逻辑的一种工具。它由两部分组成，左边用分叉表示条件，右边表示采取的行动（决策）。图 5.10 是一个表示库存控制过程的判定树的示例。

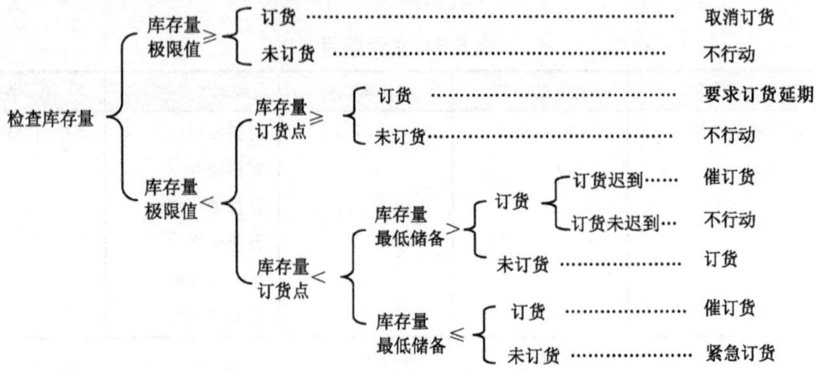

图 5.10　库存控制过程的判定树

2. 判定表

判定表可以在复杂的情况下很直观地表达具体条件、决策规则和应当采取的行动之间的逻辑关系，又称决策表。表 5.9 是库存控制过程的判定表。利用这个表，可以清晰地看出在各种具体条件下，应当采取何种行动。例如，当库存量高于最低储备量而低于订货点时，如果尚未订货，就应立即订货，即采取规则 7 进行。

表 5.9　库存控制过程判定表

决策规则		1	2	3	4	5	6	7	8	9
条件	库存量≥极限值	Y	Y	N	N					
	库存量≥订货点			Y	Y	N	N	N		
	库存量>最低储备					Y	Y	Y	N	N
	订货	Y	N	Y	N	Y	Y	N	Y	N
	订货迟到					Y	N			
应采取的行动	取消订货	X								
	要求订货延期			X						
	不行动		X		X		X			
	催订货					X			X	
	订货							X		
	紧急订货									X

5.5　建立新系统逻辑模型

通过系统调查，对现行系统的业务流程、数据流程、处理逻辑等进行了深入的分析后，就应提出系统建议方案，即建立新系统逻辑模型。建立新模型是系统分析中重要的任务之一，它是系统分析阶段的重要成果，也是下个阶段系统设计工作的主要依据。借助系统逻辑模型可以有效地确定系统设计所需的参数，确定各种约束条件；还可预测各个系统方案的性能、费用和效益，以利于各种方案的比较分析。新系统方案主要包括新系统目标、新系统的业务处理流程、数据处理流程、新系统的总体功能结构及子系统的划分及功能结构，是上述分析结果的综合体现。

5.5.1　系统目标

系统目标是指要达到系统目的所要完成的具体事项。在系统详细调查的基础上，结合系统可行性研究报告中提出的系统目标及系统建设的环境和条件重新考虑系统目标。系统目标的确定可把整个开发工作规定在合理的范围之内，使系统设计的任务更加明确、有章可循，也可为检查和评价工作完成情况提供标准。新系统目标可以从功能、技术及经济三个方面考虑。

系统功能目标是指系统所能处理的特定业务和完成这些处理业务的质量。也就是系统能解决什么问题，以什么水平实现；系统技术目标是指系统应具有的技术性能和应达到的技术水平，通过一些技术指标给出，如系统运行效率、响应速度、存储能力、可靠性、灵活性、操作使用方便性及通用性等给出；系统的经济目标是指系统开发的预期投资费用和经济效益。

5.5.2　新系统信息处理方案

新系统的信息处理方案就是上述各项分析和优化的结果。

1）*确定合理的业务处理流程*

将业务流程分析的结果表现出来，删去或合并多余或重复的处理过程，对优化和改动的业务处理过程进行说明；指出业务流程图中哪些部分计算机可以完成，哪些需要用户配合新系统完成。

2）*确定合理的数据处理流程*

在此列出数据流程分析的结果并加以说明，由用户最终确认，包括数据分析结果及数据流图和数据字典。同时，说明删去或合并哪些多余或重复的数据处理过程，对哪些数据处理过程进行了优化和改动。

3）*确定新系统功能结构和子系统的划分*

可通过第 4 章介绍的 U/C 矩阵的建立和分析来实现。U/C 矩阵是一种聚类分析法，它不但适用于功能/数据分析，也适用于过程/数据、功能/组织等其他各方面的管理分析。

功能/数据分析的 U/C 矩阵是通过一个普通的二维表，进行分析汇总数据。表的横坐标栏目定义为数据类变量（X_i），纵坐标栏目定义为该系统的具体功能，亦即业务过程类变量（Y_i），将数据和业务过程之间的关系（X_i和 Y_i之间的关系）用 U（使用 Use）和 C（建立 Create）表示。从理论上讲，建立 U/C 矩阵一般须按结构化的系统分析方式进行，即首先分析系统的总体功能；然后自顶向下、逐步分解，逐一确定各项具体的功能和完成此项功能所需要的数据；最后填上功能与数据之间的关系，即完成了 U/C 矩阵的建立过程。

根据子系统划分应相对独立且内聚性高的原则，通过 U/C 矩阵的聚类求解来实现系统结构化分的优化过程。这一过程可以通过表上作业来完成，即调换表中的行变量或列变量，使表中的“C”元素尽量靠近 U/C 矩阵的对角线，然后，再以“C”元素为标准划分子系统。这样划分可以确保子系统不受干扰地独立运行，实现系统的独立性和凝聚性。

4）确定新系统数据资源分布

给出新系统数据资源分布方案，即哪些存储在本系统内部设备上，哪些是在网络服务器或主机上。

5）确定新系统中的管理模型

确定在某一具体管理业务中采用的管理模型和处理方法。

5.5.3 系统计算机资源配置

新系统计算机资源配置是从系统分析的需要出发，提出新系统对计算机配置的基本要求，也称计算机资源的逻辑配置。它不涉及计算机硬件的具体型号，而是提出具体方案，作为系统设计阶段确定新系统计算机物理配置的依据。

1. 设备选配的依据

系统硬、软件设备的选择与配置应根据实际情况及系统信息处理方案来确定，按照分析结果确定系统处理方案，如集中式、分布式或分布-集中式；资金的投入情况，是一次性投入，还是分期分批投入。同时根据系统分析中所提供的数据存储容量总数，确定所要购置的机器需要配置多大的存储容量；外部设备、终端及网络的配置；速度，包括主机的运行速度、终端的运行速度和网络的通信速度等。

2. 硬设备的配置

硬设备的配置主要指主机、外围设备、通信设备、网络设备、办公自动化设备和接口设备等的选择和配置。一般应从以下六个方面考虑。

（1）根据新系统的功能和难易程度，选择主机和外部设备，使设备尽可能被充分利用，还要考虑留有扩充的余地；

（2）计算机设备的选择要有良好的开放性和升级换代能力，适合计算机的发展；

（3）考虑联网的要求，不同的机器要能够兼容；

（4）了解设备管理及维修的工作量，生产厂商能提供的保修、维修等售后服务能力；

（5）了解设备的性能，使用过该设备用户的满意程度，以便选择满意的设备；

（6）在几种设备配置方案中，请各方有关人员和专家参加分析讨论，选择最优方案。

在充分考虑上述因素后，对硬件设备的配置还应列出硬件设备明细表，并绘制配件配置图。

3. 系统软件配置

系统软件的配置是否齐全，关系到系统的运行及各项工作的进展。系统软件包括操作系统、数据库管理系统、相关语言的编译程序、维修机器的诊断程序等。这些软件一般随机器配套购入，否则，要了解其兼容性，在购买时向有关技术人员询问，试用后再购买。

4. 工具软件的配置

工具软件是指在开发管理信息系统时，能够起到某些通用工具作用的应用软件。如计算机杀毒软件，能进行数据管理、文字处理、图形报表处理的应用软件包等。这些软件大多可在市场上买到，借助于这些软件可以加快管理信息系统开发的进度，提高开发质量。随着计算机的发展，工具软件在不断地推陈出新，应根据需要和实际情况选择购买。

5. 应用软件开发需要分析

应用软件是为解决某类应用问题而专门编制的程序，一般分为应用程序包和自编程序。应用程序包是为解决某类应用问题专门设计的一些通用程序，这类程序一般编制和运行质量都很高。如果应用程序包所处理的内容和结果完全适合业务需要，则购买现成的比自己编制更加经济实惠，节省时间和费用，如市场上出售的统计分析、回归预测、线性规划、网络计划等；自编程序在管理信息系统开发中也是不可缺少的，尤其是与国情、体制及企业性质相关的现成软件不易买到，如生产、计划、销售等方面的软件。

新系统的软件配置必须慎重行事。经过各方面条件权衡后，确定哪些软件购买现成的，哪些软件由自己编制。对于现成软件包要做好充分的调查研究，了解是否符合新系统的功能需要，是否能与本系统接口，能否扩充等。

5.6　系统分析报告

系统分析报告是系统分析阶段的成果，反映了这个阶段调查分析的全部情况，全面地总结了系统分析工作，是下一步系统设计与实现系统的纲领性文件。系统分析报告形成后，必须组织各方面人员（包括单位领导、管理人员、专业技术人员、系统分析人员等）一起对报告以及形成的逻辑方案进行论证，尽可能地发现其中的问题、误解和疏漏。对于问题、疏漏要及时地纠正，对于有争论的问题要重新核实当初的原始调查资料或进一步深入调查研究，对于重大的问题甚至可能需要调整或修改系统目标，则重新进行系统分析。总之，系统分析报告是一种非常重要的文件，必须非常认真地讨论和分析。

一份好的系统分析报告应该充分展示前段调查的结果，还要反映系统分析的结果，即新系统的逻辑方案，并提出新系统的设想。系统分析报告的内容包括如下五点。

1. 现行系统情况简述

现行系统情况简述主要是对分析对象的基本情况做概括性的描述。它包括现行系统的主要业务、组织机构、存在的问题和薄弱环节，现行系统与外部实体之间物资及信息的交换关系，用户提出开发新系统请求的主要原因等。

2. 新系统目标

新系统的总目标是什么，其目标树如何；新系统拟采用什么样的开发战略和开发方法：人力、资金以及计划进度安排；新系统计划实现后，各部分应该完成什么样的功能；某些指标预期达到什么样的程度；有哪些工作是现行系统没有而计划在新系统中增补的，等等。

3．现行系统状况

现行系统状况主要用两个流程图来描述，即现行系统业务流程图和现行系统数据流程图。

4．新系统的逻辑方案

这部分主要反映系统分析的结果和对今后建造新系统的设想。它主要包括如下六项内容：

（1）系统的结构以及系统所涉及的范围，包括新系统的功能结构和子系统划分；

（2）数据流程图的进一步说明——说明新系统与现行系统在界限、处理功能、数据流和数据存储等方面有哪些主要变化，重点是计算机处理和数据存储部分；

（3）数据组织形式——说明新系统是采用文件组织形式还是数据库组织形式；

（4）输入和输出的要求——这部分也是系统与环境的接口——反映对输入/输出的种类、形式和要求等做一般说明，详细内容将在系统设计阶段考虑；

（5）新系统计算机软、硬件初步配置方案；

（6）与新系统相配套的管理制度和运行体制的建立。

5．新系统开发费用与时间进度估算

为使有关领导在阶段审查中获得更多关于开发费用和工作量的信息，需要对费用和时间进行初步估算。

一旦报告被批准，它就成为一个具有约束力的指导性文件，成为下一阶段系统设计的依据，用户和开发小组都不能再随意改动。

本章小结

系统分析是管理信息系统开发的重要环节，包括现行系统的详细调查，组织结构与管理功能分析，业务流程分析，数据流程分析等步骤，最后提出新系统的逻辑方案，形成系统分析报告。

系统详细调查的目的是全面掌握现行系统的现状，为系统分析和提出新系统的逻辑方案做好准备。因此，要本着用户参与及真实性、全面性、规范性和启发性的原则，选择合适的调查方法，从定性和定量两方面入手，详细了解系统的管理业务和数据流程。

在调查的基础上对现行系统的组织结构、业务流程、数据流程进行分析，采用结构化的分析方法，用数据流图和数据字典描述对象系统的信息流动、数据存储及处理过程。也可借用描述处理逻辑的工具来说明复杂的处理过程，通过建立 U/C 矩阵进行系统功能分析和子系统的划分，将复杂系统化分为若干个相对独立的子系统，以便更好地描述系统。

通过系统分析，提出新系统的逻辑方案。新系统方案主要包括新系统的目标，新系统的信息处理方案及系统计算机资源的配置。最后形成系统分析报告，为下一步系统设计提供依据资料。

问题讨论

1. 在系统分析阶段，如何对现行系统进行描述？
2. 系统分析的任务是什么？如何进行系统分析？
3. 如何理解系统调查的原则？怎样选择系统调查的方法？
4. 分别描述系统定性调查和定量调查的内容。
5. 举例说明业务流程图的画法。
6. 为什么要进行数据流程分析，分哪几方面内容？
7. 结构化分析的基本思想是什么？系统分解的原则是什么？
8. 举例说明分层数据流程图的画法。
9. 数据字典的作用是什么？描述哪些内容？
10. 描述处理逻辑的工具有哪些？试举例说明。
11. 新系统逻辑方案包括哪些内容？
12. 怎样撰写系统分析报告？

案例分析 5.1

某企业物资管理系统的分析

在一般的工业企业中，物资管理是企业管理信息系统中很重要的一个子系统，该系统的主要目标是保证生产急需的原材料能及时、保质、足量地供应到位。由于原材料种类、规格、型号繁多以及物资出入库频繁，使得仓库每天要处理大量的信息。在手工条件下，不能及时给出所有原材料的实际库存量，造成物资管理部门采购生产所需的原材料时容易发生生产急需、仓库又缺料的原材料没有及时采购，生产不需要或不急需、库存量又较大的原材料反而采购了，从而产生一方面某些原材料短缺，另一方面某些原材料又积压在库的现象。

当然，出现这种现象的原因不仅在于物资管理部门对实际库存掌握不准，还有其他各种因素。

（1）突发性需求。企业接受一项紧急订货后，为安排紧急订货的生产所需的原材料是一种突发性需求。

（2）工艺更新。技术部门在更改生产工艺、采用新材料时，造成某些原材料的积压和短缺；生产过程中的返工、报废，也会造成原材料短缺。

（3）管理模式。若依据年度生产计划或凭经验来产生物料需求计划，就容易发生原材料在数量上或时间上与生产系统脱节，造成原材料短缺或积压。

原材料占用企业大量的流动资金。原材料的结构性超储和短缺是造成企业流动资金紧张，资金周转不灵的主要原因，严重影响企业的生产和经营活动。开发计算机物资管理系统，动态反映生产所需原材料的采购、库存信息，保证合理库存，降低库存水平，可有效减少库存资金占用。据统计，采用计算机物资管理系统可降低库存资金占用 20%以上，取得明显的经济效益。通过对原材料收、发、存信息的统计分析，可以方便地实现手工条件下无法实现的各种统计分析，为管理决策提供有效信息，提高管理水平。例如，分产品、分部门分析原材料的消耗情况以及报废、工艺更改等原因造成的原材料消耗、积压的情况等。

综上所述，开发计算机物资管理系统可有效提高物资管理水平，降低库存，减少资金占用，是建立企业管理信息系统的突破口。

1. 系统调查

1）组织结构

一般工业企业，其物资管理是由计划编制、采购、仓库与统计等职能部门所组成，如图 5.11 所示。

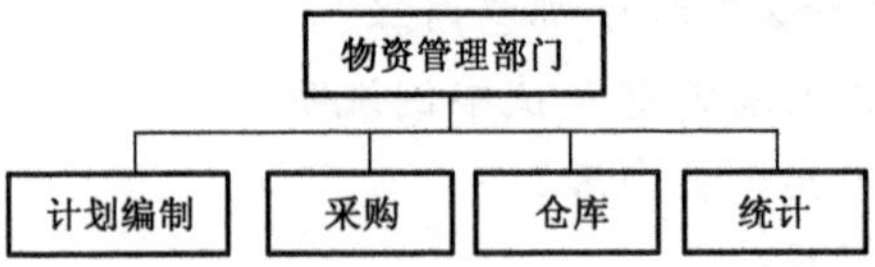

图 5.11　物资管理系统组织结构图

计划编制部门主要负责物资需求计划、物资采购计划的编制；采购部门主要负责物资的订购、采购及合同管理；仓库负责物资的收、发、存管理；统计部门负责有关统计数据的收集、计算和分析，编制有关统计报表。

不同企业物资管理的组织结构可能不尽相同，但其管理职能是基本相同的。

2）业务流程

物资管理系统的业务内容包括：物料需求计划的制定，采购计划的编制；采购合同的编制；采购合同的签订与执行；物资出入库登记；库存管理和分析；材料消耗的统计与分析；报表编制。其业务流程如图 5.12 所示。

物资管理系统的第一项工作，是根据生产计划和产品材料定额编制物料需求计划。在考虑现有实际库存量、合同预计到货量及订货提前期的基础上，编制物料采购计划，然后根据市场价格、供应厂商信息，选择供应厂商，签订供货合同，汇集整理合同文档，并据此检查合同执行情况。当供应厂商根据合同将物料发运到厂时，仓库根据发票、运单等按照合同规定验收入库，修改库存情况，记录合同执行结果。在生产过程中，领料部门凭领料单到仓库领用，仓库按领料限额发给物料，使得物资管理系统最基本的功能得以实现。最后，还要根据收、发料单进行库存分析，物资消耗的统计与分析，编制统计报表等，以满足企业管理的需要。

2. 分层数据流图

根据系统调查结果，得出物资管理系统的分层数据流图。

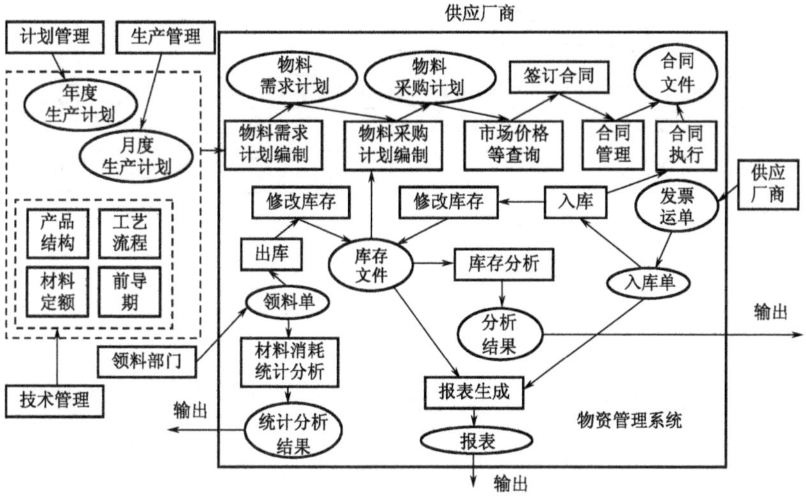

图 5.12　物资管理业务流程

1）顶层数据流图

图 5.13 给出物资管理系统的顶层数据流图。该图中描述了系统的外部项，输入端的外部项中计划部门向系统提供年度生产计划，生产部门提供月度生产计划及用料计划，技术部门提供产品结构、工艺流程、材料定额等数据，供应商提供供货合同、发票、运单等；系统运行后将采购请款传送到财务部门，将统计分析结果报上级领导，同时将产生的报表报送行政主管部门。

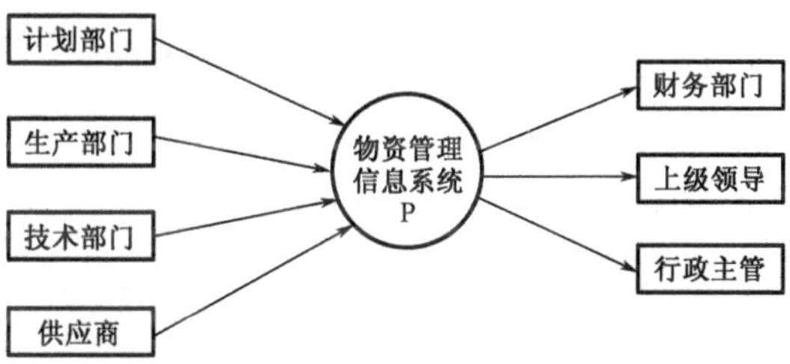

图 5.13　物资管理系统的顶层数据流图

2）一层数据流图

物资管理系统的一层数据流图如图 5.14 所示。该图是对顶层数据流图分解的结果，反映了物资管理系统的采购管理、库存管理和统计分析三个主要功能。它们之间通过数据流有机地联系在一起，体现了数据的流动关系。

3）二层数据流图

对图 5.14 中的采购管理、库存管理及统计分析等加工过程进一步分解，得出如图 5.15、图 5.16 所示的二层数据流图。

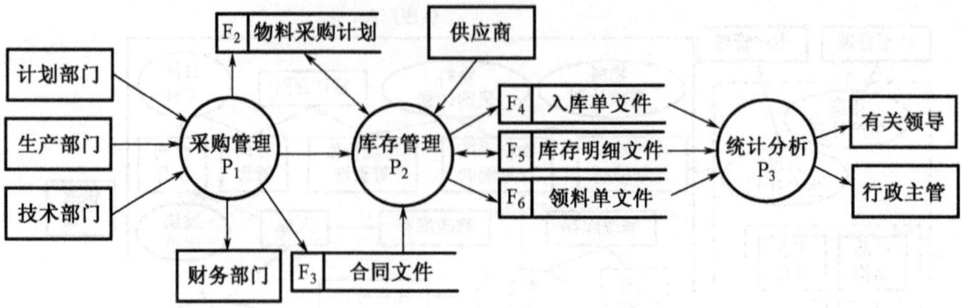

图 5.14　物资管理系统的一层数据流图

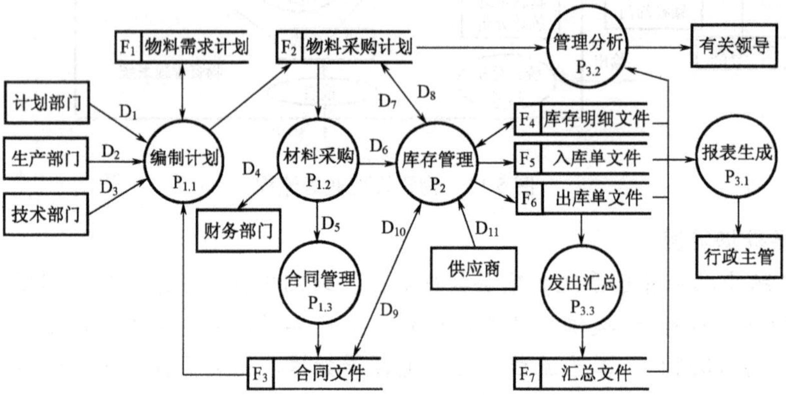

图 5.15　采购管理和统计分析二层数据流图

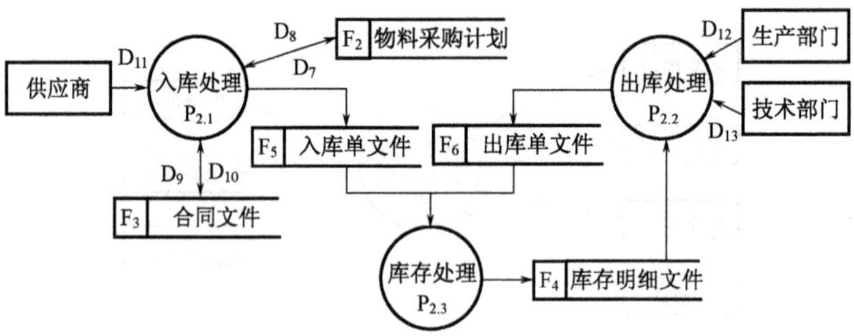

图 5.16　库存管理二层数据流图

4）三层数据流图

对二层数据流图进行分解与细化，得到物资管理系统的三层数据流图。图 5.17 给出了采购管理的三层数据流图，该图是对编制计划的进一步分解。

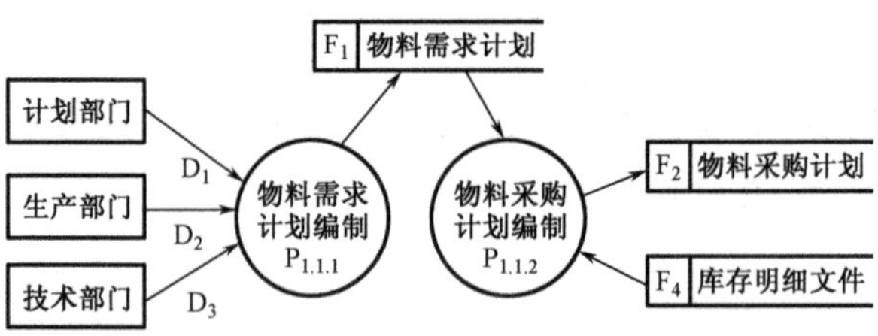

图 5.17　采购管理的三层数据流图

3. 数据字典

数据字典是对上述数据流图中的每个数据流、文件和加工进行解释和说明的，以此帮助理解数据流图中描述的内容。

1）加工条目

加工条目参见表 5.10。

表 5.10　加工条目

编号	名　称	输　　入	处 理 逻 辑	输　　出
$P_{1.1.1}$	物料需求计划编制	年度生产计划、月度生产计划、产品结构、工艺流程、材料定额等	在生产计划和产品材料定额基础上，根据 MRP 原理，由年度计划及月度计划生成	F_1 物料需求计划
$P_{1.1.2}$	物料采购计划编制	F_1 物料需求计划 F_4 库存明细文件	根据实际库存量及需求计划，将少于库存临界值的物料列入采购计划	F_2 物料采购计划
$P_{1.2}$	物料采购	F_2 物料采购计划	根据采购计划选择供应商，编制采购合同，核对到货物料验收入库	采购请款，D_4 采购合同
$P_{1.3}$	合同管理	$P_{1.2}$ 物料采购	检查供应商是否按合同期到货，汇集整理合同文档	F_3 合同文件
$P_{2.1}$	入库处理	D_{12} 合同到货、F_4 合同文件、F_2 物料采购计划	录入物资入库单，按合同及物料采购计划将合同到货验收登记入库	F_5 入库单文件
$P_{2.2}$	出库处理	D_{14} 领料单、D_{15} 领料限额、F_4 库存明细文件	录入物资出库单，作为库存管理、发出统计汇总的依据。按领料单及领料限额核对库存明细文件，将实际发出的物料写入出库单文件	F_6 出库单文件
$P_{2.3}$	库存处理	F_5 入库单文件 F_6 出库单文件	对每种物料在现有库存的基础上，加上入库量，减去出库量，得出更新后的库存明细文件	F_4 库存明细文件
$P_{3.1}$	报表生成	F_4 库存明细文件，F_5 入库单文件，F_6 出库单文件	从 F_4、F_5、F_6 中提取数据，并进行汇总处理，形成报表	各种报表
$P_{3.2}$	管理分析	F_2 物料采购计划，F_4 库存明细文件，F_5 入库单文件，F_6 出库单文件	分析物资超限额存储和存储时间过长等情况；分析长期存储不用的物资数量、金额和形成原因等；分析物资的库存资金占用及构成情况	分析报告
$P_{3.3}$	发出汇总	F_6 出库单文件	按物资类别、产品、领用部门及用途情况进行发出汇总	F_7 汇总文件

2）文件条目

文件条目如表 5.11 所示。

表 5.11　文件条目

编号	名　　称	输入数据流	输出数据流	组　　成	组成形式
F_1	物料需求计划	D（$P_{1.1.1}$—F_1）	D（F_1—$P_{1.1.2}$）	产品代码、工艺项目代码、工序代码、物资代码、需求数量、需求时间、领料限额、计划下达时间、最近到货时间等	按物资代码排序
F_2	物料采购计划	D（$P_{1.1.2}$—F_2） D（$P_{2.1}$—F_2）	D（F_2—$P_{2.1}$） D（F_2—$P_{1.2}$）	产品代码、工艺项目代码、工序代码、物资代码、计划下达时间、采购数量、采购单价、最近到货时间等	按物资代码排序

续表

编号	名　称	输入数据流	输出数据流	组　成	组成形式
F_3	合同文件	D（$P_{1.3}$—F_3）	D（F_3—$P_{1.1}$）	产品代码、物资代码、合同号、供货商代码、订购数量、订购单价 结算方式、预付款、交货期、合同签订日期等	按合同号排列
F_4	库存明细文件	D（$P_{2.3}$—F_4）	D（F_4—$P_{2.2}$） D（F_4—$P_{2.2}$） D（F_4—$P_{3.1}$） D（F_4—$P_{3.2}$）	物资代码、物资名称、规格型号 库存上限、库存下限、计量单位 计划单价、现存数量、金额和仓库代码等	按物料类别及编号排序
F_5	入库单文件	D（$P_{2.1}$—F_5）	D（F_5—$P_{2.3}$） D（F_5—$P_{3.1}$） D（F_5—$P_{3.2}$）	料单编号、供应商代码、入库日期 合同号、发票号、请款单号、物资代码、实收数量、检验员等	按料单编号排序
F_6	出库单文件	D（$P_{2.2}$—F_6）	D（F_6—$P_{2.3}$） D（F_6—$P_{3.1}$） D（F_6—$P_{3.2}$）	料单编号、用途代码、领料日期 产品代码、工艺代码、物资代码 领用数量、领用人、保管员等	按料单编号排序
F_7	汇总文件	D（$P_{3.3}$—F_7）	D（F_7—$P_{3.1}$） D（F_7—$P_{3.2}$）	物资代码、年初库存数量、年初实际单价、1 月份出库数量、1 月份出库金额、2 月份出库数量、2 月份出库金额……	按物资代码排序

3）数据流条目

数据流条目如表 5.12 所示。

表 5.12　数据流条目

编号	名　称	来　源	去　处	组　成	流量	说明
D_1	年度生产计划	计划部门	$P_{1.1}$ 编制计划	产品代码、产品名称、生产数量、生产起始日期、生产终止日期等	一次/年	
D_2	月度生产计划	生产部门	$P_{1.1}$ 编制计划	产品代码、产品名称、生产数量、生产起始日期、生产终止日期等	一次/月	
D_3	产品结构、工艺流程、材料定额	技术部门	$P_{1.1}$ 编制计划	产品代码、工艺项目代码、工艺项目名称、紧前工序代码、紧后工序代码、物料代码、限额等		按产品数量
D_4	采购请款单	$P_{1.2}$ 物料采购	财务部门	请款单编号、产品代码、物资代码、合同号、单价、订购数量、应付款额、请款人等		
D_5	采购合同	$P_{1.2}$ 物料采购	$P_{1.3}$ 合同管理	产品代码、物资代码、合同号、供货商代码、订购数量、订购单价、结算方式、预付款、交货期、合同签订日期		
D_6	发票、运单（零星采购）	$P_{1.2}$ 物料采购	P_2 库存管理	发票号、供应商代码、物资名称、单价、数量、金额等 运单编号、物资代码、单价、数量、发货地、到货地等		

续表

编号	名　称	来　源	去　处	组　成	流量	说明
D_7	验收单	F_7 物料采购计划	$P_{2.1}$ 入库处理	合同号、供应商代码、物资名称、单价、数量、金额等		
D_8	计划执行情况表	$P_{2.1}$ 入库处理	F_7 物料采购计划	产品代码、物资代码、计划数量、实收数量、差额等		
D_9	验收入库单	F_3 合同文件	$P_{2.1}$ 入库处理	料单编号、供应商代码、入库日期、合同号、发票号、请款单号、物资代码、实收数量、检验员等		
D_{10}	合同执行情况	$P_{2.1}$ 入库处理	F_3 合同文件	合同号、物资代码、合同数量、实收数量等		
D_{11}	发票、运单（合同到货）	供应商	$P_{2.1}$ 入库处理	发票号、供应商代码、物资名称、单价、数量、金额等 运单编号、物资代码、单价、数量、发货地、到货地等		
D_{12}	领料单	生产部门	$P_{2.2}$ 出库处理	料单编号、用途代码、领料日期、产品代码、领用部门代码、物资代码、请领数量、实领数量、单价、领料人		
D_{13}	领料限额	技术部门	$P_{2.2}$ 出库处理	用途代码、产品代码、物资代码、限额		

案例分析 5.2

某城市电子政务信息系统的分析

1．该市电子政务系统总体需求概述

该市电子政务系统是一个包含了行政办公服务、网上行政业务受理、政务信息交流发布、领导决策支持服务、集中式数据仓库服务以及电子安全认证、多媒体信息服务和GIS 地理信息系统服务等多项内容的综合性应用软件系统。可以说，已经包含了电子化政府所需的主要功能。其最终的目标系统就是一个网络环境下的电子政府。

作为一个市级的行政管理中心单位，该市的电子政务系统除了解决内部政务办公的基本需求外，在功能设计上，要充分突出其作为网络政府的集中门户以及横向信息共享的枢纽点的关键作用。

在进行整个项目的技术实现设计过程中，在技术的选择、系统实现的方式等方面，必须本着先进性、实用性、开放性和易用性综合考虑的基本原则。

该市电子政务系统的目标定位，可以归纳为如下五点。

（1）建成后的电子政务系统将覆盖市政府日常办公所需的所有功能，实现政府文件的网上处理、文件发送传递的网上运行；实现文件的电子化管理；实现市府机关内部办公事务、信息交流、后勤管理等工作的信息化，包括分布到各职能部门的电子邮件系统；实

现多媒体交互方式的领导决策支持与指挥系统。这是面向基本办公环境的功能目标。

（2）建成后的电子政务系统将能够建立起有关财政税收、统一会计核算、经济预测分析及其他政府职能部门综合性数据的集中共享平台，并提供数据集成、挖掘和集中发布的服务功能；实现可支持在多个职能部门直接进行协同工作的、跨平台的公共服务系统。这是面向横向沟通环境的功能目标。

（3）建成后的电子政务系统将包括可开展网上并联审批业务等内容在内的，直接面向公众的网上业务服务系统；提供 GIS 导航、地方信息介绍等多种形式的网站信息服务。这是面向互联网政府网站门户的功能目标。

（4）建成后的电子政务系统还将能够提供权威政府咨询的各类基本资料库，这些资料库包括现行法律、政策法规、从国家到地方的各级文件以及一些国土资源、社会服务等方面的综合性地方资料，将这些资料提供给内部和外部的访问者检索。

（5）为了能够在一个安全的管理环境下使用整个电子政务系统，必须有一个足够强度的电子认证服务系统作为支撑，并且在其上建立完整的授权和访问控制体系，保证信息的安全性。

该市整个电子政务系统将是一个以集中的政务信息和服务平台为基础的、同时面向市府机关内部、相关政府职能部门和社会公众的、集政府内部办公服务与决策系统、政府公共数据交换服务平台、政府对外门户网站几种角色为一体的应用系统。电子政务系统的完成，将从根本上提升政府的办公和决策服务能力，树立开放、廉洁、高效的政府工作形象，从而达到改善整个地方经济建设的管理环境、促进地方经济发展、提升地区竞争力和吸引力的良好目的。

2．该市电子政务系统功能总体描述

该市电子政务系统中的整个应用系统由核心办公业务系统、政务资源库应用系统、内部门户网站、业务监管平台和数据交换平台组成。应用组成结构图如图 5.18 所示。

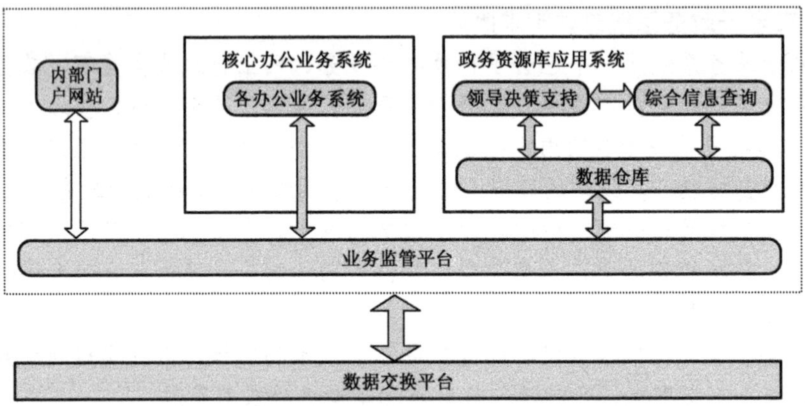

图 5.18　某城市电子政务系统应用组成结构图

核心办公业务系统提供对市府各项办公业务的管理，由公文处理、档案管理、会务管理等多个业务子系统组成，处理办公厅日常办公业务。

数据交换平台根据市政府办公厅政务信息化系统的要求，完成市政府办公厅与其他

政府机构之间的文件、简报、信息等数据交换，是整个市府办公厅政务信息化系统同外部系统的统一入口和出口。

内部门户网站为办公厅政务信息化系统提供统一的应用访问入口和个性化的服务。

政务资源库应用系统在核心办公业务系统应用的基础上，将来源于核心办公业务系统的综合办公业务信息、以及来源于市公务网的共享信息进行处理分析后，为市领导提供咨询服务和决策支持功能。

业务监管平台为办公厅政务信息化系统的运行、扩展、联系、管理提供支撑和集中监督管理。

1）政府内部办公服务与决策系统

建立电子政务系统首先是解决市政府内部办公与决策实现信息化的要求。属于这一范畴的应用系统功能包括以下五项内容。

（1）机关办公业务系统。作为政府管理机构，市政府需要对日常的管理工作，包括文件办理、指令发布、信息交流、会议、办公事务等，进行网上处理。这构成了整个电子政务系统要实现的最基础的功能。这些功能包括:

① 无纸化的公文流转，做到市政府内部、市政府与管理下的各个职能部门或下属机构间能够基于这套系统实现网上行文;

② 电子化档案管理，按照国家规范实现档案的电子化管理;

③ 内部人事资料管理，按现行的人事管理内容，实现人事管理电子化;

④ 办公事务管理，实现针对政府办公的各类事务性工作的管理，如值班工作、领导活动、会议管理（会议安排、通知、签到等)、后勤管理（财务、车辆、设备等)、个人活动安排、学习任务等，做到分类管理、辅助提醒等;

⑤ 政务督察管理，实现对政府各部门的工作进行监督、检查，编发督察通报等工作网络化运行;

⑥ 全市各个单位集中的邮件服务系统，实现全市政府机关电子邮递。

（2）内部信息服务网。内部信息服务网是一个面向整个市政府机关（包括各职能部门和下属机构）的信息发布站点。通过这个内部信息门户，政府管理人员可以了解到一些面向管理工作的参考信息。这里，有些信息是来自办公业务系统的，如文件摘编、督察通报等；有些信息来自通过公共信息交换平台获得的外系统资料，如各单位财务公开资料、财税系统分析数据、经济分析系统分析数据等；还有些信息可通过采编系统直接编辑进入，如各类电子化期刊、政府机构设置、办事人员、办事程序的公布、政府相关新闻报道等。此外，还有一些放在政府内部信息服务网上的资料如各类政策法规和法律文件资料、并联审批的定期办理考核情况等。配合集中的网站搜索引擎，一个政府工作人员可以在内部信息网上找到自己所需的相关资料。

（3）经济分析与财政税收数据分析系统。这两个分析系统将完成对来自统计部门、财政部门和税务部门的数字数据，进行按统计主体的分类整理和聚合化处理；并根据需要设计出分析模型，产生分析结果；然后以各种图表的方式展示。分析用的基本数据可通过定义来源和格式，通过公共信息交换平台获得；也可通过外部门户网站上的网上统计调查系统取得。这里主要包括的功能有:

① 数据分析模型的建立，通过从统一定义的数据主题中抽取数据项，以及定义数据项的运算公式，来建立分析模型的功能；

② 将具体数据倒入分析模型并以多种形式（数据报表、图表等）表达分析数据的功能，如以图表方式获取财政收入的月增长情况等。

（4）应急指挥系统。作为对突发的重大自然灾害、重大生产事故、重大交通事故、重大刑事案件等的专门应急反应指挥系统，需要为市领导了解事件的第一线资料、做出迅速决策并部署工作提供支持。这个支持系统需要的功能包括：

① 为重大突发事件、事故建立历史档案库；

② 以多媒体的形式建立应急指挥的专用信息通道，便于情况汇报和市领导统一指挥部署；

③ 建立辅助决策及预警系统，便于市领导判断和决策。

（5）基本资料库系统。基本资料库将组成该市电子政务的基本信息资源库。这些资源库有法律法规、政策文件，也有有关地方社会各个方面的综合性情况资料库。这些资源库将可以被引用到内部信息服务网站和外部政府门户网站上供查询。

2）政府职能部门间数据与业务交换公共平台

作为地区管理的首脑机构，该市的电子政务系统将建立与各个职能部门相互联络的信息与事务通道。只有这样才能获得做出决策所需的各方信息，以及通过网络将决策部署落实到相关职能部门。

通过电子政务系统来充当以市政府为中心枢纽的各职能部门间数据与业务交换的公共平台这种方式，可以实现的应用服务包括以下两方面。

（1）并联审批系统。这是深化政府审批制度改革后所推出的卓有成效的一种模式。传统审批方式是：“多门受理，互不相告，异步审批，限时不一。”与之对比，并联审批的特点可以概括为：“一门受理，抄告相关，同步审批，即时完成。”为了达到这个目的，并联审批系统要求实现的功能包括：

① 审批项目从集中的受理窗口开始，将各类申请资料以电子化方式进行处理，并记录到系统中；

② 能够实现审批项目在各个相关职能部门间的流动，以电子化方式驱动；

③ 能够实现及时地将项目的审批状态、相关反馈和办理结果以多种方式反映给申请单位和相关办理人员；

④ 能够提供方便的查询方式（如电子公告墙、触摸屏、网上查询、电话服务、短信服务等），便于用户查询与审批相关的各类文件或类似项目的审批情况；

⑤ 能够具备催办、督办的功能，并对项目办理情况进行考核统计。

（2）职能部门的数据分析和查询。市政府决策所需的数据将会来自各个行政职能部门，如各单位财务公开的数据将来自统一会计核算系统，经济分析的基本数据将主要来自统计部门，有关财政和税收情况的基本数据将来自财税部门等。还有一些没有建在集中资料库中的数据和一些动态更新汇报的数据。这些来自不同职能部门的数据其反映的情况各异，需要一种良好的手段定义统一的数据视图，并从结构各异的系统环境下将数据抽取出来。需要具备的功能包括：

① 针对来自不同职能领域的数据能够建立统一的数据主题，并对这些统一的数据主题设计出标准数据结构；

② 具备统一的数据通信平台，在这个平台上，不同的职能部门（或市政府）通过选择统一的数据主题，就能够获得来自其他部门的相关数据；另一方面，在职能部门内部可以根据统一数据主题从内部系统中抽取相应数据，并传送给数据通信平台。

3）政府集中门户服务网站

该市电子政务系统不仅向政府内部管理机构提供基本服务内容，另一重要的职责是建立开放的网上政府，通过网络这一媒介，将政府工作直接深入到社会中去。该市电子政务系统将作为代表整个市的政府集中门户网站，向社会公众统一展示地区风貌、政务公开等内容，并作为集中的网上业务受理点，开展交互式的网上办公服务。这样一个代表该市各行政职能部门的集中式的门户服务网站应该包括的作用有：

（1）展示该市的历史情况，宣传介绍该市的政治、经济、文化、科技等全面发展情况和各类资源；

（2）进行政务公开，公开各项政策规定、信息资源、各个部门职能、办事程序、办事标准、办理结果等，设立监督举报信箱，沟通与外界的联系；

（3）开展网上办公，提供便民服务。

从功能上来看，应该具备的功能包括：

（1）具备信息采编的功能，实现对网站内容的更新维护；

（2）具备与访问者交互的功能，便于获得访问者的请求和反馈信息，以及进行有关网上政府业务的受办；

（3）具备获取来自管理机构和内部职能部门内信息的功能，便于社会公众了解相应的数据，监督政府的工作，如通过网站公布财务公开的数据、查询政府文件、了解地区经济发展数据、及时查询审批项目的状态等。

4）政务资源库建设

通过政务资源库的建设，能够有效提高办公厅内部资源的利用率，为办公厅政务信息化系统提供如下应用服务。

（1）综合信息查询系统。按照提供浏览和查询的界面，对政务资源库中的各类统计数据信息、电子文档信息、多媒体信息、业务处理记录、政务信息等进行组合查询、关联查询、全文检索、数据统计等功能，使用户可以方便快捷地获得所需要的信息资源。

（2）领导决策辅助系统。政务资源库应用系统建立的最终目的是将政府内部信息有效地整合，为政府业务管理和领导决策提供全面的、综合的、积累性的服务。领导决策辅助系统使市领导可以快捷地从政务资源库中获得各类经济社会动态、热点分析、方针政策、决策参考等信息。领导决策分析系统可以根据市领导分管条线的不同，自动组织政务资源信息库中信息，提供个性化的资源视图。系统从政务系统数据源中提取大量的业务数据，转化为多个多维信息立方体，并提供向下钻取、数据切片、旋转，以及交互式的图形分析能力，使得用户可以从任意角度观察和研究数据。在对相关信息分析的基础上，就问题决策向领导提供决策建议或者政策组合供参考。

5）业务监管平台

业务监管平台采取工作流和消息处理机制，方便地管理在网络化工作进程中的信息流通与业务活动。一方面，它可以灵活地适应经常性管理流程的变化需求；另一方面，可以将不同业务系统有机地结合起来，成为一个统一、完整的网络办公系统，使各业务子系统既相互独立又协同工作。

3．该市电子政务系统数据流程分析

由于业务上的联系，该市电子政务信息化系统和省政务网，各区县、委办局之间存在密切的数据关联，如图 5.19 所示。

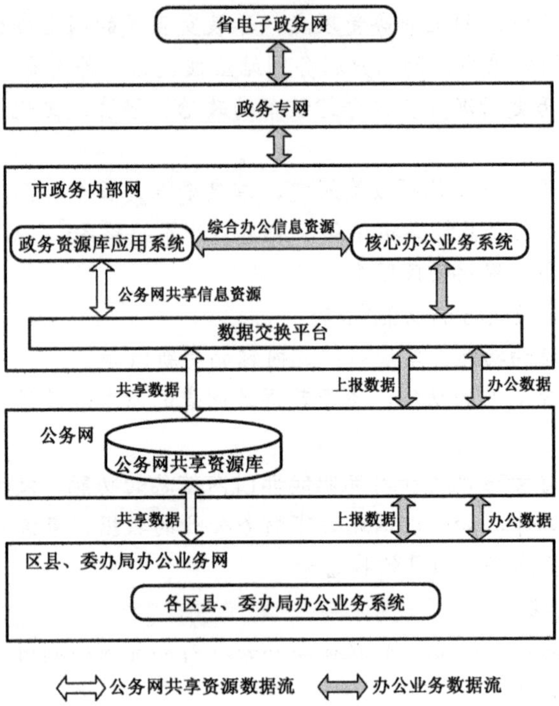

图 5.19　该市电子政务系统数据流示意图

业务监管平台采取工作流和消息处理机制，方便地管理在网络化工作进程中的信息流通与业务活动。一方面，它可以灵活地适应经常性管理流程的变化需求；另一方面，可以将不同业务系统有机地结合起来，成为一个统一、完整的网络办公系统，使各业务子系统既相互独立又协同工作。

图 5.19 中电子政务信息系统和区县、委办局的业务数据传递通过公务网网络平台，和省国办的业务数据传递则通过政务专网完成。

电子政务信息系统和区县、委办局以及省办之间主要进行两类数据信息的传递——公务网共享资源数据和办公业务数据。

对于市政务而言，公务网共享资源数据来源于公务网共享资源库（共享数据），经过处理后进入政务资源库应用系统。

办公业务数据来源于核心办公业务系统中的办公数据和区县、委办局上报给办公厅与办公有关的基础数据（上报数据）。经过整理汇总后，形成综合办公信息资源进入政务资源库应用系统。

4．该市电子政务系统业务功能分析

该市电子政务系统和各区县、委办局有着密切的联系，市政府需要及时获得各区县、委办局的政务信息，各区县、委办局也需要获得领导对工作的指示安排。网络化应用的需求非常突出，也十分必要。网络化应用是核心办公业务系统在政务信息化的范围和程度上的拓展和延伸，其实质是信息共享，实现互联、互通。

1）功能需求

（1）系统可以适应政府机构及管理流程经常性变化的需求;

（2）各个独立的业务子系统能够有机地结合在一起，集成一个方便的网络办公环境，各业务子系统既相互独立又协同工作;

（3）通过市公务网同其他单位进行网络化办公。

2）功能架构

根据该市电子政务信息系统针对应用系统的需求，应用系统由核心办公业务系统、政务资源库应用系统、内部门户网站、业务监管平台和数据交换平台五个部分组成，如图 5.20 所示。

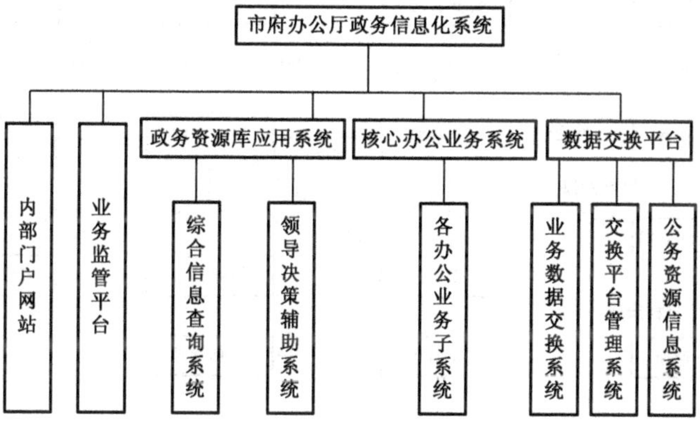

图 5.20　该市电子政务系统功能架构图

3）核心办公业务系统

（1）系统组成。核心办公业务系统是整个市政府政务信息化系统中的核心部分，主要负责政府内部日常办公所需，将在现有基础上进行升级完善。核心办公业务系统面向市府办公厅各个处室的业务职能，依托网络技术的实现，使各处室的日常工作能够通过网络进行处理，提高工作效率，实现信息化办公。市府办公厅从 1994 年开始使用现有的办公业务系统，经过十几年时间的磨合，业务系统的业务流程已经较为规范和稳定。因此，本次办公业务系统将在原先应用的基础上更上一层楼，强调应用系统整合和网络化的应用，使得从原先的办公自动化层面跃升到政务信息化的应用层面。系统功能架构如图 5.21 所示。

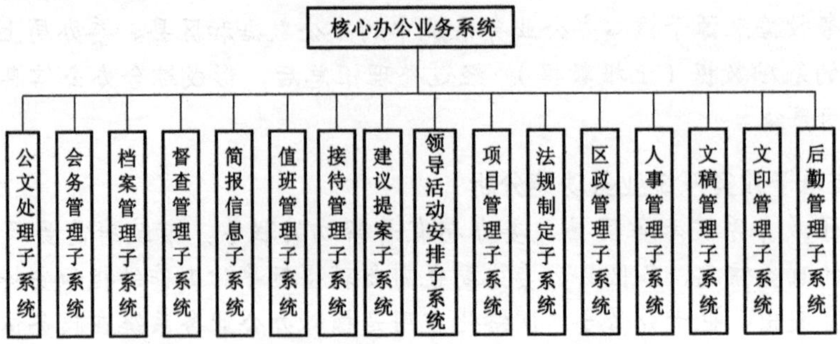

图 5.21　该市电子政务核心办公业务系统功能架构图

（2）业务子系统联系。在市政府的日常办公业务中，各业务子系统之间往往在某些业务流程上或者业务数据上存在相互的联系。但是，在目前的业务系统中，往往每个子系统功能并行，在子系统之间缺乏信息的交流和共享，造成在某些业务环节的处理上做不到及时，高效和准确。通过业务系统整合使得系统之间的信息交流更为流畅，改变以前以人工查问获取信息的方式，使得工作人员可以及时获得和工作相关的业务数据。对于最终用户而言，也可以避免信息的重复录入，实现网络化办公的设计目的。根据市政府目前办公业务的实际情况，对核心办公业务系统中各业务子系统之间的业务联系和流程进行了切合实际的分析设计，如图 5.22 所示。

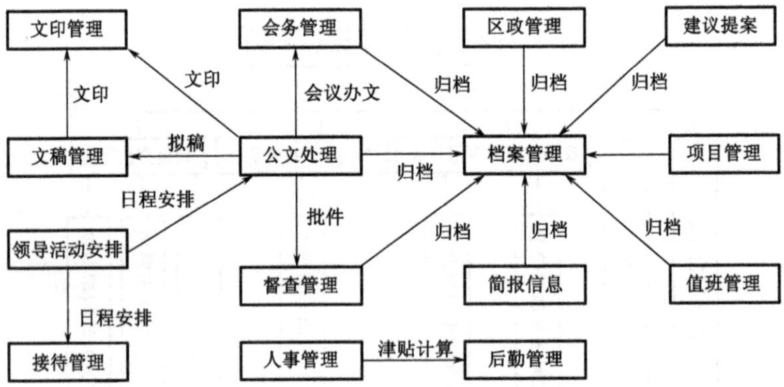

图 5.22　该市电子政务核心办公业务系统关联图

第6章

系 统 设 计

引言

系统设计是管理信息系统开发的第三个阶段，主要解决系统“怎么做”的问题。其目标是进一步实现系统分析阶段提出的系统模型，详细地确定新系统的结构、应用软件的研制方法及内容。系统设计一般遵循系统性、灵活性、可靠性与经济性的原则，按照从概要设计到详细设计，从粗到细、从总体到局部的过程进行。

概要设计与详细设计是交错反复进行的，二者结合起来，主要包括系统结构设计、系统平台设计、信息分类、代码设计、划分子系统、输出设计、输入设计、数据存储设计、处理过程设计、制定设计规范及编写系统设计报告等。

通过本章学习，可以了解（或掌握）：

- 系统设计的目标与原则；
- 系统功能模块设计与系统平台设计；
- 代码设计；
- 划分子系统；
- 输入/输出设计；
- 数据存储设计；
- 处理过程设计；
- 系统设计说明书。

6.1 系统设计的目标与原则

系统设计的优劣直接影响新系统的质量及经济效益。系统设计中必须提出清晰的设计目标，并须遵守一些共同的设计原则。

6.1.1 系统设计的目标

系统设计的目标是在保证实现逻辑模型的基础上，尽可能提高系统的各项指标，即系统的工作效率、可靠性、工作质量、可变性与经济性等。

1．系统的工作效率

系统的工作效率主要是指系统对数据的处理能力、处理速度、响应时间等与时间有关的指标。处理能力是指系统在单位时间内处理事务的能力。处理速度一般是指系统完成业务处理所需的平均时间。响应时间是指在联机状态下，从发出处理请求到得到应答信号的时间。影响系统效率的因素有计算机软件、硬件、人—机接口及组织结构等。

影响系统效率的因素很多，包括系统的硬件及其组织结构、人—机接口设计的合理性、计算机处理过程的设计质量，等等。这里强调的是整个系统的效率，而不是某一部分的效率。例如，商场的收款系统，衡量其效率的指标是顾客等待时间的长短。这包括人的操作时间，计算机的运算时间。一般来讲，计算机运算时间比人操作的时间要少得多。因此，人—机界面设计是否便于操作，操作人员是否熟练，对这类系统是至关重要的。

2．系统的可靠性

系统的可靠性是指系统在运行过程中，抗干扰（包括人为和机器故障）和保证系统正常工作的能力。系统可靠性包括系统检错与纠错能力，系统恢复能力，软、硬件的可靠性，数据处理与存储的精度，系统安全保护能力等。系统平均无故障时间、系统平均修复时间是衡量系统可靠性的重要指标。

3．系统的工作质量

系统的工作质量是指系统提供用户所需信息的准确程度与及时性，以及便于用户操作的人—机界面的友好程度。工作质量的好坏与计算机的硬件、系统软件、应用软件、人工处理质量与效率等因素有关。

4．系统的可变性

系统的可变性是指系统被修改和维护的难易程度。由于系统环境（国家政策、市场、计算机技术等的变化）和系统本身的需要，应当不断修改和完善系统。一个好的系统应该有良好的可修改性与易维护性，使之适应相应的变化。采用结构化、模块化的系统分析与设计方法，可以提高系统的可变性。

5．系统的经济性

系统的经济性是指系统收益与支出之比。要注意的问题是，在定量考虑经济费用的同时，还要定性考虑系统实施后所取得的社会效益及由此而带来的间接经济效益。

上述五个指标既互相联系又互相制约，要根据实际需要和可能性进行综合分析，将指标按重要性程度排序，优先保证最重要的指标，如银行系统应首先考虑是可靠性与安全性指标。

6.1.2　系统设计的原则

管理信息系统的开发是一项系统工程。为了保证系统的质量，设计人员必须遵守共同的设计原则。

1．系统性

系统是作为统一的整体存在的。因此，在系统设计中，要从整个系统的角度考虑，系统的代码要统一，设计规范要标准，传递语言要尽可能一致，对系统的数据采集要做到数出一处、全局共享，使一次输入得到多次利用。

2．灵活性

为保持系统的长久生命力，要求系统具有很强的环境适应性。为此，系统应具有较好的开放性和结构可变性。在系统设计中，尽量采用模块化结构，提高各模块的独立性，尽量减少模块间的数据耦合，使各子系统间的数据依赖减至最低程度。这样，既便于模块的修改，又便于增加新内容，提高系统适应环境变化的能力。

3．可靠性

一个成功的管理信息系统必须具有较高的可靠性，如安全保密性、检错及纠错能力、抗病毒能力等。可靠性既是系统设计的考核指标，也是系统设计时必须注意的一项原则。

4．经济性

在满足系统需求的条件下，尽可能减少系统的开销。一方面，在硬件投资上不能盲目追求技术上的先进，应以满足需要为前提；另一方面，系统设计尽量避免不必要的复杂化，各模块应尽量简洁，以便缩短处理流程，减少处理费用。

6.2　系统概要设计

系统概要设计是根据系统分析所得到的系统逻辑模型——数据流图和数据字典，借助一套标准化的图、表工具，导出系统的功能模块结构图。根据系统分析的结果——系统分析说明书所描述的系统目标、功能、环境和约束条件，确定合适的计算机处理方式和计算机总体结构及系统配置。

6.2.1　功能模块设计

功能模块设计主要采用结构化设计（SD，Structured Design）方法。该方法是由美国 IBM 公司的 W. Stavens，G. Myers，L. Constantinl 等人提出的，适用于任何软件系统的软件结构设计。SD 方法通常与系统分析阶段的 SA 方法衔接起来使用，借助 SA 方法可以得到用数据流图和数据字典描述的系统分析报告，SD 方法则以数据流图为基础得到软件的模块结构。

SD 方法的基本思想是将系统设计成由相对独立、单一功能的模块组成的结构，从而简化研制工作，防止错误蔓延，提高系统的可靠性。在这种模块结构中，模块之间的调用关系非常明确与简单，每个模块可以单独地被理解、编写、调试、查错与修改。模块结构整体上具有较高的正确性、可理解性与可维护性。

SD 方法采用图形表达工具——模块结构图，在从数据流图导出初始模块结构图时采用一组基本的设计策略——变换分析与事务分析；在对初始模块结构图改进和优化方面有一组基本的设计原则——耦合小、内聚大，以及一组质量优化技术。

1. 模块结构图

模块结构图是描述系统结构的图形工具，它由五种基本符号组成，如图 6.1 所示。图 6.2 表示了一个工资系统的模块结构图。

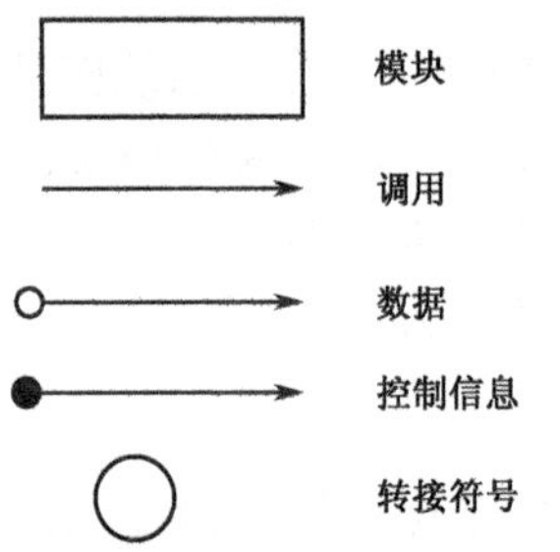

图 6.1　模块结构图的基本符号

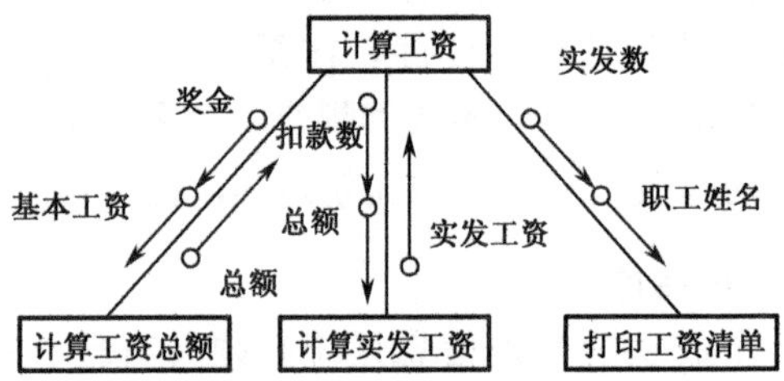

图 6.2　工资系统的模块结构

1）模块

模块是可以组合、分解和更换的单元，是组成系统、易于处理的基本单位。系统中的任何一个处理功能都可以看成一个模块，也可以理解为用一个名字就可以调用的一段程序语句。

模块应具备以下四个要素：①输入和输出——模块的输入来源和输出去向都是同一个调用者，一个模块从调用者取得输入，进行加工后再把输出返回调用者；②功能——模块把输入转换成输出所做的工作；③内部数据——仅供该模块本身引用的数据；④程序代码——用来实现模块功能的程序。前两个要素是模块的外部特性，即反映模块的外貌。后两个要素是模块的内部特性。在结构化设计中，首先关心的是外部特性，其内部特性只做必要了解。

2）调用

在模块结构图中，用连接两个模块的箭头表示调用。箭头总是由调用模块指向被调用模块，但是应该理解成被调用模块执行后又返回到调用模块。

一个模块是否调用一个从属模块，决定于调用模块内部的判断条件，则该调用称为模块间的判断调用，采用菱形符号表示。如果一个模块通过其内部的循环功能来循环调用一个或多个从属模块，则该调用称为循环调用，用弧形箭头表示。图 6.3 为模块调用、判断调用和循环调用的示意图。

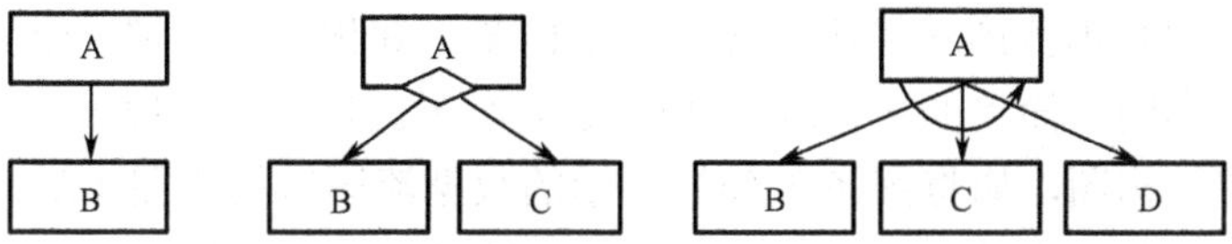

（a）调用　（b）判断调用　（c）循环调用

图 6.3　模块调用示意图

3）数据

当一个模块调用另一个模块时，调用模块可把数据传送到被调用模块处供处理，而被调用模块又可以将处理的结果数据送回调用模块。在模块之间传送的数据，用与调用箭头平行的带空心圆的箭头表示，并在旁边标上数据名。例如，图 6.4（a）表示模块 A 调用模块 B 时，A 将数据 X、Y 传送给 B，B 将处理结果数据 Z 返回给 A。

4）控制信息

为了指导程序下一步的执行，模块间有时还必须传送某些控制信息。例如，数据输入完成后给出的结束标志，文件读到末尾所产生的文件结束标志等。控制信息与数据的主要区别是前者只反映数据的某种状态，不必进行处理。在模块结构图中，用带实心圆点的箭头表示控制信息。例如，图 6.4（b）中“无此职工”就是用来表示送来的职工号有误的控制信息。

5）转接符号

当模块结构图在一张图上画不下，需要转接到另外一张纸上，或为了避免图上线条交叉时，都可使用转接符号，如图 6.5 所示的工资计算程序模块结构图中，①即为转接符号。

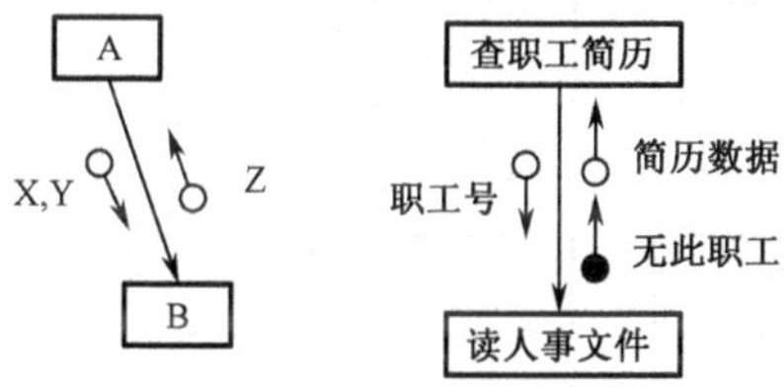

（a）　（b）

图 6.4　模块间的通信

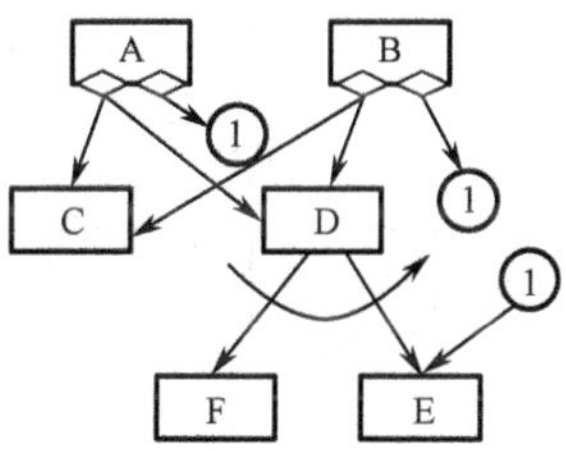

图 6.5　工资计算程序模块图

在画模块结构图时，通常将输入/输出模块分别画在左、右边，计算或其他模块放在中间。为了便于理解系统的整个结构，尽量将整个模块结构图画在一张纸上。

一个软件系统具有过程性（处理动作的顺序）和层次性（系统的各组成部分的管辖范围）特征。模块结构图描述的是系统的层次性，而通常的“框图”描述的则是系统的过程性。在系统设计阶段，往往关心的是系统的层次结构；只有到了具体编程时，才需要考虑系统的过程性。

2. 数据结构图的导出

由数据流图向初始模块结构图的转换，通常采用两种方法。一种是以事务为中心的转换方法，也称为事务分析；另一种是以变换为中心的转换方法，也称为变换分析。前者通常用于将高层数据流图转换成系统模块结构图。其优点是能把一个大的、复杂的系统分解成若干较小的、简单的子系统，如图 6.6 所示。后者通常用于将低层的数据流图转换成系统模块结构图，如将图 6.7（a）所示的数据流图转换成图 6.7（b）所示的模块结构图。当然，有时也将第一种设计方法用于较低层的数据流图。

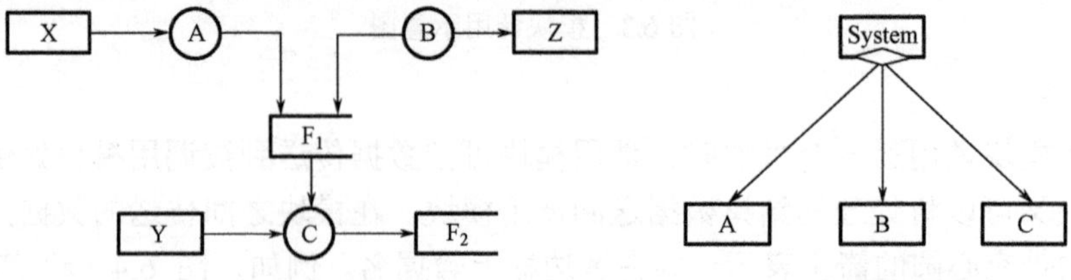

（a）一个抽象的高级数据流图　　（b）分解后的系统结构图

图 6.6　事务分析

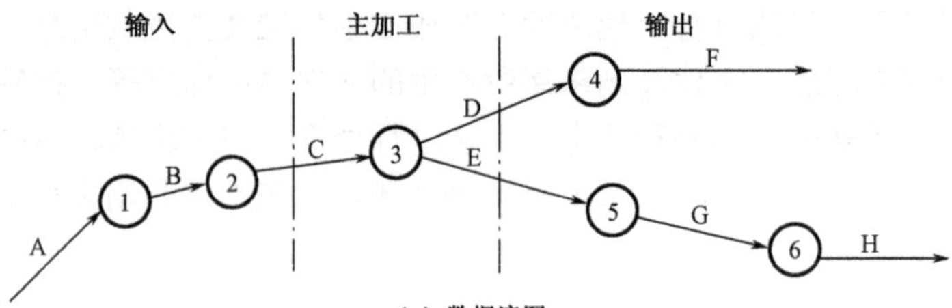

（a）数据流图

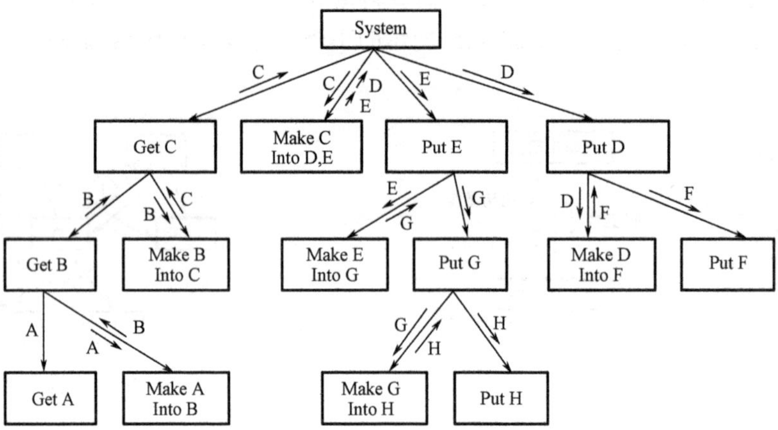

（b）模块结构图

图 6.7　变换分析

3. 模块结构图的评价与改进

从数据流图导出初始模块结构图虽有一些规则可循，但由于个人观点和经验不同，对同一个数据流图，每个人都可能导出不同的模块结构图。这就提出了一个评价和改进模块结构图的问题。

评价模块结构图的主要标准是耦合小，内聚大，也就是块间联系小，块内联系大。

1）块间联系的类型

块间联系按从小到大的顺序概括为如下六种。

（1）无块间联系。图 6.8 中，模块 C 和 D 分别从属于模块 A 和 B，C 和 D 之间没有联系，相互独立，即称它们之间无块间联系。

（2）数据性块间联系。图 6.9 中，模块 B 从属于模块 A，A 对 B 的访问是通过一个约定的变元表或者模块接口界面进行数据传递的，这里只传递数据。称 A 和 B 之间的联系为数据性块间联系。

图 6.8　无块间联系

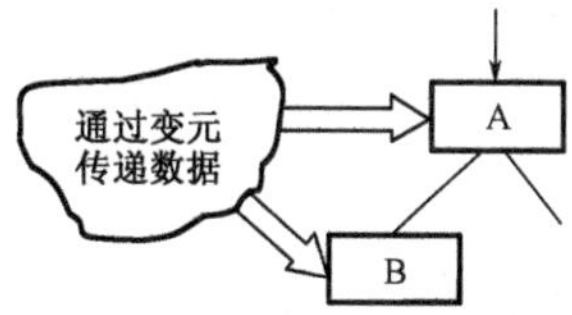

图 6.9　数据性块间联系

（3）标志性块间联系。图 6.10 中，模块 A 传递一个“标志”给模块 B，通过这个“标志”控制模块 B 根据该“标志”进行抉择。A 和 B 间的联系称为标志性块间联系。

（4）外部块间联系。当模块受软件外部环境约束时，就会出现外部块间联系。图 6.11 中，模块 A 和 B 都访问同一个有名公共区，就是其中的一种。再如固定格式以及通信约定，输入/输出把模块连接到指定的设备上。外部联系是必要的，但在一个结构中，应该把其限制在少数模块内。

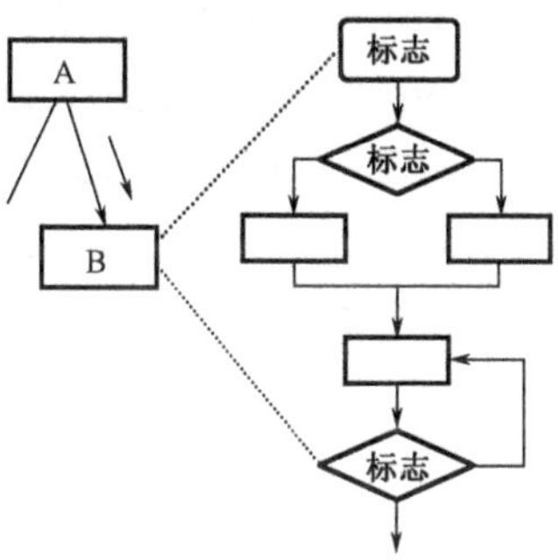

图 6.10　标志性块间联系

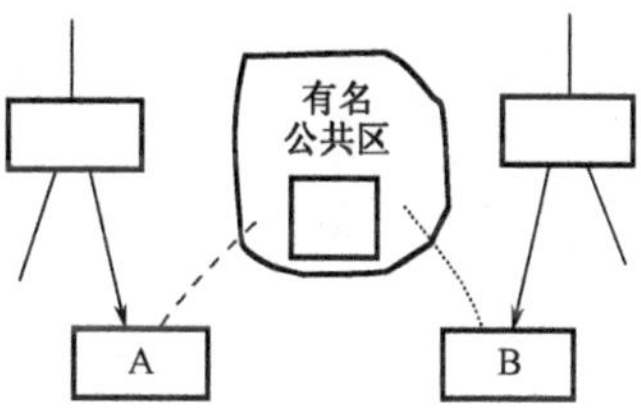

图 6.11　外部块间联系

（5）公共块间联系。当两个以上模块引用一个全程数据区时，就会产生公共块间联系。在图 6.12 中，模块 B、C 和 E 都存取全程数据区中的一个数据项，如一个磁盘文件。假定模块 B 读该项，调用模块 C 对该项重新计算并进行更新。如果 C 错误地更新了该项，再往下的处理中，模块 E 读该项，就要发生错误。从表面上看，问题发生在模块 E，实际上问题出在模块 C。所以，在具有大量公共耦合的结构中，诊断错误是费时和困难的。这并不是说，使用全程数据一定不好，问题是软件设计者必须了解公共耦合可能造成的后果，设计时要特别小心，防止出错。

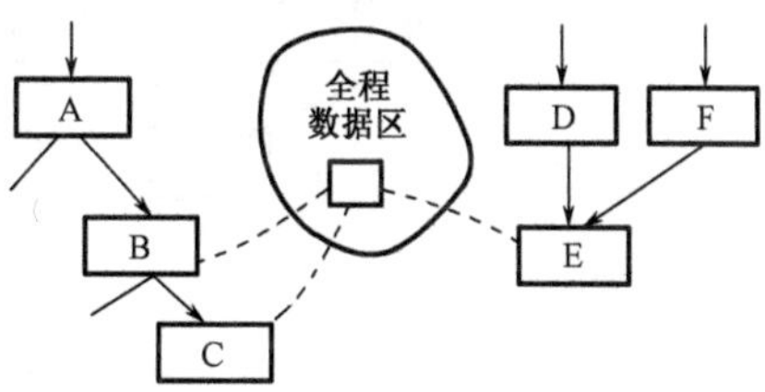

图 6.12　公共块间联系

（6）内容块间联系。当一个模块使用保持在另一个模块内部的数据或控制信息时，或者转移进入另一模块中间时，是最高程度的耦合。这种耦合称为内容耦合（内容块间联系），应该避免使用。

总之，最好一个模块只做一件事情；如果一件事情由几个模块来完成，互联就多了，块间联系就大。为了减少接口代价，就要合并一些。

2）块内联系的类型

块内联系由小到大，有下述六种。

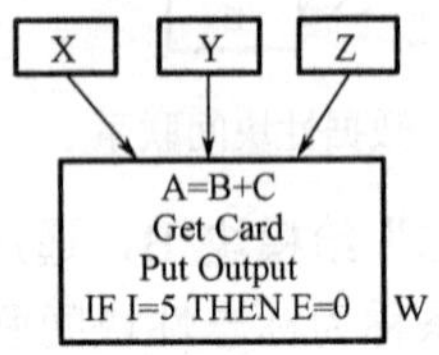

图 6.13　共存性块内联系

（1）共存性块内联系。在图 6.13 中，模块 X、Y、Z 调用模块 W，模块 W 中这几条语句是为了节省空间把它们放在一个模块之中，而这几条语句之间没有任何联系，称模块 W 的块内联系为“共存性块内联系”。共存性块内联系各成分间没有联系，此模块很难理解、测试和维护，并且不易修改。例如，模块 X 如果不需要做“A=B+C”，而要做“A=B+D”，要对模块 W 修改就很困难。基于上述原因，只要有足够空间，应尽量避免因节省空间而产生的共存性块内联系。

（2）逻辑性块内联系。如果图 6.14（a）中模块 A、B、C、D 的功能相似，为了节省空间，把它们合并成一个模块 ABCD，就成了图 6.14（b）所示的模块图。这里模块 ABCD 的块内联系属于逻辑性块内联系。ABCD 的程序执行流程，大致如图 6.14（c）所示。逻辑性块内联系的缺点一是不易修改，当某个模块（如模块 X）需要修改某段共用程序段（如程序段 S）时，其他模块（Y、Z 和 W）可能不希望修改；二是增加了块间联系，这是因为每个调用模块在调用时都要传递一个开关量的缘故。

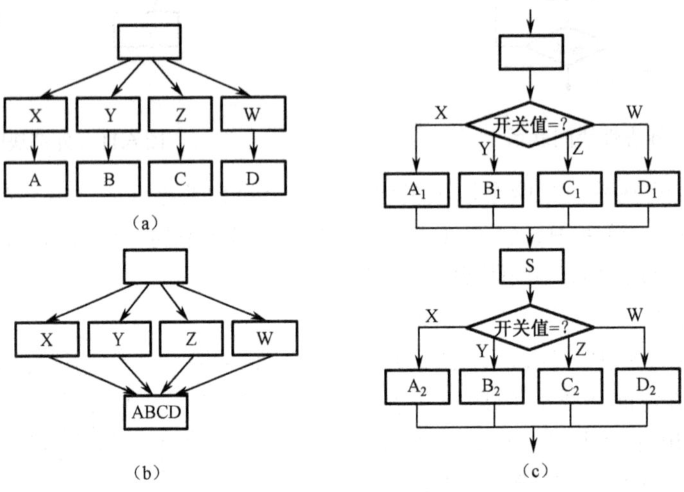

图 6.14　逻辑性块内联系

（3）瞬时性块内联系。如果一个模块所包含的任务必须在同一“时间”内执行，则这个模块的块内联系属于瞬时性块内联系。如图 6.15 所示的处理意外故障模块中，关闭文件、报警、保留现场等任务必须在同一时间内执行。

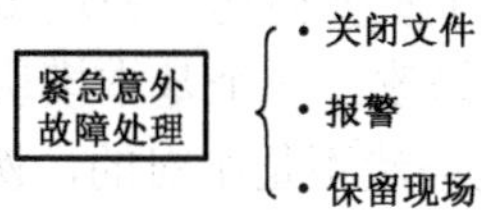

图 6.15　瞬时性块内联系

（4）通信性块内联系。一个模块内所有处理元素集中于相同的数据结构，其块内联系属通信性块内联系。例如，图 6.16 中的模块 X 和 Y。

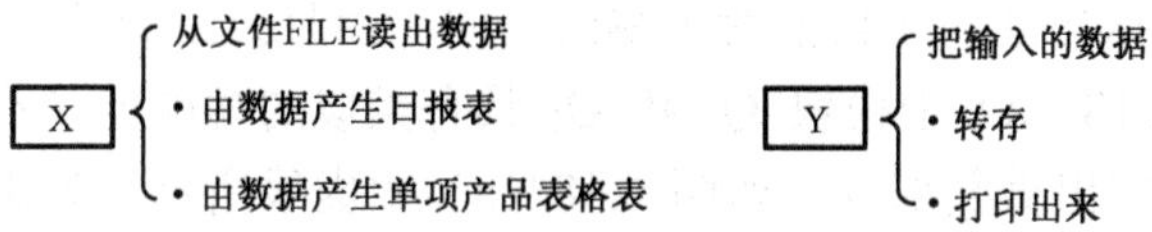

图 6.16　通信性块内联系

（5）顺序性块内联系。这类模块中各成分有顺序关系，某一成分的输出是另一成分的输入。例如“录入汇总打印”模块。这类模块中有可能包含几个功能，因而给维护带来不便。

（6）功能性块内联系。这类模块中各成分的联系是功能性的，即一个模块执行一个功能。如计算工资、打印月报表等模块。由于这类模块的功能明确，块间联系简单，所以便于维护。在系统设计时应力求按功能划分模块。

以上对块间联系和块内联系讨论的目的，不是要精确地确定它们的类型和级别，而是为模块结构改进方法提供理论基础。

4. 模块结构图的改进

模块结构图的改进首先应按照“块间联系小，块内联系大”的质量标准对其进行检查和修改，其次应在改进中注意以下四个问题。

1）模块的扇入和扇出数

模块的扇入数是指模块的直接上层模块的个数。如图 6.17（a）中模块 A 的扇入数等于 3。如果一个规模很小的底层模块的扇入数为 1，则可把它合并到它的上层模块中去；若它的扇入数较大，就不能向上合并，否则将导致对该模块做多次编码和排错。

模块的扇出数是指一个模块拥有的直接下层模块的个数。如图 6.17（b）中模块的扇出数等于 3。

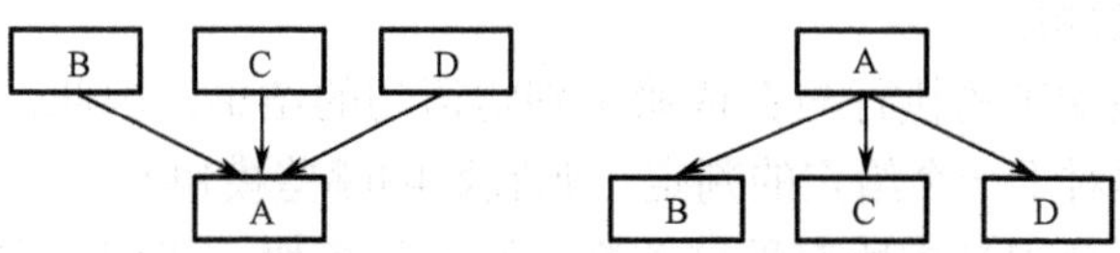

（a）扇入数　　　　（b）扇出数

图 6.17　模块的扇入和扇出数

如果一个模块具有多功能，应考虑做进一步分解。反之，对某个扇出数过低（如 1 和 2）的模块，也应进行检查。一般来说，模块的扇出数应在 7 以内。

2）模块的大小

模块的大小是系统设计中的一个重要问题。模块多大最好？有许多不同的观点。从经验上讲，为了提高可读性和方便修改，一个基本模块的程序量以能印在一张打印纸上为宜，即 10～100 个语句之间。这当然不是绝对的，例如对于一个数学公式计算模块，即使语句远远超出上述范围，也不应生硬地将它们分成几个小模块。因此，模块的功能是决定模块大小的一个重要出发点。

3）消除重复的功能

设计过程中若发现几个模块的功能是相似的，则应设法消去其中的重复功能。因为同一功能的程序段多次出现，不仅浪费了编码时间，而且会给调试和维护带来困难。

例如，假设图 6.18（a）中模块 Q_1 和 Q_2 具有类似的功能但又不完全相同。首先对 Q_1 和 Q_2 进行分析，找出重复部分，如图 6.18（a）中虚线所示。如果这部分可以构成一个内聚较强的单独模块，将其分离出来构成一个公共的下层模块，如图 6.18（b）所示；如果分离后剩下的部分 Q_1'、Q_2' 所含语句很少，且功能也很简单，则可合并到它们各自的调用模块中去，分别如图 6.18（c）和如图 6.18（d）所示。

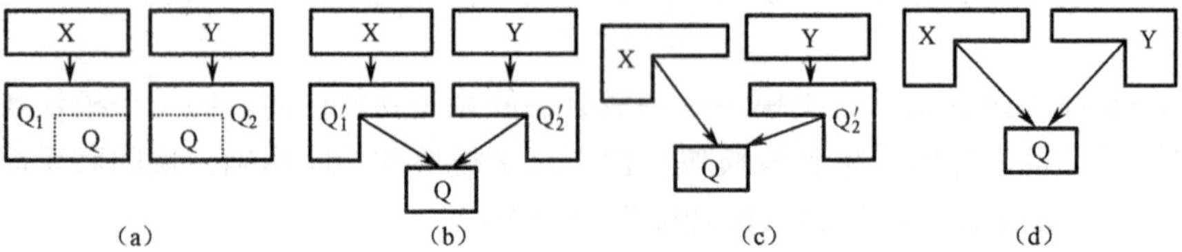

图 6.18　合并功能相似的模块

对具有类似功能的模块进行上述处理时，必须注意它们之间的细微差别，否则将导致错误发生。如图 6.19（a）中 Q_1 和 Q_2 表示相同部分，而 Q_1' 和 Q_2' 是不同部分，如果忽视了它们的差别将产生错误的合并，如图 6.19（b）所示。

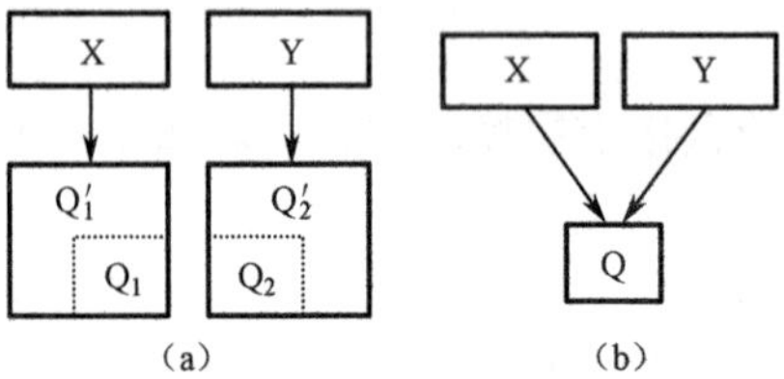

图 6.19　功能相似模块的错误合并

4）作用范围与控制范围

在系统中，某些加工的执行与否依赖于判定语句的结果。因此，为了发现不合理的模块结构，需要了解对于一个给定的判定，到底影响哪些模块？

一个判定的作用范围是指所有受这个判定影响的模块。我们规定：若模块中只有一小部分加工依赖于某个判定，则该模块仅仅本身属于这个判定的作用范围；若整个模块的执行取决于这个判定，则该模块的调用模块也属于这个判定作用范围。因为调用模块的执行取决于这个判定，则该模块的调用模块也属于这个判定作用范围。又因为调用模块中必有一个调用语句，该语句的执行取决于这个判定。

一个模块的控制范围是指模块本身及其所有的下属模块。一个好的模块结构，应该满足以下要求：判定的作用范围应该在判定所在模块的控制范围之内；判定所在模块在模块层次结构中的位置不能太高。

根据以上两点可知，最理想的判定范围由判定所在模块及其直接下层模块组成。图 6.20 表示作用范围可能的四种关系，其中小菱形表示判定，带斜线的模块组成该判定的作用范围。

图 6.20（a）是最差的情况，因为判定的作用范围不在控制范围之内。B_2 判定信息只有经过 B、Y_1 才能转给 A，以致增加了模块间的耦合并降低了效率。图 6.20（b）的作用范围虽在控制范围之内，但判定位置太高，判定信息也要多次传送才能达到 A 和 B_2。图 6.20（c）判定位置基本合适，而图 6.20（d）则最为理想，这时块间耦合最小。

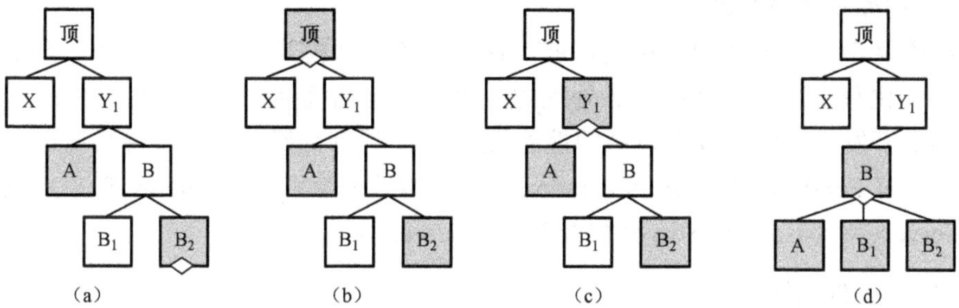

图 6.20　作用范围和控制范围可能的四种关系

当出现作用范围不在控制范围之内时，可用以下措施纠正：把判定所在模块合并至上层模块中，或从低层模块移到高层模块，使判定的位置提高；把受判定影响的模块下移到控制范围之内。

6.2.2　系统平台设计

管理信息系统是以计算机科学与技术为基础的人—机系统。管理信息系统平台是管理信息系统开发与应用的基础。管理信息系统平台设计包括计算机处理方式、网络结构设计、网络操作系统的选择、数据库管理系统的选择等软、硬件选择与设计工作等。

1. 按管理信息系统的目标选择系统平台

（1）单项业务系统——常用各类 PC、数据库管理系统作为平台；

（2）综合业务管理系统——以计算机网络为系统平台，如 Novell 网络和关系型数据库管理系统；

（3）集成管理系统——OA、CAD、CAM、管理信息系统、决策支持系统等综合而成的一个有机整体，综合性更强，规模更大，系统平台也更复杂，涉及异型机、异种网络、异种库之间的信息传递和交换。

在信息处理模式上常采用客户/服务器（Client/Server）模式或浏览器/服务器（Browser/Server）模式。

2. 计算机处理方式的选择和设计

计算机处理方式可以根据系统功能、业务处理的特点、性能/价格比等因素，选择批处理、联机实时处理、联机成批处理、分布式处理等方式。在一个管理信息系统中，也可以混合使用各种方式。

3. 计算机网络系统的设计

计算机网络系统的设计主要包括中、小型主机方案与微机网络方案的选取，网络互联结构及通信介质的选型，局域网拓扑结构的设计，网络应用模式及网络操作系统的选型，网络协议的选择，网络管理，远程用户等工作。有关内容请参考计算机网络的技术书籍。

4. 数据库管理系统的选择

数据库管理系统选择的原则是：能支持先进的处理模式，具有分布处理数据、多线索查询、优化查询数据、联机事务处理的能力；具有高性能的数据处理能力；具有良好图形界面的开发工具包；具有较高的性能/价格比；具有良好的技术支持与培训。普通的数据库系统有 FoxPro、Clipper 和 Paradox 等。大型数据库系统有 Microsoft SQL Server、Oracle Server、Sybase SQL Server 和 Informix Server 等。

5. 软、硬件选择

根据系统需要和资源约束，进行计算机软、硬件的选择。计算机软、硬件的选择，对于管理信息系统的功能具有很大影响。大型管理信息系统软、硬件的采购可以采用招标等方式进行。

硬件的选择原则是：①选择技术上成熟可靠的标准系列机型；②处理速度快；③数据存储容量大；④具有良好的兼容性、可扩充性与可维修性；有良好的性能/价格比；⑤厂家或供应商的技术服务与售后服务好；⑥操作方便；⑦在一定时间内保持一定的先进性的硬件。

软件的选择包括操作系统、数据库管理系统、汉字系统、设计语言和应用软件包等软件的选择。

随着计算机科学与技术的飞速发展，计算机软、硬件的升级与更新速度也很快。新系统的建设应尽量避免先买设备，再进行系统设计的情况。

6.3 系统详细设计

系统的详细设计是系统概要设计的深入，是由总体到局部，再由局部到总体的反复优化过程。详细设计主要包括代码设计、划分子系统、输出/输入设计、数据存储设计、处理过程设计、编写系统设计说明书等。

6.3.1 代码设计

代码是指表示事物名称、属性、状态等的符号，它以简短的符号形式代替具体的文字说明。例如，中国公民身份证采用了一种 18 位的代码，表示某人所在的省市、地区、出生年月日及性别等信息。在管理信息系统中，为便于计算机处理，节省存储空间和处理时间，提高处理的效率与精确度（如进行信息分类、校对、统计和检索等），需要将处理对象代码化。代码设计是系统设计的重要内容。

1. 代码设计的原则

代码设计是一项关系到全局的工作。如果系统开发完成，发现代码设计不合适或不符合国家标准，小修改会引起程序的变化，大修改则会导致文件的重新建立乃至数据的混乱，不修改则影响系统的扩展性、通用性及与其他系统的连接。因此在代码设计时要考虑下面六条基本原则。

1）唯一性

每一个代码都仅代表唯一的实体或属性。

2）通用性（标准化）

采用现有的标准通用代码，如国际、国家、行业或部门及企业规定的标准代码，按优先级别使代码的使用范围越广越好。

3）可扩充性

代码越稳定越好，但要考虑系统的发展变化。当增加新的实体和属性时，可直接利用源代码加以扩充，而不需要重新变动代码系统。

4）简洁性

代码的长度影响其所占的存储空间，输入/输出及处理速度，以及输入时的出错概率，因此应当尽量简短。

5）系统性

代码要有规律，逻辑性强。这样既便于计算机处理，也便于识别和记忆及在人工处理中使用。

6）易修改性

这是代码具有标准化又具有灵活性的一面。当系统条件发生某些变化时，代码应容易修改。

2. 代码设计步骤

严格地讲，代码设计从编制数据字典时就开始了。代码对象主要是数据字典中的各种数据元素。代码设计的结果形成代码本或代码表，作为其他设计和编程的依据。代码设计可按下列步骤进行：①明确代码目的；②确定代码对象；③确定代码的使用范围和期限；④分析代码对象特征，包括代码使用频率、变更周期、追加及删除情况等；⑤决定采用何种代码，确定代码结构及内容；⑥编制代码表。

3. 代码的主要种类

一般来说，代码可按文字种类或功能进行分类。按文字种类可分成数字代码，字母代码、数字、字母混合码。按功能则可分成以下四类。

1）顺序码

顺序码是用连续数字或有序字母代表编码对象的代码。例如，全班 30 名同学可从

1～30 按顺序编码。这种代码的优点是简单明了，代码短；缺点是不易于分类处理，增加数据时只能排在最后，删除则造成空码。通常作为其他分类编码之后，进行细分类的一种补充手段。

作为顺序码的一个特例是分区顺序码。它将顺序码分为若干区，给每个区以特定的意义，并可在每个区预留些空码，为以后插入之用。例如课程分区顺序码：

01～09　公共课（如公共课只有 6 门，从 01～06，预留 3 个位置）

10～29　基础课

30～39　专业基础课

40～60　专业课

这种码在使用中预留多少备用码不好估计。

2）层次码

层次码也称区间码。这种代码按位分成若干区间，每个区间有不同的意义。这样，每位码本身及其所在的位置都代表一定的意义。例如，某公司采用两位区间码代表各公司科室：

第一位为公司代码　　第二位为科室代码

1——总公司　　1——销售科

2——哈尔滨分公司　　2——会计科

则代码 12 代表总公司的会计科，代码 21 代表哈尔滨分公司的销售科。

又如，图 6.21 是中国公民身份证代码的含义，它共有 18 位，全部采用数字编码，各位数字的含义请参见图中说明。

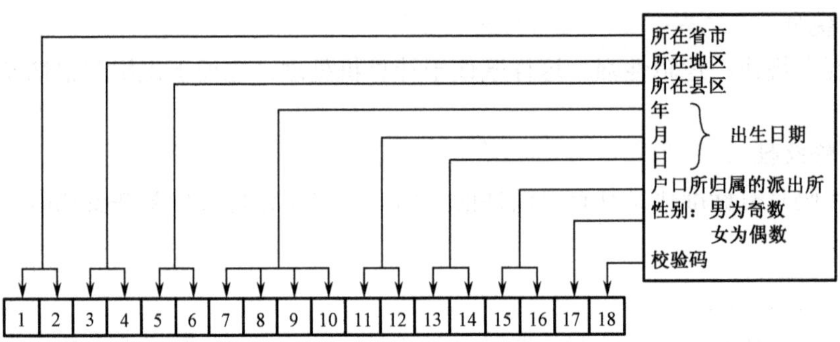

图 6.21　中国公民身份证代码的含义

层次码的优点是分类基准明确，码中的数字（或字母）与位置都代表一定的意义，因而检索、分类或排序都很方便；缺点是有时造成代码过长。

3）十进制码

十进制码是图书馆中常用的图书编码方法。它先把整体分成 10 份，进而把每份再分成 10 份，这样继续不断。该分类对于那些事先不清楚会产生什么结果的情况是十分有效的。

4）助记码

将编码对象的名称、规格等用汉语拼音或英文缩写等形式编成代码，帮助记忆，故称为助记码。例如："TV-C-20"表示 20 英寸（1 英寸=2.54 厘米）彩色电视机；"ZCL"表示总产量；"OR"表示运筹学。助记码适用于数据较少的情况，否则容易引起联想错误。

以上四种主要代码，在实际应用中，可根据需要进行选择或将几种编码方法结合起来使用。

6.3.2 划分子系统

划分子系统是简化设计工作的重要步骤。在系统分析阶段使用的 SA 方法已经贯彻了化整为零、逐层分解、各个击破的思想。因此，从系统分析阶段就已经开始了系统划分的工作。将系统划分成若干子系统，再把子系统划分为若干模块。每个子系统或模块，无论设计还是调试、修改或扩充，基本上可以互不干扰地进行。

子系统的划分一般有按功能划分和采用系统输入/输出图的方式划分两种方法。

1．按功能划分子系统

这种方法考虑三个因素：①子系统在功能上应有相对的独立性；②子系统在数据上应有较好的数据完整性；③子系统在规模上应有一定的适中性，可以根据功能独立性、数据完整性综合考虑。例如，一个项目管理信息系统可以分为进度控制子系统、成本控制子系统、质量控制子系统、合同管理等子系统。

2．采用系统输入/输出图划分子系统

这种方法即按系统输入/输出的独立性划分子系统。图 6.22 是一个系统输入/输出图。它的第一行标题栏中填写各种输出报告的名字，左列标题栏从上到下列出全部输入文件的名字，中间格子填写"×"号，表示输出文件来自哪个输入文件。

利用系统输入/输出图可把系统分解为各个子系统。由图 6.22 可以看出，该系统共包含两个子系统，其中 ACD—245 构成一个子系统，BE—136 构成另一个子系统。在这两个子系统之间，输入/输出不发生关系。因此可以独立开发和维护。

输　入	输　　出					
	1	2	3	4	5	6
A		×		×	×	
B	×					×
C				×		
D		×			×	
E	×		×			

图 6.22　系统输入/输出图

6.3.3 输入/输出设计

1．输出设计

系统的输出最终提供给用户是系统的目标。因此，要先考虑输出设计。为了得到输出才需要一些相应的输入，所以后考虑输入设计。输出设计所要解决的问题是针对不同用户的特点和要求，以最适当的形式，输出最切合需要的信息。输出设计的主要内容有输出方式的选择、输出报表的设计及输出设计说明等。

1）输出方式的选择

系统的输出方式根据输出信息的使用要求、信息量的大小、输出设备的限制等条件来决定。例如，系统最终输出的信息一般采用打印机或绘图仪等设备，以图表或文件的形式输出，或通过通信网络传给其他系统。作为中间结果输出的信息，则可采用磁性介质，如磁盘等以磁文件的形式输出。对于一些输出内容不很多，而又无须保存的检索信息，采用屏幕显示的方式输出，在需要时也可采用声音输出方式。

2）输出报表的设计

报表内容根据使用人员的实际需要进行设计。对不同的用户，应当提供详细程度不同、内容不同的报表。输出报表的格式应尽量满足用户的使用要求和习惯，同时注意标准化。

3）输出设计说明

输出设计说明应包括选用的输出设备，信息输出的频率和数量，各种输出文件及输出报表的格式及表格样本等。详细的输出设计说明有利于程序员编写程序。

2. 输入设计

在管理信息系统工作过程中，只有按正确的程序，用正确的操作去处理正确的数据，才能获得正确的情报信息。作为第一步，输入设计在保证输入数据的正确性，提高数据处理的效率和质量方面非常重要。俗话说，“输入的是垃圾，计算得再精确，输出的还是垃圾。”输入设计的目标是：在保证输入信息正确性和满足输出需要的前提下，做到输入方法简便、迅速与经济。输入设计的主要工作包括输入方式的选择、输入格式的设计和数据校验。

1）输入方式的选择

按广义的数据概念，数据包括文字、数字、图像和声音。不同的数据类型可能使用不同的输入方式，或采用多媒体的输入技术。一类输入数据是从数据产生地收集来的原始数据，另一类输入数据是经计算机处理产生后存入磁介质（如磁盘），或由其他计算机信息系统传输到本系统作为再次输入的数据。这里侧重讨论原始数据的输入。其输入方式根据数据产生的地点、时间、周期、数量及特性、处理要求等确定。常用的输入方式有以下三种。

① 键盘输入。输入后通过屏幕显示确认，使用较方便。这种方式输入速度较慢，工作量大，且容易出错，主要适用于常规的、少量的数据输入。

② 光电设备输入。这是一种直接通过光电设备，对实际数据进行采集并将其转换成计算机能识别和接受的数据形式，如用图形扫描仪（手持或台式）输入图形，再通过图形识别系统可以识别各种文字或符号；利用光学符号阅读器输入条形码，将贴于物品包装上的条形码转换为计算机能识别与接收的数据。

③ 声音输入。通过语音识别系统，利用声频转换器和语音分析手段，与预先存入系统的语音特征参量对比，通过逻辑判断完成识别与辨认。

2）输入数据的获得及输入格式的设计

原始数据的获得要考虑数据产生的部门，确定收集的时间和方法；了解数据产生的周期、平均发生量及最大量。为便于操作人员输入和减小错误率，输入格式一般与单据格式一致，或者设计专门的输入记录单，按屏幕填表或对话方式输入数据。

3）输入数据的校验

数据校验分为由人工直接校验的静态方法和由计算机程序校验的动态方法两大类。每类又有许多具体校验法，这些方法可以单独使用，也可组合使用。下面列举几种常用的校验方法。

（1）静态校验。在输入的同时，由计算机打印或显示输入数据，然后与原始单据进行比较，找出差错。这种方法称静态校验法，又称人工校验或用眼睛校验。在输入计算机之前，安排人工校验，可提高输入数据的正确性，降低一些计算机的处理费用。

（2）声音校验。在输入数字或文字时，通过汉声卡使计算机将输入的内容读给输入者，以达到边输入边校验的目的。

（3）词典校验。将某类数据预先存入系统中，形成词典或对照表，作为输入此类数据的校验样本，如会计科目代码字典，作为会计信息系统中输入的各项会计科目代码的校验。

（4）格式校验。检验数据记录中各数据项的位数和位置是否符合预先规定的格式。例如，名称栏规定为 18 位，而名称的最大位数是 17 位，则该栏的最后一位一定是空白。若不是空白，就认为该数据项错位。

（5）逻辑校验。根据业务上各种数据的逻辑性，校验数据的值是否合理。例如，月份的值只能是 1～12 个整数，超出这个范围或者出现小数、负值，肯定是错误数据。

（6）界限校验。检查某项输入数据的值是否位于规定范围之间，凡超出范围以外的值，肯定是错误数据。此处所说范围可用上、下限来表示，也可只用一个上限或一个下限来确定。如某商品的价格在 100 元以内，凡该项数据大于 100 时，必定有错。

（7）顺序校验。检查顺序排列的记录。若要求输入数据无缺号时，通过顺序校验可以发现被遗漏的记录。又如，要求记录的序号不重复时，也可查出有无重复的记录。在计算机中是按记录的键进行排列校验的。

（8）记录计数校验。此法通过计算记录个数，检查记录有否遗漏和重复。不仅对输入数据，而且对处理数据、输出数据及错误数据的个数等均可进行计数校验。

（9）平衡校验。检查数字的合计是否正确。例如检查统计报表中，各小计之和是否等于“合计”，各“合计”之和是否等于“总计”等。

6.3.4　数据存储设计

1．数据存储结构规范化

任何一个管理信息系统都要处理大量的数据，如何以最优的方式组织这些数据，形成以规范化形式存储的数据库，是管理信息系统开发中的一个重要问题。

任何一个数据库都不可能是一成不变的，而是在经常地变化着。由于应用的需要，随时可能要求修改数据库。如何消除在对数据进行插入、修改和删除时可能产生的相互影响？在引进新的数据时，如何减少对原有的数据结构的修改，从而减少对应用程序的影响？如何才能更容易地进行各种查询和统计工作？由于修改一个处理逻辑要比修改一个数据存储的结构容易，因此要用规范化方法设计数据存储结构，提高数据的完整性、一致性和可修改性。

为使数据存储有一定的标准和简化数据存储的结构，IBM 公司的科德（E. F. Codd）在 1971 年首先提出规范化理论（Normalization Theory），如今这个理论有了很大的发展。规范化理论虽然以关系数据模型为背景，设计一个关系数据库，它对一般的数据库逻辑设计，同样具有重要的指导意义。

1）第一规范化形式

在规范化理论中，关系必须是规范的。所谓规范化是指在一个数据结构中没有重复出现的组项，任何一个规范化的关系都自动称为第一规范化（First Normal Form），简称第一范式（1NF）。

例如，表 6.1 所列的职工档案的数据结构不是规范化的。为将其转换成规范化的关系，把“职工档案”数据结构分解成若干个二维表的记录。将表 6.1 中的数据项分解成如表 6.2 和表 6.3 所示的两个文件存储，这两个文件表示的数据结构则是规范化的。

表 6.1　某公司职工档案

职工号	姓　名	性　别	出生日期	简　历		
				日　期	工作单位	职　务
0001	丁一	男	1945-10-5	1952-9	永红中学	学生
				1958-9	二十二中学	学生
				1964-9	哈建大	学生
				1969-8	哈建二公司	助工、工程师
				1980-5	哈建大	讲　师
				……	……	……
0002	王二	男	1970-5-9	1977-9	红光小学	学生
				1983-9	十六中学	学生
				1989-9	哈建大	学生
				1993-8	省建一公司	助工
……	……	……	……	……	……	……

职工基本情况文件的关键字是职工号。职工简历文件的关键字由职工号和日期共同组成，这两个数据元素唯一地标识出一条记录。使用时可按职工号建立起两个文件的关联。

2）第二规范化形式

在引入第二规范化形式之前，需介绍“函数依赖（Functional Dependence）”的概念。如果在一个数据结构 R 中，数据元素 B 的取值依赖于数据元素 A 的取值，称 B 函数依赖于 A。换句话说，A 决定 B，用“A→B”表示。

表 6.2　职工基本情况文件

职工号	姓　名	性　别	出生日期
0001	丁 一	男	1945-10-05
0002	王 二	男	1970-05-09
……	……	……	……

表 6.3　职工简历文件

职工号	日　期	工作单位	职　务
0001	1952-09	永红小学	学生
0001	1958-09	二十二中学	学生
0001	1964-09	哈建大	学生
0001	1969-08	哈建二公司	助工、工程师
0001	1980-05	哈建大	讲师
……	……	……	……
0002	1977-09	红光小学	学生
0002	1983-09	十六中学	学生
0002	1989-09	哈建大	学生
0002	1993-08	省建一公司	助工
……	……	……	……

如果一个规范化的数据结构，它所有的非关键字数据元素都完全函数依赖于整个关键字，称它是第二规范化形式（Second Normal Form）的数据结构，简称第二范式（2NF）。根据第二规范化形式的定义，如果一个规范化的数据结构，其关键字仅由一个数据元素组成，那么它必然属于第二范式。

按照第二范式定义分析图 6.23 所示的数据结构不属于第二范式。因为“材料名称”、“规格”和“供应商地址”不完全函数依赖于整个关键字。这样的数据结构存在一些毛病。例如，某供应商的地址发生了变化，需要修改这家供应商的地址，但有上百种材料由这家供应商提供，要逐个地修改“供应商地址”，与这家供应商有关的元组一条也不能遗漏，这为修改带来了麻烦。

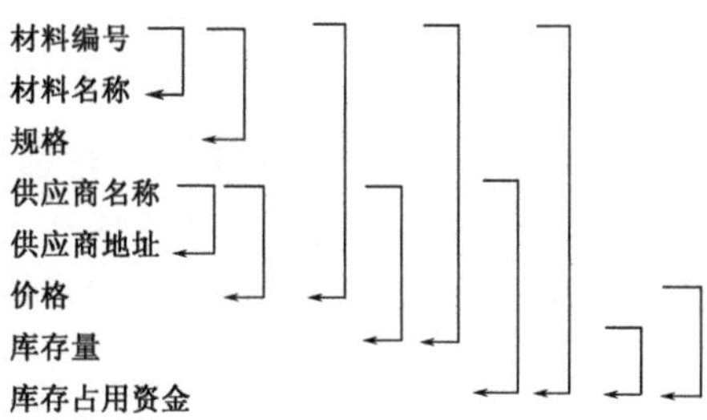

图 6.23　“材料-供应商-库存”中的数据元素关系

规范化之后，属于第一范式的数据结构还不是一个好的数据结构，需要进一步把它转换成第二范式。办法是对于关键字由若干个数据元素组成的数据结构，必须确保所有的非关键字数据元素完全函数依赖于整个关键字，必要时把它分解成若干都属于 2NF 的数据结构，使每个数据结构中的非关键字数据元素都完全函数依赖于整个关键字。例如，图 6.23 的数据结构可以分解成三个 2NF 的数据结构，即“材料库存文件”，“材料文件”和“供应商文件”，这三个文件的组成如下：

材料库存文件	材料文件	供应商文件
*材料编号	*材料编号	*供应商名称
*供应商名称	材料名称	供应商地址
价格	规格	
库存量		
库存占用资金		

3）第三规范化形式

在引入第三规范化形式之前，需介绍“传递依赖（Transitive Dependence）”的概念。

假设 A、B、C 分别是同一个数据结构 R 中的三个数据元素，或分别是 R 中若干数据元素的集合。如果 C 函数依赖于 B，而 B 又函数依赖于 A，那么 C 也函数依赖于 A，称“C”传递依赖于“A”，说明数据结构 R 中存在着传递依赖关系。传递依赖关系如图 6.24 所示。

进一步分析图 6.25 所示的材料库存结构，虽然已是第二范式，但存在着传递依赖关系。因为“库存占用资金”函数依赖于“库存量”和“价格”，这三个数据元素都属于非关键字域，而“库存量”和“价格”都完全函数依赖于整个关键字，因此“库存占用资金”传递依赖于关键字。这说明在非关键字域中，存在着冗余的数据元素，因为已知“库存量”和“价格”，就必然能够计算出“库存占用资金”。它作为一个数据元素存在，为修改“材料库存”带来不便，每当修改“库存量”时，就必须修改“库存占用资金”，这显然是不合理的。

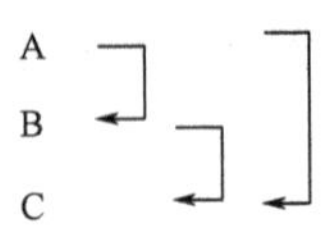

图 6.24　传递依赖关系

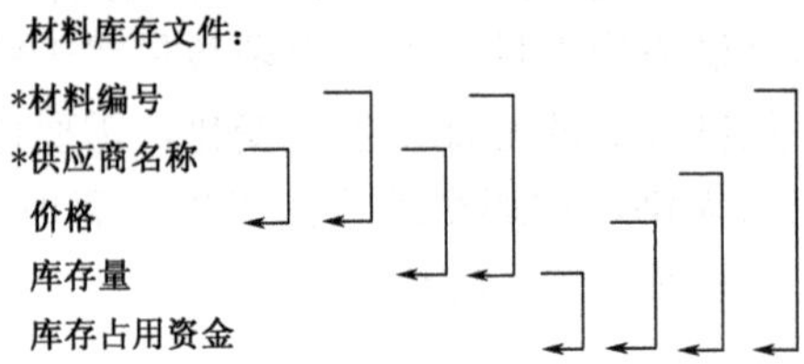

图 6.25　“材料库存”中的数据元素关系

因此，只要去掉冗余项“库存占用资金”，就去掉了传递依赖关系，而转换成了第三范式的数据结构。另外两个数据结构“材料”和“供应商”，显然也是第三范式的数据结构。修改后的材料库存文件为：

材料库存文件：
*材料编号
*供应商名称
价格
库存量

4）数据存储结构规范化的步骤

把一个非规范化的数据结构转换成第三规范化形式的数据结构，一般要经过三个步骤，如图 6.26 所示。

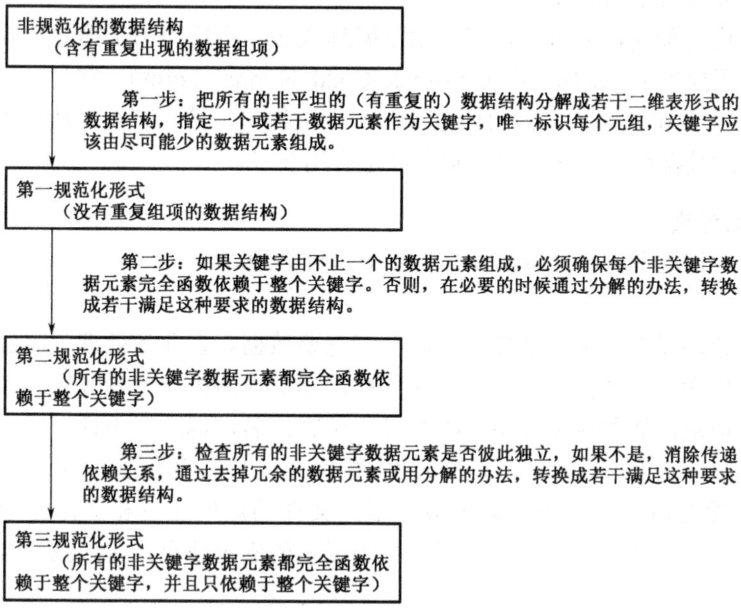

图 6.26　数据存储结构规范化的步骤

将一个非规范化的数据结构转换成第三规范化形式的数据结构，其规范化的过程也可以用图 6.27 表示。

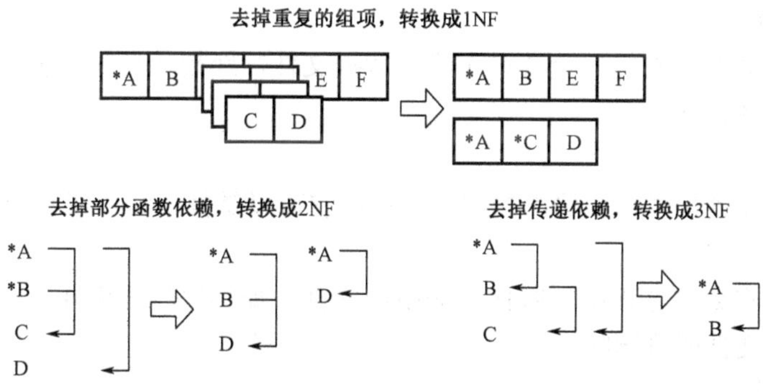

图 6.27　规范化的过程

5）第三范式的重要作用

第三范式数据存储结构与非规范化的数据存储结构相比，一般可减少存储空间。由于实现了“按一事一地”的原则存储，大大提高访问及修改的效率。同时，提高了数据组织的逻辑性、完整性、一致性和安全性。

在某些特殊情况下，如比较复杂的查询，可能要求对若干第三范式的数据存储结构进行连接运算，从而占用较多的机器时间。如果这类查询比较多，为了减少查询的响应时间，可能要把若干第三范式的数据存储结构合并成为数很少的第二范式甚至是第一范式的数据存储结构。即使可能发生某些特殊情况，在对数据存储的逻辑设计中，仍然按照第三规范化形式的原则进行设计。

数据规范化的理论，从 1971 年开始发展到现在，不仅提出了第一范式、第二范式和第三范式，还提出了 BCNF 范式（Boyce-Codd Normal Form），它是另一种定义的第三范式。从 BCNF 范式又推广出第四范式，最近又提出了第五范式。从应用的角度说，建立第三范式的数据存储结构就可以基本满足应用要求。

2．文件的分类

根据文件的使用情况，可将文件分为如下六种类型。

1）主文件

主文件是长期保存的主要文件，用以存储重要数据。在业务处理中，要对主文件经常进行调用和更新。主文件可分为静态文件和动态文件两种。前者包含的是相对来说变化不大的数据记录，如顾客文件中的顾客号、顾客姓名、地址、电话、账号等都具有相对稳定性；后者包含的记录将随着业务的发生而不断修改和更新，如库存文件、销售账文件、图书馆的借阅文件等。为了减少不同文件的数据冗余和文件处理工作量，常将两者结合在一起。如借阅文件中，既包括了读者的固定信息，也包括了读者借阅情况的变化。

2）业务文件

业务文件是在业务处理过程中，临时存储数据用的文件。这种文件实时记载了业务过程中数据发生的变化，是流水账形式的顺序文件。此种文件用于统一更新主文件或转换成其他文件，如用出入库流水账文件一次更新库存文件。这类文件的保存期较短。

3）输入文件

输入文件将需要输入的大量数据先建立数据文件，经校验后一次输入，进行处理，这种文件多用于批处理。

4）输出文件

输出文件是在处理过程中输出的结果文件，它可以是打印文件或其他形式的文件。

5）工作文件

工作文件是在处理过程中暂时使用的中间文件，如排序过程中建立的排序中间文件等，处理结束后文件即可删除。

6）转存文件

转存文件是用于存储在一定恢复点上的系统部分状态的复制文件。它可能是一个正在更新过程中的文件，一组正在处理的业务或一个运行错误的程序。转存文件主要是为了安全的目的。

3．文件设计的步骤

1）了解已有的或可提供的计算机系统功能

外存配备：磁盘、磁带、光盘的配备数量、功能、容量和有关文件的转储条件等；

终端和其他外设的配备：涉及文件可能使用的范围，多终端操作的可能性及文件输入/输出和更新的条件；系统所能提供的文件组织方式和存取方法等。

2）确定文件设计的基本指标

通常，一个新系统的文件数量从几个到几十个，对于每个文件有以下八种基本指标。

（1）与其他文件的接口：搞清有关文件之间的相互关系及数据项的协调。

（2）文件的数据量：根据文件用途和记录长度，并从将来的需要量考虑，估算文件的数据量（记录数）。

（3）文件的逻辑结构：根据需要确定文件记录的长度、逻辑结构组成以及各数据项的描述。

（4）文件处理方式：由用途决定文件的处理方式，可以是批处理、实时处理或混合方式等。

（5）文件的更新情况：从文件使用情况考虑，估计插入、修改和删除等操作的频率和更新要求。

（6）文件的使用率：估算文件记录的实际使用频率。

（7）文件存取时间：根据业务处理的需要，对文件存取时间提出的不同要求。

（8）文件的保密性：用户对文件机密程度的要求。

3）确定合适的文件组织方式、存取方法和介质

文件的组织方式、存取方法和介质的确定，应该考虑文件用途和使用频率等情况。通过以上各种因素的综合考虑和分析研究后，确定较为合适的文件组织及存取方式，并对介质的需要量做初步计算。

4）编写文件设计说明书

文件设计说明书是实施阶段建立文件的依据，说明书包括下列内容：

（1）文件组织方式、存取方法和存储介质等的选择和确定的根据；

（2）文件用途、使用范围、处理方式、使用要求、存取时间和更新要求等；

（3）文件逻辑结构、各数据项描述以及键（码）的确定原则；

（4）文件数据量和存储介质需要量的初步估算；

（5）文件保密要求及有关安全措施；

（6）对于文件数据的收集、整理和格式要求的说明；

（7）对建立和更新文件所需要的程序选行说明及提出要求；

（8）关于建立文件的注意事项及其他需要说明的内容。

4．数据库设计

数据库设计是在选定的数据库管理系统基础上，建立数据库的过程。数据库设计除用户需求分析外，还包括概念结构设计、逻辑结构设计和物理结构设计三个阶段。由于数据库系统已形成一门独立的学科，所以，当把数据库设计原理应用到管理信息系统开发中时，数据库设计的几个步骤就与系统开发的各个阶段相对应，且融为一体，数据库设计与系统开发阶段对照如图6.28所示。

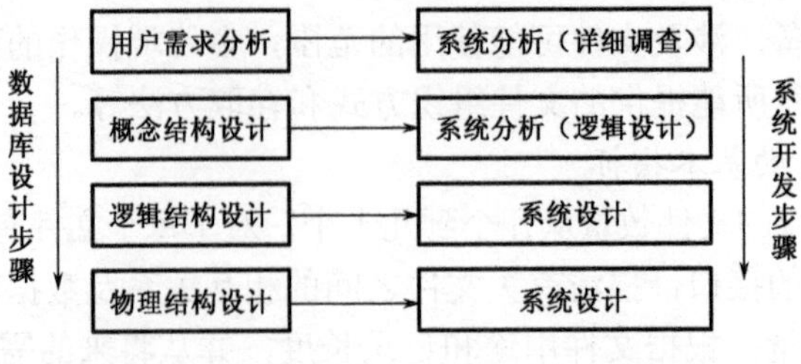

图 6.28　数据库设计与系统开发阶段对照

1）数据库的概念结构设计

概念结构设计应在系统分析阶段进行。任务是根据用户需求，设计数据库的概念数据模型（简称概念模型）。概念模型是从用户角度看到的数据库，可用 E-R 模型表示。

2）数据库的逻辑结构设计

逻辑结构设计是将概念结构设计阶段完成的概念模型转换成能被选定的数据库管理系统（DBMS）支持的数据模型。数据模型可由实体联系模型转换而来。通常，不同的 DBMS 其性能不尽相同。为此，数据库设计者还需深入了解具体 DBMS 的性能和要求，以便将一般数据模型转换成所选用的 DBMS 能够支持的数据模型。

逻辑结构设计阶段提出的关系数据模型应符合第三范式 3NF 的要求。如果选用的 DBMS 是支持层次、网络模型的 DBMS，则还需完成从关系模型向层次或网络模型转换的工作。

到此为止，数据库的逻辑结构设计并未完成。下一步是用 DBMS 提供的数据描述语言 DDL 对数据模型精确定义，即所谓模式定义。例如，FoxPro 中的 CREATE 命令，其作用类似于 DDL，用来定义逻辑数据结构。

3）数据库的物理结构设计

物理结构设计是为数据模型在设备上选定合适的存储结构和存取方法，以获得数据库的最佳存取效率。物理结构设计的主要内容包括：

（1）库文件的组织形式——如选用顺序文件组织形式、索引文件组织形式等；

（2）存储介质的分配——如将易变的、存取频度大的数据存放在高速存储器上，稳定的、存取频度小的数据存放在低速存储器上；

（3）存取路径的选择等。

6.3.5　处理过程设计

利用 6.2 节介绍的 SD 方法，可以完成系统总体模块结构的设计；每个模块完成的具体操作，则在处理过程设计中完成。本设计的成果表现为为每个模块编制一个输入—处理—输出图，即 IPO 图。它是程序设计的主要依据。

1．设计工具

1）IPO 图

IPO（Input—Process—Output）图是由 IBM 公司发起并逐渐完善起来的一种工具。在由系统分析阶段产生数据流图，经转换和优化形成系统模块结构图的过程中，产生大量的模块，开发者应为每个模块写一份说明。IPO 图是用来表述每个模块的输入/输出和数据加工的重要工具。图 6.29 给出了某系统主控模块的 IPO 图。

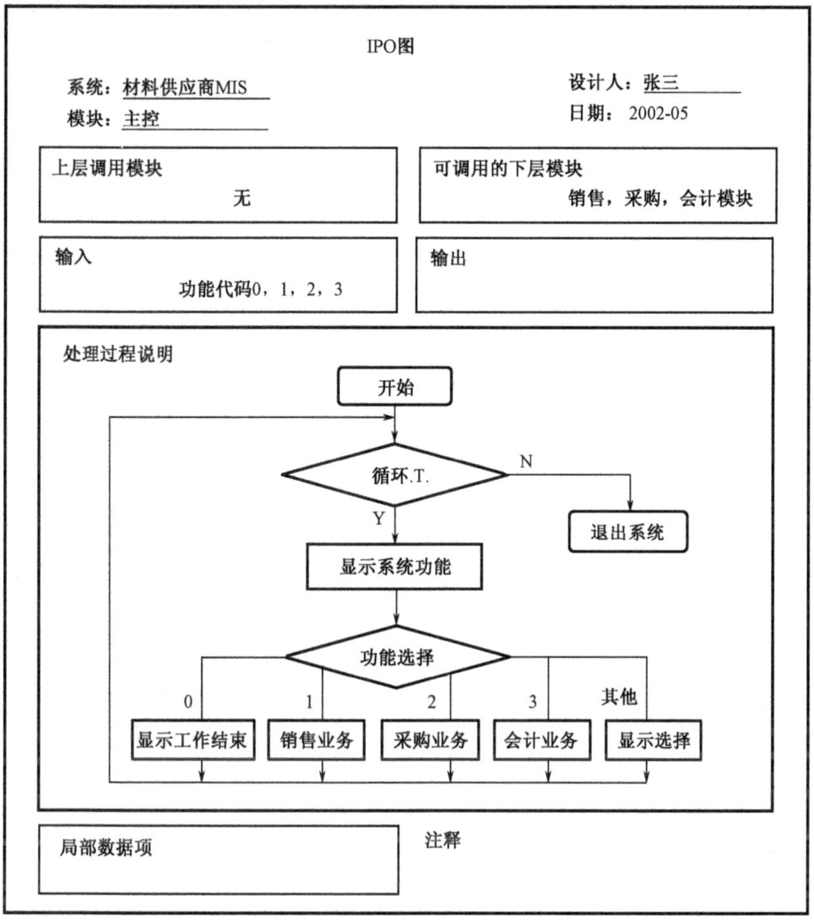

图 6.29　某系统主控模块的 IPO 图

IPO 图的主体是处理过程说明。为简明准确地描述模块的执行细节，可以采用第 5 章介绍的判定表、判定树，以及下面将要介绍的问题分析图、控制流程图及过程设计语言等工具进行描述。

IPO 图中的输入/输出来源或终止于相关模块、文件及系统外部项，并需在数据字典中描述。局部数据项是指本模块内部使用的数据，与系统的其他部分无关，仅由本模块定义、存储和使用。注释是对本模块有关问题做必要的说明。IPO 图不仅在开发阶段作为编写程序之用，在运行阶段可作为修改和维护程序之用，因此，IPO 图是系统设计中一种重要的文档资料。

2）控制流程图

控制流程图（FC，Flow Chart），又称框图，是经常使用的程序细节描述工具。框图包括三种基本成分：“矩形框”表示处理步骤、“菱形框”表示判断、“箭头”表示控制流。

框图的特点是清晰易懂，便于初学者掌握。在结构化程序设计出现之前，框图一直是软件设计的主要工具。由于箭头是框图中的一个隐患（同时也是灵活性的表现），人们可用箭头实现向程序任何位置的转移（即 GOTO 语句），往往不能引导设计人员用结构化设计方法进行详细设计。箭头的使用不当，会使框图非常难懂，而且无法维护。因此，框图的使用有减少的趋势。

3）问题分析图

问题分析图（PAD，Problem Analysis Diagram）由日立公司二村良彦等人于 1979 年提出，是一种支持结构化程序设计的图形工具，可以取代前述的控制流程图。

问题分析图仅具有顺序、选择和循环三种基本成分（见图 6.30），正好与结构化程序设计中的基本成分相对应。

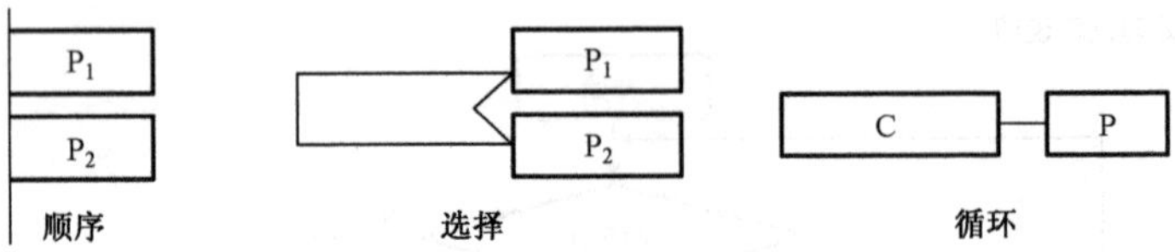

图 6.30　PAD 的基本成分

图 6.31 的选择排序控制流程图和图 6.32 的选择排序问题分析图分别表示了将 n 个数从小到大排序的处理过程。

问题分析图的独到之处在于：以问题分析图为基础，按照一个机械的变换规则就可编写计算机程序。该规则称为“走树（Tree Walk）”：顺着问题分析图所呈现的树状结构移动（见图 6.32），依次将遇到的 PAD 基本成分变换成相应的程序结构。

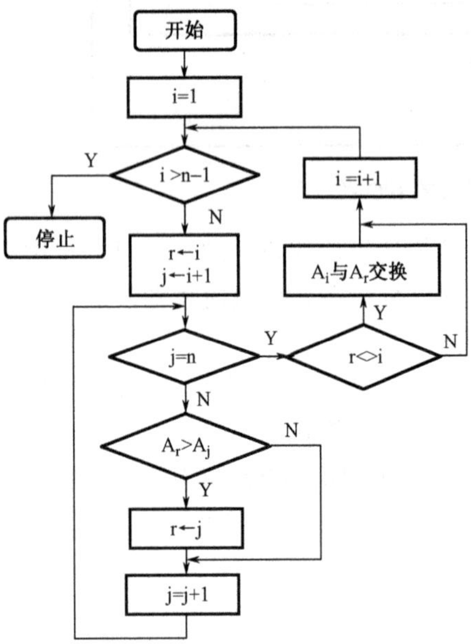

图 6.31　选择排序控制流程图

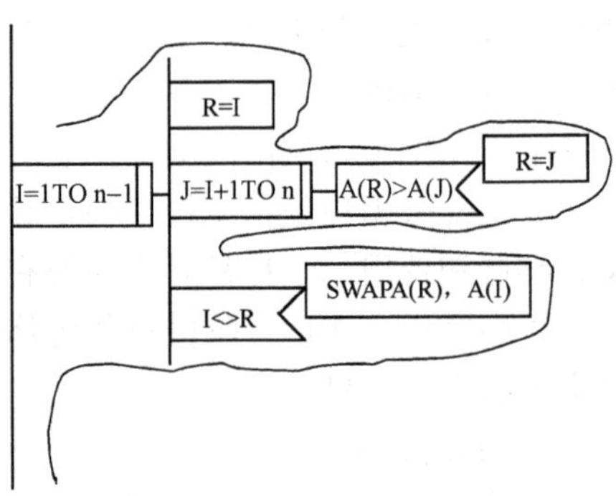

图 6.32　选择排序问题分析图及“走树”示例

问题分析图有着逻辑结构清晰、图形标准化及与人们所熟悉的控制流程图比较相似等优点。更重要的是，它引导设计人员使用结构化程序设计方法，从而提高了程序的质量。同时，由于“走树”规则可直接产生程序，有利于软件生产的自动化。

4）过程设计语言

过程设计语言（PDL，Process Design Language）是一个笼统的名字，目前有许多种不同的过程设计语言。过程设计语言用于描述模块中算法和加工的具体细节，以便在开发人员之间比较精确地进行交流。

过程设计语言的外层语法描述结构，采用与一般编程语言类似的确定的关键字（如IF–THEN–ELSE，WHILE–DO 等）；内层语法描述操作，可以采用任意的自然语言（英语或汉语）。

例如，下面是一般用过程设计语言描述的算法，其中外层语法 IF–THEN–ELSE 是确定的，而内层操作“SQUARE ROOT OF X”则是不确定的自动格式。

```
IF X IS NOT NEGATIVE
THEN
RETURN（SQUARE ROOT OF X AS A RBAL NUMBER）;
ELSE
RETURN（SQUARE ROOT OF X AS AN IMAGINARY NUMBER）
```

由于过程设计语言与程序很相似，也称为伪程序或伪代码（Pseudo Code）。但它仅仅是对算法的一种描述，是不可执行的。

过程设计语言主要描述系统中属于计算型的下层模块。与问题分析图等图形工具相比，过程设计语言有以下优点：①与自然语言（英语）很接近，易于理解；②易于被计算机处理并存储，如用行编辑程序或字处理软件就可方便地对它进行修改编辑；③可以从它自动产生程序。例如，目前已经研制出来的从 PDL/C 产生 C 语言源程序的自动工具。过程设计语言也有它的不足之处，它不如图形描述直观，以及英语使用的准确性要求较高。

2．几种基本的处理过程（程序模块）

一个管理信息系统的软件由很多程序模块组成。这些程序模块可按处理过程归纳成几种基本的类型，包括控制模块，输入数据校验模块，处理模块（编辑、文件更新、分类合并、计算、数据检索、预测或优化程序等）输出模块等，其结构如图 6.33 所示。

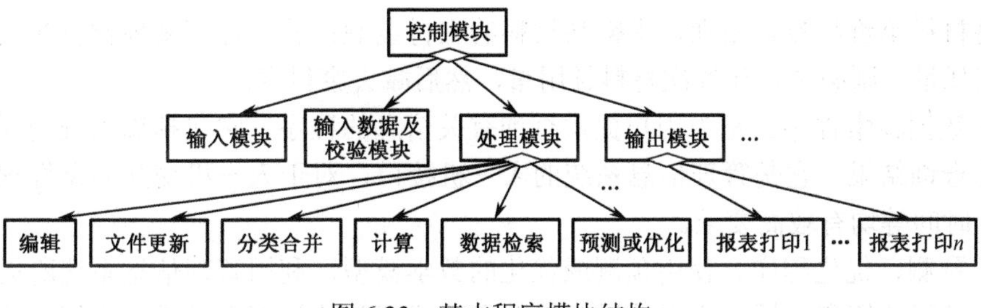

图 6.33　基本程序模块结构

1）控制模块

控制模块包括主控模块和各级控制模块。控制模块的主要功能是根据用户要求信息，由用户确定处理顺序，然后控制转向各处理模块的入口。

2）输入模块

输入模块主要用来输入数据。输入方式有直接用键盘输入和软盘录入两种。

3）输入数据校验模块

该模块对已经输入计算机中的数据进行校验，以保证原始数据的正确性。校验的方法已在本节输入设计中做过介绍。

4）输出模块

输出模块将计算机的运行结果通过屏幕、打印机或磁盘、磁带等设备给用户输出。在管理信息系统中，一般都有大量的表格、图表需要输出，因此输出模块的质量直接关系整个系统的性能。

5）处理模块

根据管理信息系统的不同应用部门和要求，有不同的处理功能，通常有以下六种类型。

（1）编辑程序。编辑程序的主要功能是将按简略代码形式输入的记录内容，编辑成完整的记录，按需要改变数据项的排列，调整记录的格式，便于输入的形式转换成适于计算机处理的形式。

（2）文件更新程序。当系统应用的数据发生变化时，需要修改数据文件。例如，增加新的记录，修改数据项或记录，删除某些不需要的记录，或对两种以上的文件进行核对的匹配处理。一般来说，文件更新模块应该具有下述功能：对记录中关键字的控制功能，通过关键字查找相应记录；控制总记录数的功能，以便控制追加、插入记录的位置；具有记录地址或字节位置的控制功能，以便确定修改数据的位置，控制插入或者追加的数据位置。

（3）分类合并程序。分类是指把收集在同一文件中的几类数据分开，形成几个独立文件的过程。合并则恰好相反。分类合并程序的主要功能是对已经建立的文件，按某关键字进行分类合并。例如，在材料核算系统中耗用材料按照材料类型合并处理。分类合并程序应该具有控制记录总数的功能，字符串比较的功能，排序、统计和计数功能。

（4）计算程序。进行计算机处理，包括同类记录和不同类记录中各数据项的运算。例如，将材料单价与数量相乘，求得某材料的应付金额；若要计算某种材料在某个产品中的总消耗量，则必须累计各次材料领用量，然后减去废料量。

（5）数据检索程序。是为用户提供查询有关信息的程序，它包括输入查询要求和输出特定的查询结果。它是管理信息系统的人—机接口，对于人—机交互的友好程序以及查询响应时间等均有较高要求。

（6）预测、优化程序。使用预测或优化的数学模型，利用管理信息系统所提供的有关数据，进行计算和分析并输出结果，辅助企业或部门的管理人员进行决策。例如，库存管理中的 ABC 分类、最佳订货量计算，房地产投资的风险分析等。

一个完整的计算机管理信息系统，常常是以上各类基本程序模块的组合体。

6.3.6　系统设计说明书

系统设计说明书是系统设计阶段的主要成果，是新系统的物理模型，也是系统实施的重要依据。其主要内容包括如下 11 个方面。

1．概述

（1）系统的功能、设计目标及设计策略；

（2）项目开发者、用户、系统与其他系统或机构的联系；

（3）系统的安全和保密限制。

2．系统设计规范

（1）程序名、文件名及变量名的规范化；

（2）数据字典。

3．计算机系统的配置

（1）硬件配置：主机、外存、终端与外波、其他辅助设备、网络形态；

（2）软件配置：操作系统、数据库管理系统、语言、软件工具、服务程序、通信软件；

（3）计算机系统的分布及网络协议文本。

4．系统结构

（1）系统的模块结构图；

（2）各个模块的 IPO 图。

5．代码设计

各类代码的类型、名称、功能、使用范围及要求等。

6．输入设计

（1）各种数据输入方式的选择；

（2）输入数据的格式设计；

（3）输入数据的校验方法。

7．输出设计

（1）输出介质；

（2）输出内容及格式。

8．文件（数据库）设计

（1）数据库总体结构：各文件数据间的逻辑关系；

（2）文件结构设计：各类文件的数据项名称、类型及长度等；

（3）文件存储要求，访问方法及保密处理。

9．模型库和方法库设计

关于模型库和方法库设计的相关说明。

10．系统安全保密性设计

关于系统安全保密性设计的相关说明。

11．系统实施方案及说明

实施方案、进度计划、经费预算等。

本章小结

系统分析阶段要回答的中心问题是系统“做什么”，即如何实现系统说明书规定的系统功能。系统设计的优劣直接影响新系统的质量及经济效益。

系统设计的目标是在保证实现逻辑模型的基础上，尽可能提高系统的各项指标，即系统的工作效率、可靠性、工作质量、可变性、经济性等。管理信息系统的开发是一项系统工程。为了保证系统的质量，设计人员必须遵守系统性、灵活性、可靠性和经济性的原则。

系统概要设计是根据系统分析所得到的系统逻辑模型——数据流图和数据字典，借助一套标准化的图、表工具，导出系统的功能模块结构图。根据系统分析的结果——系统分析说明书所描述的系统目标、功能、环境和约束条件，确定合适的计算机处理方式和计算机总体结构及系统配置。

管理信息系统是以计算机科学与技术为基础的人—机系统。管理信息系统平台是管理信息系统开发、应用的基础。管理信息系统平台设计包括计算机处理方式，网络结构设计，网络操作系统的选择，数据库管理系统的选择等软、硬件选择与设计工作等。

系统的详细设计是系统概要设计的深入，是由总体到局部，再由局部到总体的反复优化过程。详细设计主要包括代码设计、划分子系统、输出/输入设计、数据存储设计、处理过程设计、编写系统设计说明书等。

问题讨论

1. 系统设计的目标和原则是什么？
2. 系统设计阶段包括哪些工作内容？
3. 模块结构图与数据流程图有什么区别与联系？
4. 什么是模块间的耦合？怎样度量耦合的高与低？
5. 什么是模块的内聚？模块的内聚有哪些情况？
6. 什么是模块的控制范围？什么是判断的作用范围？
7. 从数据流图向模块结构图转换的策略如何？
8. 画出学籍管理系统的结构图，设计相应数据库。

案例分析 6.1

银行信贷管理信息系统设计

1. 总体设计

1）系统模块的划分

根据实际业务中 A 银行的管理体系和要完成的功能，对其进行抽象处理后，按其数据流程图，可得到如图 6.34 所示的系统结构功能图，它大致表示本系统的功能模块情况。

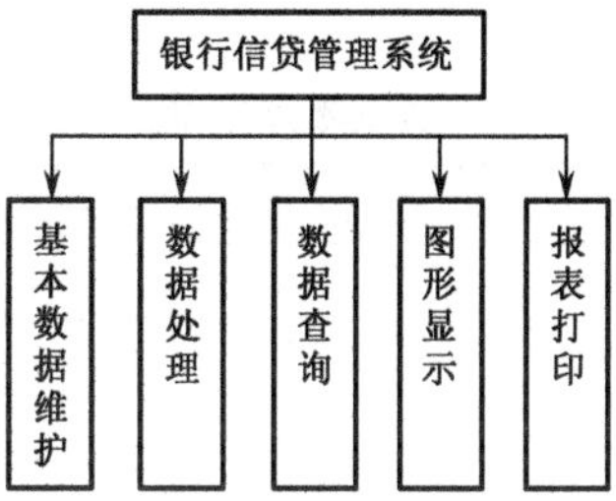

图 6.34　系统结构功能图

对图 6.34 中的前两个功能模块分别细分为图 6.35 和图 6.36。

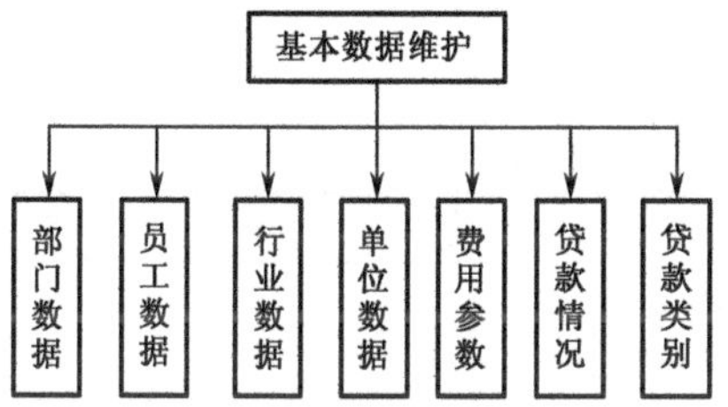

图 6.35　基本数据维护功能模块示意图

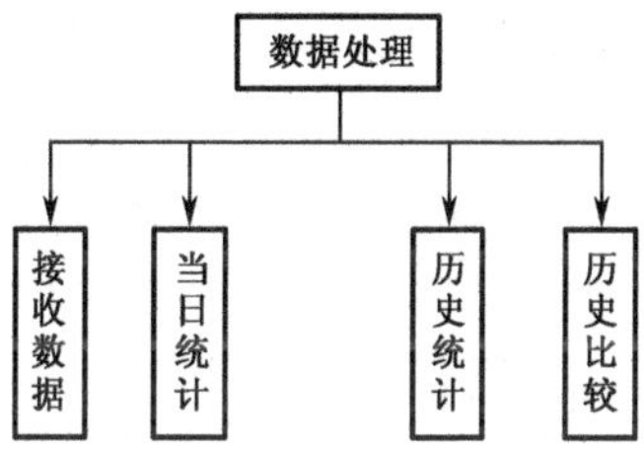

图 6.36　数据处理功能模块示意图

2）选择系统设备，确定最终软、硬件方案

经过对系统的功能分析和技术可行性分析，最终确定的软、硬件方案如下：

软件采用 Microsoft Access 2000 作为数据库管理系统工具，是后台；而 Microsoft Visual Basic 6.0 则作为数据操作的前台，是用户和计算机交流的人—机接口管理软件。

硬件采用的系统配置为：基于此银行的各分行、支行的物理位置比较分散的特点，本系统是一个分布式计算机应用信息系统，采用 Client/Server 体系结构，既充分利用客户机和服务器的资源，又大幅度增加了网络上传输的数据量，提高了系统效率，保证了系统能够运行稳定，信息可靠完整。为了便于与此银行的高层大型网络连接，网络采用 TCP/IP 协议，拓扑结构为星形，传输介质为双绞线加光纤。Server 端采用的是 UNIX 操作系统，Client 端为 Windows95/98/2000。Server 为 Sun Spare Station5 工作站，C1ient 端可以用 Hub、Router 或远程终端服务器通过 TCP/IP 等协议与 Server 相连。整个系统具有开放性、可扩展性，为与此银行的高级网络相连接以及建设此银行 Intranet 打好了基础。

2. 详细设计

根据总体设计产生的系统结构图的要求，在详细设计阶段，主要完成代码设计、输入设计、系统安全性与可靠性设计。

1）代码设计

代码指明了事物的名称、属性与状态。运用计算机进行数据处理时，为了录入和处理的方便，为了节省存储空间，提高处理速度、效率和精度，通常用数字、字母和一些特殊符号组成的代码识别事物和处理数据，这就是代码设计及其必要性。

本系统中的数据库代码用的是汉语拼音的首字母缩略组合，表 6.4 列出的是数据库代码设计范例。

表 6.4　数据库代码设计范例

代 码 设 计	实 际 意 义
DWH	单位号
DWM	单位名
HYH	行业号
GH	工号

在进行数据库操作时所用的 VB 程序代码中，除程序编译环境所要求的语句之外，程序员自己定义变量时，尽量采用类似于英语的缩略词语，并且从字面上大多可以看出变量在程序中所处的角色，如表 6.5 所示。

表 6.5　变量在程序中所处的角色

代 码 设 计	实 际 意 义
SQL	一句 SQL 查询语句
RecCount	对表、查询等的记录进行计数的变量
Rdo***	关于远程数据控件（RDO）某个属性的变量
I	通常是表示计数的变量

在进行程序代码设计时，程序员也尽量采用数据库中已有的代码表示所要进行操作的对象，尽量使数据库的代码设计和程序的代码设计相一致，减少因人为因素造成程序阅读和修改困难。

2）输入设计

本系统在此银行的应用采用的输入方式主要是键盘输入，便于查询和检索系统。因此，友好的输入界面变得非常重要，必须保证用户在输入时方便、安全与高效。

在本系统中，进行输入数据检验的具体做法和要求有如下五点。

（1）严格复核制度，未经复核的凭证、单据不得上机录入。

（2）重复校验，经过复核的数据、凭证还应经另外的输入人员进行检验。

（3）在输入的同时，由计算机显示输入的数据，然后与原始单据进行人工静态检验对比，查找错误。

（4）根据输入的数据类型、格式、逻辑性等进行程序检验。其具体内容包括：数字检验——检查数字项目内容中是否出现非数字数据；界限检验——检查数据项目是否超过规定的数据范围，如数据位数、数值范围等；逻辑检验——检查数据的合理性、逻辑性是否符合要求（如月份不会超过 12，更不会是负数）；格式检验——检查数据记录中各数据项的位数和位置是否符合预先规定的格式，如工资定为 4 位整数、2 位小数，检查最高位是不是空格或数字等；字符检验——检查全部由字母组成的数据（如姓名）中是否出现非字母字符，或检查数据长度和格式是否符合规定。

对于检查出的输入数据错误，应该以恰当的形式报告，或打印错误报告，或实时出错警示和修改提示等，帮助用户尽快正确输入数据。

3）系统安全性与可靠性设计

众所周知，银行等金融系统是关系到国计民生的高度机密系统，其中的业务数据和管理信息只有经过授权的有关人员才可以访问。如果因为偶然或人为的因素导致数据丢失或信息泄露，那给银行带来的损失是难以估量的。因此，本系统的安全性和可靠性设计是极为重要的。针对如下两种类型的隐患，分别采取不同对策加以预防和处理。

（1）对突发性物理破坏的应急处理。主机以及核心设备（硬盘、通信线路等）采用双机热备份，一套为生产机，一套为备份机。每隔一小段时间生产机就自检一次，若出现异常，系统立刻切换到备份机继续工作，而不影响柜员的服务，使得系统具有很好的可靠性。

（2）防范人为的作弊与破坏。要求采用多种方法防范人为破坏，主要利用操作系统的安全性，防止对数据库的非法访问；对于数据库的安全，在前后台都有日志记载，使得系统发生故障后能提供数据动态恢复或向前恢复等功能，确保主机数据的正确性；对于网络通信安全，采用通信加密方式；对于前台安全，采用终端控制，对每台登录的终端给予记录，只有经过授权的终端才能访问数据库，以达到在地点上限制柜员操作；对于应用系统的安全，采用柜员授权控制，加强用户及口令管理等措施。例如，本系统中对数据库的安全性设置之一，是利用 Microsoft Access 2000 内置的安全工具，进行“用户与组的权限”和“用户与组账号”进行安全性设置；对于本局域网建立 Intranet Firewall，防止在享受数据共享的优越性时，给不法分子以可乘之机。

总之，系统的安全性对于金融系统的重要性是不言而喻的。特别是在高科技犯罪日益严重的今天，计算机技术和网络通信技术给人们带来高质量的快速服务的同时，也方便了高科技犯罪的实施。因此，从各种角度综合考虑，系统安全性和可靠性就是银行管理信息系统的生命保证。在系统开发和实施过程中，系统的安全性和可靠性的设置是重要的、不可缺少的必需环节。

案例分析 6.2

某城市电子政务信息系统的设计

1. 系统设计原则

该城市电子政务系统是一个综合性的项目，包含了广泛的技术实现内容，并需要与政府的管理模式相配套。在具体进行技术方案设计的过程中，要遵循如下一些设计原则：

（1）功能的多样性与整体性相结合的设计原则。整个电子政务系统包含了从内到外的多项功能内容，要面向不同职能部门的工作人员以及直接面向社会公众，涉及到办公、信息交流、信息发布、业务协同办理、数据挖掘、多媒体交互等的技术实现方案，所以在各个方案之间，必须有一个更加基础的综合性的框架设计，来保证电子政务系统的组织完整性。

（2）技术先进性与适用性相结合的设计原则。一个城市的电子政务系统，除了功能设计得完善和先进外，在实现技术的选择上，也要充分考虑在将来相当一段时间内能够保持领先。这一方面是对既有投资的保护，另一方面也保证了这个电子政务系统的实现质量。当然，在选择技术上，将充分考虑可行性和适用性，选择一些成熟的技术而不单纯是超前的技术。

（3）技术实现的开放性与可扩展性设计原则。在建设该市电子政务系统的过程中，不可能凡事都从头做起，尤其是在与一些有一定信息化基础的职能部门内部系统衔接问题上。为了能够以最经济、最有效的方式整合不同的系统平台，在设计技术实现方案时，需要强调技术实现的开放性。同时，也要为进一步扩大电子政务平台的功能，实现与其他地市系统、上级单位系统衔接预置接口，提供足够的扩展性。

（4）设计方案的规范性原则。建成后的该市电子政务系统将能够实现网络化政府的基本雏形，因此在技术实现方案上需要强调维护政府部门工作的权威性和严密性。整个设计方案应该是符合国家有关标准规范的。

（5）设计方案的可集成性。该市政府从 1996 年就完成了内部业务管理的信息化建设。通过 10 余年时间的应用推广，现有的办公业务系统已经成为日常办公中不可分割的一部分。用户对系统的界面、操作方式等都已较为习惯。10 余年时间中积累下来的业务数据更是宝贵的财富。因此，平滑迁移要求在满足新的业务功能需求的同时，对现有用户工作造成的影响要最小化。新系统和老系统之间要做到平滑迁移，一定要保证历史业务数据的完整性。

2．系统总体架构设计

1）系统总体体系结构设计

该市电子政务应用系统第一期建设包括公务网业务系统建设和公众网政府门户网站建设。其总体体系结构如图 6.37 所示。

2）系统网络拓扑设计

该市政府的内部局域网将构成整个市政府电子政务系统的运行中心。各相关职能部门，包括市府下级单位，将通过该市政务系统通信网与市府局域网相连。通过全省政务系统的骨干通信网，该市电子政务网可与其他地市及省政府政务系统连接，如图 6.38 所示。

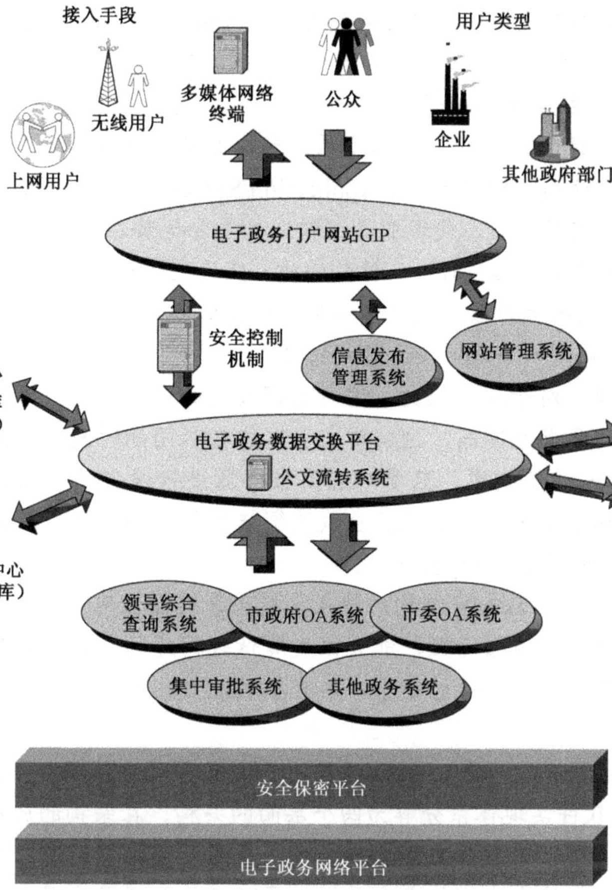

图 6.37　某市电子政务系统总体体系结构图

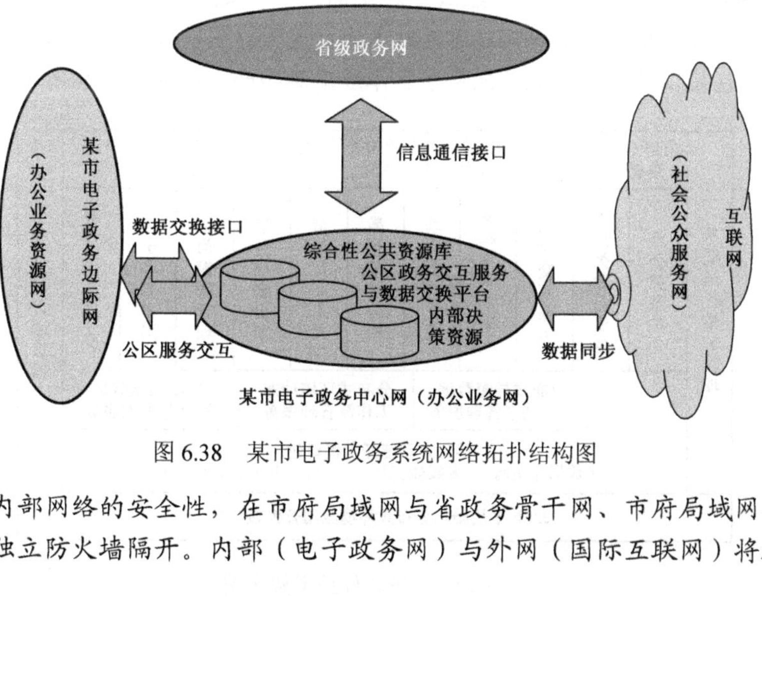

图 6.38　某市电子政务系统网络拓扑结构图

为保证内部网络的安全性，在市府局域网与省政务骨干网、市府局域网与市政务通信网间均有独立防火墙隔开。内部（电子政务网）与外网（国际互联网）将在物理上保持断开。

为了实现内部政务系统与互联网政务系统门户网站之间的数据交换和共享，将通过第三方介质（定时磁带数据备份和交换恢复等手段）来实现两个工作系统间的数据同步。

3）系统软件支撑技术架构设计

该市电子政务系统的设计根据技术发展趋势，采用客户浏览器/应用服务器/数据库服务器三层次的体系结构，即 Browser/Application/Server（B/A/S）结构，通过 Web 应用中间件作为中间层应用服务器，实现业务逻辑。其主要优势在于:

（1）应用逻辑集中封装性。B/A/S 结构的核心应用逻辑被完全集中地封装在应用服务端，而不是直接在 Client 端实现。由于核心应用逻辑的集中封装性，以及客户浏览器瘦客户端的特性，将大大减少用户端管理和维护的工作量，如版本升级、应用的修改和更新。

（2）易于扩展性。对于规模较大，运行负荷较重的应用系统，系统在不同的时期对系统承受负荷程度的要求也不同，这就要求系统能在不同的时间，对系统进行适应不同需求的扩展。在 B/A/S 结构中，只要对应用服务器进行适当的、局部的扩展，包括水平、垂直扩展，诸如系统级、应用级的负载均衡技术等，而不用对其他两层进行任何改动，这是传统 C/S 结构无法实现的。

（3）性能改善。利用 B/A/S 结构的特点，能显著提高应用系统运行的整体性能，利用应用服务器端的数据库连接管理，能大幅度降低数据库的负荷，从而提高数据库访问的性能。利用上述应用服务器端的水平、垂直扩展能力，也能明显提高应用逻辑的并发处理性能。

该市电子政务系统基于 J2EE 体系的应用软件支撑服务结构，如图 6.39 所示。在图 6.39 中，可以将软件实现体系分解为四个层面的架构。在架构的底层，是系统的基础开发平台，即基于 J2EE 开发体系架构的分布式应用开发接口环境。在这个环境之上，是一个中间件平台层。这个中间件平台层提供了可工作于不同应用内容项目中的核心服务功能，作为基础服务平台支撑在其上开发的应用逻辑的运行。这个中间件平台由部件化的功能包和相应的二次开发接口组成。在中间件平台之上的是针对不同应用系统的应用逻辑功能。这些应用逻辑功能实现了反映各个信息系统具体工作的内容，以部件化或非部件化的形式包装。最上层的就是包含了具体应用界面的完整的各个应用子系统。

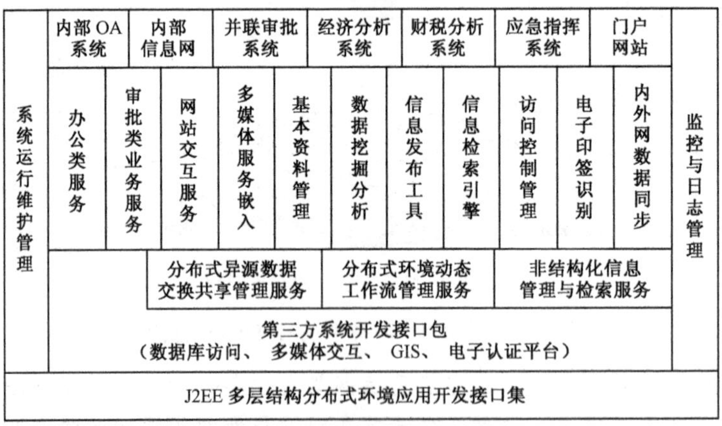

图 6.39　支撑软件技术架构图

3. 公文流转子系统设计

公文流转子系统主要是针对市政办公厅内部、市政办公厅与市委办公厅以及其他各委办局之间的公文流转批复等工作流过程提供支持。

1）公文流转子系统技术架构设计

公文流转子系统主要基于 Lotus Domino 平台系统。采用 Lotus Domino Server R5 以上版本作为后台服务器及数据库，传输文件格式以 XML 标准封装，事务处理通过 Domino Servlet 和 Domino Java Action 实现，前台表示逻辑纯由 html 及 script 取代 domino 表单—文档—视图的方式，如图 6.40 所示。

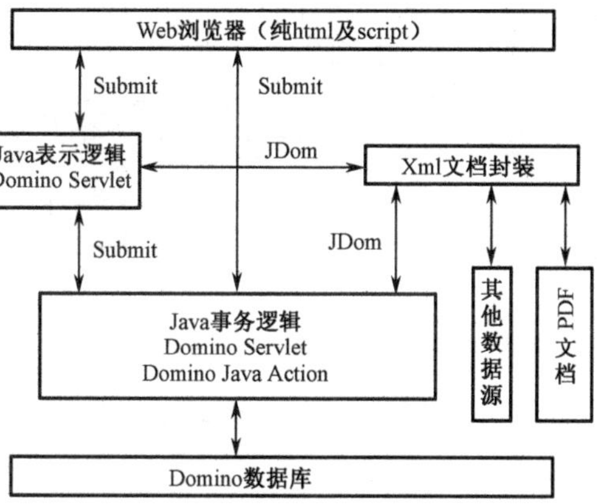

图 6.40　公文流转子系统技术架构图

2）工作流程子系统

工作流程子系统的主要任务是负责协调市政各部门间的收文、发文等工作程序，使之能够更好地协同工作。

该子系统的功能主要是实现电子文档的传输及控制过程，用电子邮件、文档传输等手段实现在部门协同工作进程中对信息流与业务活动的智能管理。

3）收文处理

收文包括上级来文和下级来文，手工方式下传统的收文模式如图 6.41 所示。

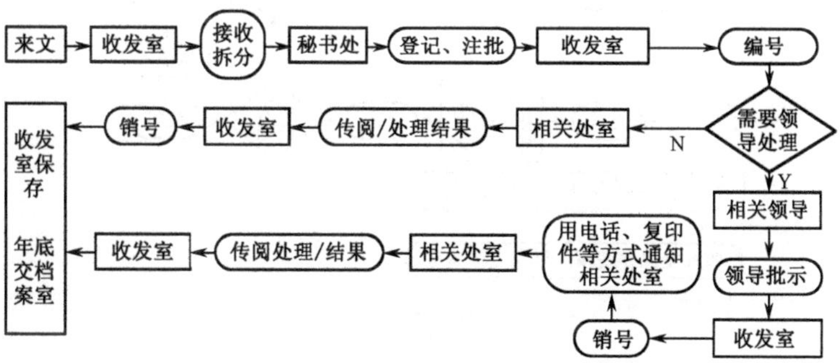

图 6.41　手工方式下传统的收文模式图

传统的工作流程下，收发室工作繁忙，公文传递速度慢，周期长。通过办公业务系统来处理公文，就是利用计算机代替收发室完成大量繁重、机械的工作，使公文处理做到无纸化和"即时处理、即时传递"的高效处理。

电子政务系统中的收文模式如图 6.42 所示。

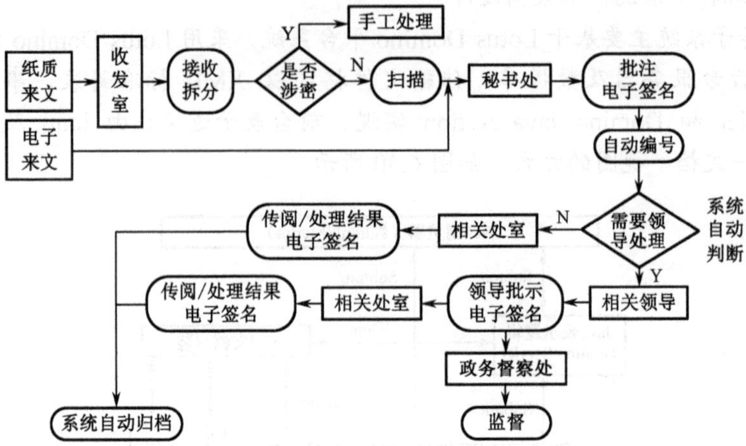

图 6.42　电子政务系统中的收文模式

图 6.42 所示的流程简化了收发室的工作，并且系统将所有公文自动归档到档案管理的文件汇编中。

4）发文处理

发文处理也是处理不涉密的公文，手工方式下传统的发文模式如图 6.43 所示。

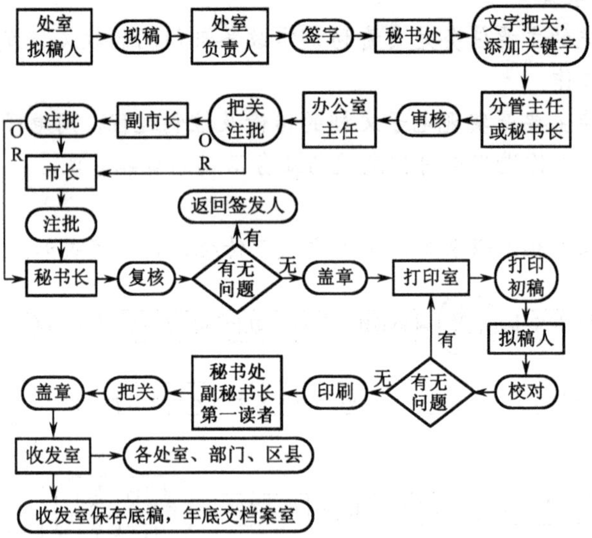

图 6.43　传统的发文模式图

电子政务系统中的发文模式如图 6.44 所示。

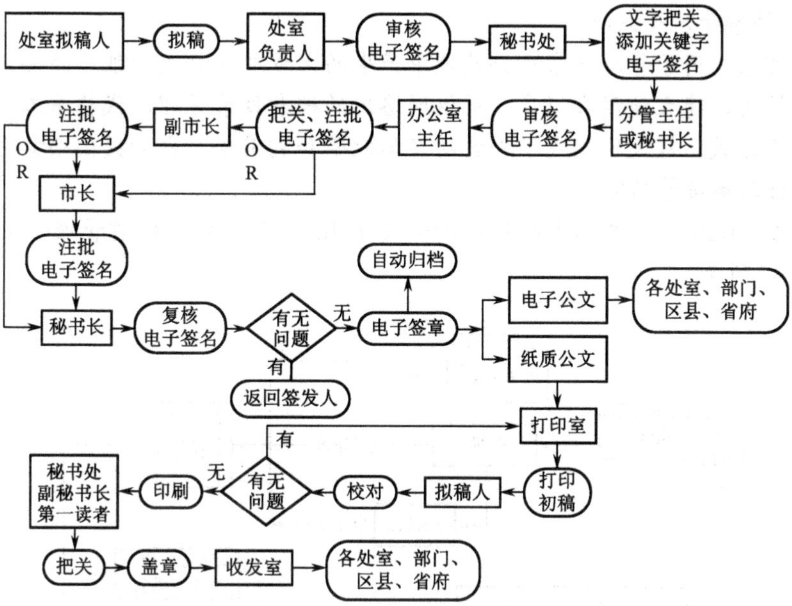

图 6.44　电子政务系统中的发文模式

发文电子文档由系统自动归档到档案管理的电子公文中。

在公文流转子系统中，需要将审批过的公文转化为 XML 文档进行文本数据及审批修改意见的封装，然后通过 XSL–FO（eXtensible Stylesheet Language Formatting Objects）标准和 FOP 工具将 XML 文档转换成 PDF 文件。

在公文流转子系统中，将通过 J2EE 中的 Servlet 技术来传送非 html 格式文件，在互联网上通常使用 MIME（Multipurpos Internet Mail Extension，多目的互联网邮件扩展协议）来传送混合格式、多媒体和二进制数据文件。如果要在 Servlet 的 response 对象中打开某个文档，就必须设置该文档的 MIME 类型。

在处理上级单位和下级单位之间进行公文的发送和接收中，公文转发处理中心负责公文的发送和接收。公文转发处理中心将通过公文收发代理（Agent）确定公文分发和接收的对象，然后通过 Domino 的邮件系统实现专网上的公文流转。具体如图 6.45 所示。

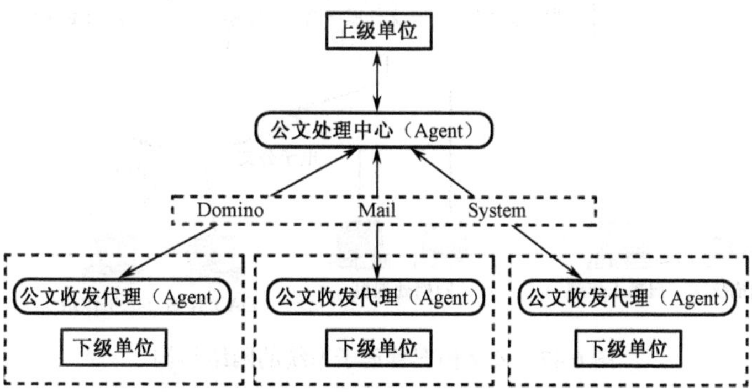

图 6.45　异地公文上下传设计示意图

5）公文档案管理子系统

档案管理系统用于管理日常办公处理中产生的大量电子公文和纸质的公文以及历史积累起来的档案，建立档案数据库，提供网络化的档案目录管理，代替手工的簿式、卡片式目录检索方式，极大地提高了档案的查询效率和利用率；自动提供档案统计报告、退档功能和自动备份等功能。

电子政务系统中的公文电子归档结构如图 6.46 所示，公文档案管理子系统的网络结构如图 6.47 所示。

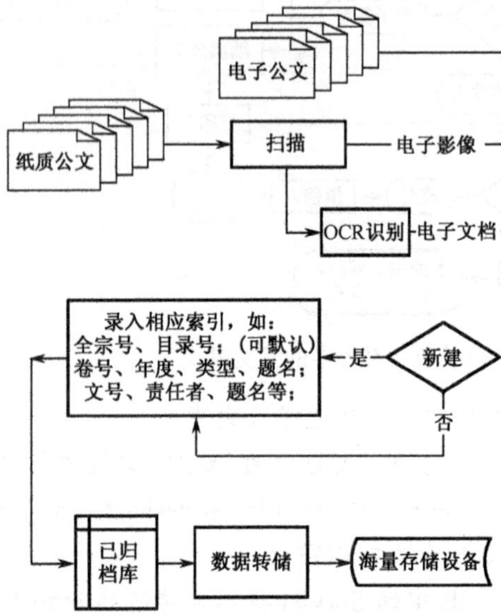

图 6.46 电子政务系统中的公文电子归档结构

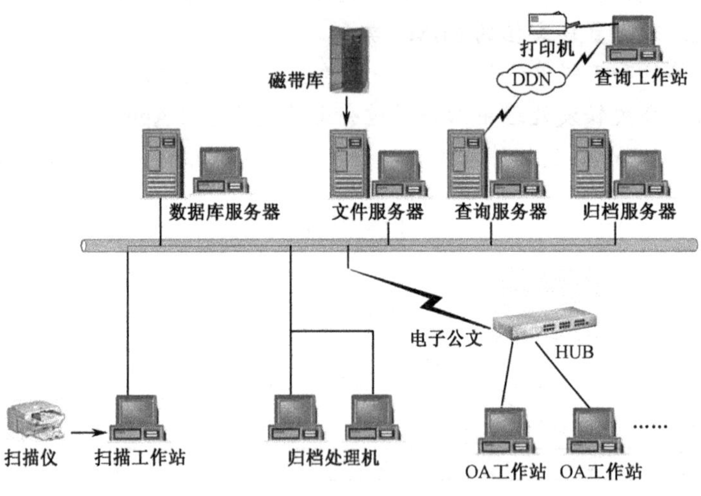

图 6.47 公文档案管理子系统的网络结构

4. 系统安全性设计

1）系统安全风险分析

该市政府经过多年的信息化建设，已充分认识到安全的重要性和必要性，实施了必要的安全措施，包括配置了防火墙和网络审计系统，取得了良好的效果。但随着网络技术的不断发展，通过网络攻击信息系统的手段越来越多，电子政务信息系统也可能面临着如下两方面的安全威胁。

（1）网络安全威胁。由于市公务网同外部网络相连，必然存在外部攻击的可能性，随着网络范围的扩大，内部操作人员将越来越多，来自内部攻击的可能性将随之上升；病毒感染，面向网络的计算机病毒防护也应成为系统安全策略中的必要手段；破坏网络可用性，通过执行命令、发送数据等使合法用户不能正常访问网络资源或使服务不能及时得到响应。此外，也包括盗窃或破坏网络设备、设施。

（2）应用安全威胁。应用安全直接体现在对数据的安全保护方面。数据安全对于网络信息系统而言至关重要。电子政务系统作为涉及国家秘密的计算机系统，安全的最大隐患莫过于数据的窃听、篡改和丢失。要保证系统稳定可靠地运行，就要保护基于计算机的信息，也就是后台数据库中数据和传输中数据。对于数据安全，也需要通过多种手段保证系统数据的完整性和保密性。数据安全的威胁具体体现在：数据库数据物理破环和丢失；自然灾害、设备损毁、人为误操作、人为恶意攻击等原因都有可能造成数据库中数据破坏、丢失；非法访问及授权，非法人员进入系统，或对网络资源及信息资源进行越级访问；传输数据保密、泄漏。数据安全很大程度取决于严格的管理、规范的操作和及时的应急响应，要在事前、事中、事后做到严格防范，实时检测和及时恢复。

2）安全总体设计

该市的电子政务系统在安全保密系统建设上将严格贯彻中华人民共和国保密指南《涉及国家秘密的计算机信息系统保密技术要求》（BMZ1—2000）和《涉及国家秘密的计算机信息系统安全保密方案设计指南》（BMZ2—2001），同时根据系统风险分析，采取多层次、多方面的结构，从技术、服务和管理三个层面进行设计。

（1）基础环境安全。基础环境安全用来保护电子政务系统的各项基础设施，包括计算机网络设备、设施及相关的数据存储介质，使其免受各类自然灾害（地震、水灾、火灾等）以及人为操作失误及计算机犯罪行为导致的破坏、丢失，并做好防火、防盗、防窃工作，防止因物理或环境因素出现网络的不安全隐患。

（2）网络运行安全。系统在运行过程中可能会遇到各种攻击和无法预料的情况，包括主机和网络设备安全。主机和网络设备安全主要是从操作系统的角度考虑系统安全措施，防止不法分子利用操作系统的一些BUG、后门取得对系统的非法操作权限。将主要利用UNIX和Windows NT操作系统本身提供的安全机制，通过科学合理的设置，充分利用操作系统所提供的强大安全性能，及时清除操作系统的安全漏洞。

（3）安全防护管理。安全防护管理是电子政务系统安全保密的重要组成部分，它以风险分析、安全策略配置、系统实施、状态监测和实时反应为基础，建立全面和长远的可实施安全策略，采取规范的安全防范措施，进行电子政务信息系统的安全防护管理。

（4）安全审计。安全审计可向电子政务系统提供内部各类业务系统的全部活动的过程记录，以便为事后的安全审计追踪、系统安全漏洞分析提供原始证据。安全审计功能是很多其他安全技术的基础，是网络系统中一个不可缺少的部分。

（5）应用安全。主要从应用级安全着手，保证信息的保密性、完整性、可控性、可用性和抗抵赖、防篡改。具体从信任与授权、信息保密管理两个方面进行实施。

（6）数据库安全。数据库对网络信息系统而言极其重要，因此对电子政务系统的数据库系统必须进行安全保护。主要包括防止物理性破坏，保护远程连接的用户名和口令，设置严格的数据库权限管理和严格进行数据库备份。

（7）管理层面。该市政府电子政务信息系统是一个庞大而复杂的网络信息系统，要解决网络与信息安全问题，不仅应从技术方面着手，更应加强安全的管理工作。整体的安全是安全技术层面和安全管理层面的良好配合，这样才是组织实现网络与信息安全系统的有效途径。其中，安全技术通过采用包括建设安全的主机系统和安全的网络系统，并配备适当的安全产品的方法来实现；管理层面则通过架构安全管理体系来实现。安全管理是居安思危、防范于未然的工作，是一项长期性的任务，同时也是个不断完善的过程。安全管理在制度上约束和规范安全工作，使之成为有章可循、有理可依的过程，将安全工作进行有序的操作和合理的分配，从而使整体安全性能达到最优。在对系统各个业务流程的安全需求进行全面调研的基础上，制定办公厅系统统一的安全管理策略和各个部门的细化安全管理策略，明确各级的安全管理目标、内容和方法，并通过各级安全管理规章制度加以确定。在安全管理策略及相关的规章制度出台后，通过各种形式（包括正规和非正规的方式）对系统的内部工作人员进行安全意识教育和安全策略相关的安全操作培训，使每个工作人员明确自身的信息安全防范责任，并掌握有关安全产品的基本操作技能。在安全管理策略的实施过程中应及时对发现的问题进行分析，并根据系统自身安全需求的变化或安全技术的发展对安全策略自身进行修正与调整，使安全管理策略与系统实际的安全需求相一致，并与安全技术的发展相一致。

第7章

系统实施

引言

当系统分析和系统设计完成之后，系统工作的重点就从创造性思考的阶段转入到具体的实践性阶段。系统实施阶段的主要内容包括程序设计、系统测试、系统转换、维护与评价。

程序设计直接关系到能否有效地利用计算机达到预期目的；系统测试是保证系统质量的关键步骤；系统转换、维护与评价是使新系统按预期目标正常运行，发现系统的不足及薄弱环节，提出系统改进和完善建议的重要措施。

通过本章学习，可以了解（或掌握）：

- 程序设计的有关内容；
- 系统测试的步骤和方法；
- 系统转换的步骤；
- 系统维护的有关内容；
- 系统评价的有关内容。

7.1 程序设计

计算机程序是指挥电子计算机实现某个功能的全部指令的集合。用某种语言编写程序的过程，叫做程序设计。程序设计是系统实施的最重要的环节。它是根据系统设计说明书的要求，分成若干程序完成系统的各项数据处理任务。程序设计是一项非常细致复杂的工作，其设计的好与坏，直接关系到能否有效地利用计算机达到预期的目的。

7.1.1 程序设计语言

管理信息系统的开发环境有多种不同的选择。选择是否合理直接影响开发效率、应用水平和系统维护等问题。在程序设计中，首先需确定选择哪种程序设计语言。在中国早期的管理信息系统开发中，使用最多的是 dBASE、FoxBASE、FoxPro 等关系型数据库管理系统。随着计算机技术的迅速发展，管理信息系统的程序规模日益增大，采用的程序设计语言也逐渐发生变化。近年来，由于客户/服务器（C/S，Client/Server）模式在具有高性能的同时又具有很大的灵活性，已被社会、特别是大中型企业广泛接受。因此，目前主要选择 C/S 结构中多用户环境下关系型数据库编程的工具，以保证对用户友好、灵活的前端界面和一个关系型数据库管理系统。

1. 集成编程工具

Microsoft、Borland 等著名软件开发商纷纷推出各种集成编程工具，下面仅介绍目前较流行的若干集成编程工具。

1）Visual Basic

最早的 Visual Basic（VB）1.0 版本是由微软公司于 1991 年推出的。这个编程系统编写基于 Windows 环境的计算机程序，包括 Visual Basic 语言以及有助于编写这些程序的许多工具。目前最常用的版本是 VB 6.0，它是完全集成的编程环境，集程序设计、调试和查错功能于一身。

Visual Basic 的特点是用户可以用它迅速开发一个坚固的应用程序。它常常被认为是一种 RAD（快速开发应用程序）工具。Visual Basic 如此流行，功能如此强大的主要原因与 Windows 成功的原因相同。Microsoft 使用一种复杂的技术，并通过图形界面使之易于使用。最新的版本大大增强了程序员编写支持数据库应用程序的功能和灵活性。现在，用 Visual Basic 可以编写企业级的客户/服务器程序和健全的数据库应用程序。

VB 的主要特点是：继承了 Basic 简单易学的特点；适用于 Windows 环境下的快速编程；采用可视化技术，操作直观；采用面向对象技术；编程模块化、事件化；可使用大量的 VB 控件和模块简化编程；可以调用 Windows 中的 API 函数和 DLL 库；有很好的出错管理机制；与其他程序有很好的沟通性。

Visual Basic.NET 是下一代的 Visual Basic。微软重新设计了该产品以便使开发者能够更加容易的开发分布式应用，如基于 Web 的程序以及多层系统。Visual Basic.NET 中有两种窗体包，Windows 窗体及 Web 窗体，具有提高数据安全性以及提供低级别结构以满足高级别开发者的需求等新特点。

2）Visual C++

Visual C++（VC++）是美国微软公司在 Windows 95 和 Windows NT 上建立 32 位应用程序的强大、复杂的开发工具，它比 16 位 Windows 应用程序或者不使用图形界面的老程序大，而且复杂，但它却减少了程序员所做的实际工作。

VC++对数据库的操作具有快速地集成数据库访问，允许用户建立强有力的数据库应用程序的特点。如可以使用 ODBC 类和高性能的 32 位 ODBC 驱动程序，访问各种数据库管理系统；可以使用 DAO（数据访问对象）类通过编程语言，访问和操纵数据库中的数据并管理数据库、数据库对象与结构。其向导工具支持 DAO 和 ODBC 类。

Visual C++借助于其生成代码的向导，能在数秒钟内生成可运行的 Windows 应用程序外壳。Visual C++附带的微软基础类库（MFC，Microsoft Foundation Classes），提供面向对象的应用程序框架，大大简化了程序员的编程工作，提高了模块的可重用性，成为许多 C++编译器进行 Windows 软件开发的工业标准。Visual C++还提供基于 CASE 技术的可视化软件自动生成和维护工具 AppWizard、ClassWizard 等，帮助用户可视化设计程序的用户界面，方便地编写和管理各种类，维护程序源代码，从而提高开发效率。

3）Power Builder

Power Builder 是一个基于 C/S 方式的、可视化的开发环境。可用可视和直观的方式创建应用程序界面和数据库接口。

Power Builder 是面向对象的工具，也是功能强大的编程语言。Power Builder 是一个开放系统，可以访问任何常用的后台数据库系统。此外，可以通过客户/服务器开放开发环境的规范与其他 PC 产品进行集成。

Power Builder 支持多平台开发环境，即可运行在 Windows 环境下，也有运行在其他操作系统的版本。此外，Power Builder 提供两种 Internet 应用的访问方式。

随着 Internet 的普及，开发 Internet 应用的需求激增。Power Builder 8.0 及时地强化了 Web 开发功能，并提供了一些配套的开发工具，使 Power Builder 能开发基于 Web 的应用程序。目前 Sybase 公司已经推出了 Power Builder 10.0，其功能更加强大。

4）Delphi

Delphi 是一种与 Visual Basic 相类似的可视化开发环境。Visual Basic 是基于 Basci 语言的；Delphi 是基于 Pascal 语言的。Pascal 语言常用做大学的教学语言，也常作为一种算法描述的工具。

与 Visual Basic 不同的是，Delphi 从其诞生开始就可作为数据库编程语言，数据访问功能内置于系统内部。Delphi 提供对许多基于文件结构的数据库的支持，通过 ODBC 也可访问许多传统的基于客户/服务器模型的数据库。

2. 关系型数据库软件

在目前的数据库系统中，关系数据库系统应用最为广泛。按其应用和规模划分，可分为像 Oracle、DB2、Informix 以及 Sybase 等企业级大型数据库管理系统，像 SQL Server 等部门级中型数据库管理系统，以及像 Access 和 XBase 个人台式机或者工作组网络环境的小型数据库管理系统。

1）Oracle

Oracle 是美国 Oracle 公司研制的第一个商品化的对象-关系型数据库管理系统（ORDBMS）。它具有适于事务处理的高可用性、可伸缩性、安全性，还提供超强的处理功能、开放的连接能力、丰富的开发工具。自 1986 年推出版本 5.0 以后，系统开始具有分布数据库处理功能。

Oracle10g 是业界第一个完整的、智能化的新一代 Internet 基础架构。Oracle10g 电子商务平台是 Oracle 数据库 10g、Oracle 应用服务器 10g 和 Oracle 开发工具套件 10g 的完整集成。

Oracle 数据库 10g 是第一套具有无限可伸缩性与高可用性，并可在集群环境中运行商业软件的互联网数据库。具有 400 多个领先的数据库功能，在集群技术、高可用性、商业智能、安全性、系统管理等方面都实现了新的突破。

Oracle 应用服务器 10g 是 J2EE 认证的、最轻、最快、最具伸缩性的应用服务器。提供企业门户软件、无线支持、高速缓存、轻量级 J2EE 引擎、商务智能、快速应用开发、应用与业务集成、Web 服务等多种应用开发功能，形成了完整的电子商务应用开发和部署环境。

Oracle 开发工具套件 10g 是一套完整的集成开发工具，可用于快速开发使用 Java 和 XML 语言的互联网应用和 Web 服务，支持任何语言、任何操作系统、任何开发风格、开发生命周期的任何阶段以及所有最新的互联网标准。

2）DB2

DB2 是 IBM 公司提供的一种基于 SQL 的关系型数据库产品，它源于早期的实验系统 System R。目前，DB2 已成为能够适用于各种硬件平台和软件平台的产品。各种平台上的 DB2 有共同的应用程序接口，运行在某种平台上的程序可以很容易地移植到其他平台上。

DB2 数据库核心又称做 DB2 公共服务器，采用多进程多线索体系结构，可以运行于多种操作系统之上；它分别根据相应平台环境做了调整和优化，以便达到较好的性能。

DB2 核心数据库的特色有：支持面向对象的编程；支持多媒体应用程序；具有备份和恢复能力；支持存储过程和触发器，用户可以在建表时显示定义复杂的完整性规则；支持 SQL 查询；支持异构分布式数据库访问；支持数据复制。

3）Informix

Informix 是美国 Informix 软件公司的数据库系统产品，可在 UNIX、Windows NT、NetWare、Macintosh 等各种操作系统环境下运行。Informix 产品主要分为数据库服务器、网络连接软件、应用开发工具、终端用户访问工具四大类。

Informix 数据库服务器进行数据管理，包括数据存储、数据检索、数据库维护等；主要产品包括 Informix-Online，是适合大型应用、功能强、效率高的 OLAP 数据库服务器；Informix-SE 是易于安装、使用和维护的适合中小型企业使用的数据库服务器。

Informix 应用开发工具主要包括：面向对象的图形化数据库开发工具 Informix-NewEra；针对数据库应用的第四代语言 Informix-4GL；屏幕数据录入格式设计器

Informix-4GL Forms；CASE 工具 Informix-OpenCase/ToolBus；数据库开发工具集 Informix-SQL；数据库编程接口 Informix-ESQL/C；系统维护工具 Informix-DBA。

Informix 终端用户访问工具将数据库复杂性隐藏起来。它为终端提供鼠标指示方式的数据库访问，主要包括 Informix-ViewPoint。Informix 终端用户访问工具建立在超级视图概念之上，使终端用户看到的是一个关于他所要存取的数据的简单描述。

4）Sybase

Sybase 公司第一个推出客户/服务器体系结构和多线程技术的高性能数据库服务器。Sybase 数据库产品的特点是：支持 Java 和标准的关系数据库查询语言 SQL，支持广泛的软、硬件平台，具有优秀的联机事务处理功能。由于这些特点迎合了 20 世纪 90 年代计算机联网的普遍要求，所以 Sybase 数据库产品已成为目前最受欢迎的数据库产品之一。

Sybase 数据库产品主要由 Sybase 服务器软件、Sybase 客户软件、Sybase 接口软件等组成。

Sybase 服务器软件包括：面向联机事务处理的可编程服务器 Sybase SQL Server，Sybase SQL Server 的软件扩展 Sybase MPP（也称 Sybase Navigation Server），Sybase 数据库的单机版本 Sybase SQL Anywhere，在分布式系统之间进行数据复制的 Sybase Replication Server。

Sybase 客户软件包括：用户输入和执行 SQL 语句的交互式环境 I-SQL，嵌入式编译器 E-SQL，窗口操作工具 DWB，基于表格的客户/服务器应用程序开发工具 APT。

Sybase Client/Server Interface 是客户/服务器接口软件，其主要功能是提供一个标准的数据库访问界面，使用户在进行数据库应用系统开发时不必考虑不同的数据库和数据库应用开发工具之间的差异。其中，数据库远程过程调用（RPC）是指客户机或者服务器通过网络调用其他服务器上的应用程序，实现跨服务器的事务处理；Open Client 是 Sybase 在客户机方面的数据库应用编程接口（API），它为用户提供了一整套数据库调用函数，用户通过它可以使用 SQL 语言或者 RPC 访问 Sybase SQL Server；Open Server 是服务器端的应用程序接口，它也提供了一套函数，用户通过它可将非 Sybase 数据库构成一个类似于 Sybase 的数据库系统。

5）SQL Server

Microsoft SQL Server 是运行在 Windows NT 上的一个著名的高性能数据库管理系统。它基于多线程的客户/服务器体系机构，其最新版本是 SQL Server 7.0。SQL Server 允许集中管理服务器，提供企业级的数据复制，提供平行的体系结构，支持超大型数据库，可与 OLE 对象紧密集成。

作为一个多线程的客户/服务器数据库系统，SQL Server 的数据库驻留在一个中央计算机，即服务器上，用户通过客户机的应用程序访问服务器上的数据库。在能够访问数据库之前，SQL Server 先对来访的请求做安全验证，验证通过后就处理请求，并将处理的结果返回应用程序。这种处理方式也是大多数客户/服务器系统所使用的，即客户机向服务器提出请求，服务器分析处理请求，并将结果返回客户机。

相对于多线程的大型客户/服务器系统，SQL Server7.0 还可作为存储在本地的单机数据库，即作为一个桌面数据库用。这样，应用程序可将 SQL Server7.0 嵌入进来，作为整个程序的一部分。在这种情况下，不需要为应用程序的每个客户机分配管理员，SQL Server 能够动态进行配置以便达到最优的运行。

当安装 SQL Server 7.0 时，用户可从安装选项中选择将哪些构件安装到计算机上。SQL Server 7.0 包括 SQL Server 程序文件、管理工具、客户端连接、联机文档、开发工具以及示例等选项。其中，SQL Server 程序文件包括 SQL 服务器、升级工具、复制支持、全文检索等构件。管理工具中包括 SQL Server 企业管理器、SQL Server Profile、SQL Server 查询分析器、微软分布式事务协同的客户端支持、复制冲突阅读器等构件。客户端连接构件则允许 SQL Server 客户机和服务器之间进行通信。

SQL Server 2000 是 Microsoft 公司推出的 SQL Server 数据库管理系统的新版本，该版本继承了 SQL Server 7.0 版本的优点同时又比它增加了许多更先进的功能，具有使用方便，可伸缩性好，与相关软件集成程度高等优点，可跨越从运行 Microsoft Windows 98 的膝上型计算机到运行 Microsoft Windows 2000 的大型多处理器的服务器等多种平台使用。

新发布的 Microsoft SQL Server 2005 具有商务智能和数据仓库等新的特色，可以为用户提供用于构建典型和创新的分析应用程序所需的各种特性、工具和功能。

6）Access

Microsoft Access 是微软公司推出的基于 Windows 环境的关系型数据库系统。它采用 Windows 程序设计概念，具有简单易用、功能强大、面向对象的可视化设计等特点。用户用它提供的各种图形化查询工具、屏幕和报表生成器，可以建立复杂的查询，生成复杂的报表，而不用编程和了解 SQL。专业人员通过它提供的各种超级图形工具，不用编程就可创建数据库应用程序。Access 不仅可以用于小型数据库管理，而且能与工作站、数据库服务器或者主机上的各种数据库相连。

与其他关系数据库管理系统相比，Access 具有易学易用，快速开发，简化用户的开发工作等优点。

学习 Access 相对来说要容易得多，只需编写少量的程序代码，甚至无须编写任何程序代码，即可实现数据库的管理、数据的查询及报表打印等工作。

Access 是微软公司在 Office 系统软件中所力推的“办公室数据库”。自发布以来，Access 即以其强大的功能，与其他 Office 的高度集成以及无须大型数据库专业的维护人员等优势，赢得世界广大用户的青睐，成为最受欢迎的桌面数据库系统，是开发中、小型管理信息系统的首选数据库系统。

Access 可构成 C/S 结构中多用户环境下关系型数据库编程的强有力的工具，是一个对用户友好、灵活的前端界面。Access 也是一个个人关系型数据库管理系统，它具有关系型数据库管理系统的强大功能和直观的用户控制的特点。

Office Access 2007 具有的新特点包括：可以使用改进界面和不需要很深数据库知识的交互设计功能，轻松地快速跟踪和报告信息；使用预建数据库解决方案，轻松开始使用或修改并使其适应不断变化的业务需求；从电子邮件表单收集信息或从外部应用程序导入数据；创建和编辑详细报告，显示分类、过滤和分组信息，为做出更有根据的决策提供方便等。

7）xBASE 类数据库系统

自从 Ashton-Tate 公司在 20 世纪 80 年代初推出了基于 PC 的“大众数据库”dBASE 以来，该产品获得了迅速发展，出现了许多优秀的兼容产品。它们使用同一种库文件结构，相同的语法结构和基本上兼容的语言，但在功能上更强，所以可将它们归为 xBASE 类数据库系统。

xBASE 数据库系统主要包括：xBASE 的代表 dBASE 系列、Fox 公司推出的 Fox 系列（包括 FoxBase 和 FoxPro）、Nantucket 公司推出的 Clipper 数据库系统等。

1998 年微软公司推出作为 MS Visual Studio 98 组成部分的 Visual FoxPro 6.0 for Windows（VFP 6.0）。VFP 6.0 既具有严谨的数据库系统结构，也是一个面向对象的集成编程工具。VFP 6.0 具有许多新特性，新增和改进了应用程序开发工具，如组件管理库、代码范围分析器应用程序、项目管理器挂接程序、新增和改进的向导（应用程序向导等）、改进的应用程序框架等功能。

Visual FoxPro 7.0、8.0、9.0 又增加了许多新的功能。在安装后，相应目录下的帮助文件中有一章为“What's New in Visual FoxPro”中有详细介绍。

VFP 的特点就是适合开发数据库应用系统的客户端，具有如 Grid、TextBox、ListBox、ComboBox、CheckBox、Option 和 Image 等控件都可以直接绑定数据源等许多优点，因此开发周期相对于其他开发平台要短很多。

3．程序开发工具的选择

选择适合管理信息系统的程序开发工具，应从以下五方面考虑。

1）用户的要求

如果所开发的系统由用户负责维护，用户通常要求用他们熟悉的语言书写程序。

2）语言的人—机交互动能

选用的语言必须能够提供友好、美观的人—机交互功能，这对用户来说是非常重要的。

3）软件工具

如果某种语言有较丰富的支持程序开发的软件工具可以利用，则使系统的实现和调试都变得比较容易。

4）开发人员的知识

虽然对有经验的程序员来说，学习一种新语言并不困难，但要完全掌握一种新语言并用它编出高质量的程序来，需要经过一段时间的实践。因此，如果可能的话，应该尽量选择一种已经为程序员所熟悉的语言。

5）软件可移植性

如果开发出的系统软件将在不同的计算机上运行，或打算在某个部门推广使用，那么应该选择一种通用性强的语言。

7.1.2 程序设计方法

程序设计的目的是为实现系统分析和系统设计中提出的管理方法和处理构想。编写程序应符合软件工程化，即利用工程化的方法进行软件开发，这样可提高软件开发工作效率，也有利于维护和修改。

1. 按程序开发路径划分的程序设计方法

按程序开发路径有两种程序设计方法。

1）自顶向下的程序设计方法

自顶向下的程序设计方法要求程序员首先实现软件结构的最高层次，之后再实现下一个层次，直至用程序设计语言实现最低层次为止。

通常，用自顶向下的程序设计方法开发的程序可读性好，条理分明，可靠性也较高。

2）自底向上的程序设计方法

自底向上的程序设计方法和上述方法的开发过程相反，它是从最底层开始，直至实现最高层次为止。

用自底向上的程序设计方法得到的程序往往局部是最优的，系统的整体结构却较差。

2. 程序设计的基本要求

一个高质量的程序必须满足以下五方面的要求。

1）正确性

编制出来的程序能够严格按照规定的要求，准确无误地提供预期的全部信息。

2）可理解性

程序的内容清晰、明了，便于阅读和理解。

3）可靠性

程序应具有较好的容错能力，不仅正常情况下能正确工作，而且在异常情况下也便于处理。

4）可维护性

程序的应变性能强。程序执行过程中发现问题或客观条件变化时，调整和修改程序比较简便易行。

5）效率高

程序的结构严谨，运算处理速度快，节省机时。程序和数据的存储、调用安排得当，节省存储空间。

3. 程序设计的步骤

保证顺利完成每个程序的设计，应该遵循以下六个步骤。

1）明确条件和要求

设计人员接到一项程序设计任务时，首先要根据系统设计及其他有关资料，弄清楚该程序设计的条件和设计要求，如硬件、软件的状况和采用的语言、编码、输入/输出、文件设置、数据处理等方面的要求，以及与其他各项程序的关系等。只有明确这些方面的情况，才能进一步考虑程序的设计。

2）分析数据

数据是加工处理的对象。要设计好一项程序，必须对要处理的数据进行仔细分析，弄清数据的详细内容和特点，才能进一步按照要求确定数据的数量和层次结构，安排输入/输出、存储、加工处理的步骤、以及一些具体的计算方法等。

3）确定流程

确定流程是为完成规定的任务给计算机安排的具体操作步骤，一般用统一规定的符号，把数据的输入/输出、存储加工运算等处理过程，绘制成程序流程图，简称框图，作为编写程序的依据。

4）编写程序

编写程序是采用一种程序设计语言，按其规定的语法规则把确定的流程描写出来。在程序的编写过程中，必须仔细考虑处理过程中的每个细小环节，严格遵守语法规则，准确地使用各种语句，才能编写符合要求的程序，稍有疏忽大意就会影响计算机的正常运算，就不能取得预期的结果。

5）检查和调试

程序编好以后，还要经过反复仔细的检查。检查内容包括程序结构安排是否得当，语句的选用和组织是否合理，语法是否符合规定，语义是否准确等。发现问题，应及时进行修改。一项程序往往要经过反复多次的检查、调试、修改后，才能通过。

6）编写程序使用说明书

说明执行该程序需要使用的设备、输入/输出的安排、操作的步骤，以及出现意外情况时应采取的应变措施等，以便程序运行有条不紊地进行。

4. 编程风格

随着管理信息系统的规模和复杂性的增加，程序不仅要被计算机理解和执行，为了测试、维护和修改的需要，程序还要经常被人阅读。因此，程序的可读性对于管理信息系统的质量有重要影响。对此，在程序设计过程中应当引起足够重视。为了提高程序的可读性，在编程风格方面应注意以下四点。

1）标识符的命名

标识符包括模块名、变量名、常量名、过程名以及数据区名等。理解程序中这些名字的含义是理解程序的关键。所以，标识符应该适当选取，使其直观，易于理解和记忆。例如，尽可能采用有实际意义的标识符；不用过于相似的变量名；同一标识符不要具有多种含义；名字不要过长，过长的名字会增加工作量；在编程前最好能对标识符的选取约定统一的标准，便于以后阅读与理解。

2）程序的书写格式

编程时注意每个语句简单而直接，不能为了提高效率而使程序过于复杂。恰当的书写格式将有助于阅读。例如，不要为了节省空间而把多个语句写在同一行；避免过于复杂的条件测试；利用括号使多条件表达式清晰直观；把同一层次的语句行左端对齐，而下一层的语句向右边缩进若干格书写，以体现程序逻辑结构的深度。

3）程序的注释

程序中适当地加上注释后，可使程序的可读性提高，读程序时不必翻阅其他说明材料。

注释原则上可以出现在程序中的任何位置。如果使注释和程序的结构配合起来，则效果更好。

注释一般分序言性注释和描述性注释两类。

序言性注释出现在模块的首部，内容包括模块功能说明，界面描述（如调用语句格式、所有参数的解释和该模块需调用的模块名等），某些重要变量的使用与限制，开发信息（如作者、修改日期等）。

描述性注释嵌在程序之中，说明程序段的功能或数据的状态。

书写注释时应注意：注释应正确，修改程序时应同时修改注释，否则会起反作用；注释应提供一些程序本身难以表达的信息；为了方便用户维护，注释中尽量多用汉字。

4）程序的输入和输出

程序的输入和输出信息与用户的使用直接相关，输入和输出的方式和格式应方便用户使用。编写程序时应注意：对所有的输入数据都进行检验；检查输入项中各种重要组合的合理性；允许默认值；输入步骤和操作尽可能简单，并保持简单的输入格式。

7.1.3 结构化程序设计

结构化程序设计（SP，Structured Programming）方法是由 E.Dijkstra 提出的。它用于详细设计和程序设计阶段，是指导人们用良好的思想方法开发正确又易于理解的程序的一种程序设计技术。

SP 方法建立在 Bohm 和 Jacopini 在 1966 年证明了的结构定理的基础上，它指出任何程序逻辑结构都可以用顺序、分支和循环这三种基本结构来表示，如图 7.1 所示。

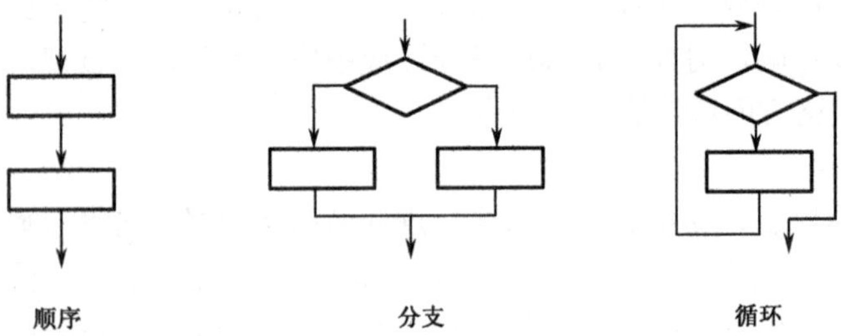

图 7.1 程序的基本结构

1. 顺序结构

顺序结构的程序，始终按照语句排列的先后次序，一条接一条地一次执行。它是程序中最基本、最常用的结构。

2. 分支结构

分支结构是根据给定条件成立与否，转向执行不同的程序路径的结构。它一般有以下三种形式。

1）结构 1

```
IF 〈条件〉
 〈程序段〉
ENDIF
```

2）结构 2

```
IF〈条件〉
〈程序段 1〉
ELSE
〈程序段 2〉
ENDIF
```

3）结构 3

```
DO CASE
   CASE〈条件 1〉
   〈程序段 1〉
      CASE〈条件 2〉
      〈程序段 2〉
      ……
      [OTHERWISE
      〈程序段 n+1〉]
ENDCASE
```

3．循环结构

循环结构是指对一段程序不断地重复运行，直到循环的条件不满足时为止。

```
DO WHILE 〈条件〉
〈程序段 1〉
[LOOP]
〈程序段 2〉
[EXIT]
〈程序段 3〉
ENDD
```

与无限制地使用无条件转移指令 GOTO 语句形成对照，SP 方法用这三种基本结构反复嵌套构成"结构化的程序"。由于三种基本结构有一个共同的特点，即每种结构严格地只有一个入口和一个出口，所以一般认为，结构化程序设计是采用自顶向下逐步求精的设计方法和单入口、单出口的控制技术。

由于结构化程序具有结构清晰、易于阅读和修改、容易验证其正确性等优点，因此使用该方法有利于编写结构良好的程序，提高编程工作效率。目前，多种计算机程序语言都支持结构化程序设计。

7.2　系统测试

在管理信息系统的开发过程中，用户和开发人员以及开发人员之间的思想交流不可能十分完善。面对错综复杂的各种实际问题，开发人员的主观认识不可能完全符合客观现实。所以，在管理信息系统开发周期的各个阶段都不可避免地出现差错，在程序设计阶段也不可避免产生新的错误。因此，对系统进行测试是必须的，是保证系统质量的关键步骤。统计资料表明，对于一些较大规模的系统来说，系统测试的工作量往往占系统开发总工作量的 40%以上。

7.2.1　测试的目标、原则和过程

1. 系统测试的目标

G.Myers 对测试目标做出了如下归纳：测试是为发现程序中的错误而执行程序的过程；好的测试方案是很可能发现迄今为止尚未发现错误的测试方案；成功的测试是发现至今尚未发现的错误的测试。

到目前为止，人们还无法证明一个大型复杂程序的正确性，只能依靠一定的测试手段说明该程序在某些条件下没有发生错误。因此，测试的目的在于发现系统中的错误并及时纠正。在测试时应想方设法使程序的各个部分都投入运行，力图找出所有错误。

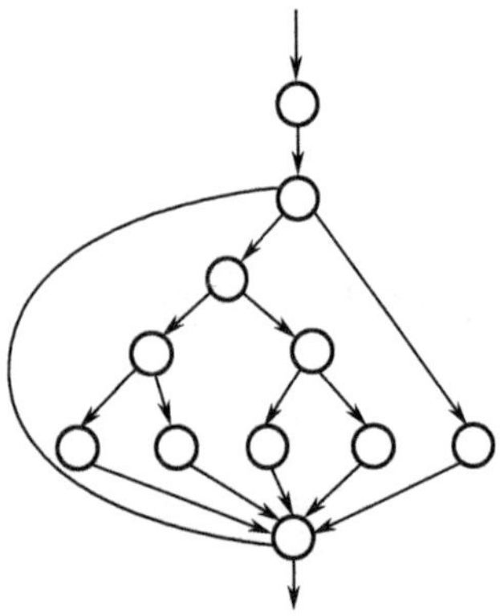

图 7.2　一个小程序的控制流程图

图 7.2 是一个小程序的控制流程图，其中每个圆圈代表一段源程序（或一个语句块），循环体中共有 5 条通路，左边曲线代表执行次数不超过 20 的循环。这样从程序的入口 A 到出口 B 的路径数高达 5^{20}，近似为 10^{14} 个可能的路径。如果编写一个例子，并用它测试这个程序的一条路径要化 1 毫秒，则测试这个程序需要 3 170 年。

这个例子说明，要想通过彻底地测试并找出全部错误是不可能的，因此，测试阶段要考虑的基本问题就是经济性了。我们的策略是在一定的开发周期和经费的限制下，通过有限次的测试，尽可能多发现一些错误。

2. 测试基本原则

1）测试人员应避免测试自己设计的程序

程序员或程序设计机构应避免测试自己设计的程序。因为从心理学上看，程序员和程序设计机构总认为自己的程序没有错误，因此，让他们测试自己的程序时，要采取客观的态度是很困难的。最好由与源程序无关的程序员和程序设计机构进行测试。

2）测试用例应分别考虑输入和输出

测试用例的设计应该由“确定的输入数据”和“预期的输出结果”组成。在执行程序之前应该有很明确的期望输出，调试后可将程序的输出同预期输出对照检查。若不事先确定预期的输出，由于心理作用，可能把似乎是正确而实际是错误的输出结果当成是正确结果。

3）测试数据的选取应考虑各种不同情况

不仅要选用合理的输入数据进行测试，还应选用不合理的甚至错误的输入数据。因为人们常有一种自然的倾向，只注意合理的数据，而忽略不合理的数据。为了提高程序

的可靠性，应该认真组织一些异常数据进行测试，注意观察和分析系统的反应。

4）检查程序是否执行了规定以外的操作

除了检查程序是否做了它应该做的工作之外，还应检查程序是否做了它不该做的事情。例如，除了检查工资管理程序是否为每个职工正确地产生一份工资单以外，还应检查它是否产生了多余的工资单。

5）注意保留测试用例

应该保留全部测试用例，并将其作为管理信息系统软件组成部分之一。在系统的测试过程中，设计测试用例是很费时的，如果将用过的例子丢弃了，需要再测试就需重复很多人工。而且人们往往不愿再次重新设计测试用例，因而下次测试时不会像初次那样全面、严格。如果将所有测试用例作为系统的一部分保存下来，就可避免这种情况的发生。

6）对已发现的错误模块要足够重视

测试时不要假设程序不会错，对已发现的错误模块应给予更多的注意。

3. 测试的过程

一个管理信息系统通常由若干子系统组成，每个子系统又由若干模块（程序）组成。所以，可把测试工作分为模块（程序）测试、子系统测试和系统测试三个层次，测试过程依次是模块测试、子系统测试、系统测试，如图 7.3 所示。

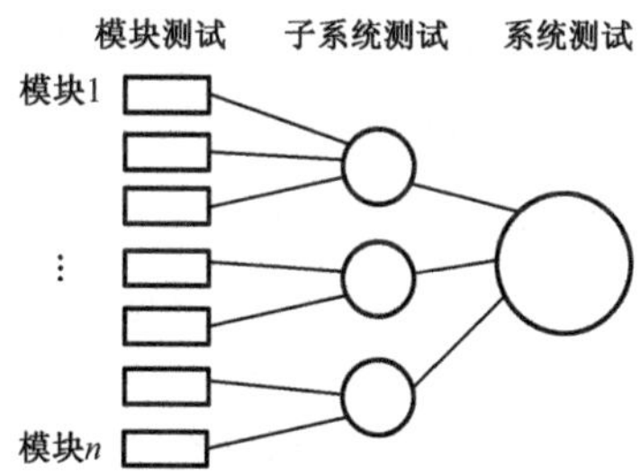

图 7.3　系统测试过程

7.2.2　模块测试

模块测试是对单个模块进行的测试，是系统测试的基础。模块测试的目的是保证每个模块本身能正常运行。

1. 模块测试的基本方法

对于模块测试，一般分成静态测试和动态测试两种方法进行。

1）静态测试

静态测试是在模块上机运行前，通过阅读程序和人工运行程序的方法，发现程序中的语法错误和逻辑错误。只要认真检查，可以发现绝大部分的语法错误和部分逻辑错误。

2）动态测试

动态测试就是模块上机运行测试。当人工运行程序走通以后，就可上机调试。总的来看，语法错误比较容易发现和修改，追踪逻辑错误则比较困难。为了有效地发现并改正逻辑错误，除要充分利用所有高级语言提供的调试机制或软件工具外，还需要掌握测试技术。

2. 动态测试的实现原理

与其他工程产品一样，动态测试可以按照黑盒子测试和白盒子测试两种原理进行。

1）黑盒子测试

如果产品具备的功能已经知道，则可测试它的每个功能是否都达到了预期的要求，这种原理称为黑盒子测试。黑盒子测试不必要求测试人员考虑模块的内部结构，而着眼于软件的外部特性，只用测试数据来检验程序是否符合它的功能要求，是否会发生异常情况。

2）白盒子测试

如果已知产品的内部活动方式，可以测试它的内部活动是否都符合设计要求，这种原理称为白盒子测试。白盒子测试和黑盒子测试不同，它要求测试人员了解模块的内部结构，对程序的所有逻辑路径进行测试，可在不同点检查程序的状态，确定实际状态与预期的状态是否一致。

无论是黑盒子测试还是白盒子测试，都不能将程序中的所有错误全部检查出来。因为黑盒子测试不可能将所有的输入情况都测试一遍，白盒子测试也不能穷举模块中的所有可能路径。在实际工作中，可根据黑盒子测试和白盒子测试的技术原理，按下述的其他几种方法进行模块测试。

3. 等价类划分法

等价类划分是一种黑盒子测试技术。该技术是把所有可能的输入数据划分成有限数量的等价类，并假定用一个等价类的典型代表值测试等价于这一类其他值的测试。也就是说，如果在某个等价类中的测试用例中没有查出错误，这一等价类中其他测试数据也查不出错误。反之，如果在某个等价类中的测试用例查出错误，则其中的其他测试用例也会查出错误。

通常是将模块的输入域划分成有效等价类（模块中符合规范的输入）和无效等价类（模块中非法的输入）两种。例如：某模块的合理输入是 0～100，则大于 0 且小于 100 的数据属于有效等价数据；小于 0 或大于 100 的数据为无效等价类，测试数据可从这两个等价类中抽取。

4. 边界值分析法

在编写程序时，往往只注意正常情况，忽视了边界状态。因此，在测试过程中以刚好等于、大于或小于边界值的数据作为测试数据，容易发现程序中的错误。边界值分析法也属于一种黑盒子测试技术。

例如，某模块的有效值是 0～100，则可以取-0.1，0.1，99.9，100.1 作为测试数据。

5. 逻辑覆盖测试法

用白盒子测试原理测试模块时，需要执行程序中的每条路径。当程序中有循环存在时，测试程序中的每条路径是不可能的，只能希望覆盖的程度尽可能高一些。逻辑覆盖常用以下五种方法。

1）语句覆盖

语句覆盖是指设计的测试用例能使程序中的每个语句至少执行一次。图 7.4 是要测试的一段程序的流程图，其程序如下：

```
PROCEDURE EXAMLE1
PARAMETER A，B，X
IF (A>1).AND.(B=0)
    X=X/A
ENDIF
IF (A=2).OR.(X>1)
    X=X+1
ENDIF
```

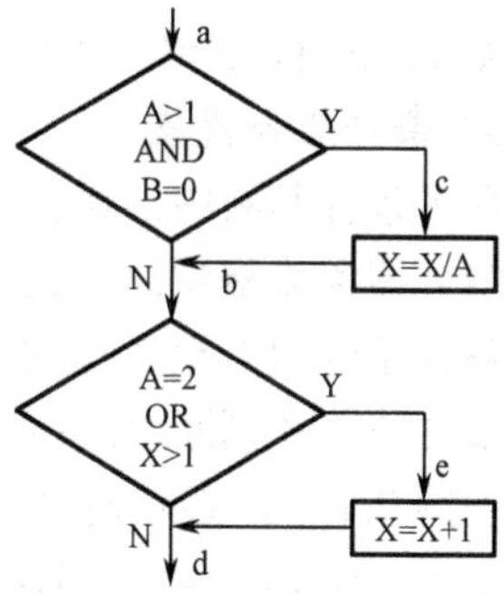

图 7.4　程序流程图

显然，要求设计的测试用例能够测试路径 a、c、e，如 A=2、B=0 和 X=3 时，就能保证程序中的每条语句都至少执行一次。但语句覆盖测试不充分，如上述测试用例不能测试路径 a、b、d，也不能检查出第一条语句中 AND 写成 OR 的错误。

2）判断覆盖

判断覆盖是指选择足够的测试用例，让程序中每个判断语句至少获得一次“真”值和“假”值。

例如，针对图 7.4 的程序流程，若有两组测试数据，在一次测试中使其通过路径 a、c、e 和 a、b、d，或者通过路径 a、c、d 和 a、b、e，就可以达到“判断覆盖”的要求。因此，可选择如下数据：

A=3，B=0，X=1（沿路径 a、c、d）

A=2，B=1，X=3（沿路径 a、b、e）

这种判断覆盖测试也不充分，如上述测试用例不能检查出第二个判断语句中的 X>1 写成 X<1 的错误。

3）条件覆盖

条件覆盖是指选择足够的测试用例，能使判断语句中的多个条件的各种可能都出现的测试方法。

例如，图 7.4 中的两个判断语句共包括四个条件：A>1，B=0 和 A=2，X>1。选择测试数据使 a 点上有 A>1，A≤1，B=0，B≠0，在 b 点出现 A=2，A≠2，X>1，X≤1 即为条件覆盖。为此，可选择以下两组测试用例：

A=2，B=0，X=4（沿路径 a、c、e）

A=1，B=1，X=1（沿路径 a、b、d）

条件覆盖一般比判断覆盖充分，但也可能有例外情况。如果测试用例选 A=1，B=0，X=3 和 A=2，B=1，X=1，虽满足条件覆盖，但仅覆盖路径 a、b、e，却不满足判断覆盖。用判断/条件覆盖可解决这种情况。

4）判断/条件覆盖

判断/条件覆盖是指选择足够的测试用例，使所取得的测试数据的判断中每个条件取得各种可能值，并使每个判断也取得“真”和“假”的结果。例如，针对图 7.4 的程序流程，下面两个测试用例就能满足判断/条件覆盖。

A=2，B=0，X=4（沿路径 a、c、e）

A=1，B=1，X=1（沿路径 a、b、d）

5）条件组合覆盖

在多条件判断中，逻辑运算符 AND 或 OR 在某些条件下会屏蔽其他条件，可采用条件组合覆盖来解决这个问题。条件组合覆盖就是选择足够的测试用例，使每个判断条件中各种条件组合至少出现一次。显然，满足条件组合覆盖的测试用例一定满足判断覆盖、条件覆盖和判断/条件覆盖。

在图 7.4 中，必须使测试用例覆盖以下八种条件组合：

A>1　B=0；　A>1　B≠0；　A≤1　B=0；A≤1　B≠0；

A=2　X>1；　A=2　X≤1；　A≠2　X>1；A≠2　X≤1

要覆盖以上八种条件组合，用以下四个测试用例就可以满足要求：

A=2，B=0，X=4；　　　　A=2，B=1，X=1；

A=1，B=0，X=2；　　　　A=1，B=1，X=1。

不同的覆盖技术需要的测试用例是不同的。其中以条件组合覆盖测试最为严格，但其测试用例也非常多。在实际应用中应注意权衡。

7.2.3　子系统测试

子系统测试也称为分调。它是在模块测试的基础上，把各模块组合到一起形成一个子系统的测试过程。其主要目的是解决各模块间相互调用的协调和通信问题，即重点测试子系统内各模块的接口。可能出现的问题有：一个模块对另一个模块产生有害影响，数据在穿过接口时丢失，把模块组合到一起没有产生预期的功能等问题。

1．子系统测试方法

由模块组装成子系统时通常有两种测试方法。

1）非渐增式测试

先分别测试每个模块，再把所有模块按设计要求结合在一起测试。

该方法的特点是：需要分别测试每个模块，编写的测试软件（驱动模块和支持模块）较多，工作量较大；最后才把模块相连在一起，接口错误发现得晚；一次组合所有模块，如果发现错误难以判断定位；测试需要的机器时间相对较少；可以并行测试所有模块，能充分利用人力，加快工程进度。

2）渐增式测试

采用每次增加一个模块的方法进行测试。即把下一个要测试的模块与测试好的那些模块结合起来进行测试，测试完以后再结合下一个要测试的模块继续测试。

该方法的特点是：可利用测试过的模块；可以较早发现模块之间的接口错误；如果发生错误，通常则和最新加进来的模块有关；把测试好的模块和新加进来的模块一起测试，测试过的模块也需要在新增模块的条件下重新检验，因此，测试比较彻底；测试需要的机器时间相对较多。

从上述可知，渐增式测试的优点多于非渐增式测试，但在实际测试时，也并非一概排除非渐增式测试方法。例如，大部分模块可用简单的测试软件充分测试，则可以先测试好这些模块，然后把它们逐渐结合到子系统中去测试。有时使用混合方式，可能兼有渐增式和非渐增式两种方法的优点。

2．渐增式测试的实现

对渐增式测试来说，有自顶向下结合和自底向上结合两种实现方式。

1）自顶向下结合

自顶向下结合模块不需要驱动模块，只需设计支持模块。所谓驱动模块和支持模块是指在测试某模块 H 时（见图 7.5）设计的两类模块：驱动模块的作用是模拟 H 调用模块，支持模块的作用是模拟被测模块 H 调用的模块。

图 7.6 是一个子系统结构。自顶向下结合是从主控模块开始 M1 开始，沿着控制层次向下移动，把各个模块结合起来。要把主控模块所属的那些模块都装配到结构中去，可采用如下两种方法。

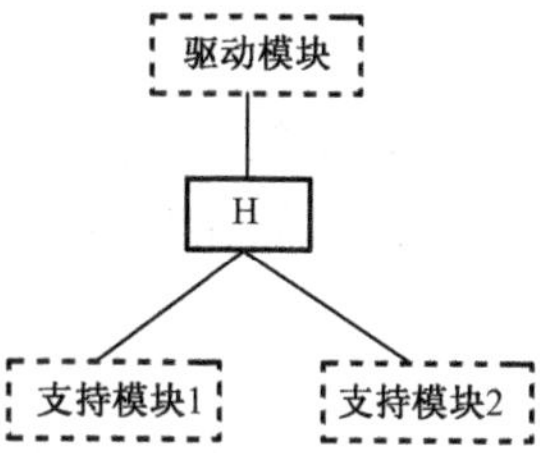

图 7.5　驱动模块和支持模块

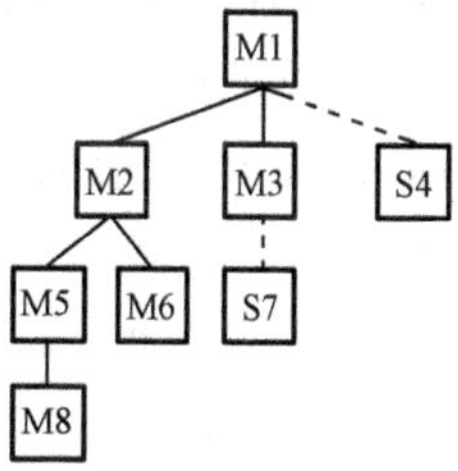

图 7.6　某子系统结构

先深度后宽度的方法：如图 7.6 所示，先结合左边路径模块 M1、M2、M5、M8、M6，再结合中间和右边的路径。

先宽度后深度的方法：逐层结合有直接联系的所有模块，即把每一层同一水平线的模块结合起来。先结合 M2、M3、M4（用支持模块 S4 代替），再结合 M5、M6 这一层，依次类推。

模块结合的具体过程由下述四个步骤完成。

（1）对主控制模块进行测试，测试时用支持模块代替所有直接附属于主控制模块的模块。

（2）根据选定的结合策略（先深度或先宽度），每次用一个实际模块代换一个支持模块（新结合进来的模块往往又需要新的支持模块）。

（3）在结合进来一个模块的同时进行测试。

（4）为了保证加入模块没有引进新的错误，需要进行回归测试（即全部或部分地重复以前做过的测试）。

从第 2 步开始不断地重复进行上述过程，直到全部模块测试完成为止。

2）自底向上结合

与自顶向下结合相反，自底向上结合需要驱动模块，而不需要支持模块，从软件结构的最底层开始进行装配和测试。其执行步骤如下。

（1）把底层模块组合成实现一个特定软件子功能的族，自底向上装配式测试如

图 7.7 所示。

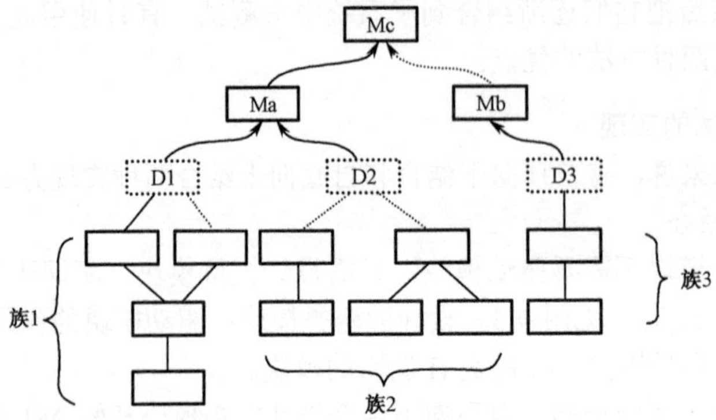

图 7.7　自底向上装配式测试

（2）为每个族设计一个驱动模块，作为测试的控制模块，以协调测试软件的输入和输出。D1、D2、D3 为驱动模块。

（3）对模块族进行测试。

（4）按结构向上的次序，用实际模块替换驱动模块，将模块族结合起来组成新的模块族，再进行测试，直至全部完成。去掉 D1、D2，将族 1 族 2 直接与 Ma 连接，去掉 D3，将族 3 直接连接 Mb，最后Mc 和 Ma 与 Mb 连接。

3）两种方法比较

自顶向下结合的优点在于和子系统整体有关的接口问题可在子系统测试的早期得到解决，但设计测试用例比较困难。自底向上结合的优点在于设计测试用例比较容易，但它必须在最后一个模块组装出来之后，才能使模块群作为一个整体存在。由于上述两种方法具有互补性，一般常结合起来，对子系统的较上层模块使用自顶向下的组装方法，对下层模块使用自底向上的组装方法。

7.2.4　系统测试

1．总调

在所有子系统测试成功以后，可以进行系统测试，也称总调。它主要解决各子系统之间的数据通信和数据共享（公用数据库）等问题，以及满足用户要求的测试。

进行总调时，采用一些精心设计的数据量较少的测试用例，可使处理的工作量减少，也更容易发现错误和确定错误所在范围。

为了满足用户要求，需要进行系统有效性测试，通过测试来证实系统功能与用户要求一致。测试计划和测试过程的设计都是为了达到各种功能、性能的要求，文档资料是否正确和完整，以及其他要求的满足情况，如可移植性、兼容性、错误的恢复功能和可维护性等。

2．用户测试

在完成以上工作后，需要进行用户的验收测试。验收测试必须由用户参与或者以用户为主。它是用户在实际应用环境中所进行的真实数据的测试。验收测试主要使用原手工系统用过的历史数据，将运行结果和手工所得核对，以检查系统的可靠性和运行效率。验收测试时，如果测试数据只采用一个月的数据，最好是选择 12 月份的数据。因为管理业务数据在年底时较全面，数据量大，并且有许多报表要处理。用户验收测试的关键是真实和全面，进行测试时应该注重以下四点。

（1）测试用例应由生产或管理的实际数据组成，可请用户参与测试用例的设计。

（2）某些测试过的纯粹技术性的特点可以不需再次测试。

（3）对用户特别感兴趣的功能或性能，可以增加一些测试。

（4）设计并执行一些与用户使用步骤有关的测试。

在这个阶段发现的问题往往和系统分析阶段的差错有关，涉及面比较广，解决起来也比较困难，通常需要和用户充分协商解决。

3．系统说明文件

在测试完成后，应该编写一份详细的系统说明文件交给用户。该文件既是用户今后使用和维护管理信息系统的指导文件，也是验收管理信息系统和鉴定该系统时必需的技术资料。系统说明文件主要包括以下四个内容。

（1）用户手册；

（2）系统开发报告（包括系统分析说明书、系统设计说明书、系统实施说明等）；

（3）有关程序的所有资料；

（4）系统操作说明等。

7.3　系统转换、维护与评价

系统转换是指用新的信息系统代替原有系统的一系列过程，其最终目的是将信息系统完全移交用户使用。系统维护是指新的信息系统运行以后，为了改正错误或满足新的需要而修正系统的过程。系统评价则是对新的信息系统运行效果的评估。三者都是系统实施阶段的重要工作。

7.3.1　系统转换

为了保证原有系统有条不紊地顺利过渡到新系统，并使新系统能按预期目标正常运行，需要对用户进行必要的培训，并恰当地选择系统的转换方式。

1．用户培训

管理信息系统的正常运行需要用户单位很多人参与。他们熟悉或精通原来的手工处理过程，但缺乏计算机处理的有关知识。为了保证新系统的顺利使用，必须提前培训用户单位的有关人员。一般来说，对用户单位人员培训工作应尽早进行。

需要对用户进行培训的人员主要有以下三类。

1）事务管理人员

对用户有关事务管理人员的培训，得到他们的理解和支持是新系统成功运行的重要条件。对用户的事务管理人员（或主管人员）的培训主要有以下内容：新系统的目标、功能；系统的结构及运行过程；对企业组织机构、工作方式等产生的影响；采用新系统后，对职工必须学会新技术的要求；今后如何衡量任务完成情况。

2）系统操作员

系统操作员是管理信息系统的直接使用者。统计资料表明，管理信息系统在运行期间发生的故障，大多数是由于使用方法错误而造成的。所以，对用户系统操作员的培训应该是人员培训工作的重点。对用户系统操作员的培训主要有以下内容：必要的计算机硬、软件知识；键盘指法、汉字输入等训练；新系统的工作原理；新系统输入方式和操作方式的培训；简单出错的及时处置知识；运行操作注意事项。

3）系统维护人员

对用户的系统维护人员来说，除了要求具有较好的计算机硬、软件知识外，必须对新系统的原理和维护知识有较深刻的理解。在较大的企业或部门中，系统维护人员一般由计算机中心或计算机室的计算机专业技术人员担任。对于用户系统维护人员培训的最好途径，是让他们直接参与系统的开发工作。这样有助于他们了解整个系统，为维护工作打下良好的基础。

2. 系统转换方式

系统的转换方式通常有三种，如图 7.8 所示。

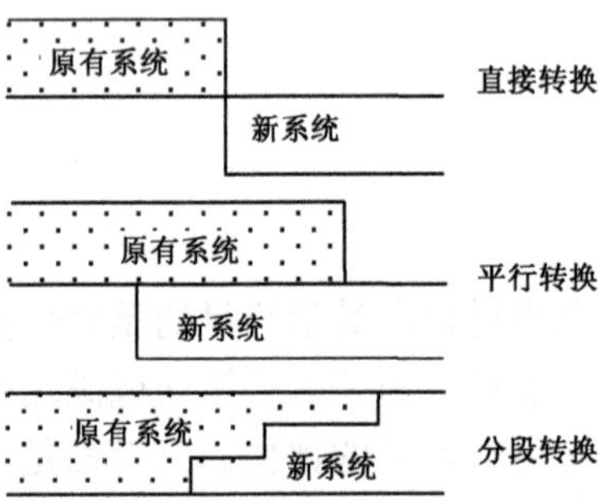

图 7.8　系统转换方式

1）直接转换

直接转换是在原有系统停止运行时，新系统立即投入运行，中间没有过渡阶段。用这种方式时，人力和费用最省，适用于新系统不太复杂或原有系统完全不能使用的场合。

2）平行转换

平行转换就是新系统和原有系统平行工作一段时间，经过这段时间的试运行后，再用新系统正式替换原有系统。在平行工作期间，手工处理和计算机处理系统并存；一旦新系统出现问题，可以暂时停止而不会影响原有系统的正常工作。

平行转换通常可分两步走。首先以原有系统的作业为正式作业，新系统的处理结果作为校验用。当新系统运行正常后，第二步即可以新系统处理作为正式作业，而原有系统的结果作为校验用，直至最后原有系统退出运行。根据系统的复杂程度和规模的不同，平行运行的时间一般在 2～3 个月到 1 年之间。

采用平行转换的优点是风险较小，在转换期间还可同时比较新、旧两个系统的性能，让系统操作员和其他有关人员得到全面培训。因此，对于一些较大的管理信息系统，平行转换是一种最稳妥的转换方式。其缺点是在平行运行期间，要两套班子或两种处理方式同时并存，因而人力和费用消耗较大。

3）分段转换

分段转换方式实际上是上述两种方式的结合，采取分期分批逐步转换。一般比较大的系统采用这种方式较为适宜，它能保证平稳运行，人力和费用消耗也不太高。

采用分段转换时，通常有两种方式：

（1）按功能分阶段逐步转换——确定该系统中的一个主要的业务功能率先投入使用，在该功能运行正常后再逐步增加其他功能；

（2）按部门分阶段逐步转换——先选择系统中一个合适的部门，在该部门应用取得成功后再逐步扩大到其他部门。

7.3.2　系统维护

在管理信息系统投入日常运行后，系统维护的工作人员就要不断地对该系统进行维护，使程序和运行始终处于最佳的工作状态。任何一个管理信息理系统，在它存在的整个寿命周期中，应不断地改进。没有一成不变的系统，没有一成不变的程序，也没有一成不变的数据。由于企业要发展，环境在变化，因此对管理活动来说，也会不断产生新的要求，随之而来的是要对管理信息系统加以修改。例如，建筑安装工程预算定额修改或施工管理费和独立费定额变化后，就要修正建筑工程预算计算程序的计算方法。

系统在实际运行中也会产生错误。这也是不可避免的，同样需要修改，这些都是属于系统维护的范围。一般来说，用于维护系统的费用比建立系统所花的费用多一倍以上。

1. 维护定义

系统维护是指新的信息系统运行以后，为了改正错误或满足新的需要而修改系统的过程。根据维护活动的目的不同，可把系统维护分为改正性维护、适应性维护、完善性维护和预防性维护。

1）改正性维护

软件测试不可能找出一个大型软件系统中所有潜伏的错误。所以，任何大型软件在使用期间，仍将有可能发现错误。诊断和改正这类错误的过程称为改正性维护。

2）适应性维护

由于信息技术发展日新月异，计算机领域的各个方面都在急剧变化。随着新的计算机硬件系统的不断更新，新的操作系统与数据库或者操作系统与数据库的新版本就会经常出现，外部设备和其他部件也要经常修改和改进。信息系统的使用寿命一般超过最初开发时的系统环境的寿命。为适应新的变化而要对系统进行的修改，称为适应性维护。

3）完善性维护

一个信息系统投入使用和成功地运行后，用户会提出增加新功能，修改已有的功能以及一般的改进要求和建议，如修改输入/输出格式，增加系统的安全保密措施等。为了满足和部分满足这类要求，就要进行完善性维护。这类维护占软件维护工作的大部分。

4）预防性维护

为了进一步改进信息系统的可维护性和可靠性，或者为了提供更好的基础而对信息系统进行的修改，称为预防性维护。相对而言，在系统维护中这类维护是很少的。

根据上述内容可知，系统维护不仅是在运行过程中改正系统的错误，有关资料表明，维护工作的一半左右是完善性维护。

2. 维护内容

系统维护的具体内容包括如下四个方面。

1）程序的维护

程序的维护是指改写一部分或全部程序。程序维护时通常充分利用旧有程序，修改后要填写程序修改登记表，写明新、旧程序的不同之点。程序维护不一定在发现错误或条件改变时才进行，效率不高的程序和太大的程序也要不断地设法予以改进。

2）数据的维护

数据文件维护（主文件的定期更新不算在内）有许多是不定期进行的，必须在现场要求的日期和时间内维护好。维护时一般使用开发厂商提供的文件维护程序，也要为适合本系统而做一些改动或编写一些专用的文件维护程序。

3）代码的维护

随着用户环境的不断变化，原有的代码如果不能继续适应新的要求，就必须对代码进行变更。变更（新设、添加、订正、删除）代码时，由代码管理部门（最好由现场业务经办人和计算机有关人员等组成）讨论新的代码体系。变更的地方需用书面格式写清楚后再贯彻。代码维护的困难不在于代码本身的变更方法，而是新代码体系的贯彻。为此，除了代码管理部门外，各业务部门都要指定负责代码管理人员，通过他们贯彻使用新代码。这样可以明确产生代码出错的责任，而且有助于防止和订正错误。

4）设备的维护

系统使用的计算机及其外部设备保持良好运行状态，是系统正常运行的重要条件之一。应对设备加强保养，定期检修并保证在损坏后及时修复。设备检修要填设备检修记录表、设备发生故障记录表，以便设备维护工作的开展。

3. 维护过程

许多人往往以为系统的维护要比系统开发容易，其实在更多的情况下，维护比开发更为困难。这是因为维护人员必须用较多时间理解别人编写的程序和文档，且对系统的修改不能影响该程序的正确性和完整。整个维护的工作又必须在所规定的很短时间内完成。

1）确定维护目标，建立维护人员组织

软件维护人员的组织必须与信息系统软件的环境相适应。应递交维护申请报告，评估问题的原因、严重性，确定维护目标和维护时间。

2）建立维护计划方案

维护工作应当是有计划、有步骤的统筹安排。维护计划应包括维护任务的范围、所需的资源、维护费用和维护进度安排等。需要注意的是维护人员必须首先理解要维护的系统。由于程序的修改涉及面较广，某处修改很可能影响其他模块的程序，所以建立维护方案时要加以考虑的重要问题，是修改的影响范围和波及作用。

3）修改程序及调试

在维护过程中应特别注意维护的副作用问题，因为在改变程序的过程中，维护人员往往把注意力集中到改变部分，而忽视系统中未改变部分。因此，产生潜在错误的可能性就会增加。按照预定方案完成修改后，还要对程序及系统的有关部分进行重新调试。

4）修改文档

软件修改调试通过后，则可修改相应文档并结束本次维护过程。

7.3.3　系统评价

一个新的信息系统的建立与运行，需要花费大量的资金、人力和物力。因此，在新的信息系统建成和运行后，是否达到预期的目标？其性能和效果怎样？新的信息系统对组织的贡献有多大？这是用户和开发人员双方都关心的问题。要回答上述问题，必须进行系统评价工作。根据检查和评价的结果，找出系统的不足及薄弱环节，为进一步改进和完善提出建议。

为了避免片面性，对新系统的评价工作应在新系统运行一段时间后，由开发人员和用户及有关专家共同进行。

信息系统的评价工作是一项复杂和困难的工作。由于信息系统涉及到许多方面，其中有许多内容是无法用货币价值度量的。因此，需要用到定性和定量相结合的方法。目前一般都采用多指标评价体系的方法，首先给出评价信息系统的若干指标，然后对各指标评出其度量值，最后用系统工程中的综合评价方法得出一个综合度量指标。

1. 评价指标

对信息系统的评价指标主要分为系统性能、直接经济效益和间接经济效益三个方面。

1）系统性能指标

完整性：系统设计是否合理，系统功能是否达到预期要求；

正确性：输出信息的正确性与精确度；

可靠性：系统平均无故障时间，是否具有后备体系；

方便、灵活性：人—机交互的灵活性与方便性；

可维护性：系统可理解性及修改的难易程度；

适应性：系统结构与功能调整、改进及扩展，适应环境的能力；

安全保密性：系统安全保密措施的完整性、规范性与有效性；

响应时间：系统响应时间与信息处理速度满足管理业务需求的程度；

文档完备性：系统文档资料的规范、完备与正确程度。

2）直接经济效益指标

一次性投资：包括系统硬件、软件的购置与安装，信息系统的开发费用及企业内部投入的人力和材料费。其中硬件费用包括机房建设、计算机及外部设备、通信设备等费用。软件费用包括系统软件、应用软件等费用。信息系统的开发费用包括系统规划、系统分析、系统设计和系统实施等阶段的费用。

系统运行费用：包括消耗性材料费用（打印纸、磁盘等）、系统投资折旧费、硬件日常维护费、人工费用等保证新的信息系统得到正常运行的费用。

系统运行新增加的效益：由于信息系统及时、准确地提供对决策有重要影响的信息，从而提高了决策的科学性，避免不必要的开支。主要反映在人工费的减少，库存量得到压缩，减少流动资金的占用，使流动资金周转加快。提高劳动生产率，缩短供货时间，使销售收入和利润增加。由于影响企业效益增加和减少的因素很多，因此准确地计算信息系统带来的新增加效益有一定的困难。

投资回收期：是指通过信息系统运行新增加的效益，逐步收回投入的资金所需的时间。该指标反映了应用信息系统经济效益的好坏程度。简化的投资回收期可用下式求得（不考虑贴现率）

$$T = t + \frac{I}{B - C}$$

式中，T 为投资回收期，单位为年；t 为资金投入至开始产生效益所需的时间，单位为年；I 为投资额，单位为万元；B 为系统运行后每年新增加的效益，单位为万元/年；C 为系统运行费用，单位为万元/年。

3）间接经济效益指标

信息系统的应用必然会给企业带来一系列新的变化，从而促进管理工作的进一步科学化。间接经济效益主要表现在企业管理水平和管理效益的提高等方面。这种效益很难用具体的统计数字进行计算，只能做定性分析。尽管间接效益难以计算，但其对企业的生存和发展所起的作用往往要超过直接经济效益。

应用信息系统的间接经济效益指标主要体现在以下五个方面。

（1）管理体制进一步合理化：新的管理信息系统的应用，克服了企业传统的管理体制和组织机构中存在的诸多弊端，加强了企业纵向和横向的业务联系，使各职能部门在分工的基础上相互协调一致，使企业的管理体制进一步合理化。

（2）管理方法科学化：管理信息系统的建立，使企业信息处理的效率提高，企业由静态事后管理变为实时动态管理。信息系统的应用使管理工作逐步走向定量化，从而使管理方法更加科学化。

（3）管理基础数据规范化：和手工信息处理系统不同，信息系统需要规范和及时的基础数据。对企业工作规范、有关标准、计量和代码等基础管理有很大的促进作用，使企业管理基础数据向规范化发展。

（4）提高管理效率：信息系统代替人工处理信息，使管理人员从繁杂的数据处理中解脱出来，有更多的时间从事调查研究等更有创造意义的分析和决策工作。系统信息的共享使各部门之间及管理人员之间的联系更加紧密，加强它们的协作精神，提高了管理效率。

（5）改善企业形象：信息系统的建立，对外可提高客户对企业的信任程度，对内可提高全体员工的自信心与自豪感，加强了管理人员之间的协作精神，显著地改善企业形象。

2. 系统评价报告

系统评价结束后应形成书面文件及系统评价报告。系统评价报告既是对新系统开发工作的评定和总结，也是今后进一步进行维护工作的依据。它主要包括以下内容：

（1）有关系统的文件、任务书、文件资料等；

（2）系统性能指标的评价；

（3）直接经济效益指标的评价；

（4）间接经济效益指标的评价；

（5）综合性评价；

（6）结论及建议。

本章小结

系统实施是新系统开发的最后阶段，也就是把系统设计阶段的结果最终在计算机上实现，将新系统方案转换成可执行的应用软件系统的阶段。系统实施阶段的任务包括程序设计、系统测试、系统转换、维护和评价工作。

程序设计阶段中，首先应选择一个具有对用户友好、灵活前端界面的编程工具和一个满足需要的关系型数据库管理系统。采用结构化程序设计方法，保证程序的正确性、可理解性、可靠性、可维护性和效率。为了测试、维护和修改的需要，应注意编程的风格。

系统测试阶段中，应采用各种测试方法和技术，力图发现系统中的错误并及时纠正。系统测试过程依次是模块测试、子系统测试和系统测试。在测试完成后，应该编写出一份详细的系统说明文件交给用户，该文件既是用户使用和维护管理信息系统的指导文件，也是验收管理信息系统和鉴定该系统时必须的技术资料。

系统转换是指用新的信息系统代替原有系统的一系列过程，其最终目的是将信息系统完全移交给用户使用。为使新系统能按预期目标正常运行，对用户进行必要的培训是系统转换前的一项重要工作。为了保证原有系统有条不紊地、顺利过渡到新系统，在系统转换前应仔细拟定方案和措施，确定具体的步骤。系统的转换方式通常有直接转换、平行转换和分段转换三种，在实际应用中应根据具体情况灵活运用。

在管理信息系统投入日常运行后，系统维护人员就要不断地对该系统进行维护，使程序和运行始终处于最佳的工作状态。根据维护活动的目的，可把系统维护分为改正性维护、适应性维护、完善性维护和预防性维护四种。系统维护的具体内容包括四个方面：一是程序的维护，二是数据的维护，三是代码的维护，四是设备的维护。系统维护的主要过程包括确定维护目标，建立维护人员组织；建立维护计划方案；修改程序及调试；修改文档。

在新的信息系统建成和运行后，要对新的系统的性能和效果、对组织的贡献等状况进行系统评价工作。根据检查和评价的结果，找出系统的不足及薄弱环节，为进一步改进和完善提出建议。对信息系统的评价指标主要分系统性能、直接经济效益和间接经济效益三个方面。

问题讨论

1. 系统实施应包括哪些内容？
2. 用结构化程序设计的方法设计程序时，程序有哪几种基本逻辑结构？
3. 系统测试的目的和原则是什么？
4. 模块测试有哪些基本方法？
5. 系统转换的方式有几种？其各自的特点是什么？
6. 系统维护工作包括哪些内容？
7. 系统评价的目的和内容是什么？

案例分析 7.1

轧钢分厂生产调度管理信息系统的实施

1. 系统简介

某企业轧钢分厂共有职工 2 000 余名，3 个车间，它将炼钢分厂冶炼的钢坯加热，轧制并剪切成各种规格的钢材。其生产工艺流程如图 7.9 所示。

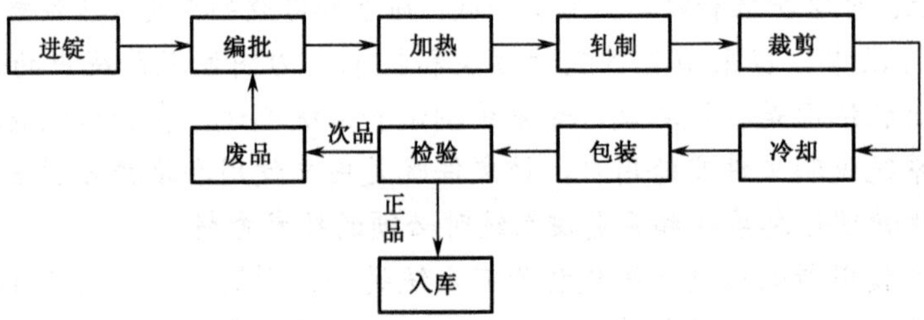

图 7.9　轧钢生产工艺流程图

轧钢分厂生产调度系统的主要工作内容有三个方面：收集生产数据；制作生产报表；下达调度指令。经分析确定计算机系统处理的内容如下：

（1）根据各工段提供的生产信息（产量，在制品库存，设备状态，原燃料供应，钢材入库等）及时制作班、日、周、旬、月等生产报表。

（2）根据生产计划及工序进度计划，各工段在制品定额以及各工段实际工作情况，及时下达各种生产指令。

（3）当发生设备故障及其他意外情况时，及时下达各种生产调整指令。

（4）把本车间的有关生产数据及时上报总调度室，接受总调度室生产指令。

（5）保存有关生产数据及生产指令，迅速查询有关内容。

轧钢分厂生产调度管理信息系统的开发经过系统分析、系统设计之后，编写了程序。下面主要介绍其系统实施阶段的系统调试和系统转换阶段工作的经验。

2. 系统调试

在轧钢分厂生产调度系统的调试过程中，运用黑盒、白盒测试方法，用该分厂 1997

年 12 月份的实际生产数据先后进行模块测试、子系统测试。在测试中发现了接口错误，如在查看轧钢钢材入库过磅单时发现司磅员一栏显示的是司磅员编码，而不是司磅员姓名（此表由自动化部磅房录入，本系统中查看）。故又增加了司磅员编码表，先由此表找到相应司磅员编码，再显示其姓名。在进行系统测试中，又发现了“过压钢”问题。所谓过压钢是指某班组今天所轧制的钢材没有及时入库。而等到明天或后天才入库，这时，此部分钢材仍应计为相应班组的产量，而不应该计为其他班组的，为了记录这一情况，他们又设置了压钢、过压钢表。

值得一提的是，该系统采用第四代面向对象的语言 Power Build 作为开发工具。由于它的消息机制和强大的可视化功能，使得功能模块的设计和测试变得容易。

3. 系统转换

当该系统完成验收测试后没有马上替代手工作业而投入实际运行。还做了如下准备工作。

1）建立相应的规章制度

一个有效的信息系统在投入运行后无疑会影响一部分人的工作方式和利益，在系统投入运行的初期，甚至也会遭到许多操作人员（这些人员可能是系统的直接受益者）的反对。要使人们从思想、工作方式、方法上切换到新系统，必须有强有力的管理制度做保证。例如，该系统在投入运行之前往往车间的能耗每月统计一次，为了精确计算每个班组的能耗指标，轧钢分厂规定统计员必须及时收集每个班组当天的能耗。

2）数据准备

新系统真正运行之前，一项十分艰巨的工作就是数据准备。例如，完成产品编码的录入，单位、司磅员编码的录入，要规范调度记事等。而对于其他系统则可能还要录入大量原始数据。

3）系统文档准备

编写系统文档是管理信息系统中特别强调的内容。一份好的系统文档无论对系统开发、系统测试、系统维护和系统使用都很重要。该系统文档可以分为以下三类：①系统一般性说明文件，包括用户手册、系统规程等；②系统分析报告，包括需求分析、系统设计与系统实现等报告；③程序说明书。

4. 人员培训工作

1）对用户单位系统管理人员的培训

这种培训包括对系统软、硬件两个方面的培训。软件方面包括操作系统、网络管理、数据库、应用程序等；硬件方面包括服务器、工作站、集线器、网卡、通信介质等。只有用户系统管理员完全掌握此系统之后，才可开展对此系统的维护工作，此系统日后才能具有生命力。

2）操作员培训

这种培训包含计算机基础知识、汉字操作系统、指法训练和应用程序使用等内容。

当上述工作做完之后，又采用了系统的平行切换方式，即让新老系统平行运行了 3 个月，对原手工操作方式和新机器系统运行方式进行了比较，并对系统个别细节做了调整，然后才使整个系统投入正式运行。

从运行的效果看，这一系统实现了预期的设计目标，为优化轧钢分厂的人、财、物力资源，让领导及总调度及时掌握生产动态，提高全员劳动生产率起到了重要作用，受到了用户的好评。节省成本和日常费用开支。由于整个的生产计划，作业计划都实现了计算机管理后可减少成品、半成品及毛坯库存量的 30%，轧钢分厂单独此项每年可节约费用 15 万元。实现计算机管理后大量统计工作由计算机完成，省去一个统计员，直接节省管理费用约每年 1.2 万元。该系统提供友好的用户操作界面，尽量减少用户的录入工作量，提高信息处理速度和准确性，使查询一条记录的时间不超过 15 秒，输出生产日报、生产班报的时间不超过 1 分钟，计算准确性达到 100%。

案例分析 7.2

某市政府电子政务信息化系统的实施

1. 系统简介

市政府电子政务信息化系统由核心办公业务系统、政务资源库应用系统、内部门户网站、业务监管平台和数据交换平台组成，如图 7.10 所示。

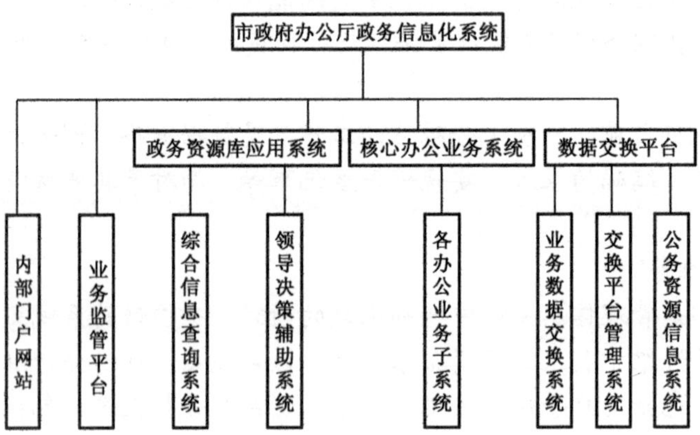

图 7.10　市政府政务信息化系统功能架构

（1）核心办公业务系统提供对市政府办公厅各项办公业务的管理，由公文处理、档案管理、会务管理等多个业务子系统组成，处理办公厅日常办公业务。

（2）政务资源库应用系统在核心办公业务系统应用的基础上，将来源于核心办公业务系统的综合办公业务信息、以及来源于市公务网的共享信息进行处理分析后，为市领导提供咨询服务和决策支持功能。

（3）内部门户网站为办公厅政务信息化系统提供统一的应用访问入口和个性化的服务。

（4）业务监管平台为办公厅政务信息化系统的运行、扩展、联系、维护提供支撑和集中监督管理。

（5）数据交换平台根据市政府办公厅政务信息化系统的要求，完成市政府办公厅与其他政府机构之间的文件、简报、信息等数据交换，是整个市府办公厅政务信息化系统同外部系统的统一入口和出口。

2. 系统测试

办公厅政府信息化系统建设关系到全省各级政府的工作，一旦出现问题，将产生严重的后果并造成巨大的社会影响。因此，整个信息化建设必须达到较高的可靠性、稳定性以及健壮性。为确保信息化建设能满足以上要求，在建设过程中，需要同步进行严格的测试工作。

整个系统的测试过程分为单元测试、集成测试、系统测试和验收测试；具体测试实现又分为手动测试和自动测试两种。

1）单元测试

针对单个或相关联的一组程序单元的测试，由编程的开发人员自行计划与实施。单元测试保证程序模块在设定的条件下能正常的运行，对输入的合理数据和可预见的不合理数据都能正确地处理，不出现死机或死循环现象且返回正确的信息。能提供正确的编译和运行条件及方法。

2）集成测试

集成测试是指一个应用系统的各个部件的联合测试，以决定各部件能否在一起共同工作。参加集成测试的程序模块都通过了单元测试，且模块之间有一定的逻辑联系，能够实现特定的系统功能。部件可以是代码块、独立的应用、网络上的客户端或服务器端程序。这种类型的测试尤其与客户服务器和分布式系统有关。集成测试保证系统的部分或整体能够正常地运行，对输入的有效和无效数据、正确的和不正确的操作、正常和不正常的工作环境等都能正确地处理，并给出合理的信息或结果。

3）系统测试

系统测试是基于系统整体需求说明书的黑盒类测试，覆盖系统所有联合的部件。系统测试由若干个不同测试组成，目的是充分运行系统，验证系统各部件是否都能正常工作并完成所赋予的任务。系统测试包含恢复测试、强度测试和性能测试。

（1）恢复测试。主要检查系统的容错能力。当系统出错时，能否在指定时间间隔内修正错误并重新启动系统。恢复测试首先要采用各种办法强迫系统失败，然后验证系统是否能尽快恢复。对于自动恢复需验证重新初始化、检查点、数据恢复和重新启动等机制的正确性；对于人工干预的恢复系统，还需估测平均修复时间，确定其是否在可接受的范围内。

（2）强度测试。检查程序对异常情况的抵抗能力。强度测试总是迫使系统在异常的资源配置下运行。例如，当定量地增长数据输入率时，检查输入子功能的反映能力；运行需要最大存储空间（或其他资源）的测试用例等。

（3）性能测试。对于那些实时和嵌入式系统，软件部分即使满足功能要求，也未必能够满足性能要求。虽然从单元测试起，每一测试步骤都包含性能测试，但只有当系统真正集成之后，在真实环境中才能全面、可靠地测试运行性能。系统性能测试是为了完成这一任务。

4）验收测试

验收测试在省政府办公厅对系统经过一段时间使用后，依据省政府办公厅政务信息化系统建设项目用户需求说明书和系统功能说明书，检验系统是否满足用户要求。验收测试包含α测试和β测试。

（1）α测试。软件公司组织内部人员模拟各类用户对即将提交的办公厅应用系统（称为α版本）进行测试，试图发现错误并修正。α测试的关键在于尽可能逼真地模拟实际运行环境和用户对应用系统的操作，并尽最大努力涵盖所有可能的用户操作方式。

（2）β测试。经过α测试调整的系统称为β版本。β测试由办公厅用户在实际运行环境和日常工作中使用β版本，进行系统的试运行。由软件公司测试人员协助，并要求用户报告异常情况、提出批评意见。然后软件公司再对β版本进行改错和完善。

经过一段时间的实际运行后，系统完成了所有的测试用例，并对发现的问题给出明确的答案，可进行系统验收工作。

3. 系统验收

市政府办公厅政务信息化系统的验收内容包括系统平台建设的验收和应用系统建设的验收。

系统验收将以双方签订的技术与商务合同作为标准：合同规定的全部产品和文档资料均已提供；通过验收测试的证明，系统各项功能满足合同要求；试运行时出现的问题已被解决，系统能够正常运行。

（1）验收文档清单。在项目实施的每一阶段，软件公司将提交相应的文档供用户验收，并签署相应的确认书。在项目验收完成后，应保证用户已验收或签署了表 7.1 列出的所有文档。

表 7.1 验收文档清单

序　号	文档名称	任务/所处阶段	说　明
	系统总体概述	总体实施方案	
	项目采购清单	设备采购	
	项目采购计划	设备采购	
	项目设备签收单	设备采购	
	项目设备接收单	设备采购	
	用户需求说明书	应用开发/需求分析	应用开发相关文档按子系统分别提交
	系统功能说明书	应用开发/需求分析	
	软件需求分析确认书	应用开发/需求分析	
	用户手册	应用开发/软件实现	可由安装手册、操作手册、技术手册、支持手册和培训手册组成
	系统开通证明	系统安装	
	系统安装环境报告	系统安装	包括网络、主机、存储系统、系统软件和系统管理软件
	系统测试报告	系统联调测试	
	系统维护手册	系统联调测试	包括系统日常运行手册和常见问题解决等。
	项目验收计划	系统总体验收	
	系统交付清单	系统总体验收	
	项目验收报告	系统总体验收	

（2）验收方法。系统试运行时，建设方提出验收计划，经用户认可后，由双方共同进行项目验收。共同确认验收结果，形成项目验收报告。建设方和用户双方在项目验收报告和系统交付清单上签字。

4. 用户培训

软件公司在项目进行的过程中，将对用户提供全面的培训。根据省政府办公厅业务分工特性，将用户培训分为以下三类。

1）日常操作培训

面向办公厅平台工作人员，主要是用户操作培训。由软件公司具有丰富经验的培训师主讲，对办公厅工作人员进行系统的操作培训，配以实际操作的指导，并提供全部详细的培训资料，保证办公人员可以迅速并正确地掌握政务信息化系统的使用。

2）系统管理培训

考虑到省政府办公厅信息系统系统管理员的职责，除了保证系统正常运转外，还为其他用户提供技术支持，或者在原有基础上进行部分应用功能的扩展，将有针对性地提供以下四类培训：

（1）系统日常维护培训。对办公厅信息化系统管理人员进行系统的日常维护培训，包括对微小系统故障的排除等。保证系统运行的可靠性及持续性。在系统扩展时，也提供对系统管理人员的后继培训。

（2）系统相关技术培训。对办公厅信息化系统管理人员进行系统相关技术的培训，有利于系统管理人员对系统的日常维护。避免管理操作不当引起的系统故障。

（3）系统架构培训。除了进行普通系统操作培训外，还进一步向系统管理人员介绍整体系统架构设计及其各部分之间的关系，使系统管理人员全面地了解整个办公厅政务信息系统，以便为其他用户提供技术支持。

（4）系统二次开发培训。对办公厅信息化系统管理人员进行系统二次开发培训，以利于系统功能的扩展及完善。

3）高级技术培训

对部分高级用户进行系统中所使用核心设备和关键系统软件培训，使用户对产品及其相关技术有深入的掌握，了解产品在本系统中所处的位置和起到的作用，从而对系统架构有更深层次的理解，使这些产品在办公厅政务信息化系统中发挥最大的效益。

5. 系统维护

软件公司按照合同规定对系统进行有效的支持维护，是整个项目实施过程的重要组成部分。优质的系统维护工作，对于提高客户满意度、保证系统充分发挥效益，具有特殊的意义。

政府办公厅系统试运行期间和系统正式验收签证之日起计 12 个月内的免费系统维护期中，公司提供免费的系统维护。在免费系统维护期结束后，软件公司将依据双方签订的维护合同，继续为用户提供优质的服务。

公司将由项目组和客户支持部共同组成一支具备专业素质和优良服务意识的系统维护团队，针对省政府办公厅系统制定预防问题发生的维护计划，并保证诊断工具和维护设备随时可用。公司所提供的系统维护服务主要包括以下三个方面。

（1）现场派驻。系统试运行开始后，公司将派资深公司人员常驻办公厅现场，提供实时的技术服务：解决能够当场处理的问题或故障；无法当场处理的问题，将确保迅速转交至项目组和相关负责人员；负责现场技术支持。

（2）故障响应。在系统试运行期间，为了在省政府办公厅政务信息化建设项目中给予客户更好的技术服务，公司将组织有关技术骨干对本项目的系统进行定向技术支持：提供5×8小时现场服务和意外情况7×24小时的一线技术支持服务，进行系统流量检测和系统性能监控，负责每天的维护工作；系统故障的快速响应服务，响应时间在1小时内；提供全天24小时的故障报告传真服务以及有关技术人员配备通信工具，保证真正意义上及时响应。

在免费系统维护期内，对系统故障的处理和措施：提供全天24小时的故障报告传真服务。系统故障工作时间内4小时和非工作时间内24小时的响应服务，原则上工作时间内的响应时间在距错误报告后2小时以内。对需要现场支持的系统故障，提供工作时间内8小时和非工作时间内24小时的现场响应服务。

（3）定期技术服务。除故障响应服务外，公司将定期提供对系统软、硬件的维修保养服务，正确了解用户系统运行状态，以便正确提供系统故障预防措施的建议，使用户系统处于最佳运行状态：组织安排工程师进行系统检查和系统参数的调整；定期的系统性能监控记录和流量检测记录分析；硬件和操作系统的周期性例行维护（一般3个月一次）；指导用户管理有关的技术资料和系统记录；电话热线服务。

软件公司客户支持部在系统维护期，将为本项目提供电话热线服务：接待用户的咨询电话——直接答复可以立即回答的问题；或将用户查询的问题转给专人给予及时的解答。接待用户的问题求助电话——澄清问题所在，尽可能地提供用户解决问题的方案；若不能通过电话解决，确保转交给客户支持工程师进行解决。接待用户的故障报告电话——启动故障响应流程，及时通知用户有关技术资料的更新。

第8章

面向对象的系统开发

引言

针对日趋复杂的软件需求的挑战，软件业界发展了面向对象（OO，Object Orientation）的软件开发模式。目前作为针对“软件危机”的最佳对策，OO技术已经引起人们的普遍关注。最初被多数人看成一种不切实际的方法和满足一时好奇心的研究，现在得到了人们广泛的欢迎。许多编程语言都推出支持面向对象的新版本，同时大量的面向对象的开发方法被提出来。

通过本章学习，可以了解（或掌握）：

- 面向对象的基本概念与特征；
- 面向对象的系统开发原理与步骤；
- 面向对象分析；
- 面向对象设计；
- 面向对象的程序设计语言。

8.1 面向对象的基本概念与特征

面向对象技术的研究近几年来已经得到很大的发展，但是，迄今为止，对面向对象技术还没有一个明确的定义。一般认为，在软件开发中使用对象、类和继承等概念就是面向对象技术。其实，面向对向技术涉及领域非常广泛，包括软件开发时使用的方法学，软件开发实现阶段所使用的语言、数据库等。面向对象技术还渗入人工智能、操作系统、并行处理等各个研究领域。

8.1.1 面向对象的基本概念

作为面向对象技术的核心，对象、类和继承以及其他一些概念的确切含义如何，是计算机界一直比较关心的话题，但迄今还没有一个标准的定义。

1．对象

对象（Object）是面向对象系统中的核心概念。如果不能正确地认识和定义它，就无法掌握面向对象的理论。理解面向对象的理论，必须从最基本的概念入手，通过对最基本的概念的掌握，真正认识面向对象方法的作用。

1）对象的定义

对象具有两方面的含义，即在现实世界中的含义和在计算机世界中的含义。一个对象既可以非常简单，又可以非常复杂。复杂的对象往往可由若干简单对象组合而成。

在现实世界中，“对象”无处不在。人们身边存在的一切事物都可以看做是对象，如一粒米、一本书、一个人、一所学校，甚至一个地球，都可以看做是对象。除去这些可以触及的事物是对象之外，还有一些无法整体触及的抽象事件，例如一次演出、一场球赛、一次借书等，在一定的条件下也都是对象。

所有的这些对象，不但是现实世界中所存在的事物，而且具有各自不同的特征。例如，一个人，首先它是一个客观实体，具有一个名字标识；其次它具有性别、年龄、身高、体重等这些体现他自身状态的特征；可能他还具有一些技能，如会开车、会修电器等。

通过上面的这些举例可以总结出“对象”的特性：①有一个名字以区别于其他对象；②有一个状态用来描述它的某些特征；③有一组操作，每个操作决定对象的一种功能或行为；④对象的操作可分为两类：一类是自身所承受的操作，一类是施加于其他对象的操作。

由此，对象可以看做其自身所具有的状态特征及可以对这些状态施加的操作结合在一起所构成的独立实体。

2）对象的状态

一个对象之所以能在现实世界中独立存在，是因为它具有自身的状态，即自身所具有的那些特征。由于这些状态的存在，使其能对自身及外界对象施加操作。当然一个对象的这些状态并不是完全用来直接为外界服务的，但它们本身是能够为外界服务的基础。

3）对象的特性

对象从形式上看，是系统程序员、应用程序员或用户所定义的抽象数据类型的变量；当用户定义一个对象时，就创造了具有丰富内涵的新的抽象数据类型。它是构成和支撑整个面向对象程序设计的细胞和基石。它具有下述三个特性。

（1）模块独立性。从逻辑上看，一个对象是独立存在的模块。从外部看这个模块，只需了解它具有哪些功能，至于它如何实现这些功能和使用哪些局部数据来完成它们，则都“隐蔽”在模块内部。这意味着模块内部状态不因外界的干扰而改变，也不会波及其他模块；模块间的依赖性极小或几乎没有；各模块可独立地为系统所组合选用，也可被程序员重用，而不必担心波及或破坏其他模块。

（2）动态连接性。客观世界中各式各样的对象，并不是孤立存在的，它们之间是有联系的。正是它们之间的相互作用、联系和连接，才构成了世间各种不同的系统。同时，在面向对象程序设计中，通过消息激活机制，把对象之间动态联系在一起，使整个机体运转起来，便称为对象的连接性。

（3）易维护性。由于对象的功能被“隐蔽”，好像被一层封装壳保护在对象内部，所以修改、完善功能及其实现的细节都被局限于该对象的内部，不会波及外部，这就使得对象和整个系统变得非常容易维护。

2. 类

类（Class）是面向对象系统中最重要的概念，面向对象程序设计中的所有的操作都归结为对类的操作。在面向对象程序设计中因为引入类的概念，使得它与传统的结构化程序设计明显地区分开来。

把众多的事物归纳、划分成一些类，是人类在认识客观世界时经常采用的思维方法。分类所依据的原则是抽象，即忽略事物的非本质特征，只注意那些与当前目标有关的本质特征，从而找出事物的共性；把具有共同性质的事物划分为一类，得出一个抽象的概念。例如，马、树木、石头等都是一些抽象概念，它们是一些具有共同特征的事物的集合，被称做类。类的概念能使我们对属于该类的全部个体事物进行统一的描述。例如，“树具有树根、树干、树枝和树叶，它能进行光合作用”，这个描述适合所有的树，从而不必对每棵具体的树都进行一次这样的描述。

1）类的定义

在面向对象的方法学中，类是具有相同属性和服务的一组对象的集合。它为属于该类的全部对象提供统一的抽象描述，其内部包括属性和服务两个主要部分。在面向对象的编程语言中，类是一个独立的程序单位，它应该有一个类名并包括属性说明和服务说明两个主要部分。类的作用是定义对象。比如，程序中给出一个类的说明，然后以静态声明或动态创建等方式定义它的对象实例。

对象既具有共同性，也具有特殊性。运用抽象的原则舍弃对象的特殊性，抽取其共同性，则得到一个适应一批对象的类。如果在这个类的范围内考虑定义这个类时舍弃的某些特殊性，则在这个类中只有一部分对象具有这些特殊性，这些对象彼此是共同的，于是得到一个新的类。它是前一个类的子集，称做前一个类的特殊类，而前一个类称做这个新类的一般类，这是从一般类发现特殊类。也可以从特殊到一般：考虑若干类所具有的彼此共同的特征，舍弃它们彼此不同的特殊性，则得到这些类的一般类。

一般类和特殊类是相对而言的，它们之间是一种真包含的关系，即特殊类是一般类的一个真子集。如果两个类之间没有这种关系，就谈不上一般和特殊。特殊类具有它的一般类的全部特征，同时又具有一些只适应于本类对象的独有特征。

2）类与对象的关系

类与对象的关系如同一个模具与用这个模具铸造出来的铸件之间的关系。类给出了属于该类的全部对象的抽象定义，而对象则是符合这种定义的一个实体。所以，一个对象又称做类的一个实例（Instance），也有人把类称做对象的模板（Template）。所谓“实体”或“实例”意味着什么呢？最现实的一件事是：在程序中，每个对象要有自己的存储空间，以保存它们自己的属性值。同类对象具有相同的属性与服务，是指它们的定义形式相同，而不是说每个对象的属性值都相同。

对于同一类的不同实例之间，必定具有如下特点：相同的操作集合；相同的属性集合；不同的对象名。

3. 消息

对象与对象之间不是彼此独立的，它们之间存在着联系，在面向对象系统中，对象之间的联系是通过消息（Message）传递的。

1）消息的定义

某顾客对着一个售报亭说：“买一份《北京晚报》。”这就是一条消息，它是顾客向售报亭发出的服务请求。顾客没有伸手到亭内取报，而是通过发一个消息达到买报的目的。售报亭接收到这个消息，就执行一次对外提供的服务——报刊零售。这条消息包含了下述信息：接收者，即某个售报亭；要求的服务，即报刊零售；输入信息，即要买的报刊种类、份数和递进去的钱；回答信息，即买到的报纸和找回的零钱。

面向对象方法学中对消息的定义是：消息就是向对象发出的服务请求，它应该含有下述信息：提供服务的对象标识、服务标识、输入信息和回答信息。

消息是对象之间相互请求或相互协作的途径，要求某个对象执行其中某个功能。通常，把发送消息的对象称为发送者，接收消息的对象称为接收者。对象间的联系，只能通过传送消息来进行。对象也只有在收到消息时，才被激活。被激活后的对象代码将“知道”如何去操作它的私有数据，去完成所发送的消息要求的功能。

2）消息的性质

消息具有三个性质：①同一对象可接收不同形式的多个消息，产生不同的响应；②相同形式的消息可以送给不同对象，所做出的响应可以是截然不同的；③消息的发送可以不考虑具体的接收者，对象可以响应消息，也可以对消息不予理会，对消息的响应并不是必需的。

8.1.2 面向对象的特征

面向对象系统最突出的特性就是封装性、继承性和多态性。衡量某种程序设计语言，看它是否是面向对象的程序设计语言，主要看它是否具有这三种特性。

1．封装性

1）封装的含义

封装（Encapsulation）是面向对象方法的一个重要原则。它有两个含义：一个是把对象的全部属性和全部服务结合在一起，形成一个不可分割的独立单位（即对象）。另一个含义也称“信息隐蔽”，即尽可能隐蔽对象的内部细节，对外形成一个边界（或者说形成一道屏障），只保留有限的对外接口，使之与外部发生联系。这主要是指对象的外部不能直接地存取对象的属性，只能通过几个允许外部使用的服务与对象发生联系。

封装的定义是：把对象的属性和服务结合成一个独立的系统单位，并尽可能隐蔽对象的内部细节。

例如，用“售报亭”对象描述现实中的一个售报亭。它的属性是亭内的各种报刊（其名称、定价）和钱箱（总金额），它有两个服务——报刊零售和款货清点。封装意味着这些属性和服务结合成一个不可分割的整体——售报亭对象。它对外有一道边界，即亭子的隔板；并留一个接口，即售报窗口，在这里提供报刊零售服务。顾客只能从这个窗口要求提供服务，而不能自己伸手到亭内拿报纸和找零钱。款货清点是一个内部服务，不向顾客开放。

在程序设计中，封装是指将一个数据和与这个数据有关的操作集合放在一起，形成一个能动的实体——对象，用户不必知道对象行为的实现细节，只需根据对象提供的外部特性接口访问对象即可。因此，从用户的观点来看，这些对象的行为就像包含在一个“黑匣子”里，是隐蔽的、看不见的。

2）封装的条件

从上面的叙述可以看出，封装应该具有下面三个条件：

（1）具有一个清楚的边界，对象的所有私有数据、内部程序（成员函数）细节都被固定在这个边界内。

（2）具有一个接口，这个接口描述对象之间的相互作用、请求和响应，它就是消息。

（3）对象内部的实现代码受到封装壳的保护，其他对象不能直接修改本对象所拥有的数据和代码。

3）协议

协议是一个对象对外服务的说明，它声明这个对象可以为外界做什么。它是由一个对象能够接受并且愿意接受的所有信息构成的对外接口。也就是说，请求对象进行操作的唯一途径就是通过协议中提供的消息进行的。

例如，一个人有各种能力，其中有一部分能力他乐意向外界公布并对外界提供服务；还有部分能力只是有选择地向某些人宣布；另有一部分能力他不想让任何人知道，即使外人知道了他所具有的这部分能力，他也不向外人提供服务。这里就存在一个协议的问题，可将能够提供服务的那部分能力写到协议中去。

外界对象能够并且只能根据该对象发送协议中所提供的消息，请求该对象服务。即使一个对象可以完成某个功能，但它没有将该功能放入协议中，外界对象依然不能请求它完成这个功能。协议实际上是一个对象所能接受的所有公有消息的集合。

4）面向对象系统的封装性

面向对象系统的封装性是一种信息隐藏技术。它使系统设计员能够清楚地标明他们所提供的服务界面，用户或应用程序员只能看见对象提供的操作功能，看不到其中的数据或操作代码细节。从用户或应用程序员的角度看，对象提供了一组服务，而服务的具体实现，即对象的内部却被屏蔽封装着。

对象的这一封装机制的目的，在于将对象的用户与设计者分开。用户不必知道对象行为实现的细节，只需用设计者提供的协议，命令对象去做即可。

面向对象系统中的封装单位为对象，即主要指对对象的封装。该对象的特性由它所属的类说明描述。除去对象的封装以外，类概念本身也具有一种封装意义，它将数据和与这个数据有关的操作集合封装在一起，建立一个定义良好的接口，这反映了抽象数据类型的思想。

2．继承性

继承（Inheritance）是面向对象系统中的另一个重要的概念。前面讨论了类，这些类是孤立的，相互之间还没有建立关系。也就是说，这些类都处在同一级别上，是一种平坦结构。这种没有建立相交关系的平坦结构限制了面向对象系统的设计，因为它不允许类之间实现信息共享。在系统中有些对象，它们有些相同但又有些差别；如果不允许类之间建立相交关系，这些不同对象的相似之处就无法表现出来。

1）继承的引入

继承意味着“自动地拥有”。就是说，特殊类中不必重新定义在它的一般类中定义过的属性和服务，而它却自动地、隐含地拥有其一般类的所有属性与服务。OO 方法的这种特性称做对象的继承性。从一般类和特殊类的定义可以看到，后者对前者的继承在逻辑上是必然的。继承的实现则是通过 OO 系统（如 OOPL，面向对象的程序设计语言）的继承机制保证的。

一个特殊类既有自己新定义的属性和服务，又有从它的一般类中继承的属性与服务。继承的属性和服务，尽管是隐式的（不用书写出来），但是无论在概念上还是在实际效果上，都确确实实地是这个类的属性和服务。当这个特殊类又被它更下层的特殊类继承时，它继承的和自己定义的属性和服务又一起被更下层的类继承。也就是说，继承关系是传递的。

继承具有重要的实际意义，它简化了人们对事物的认识和描述。比如认识轮船的特征之后，在考虑客轮时只要知道客轮也是一种轮船这个事实，就认为它理所当然地具有轮船的全部一般特征，只需要把精力用于发现和描述客轮独有的那些特征。在软件开发过程中，在定义特殊类时，不需把它的一般类已经定义过的属性和服务重复地书写一遍，只需要声明它是某个类的特殊类，并定义它自己的特殊属性与服务。这无疑将明显地减轻开发工作的强度。

继承对于软件复用是很有益的。在开发一个系统时，使特殊类继承一般类，这本身就是软件复用，然而其复用意义不仅如此。如果把用 OO 方法开发的类作为可复用构件提交到构件库，那么在开发新系统时不仅可以直接地复用这个类，还可以把它作为一般类，通过继承而实现复用，从而大大扩展了复用范围。

2）继承与类的关系

继承所表达的就是一种对象类之间的相互关系。它使得某类对象可以继承另外一类对象的特征和能力。特殊类的对象拥有其一般类的全部属性与服务，称做特殊类对一般类的继承。

若类间具有继承关系，则它们之间应具有三个特性：①类间具有共享特征（包括数据和程序代码的共享）；②类间具有细微的差别或新增部分（包括非共享的程序代码和数据）；③类间具有层次结构。

具体地讲，若类 B 继承类 A 时，则属于 B 中的对象便具有类 A 的一切性质（数据属性）和功能（操作）。称被继承类 A 为基类或父类，或超类；而称继承类 B 为 A 的派生类或子类。因此，要构造一个新类 B，只需继承一个与之有共同特征的基类 A，再描述与基类不同的少量特征（即增加一些新的数据成员和成员函数）。于是，类 B 便由继承来的和新添加的两部分特征组成。

继承所具有的作用有两个方面：一方面可以减少代码冗余；另一方面可以通过协调性减少相互之间的接口和界面。

3）继承与封装的关系

在面向对象系统中，有了封装机制以后，对象之间只能通过消息传递进行通信。那么，继承机制的引入是否削弱了对象概念的封装性，继承和封装是否矛盾呢？其实这两个概念并没有实质性的冲突。在面向对象系统中，封装性主要指的是对象的封装性，即将属于某一类的一个具体的对象封装起来，使其数据和操作成为一个整体。在引入继承机制的面向对象系统中，对象依然是封装得很好的实体，其他对象与它进行通信的途径仍然只有一条，那就是发送消息。类机制是一种静态机制，不管是基类还是派生类，对于对象来说，它仍然是一个类的实例，也许是基类的实例，也许是派生类的实例。因此，继承机制的引入丝毫没有影响对象的封装性。

从另一角度看，继承和封装机制还具有一定的相似性，它们都是一种共享代码的手段。继承是一种静态共享代码的手段，通过派生类对象的创建，可以接受某个消息启动其基类所定义的代码段，使基类和派生类共享这段代码。封装机制提供的是一种动态共享代码的手段。通过封装，可将一段代码定义在一个类中，在另一个类所定义的操作中，可以通过创建该类的实例，向它发送消息而启动这段代码，同样达到共享的目的。

4）类的层次结构

有了继承机制，就有了类的层次关系和结构。类的层次结构是表示系统中所有类关系的轮廓，以这种形式可以很容易地跟踪类与基类和派生类之间的关系。

图 8.1 给出了一个类的层次结构。图中有 A、B、C 三个对象类。类 B 是从类 A 中派生出来的。也就是说，A 是 B 的基类，而且是直接基类，B 是 A 的派生类。类 C 是从类 B 中

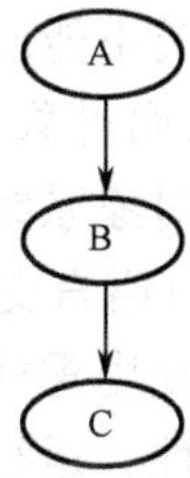

图 8.1　类的层次结构

派生出来的。也就是说，B 是 C 的直接基类，C 是 B 的派生类。对于 C 类来讲，除去 B 是它的直接基类外，A 也是它的基类，但属于间接基类。由此，A、B、C 这三个类之间的继承关系就形成了一个类的层次。

类的层次关系可以清楚有效地表示现实世界事物的分类问题。

5）继承机制的特点

在面向对象系统中，引入继承机制后具有五个特点：①清晰体现相关类之间的层次结构关系；②减少代码和数据的冗余度，大大增加程序的重用性；③通过增强一致性，减少模块间的接口和界面，大大增加程序的易维护性；④是自动传播代码的有力工具；⑤是在一些比较一般的类的基础上构造、建立和扩充新类的最有效的手段。

在面向对象系统中，若没有引入继承的概念，所有的类就会变为一盘各自为政、彼此独立的散沙，每次软件开发都要从“一无所有”开始。

在面向对象系统中，继承性不仅作用在对操作的继承上，还作用在对数据内容的继承，既具有结构特性的继承性，又具有行为特性的继承性。

3. 多态性

多态性（Polymorphism）是面向对象系统中的又一重要特性。它描述的是同一个消息可以根据发送消息对象的不同，采用多种不同的行为方式。重载、虚函数、抽象类是实现多态性的几个重要手段。

1）重载

在面向对象系统中，重载的含义是指通过为函数和运算符创建附加定义而使它们的名字可以重载。也就是说，相同名字的函数或运算符在不同的场合可以表现出不同的行为。

2）虚函数

虚函数使用户在一个类等级中可以使用相同函数的多个版本。每个版本均属于类等级中的不同的类。究竟使用的是哪一个特定的版本，需要在运行中决定。

3）抽象类

抽象类的作用是将许多有关的类组织在一起，提供一个公共的基类，而那些被它组织在一起的具体的类由它派生出来。它刻画公有行为的特征，通过继承机制传送给它的派生类。

抽象类只描述与这类对象有关的协议和消息的部分实现，完整的实现留给它的派生类来具体完成。

抽象类不能创建具体对象的类，即不能产生实例，只能建立它的派生类的对象。

4）面向对象系统的多态性

面向对象系统的多态性指的是，当不同的对象收到相同的消息时产生不同的动作。比如，C++语言支持两种多态性，即编译时的多态性和运行时的多态性。编译时的多态性是通过使用重载实现的，到底执行的哪个重载版本在编译时就可知道，所以是相对静态的多态性。运行时的多态性是通过虚函数实现的，到底运行的是哪个函数版本，需要在运行时通过找出发送消息的对象来确定。编译器在编译时采用的是动态联编手段。

8.2　面向对象的系统开发原理与步骤

现实世界的问题空间和软件的解空间之间存在很大的距离。面向对象的系统开发就是力图缩短这个距离。它围绕着现实世界的概念组织模型，是一种全新的思考问题的方式。

8.2.1　面向对象的系统开发原理

面向对象的系统开发通过对应用领域的概念进行分类和组织，以更好地与客观世界相吻合。它鼓励软件的用户、系统分析员、软件设计者、编程人员和管理人员之间进行充分的信息交流。

图 8.2 表示的是面向对象的系统开发模型，它表达了面向对象开发的内容和过程。

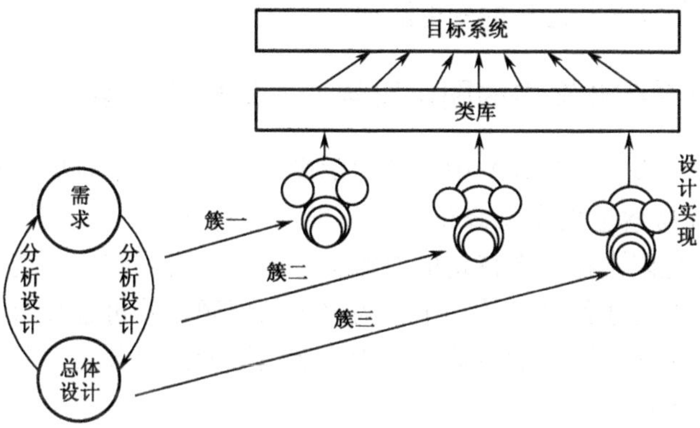

图 8.2　面向对象的系统开发模型

由图 8.2 可知，系统开发人员通过需求调查，在反复的分析设计中不断地构建“簇”(Cluster)。簇的概念是 B. Meyer 提出来的。他在研究面向对象的开发过程中感觉到用单个对象映射客观实体难以实现，就用一组对象来为客观世界的复杂实体建模。“簇”就是一组对象。一方面构建的簇经过设计实现被存入系统的类库中，以备再用；另一方面，构建“簇”的这组对象也来源于系统已存在的类库。

8.2.2　面向对象的系统开发生命周期

在以往的管理信息系统开发中，系统生命周期是瀑布式的，它把系统的开发过程分解为分析、设计、实施、测试和维护五个阶段。面向对象的系统开发生命周期与瀑布式系统开发生命周期有所不同，它由四个阶段组成，每个阶段都可以相互反馈，整个过程是一种迭代、渐增的开发过程。

1. 分析阶段

面向对象分析（OOA，Object-Oriented Analysis）是从问题域中选出词汇，建立类和对象的模型世界。

2. 设计阶段

面向对象设计（OOD，Object-Oriented Design）是对问题域的行为进行关键抽象再分解的过程。设计的结果反馈到分析上进行修正。当关键抽象足够简单，不需要再分解时即可停止设计。

3. 演化阶段

演化实际上是由面向对象程序设计（OOP，Object-Oriented Programming）、测试和集成组合在一起的阶段。

4. 维护阶段

维护是在系统提交运行之后的变更活动。

8.2.3 面向对象系统开发中的图示符号——对象关系图

在面向对象程序设计（OOP）中，就内部操作而言，一个对象本身有不足的地方不是关键问题。这容易察觉也容易修正，可以随时进行改进，甚至在系统运行时也可改进。因为这一改动是限定在一个特定的对象类中的，不会对整个系统产生大的损伤。不同对象间通信上的不足通常是设计当中较为严重的问题。若再进行改动或扩充时，对象之间的消息传递将是非常困难的事情，因为它所波及的面比较大。若消息能力不足，就很难正常启动系统运行。

对象关系图就是为了确定系统设计中的消息通信是否完整而设计的。它既包括对象类之间的结构关系，又包括相互消息传递的对象之间的动态关系。

使用对象关系图，可以发现设计中的错误，特别是那些有关对象间关系的错误；作为实际应用编码的依据；用于系统出问题时的调试与检错。

1. 对象间的创建关系

对象之间的创建关系是委托关系的一种具体实现，即一个对象在它的成员函数中创建另一个关系对象，而后再委托它进行部分工作，最后完成自己的工作。这种创建关系发生在一个对象实现某个方法（某种操作功能）过程中，使用另一个对象的时候。

例如，对象 A 在实施 M 方法中要创建另一个对象 B，所以在对象 A 和对象 B 之间通过方法 M 建立了创建关系，称对象 A 是对象 B 的基于方法 M 的创建者，可用图 8.3 表示这种创建关系，这是一种单个对象的创建关系。

图 8.3　对象创建关系图

2．对象间的聚合关系

对象之间的聚合关系是指一个对象是由若干其他对象组合而成的，是一种包含关系。这种包含关系是直接的，对象的创建不需要通过一个中间方法来实现。当这个对象被创建以后，组成它的各个对象将自动被创建。

例如，对象 A 是由对象 1、对象 2、对象 3 和对象 4 这四部分组成的。在面向对象系统中要想描述它们，可将这四部分都定义为对象类，因为“对象 A”这个对象类由这四部分组成。它们之间不是一种继承关系，而是一种包含关系。这四个对象类在“对象 A”类中以成员对象的身份存在，它们之间所体现的是一种对象之间的聚合关系，可用图 8.4 给出它们之间的关系图。

3．对象间的消息流图

消息流图用来描述系统中对象间的消息流，它只描述那些相关对象间交换的主要消息。这种图能帮助人们看到对象是如何交互完成赋予它们的任务的。

消息流图有内向消息图和外向消息图两种。

1）内向消息图

内向消息图描述一个对象如何从其他对象接收消息。例如对象 B 和对象 C 分别向对象 A 发送了一条消息，其消息流图如图 8.5 所示。

2）外向消息流图

外向消息流图描述一个特定对象发送给其他对象的所有消息，与内向消息流图正好相反。例如对象 A 分别发送了一个消息给对象 B 和对象 C，其消息流图如图 8.6 所示。

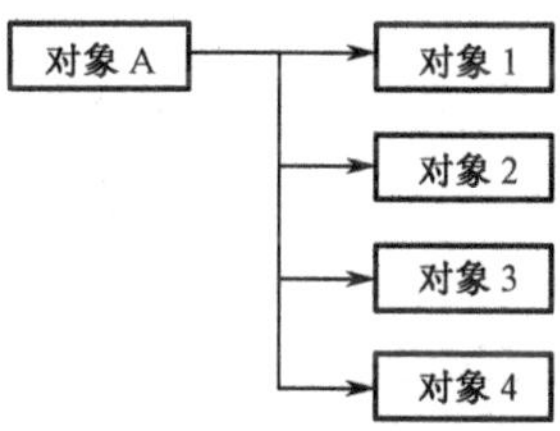

图 8.4　对象间的聚合关系

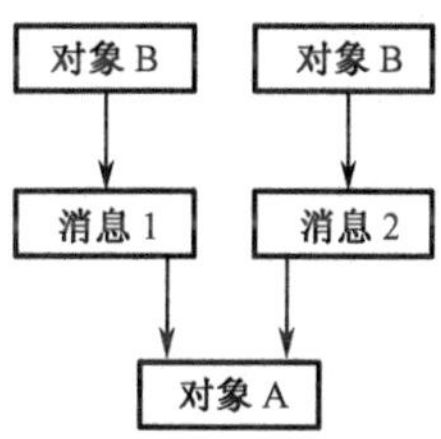

图 8.5　内向消息流图

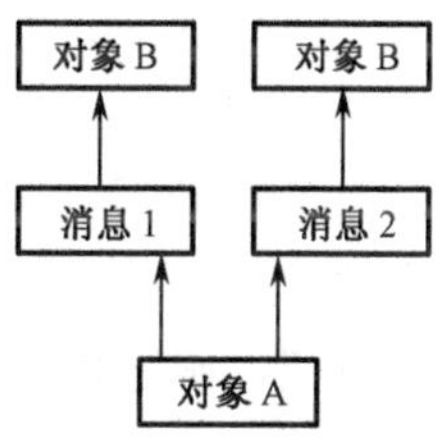

图 8.6　外向消息流图

8.3　面向对象分析（OOA）

与其他分析方法一样，面向对象分析（OOA）的基本出发点是问题域和用户需求。通过不断地研究问题域，建立一个能满足用户需求的系统模型。

8.3.1　面向对象分析的主要工作

OOA 的主要工作包括需求分析和系统分析两个方面。

1．需求分析

用户需求就是用户对所要开发的系统提出的各种要求和期望。它包括系统的功能、性能、可靠性、保密要求、交互方式等技术性要求和资金强度、交付时间、资源使用限制等非技术性要求。在多数情况下，功能需求是分析员考虑最多的因素。

分析员开始一项分析工作，首先研究用户需求，目的是弄清到底要开发一个什么样的系统。无论以何种形式提供的用户需求，最终必须成为分析员头脑中关于系统责任的正确认识。需要搞清的重点问题包括系统需要提供哪些功能，达到何种性能指标以及可靠性、安全性要求，人—机交互要求，系统的对外接口（包括与系统以外的人员、设备和其他系统的接口）等。研究用户需求包括以下五个活动。

1）阅读

阅读一切与用户需求有关的书面材料。

2）交流

与用户交流，搞清有关用户需求的疑点，纠正用户不切实际的要求或不确切的表达。

3）调查

有些需求问题，通过阅读和与用户的交流，仍然不能完全明确，则需要到现场做适当的调查，目标仅限于搞清用户需求（更深入、详尽的调查将在分析工作开始后展开）。

4）记录

随时记录通过阅读、交流和调查所得到的认识，更要记录所存在的疑点（有些关于需求细节的疑点，可留待对问题域做深入调查与分析时解答）。

5）整理

纠正初始的需求文档中不正确或不确切的内容，整理一份符合开发规范，并且确切表达系统责任的需求文档。

上述活动，几乎对所有的分析方法都是必要的。对 OOA 而言，分析员研究用户需求始终要带着一个问题，即系统中要设立哪些对象来满足用户需求。在分析工作开始时，为了明确系统责任而对用户需求的研究，不可能使这个问题得到完全解答；在分析工作的自始至终，需要反复回顾通过研究用户需求而认识的系统责任，结合对问题域的分析研究，确定系统中所有对象的类，以及它们的内部构成与外部关系。

2．系统分析

分析阶段集中于问题域的关键抽象，明确问题中有哪些数据实体存在，它们的意义是什么，暂时不考虑它们是怎样处理的。在分析阶段，可以分如下三个步骤进行。

1）定义问题边界

在满足系统要求的前提下，划分问题边界很重要的是讨论系统的应变性和稳定性，然后得出设计的策略。确定系统边界，就是划出被开发的系统和与该系统打交道的人或物之间的明确界限，确定它们之间的接口。

在系统边界以内，是系统本身所包含的对象。在系统边界以外，是系统外部的活动者，主要是人、设备和外系统。人，是指与系统交互的人员。他们向系统发出命令，提供输入信息，接受系统的服务或从系统获得信息。设备是指与系统相连并交换信息（例如，进行输入/输出、向系统发出信号或接收系统的控制命令等）的设备。外系统是指与系统相连并交换信息的其他系统。

问题域中的有些人员与设备，不应看做系统边界以外的活动者。一般来说，仅仅由系统管理其信息或模拟其行为的人和物（如人事档案系统中被管理的人员）应该看做系统边界以内的对象。那些与系统进行信息交换的人员、设备或外系统，尽管系统中也可能设立一些描述他们的特征并负责与他们交互的对象，但这些事物本身则是通过系统边界与系统交互的活动者。

认识系统边界是为了明确系统的范围以及与外部世界的接口。系统边界以内的事物，由系统中的对象表达；边界以外的活动者通过它们和系统的接口（可以在系统中设立相应的对象来提供）与系统交互；边界以外不与系统交互的事物统统不必考虑。

2）问题域的关键抽象

问题域的关键抽象就是找出有关系的类和对象。任何一个抽象级的类，它的每个成员必须是相互独立的、不可再分解的，并且类中的全体成员都依赖于其中的一个关键成员，以建立起关系。

问题域和系统责任是发现对象的根本出发点。两者从不同的角度告诉分析员，应该设立哪些对象。前者侧重于客观存在的事物与系统中对象的映射；后者侧重于系统责任范围内的每项职责都应落实到某些对象来完成。两者的范畴有很大部分是重合的，但又不完全一致。分析员需要时时考虑这两个方面。如果只考虑问题域，不考虑系统责任，则不容易正确地进行抽象（不知道哪些事物以及它们的哪些特征是该舍弃的，哪些是该提取的），还可能使某些功能需求得不到落实。反之，如果只考虑系统责任，则容易使分析的思路受某些面向功能的分析方法影响，使系统中的对象不能真正地映射问题域，失去面向对象方法的根本特色与优势。

为了尽可能全面地发现系统所需要的对象，分析员应该把握“先松后紧”的原则。即首先考虑各种能启发自己发现对象的因素，尽可能找出各种可能有用的候选对象，宁可多余，不可遗漏。然后对发现的候选对象逐个进行严格审查，筛选掉那些不必要的对象，或者对它们进行适当的调整与合并，使系统中对象和类的数量尽可能少些。

3）类的抽象

在 OOA 中正确地运用抽象原则，先要舍弃那些与系统责任无关的事物，只注意与系统责任有关的事物。其次，对于与系统责任有关的事物，也不是把它们的任何特征都在相应的对象中表达出来，而要舍弃那些与系统责任无关的特征。判断事物是否与系统责任有关的关键问题，一是该事物是否为系统提供一些有用的信息，或者是否需要系统为它保存和管理某些信息；二是该事物是否向系统提供某些服务，或者说是否需要系统描述它的某些行为。

8.3.2　面向对象的分析方法

1. Bailin 的面向对象结构化分析方法

Bailin 认为，传统的结构化分析具有很强的生命力和很大的合理性，已经为计算机界广泛接受，并且已有许多支持该方法的工具和环境，放弃是很可惜的。如果把结构化分析作为分析阶段的主要方法，需要解决从需求规格说明到面向对象设计的过渡问题。

结构化分析是一个对系统功能需求进行整理的方法。大多数系统的初始需求是功能性的，即描述系统接收的输入怎样？提交的输出怎样？因此，结构化分析用所谓的过程（process）表示这种从输入到输出的过程。为了使开发者、用户等各方对系统的变换过程有一个共同的认识，要把这种过程进一步分解，给出实现转换过程的具体步骤，每个步骤也就成为高一层过程的子过程。结构化分析中的过程聚集原则是“如果某些函数构成一个较高层函数所执行的一些步骤，则把这些函数结合起来”。这种组成步骤可能对完全不同的数据抽象进行操作。从面向对象观点来看，这些子函数有可能属于不同的对象。面向对象聚集原则是基于数据的原则，即“将同一数据抽象上的各种操作过程（函数）聚集在一起”。在面向对象设计中，一组顺序执行的函数可以分别属于不同的对象。对象之间的消息连接决定了操作的顺序。

因为聚集的原则不同，要从结构化分析过渡到面向对象设计较为困难，需要重新构造数据流图。针对这一情况，Bailin 提出面向对象结构化分析，既能利用已有的经验与工具，又能实现从分析到面向对象设计的平滑过渡。

1）Bailin 的面向对象结构化分析的基本思想

在面向对象结构化分析中，主要概念是实体，而不是过程。结构化设计中的过程可以是一个有效的实体，实体所隐含的意义较过程有所不同。在这个方法中，不是强调输入到输出的转化，而是强调实体的“内容”。在面向对象结构化分析中，仍然采用 DFD 的形式表示输入和输出，不同的是用实体数据流图（EDFD）来替代传统的数据流图。EDFD 的节点分为实体和函数两类。每个函数必须与实体相关，即函数由实体执行，或是作用在实体上。

2）实体的分解

Bailin 进一步将实体分为主动实体和被动实体。主动实体被表示为流图的节点，而被动实体则以数据流或数据槽的形式出现。这里的实体为对象的同义词。低层 EDFD 把每个实体分解成一些子实体，或分解为由实体调用的一些函数，也可能分解为两者的结合。函数可分解为子函数。EDFD 的层次结构包括较高层的实体图和该实体在低层时被分为子实体和函数的流图。

3）分析步骤

Bailin 的面向对象结构化分析方法包括七个步骤：①确定关键的问题——领域实体；②区别主动实体和被动实体；③在主动实体之间建立数据流；④把实体（或函数）分解为子实体和/或子函数；⑤对新的实体进行检测；⑥在新的实体下汇集相关函数；⑦把新实体归类到恰当的领域。

4）分析结果的表现

面向对象结构化分析的结果（即面向对象的需求规格说明）包括一个 EDFD 的层次结构和一组实体关系图（ERD）。实体关系模型（E-R 模型）可作为此规格说明的背景材料，为用户和开发者提供问题领域的概貌，以及所分析的系统范围内的一些属于技术领域的知识。

2．Sally Shlaer 与 Stephen Mellor 的面向对象的分析方法

在多年的信息模型化领域的顾问生涯中，Sally Shlaer 与 Stephen Mellor 开发了他们的面向对象的分析方法。该方法以信息模型化方法作为基础，还为目标系统提供了另外两个模型：一个状态模型和一个过程模型。这三个模型从三个不同的角度描述了系统：相关的信息、状态和过程信息，包含关于问题领域较为完整的信息。

Sally Shlaer 与 Stephen Mellor 的方法分为六个步骤：①开发一个信息模型；②定义对象的生命周期；③定义关系的动态特征；④定义系统的动态特征；⑤开发过程模型；⑥定义领域和子系统。

Sally Shlaer 与 Stephen Mellor 方法只是隐式地支持面向对象的三个基本准则：分类、继承和封装。信息模型中包含的对象和关系虽然不与面向对象概念中对象、分类、继承、组装等概念直接等同，但可以很方便地将 Sally Shlaer 与 Stephen Mellor OOA 中的概念在设计时映射到面向对象的概念。Sally Shlaer 和 Stephen Mellor 方法还要求每个动作处理过程和相关的动作数据流图仅与对象联系，从而保证这些操作的封装性。

8.4　面向对象设计（OOD）

20 世纪 80 年代末以来，面向对象技术成为研究的热点，出现了几十种支持软件开发的面向对象的设计方法。其中，Booch、Coad/Yourdon、OMT 和 Jacobson 的方法在面向对象软件开发界得到广泛的认可。特别值得一提的是统一的建模语言 UML（Unified Modeling Language）。该方法结合 Booch、OMT 和 Jacobson 方法的优点，统一了符号体系，并从其他的方法和工程实践中吸收了许多经过实际检验的概念和技术。

8.4.1　面向对象设计的步骤及设计工具

Booch 是面向对象设计领域的先驱。Booch 将他的方法学看做结构化设计的一种替代，而不是一种扩充。虽然 Booch 描述了辅助设计的许多技术与工具，包括从非形式的表列到形式的图与模板，但是没有关于面向对象设计中各阶段的工作次序。他建议分析员应采用适合于具体问题的非形式化技术，反复地、增量地添加形式化的图和模板中的内容。

1．设计步骤

1）标识类与对象

这一过程主要是在问题领域内发现最关键的对象，提出能使对象协同工作以完成某些功能的重要机制。这些对象作为候选的类和对象，随着对问题领域的不断了解，进行更新。在这一步中，也可通过画出对象图和类图，说明类、对象及其相互之间的关系和作用。

2）标识类与对象的语义

用多种技术确定在前一步标识的类与对象的意义，包括产生定义，对象从创建到撤销全生存周期中的“活动情节”。这一步骤就需要开发者以公正的态度，经过反复考虑

和仔细观察以后再确定。在这里要定义类图/模板、对象图/模板和操作模板。

3）标识类/对象之间的关系

建立类/对象之间的交互，如类之间的继承模式、对象之间的合作模式，其结果关系整个系统的质量。同时，捕捉对象/类之间的可见性判定。在这一过程中要设计基本的模块图/模板。

4）实现类与对象

构造类与对象详细的内部视图，包括定义它们的行为（服务），将类与对象分配到目标语言环境中定义的模块；当目标环境支持多处理机时，还将为不同程序分配不同处理机。在这一步中，除了对上述图和模板进行求精外，还可根据需要设计处理图。这一步骤还不是最后的一环，整个软件系统的开发需要重复整个过程。

2．Booch 面向对象设计工具简介

1）类图/类模板

类是共享相同结构和行为对象的结合。类之间有继承、实例化等关系。类图描述类的存在和在系统逻辑设计类之间的关系。类图的结构包括类、类间关系以及类的服务，所支持的关系包括使用、实例化、继承、元类型和无定义。类用虚线包围，关系用有向弧或无向弧表示等。类模板则是对类图的比较规范的文字性说明。类模板概括了类本身定义的说明，包括类的可见性、类的子类和父类、类中的操作及其操作的参数、类的持久性、类的并发性和空间复杂性等。

2）模块图/模块模板

记录在系统物理设计中对象和类到模块的分配情况。在传统的软件开发中，模块一般包括子程序、程序包和任务。在面向对象软件系统中，模块则对应于类和对象。对于复杂系统来说，类和对象的庞大规模导致模块图的扩充。为了提高抽象水平，使程序员更加了解系统的物理构造，提出“子系统”这一模块性概念。子系统是一些相互影响的类、对象等按一定条件有机地组合在一起，完成某些特定功能的实体。模块图表示类、对象以及子系统、模块之间的关系。模块、模板则对模块图进行说明，还说明模块的静态含义和动态含义。静态含义主要说明分配给该模块的最主要的类和对象情况，如有特殊需要的话，通过处理图或时序图类描述它们的动态含义。

3）对象图/模板

对象图用于对对象的某些动态特征进行模型化。对象图主要描述对象、对象的可见性以及对象之间的消息传递。在对象图中，对象用实线包围，由有向弧连接，有向弧定义了对象的可见性和消息传递，但不显示控制流或事件的顺序。由于对象与类有着概念上的联系，因此，类图和对象图定义不能有相互矛盾。对象模板是对对象图的正文描述，除此之外，还描述了对象所属的类，对象的持久性、操作对象、消息发生的频率等。

4）操作模板

操作模板是对类和对象中的操作提供详细设计文档的结构化正文，以及操作所属的类或对象、操作的参数等，由于操作和类、对象等有紧密关系，因而在描述中不能有矛盾。

5）处理图/模板

用以表示在系统物理设计时，各个处理分配处理机情况，此仅用于多机处理机环境内的实现。处理图主要画出处理器、设备和它们之间的通信。处理模板除了提供处理图的文字描述外，还提供一些信息，如处理器的处理能力，如何对分配给该处理器的过程进行优化，以及过程说明、过程调度、设备和通信介绍。

6）状态转换图

状态转换图主要表示建模类状态和状态转换，它显示类的状态，引起状态转换的事件，以及状态转换引起的动作，状态用圆表示，事件用有向弧表示，状态转换图显示了类和对象的动态变化。

7）时序图

对象图的辅助图，表示控制流和在一组互相合作的对象中事件的顺序。它以时间为横轴，纵轴则表示不同的对象，整个时序图描述了在不同时刻为不同对象进行的不同消息操作，还表示出对象创建、消亡的生命周期过程。

8.4.2　面向对象的设计方法

1. 面向对象方法支持的基本活动

面向对象方法都支持三种基本的活动：识别对象和类，描述对象和类之间的关系，以及通过描述每个类的功能定义对象的行为。

为了发现对象和类，开发人员要在系统需求和系统分析的文档中查找名词和名词短语，包括可感知的事物（如汽车、压力、传感器）、角色（如母亲、教师、政治家）、事件（如着陆、中断、请求）、互相作用（如借贷、开会、交叉）、人员、场所、组织、设备和地点等。通过浏览使用系统的脚本发现重要的对象及其责任，是面向对象分析和设计过程的初期重要的技术。

当重要的对象被发现后，通过一组互相关联的模型详细表示类之间的关系和对象的行为，这些模型从四个不同的侧面表示软件的体系结构：静态逻辑、动态逻辑、静态物理和动态物理。

静态逻辑模型描述实例化（类成员关系）、关联、聚集（整体/部分）和一般化（继承）等关系，称为对象模型。定义对象模型的图形符号体系通常是从用于数据建模的实体关系图导出的。对设计十分重要的约束，如基数（一对一、一对多、多对多），也在对象模型中表示。

动态逻辑模型描述对象之间的相互作用。相互作用通过一组协同的对象、对象之间消息的有序的序列、参与对象的可见性定义，定义系统运行时的行为。

静态物理模型通过模块描述代码的布局。动态物理模型描述软件的进程和线程体系结构。

2. Booch 方法

Booch 方法中用对象交互作用图来描述重要的互相作用，显示参与的对象和对象之间按时间排序的消息。用可见性图来描述互相作用中对象的可见性。对象的可见性定义一个对象如何处于向它发送消息的方法的作用域之中。例如，它可以是方法的参数、局部变量、新的对象或当前执行方法的对象的部分。

1）Booch 方法的步骤

Booch 方法的过程包括四个步骤：①在给定的抽象层次上识别类和对象；②识别这些对象和类的语义；③识别这些类和对象之间的关系；④实现类和对象。这四种活动不仅是一个简单的步骤序列，而是对系统的逻辑和物理视图不断细化的迭代和渐增的开发过程。

类和对象的识别包括找出问题空间中关键的抽象和产生动态行为的重要机制。开发人员可以通过研究问题域的术语发现关键的抽象。

语义的识别主要是建立前一阶段识别的类和对象的含义。开发人员确定类的行为（即方法）和类及对象之间的互相作用（即行为的规范描述）。该阶段利用状态转移图描述对象状态的模型，利用时态图（系统中的时态约束）和对象图（对象之间的互相作用）描述行为模型。

在关系识别阶段描述静态和动态关系模型。这些关系包括使用、实例化、继承、关联和聚集等。类和对象之间的可见性也在这时确定。

在类和对象的实现阶段要考虑如何用选定的编程语言实现，如何将类和对象组织成模块。

2）Booch 方法的特点

在面向对象的设计方法中，Booch 强调基于类和对象的系统逻辑视图与基于模块和进程的系统物理视图之间的区别。他还区别了系统的静态和动态模型。然而，他的方法偏向于系统的静态描述，对动态描述支持较少。

3）Booch 方法的符号体系

Booch 方法的力量在于其丰富的符号体系，包括类图（类结构-静态视图）、对象图（对象结构-静态视图）、状态转移图（类结构-动态视图）、时态图（对象结构-动态视图）、模块图（模块体系结构）和进程图（进程体系结构）等。

用于类和对象建模的符号体系使用注释和不同的图符（如不同的箭头）表达详细的信息。Booch 建议在设计的初期可用符号体系的一个子集，随后不断添加细节。对每个符号体系还有一个文本的形式，它由每个主要结构的描述模板组成。符号体系有大量的图符定义，但其语法和语义并没有严格的定义。

3. Rumbaugh 的 OMT 方法

1）OMT 方法的三种模型

Rumbaugh 的 OMT 方法从三个视角描述系统，相应地提供了三种模型：对象模型、动态模型和功能模型。

对象模型描述对象的静态结构和它们之间的关系。主要的概念包括类、属性、操作、继承、关联（即关系）和聚集等。

动态模型描述系统那些随时间变化的方面，其主要概念有状态、子状态和超状态、事件、行为和活动等。

功能模型描述系统内部数据值的转换，其主要概念有加工、数据存储、数据流、控制流和角色（源/潭）。

2）OMT 方法的开发过程

该方法将开发过程分为分析、系统设计、对象设计与实现四个阶段。

分析是基于问题和用户需求的描述，建立现实世界的模型。分析阶段的产物有问题描述、对象模型（对象图＋数据字典）、动态模型（状态图＋全局事件流图）、功能模型（数据流图＋约束）等。

系统设计是结合问题域的知识和目标系统的体系结构（求解域），将目标系统分解为子系统。

对象设计是基于分析模型和求解域中的体系结构等添加的实现细节，完成系统设计。其主要产物包括细化的对象模型、细化的动态模型、细化的功能模型等。

实现是将设计转换为特定的编程语言或硬件，同时保持可追踪性、灵活性和可扩展性。

4．Coad/Yourdon 方法

Coad/Yourdon 方法严格区分面向对象分析 OOA 和面向对象设计 OOD。

1）Coad/Yourdon 方法的五个层次

Coad/Yourdon 方法利用五个层次的活动，定义和记录系统行为，输入/输出。

（1）发现类及对象。描述如何发现类及对象。从应用领域开始识别类及对象，形成整个应用的基础，据此分析系统的责任。

（2）识别结构。该阶段分为两个步骤：第一，识别一般与特殊结构，该结构捕获识别出的类的层次结构；第二，识别整体与部分结构，该结构表示一个对象如何成为另一个对象的一部分，以及多个对象如何组装成更大的对象。

（3）定义主题。主题由一组类及对象组成，将类及对象模型划分为更大的单位，便于理解。

（4）定义属性。其中包括定义类的实例（对象）之间的实例连接。

（5）定义服务。其中包括定义对象之间的消息连接。

在面向对象分析阶段，经过五个层次的活动后的结果是一个分成五个层次的问题域模型，包括主题、类及对象、结构、属性和服务五个层次，由类及对象图表示。五个层次活动的顺序并不重要。

2）面向对象设计模型的组成

面向对象设计模型需要进一步区分为以下四个部分：

（1）问题域部分（PDC）。面向对象分析的结果直接放入该部分。

（2）人—机交互部分（HIC）。这部分的活动包括对用户分类，描述人—机交互的脚本，设计命令层次结构，设计详细的交互，生成用户界面的原型，定义 HIC 类。

（3）任务管理部分（TMC）。这部分的活动包括识别任务（进程）、任务所提供的服务、任务的优先级、进程是事件驱动还是时钟驱动、以及任务与其他进程和外界如何通信。

（4）数据管理部分（DMC）。这一部分依赖于存储技术，是文件系统还是关系数据库管理系统，还是面向对象数据库管理系统。

5. Jacobson 方法

Jacobson 方法与上述三种方法有所不同，它涉及整个软件生命周期，包括需求分析、设计、实现和测试四个阶段。需求分析与设计密切相关。

1）需求分析和设计

需求分析阶段的活动包括定义潜在的角色（角色指使用系统的人与系统互相作用的软、硬件环境），识别问题域中的对象和关系，基于需求规范说明和角色的需要发现 use case，详细描述 use case。

设计阶段包括两个主要活动，从需求分析模型中发现设计对象，以及针对实现环境调整设计模型。第一个活动包括从 use case 的描述发现设计对象，并描述对象的属性、行为和关联。在这里还要把 use case 的行为分派给对象。

2）对象与行为的描述

在需求分析阶段的识别领域对象和关系的活动中，开发人员识别类、属性和关系。关系包括继承、熟悉（关联）、组成（聚集）和通信关联。定义 use case 的活动和识别设计对象的活动，两个活动共同完成行为的描述。Jacobson 方法还将对象区分为语义对象（领域对象）、界面对象（如用户界面对象）和控制对象（处理界面对象和领域对象之间的控制）。

3）use case 模型

在该方法中的一个关键概念就是 use case。use case 是指行为相关的事务（transaction）序列，该序列将由用户在与系统对话中执行。因此，每个 use case 就是一个使用系统的方式。当用户给定一个输入，就执行一个 use case 的实例，并引发执行属于该 use case 的一个事务。基于这种系统视图，Jacobson 将 use case 模型与其他五种系统模型关联。

领域对象模型：use case 模型根据领域来表示。

分析模型：use case 模型通过分析来构造。

设计模型：use case 模型通过设计来具体化。

实现模型：该模型依据具体化的设计，实现 use case 模型。

测试模型：用来测试具体化的 use case 模型。

8.5 面向对象的程序设计语言（OOPL）

“实现”在某种意义上可以看做是设计过程的延伸。由于许多困难的决策已经在设计阶段解决，“实现”应该是一个相对直接和机械的过程。从某种意义上说，传统的程序设计语言与数据库语言都能作为面向对象软件开发的实现语言。由于面向对象的程序设计语言与面向对象的数据库语言直接支持面向对象的概念，因此采用面向对象语言和面向对象数据库作为面向对象软件开发的实现工具，无疑是最自然、最合适的选择。

在应用开发中，用户界面是大多数应用的重要部分，占有很大一部分工作量。面向对象的用户界面不仅为用户提供方便，用户仅凭直觉和常识推理就能够操作应用，而且高级的面向对象用户界面开发工具，大大减轻了应用开发人员的负担。应用开发人员可在专门的类库中找到界面系统中重要组成部分的抽象描述，并且直接使用这些预制的成分或通过创建子类，开发满足其特殊需要的组件。

8.5.1　面向对象程序设计语言及其演变历史

程序设计语言的发展经历了好几个阶段。20 世纪 40 年代，由于硬件资源昂贵，除了计算之外的工作都被看做一种浪费，人们基本上无暇顾及程序设计语言。50 年代，第一代程序设计语言提出了许多有价值的概念，如算术表达式、语句、数组、表、堆栈等。这一时期硬件的大幅度降价以及性能的提高，加上 FORTRAN 等高级程序设计语言的研制成功，拨开了围绕在高级语言价值问题周围的疑云。50 年代末、60 年代初，出现许多至今仍广泛使用的语言，如 Algol 60、Cobol 61、Lisp 等，这个时期一般被认为是程序设计发展的第二代。60 年代中后期，以 PL/l 和 Algol 68 为代表的第三代语言试图用统一的语言替代各种第二代语言。由于目标太大和当时的条件限制，总的来说是失败的。70 年代，程序设计语言的研究则是对语言设计目标的重新评估。特别是 60 年代末的软件危机，改变了语言的设计目标。语言设计的目标从表示能力转移到程序结构。在微观上，结构化的 while 循环替代了 goto，结构化的程序设计成为一个时髦的名词。在宏观上则强调程序的模块化，先是通过函数和过程，后是采用对象和数据抽象。80 年代，对语言的研究不再停留在对单个语言的研究之上，开始研究由一类语言组成的语言范畴，如 Pascal 等基于对象的范畴，并发，分布式范畴，函数型程序设计语言范畴，逻辑程序设计语言范畴和数据库语言范畴。

今天说的面向对象的程序设计语言则属于基于对象的语言范畴。Peter Wegner 将基于对象语言范畴进一步划分为基于对象的、基于类的和面向对象的。

基于对象的语言中，对象是“一类值”的表示，即可以对它赋值，作为参数传递和作为一个结构的成分，但不支持类的概念。基于类的语言要求任何对象都从属于某个类，但不支持类的继承。面向对象的语言则必须支持类的继承关系。

目前，面向对象语言的普及主要归功于对 C 和 Pascal 这两个流行语言面向对象的扩充。C++的普及不仅在于 C 语言的普及，而且在于其良好的性能。C++代码性能几乎可与 C 编译器产生的代码的性能相媲美。

8.5.2　面向对象语言的特征

面向对象的语言尽管都支持诸如对象与继承等核心的面向对象的概念，但它们在程度与方法上存在着差异，并且大多数语言还不同程度地支持其他一些重要的语言特征，即一些与面向对象密切相关的概念与机制。这些重要的语言特征往往是选择合适的实现语言的关键。如果设计中选择了多重继承，最好选择一个能很好地支持多重继承的面向对象的语言。解释型的语言适合快速原型，但不能很好地满足严格的时间需求。提供丰富类库的语言会减轻实现工作的负担。如果需要额外的编译时的错误检查，则最好使用一个强类型语言。如果内存的使用在应用中至关重要，可选择一个提供自动废料收集的语言。如果应用要求多用户共享持久数据，可使用一个面向对象的数据库系统。下面就各种面向对象语言的特征做简单的介绍。

1. 多重继承

许多语言，如 C++、CLOS、Biffel 和 DSM 都支持多重继承。若在设计中使用了多重继承，那么选择支持多重继承的语言可以实现从设计到实现的直接转换，否则必须对设计进行修改。

多重继承可能带来属性与方法的同名冲突。一个类可以有多个具有同名属性和同基调方法的祖先。不同的语言在消除同名冲突时，采取不同的策略。多重继承的一个准则，是在任何情况下都应避免这种冲突，因为依赖编译器解决冲突会造成语义上的错误和混淆。

2. 类库

大多数语言都提供了由类属类（generic class）组成的类库。

实现者可以直接使用这些类或通过创建子类，满足其特性的要求。有了类库的支持意味着有许多组件无须程序员自己重新开发。

一类非常有价值的类是集合、动态数组、表、队列、栈、字典、树等通用数据结构。它们可以作为组织其他对象的框架。类库中也应包含表达各种联系的类。另一些有用的类是支持多种窗口系统的类，它们通常组织成专门的、独立的类库。这种专门的类库中还包括针对字符处理的类库。

3. 效率

早期的面向对象语言，如 Smalltalk 和基于 LISP 语言的解释实现，造成面向对象语言实现效率欠佳的名声。事实上，目前许多编译实现的语言其特性可与传统的过程式语言的性能相媲美。这为面向对象的实现人员提供更多的选择余地。具有成熟类库的语言由于在构造类库时，针对性能问题精心地选择数据结构与算法，其代码的执行速度往往会比非面向对象语言更快。

影响面向对象语言执行效率的一个重要方面，是动态联编或运行方法归结。这似乎需要在运行时检索类继承结构，寻找实现给定对象中某个方法的类。大多数面向对象语言都优化了这种检索机制。

在像 C++之类的强类型语言的实现中，运行时的方法归结可归纳为简单的结构引用，这种方法几乎与过程调用一样高效。在 C++的实现中，每个类都有一个包含所有该类对象可访问方法的结构。在结构中的可知位置上存放指向每个方法的指针，每个对象都存放指向其类的方法结构的指针。运行时的方法归结通过用方法的相对位置来检索方法结构来完成。这种技术不能用于运行时能够创建新方法的语言，因为这样将无法静态地确定“方法”的相对位置。

另一种优化运行时方法归结法是为编译器提供足够的信息。提供信息可采取两种方式：一种是由程序员显式地说明哪些方法是重载的，仅对这些重载的方法执行运行时方法归结，C++的虚函数和 CLOS 的类属函数就体现了这种方式；另一种方法是在编译的最后增加一个优化过程，分析整个应用，判定哪些方法不是重载的，并利用这些信息来重新编译应用。Biffel 语言的编译就采用了后一种方式。为变量说明类型，可以帮助编译器更精确地决定应该对哪些方法调用进行优化。

4．内存管理

面向对象中自由地创建与访问对象，对存储管理提出了更高的要求。大多数面向对象的语言都从一个堆而不是主存中固定的块或栈分配存储空间，除非能对不再使用的对象进行回收。否则，无论存储空间有多大，动态的存储分配都会出现空间分配用完的问题。回收最关键的问题是如何判断某个对象不再有用或不能再被访问，这依赖于应用的类型和采用的存储的体系结构。许多能够访问大容量虚存的应用可以忽略回收的问题。对于长时间运行的高度交互式的应用，无论有多大的内存空间，都必须考虑内存管理的问题。

有两种内存管理策略：一是由程序运行时系统自动地完成；二是由程序员显式地书写回收语句。一般比较倾向于使用自动的存储管理，这样可以减轻程序员的负担。大多数自动的废料收集机制的效果不尽人意，会造成运行的长时间等待。避免这一情况的方法是采用增量的废料收集策略，但会增加平均等待时间。

CLOS 和 Smalltalk 都提供全自动的废料收集。C++则要求程序员显式地回收不再使用的对象。C++程序员定义析构（Destructor）函数，当变量超出辖域时自动执行这些析构函数。这为程序员提供使用显式的内存回收途径，不再产生对象挂空、不能再被回收的情况。

5．封装

封装分离了对象的接口和对象的内部实现细节。它可减少程序的耦合性，避免因为小小的修改而引起的大规模连锁反应，可对对象的实现细节进行修改而不影响对象的用户（对象的客户）。但不同的语言对封装的支持程度存在一些差异。

损害封装的一种情况是允许一个类的代码直接访问另一个类的属性。直接访问意味着访问类应知道被访问类的存储格式和数据的位置，而这些实现细节应该是隐藏在类中的。有时某些类的属性的值确实需要用到其他类的信息，但不应直接访问而应通过向其他对象发送消息来取得这些信息。许多语言，如 Smalltalk，禁止对另一个对象属性的直接访问。另一些语言，如 C++，则可显式地定义属性是私有的还是公共的。Eiffel 通过其 export 语句对封装提供最为细致的控制，export 列出了可访问的属性和可见的操作。C++可通过友元说明，有限制地放松对封装的要求，增加灵活性。

封装还会因为使用继承不小心而受到破坏。子类继承父类的属性时，如果子类直接访问从父类继承来的属性，父类的封装性就被破坏了。CLOS、OWL、Eiffel 和 C++允许限制其子类对它的可见度。尽管有人倾向于子类能够访问超类，但这必将造成类与类之间耦合过分密切。

有时可以通过编制一些私有的内部操作，供该类中的其他方法使用，并使其他类不能使用它们。但大多数情况仅仅简单地区别公共的还是私有的属性与操作是不够的。一些语言提出了第三种对访问的限制，如 C++中的受保护（protected）说明。

6．打包

类对于组织大型的系统而言，其能力是有限的。大多数面向对象语言缺乏用于控制对象之间可见性的分解机制。面向对象语言中的一个突出问题是要求类名在整个应用中唯一，而在由多个人员协调开发应用的情况下，会出现与块结构语言类似的名冲突问题。

在 Ada 和 CLOS 语言中，包块机制能将系统分解成具有独立的名字空间的系统组成成分。除非显式地指明，在 Ada 中包块规格说明中的名字在包块外是不可见的。这样，就能很好地控制名字空间和包块间的依赖关系。在包块内还可以对包块外的实体重新命名。包块可以嵌套，使整个系统封装在一个定义良好的界面内。

面向对象的语言同样得益于打包（packaging）能力。特别是包块的嵌套能力，可以更好地控制系统各组成部分的可见性。

8.5.3 面向对象的语言 C++

C++是 AT&T Bell 实验室的 Bjarne Stroustrup 于 20 世纪 80 年代早期给出的，是迄今为止商业上最受欢迎的面向对象的语言。C++是一个混合型语言，不是所有的实体都是对象。C++是对 C 语言的扩充。它不仅为 C 语言增加了面向对象的能力，而且弥补了许多原始 C 语言的不足。C++中有许多正统的面向对象的成分，如函数的重载和函数的原型。

C++是强类型语言。C++起初的实现是将 C++转换成标准 C 语言的预处理器，但是 C++预处理器实现为符号排错带来了困难。目前，C++已有真正的编译器，并有支持具有继承和动态联编特性对象的符号排错器。供应商们提供了 C++在许多操作系统上的实现方法。Free Software Foundation 甚至免费提供带排错器和类库的 C++编译器。

虽然 AT&T 发布的标准包含了 I/O、协同例程（co-routine）、任务（tasking）和复杂算术的类库，但 C++并没有标准的类库，也不将其作为环境的一部分。许多开发人员为 C++开发了类库，但这些类库可能不兼容。

C++提供了继承和运行时的方法归结。C++数据结构不全是面向对象的，只有超类中的操作说明成虚拟时，子类才能重载超类中的操作，也才需要方法归结。因此这些类型预先就应该对可能的重载做预测，但这往往不易做到。这样定义子类时就经常会要求修改超类，严重地限制了通过创建子类来重用类库的能力，特别在类库的源代码不可得到时更为严重。当然，也可以将所有的操作都说明成是虚拟的，但这会增加存储和函数调用的负担。

C++运行时方法归结的实现是高效的。对于每个类都为它初始化一个预定义的结构，结构包含指向该类对象所有可访问方法的指针，每个对象都包含指向其类的方法结构的指针。在运行时，虚函数通过对象检索的方法结构选取合适的方法归结。C++不支持运行时的类描述对象，仅支持方法指针结构。C++2.0 版支持多重继承。

C++对类的属性和操作的访问提供了良好的控制。属性和操作可以说明成公开的（Public），对任何函数的访问开放；也可以说明成受保护的（Protected），仅限于该类子类方法对它的访问；或说明成私有的（Private），仅对该类自身的方法的访问开放。C++还可利用友元（Friend）说明，使访问对某个特定的类或函数开放。

与 C 语言一样，C++的文法很不自然，其语法的分析非常困难。C++还支持重载操作符，即各方法共享相同的名字，但参数的个数和类型可以不同。C++支持多种存储分配策略：由编译器静态分配、基于栈的和运行时基于堆的存储分配。程序员应避免混淆不同存储类型的对象和防止挂空的引用。每个类可有多个构造和转换函数，用于初始化新的对象和为赋值和参数传递执行类型转换。这些概念虽然语义明确，但使用起来很容易混淆。

总之，C++是既复杂又灵活的语言。它着重于在实现的早期发现错误和选择不同的实现策略，通过付出一些灵活性和简单性的代价，换取运行时的高效率。

本章小结

面向对象的软件构造提出了一个新的范式。在这个新的范式中，对象与类是构造软件的“基石”，方法、消息、继承则提供了构造软件大厦的“钢筋”。

传统上，构造一个软件常常包括在一个独立的数据上定义处理的过程；面向对象则将软件开发的中心由过程转移到包含数据及作用在数据上的操作的对象，对象中包含的操作（过程）称为方法。

与传统程序中被动的数据不同，对象会因收到其他对象发送的消息而被激活。

具有共同特性的对象被组织在一起形成类。新创建的类可“继承”已有类的数据与方法，使程序员能重用现有的类：只对差异进行编程。

面向对象的范式提供了新的层次上的抽象，可用于建立预定义的类库，甚至提供针对特定应用的框架。

在基于面向对象方法的系统分解中，系统被看做一些对象的集合。对象捕捉问题空间中最稳定的要素，并且对象概念贯穿于分析、设计到实现的始终，使分析、设计和实现的过程变得自然且连贯。

客户/服务器模型指明对象的义务和对象之间的协作，并使系统描述成为“责任驱动”的。责任驱动把应用看做对象的集合，这些对象相互协作实现各自的责任。

在面向对象的范式中，详细设计（包括过程实现和数据结构的规格说明）被推迟到开发过程的后期阶段中实现，且为对象私有。所以，算法过程和数据结构不再“冻结”在系统设计的高层。另外，由于实现层的变化可在不改变系统设计的情况下进行，因而基于对象表示的系统具有较大的可塑性。

问题讨论

1. 如何理解对象，对象具有哪些特征？
2. 如何定义类，类与实例的关系有哪些？
3. 消息的含义是什么？消息具有哪些性质？
4. 封装的含义及条件是什么？怎样理解面向对象系统的封装性？
5. 简述继承的概念，如何理解继承与类、继承与封装的关系？
6. 如何理解面向对象系统的多态性？
7. 面向对象的系统分析包括哪些步骤？

8. 简单叙述面向对象分析的常用方法。
9. 面向对象的设计分哪些步骤进行？描述面向对象设计的工具有哪些？
10. 面向对象的设计方法有哪些？各有什么特点？
11. 面向对象的程序设计语言有哪些？常用的面向对象的程序设计语言有哪些？
12. 面向对象的系统开发与面向过程的系统开发的差异是什么？

案例分析 8.1

创新中的 VB.NET——一种最新的面向对象开发工具

为了使 Visual Basic 开发人员从面向对象的设计中获益，简化企业 Web 应用程序的开发，Visual Basic .NET 支持包括实现继承在内所有的面向对象的语言特性。利用这些新的语言特性，Visual Basic.NET 将迅速有效地提供开发企业关键性应用程序所需的所有强大功能，同时保持使其成为世界上最流行的开发工具的易用性。

Visual Basic .NET 将提供第一流面向对象的、拥有新特性的程序设计语言，如实现继承、重载和带参数的构造函数。此外，开发人员将能够创建高度可伸缩的自由线程代码，并加入现代化的语言结构，如结构化的异常处理的高度可维护代码。

1. 继承

应用开发人员对 Visual Basic 最突出的请求是支持实现继承，Internet 时代的程序开发需要快速的编译和大量的重用。Visual Basic 拥有包括可视化窗体继承在内的全部实现继承。

开发人员可以使用新的关键字 Inherits，从一个已有的类进行派生。

```
Class1
Function GetCustomer（）
……
End Function
Class2
Inherits Class1
Function GetOrders（）
……
End Function
```

Inherits 语句支持与继承相关的所有可视化属性。派生类的实例支持这个基类所支持的所有方法和接口。当然，派生类可以扩展基类所支持的方法和接口集合。

2. 重载

Visual Basic 允许进行函数重载，这使得开发人员可以创建有相同名称，但却有不同的自变量类型的、不同版本的 Sub 或 Function。当对象模型规定对于操作不同数据类型的过程使用类似的名称时，重载尤其有用。例如，一个可以显示几种数据类型的类可能会有如下所示的 Display 过程:

```
Overloads Sub Display（theChar As Char）
……
Overloads Sub Display（theInteger As Integer）
……
Overloads Sub Display（theDouble As Double）
```

如果没有重载，将不得不为每个过程使用截然不同的名称，或者使用一个 Variant 参数。重载提供了一个处理多种数据类型的更明确、更有效的方法。

3. 带参数的构造函数

带参数的构造函数（或简单地称为构造函数）允许创建类的新实例，同时将变量传递给新的实例。构造函数对于面向对象的程序设计至关重要，因为它们允许实例的创造者向用户定义的构造代码传递参数。它们通过允许在单个表达式中创建和初始化一个新的实例，简化了客户代码。

其他现代化的语言特性

Visual Basic .NET 添加了许多额外的结构，简化了更健壮、更具可伸缩性的应用程序的开发。这些特性包括自由线程，结构化的异常处理，严格的类型检查，以及生产力特性，如共享成员和初始化工具。

4. 自由线程

当开发人员在 Visual Basic 中创建应用程序时，他们编写的代码是同步的。这意味着，每行代码必须在下一行代码之前执行。当开发 Web 应用程序时，可伸缩性是关键。开发人员需要支持并发处理的工具。

通过包含自由线程，开发人员可以产生一个执行某些长期任务，执行复杂的查询或运行多部分的计算的线程，而应用程序的其他部分则继续执行，从而提供了异步处理功能。例程如下：

```
Sub CreateMyThread（）
Dim b As BackGroundWork
Dim t As Thread
Set b = New BackGroundWork（）
Set t = New Thread（New ThreadStart（AddressOf b.Doit））
t.Start
End Sub
   Class BackGroundWork
   Sub DoIt（）
   ……
   End Sub
   End Class
```

5. 结构化的异常处理

开发企业应用程序需要构造可重用、可维护的组件。在以前版本的 Visual Basic

中，Basic 语言的一个具有挑战性的方面就是支持错误处理。开发人员发现，一个一致的错误处理模式意味着可以大量地复制代码。使用现有的 On Error GoTo 语句进行错误处理使大型应用程序的开发和维护速度变得很慢。它的名字就反映了某些问题：正如 GoTo 所暗示的，当一个错误发生时，控制被转移给子程序中某个标记的位置，一旦错误代码运行，通常它必须通过标准的 GoTo 依靠另一个清除位置转移，它最终将使用另一个 GoTo 或 Exit 退出这个过程。利用各种 Resume 和 Next 组合快速地处理几个不同的错误，将产生难以理解的代码，且在执行路径没有完全考虑到时将会导致出现频繁的错误。

VB.NET 中，利用 Try…Catch…Finally 使这些问题迎刃而解。开发人员可以嵌套他们的异常处理，且有一个控制结构用于编写在正常和异常条件下都执行的清除代码，例程如下：

```
Sub SEH（）
Try
Open "TESTFILE" For Output As #1
Write #1, CustomerInformation
Catch
Kill "TESTFILE"
Finally
Close #1
End try
End Sub
```

6．严格的类型检查

今天，Visual Basic 语言在其产生的隐含类型强制 Basic 方面变得非常自由。对于变量以及传递而非引用的参数类而言，Visual Basic 编译器通过产生运行强制，可将几乎所有的数据类型转换成任何其他类型。若要转换的数值不能在没有数据丢失的情况下进行转换，则运行强制操作将非常有用。通过添加一个新的编译选项，Visual Basic 可以对于可能在运行时引起错误的任何强制生成编译错误。选项“Strict”用于处理异常错误。当数字类型和字符串之间的自动类型转换不是用户所预期的时候，Strict 生成错误，从而提高了类型安全性。

7．共享成员

共享成员是指可被类的所有实例共享的类的数据和函数成员。在一个类的所有实例间共享一个数据成员或函数成员的实例，在使用继承的 Visual Basic 应用程序中是极其必要的。一个共享的数据成员独立于这个类的任何一个具体的实例而存在。一个共享的方法与普通的方法不同，它并不被隐含地传递类的实例。由于这个原因，在一个共享的方法中是不允许不合格的引用非共享的数据成员的。公共的共享成员可以进行远程访问，并且可从这个类的某个实例中对它们进行绑定。

8. 初始化工具

Visual Basic.NET 支持在变量被声明的一行中对其进行初始化。初始化可以用在任何位置，包括框架结构内部。包括初始化工具的过程层次的声明语义，与紧跟一个赋值语句的声明语句是相同的。

Visual Basic 现在已经成为第一流的面向对象的程序设计语言。使用 Visual Basic.NET，开发人员将能创建高度可伸缩的、具有明确的自由线程代码。它们的代码使用现代化的语言结构，如结构化的异常处理，具有很高的可维护性等。Visual Basic 将提供开发人员创建健壮的、可伸缩的分布式 Web 应用程序所需的所有特性。

案例分析 8.2

基于面向对象技术的物业管理系统开发

物业管理系统是对物业业务进行信息收集、分析和处理的软件。业务的变化带来的不稳定因素，使软件的开发过程中对系统开发的要求存在诸多的变动。传统的面向功能的结构化软件开发方法存在着可适应性差、可扩展性低的不足。面向对象的分析方法是从现实世界抽象出对象及发生在对象上的事件，从而建立数据、对象、操作之间的联系。将对象作为系统结构的基本组成单元，以主体数据为中心，将主体操作与数据一起封装。主体行为模式符合人们对客观世界的认识规律。相对于传统的结构化方法，用面向对象的方法进行物业管理信息系统开发，可以实现高的柔性构造，使开发的信息系统具有高的可适应性，满足物业管理业务多变性的要求。

1. 面向对象的建模方法

对象（Object）、类（Class）及继承性（Inheritance）构成了面向对象数据模型结构特性的基础。面向对象数据模型是对系统进行数据分析时，将欲抽取的事物、概念分解成一个个独立的、可以区分的事物，再套上对象之间的关系而构成的，包括领域需求分析和建立模型两个主要过程，其操作的基础是消息的传递。将面向对象技术应用到软件工程的各个阶段，其实质就是寻找对象及各对象间的相互作用关系。

统一建模语言（UML，Unified Modeling Language）是面向对象开发中的一种通用、统一图形化模型语言，是近代软件工程环境中对象分析和设计的重要工具。UML 适用于系统开发的不同阶段，从需求规格描述到系统完成后的测试。在需求分析阶段，可以用用例捕获用户需求。分析阶段主要关心问题域中的主要概念（如类和对象等），需要识别这些类以及它们相互间的关系，并用 UML 类图来描述。为实现用例，类之间需要协作，这可以用 UML 行为模型来描述。在设计阶段为实现阶段提供更详细的规格说明。编程实现是一个独立的阶段，其任务是用面向对象编程语言将来自设计阶段的类转换成实际的代码。UML 模型还是测试阶段的依据。系统通常需要经过单元测试、集成测试、系统测试和验收测试。不同的测试使用不同的 UML 图作为测试依据。UML 的目标是以面向对象图形的方式来描述任何类型的系统，具有很广泛的应用范围。

2. 物业管理系统建模

UML 对物业系统的建模是用 UML 中的各图表对系统进行分析和设计的过程，其模型类型主要有以下四种方式。

1）环境模型

环境模型主要对系统开发的用户和应用环境进行建模，用户首先建立一个与服务器的通信渠道，然后将用户的需求以某种方式传送给这台机器，在应用程序接收到服务器返回的数据后，物业管理信息系统分析返回的数据并呈现给用户。用户完成请求和表现数据的工作，通过操作计算机人—机界面完成，数据处理的任务大多是由物业管理系统和服务器协作完成，其环境模型如图 8.7 所示。

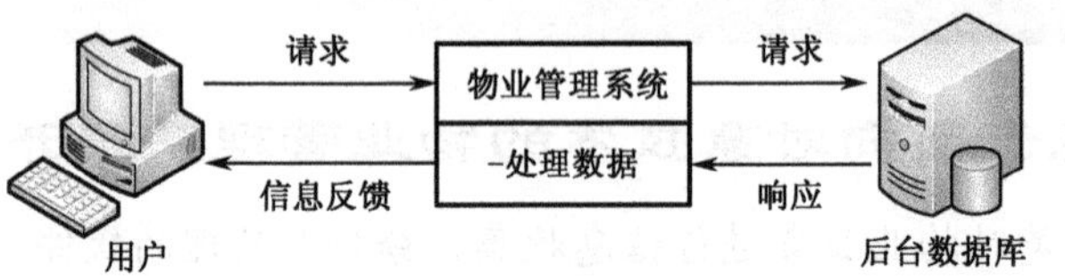

图 8.7　环境模型

2）对象建模

对象建模，主要对系统中的对象进行分析，其结果可能是抽象的，也可能是非抽象的。物业管理信息系统的对象宏观上看主要有小区业主、物业费用、物业产权等，通过各个对象的属性相关性与系统中各个数据对象相联系。图 8.8 是物业信息系统的需求分析的对象模型实例，其中的对象类为抽象化后的实例。例如，产权对象类是抽象的对象建模，其由许多的实体（如小区、区内楼宇和房间设施等）构成。

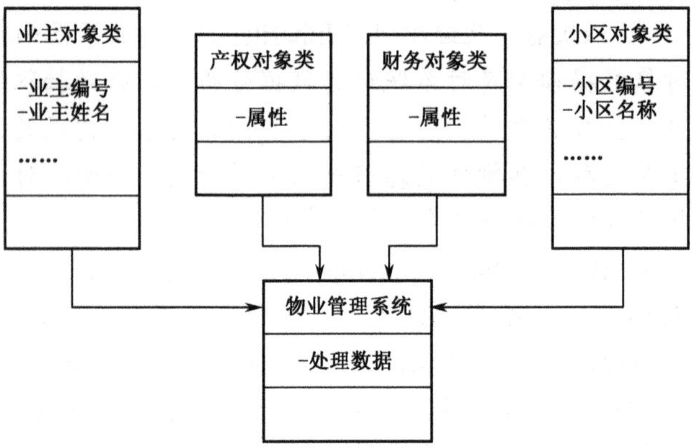

图 8.8　对象模型实例

3）动态建模

动态建模主要对物业管理系统业务数据处理序列进行描述，描述的对象是与时间和操作次序有关的系统性质。以查询财务信息为例进行动态建模，如图 8.9 所示。

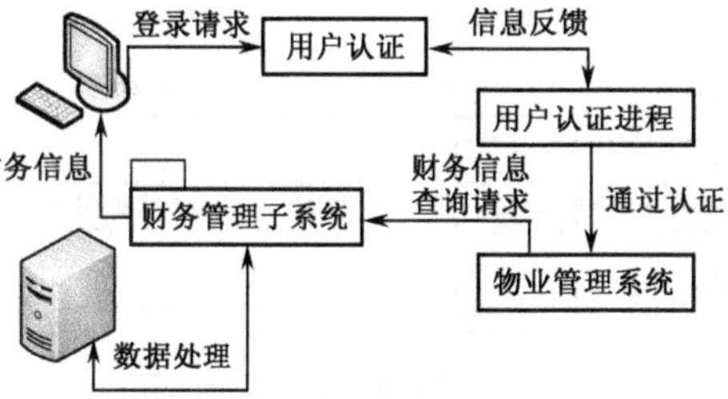

图 8.9　查询财务信息的动态建模

4）功能建模

功能建模是系统功能设计的总体描述，是以图表形式表述的各功能实例化过程。功能模块的建模主要是基于以上各阶段所得到的模型，对系统的功能模块进行细分，得到物业管理系统总的模块结构图，如图 8.10 所示。

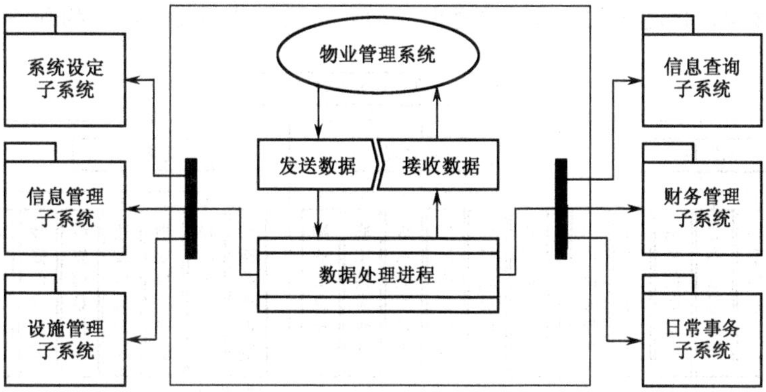

图 8.10　物业管理系统总的模块结构图

3．物业管理系统数据库建模

从某种意义上讲，数据库设计的面向对象特征最终奠定了整个系统的面向对象性，使面向对象方法在程序开发阶段顺利进行。基于面向对象的 UML 使数据库建模在数据库结构上能够扩展到整个系统范围，成为整个分析和设计过程的一个组成部分。基于面向对象的 UML 建模理论，使用统一的语言，将不同的开发模块集中到一个体系结构中，使系统各模块更好地衔接，方便对各个阶段的模型进行更新和修改；使开发设计得到宏观控制，避免前期设计就陷入数据库复杂的细节设计阶段。使用 UML 进行数据库设计时，仍然需要用传统数据库建模和设计方法来定义所必需的表、列、触发器、约束和其他数据库元素。这与传统的数据库设计方法是一致的。

用 UML 对关系数据库系统设计全过程进行建模可分为 6 个阶段，即定义、分析、设计、实现、测试和配置。UML 数据库建模过程是一个迭代和累增的过程，各个阶段的流程图如图 8.11 所示。

UML 数据库建模是对数据库 E-R 模型的实例化过程。基于 UML 关系数据的建模，可以实现数据库高的扩展性和可适应性。使用 UML 建模可满足物业管理数据库可扩展性的建模要求。

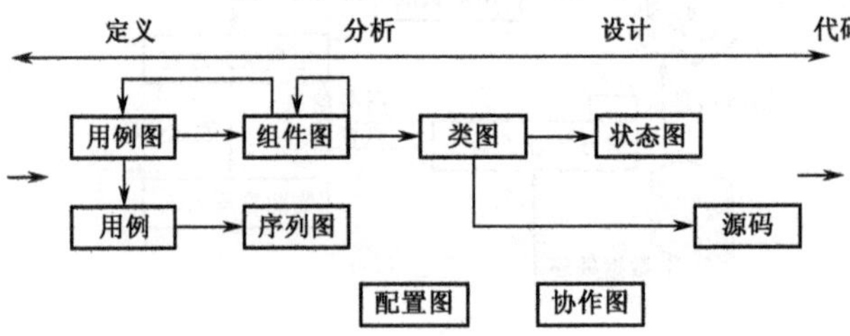

图 8.11　UML 数据库建模流程图

4. 物业管理系统的功能模块

物业管理系统是将日常物业管理工作简化，实现办公的自动化。通过建立物业管理后台数据库，实现各项物业管理相关数据的电子化，方便日常的数据信息查询、修改、添加以及统计工作。为达到物业管理工作的要求，该系统应包括系统设定、信息管理、设施管理、财务管理、信息查询、日常事务和帮助等功能，其功能模块结构如图 8.12 所示。

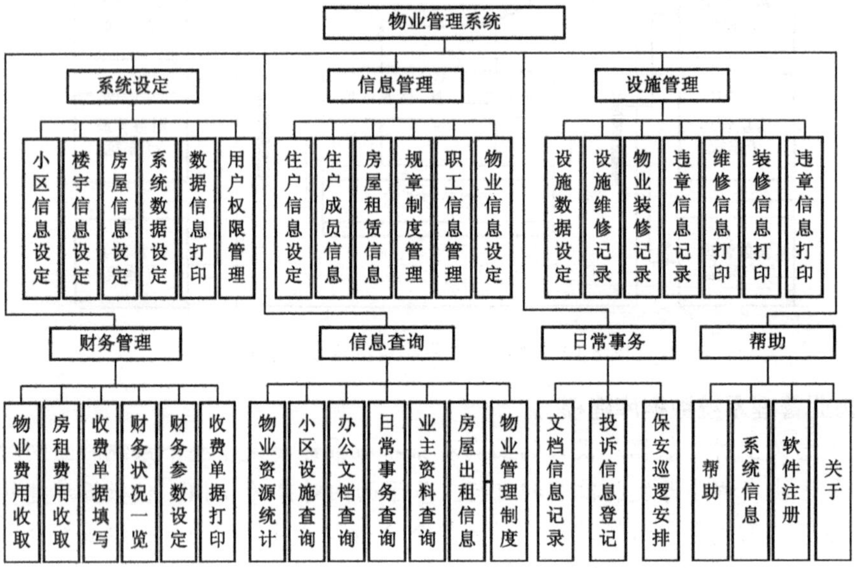

图 8.12　物业管理系统的功能模块结构

（1）物业数据录入。系统中的模块都可以完成小区内物业数据录入工作。录入的数据是物业管理业务数据、小区管理数据以及需要提交的所有数据。

（2）数据查询统计。它是指用户可以对所有物业信息及费用进行查询统计。系统除了能够进行简单检索外，还提供了一个面向用户的动态查询方式，用户可以通过自定义查询条件来方便地设置查询条件，输出相应的数据信息。为了方便用户对数据的操作，对于查询到的结果，用户也可以通过增加、删除和修改等操作来对数据进行管理。

（3）字典维护。它是为了保证数据的完整性和一致性，使用户能够更好地使用本系统而设计的。它需要维护系统所使用的若干代码表。系统在设计时，为了数据的分类、识别、统计、交换等目的而使用的大量信息代码，都需要进行必要的维护工作，所以用户在使用系统的过程中需要不断地充实字典的内容。字典内容的不断丰富提高了系统的信息处理能力，从用户角度上看，加强了用户进行业务管理的范围和能力。

（4）费用收取。各种费用的自动计算及收费收据的打印系统，可以精确地完成各种费用的计算，并可以根据房屋变化的情况调整收取的费用。同时，可以自动完成收费收据的打印工作。这样在很大程度上实现了物业管理工作办公的自动化。

（5）数据报表生成。系统中的相关模块都可以按照物业管理部门的要求，将相关的物业管理数据自动生成相应报表，从而大大简化了工作流程，提高了工作效率。在系统中的数据和文档都可以输出到 Microsoft Word 和 Microsoft Excel 中，实现日常报表的编辑。

整个物业管理系统的数据流程图如图 8.13 所示。

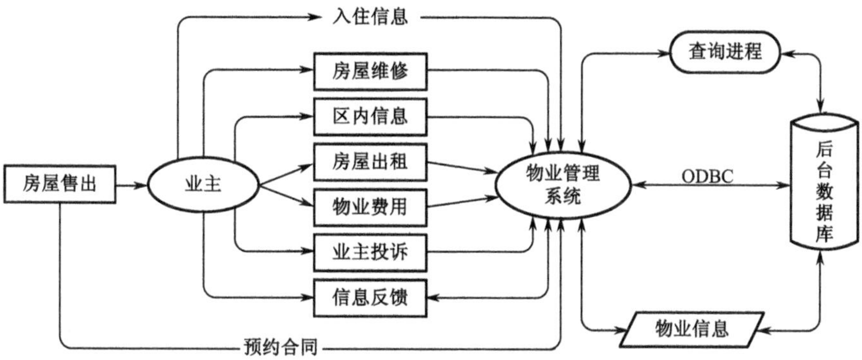

图 8.13 物业管理系统的数据流程图

5. 系统软件及开发平台的选择

物业管理系统中数据实体包括业主、小区、楼宇、房间、各种物业费用、文档、投诉信息及系统用户等。基于当前系统的设计规模及后台数据库要处理大量的小区数据、费用数据及用户数据等要求，也考虑到数据库的易于维护性，后台数据库选用 Microsoft SQL Server 2000 SP3。Microsoft SQL Server 2000 是一种多用户的关系数据库系统，其功能强大，提供安全、可靠、可扩展、易于管理、高性能的后台数据库平台，提供一套功能完备、易于操作的图形化操作界面。提供的工具有 Enterprise Manager、Query Analyzer。还提供防止冲突和错误的保护机制。系统的开发进度，很大程度上取决于所选开发工具的性能和功能。

面向对象技术在软件开发中得到了广泛的应用，其在软件开发过程中的可靠性、稳定性和适应性等优点，使其在软件需求多变的情况下仍能设计与开发出符合用户需求的软件系统。物业管理信息系统需求的多变性要求其开发技术上的面向对象特性。在物业管理软件设计的建模阶段，使用了基于面向对象的统一建模语言（UML）对数据库和系统建模；编程实现阶段则使用 Delphi 7 开发工具实现基于面向对象软件开发。整个研究与开发过程综合运用了面向对象的计算机软件工程思想。

第9章

决策支持系统与专家系统

引言

决策支持系统是在管理信息系统基础上发展起来的一门信息系统技术，专家系统（ES，Expert System）开创了人工智能新领域。

作为一个交叉型的新兴领域，决策支持系统可以从管理科学、信息支持等不同的角度去研究和考察。从技术观点看，也可以从知识表达、知识获取、推理机制、存储方式等不同方面去研究。因此对决策支持系统的研究往往与专家系统等有不少交叉与相关之处。而智能决策系统和群体决策支持系统，则是对传统决策支持系统面向不断出现的特定实践需要而产生的思路、方法的扩展与深化。

通过本章学习，可以了解（或掌握）：

- 决策支持系统的概念、结构和开发等相关知识；
- 群体决策支持系统的概念和其他相关知识；
- 专家系统的概念、设计方法和开发等相关知识；
- 智能决策支持系统的概念和结构等相关知识。

9.1 决策支持系统

决策支持系统是能为决策者提供有价值的信息及创造性思维与学习的环境，能帮助决策者解决半结构化和非结构化决策问题的交互式计算机系统。其功能主要体现在它支持决策的全过程，特别是对决策过程各阶段的支持能力。

9.1.1 决策支持系统的概念

1．决策支持系统的定义与特征

1）决策支持系统的定义

决策支持系统的概念虽然于 20 世纪 70 年代初期就已经出现，但由于它是一种新型的、不断扩充与发展的系统，其确切概念或定义始终处于争论和探讨之中。因此常见的看法有以下六种：

（1）决策支持系统是由于管理信息系统渐进发展而达到的高级阶段，管理信息系统是决策支持系统的一部分。

（2）管理信息系统包含运用模型分析数据和辅助决策功能，决策支持系统是管理信息系统的一部分。

（3）决策支持系统与管理信息系统是统一的信息系统的两个不同的、互相联系和互相配合的组成部分。

（4）决策支持系统与管理信息系统是计算机应用于管理工作中的两个不同发展阶段。

（5）决策支持系统和管理信息系统没有区别，只不过是从不同的角度，以不同的观点来研究决策活动的，因此只是一个名词的不同。

（6）决策支持系统是多年来计算机在管理的实际应用中发展起来的一项独立的新技术，主要用于支持决策活动。

直到现在，仍然没有一个学术界公认的决策支持系统定义。我们认为，对于尚未有公论的领域，拘泥于严格的定义没有必要，只能结合目前公认的说法给予一般性的描述。基于此，本书给出一个具有参考性的定义。

决策支持系统是能为决策者提供有价值的信息及创造性思维与学习的环境，能帮助决策者解决半结构化和非结构化决策问题的交互式计算机系统。

从根本上说，决策支持系统主要是在支持决策能力上的突破。它的结构能使计算机加工信息的能力与决策者的思维、判断能力结合起来，从而能解决更为复杂的决策问题。因此，决策支持系统是管理人员大脑的延伸，提高了决策的有效性。同时决策支持系统只能起到“支持”作用，不能代替决策者，只是由管理人员或决策者控制下的一个辅助决策的工具。它不需要预先指定目标，自动完成全部决策过程，而是通过人—机对话方式帮助决策者解决所面对的复杂的半结构化和非结构化决策问题。

由于实际工作的复杂，决策支持系统与管理信息系统两种类型的信息系统往往难以截然分开。例如，某个库存管理系统中既包括日常报表的生成，又包括库存资金的分析预测，实际上是决策支持系统与管理信息系统两者功能的结合。今后所谈的决策支持系统，大都指的是以决策支持系统功能为主的信息系统。

2）决策支持系统特征

决策支持系统的特征实际上表现在它与其他不同类型系统（如 DPS 和管理信息系统）的区别上，一般可归纳为以下八个方面：

（1）对决策者提供支持，而不是代替他们的判断。

（2）支持解决半结构化和非结构化决策问题。

（3）支持决策过程的各阶段。

（4）支持决策者的决策风格和方法，并能改善个人与组织的效能。

（5）支持所有管理层次的决策，并能进行不同层次间的沟通和协调。

（6）易于为非计算机专业人员以交互对话方式使用。

（7）决策支持系统要由用户通过对问题的洞察和判断来加以控制。

（8）强调改变对环境及用户决策方法的灵活性及适应性。

2. 决策支持系统的功能

一般说来，决策支持系统的功能主要体现在它支持决策的全过程，特别是对决策过程各阶段的支持能力。Meador、Keen 和 Guyote（1984）的研究表明，多数决策支持系统具有下述八种功能。

1）决策目标、参数和概率的规定

对决策目标、参数和概率的规定相当于对决策过程形成问题和建模。决策支持系统有容易使用的用户界面、非程序化建模语言、概率函数、目标搜索和模拟能力。

2）数据检索和管理

数据检索和管理功能相当于决策过程的收集和分析数据。决策支持系统能建立多维数据结构、数据字典和数据库，具有数据文件合并、交互式数据录入和编辑、与其他用户或系统间进行数据传输，以及数据安全性与完整性维护管理功能（较好的数据库管理系统具有这些管理功能）。

3）决策方案的生成

决策方案的生成相当于决策过程的形成方案。决策支持系统具有“如果……则……”（What if）和敏感性分析功能。

4）决策方案后果的推理

决策方案后果的推理相当于决策过程的方案模拟。决策支持系统能自动求解联立方程，具有“IF…THEN…ELSE”的建模语言和逻辑推理机制，具有各种数学库函数、预测与时序分析函数及影响分析函数。

5）语言、数值和图形信息的显示和接收

语言、数值和图形信息的显示和接收相当于决策过程的建立人—机交互对话，显示和接收用户命令。决策支持系统具有统计函数和程序、灵活有力的报表格式化和图形处理、合并能力及自然语言用户界面等功能。

6）方案后果的评价

方案后果的评价相当于决策过程的方案比较、评价和选择。决策支持系统具有经济评价功能、优化功能和风险分析功能。

7）决策的解释和执行

决策的解释和执行相当于决策过程的方案实施。决策支持系统具有根据模型（用命令和建模语言表示）方便求解的标准化程序和逻辑算法，灵活有力的报表格式化和图形处理功能。

8）战略构成

战略构成相当于决策过程中的决策情景分析、问题生成和战略研究。决策支持系统具有包含业务知识和推理规则的机内辅助存储（即知识库）功能，能够辅助进行问题生成和战略研究。

以上功能中的大部分是一般的决策支持系统功能，而 5）和 8）两项需要一定的人工智能技术才能实现。也就是说，人工智能技术能够扩充决策支持系统的功能，特别是那些复杂的功能。

为了实现这些功能，决策支持系统本身要具有各种数据处理、模型生成、方法调用、模拟分析、报表和图形生成，以至于知识推理等技术能力和软、硬环境（包括计算机、图形显示器、输入/输出设备、通信网络、数据库及其管理系统、各种语言及工具等）的支持。

3. 决策支持系统的一般分类方法

决策支持系统通常按照系统的特性及其应用状况进行分类。不同的侧重点有不同的分类方法。表 9.1 给出了决策支持系统比较普遍的一些分类方法。

表 9.1　决策支持系统比较普遍的一些分类方法

分类方式	类　别	说明或举例
按支持层次	战略规划决策支持系统	用于高层管理决策
	和平控制（或调度指挥）决策支持系统	用于操作层管理决策
按支持的决策类型	个人决策支持系统	
	组织结构决策支持系统	（或分布式决策支持系统）
	群体决策支持系统	
按支持的数据与模型操纵能力	文件柜系统	目的是对一些特殊的数据进行联机方式存取和访问，如证券信息的检索系统、一般的库存控制系统等
	数据分析系统	
	分析信息系统	提供对一系列数据库和小型模型的访问，如市场信息系统、销售分析系统
	财务模型系统	计算基于财务定义的计划行为结果
	描述模型系统	对非确定性活动进行描述、分析和评价。它包括了各种不属于统计定义的模拟模型
	优化模型系统	应用优化模型实现决策的优化
	建议系统	能根据优化模型或其他决策模型输出更具体、更好的决策建议

续表

分类方式	类　别	说明或举例
按应用领域分类	生产经营决策支持系统	
	农业规划决策支持系统	
	……	
按适用范围分类	专用决策支持系统	
	通用的决策支持系统	

9.1.2　决策支持系统的结构

与管理信息系统相比，决策支持系统的设计方法是以问题驱动的，它重视解决问题的决策模式的研究与模型的适用。因而除了数据库以外，还包括模型、方法、知识等信息资源的存储管理等组成要素。决策支持系统的框架结构有多种提法，其中影响较大的有四种。

1. “用户界面—数据—模型”框架

“用户界面—数据—模型”框架由 Sprague（1980，1987）提出。它包含用户界面、数据和模型三个子系统，如图 9.1 所示。

数据子系统一般包括数据库和数据库管理系统，模型子系统一般包括模型库和模型库管理系统，用户界面子系统则由对话生成和管理软件所组成。因此图 9.1 可以细分为图 9.2 所示的“两库一体化”框架结构。图 9.2 中，上部是数据库和模型库，下面包含数据库管理系统、模型库管理系统与对话生成和管理软件三部分，它们结合在一起，构成一个统一的软件系统。

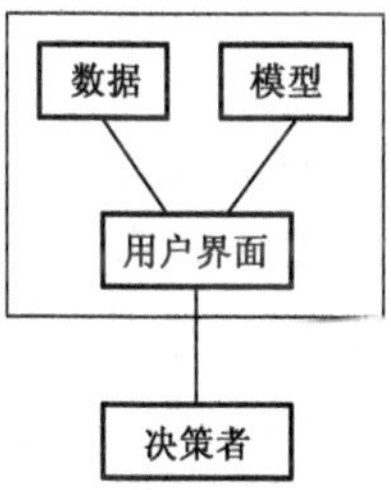

图 9.1　“用户界面—数据—模型”框架

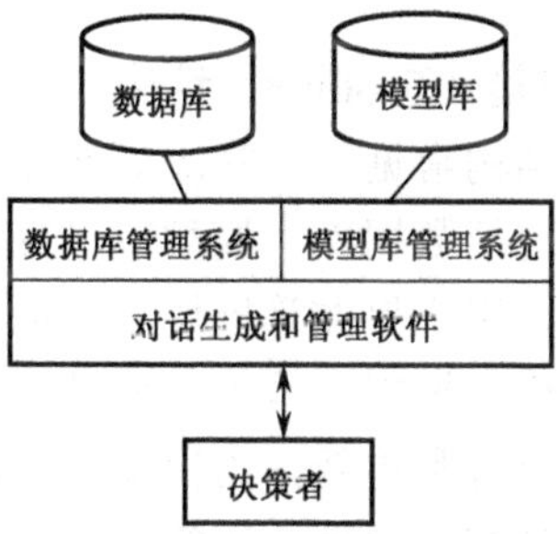

图 9.2　“两库一体化”框架结构

2. “用户界面—知识—问题”框架

“用户界面—知识—问题”框架包含语言系统（LS，Language System）、知识系统（KS，Knowledge System）和问题处理系统（PPS，Problem Process System）三个部分。其中，语言系统实际就是用户界面（CHI，Computer Human Interface）系统。“用户界面—知识—问题”框架结构如图 9.3 所示。

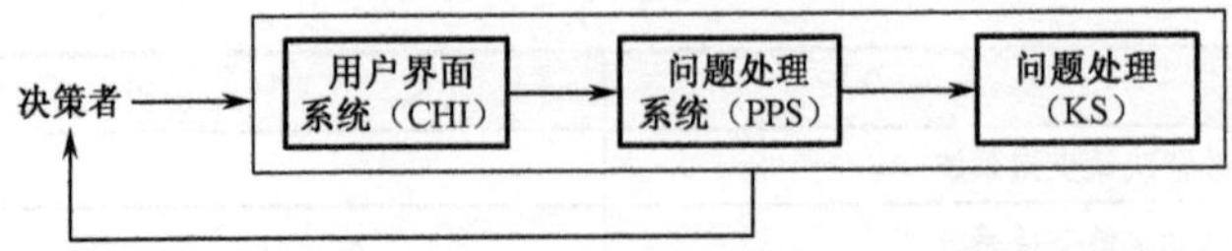

图 9.3　“用户界面—知识—问题”框架结构

用户界面系统提供了用户（决策者）与决策支持系统通信的桥梁。它用来将决策者的意图传送给决策支持系统。知识系统包括决策支持系统中有关问题的知识主体，其中可以存放数据、模型和知识（规则、表格和框架图形）等。问题处理系统是用户界面系统的问题表示和知识系统的知识表示之间的一个中间处理器，应具有问题确认、分析求解及设计实施三部分功能，还可以结合实际问题进一步细分。

3．三库一体化框架

三库一体化框架可用图 9.4 描述，其中数据库、模型库和知识库三个子系统均包含一个库和一个管理系统，而用户界面子系统包含对话生成和管理软件。

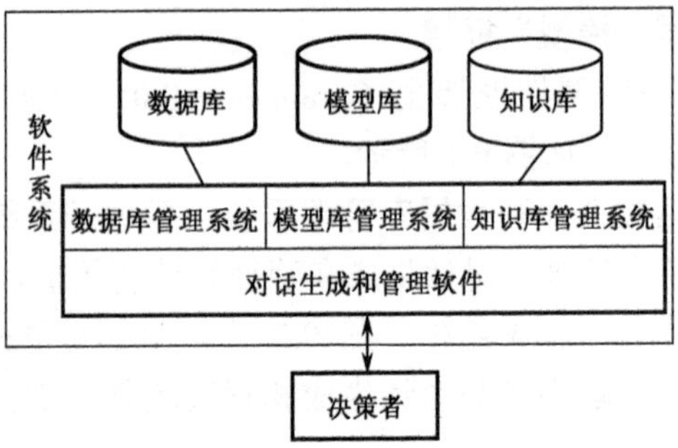

图 9.4　三库一体化框架结构

4．工具箱（Toolbox）结构

工具箱结构常见于一些决策支持系统和办公自动化系统中，如图 9.5 所示。工具箱系统中除了包括数据库、模型库、方法库、图形库和对应的管理系统外，还包括总控、服务、通信、用户界面等模块。决策者可以通过用户界面输入命令及有关需求的参数和说明。总控模块根据决策者的要求调用有关模块，存取各库数据，并运用各种方法或手段随时进行组合和更新，为决策者提供各种形式的数据、模型和方法。该系统的又一个显著特点是具有开放性，决策者可以将自己的经验、智慧与系统的开发能力相结合，更好地发挥用户的积极性和创造性。

上述四种决策支持系统结构仅仅是对目前已开发的大量决策支持系统的一些概括。开发一个完整的决策支持系统结构是十分重要的工作，体系结构必须能够具体地指导未来的系统设计，并且具有足够的灵活性以采纳新技术，并能保证今日和未来的需求。一旦被定义下来，需要做附加的努力去修改或替换与新概念不一致的现存系统。如何合理组合这四种结构，适应不同类型决策问题和决策环境，并创造出各种新类型的决策支持系统结构，应是今后进一步研究的一个方向。例如，图 9.6 是一个基于网络技术概念上的决策支持系统结构。

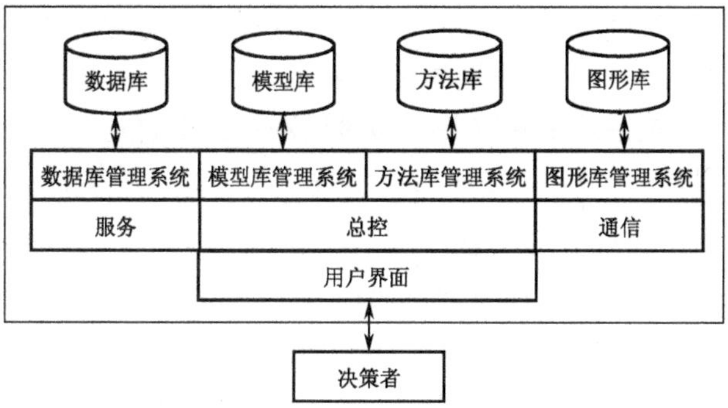

图 9.5　工具箱结构

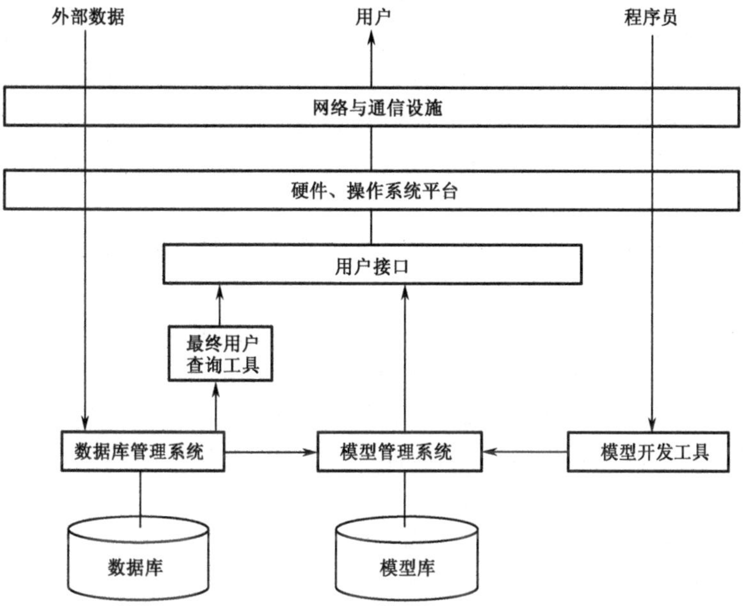

图 9.6　基于网络技术概念上的决策支持系统结构

9.1.3　决策支持系统的开发

1．定义决策支持系统体系结构

在开发独立系统之前，必须考虑的重要问题是要开发一个全面的信息系统体系结构（Information System Architecture）。该体系结构标明各组成部分的配置方式、分配给每个组成部分的任务类型、这些组成部分之间应如何相互作用，以及它们如何与系统外部相互作用。

一般来说，决策支持系统体系结构应反映决策支持系统的数据库、决策支持系统的模型、决策支持系统的用户、软件工具、硬件和操作系统平台、网络和通信功能等内容。

2．平台的选择

平台（platform）是指集成的硬件和操作系统环境，它可以支持用于决策支持系统的应用程序。决策支持系统可在多个不同平台上运行，目前常用的平台主要有：①公司的中央系统；②连接用户台式计算机的中央系统，可通过内部公司网络和互联网等；③分散的系统，可从中央系统中获取并能够通过网络提供给它的用户；④用户桌面上的独立系统；⑤上述情形的综合。上述不同平台各有其特点，可结合实际情况选用。

3. 开发决策支持系统的软件工具

开发决策支持系统的软件工具通常有四种方法获得：购买集成的软件包，定做软件包，使用专用的工具或者为当前任务设计“程序生成器”，从头开始编写所需要的程序。

能够在决策支持系统开发中使用的软件类型包括各种程序设计语言以及数据库管理软件包、信息检索（查询和报告）软件包、专用的建模软件包（包括电子表格）、统计数据分析软件包、预测软件包和图形软件包等。

数据库管理软件包支持三种数据库结构中的一种：层次结构、网络结构和关系结构。其中台式微型计算机中普遍采用层次结构，网络结构则是大型主机中最为普遍采用的结构，关系结构是微型计算机和工作站中最普遍采用的结构形式。关系结构比其他两种结构在对不可预见的信息检索要求的反应方面有更大的灵活性。这使它更适合大多数决策支持系统。

信息检索软件包的功能是从文件或数据库中检索用户指定的数据。优秀的信息检索软件包应具有复杂查询的功能且易于使用。

建模、统计数据分析及预测软件包以有关的数量化理论提供的算法为基础，并能结合具体专项业务进行有关量化计算。图形软件包主要用于对图形进行组织、共享及存储，并具有高级的图像处理功能。随着软件功能的不断提高，不同功能的应用软件有相互渗透的趋势。比如非专业图形的应用软件，如 SPSS 和 MATLAB 等，图形的处理能力也有了很大的提高，同时也具有较强的编程能力。

编程是开发决策支持系统的主要方式。用户可以使用第三代编程语言或第四代编程语言。第三代编程语言有标准化的优点，且大多数第三代编程语言的基本概念彼此接近；同时流行的第三代语言编辑器已经过多年优化并能产生有效利用硬件的代码。但第三代编程语言包括冗长且易出错的编程过程，缺乏足够的灵活性，而且编程效率低。第四代语言的特征是用户指定计算机要做什么，而不是规定计算机如何去做。因而，第四代编程语言具有较大的灵活性，且具有较高的效率。但在不同的场合，第三代编程语言也有第四代语言不具备的优点，所以目前两种编程语言并存局面仍在继续。

4. 决策支持系统用户界面设计

既然决策支持系统是在执行任务的过程中与决策者密切交互，决策支持系统的用户界面设计就显得十分重要。在用户界面中应当考虑的因素主要有：时间、学习、多用途、差错处理、帮助、适应性、集中、抗疲劳、一致性和趣味性等。

用户界面样式设计是界面设计形式体现的重要内容。它通常有命令行界面、图形界面（GUI）、菜单和对话框四种设计方法。此外，超文本（Hypertext）以及超媒体（Hypermedia）界面，把文字、图形、动画和声音等加入到电子“文档”中。特别是信息检索，应用超文本方式，可以使系统更快、更精确地解决问题。随着新技术的不断发展，必将还会提供新的界面样式。

5. 决策支持系统的开发方法

开发决策支持系统的两种常用方法为传统的生命周期方法（SDLC，Systems Development Life Cycle）和原型（Prototyping）开发方法，最终用户开发法也是近年来常见的决策支持系统开发方法。

1）传统的生命周期方法

传统的生命周期方法主要包括确定用户需求、系统分析、整体系统设计、详细系统设计、开发、测试、使用等主要步骤。从表面上看，决策支持系统的生命周期与管理信息系统的生命周期类似，但实际上还是有区别的。这主要表现在决策支持系统能够解决半结构化和非结构化的决策问题，而管理信息系统只能解决结构化问题。由于问题性质的不同导致在解决问题的方式上，决策支持系统以人—机对话方式为系统工作的主要方式，而管理信息系统的人工干预很少。此外，决策支持系统的开发生命周期中应更多体现用户的主导作用和参与工作特性。

生命周期方法的不足之处在于不能很好地适应那些需求快速变化的系统；另外开发者和用户间沟通效果较差，用户很难解释清楚要决策支持系统为他干什么或提供什么样的具体信息。

2）原型开发方法

原型开发方法是针对生命周期法的不足而发展起来的，它是一个反复迭代的研制过程：根据用户或决策者提出的粗略要求，大致分析系统应当干什么，由用户与设计人员共同商定先解决其中一个重要部分，着手设计出一个初始原型来，然后通过必要的软、硬件设施，实现这个原型系统，供用户或决策者试用，经过试用一段时期，即可根据用户意见，对该原型系统加以修改或扩充，利用原型系统细化用户的需求，扩充和改善初始原型的功能。如此反复直至最后形成一个相对稳定的工作系统，用以支持一系列的决策问题。

与生命周期法相比，原型开发方法改进了用户与开发者之间的沟通状况，在开发过程中引入了灵活性与迅速响应的特性。原型开发方法的不足之处在于可能会延长开发时间。

3）最终用户开发法

最终用户开发是指决策者直接负责决策支持系统的开发，在专业人士的支持和帮助下，开发出更为复杂的最终用户系统。与其他方法相比，最终用户开发法更好地反映了决策者的意图，并且减少了开发过程中决策者（用户）、程序员、系统分析员之间的沟通时间和费用。

9.2 群体决策支持系统

早在 1981 年关于决策支持系统的第一次国际会议上，Keen 就指出：现今设计决策支持系统所依据的管理决策模型都是假定只有单一决策者独立进行的决策，而实际上只有很少的情况才是如此，绝大多数情况都是在很多人参加并反复讨论之后才能做出决策。决策者通常要花费很多时间研究不同方面专家的意见，甚至是互相冲突的意见来做出自己的判断。在生产企业，不同部门的领导人经常在一起开会，都是为了群策群力，加深和扩大对问题的认识，统一思想，以便对重大问题做出正确决策。当单一用户的决策支持系统使用后，这种属于决策支持系统之外的活动也经常发生。针对这种情况，一些学者提出，将包括有关管理人员在内的群体研究过程纳入到决策支持系统范围内，在决策支持系统内部直接支持群体决策。由此引发了对群体决策支持系统（GDSS，Group DSS）的研究。

9.2.1 群体决策支持系统的定义和作用

1. 群体决策支持系统的定义

Huber（1984）称群体决策支持系统是能支持一群人开会决策的一组软件、硬件、语言成分及一套规程的集合。这种定义单纯强调了会议决策。

De Santis 和 Gallupe（1985）等人给出的群体决策支持系统定义是：群体决策支持系统是能帮助在一起工作的一群决策者共同解决非结构化问题的一种交互式计算机系统。该定义强调了非结构化问题的解决。

综合上述定义并借鉴其他学者的研究，可以给出群体决策支持系统的描述性的定义：群体决策支持系统是指这样的决策支持系统，在其设计、结构和用途上都反映出群体的各个成员相互影响并做出特定决策的决策方式。群体决策支持系统支持的群体决策过程包括：沟通、文件共享、构造群体活动的模型、集成多个人观点为群体观点，以及涉及群体交互活动的其他一些功能。

2. 群体决策支持系统的作用

普通决策支持系统只能用于支持个人的决策过程，这种个人决策支持系统是不能解决需要沟通和协作以共同求解问题的多人系统使用的。群体决策支持系统在工作中的应用正变得日益重要。

导致近来的群体决策支持系统迅猛发展的主要原因是组织原因与技术原因。现代决策日益复杂，需要不同人的知识结构；时间重要到成为竞争成败的关键，迫使众多的决策者将任务细分成子任务，然后并行解决；群体的参与可以增加组织中成员的工作热情。除了适应组织原因的要求外，群体决策支持系统还有助于克服妨碍制定最优决策的从众思维性，可以较为充分地发表个人意见。这在面对面会议中是很难实现的。

群体决策支持系统中需要用到通信技术（包括电子信息、局域或大区域网、电话会议、存储和交换设备）、计算机技术（包括多用户系统、第四代语言、数据库、数据分析、数据存储和修改能力等）、决策支持技术（包括议程设置、人工智能和自动推理技术、决策模型方法）、结构化的群体决策方法（如德尔菲法等）。群体决策支持系统将这些技术结合起来，使问题的求解条理化、系统化。而各种技术的进步，如电子会议、局域网、远距离电话会议及对决策支持软件的研究成果，为群体决策支持系统提供了足够的技术支持，推动了群体决策支持系统的发展。

9.2.2　群体决策支持系统的构成

1. 群体决策支持系统的技术层次

DeSanctis 和 Gallupe（1987）按照为群体成员提供支持的不同，将群体决策支持系统技术分成过程支持、决策支持和次序的规划三个层次。

1）过程支持

过程支持的目的是减少或消除通信障碍，这类系统支持的项目包括：群体成员之间的电子信息；连接各群体成员 PC 的网络、协助者、公共屏幕、数据库和其他 CBIS；在各群体成员的 PC 上有公共的屏幕，或在中央位置有所有成员可观看的屏幕；匿名输入意见和投票，有助于愿意采用匿名方式的群体成员参与；主动诱导各群体成员发表意见或投票，鼓励参与和诱导创造性；概要地显示意见和观点，包括统计概要信息和投票结果的显示；帮助群体形成各成员已通过的会议议程、帮助组织会议；议程和其他信息的连续显示，使会议按议程进行等。

2）决策支持

在决策支持层次，软件可增加建模和决策分析的功能，并可通过提供系统的方法，减少群体决策过程中的不确定性。这些方法和模型包括计划和财务模型、决策树、概率评估模型、资源分配模型和社会评价模型等。

这些模型可存在于常规的决策支持系统软件包中或可加入到过程支持层次的软件中。此外，可将群体决策支持系统与决策支持系统软件集成。

3）次序的规则

次序的规则这一层次涉及控制群体决策过程的时间、内容或信息形式。在该层次中，加入了包含次序规则的专门软件。例如，某些规则能确定讲话的次序，确定选举的规则等。

2. 群体决策支持系统的结构

Huber（1984）、Bui 和 Jarke（1986）、Gray（1987）等人提出，支持会议的群体决策支持系统的基本结构是由通信设备连接而成的一组个人用的决策支持系统的一个整体。显然这样一个结构可用于同一个房间的面对面的会议，也可用于不在一个地点的通信会议。

De Santis 和 Gallupe（1985）提出了群体决策支持系统的四种不同拓扑结构类型，如图 9.7 所示。

9.2.3　群体决策支持系统的类型

自 20 世纪 90 年代后期，比较流行的群体决策支持系统主要有：电子会议系统、工作流管理系统和谈判支持系统。

1. 电子会议系统

电子会议系统通常可分为电子会议室系统和决策会议系统两类。

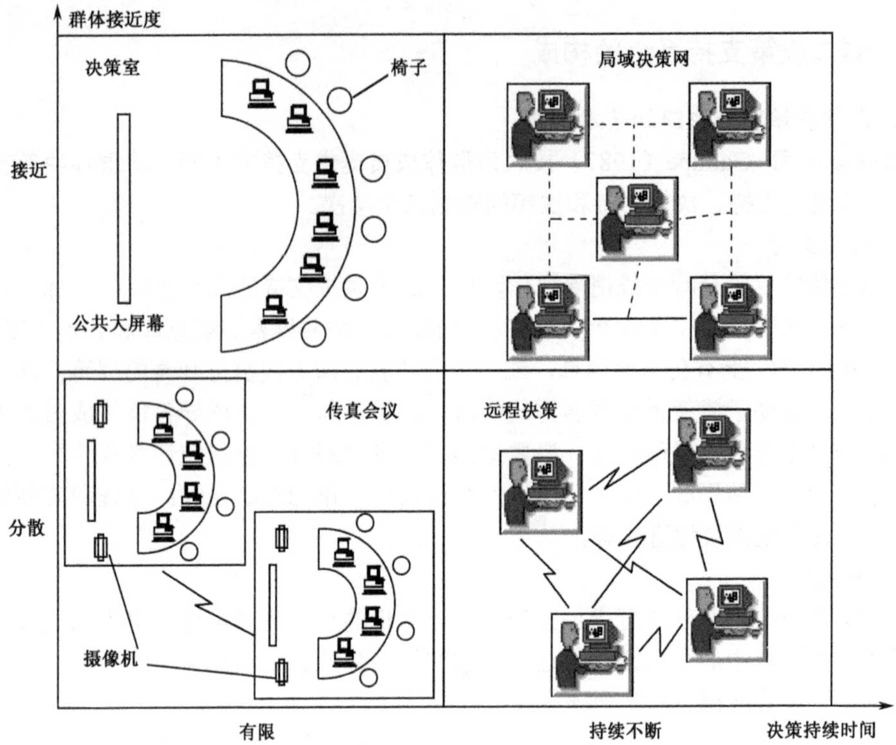

图 9.7　群体决策支持系统的四种不同拓扑结构类型

使用电子会议室系统，需要为每个参加者准备一台高速局域网连接的计算机，或大型视频显示屏。只有举办者才可以看到任何参加者的计算机显示并可将显示内容在大屏幕上播放，常规视听设备也是必要的选择。电子会议室软件包括会期计划工具。借助该工具，群体成员可以提出各项议事日程；在会议期间组织和构造成员的主要评注；在会后，将记录下的数据存为有组织的备忘录以确保成员的评注不会丢失。因此，该软件主要支持群体决策面向过程方面的内容。与任务相关的支持仅限于数据检索和简单的计算。

决策会议支持系统则是在电子会议室基础上发展的一类电子会议系统。支持的一项主要任务是投票支持，包括简单制表、简单统计计算和通过判断等功能。多数决策会议系统支持多种投票方法，并具有多种决策分析功能，如决策树、效用模型、电子表格模型，以及为特定决策目的专门开发的各类决策模型。

2. 工作流管理系统

工作流管理系统（WfMS，Workflow Management System）是一个软件系统，它负责完成工作量的定义和管理，并按照在系统中预先定义好的工作流逻辑进行工作流实例的执行。WfMS 不是企事业单位的业务系统，而是为企事业单位业务系统的运行提供的一个软件支撑环境。

根据工作流过程本身的特点、系统建模的方式、所使用的底层支撑技术，以及工作流过程的执行方式等的不同，WfMS 可以分为结构化的和即席的、面向文档的和面向过程的、基于邮件的和基于数据库的、任务推动的和目标拉动的 WfMS 四种类型。

结构化的 WfMS 指的是在实际工作过程中会反复重复、严格按照某个固定的步骤进行的业务过程，而即席 WfMS 则是针对那些重复性不是很强或没有重复性的工作流程。

面向文档的 WfMS 的侧重点在于将电子形式的文档、图像等在有关的人员之间进行分发，以便能够得到不同人的处理与审阅。而在面向过程的 WfMS 中，工作流被描述成一序列执行环节，而且每个都有待处理的数据对象，它们可以按不同的方式分发到其他环节中去。

基于邮件的 WfMS 使用电子邮件来完成过程实例执行过程中消息的传递、数据的分发与事件的通知。而在基于数据库的 WfMS 中，所有的数据都保存在某种类型的 DBMS 中，过程的执行实际上就是对这些数据的查询与处理。

任务推动的 WfMS 指的是从过程的开始逐步地一个环节一个环节的执行，当某个活动实例被处理完之后，后续的有关活动将被创建并被激活，由此直至整个工作流程的完成。这是目前大多数面向过程的 WfMS 所使用的执行方式。而在目标拉动的 WfMS 中，一个业务流程被看成是一个目标。当过程实例执行时，该目标将被分解得到多个相互之间按一定约束条件关联起来的可执行的多个环节，其中各环节还可以当成是子目标而进一步进行分解。在各环节均执行完毕之后，整个过程也就完成了。目标拉动是一种全新的执行方式，下一代的 WfMS 将具有此种特征。

由于信息技术的发展和日趋激烈的商业竞争，人们不再满足于独立、零散的办公自动化和计算机应用，而是需要综合的、集成化的解决方案。作为一种对常规性事务进行管理、集成的技术，WFMS 的出现是必然的。它可以带来三个方面的收益：改进和优化业务流程，提高业务工作效率；实现更好的业务过程控制，提高顾客服务质量；提高业务流程的柔性等。

3．谈判支持系统

谈判支持系统（NSS，Negotiation Support Systems）是一种特殊类型的群体决策支持系统。谈判问题是社会、经济等领域中广泛存在的一类问题，是解决争议和冲突的重要方式之一。在商业活动中，谈判也是有关各方协商问题的一种常用方式。

决策者之间的冲突一般是由利益或目标的差异和认知的限制所引起的，谈判是解决冲突的最好方法之一，特别是在群体决策支持系统的环境中。

冲突解决机制是群体决策支持系统设计的重要方面，当出现冲突时，找出折中解释谈判支持系统的关键。群体决策支持系统可帮助提供谈判的结构。为了改进谈判过程，已经研究和提出了各种谈判理论和模型，如博弈论和冲突分析等。根据这些理论和模型，人们开发了各种谈判支持系统，NSS 就是一种包括计算机硬件、软件、人和过程，具有谈判功能的系统，该系统支持谈判人、谈判小组和第三方（如调解人等），并提供对谈判的建议解或谈判过程的支持环境。谈判支持系统也是群体决策支持系统研究的一个重要分支。

一般而言，NSS 可分为两类：谈判解驱动的 NSS 和谈判过程支持的 NSS。

谈判解驱动的 NSS 提供建议解，或为谈判各方建议可能的协议。这些建议由不同的模型产生，如社会判断理论模型、超对策模型、协商模型、多目标线性规划模型和专家系统等。多数 NSS 是谈判解驱动的，这些系统提供建议解，而仅在一定的阶段为谈判过程提供支持。

谈判过程支持的 NSS 不提供任何建议解，主要用于对谈判过程的支持。从谈判准备阶段到最后合同签订阶段，该类系统可提供不同的支持，并提供一定的通信渠道和谈判人协商的方式。

随着电子商务的全球化，目前已经出现了基于 Web 的谈判支持系统。

9.3 专家系统

专家系统是人工智能一个重要领域，也称为基于知识的系统（Knowledge-based Systems），或基于规则的系统（Rule-based Systems）。专家系统产生于 20 世纪 60 年代中期，至今已经在医疗诊断、化学工程、语音识别、图像处理、金融决策、信号解释、地质勘探、石油和军事等领域研制出了大量的实用专家系统，其中不少系统在性能上已经达到甚至超过了同领域人类专家的水平，产生了巨大的经济效益和社会效益。在专家系统理论和技术研究方面，目前正不断提出新的研究课题，如不确定推理、元知识、知识的深层表示及并行推理机制等。

9.3.1 专家系统的概念与特征

1. 专家系统的定义

专家系统一个比较通俗的定义是：专家系统就是利用计算机技术、人工智能及其他理论，将某一特定领域内人类专家的知识或推理过程在计算机上实现，并用来解决过去需要人类专家才能解决的现实问题的计算机系统。

2. 专家系统的构成

从结构组成的角度看，专家系统是一个由存放专门领域知识的知识库，以及一个能选择和运用知识的推理机制组成的计算机系统。

图 9.8 给出了一个专家系统的框图。该图中，知识库（Knowledge Base）或称规则库（Rule Base）包括系统问题求解的专门技术。多数面向业务的专家系统中，这种专门技术被表示为形如“IF-THEN”的格式。推理机（Inference Engine）是一个计算机程序，它把知识库的问题求解知识（规则）应用于已知事实中。推理机是一个通用程序，它不是专门为一个问题或问题域编写的。用户接口（User Interface）是一个程序，它要求用户提供信息并将输出结果返回给用户。工作空间（Workspace）也称为黑板、便笺或工作存储器，用于记录专家系统求解问题当中的中间假设和判定信息。

3. 专家系统的特征

一般说来，一个高性能的专家系统应具备如下七个特征。

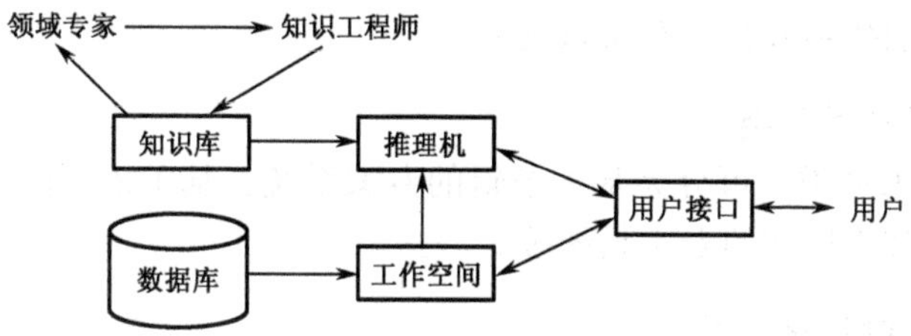

图 9.8　专家系统框图

1）具有专家水平的专门知识

专家系统建造的一个最重要目标是达到一个专家在解决某些任务时所体现出的高水平的性能。专家系统能够成功地解决领域内的各种问题，在解题质量、速度和动用启发式规则的能力方面具有本领域人类专家的水平，其根本原因是系统中存储有专家水平的知识。

2）符号处理

专家系统使用符号推理，即用符号准确地表示领域有关的信息和知识，并对其进行各种处理和推理。

3）一般问题的求解能力

各种专家系统应具备一种公共的智能行为，能够做一般的逻辑推理、目标搜索和常识处理等工作。而且，专家系统往往采用试探性方式进行处理，为了使问题求解更加符合实际情况，往往采用不精确推理过程。

4）复杂度和难度

专家系统所拥有的知识涉及面一般很窄，但必须具有相当的复杂度与难度。

5）具有解释功能

专家系统具有解释功能。它运用知识库中被求解过程使用过的知识和各种中间结果，回答用户关于求解结果提问的“为什么”等问题。

6）具有获取知识的能力

专家系统能够提供一种手段，使知识工程师和领域专家能够不断地给系统“传授”知识，使知识库越来越丰富，越来越完善；或者系统自身具有自学习能力，并从系统的运行过程中不断总结经验，抽取新知识，更换旧知识，自动地使知识库中的知识不断丰富和更新。

7）知识与推理机构互相独立

专家系统一般把推理机构与知识分开，使其独立，进而使系统具有良好的可扩充性和维护性。

9.3.2　专家系统的分类

专家系统可以按照多种不同的方法进行分类。

1．按应用领域分类

按应用领域分类，可分为医疗、勘探、石油、教学（数学、物理和化学等）、气象、生物、工业、法律和教育等专家系统。

2．按知识表示技术分类

按知识表示技术分类，可分为基于逻辑的专家系统、基于规则的专家系统、基于语义网的专家系统和基于框架的专家系统等。

3．按照推理控制策略分类

按照推理控制策略分类，可分为正向推理专家系统、反向推理专家系统和元控制专家系统等。

4．按所采用的不精确推理技术分类

按所采用的不精确推理技术分类，可分为确定理论推理技术专家系统、主观 Bayes 推理技术专家系统、可能性理论推理技术专家系统、D/S 论据理论推理技术专家系统等。

5．按专家系统的结构分类

按专家系统的结构分类，可分为单专家系统和群专家系统（或称协同式多专家系统）。群专家系统按其组织方式又可分为主从式、层次式、同僚式、广播式和招标式等专家系统。

6．按所处理的问题类型分类

专家系统按所处理的问题类型分类，可分为十大类，见表 9.2。

表 9.2　专家系统按所处理的问题类型分类

分　类	说　明
解释型	对表面观察的情况进行分析，解释深一层的结构或内部可能情况等
预测型	根据处理对象过去和现在的情况推测未来的可能结果
诊断型	根据输入信号找出处理对象存在的故障，并给出排除故障的方案
设计型	根据设计要求制定方案或图样
规划型	根据给定目标拟定行动计划
监视型	把对系统行为的观察同对计划成败起关键作用的特点进行比较，完成实时监测任务
调试型	根据计划、设计和预报的能力，对诊断出的问题产生修正或建议信息
修正型	制定并执行已诊断出问题的修正计划
教学型	这种类型是诊断型和调试型的结合体，主要用于教学和培训任务
控制型	用于完成实时控制任务，这种类型大都是监视型和修正型的结合体

上述十种类型并非完全独立，不同类型之间往往相互关联，形成一种由低到高的层次结构，如图 9.9 所示。

9.3.3　专家系统的设计方法

目前尚未有统一的专家系统设计规范，因此，只能介绍一般的设计方法或设计思路。专家系统的基本设计思想，简言之是使计算机工作过程竭尽全力地描述领域专家解决实际问题的工作过程。

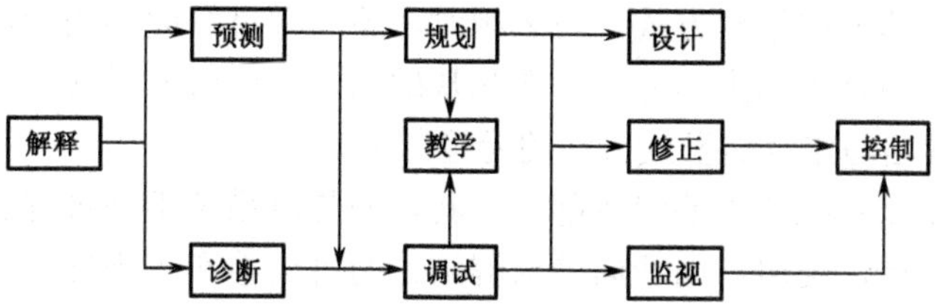

图 9.9 不同问题类型专家系统的层次结构

设计专家系统的关键有两大部分，一是建造知识库，涉及知识库建造的两项主要技术是知识获取和知识表示；二是涉及推理机制与策略，涉及推理机制设计的两项主要技术是基于知识规则的推理和推理解释。

1. 专家系统的知识获取

知识获取是从领域专家处提取知识并将其转换成专家系统程序的艰巨而细致的过程。常用的知识获取方式有以下四种。

1）知识工程师

领域专家通过与知识工程师的反复接触、交谈，把自己拥有的知识告诉给知识工程师，由知识工程师和专家一起将这些专家知识归纳整理成专家系统的知识库。

2）智能编辑程序

熟悉计算机的领域专家可以通过智能编辑程序将自己的经验知识传送到专家系统的知识库中。这种编辑程序要具备很灵活的人—机对话能力和有关知识库结构方面的知识。

3）归纳学习程序

对大量实验数据的归纳和总结，将会得到一些新的规律和知识。利用归纳学习程序，模拟人的思维过程，可从有关知识库中发现新知识，然后将这些新知识加到知识库中，供专家系统使用。但真正做到知识发现的专家系统尚不多见，这种获取方式作为机器学习研究的一个长期目标已引起研究者们的重视。

4）知识表示

知识表示是关于各种存储知识的数据结构及其对这些结构的解释过程的结合。它主要研究各种含有语义信息的数据结构的设计，以便在这些数据结构中存储知识，开发各种操作这些数据结构的推理过程，使知识的表示和运用知识的控制及新知识的获取相结合，把领域知识有机地结合到程序设计中。针对一个具体的问题领域，各种表示方法的选择还缺乏规范化的标准，但一般必须遵循两个最重要的原则，即表示方法应能自然、有效地表达知识，以及表示结构易于被检索、运用、修改和扩充。

2. 专家系统的推理机制

基于知识规则的推理是指针对用户的特定问题，选择并运用知识库中的知识以实现求解问题的控制过程。推理涉及的两个基本问题是推理方向选择和冲突消解。对一个具体问题，可从问题的已有信息出发，选择和运用知识库中的可用知识，推导出一些有用的中间结论，得出的中间结论作为已有信息的扩充，进一步选择和运用知识库中的可用知识继续推导，直至得到问题的求解结论。这个过程类似于从“已知”到“求证”的过程，成为数据驱动的前向推理方式。与之相对，还存在目标驱动的后向推理方式。前向推理和后向推理是两种基本推理方式，在此基础上，人们研究了交替使用两种基本推理方向的混合控制策略与结合启发式方法的元控制策略。

推理解释是专家系统的重要组成部分。其目的是对系统推理过程、推理位置及推理的每个动作给出解释，使用户向新问题求解结论的可信性和正确性。解释系统一般分成两部分：咨询过程中使用的推理状态检查程序，咨询中或咨询后使用的通用回答程序。

3．专家系统的构造原则

掌握了知识获取、知识表示、推理解释的基本技术后，就可以着手实际专家系统的设计了。专家系统的设计同基于算法的传统软件设计在实现上的基本区别是：专家系统的设计一般是渐增式，知识库由小到大地逐步扩充、改进，系统不断地进行验证、评价和进行专家认可，最终才能成为一个可交付使用的专家系统。建立专家系统应当遵循以下三个原则。

1）知识与知识处理机构分开和相互独立的原则

除了早期一些专家系统之外，后续开发的绝大多数专家系统，都采取了知识与知识处理机构分开并互相独立的构造原则。所以专家系统中都有独立存放知识的知识库以及用做推理、搜索或解释等功能的推理机和解释系统等。这将使系统有很好的模块性、可扩充性和可维护性。

2）按系统功能实现模块化构造的原则

为使专家系统结构清晰、调试容易，绝大多数专家系统采用按系统功能分割模块的构造原则，把系统分成几个互相比较独立的功能模块。

为使专家系统的各功能模块能互相通信，共享中间信息，很多专家系统采用在内存建立一个数据库，存放各种中间结果和通信信息等，称为“黑板”，有时又被称为“动态数据库”。

3）交互性原则

领域专家和用户与专家系统进行信息交换的人—机接口，以及知识工程师维护知识库等，都必须具有良好的交互性。

4．专家系统的主要设计步骤

专家系统的设计一般可按初步设计、开发原型系统和知识库维护三个步骤进行。

1）初步设计

初步设计大致包括五个方面的内容：①分析要求解的领域问题，在领域专家的协作下，明确专家系统期望实现的目标和专家系统如何从整个问题中分离出来，又怎样与其他子系统嵌接；②确定参与系统研制的合作专家和知识源；③在领域专家的指导下，了解专家系统求解的问题，通过各种知识源的知识获取和领域专家的配合，对由专家系统求解目标任务的主要概念、关系、假设和约束等进行图形描述；④选择合适的知识表示方法，把图解内容形式化地表达出来；⑤确定推理的控制方向等。

2）开发原型系统

选择合适的程序设计语言或专家系统开发工具，设计推理机制或借用工具语言已具备的推理机制，把形式化表示的知识以专家系统求解目标或图解形式中的模块为单元，逐个单元地把知识转换为适合程序设计语言或工具能接收的内部编码的形式，输入知识库。这个过程需要在领域专家配合下不断地调试才能完成。

3）知识库维护

通过一些有代表性的实验用例，进行系统的完善。经过一定时间的维护，领域专家和知识工程师都感觉满意时，可交付用户使用。

9.3.4　专家系统的开发

1．专家系统的开发条件与选题

1）专家系统的开发条件

一个适合应用于专家系统的问题必须满足以下三个先决条件：

（1）存在一个可以与之合作的领域专家；

（2）领域专家通过启发式的方法解决问题。专家系统的一个重要特点是具有启发式，在人们还没有彻底掌握且不存在成熟解法的领域中，专家系统才充分显示其优越性。

（3）领域专家的知识能够表述清楚。因为只有清楚地表述领域专家知识，知识工程师才有可能将其整理出来，并加以形式化表示。

2）专家系统的选题

除了上述专家系统开发条件外，专家系统在选题时还应注意以下三个问题。

（1）问题的范围。由于目前还没有知识表示、知识获取等方面的通用技术，因此专家系统所处理的问题一般应限制在一个比较小的范围内。例如，单科疾病的诊断治疗、石油测井数据和波形的解释等。现有的一些成功专家系统都已证实了这一点。

（2）问题的难度。经验表明，适合于专家系统所处理的问题难度应适度，不应过于简单，也不应过于复杂。太简单的问题会使专家系统失去实用意义，过于复杂的问题使得专家系统难于构造或者使专家系统处理的效率过低。

（3）问题的意义。研制专家系统基于两种应用考虑。一种是在缺乏高级的专门人才的领域中研究专家系统，以便更充分发挥领域专家的作用；另一种是利用专家系统代替人的部分脑力劳动，把人们从烦琐的事务中解放出来。此外，复杂的组合问题（下棋）、大量信号数据解释、实时监督处理问题（如核反应堆的故障诊断与处理）等类问题对开发专家系统是很有意义的，它可使专家系统避免人类专家由于外界环境、心理状态等不利因素的影响而产生错误的结论。

2．专家系统的开发基本步骤

到目前为止，还没有一种规范化的专家系统的开发步骤，由已开发出的成功专家系统的经验总结可以大致划分出，一个专家系统的开发要经历准备、研究问题、建立模型系统、改进和扩充系统、测试与维护系统、评价与商品化等阶段。

3．专家系统开发工具介绍

开发一个专家系统是一个复杂而艰巨的过程，需要几年或更长时间的努力。而实现效果的好坏，除了与知识获取能力有关外，还取决于开发专家系统所使用的工具。开发工具的选择不仅影响到开发速度，而且也影响到构造专家系统的可行性。

专家系统的开发工具是生成专家系统的系统，一般应包括五个方面：①一种或多种固定知识表示方法，并有相应的内部编码形式；②具有知识编辑器，能获取领域专家以交互方式输入知识并自动建立知识库；③具有知识库维护和管理机制，能处理知识库中的矛盾、冗余和其他一些不一致性，以及知识的存储、运筹和调度问题；④可提供一套或多套推理机制，与由知识编辑器建立的知识库一起实现对实际问题的求解；⑤设置一个跟踪解释机制，以帮助用户理解系统求解的结论，并能便于定位知识库中的错误和不完善问题。

目前，国内外专家系统的开发工具很多，从这些工具的开发背景、开发目标、开发机制和推理机制、提供的功能等方面来划分，开发工具可分为：程序设计语言、骨架系统、通用型开发工具和组合型开发工具。

1）程序设计语言

程序设计语言是开发专家系统的原始工具。最常用的是 LISP 语言和 PROLOG 语言，也可选用其他一些高级语言，如 PASCAL 语言和 C 语言等。

2）骨架系统

骨架系统是最早出现的专家系统开发工具，其基本思想是：从一个已经研制成功的专家系统出发，抽去该系统中知识库的专门知识，留下一个固定化的、知识表示框架及相应的推理机制、知识获取机制及解释机制。这些固定化的、但知识库为空的系统结构就称为一个骨架系统。当在骨架系统中填入另一领域的专门知识并经调试完善形成一个新的知识库时，就实现了一个新的专家系统。这样，新的专家系统的设计开发，不用从头做起，它借用已有的专家系统的骨架，从而避免了许多系统建造上的重复劳动，缩短了研制周期，加快了工作进程，如推理机制、知识获取机制、解释机制等的设计不用重新进行。骨架系统中比较有名的有从 MYCIN 系统演化的 EMYCIN 系统，从 PROSPECTOR 系统发展的 KAS 系统等。但用这样的骨架系统去求解新的领域问题时，可能会出现原有表示框架、控制结构不适合新的问题领域，在原有专家系统中，有些领域的专门知识不可识别部分隐含在推理机制中，对新的领域问题这些隐含知识根本不适用甚至有害的问题，基于此使用骨架系统又有很大程度的局限性。

3）通用型开发工具

通用型专家系统开发软件工具又称为通用知识表示语言。它是一类把控制知识也作为一种显示知识同知识库级知识一样进行表示和推理的专家系统开发工具，比较有代表性的是 OPS5、S.1 和 ORSIE 等。例如，OPS5 提供了建造专家系统所必要的基本控制策略和知识表示方法，但它不侧重具体的问题领域。因此，比骨架系统所受的局限要少，但其使用过程比骨架系统要复杂一些。

4）组合型开发工具

组合型开发工具是比骨架系统和通用知识表示语言的通用性更强的一类专家系统开发工具。其主要任务就是从一类任务中分离出知识工程中所用的技术，并构成描述这些技术多种类型的推理机制和多种任务知识库的预构件，以及建立使用这些预构件的辅助设施。其突出的例子如 AGE、ADVISE 和 ESP/ADVISOR 等。例如，AGE 系统给知识工程师提供了一些事先确定的所谓成分或称制造块的模块，这些模块是 LISP 变量和函数的集合。AGE 的成分可通过仔细的选择、定义和模块化编程形成各种组合，不同的组合又可以构造出各种不同的问题求解系统。每个组合或配套本身就构成了一个骨架系统，利用这些骨架系统可再去构造新的专家系统。这种系统方便帮助建造者选择结构、设计规则语言和使用各种构件，以构成为一个完整的专家系统。AGE 是一种在一定新概念和新技术的基础上为用户提供的一套设计、构造和测试多种类型专家系统的预构件系统。它与骨架系统不同，其目标是提供一种环境，用于在其中选择并指定多种知识表示和处理的方式。

组合型开发工具是目前研究的热点。

9.4　智能决策支持系统

决策支持系统借助计算机强大的运算能力与人灵活的分析判断能力交互协作，为人们解决半结构化与非结构化的决策问题提供了有力的支持。但由于决策支持系统机器一方的重点还在于模型的定量计算，其人—机对话方式与大多数不熟悉机器的使用者尚存在一定的距离，限制了决策支持系统的应用效果。另一方面，几乎与决策支持系统同步发展起来的人工智能领域的专家系统，在人的知识开发与利用上获得了不少成果，这些成果能弥补决策支持系统的不足。因此如何将决策支持系统与专家系统相结合形成智能型决策支持系统，较大地改进决策支持系统的性能，成为一个新的课题。

9.4.1　智能决策支持系统的概念

智能决策支持系统（IDSS）是在传统决策支持系统的基础上结合专家系统而形成的。在结构上，智能决策支持系统增设了知识库、推理机和问题处理系统，人—机对话部分还加入了自然语言处理功能。

智能决策支持系统以知识库为核心，在模型数值计算的基础上引入了启发式等人工智能的求解方法，使传统决策支持系统原来主要由人承担的定性分析任务中部分或大部分任务转由机器完成，并且较之人做得更好、更稳定。知识的推理机制能获得新知识，知识的积累使系统的能力不断增强。

在人—机交流方面，智能决策支持系统的人—机对话子系统采用自然语言处理技术形成智能人—机交互。自然语言与计算机语言的差距是以计算机为工具的信息系统应用的重要障碍之一，智能人—机交互接口能使用户用自然语言来提出决策问题，自然语言处理功能将其转换成计算机能理解的问题描述，然后交付求解。在求解的人—机交互过程中及求解结果的输出上，自然语言处理技术同样迈出了靠近人类的步伐。与人的贴近，使决策者不必再依赖于熟悉计算机的助手而直接使用智能决策支持系统。

可见，智能决策支持系统具有人工智能的行为，能充分利用人类已有知识。智能决策支持系统在用户决策问题的输入，机器对决策问题的描述，决策过程的推进，问题解的求取与输出等方面都有了显著的改进，很好地体现了人工智能技术的优越性。

9.4.2　智能决策支持系统的结构

1. 智能决策支持系统的总体结构

智能决策支持系统的总体结构如图 9.10 所示。

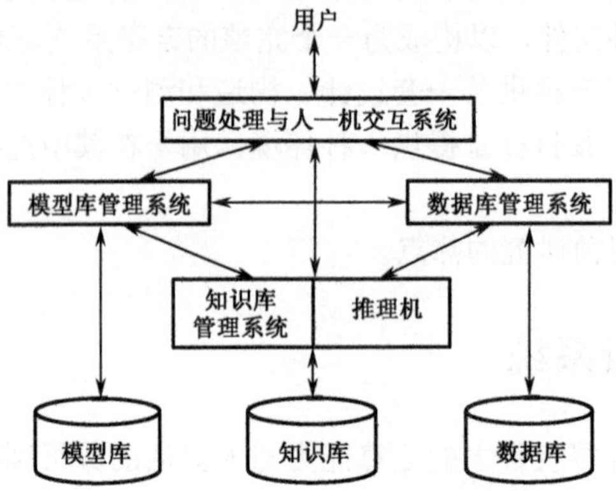

图 9.10　智能决策支持系统总体结构

2. 智能决策支持系统中决策支持系统与专家系统的结合形式

智能决策支持系统中决策支持系统与专家系统的结合主要体现在下述三个方面。

1）决策支持系统与专家系统的总体结合

由集成系统把决策支持系统与专家系统有机地结合起来。

2）KB 与 MB 的总体结合

将模型库中的数学模型和数据处理模型作为知识的一种形式，即过程性知识，加入到知识推理过程中去，或者将知识库与推理机结合起来，形成知识推理模型加入到模型库中去。

3）DB 与动态 DB 的结合

决策支持系统中的 DB 可以看成是相对静态的数据库，它为专家系统中的动态 DB 提供了初始数据，当专家系统推理结束后，再将动态 DB 中的结果送回到决策支持系统中的 DB 中去。

由决策支持系统与专家系统这三种结合形式，也就形成了三种智能决策支持系统的集成形式。

3. 决策支持系统与专家系统并重的智能决策支持系统结构

决策支持系统与专家系统并重的智能决策支持系统结构由集成系统完成对决策支持系统和专家系统的控制与调度，根据问题的需要，协调决策支持系统和专家系统的运行。集成系统可以有下述两种形式。

1）决策支持系统和专家系统两者之外集成的系统

决策支持系统和专家系统两者之外集成的系统具有调用和集成决策支持系统与专家系统的能力，如图 9.11 所示。

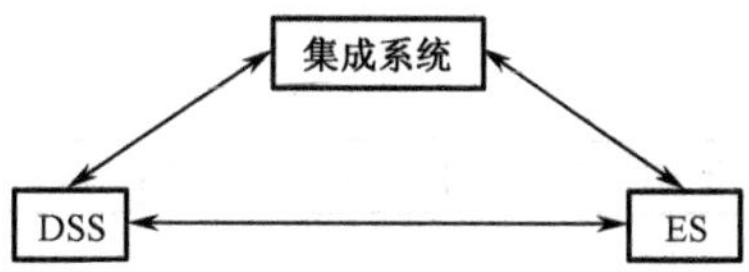

图 9.11　决策支持系统和专家系统并重的智能决策支持系统结构

2）决策支持系统功能扩充与专家系统集成的系统

将决策支持系统问题处理与人—机交互系统功能扩充，增加对专家系统的调用组合能力就形成了决策支持系统功能扩充与专家系统集成的系统。这种结构形式中决策支持系统与专家系统之间的关系，主要是专家系统中的动态 DB 与决策支持系统中的 DB 之间的数据交换，其结构即以智能决策支持系统中第一种与第三种结合形式为主体，同时也可结合第二种形式。这种结构形式体现了定量分析和定性分析并重的解决问题的特点。

4. 决策支持系统为主体的智能决策支持系统结构

决策支持系统为主体的智能决策支持系统结构形式体现了以定量分析为主体，结合定性分析的特点。它是在决策支持系统问题处理与人—机交互系统的基础上，扩充调用了专家系统的功能，如图 9.12 所示。

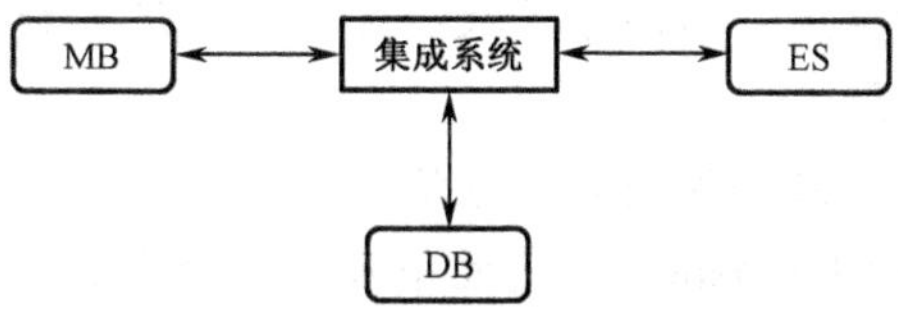

图 9.12　决策支持系统为主体的智能决策支持系统结构

在该结构中，专家系统相当于一类模型，即知识推理模型或智能模型，它被决策支持系统控制系统所调用。

5. 专家系统为主体的智能决策支持系统结构

专家系统为主体的智能决策支持系统结构以定性分析为主，并结合定量分析。在该结构中，人—机交互系统与专家系统的推理机合为一体。具体体现为下面两种形式。

1）决策支持系统作为推理形式

决策支持系统以推理机的形式出现，受专家系统中的推理机所控制，其结构形式如图 9.13 所示。

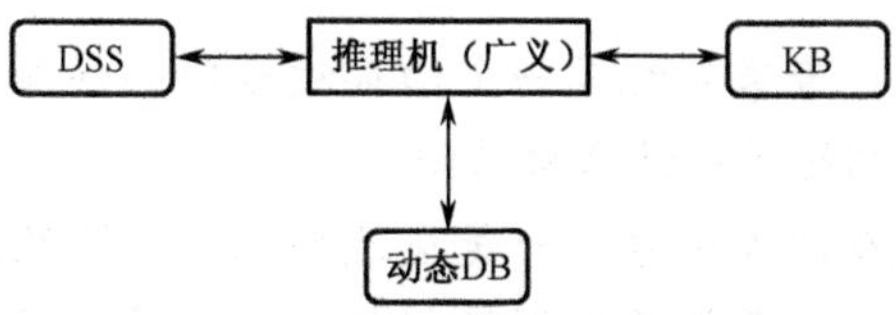

图 9.13　决策支持系统作为推理形式的智能决策支持系统结构

2）数学模型作为知识出现

数学模型作为一种知识出现，即模型是一种过程性知识，体现了第二种结合形式。

其结构如图 9.14 所示。

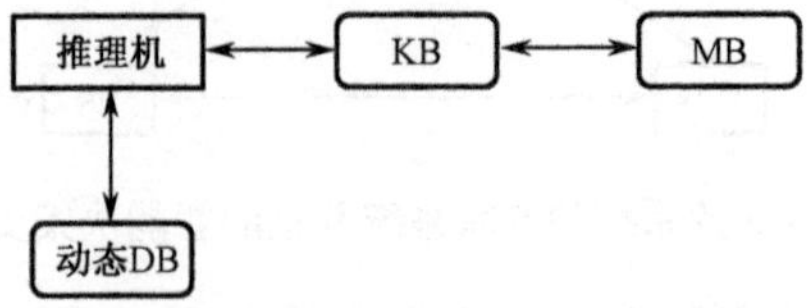

图 9.14　数学模型作为知识的智能决策支持系统结构

除了上述几种结构外，在传统的智能决策系统结构上增加数据仓库和数据挖掘的结构，也是近来出现的一个很有前途的研究方向。

本章小结

决策支持系统是能为决策者提供有价值的信息及创造性思维与学习的环境，能帮助决策者解决半结构化和非结构化决策问题的交互式计算机系统。其功能主要体现在它支持决策的全过程，特别是对决策过程各阶段的支持能力。

与管理信息系统相比，决策支持系统的设计方法是以问题驱动的，重视解决问题的决策模式的研究与模型的适用。因而除了数据库以外，还包括模型、方法、知识等信息资源的存储管理等组成要素。

传统的生命周期开发方法和原型开发方法是开发决策支持系统的两种常用方法，最终用户开发（End-user Development）也是近年来常见的决策支持系统开发方法。

群体决策支持系统是指这样的决策支持系统，在其设计、结构和用途上都反映出群体的各个成员相互影响并做出特定决策的决策方式。群体决策支持系统支持的群体决策过程包括：沟通、文件共享、构造群体活动的模型、集成多个人观点为群体观点，以及涉及群体交互活动的其他一些功能。

按照为群体成员提供支持的不同，GDSS 在技术上分为过程支持、决策支持、次序的规则三个层次。

自 20 世纪 90 年代后期，比较流行的群体决策支持系统主要有：电子会议系统、工作流系统和谈判支持系统。

专家系统是利用计算机技术、人工智能及其他理论，将某一特定领域内人类专家的知识或推理过程在计算机上实现，并用来解决过去需要人类专家才能解决的现实问题的计算机系统。

从结构组成的角度看，专家系统是一个由存放专门领域知识的知识库，以及一个能选择和运用知识的推理机制组成的计算机系统。

设计专家系统的关键有两大部分，一是建造知识库，涉及知识库建造的两项主要技术是知识获取和知识表示；二是涉及推理机制与策略，涉及推理机制设计的两项主要技术是基于知识规则的推理和推理解释。可按初步设计、开发原型系统、知识库的维护三个步骤进行设计。

一个适合应用于专家系统的问题必须满足以下三个先决条件：存在一个可以与之合

作的领域专家；领域专家通过启发式的方法解决问题；领域专家的知识能够表述清楚。此外，专家系统在选题时还应注意：问题的范围、问题的难度和问题的意义。

专家系统的开发大致要经历准备、研究问题、建立模型系统、改进和扩充系统、测试与维护系统、评价与商品化等阶段。

智能决策支持系统是在传统决策支持系统的基础上结合专家系统而形成的。在结构上，智能决策支持系统增设了知识库、推理机和问题处理系统，人—机对话部分还加入了自然语言处理功能。

智能决策支持系统中决策支持系统与专家系统的结合主要体现在决策支持系统和专家系统的总体结合、KB 和 MB 的总体结合、DB 与动态 DB 的结合三个方面。

问题讨论

1. 什么是决策支持系统？决策支持系统具有哪些特征与功能？
2. 决策支持系统具有哪几种典型的结构？
3. 常用的开发决策支持系统的方法有哪些？
4. 什么是群体决策支持系统？其作用为何？
5. 群体决策支持系统具有怎样的结构？其主要类型有哪些？
6. 什么是专家系统？专家系统具有哪些特征？
7. 专家系统有哪些主要的分类方法？
8. 开发专家系统与设计一般程序有何区别？
9. 专家系统开发应具备哪些条件？适合选题要注意哪些因素？
10. 什么是智能决策支持系统？
11. 智能决策支持系统中决策支持系统与专家系统结合的形式有哪些？

案例分析 9.1

物资分配调拨问题的决策支持系统开发

物资分配调拨是根据各单位提出对物资的需求申请，然后按仓库的库存情况制定分配方案，再根据分配方案及仓库和单位的距离制定物资运输方案；最后，按照物资运输方案制定各仓库的发物表和各单位的物资接收表，修改各仓库库存数和各单位的物资数。

该决策问题需要设计多个数据库和多个模型共同求解。总的处理流程如图 9.15 所示。

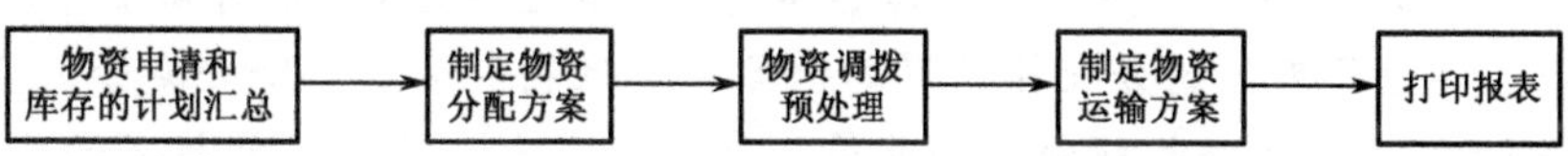

图 9.15　物资分配调拨流程图

1. 物资申请和库存的计划汇总

1）各单位按自己的需要提出对各物资的申请

申请数据库为

$$D_i = \{SQ(W_1), SQ(W_2), \cdots\} \quad i = 1,2,\cdots \tag{9.1}$$

式中，D_i 表示第 i 个单位，$SQ(W_j)$表示申请物资 W_j 的需要数量。

将各单位的申请数据库汇总成各单位对某一物资的需要量，形成总申请数据库。

$$W_i = \{SQ(D_1), SQ(D_2), \cdots\} \quad j = 1,2,\cdots \tag{9.2}$$

式中，$SQ(D_i)$表示第 i 个单位对物资 W_i 的申请数量。

该项数据处理工作需要编制程序，类似于数据库的旋转来完成。

2）各仓库对各物资的可供应情况

$$K_i=\{XY(W_1)-KD(W_1), XY(W_2)-KD(W_2), \cdots\} \quad i=1,2,\cdots \tag{9.3}$$

式中，K_i 表示第 i 个仓库；$XY(W_j)$、$KD(W_j)$分别表示该仓库中物资 W_j 的现有数量和最低储备量；$XY(W_j)-KD(W_j)$表示物资 W_j 的可供量。

将各仓库的多物资的可供应情况汇总成某一物资各仓库的可供量，形成总库存数据库 W_j。

2. 制定物资的分配方案

物资分配方案是利用物资分配模型来完成的，该分配模型是通过一系列公式来实现的。这里只写出几个主要的计算公式。

1）比较可分配情况

对同一物资计算总可供量 S（各仓库可供量之和）与总申请量 Q（各单位申请量之和）的大小。

2）物资分配方法

当总可供量大于等于总申请量，即 $S \geqslant Q$ 时，完全满足各单位的申请数量，即各单位分配数量（记为 $FB(D_i)$）等于它的申请量。

$$FB(D_j)=SD(D_j) \quad j=1,2,\cdots \tag{9.4}$$

当 $S < Q$ 时，有几种处理办法：

（1）按申请比例削减

$$FB(D_j)=SQ(D_j) \times S/Q \quad j=1,2,\cdots \tag{9.5}$$

（2）按优先类别分配。

各单位按需要物资的紧迫程度有一个优先类别 $LP(D_j)$，一般分为 1、2、3、4 等类别。对第 1 类单位要求重点保证，其他类别按类别大小削减。具体做法如下所示。

第一步：计算第一类单位总申请量 Q_1，当可供量小于第一类单位申请总量时（$S<Q_1$），第一类单位分配数按比例削减。其他类单位分配数为零。

第二步：当 $S \geqslant Q_1$ 时，先满足一类单位申请量，其他各类单位的可供量为 $S_1=S-Q_1$。

第三步：其他各单位的分配按计算其他各类单位的申请量（除一类外）$Q_2=Q-Q_1$，计算差额 $\Delta S=Q_2-S_1$，这个差额分配到非第一类单位中去，按类别数越高的单位削减量越多的原则，计算非一类单位的削减量。这样，利用类别数 LP 作为加权值参与公式计算。

先计算非一类单位的加权（类别）申请数量为

$$SP = \sum_P SQ(P) \cdot LP(P) \tag{9.6}$$

计算非一类单位的削减量为

$$\mathrm{FB}(P)=\mathrm{SQ}(P)-\delta(P) \tag{9.7}$$

上式在理论上是合理的，在实际计算时会出现 FB(P)<0 的情况，这是不合理的（即该分配单位不但得不到物资，反过来还要付出物资）。为消除这种现象，需要建立判别式。

由 FB(P)>0 的要求得到判别式条件为

$$\frac{\mathrm{SP}}{\mathrm{LP}(P)}>\Delta S \tag{9.8}$$

类别数由大到小进行计算。若

$$\frac{\mathrm{SP}}{\mathrm{LP}(P)}\leq \Delta S \tag{9.9}$$

则 FB(P)=0，即该 P 类单位分配数为零，即不参加分配。在去掉 P 类的同时，SP 中也要去掉 SQ(P)×LP(P)的加权申请量。再用判别式计算类别次数大的单位，是否满足判别式。当判别式（9.8）成立时，利用非一类单位的分配数公式（9.7），计算满足判别式的各类单位分配数。

该模型是一个数学模型，模型和数据库的关系如图 9.16 所示。其中物资分配数据库中的记录表示每种物资分配给各单位的具体数量。

图 9.16　物资分配模型与数据库的关系

3. 物资调拨预处理

在制定物资分配方案中已确定了每种物资给各接收单位的分配数量。具体由哪个仓库调拨多少物资到哪个单位中去，就由运筹学的运输问题来解决。但决定由哪几个仓库，哪几个接收单位之间实现调拨供应需要进行预处理。

每种物资的调运中，参加调运的仓库和接收单位都不是一样的，是随机出现的。参加调运的仓库是由该仓库提供某物资的可供量是否大于零来决定，而参加调运的接收单位要看它接收某物资的分配数是否大于零来决定。

每个仓库到所有接收单位的路程数值需存入一个距离数据库中。对每一种物资，由于参加调运的仓库和单位不同，需要形成参加调运的实际距离矩阵，而要形成实际距离矩阵就要对每个距离记录进行挑选，挑选后形成小的实际距离矩阵。在形成实际调拨矩阵后，才可以进行运输问题的运算。这个物资调拨预处理是一个数据处理模型，可用数据库中的投影操作来完成。

运输问题模型与数据库之间的关系如图 9.17 所示。

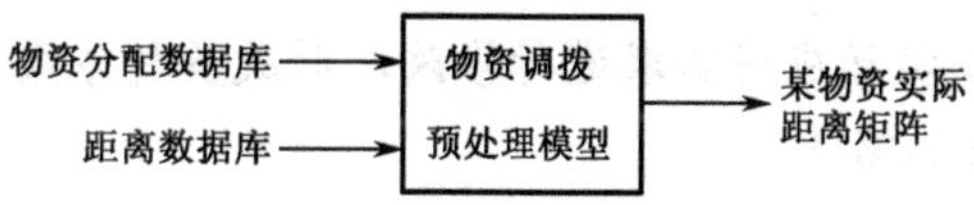

图 9.17　运输问题模型与数据库的关系

4. 制定物资运输方案

在制定物资分配方案中已确定了每种物资给各接收单位的分配数量。具体由哪个仓库调拨多少物资到哪个单位去，由运筹学运输问题模型表上作业法进行求解，具体步骤略去。

运输问题的模型与数据库之间的关系如图 9.18 所示。

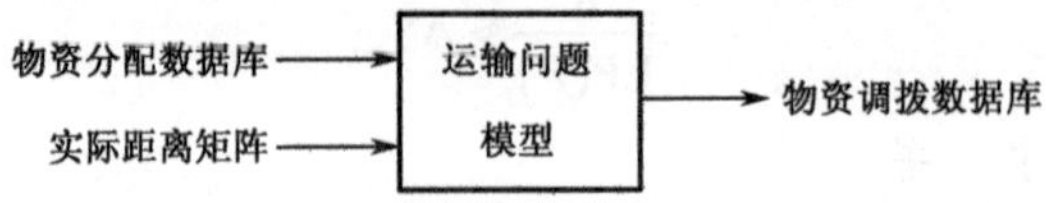

图 9.18　运输问题模型与数据库的关系

5. 制定物资调拨方案

制定物资调拨方案是利用物资调拨数据库中调拨物资的数量，经过物资调拨汇总模型将所有物资仓库调拨给各单位所有的物资数量，转换成各仓库的发物数据库（即仓库发给各单位物资数量的数据库）和各单位的收物数据库（即单位接收各仓库调拨物资数量的数据库），再制成表格，打印各仓库的发物报表和各单位的收物报表。

制定物资调拨方案包括物资调拨模型和制表模型，它们都是数据处理模型。其中物资调拨模型要完成物资调拨的汇总工作（类似于计划汇总的拟旋转处理）和修改库存和物资两个数据库。制表模型要完成发物和收物报表的打印。

6. 物资分配调拨决策支持系统结构

物资分配调拨决策支持系统总共涉及 10 个数据库，并涉及 6 个模型（具体略）。该 6 个模型以程序形式出现，它们均放入模型库中。

为了使模型部件和数据部件有机地结合起来，要建立总控程序，即控制各模型有序地运行，数据有效地存取，同时进行必要的人—机对话，允许决策用户修改分配方案和调拨方案，形成决策支持系统，实现人—机共同进行决策的目标。该决策支持系统的基本方案按目前分析的模型和数据库进行组合运算，得出辅助决策信息。若修改方案，则进行“修改方案处理”的工作后，重新进行新方案的运行和数据计算，其运行结构如图 9.19 所示。

该物资分配调拨问题需要处理 4 000 多种物资、20 多个单位、30 多个仓库的分配和调拨，工作量很大；以前由人工操作，需要 2 个人经过 1 个多月的紧张工作才能完成。工作人员是按个人的经验进行分配和调拨的。分配中计算公式简单，人为因素比较大。调拨时看地图粗略地调运，人工编制报表，账本多，数据量大，科学性很差。建立决策支持系统后，系统在计算机上运行，在小型机上用 4 个多小时就能完成这项庞大的物资分配调拨工作，打印出约 4 000 张各仓库的物资发送报表和各单位的物资接收报表，充分发挥了辅助决策的效果。

上述方案还可以结合实际应用需求进行修改，形成多种方案，通过计算得出多种方案的辅助决策信息（这里从略）。

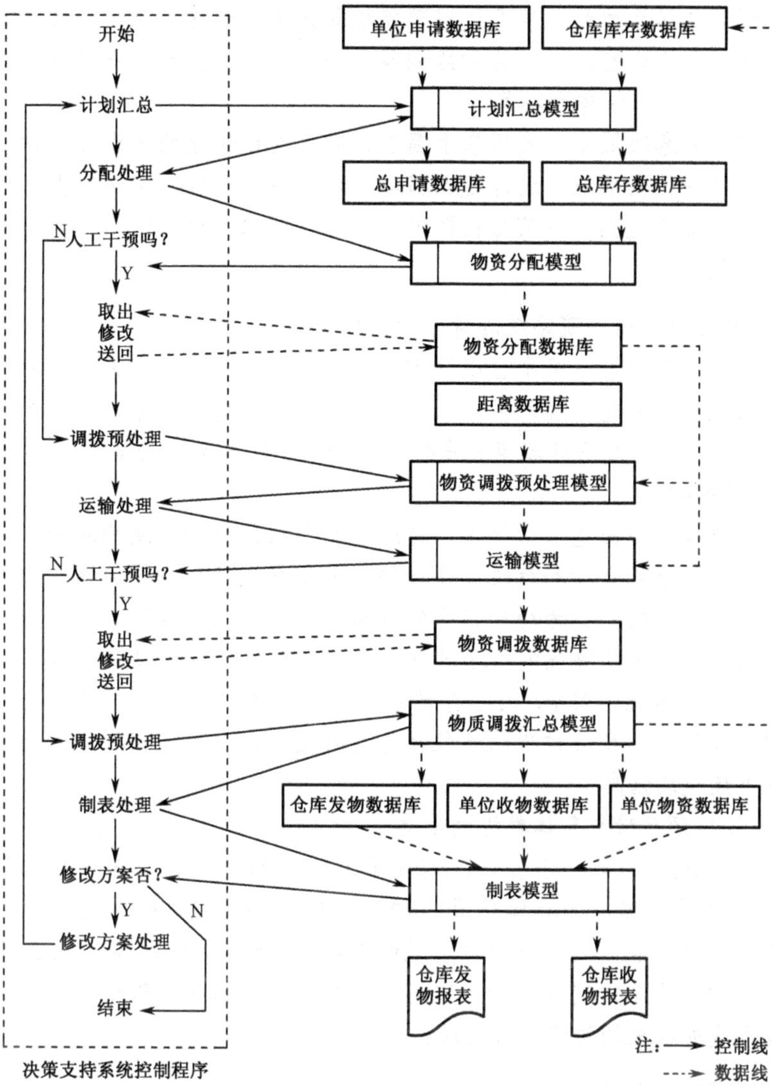

图 9.19　物资分配调拨决策支持系统运行结构

案例分析 9.2

某城市公共安全应急决策支持系统的设计

本案例建立的分布式城市突发公共事件应急决策指挥系统，将形成有效应对火灾、爆炸、有毒气体泄漏等突发事故相对完整的公共安全应急系统，以建立健全公共安全应急技术体系，充分发挥应急预案在预防和应对突发公共事件中的指导作用提供科技支撑。

1. 城市公共安全应急决策系统概况

针对城市的特点和安全要求，通过整合现有各类公共安全管理信息系统，采用高速网络、可视化视频电话系统和远程无线视频监控等技术，组建一个虚拟的应急决策指挥中心。中心常设一个办公室，平时负责协调各部门的工作，在有突发事故发生时，由应急决策领导小组指挥中心指挥和决策。

城市公共安全应急决策系统采用基于温度、有毒气体快速检测设备，结合无线视频监控系统、无线数据传输系统，设计建立移动式现场指挥平台，实现对重大危险源及事故过程的远程动态实施监测，以及与指挥中心的远程图像、语音通信，为指挥中心实时提供事故现场情况。

2. 城市公共安全应急决策系统硬件平台的设计

城市公共安全应急决策系统平台设计重点围绕火灾、爆炸、有害气体泄漏事故的监控、事故模拟与预测、应急处置预案、应急指挥决策、人员疏散等方面展开，该系统集成了先进的信息化技术，建立起城市突发公共事件应急决策系统的平台。

1）应急决策中心

在应急响应过程中，应急中心接收、传递现实事故信息和应急响应的相关信息，并进行分析和评价，为专家咨询和行政领导提供技术信息支持和决策依据；为重大事故应急响应提供通信联络手段；作为场外指挥的场所，为相关人员提供工作环境，保障应急响应活动的顺利进行。应急决策中心通过系统集成方式配置多路视频投影、Internet GIS服务器、远程数据处理器、NAS 网络存储系统、数据库服务器、自动备份磁带库等设备，实现对重大危险源及事故过程的远程动态实时监测，以及与指挥中心的远程音、视频通信和提供事故现场信息。

2）事故现场视频及特征气体数据的采集

为了获取事故现场的第一手资料，需要事故现场的实时影像资料及氧气、可燃气体、有毒气体浓度等数据，为后续仿真、预测模型提供关键性的参数。针对该市的特点，考虑设备的机动性能，采用基于移动式的有毒气体快速检测设备、无线数据传输系统，结合无线视频传输系统建立移动式现场指挥平台。数据的远传通过互联网实现，而采集数据通过无线加有线的传输方式实现。

3. 城市公共安全应急决策系统的软件平台

城市公共安全应急决策系统的软件融合了多学科领域的理论和技术手段，运用系统工程的方法，将专家经验、现代技术、计算技术融为一体，为管理决策提供有效的决策方案。辅助决策软件将应急决策模型库和城市危险源管理模块结合到主程序中，其系统设计采用原型法，通过不断改进原型，实现用户的需求。

城市公共安全应急决策系统功能包括基本信息的查询管理、事故动态模拟仿真、事故应急决策支持，其软件总体框架如图 9.20 所示。软件系统采用模块化设计，在模型管理系统基础上，结合 GIS 软件开发平台，将事故模拟预测模型、应急预案、应急调度决策模型和人员疏散模型有机整合起来，建立城市重大事故应急决策的仿真模型，实现各个环节的空间决策模拟，包括灾情模拟分析与分级、应急预案、应急力量配置与调度、最佳调度路线分析、人员疏散等。

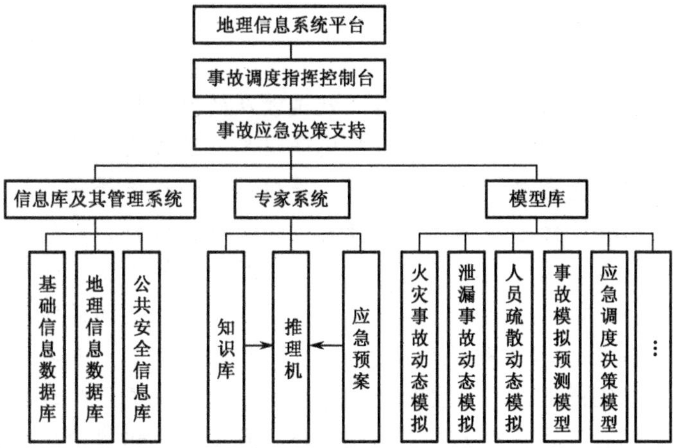

图 9.20　城市公共安全应急决策系统软件总体框架

4．城市公共安全应急管理与决策的实施

1）应急决策系统的工作流程

城市公共安全应急决策系统作为灾害事故信息的汇集点，在突发灾害事故时必须快速有效地整合、分析、提取危险源和事故现场的信息，提供对事故的科学动态预测与危险分析，判断预警级别并快速发布预警。在应急决策系统的支持下，通过人—机交互、完成人群疏散和避难的评估、应急方案的优化确定和启动、动态的应急决策指挥和资源配置等系统功能，围绕应急预案，进行有准备、有条理、机动灵活的科学决策和施救，其工作流程如图 9.21 所示。

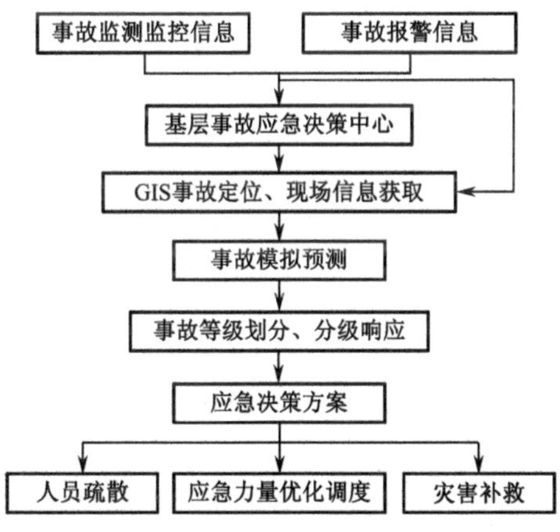

图 9.21　应急决策系统的工作流程

2）远程数据的采集与传输

远程数据传输采用“无线采集，有线中继”，基于移动式的有毒气体快速检测设备，以无线视频采集结合无线数据传输系统分别在不同的地点建立移动式现场指挥平台。现场指挥平台由便携式气体采集设备、便携式无线视频传输系统和服务器等组成。而服务器将无线采集的数据和图像作进一步处理、存储，再通过有线互联网将视频图像

和气体数据传回城市应急指挥中心。

3）事故趋势预测与决策管理的实现

城市公共安全决策过程的一个重要特点就是涉及的空间信息量巨大，而且这些信息对决策结果又有十分重要的影响。因此可将地理信息系统作为可视化手段，对空间数据进行管理和分析，把应急资源、建筑物特性、单位或区域性质等属性信息与地表空间位置相连，组成完整的决策信息数据库，方便查询、管理、分析、调用等各功能的实现。应急决策的过程就是根据报警参数从这些数据中提对取决策有意义的事实和关系，如事故波及范围内是否存在重大危险源；消防队与事故发生地点之间的距离，可能到达的路径及其中最佳的路径等。通过对地理空间数据进行分析处理，并与危险化学品泄漏模型、可燃气体的爆炸波模型、人员安全疏散模型、火灾和烟气蔓延过程的动态模拟等专业模型相结合，使模拟计算的结果能更准确合理，再依据知识库中的专家知识，分析估计事故，划定事故等级；将这些信息提供给应急决策模型库进行决策，据此指导事故现场的人员疏散和事故的补救工作。例如，判断需要多少消防队联合作战，每个消防队需要出动的消防力量，同时根据道路网的情况，在地图上给出最佳调度路径。

第 10 章

网络环境下的信息系统设计

引言

在 Internet 飞速发展的今天，互联网已经成为人们快速获取、发布和传递信息的重要渠道，它在政治、经济、生活等各个方面发挥着重要作用。网络环境下的信息系统建设和一般的信息系统建设相比，既有开发的共同特点，也有其特性，共性体现在网络环境下的信息系统设计必须从实际需求出发，按照系统开发的一般规律和方法从事开发工作，而特性体现在网络环境下的信息系统设计既要考虑到系统的安全性，也要考虑到系统的可扩展性以及网络环境下的硬件建设。

通过本章学习，可以了解（或掌握）：

- 网络环境下信息系统建设的原则；
- 网络环境下信息系统建设的过程；
- 网络环境下信息系统建设的硬件环境；
- 网络环境下信息系统建设的软件环境；
- 网络环境下信息系统建设的体系结构；
- 网络环境下信息与信息系统的安全建设。

10.1　网络环境下信息系统建设的原则与过程

所谓网络信息系统，是指在网络环境下利用网络操作系统和网络应用软件将各种硬件设备连在一起，具有信息的采集、存储、传输、处理、输出等功能的计算机信息系统。网络环境下信息系统建设就是指实现网络信息系统的过程。网络信息系统在信息管理上具有十分明显的优势。

一个完善的网络信息系统，应该是支持多厂商、多协议、具有灵活配置功能并能满足多种要求且易于管理的开放式网络系统。网络信息系统建设过程中一定要注重实用，应根据实际应用的需求，充分利用各种先进、成熟的网络技术进行建设。此外，还必须保证网络信息系统具有安全性以及系统的可扩充性和开放性。

10.1.1　网络信息系统建设的原则

在设计网络信息系统时，不仅要考虑网络信息系统建设的基本内容，而且要在网络信息系统建设的原则指导下进行。主要的建设原则有八个。

1．实用性原则

由于网络信息系统建设不仅面临诸多目标和要求，而且面临各种技术和方案的选择，因此首先考虑的就是实用性原则。所谓实用性，就是通过建立系统与人、与环境之间的协调，使新建立的系统能够最大限度地满足客户的各项需求。也就是用较少的资金、较快的速度建成一个用户界面友好、易于操作的实用系统。为了提高网络信息系统的实用性，必须考虑以下的三个因素。

1）便利性

系统总体设计要充分考虑用户各业务层次、各环节管理中的数据处理的便利性。

2）连贯性

采取“总体设计，分布实施”的技术方案，使系统始终与用户的实际需求紧密结合在一起，使系统建设保持较好的连贯性。

3）操作方便性

人—机操作设计应充分考虑不同用户的实际需要，用户接口及界面设计则要充分考虑人体结构特征及视觉特征，进行优化设计；界面应该尽量做到美观大方，操作简便实用。

2．先进性原则

在建设网络信息系统过程中，技术上必须具备先进性，先进性服务于实用性。计算机及网络技术近年来发展极快，技术更新的周期也在缩短，而且这种发展速度还将继续下去。因此，新建立的系统必须具备一定的先进性，不至于很快被淘汰。

3．可靠性原则

系统可靠性是指由于客观因素导致系统受到破坏的防护性能。任何系统故障都可能会给用户带来不可估量的损失，这就要求系统具有高度的可靠性。

4．安全性原则

网络信息系统的安全性至关重要。系统安全性是指针对外界向系统进行攻击，致使信息丢失、破坏乃至系统瘫痪的防卫。网络信息系统建设必须符合国家安全部门和保密部门的要求，利用网络系统、数据库系统和应用系统的安全机制设置，拒绝非法用户进入系统以及合法用户的越权操作，避免系统遭到破坏，防止系统数据被窃取和篡改，还要对计算机病毒采取行之有效的防范措施。

5．扩展性原则

由于用户的实际工作是可持续发展的，新建立的系统应能保证“平滑升级”，即系统在扩大、改变与发展时能使原有的软、硬件资源得到最有效的保护。根据软件工程理论，系统维护在整个软件的生命周期中所占的比重最大。网络信息系统从最初应用到最终目标实现，往往需要不断完善，其中涉及到的改进和维护工作量很大。所以，必须考虑系统的可扩充能力和维护能力，充分考虑网络信息系统在结构、容量、通信能力、产品升级、处理能力、数据库、软件开发等方面具有良好的可扩展性和灵活性。

6．开放性原则

保证系统可扩充性的关键是一定要使用“开放性”技术。在网络信息系统建设过程中，一定要充分考虑现有系统将来发展的需要，即要求网络信息系统具有良好的开放性。这样，就能使系统的维护和扩充少受限制，用户现有的应用软件通过移植或者略加修改，就可以在新的网络环境中运行。

7．标准化原则

网络信息系统建设要尽可能采用统一的信息编码，实现数据的标准化和工作流程的最优化。

8．方便性原则

网络管理员通过先进的网络管理软件，进行实时监管和管理。例如，在客户端通过使用 Web 浏览器，也可以实现部分管理功能。

10.1.2　网络信息系统的建设过程

同一般信息系统一样，网络信息系统的建设过程大体可分为系统规划、需求分析、系统设计、系统实现等阶段。

1．系统规划

成功的网络信息系统源于良好的规划。从某种意义上说，网络信息系统规划的好坏直接影响着系统开发的成败。因此，在建立网络信息系统时，必须进行认真的规划。网络信息系统规划的主要包括以下三项内容。

1）服务对象规划

服务对象信息是系统规划中最重要的信息。服务对象规划主要包括两方面的内容，即服务对象范围的确认和服务对象需求的确认。服务对象是指对网络信息系统感兴趣的人群。服务对象范围规划得越具体，提供的信息就具有更强的针对性。服务对象确认之后，就需要进一步确认有关服务对象的一些信息，如有关服务对象的各种信息需求。

2）系统目标规划

系统目标是设计和实现网络信息系统的原动力。如果规划的系统目标不明确，则系统设计人员就会对怎样实现不知所措，系统分析人员也会失去判别系统工作效率和工作质量的依据。

3）应用信息规划

应用信息规划是指向网络信息系统用户提供的信息范围，包括两方面的内容：向用户提供的信息和向系统开发人员提供的信息。

2. 需求分析

需求分析阶段应该明确用户对网络信息系统的具体要求，而这些要求又与用户单位的业务性质、规模、地理位置等密切相关，所以必须对上述情况进行详细深入的调查研究。

需求分析阶段的主要任务包括确定对网络信息系统的综合要求，建立网络信息系统的信息处理模型和形成需求分析说明书。

1）网络信息系统的综合要求

用户对网络信息系统的综合要求可归纳成四个方面的要求。

（1）功能要求。详细了解用户对网络信息系统必须完成的所有功能和提供的服务。

（2）性能要求。包括用户对网络信息系统的处理能力、存储能力、系统容错能力、网络安全性、联机请求的响应时间等方面的要求。

（3）扩充性能力。包括提高网络的传输速率、增加部门网络的数目、增加主机服务器以及其他网络设备等的数目。

（4）运行环境要求。要求完全重建还是要求对现有的网络系统进行扩充。

2）建立信息处理模型

建立信息处理模型的基本方法是：分步骤由高层逐步细化到底层，即首先建立总业务工作流程，然后对各个部门的业务流程进一步细化。

3）需求分析说明书

需求分析阶段的成果是需求分析说明书，它可以作为网络信息系统设计阶段的依据。

3. 系统设计

网络信息系统系统设计的任务是确定组成网络信息系统的各个物理元素，即确定网络信息系统的结构、选用的网络操作系统、数据库管理系统等，完成各种软、硬件的选择，结构化综合布线设计和网络管理设计等任务。

1）确定网络信息系统的结构

从网络带宽来看，目前常用的网络类型有 10Mbps 以太网和高速网，高速网又有 ATM、FDDI、快速以太网、100VG-AnyLAN 等类型。网络信息系统结构的确定应根据用户单位的具体情况。为此，在充分了解用户单位对网络信息系统结构要求的基础上，了解现有的各种网络结构形式，最后提出符合用户要求的最佳网络结构。

2）确定网络操作系统及服务软件

网络操作系统是网络信息系统中最重要的软件产品，因为网络信息系统的性能及其提供的各种服务，在很大程度上取决于所配置的网络操作系统。因此，在网络总体设计阶段，应该根据网络需求从多种网络操作系统中选出最合乎用户要求的网络操作系统。

较流行的网络操作系统主要有 UNIX、NetWare、Windows NT、Linux 等，它们各具特点，可根据应用环境、具体的要求和侧重点来进行选择。

目前常见的 WWW 服务器软件已有 10 多种。较流行的 WWW 服务器软件有：Netscape 公司的 Communication Server 和 Commerce Server、Microsoft 公司的 Internet Information Server（IIS）。

常用的邮件服务器软件有 Microsoft Exchange Server、Lotus Notes、Novell GroupWise。

代理服务器可以为访问 Internet 的用户提供代理请求，常用的代理服务器软件有 Microsoft Proxy Server 1.0、Netscape Proxy Server 2.5、WinGate 2.0 Pro 和 WinProxy 1.1。

3）确定数据库服务器

大型网络信息系统中通常都配置了数据库服务器，并且安装了主数据库管理系统，如 Oracle 和 Sybase 等，用来存储和管理整个网络信息系统的重要信息。所以应该慎重选择数据库管理系统。

4）确定硬件设备

网络信息系统中较重要的硬件设备包括网络服务器、集线器、路由器和交换机等，它们都是网络信息系统的核心部分，直接影响着网络信息系统的性能，在系统设计阶段一定要认真分析和选择。

5）结构化综合布线设计

20 世纪 80 年代以来，各种网络信息系统的布线都广泛采用统一结构化综合布线系统。常用的布线方法是由底层向高层，逐层进行布线设计。

6）管理方式设计

目前，各种网络信息系统都采用集中管理方式，即在路由器或者交换机等设备中配置网络软件，用来管理整个网络中的各种网络设备。国外一些计算机公司也纷纷推出各种网络软件和网络管理平台，应该根据实际情况加以选用。

7）接入设计

大型网络信息系统通常由本地网络和若干远程网络构成。所以，在网络设计阶段应该考虑采用哪些互联方式来连接这些远程网络。在详细设计阶段，应该更深入、更细致地设计远程网络的互联，包括应该采用的互联方式、分组交换网、电话网及 DDN 等，还包括选择传输速率、接口数量和互联设备的类型等。

8）安全性设计

网络信息系统的安全性设计已经成为备受关注的问题。许多新的网络操作系统都达到了 C2 级的安全性标准，具备一定的访问控制能力。但是，仅依靠操作系统提供的安全措施不能确保网络信息系统的安全性，必须采取其他安全措施，如防火墙等。

系统设计完成应形成系统设计说明书，说明书中应该详细说明确定采用的网络结构以及选用的关键设备的依据，并组织专家进行审查。

4. 系统实现

系统实现阶段主要完成的任务包括建立物理网络；安装软件平台，建立各种服务器；安全措施的实施；开发网络应用程序。

网络信息系统通常都有较大的伸缩性，网络规模可大可小，各项功能也可分期逐步实现。因此，对于已建立网络信息系统的单位，可在现有网络信息系统的基础上进行扩充，以便充分利用现有的软、硬件资源，保护已有投资。

可利用网络应用程序开发工具开发出基于客户/服务器结构的各种网络应用程序。常用的网络应用程序开发工具主要有集成编程工具、数据库开发工具、Web 开发工具等类型。目前较流行的集成编程开发工具有 Visual C++、Visual J++、Visual Basic 等，常见的数据库开发工具主要包括 PowerBuilder、Delphi 等，常用的 Web 开发工具有 IntraBuilder、Visual InterDev 和 Domino/Notes 等。

10.2 网络环境下信息系统的开发应用环境

10.2.1 硬件开发应用环境

信息系统的硬件开发应用环境涉及到网络服务器、网络工作站、网络传输介质及网络连接设备。这些设备在网络软件支持下，可以完成特定的网络功能。

1. 网络服务器

网络服务器是为网上用户提供专项服务或者多项服务的结点。网络服务器是网络中最关键的设备，其性能直接影响着整个网络的性能。其作用是运行网络操作系统，存储和管理网络中的共享资源，如数据库、文件、应用程序及大容量的硬盘、打印机、绘图仪等设备；向网络管理员提供对各工作站的活动进行监视、控制和调整功能；在客户/服务器体系结构中，网络服务器还要为各个网络客户机的应用程序提供服务。

1）网络服务器的类型

按网络服务器的用途划分，可将网络服务器分成文件服务器、数据库服务器、打印服务器和通信服务器四种类型。按网络服务器的性能划分，可将其分成专用服务器和通用服务器。专用服务器是专门为网络功能而设计的，它不能作为普通计算机使用，而且升级较困难。通用服务器就是普通计算机，它只是安装了网络系统软件而成为服务器，并因安装不同的网络操作系统而成为不同的网络服务器。

按网络服务器的硬件结构划分，可将其分成单处理器服务器（包括个人台式机、工作站、大中小型机）和多处理器服务器（包括对称多处理机、群集系统、大规模并行处理系统）。按处理器的类型划分，可将其分成 UNIX（RISC）服务器和 PC（CISC）服务器。其中，UNIX 服务器的特点是性能优越，运算速度快，系统较安全；PC 服务器的 CPU 通常由 Pentium CPU 担任。

2）PC 服务器

PC 服务器是一种新型的服务器系统。它基于系统架构，以 32 位处理器、32 位或

64 位系统总线为基础，在突出内存与硬盘容量以及系统运行速度的同时，更注重其稳定性、安全性和可用性。PC 服务器在采用群集技术后，其应用范围日益广泛，向上可应用于大型企业级系统，向下可应用于小单位的工作组级系统。PC 服务器在外形设计、内部结构、基本配置、操作系统界面及操作方法方面均与高档 PC 相仿，其体积与价格与普通 PC 相当。尽管 PC 服务器的软、硬件系统仍然是基于 Wintel 架构的通用开放体系，但其基本性能和安全稳定性能却远远优于 PC。PC 服务器可分为入门级、工作组级、部门级和企业级等类型。

2. 网络工作站

网络工作站是指连接到计算机网络上并运行专门程序来实现网络应用的计算机，它是网络中进行数据处理的主要场所。

工作站通过网络从服务器取出程序和数据后，用自己的 CPU 和内存进行运算处理。处理结果可以再存储到网络服务器中。工作站可有自己单独工作的操作系统，但与网络相连时，需将网络操作系统的一部分（即工作站连接软件）安装到工作站上，形成一个专门的引导程序，引导上网访问服务器。

3. 网络连接设备

计算机与计算机，或者工作站与服务器进行连接时，除了要使用连接介质外，还需要使用若干网络连接设备。将常用的网络连接设备分为以下五种类型。

1）网络传输介质互联设备

网络线路与用户结点具体衔接时，可能会使用以下几种网络传输介质互联设备：T 型连接器、收发器、屏蔽或非屏蔽双绞线连接器 RJ—45、RS—232 接口（DB–25）、DB–15 接口、网络接口卡、调制解调器。

T 型连接器与 BNC 接插件同是细同轴电缆的连接器，它对网络的可靠性有至关重要的影响。同轴电缆与 T 型连接器是用 BNC 接插件进行连接的，BNC 接插件有手工安装和工具型安装之分，用户可根据实际情况和线路的可靠性进行选择。RJ—45 非屏蔽双绞线连接器有 8 根连针，具体使用时可参照厂家提供的说明书。RS—232（DB–25）接口是目前微机与线路接口的常用方式。DB–15 接口用于连接网络接口卡的 AUI 接口，可将信息通过收发器电缆送到收发器，然后进入主干介质。终端匹配器（终端适配器）安装在同轴电缆（粗缆或细缆）的两个端点上，它的作用是防止电缆无匹配电阻或阻抗不正确，若无匹配电阻或阻抗不正确，则会引起信号波形反射，造成信号传输错误。网络接口卡（网卡）又称网络适配器，它一般位于计算机的扩展槽内，用于连接计算机和电缆线，计算机之间通过电缆进行高速数据传输。网卡是网络通信的主要瓶颈之一，它的质量好坏将直接影响网络功能和网上运行应用软件的效果。调制解调器的功能是将计算机的数字信号转换成模拟信号或者反之，以便在电话线路或微波线路上进行传输，一般通过 RS—232 接口与计算机相连。

2）网络物理层互联设备

（1）中继器（Repeater）是连接网络线路的一种装置，常用于两个网络结点之间物理信号的双向转发工作。中继器是最简单的网络互联设备，主要完成物理层的功能，负责在两个结点的物理层上按位传递信息，完成信号的复制、调整和放大功能，以此延长网络的长度。

（2）集线器（Hub）是一种特殊的中继器，作为网络传输介质间的中央结点，它克服了介质单一通道的缺陷。采用集线器以后，当网络系统中某条线路或某结点出现故障时，不会影响网上其他结点的正常工作。集线器与中继器之间的区别在于：集线器能够提供多端口服务，所以它也称为多口中继器。

3）*数据链路层互联设备*

（1）网桥（Bridge）也称桥接器。它是连接两个局域网的存储转发设备，用它可以完成具有相同或相似体系结构网络系统的连接。在一般情况下，被连接的网络系统都具有相同的逻辑链路控制规程（LLC），但媒体访问控制协议（MAC）可以不同。网桥可分为本地网桥和远程网桥。本地网桥是指在传输介质允许长度范围内互联网络的网桥；远程网桥是指连接的距离超过网络的常规范围时使用的远程桥，通过远程桥互联的局域网将成为城域网或广域网。如果使用远程网桥，则必须成对出现。

（2）交换机。在现代网络设计中，通过使用交换机可显著提高整个用户网络的应用性能。交换机设备除在速度上给网络用户带来优势外，还可以比传统的网络共享设备提供更多的功能。随着交换机市场竞争愈趋激烈，交换设备的价格亦更加能为用户所接受。在国际市场上，交换机已经代替集线器，成为用户构造网络时的首选设备。

目前，交换机市场发展十分迅速，产品种类繁多，功能越来越强。如果按应用领域来划分，可将交换机分为台式交换机、工作组交换机、主干交换机、企业交换机、分段交换机、端口交换机和网络交换机等。如果按使用的网络技术划分，可将局域网交换机分为以太网交换机、令牌环交换机、FDDI 交换机、ATM 交换机和快速以太网交换机等。其中，局域网交换机是组成网络系统的核心设备。对用户而言，局域网交换机的主要指标包括端口配置、数据交换能力和包交换速度等因素。

4）*网络互联层设备*

路由器（Router）用来连接多个逻辑上分开的网络。逻辑网络是指一个单独的网络或一个子网。当数据从一个子网传输到另一个子网时，可通过路由器来完成。因此，路由器具有判断网络地址和选择路径的功能，它能在多网络互联环境中建立灵活的连接，可用完全不同的数据分组和介质访问方法来连接各种子网。

路由器是属于网络应用层的一种互联设备，只接收源站或其他路由器的信息，它不关心各子网使用的硬件设备，但要求运行与网络层协议相一致的软件。

5）*应用层互联设备*

在计算机网络中，如果需要连接不同类型并且协议差别较大的网络，则需要选用网关设备。它将协议进行转换，将数据重新分组，以便在两个不同类型的网络系统之间进行通信。由于协议转换实际上是一件复杂的事，一般来说，网关只进行一对一转换，或是少数几种特定应用协议的转换，网关很难实现通用的协议转换。用于网关转换的应用协议有电子邮件、文件传输和远程工作站登录等。网关和多协议路由器（或特殊用途的通信服务器）组合在一起可以连接多种不同的系统。与网桥一样，网关可以是本地的，也可以是远程的。

网关在概念上与网桥相似，它与网桥的不同之处就在于：网关被用来实现不同局域网之间的连接；网关建在应用层，而网桥建在数据链路层；网关可将具有不相容的地址格式的网络相连起来。

10.2.2　软件开发应用环境

1．网络操作系统

网络操作系统（NOS，Network Operating System）是网络的心脏和灵魂，是向网络计算机提供服务的特殊的操作系统。它在计算机操作系统下工作，使计算机操作系统增加了网络操作所需要的能力。网络操作系统除了应具备一般操作系统所应该具备的处理机管理、存储器管理、设备管理和文件管理等功能外，还应具备其他特殊功能，如高效可靠的网络通信能力、网络服务能力，如文件传输服务和远程打印服务等功能。

NOS 与运行在工作站上的单用户操作系统或多用户操作系统，由于提供的服务类型不同而有差别。一般情况下，NOS 是以使网络相关特性最佳为目的。例如，共享数据文件、软件应用及共享硬盘、打印机、调制解调器、扫描仪和传真机等。一般计算机的操作系统，如 DOS 和 OS/2 等，其目的是让用户与系统及在此操作系统上运行的各种应用程序之间的交互作用最佳。

网络操作系统是使网络上各种计算机方便、有效地共享网络资源，并为网络用户提供所需的各种网络服务的软件和有关规程的集合。它是网络环境下用户与网络资源之间的接口，实现对网络的控制和管理，既可以向网络上的计算机和外围设备提供通过网络的服务请求能力，也可以向其他计算机提供正确使用服务的能力。

按照不同的分类方法，可将网络操作系统分为不同的类型。例如，按联网的范围分，可将其分为广域网网络操作系统和局域网网络操作系统；按网络通信协议和传输协议分，可将其分为支持 TCP/IP、SPX/IPX 和 SNA 等的网络操作系统。

选用合适的网络操作系统非常重要，通常要求它必须具备高速、可靠和安全等特点。目前，最常见的网络操作系统有 UNIX、OS/2 Warp、Novell NetWare、Windows NT Server 等。其中 UNIX、OS/2 Warp 等操作起来比较复杂，所以它们目前的市场占有率增长速度落后于 Windows 系列网络操作系统。

1）UNIX

1969 年，UNIX 诞生于 AT&T 贝尔实验室，它的第一个版本运行在 DEC PDP-7 上。1971 年被移植到 DEC PDP-11/20 上，同时这也导致了第一个 C 语言编译器的产生，用 C 语言可以编写一个精巧的操作系统内核。1973 年，Ritchie 和 Thompson 用 C 语言重新编写了 UNIX 的内核。1974 年到 1977 年，UNIX 的源代码被免费分发到大学。UNIX 在学术和科研机构中受到欢迎，成为操作系统课程的基础。1978 年，UNIX 第七版发行。这个版本被移植到各种硬件体系结构。此外，AT&T 宣布他们将对 UNIX 源代码收取许可证费用。自此，第七版成为目前流行的众多 UNIX 版本的基础。

由于该系统具有功能强大、技术成熟、可靠性好、网络功能强以及开放性好等特点，并能够满足各行各业实际应用的需求，它已发展成为重要的企业级操作平台，也是当前使用普遍、影响深远的主流操作系统，也是历史最长的操作系统。

UNIX 系统早期的主要特色是结构简练、功能强大，多用户、多任务和便于移植，经过 20 多年的发展壮大，它已逐步形成了自己的特点，即具有可靠性高、伸缩性强、网络功能强、强大的数据库支持功能及开放性好的特点。

2）Windows 系列操作系统

Windows 家族是微软公司的核心产品之一，包括 Windows 95/98 等 9x 系列、Windows CE 等超小型系列以及 Windows NT、Windows 2000 等一系列企业操作系统。

Microsoft Windows NT Server 4.0 是一个支持群集的操作系统，它支持大型 SMP 服务器、更多的 RAM 以及可扩展的分布式应用程序。Windows NT Server 4.0 是建立和实施大型分布式应用程序的最佳平台，其主要特点是：有被设计用于局域网的服务器；既是个人计算机操作系统，又是网络操作系统；与平台无关、可伸缩的服务器操作系统；内部完全是 32 位体系结构；开放的网络体系结构；内嵌的安全性；集中式的安全管理。Windows NT Server 4.0 还具有用户工作站管理、网络打印管理、磁盘备份、性能监测、跟踪网络活动、远程管理、协同工作等特性。

Windows 2000 是微软公司产品研发迄今为止投入最大的一个产品。它结合了 Windows 98 和 Windows NT 4.0 的很多优良的功能、性能与一身，是 Windows 家族的一个新的延伸，超越了 Windows NT 的原来含义。Windows 2000 是一个功能强大、可靠的计算平台，Windows 2000 Professional 是极为可靠的桌面平台和移动操作系统。Windows 2000 的远程计算功能意味着工作人员、商业伙伴和客户可以从任何地点、在任何时间访问信息和应用程序。Windows 2000 平台集成了最全面的 Internet 技术，适用于所有的客户机和服务器操作系统。为了提高效率，保护现有投资，Windows 2000 集成了支持目录的应用和网络，消除了信息访问和自动化的瓶颈。使用 Windows 2000 平台，企业可以减少管理和维护网络、服务器和客户机系统的开销。它可以使管理员拥有更多的控制网络和客户/服务器结构的权力，减少管理的开销，提高最终用户的工作效率。

3）Linux

基本上 Linux 是类似 UNIX、以核心模组为基础的、完全记忆体保护、多作业系统，它是 Linus Torvalds 于 1991 年在 Helsinki 大学所原创开发，并在一般公共执照（GNU，General Public License）下发行，随后被全球众多 UNIX 程序员和爱好者不断完善。

Linux 是网络时代的产物，全球众多的技术人员通过 Internet 共同完成对它的研究和开发，无数用户参与了其测试和排错，并可以方便地加上用户自己编制的扩充功能。作为最出色的一个自由软件，Linux 的优点有：高度的稳定性和可靠性；与 UNIX 的高度兼容性；真正的多任务、多用户系统；可运行在多种硬件平台上；对硬件要求较低；有广泛的应用程序支持；良好的技术支持；极佳的性能价格比。

4）Novell NetWare

NetWare 是美国 Novell 公司推出的一种流行的网络操作系统，它曾经占据网络操作系统市场的统治地位，并于 UNIX 和 Windows NT 一起构成三足鼎立之势。1998 年，Novell 公司发布了其最新产品 NetWare 5.0，它提供了一个多平台、分布式的网络目录服务，可以无缝地全局访问 Intranet、Extranet 和 Internet 上面的任何资源。NetWare 的功能特点主要表现在高性能、多任务；网络结构灵活；开放性环境；提供系统容错性和安全管理等方面。

NetWare 由服务器操作系统、客户/服务器应用程序、工作站连接软件三部分组成，这三部分有机结合在一起，提供一个网络环境。使得基于其上的不同用户可以获得各自需要的网络服务。

2. 关系型数据库软件

关系型数据库软件可参见本书 6.1.1 节。

3. Web 服务器软件

Web 服务器软件很多，许多公司已经开发了适用于 UNIX、Windows NT、OS/2 和 MAC 等多种不同操作系统的 HTTPD 服务器软件。

在 Windows NT 环境下，主要有 Internet Information Server（IIS）、FastTrack Server、Microsoft FrontPage 等。其中，IIS 是在 Windows NT 下的 Internet 服务器，包括 Web 服务器、FTP 服务器、Gopher 服务器。FastTrack Server 是 Netscape 公司推出的部门级 Web 服务器软件，它有 NT 和 UNIX 两种版本，并具有以下特点：安装和使用均十分简便；具有较高的性能和安全性；支持 Java、CGI 和 JavaScript 等。此外，Netscape 公司还推出企业级 Web 服务器软件 NetScape Enterprise Server，它有 NT、UNIX、Sun Solaris 等多种版本，除了具有 FastTrack Server 的全部功能外，还具有以下特点：提供智能化的管理工具，可通过一台主机来管理其他服务器，支持 Oracle 和 Informix 数据库管理系统。

目前，Web 和数据库的互联是分布式数据库应用的重要走向。Web 与数据库的结合，一方面可以利用数据库强大的数据库功能管理大量的 Web 数据，另一方面可以通过 Web 来访问原来较为封闭的数据库系统，将数据库系统的覆盖面扩大到了整个 Intranet 甚至 Internet 的范围。各大数据库厂商对基于 Web 的数据库应用十分关注，纷纷推出了各自的 Web 服务器。

1）Oracle 的 Oracle Web Application Server

Oracle 公司通过 Oracle 7.0 数据库和 Web 技术的全面集成，提供了一个 Intranet 开发平台，Oracle Web Server 允许 Web 客户直接通过 Web 浏览器来访问 Oracle 7.0 数据库中存储的数据。Oracle Web Server（2.0 版以上）用户能够调用存储过程生成动态 Web 页面，无须依赖 CGI。此外，该服务器软件还具有良好的扩展性、可移植性和安全性。

2）Sybase 的 IQ

Sybase 公司通过加强 Internet 数据仓库技术来突出其产品的稳健性和可扩展性。Sybase 的交互式数据仓库允许用户通过其 IQ（Information Query）产品进行快速交互式查询，在 Sybase System 11 中，Internet 连接性是其主要特色之一。

3）IBM 的 IMS/ESA

IMS/ESA（Information Management System/Enterprise System Architecture）的主要特点是支持 Windows NT、OS/2.AIX、Sun Solaris 以及 S/390 等平台，共享式的信息队列以

及 EMH 队列，支持 GB 数量级的数据和数据共享。

4）Informix 的 Web Integration Option

Web Integration Option 提供了将 Informix 的 Web Server 和 Informix Dynamic Server 相连的操作。在称做 Data Director 的应用程序中，提供对 VB 构件的支持，从而提供了对 Web 的支持。

5）Microsoft 的 IIS

IIS 中有一个数据库连接器（IDC，Internet Database Connector），可以动态查询和更新数据库。IIS 属于部门级的 Web 服务器软件，它具有以下特点：提供 Web、FTP 和 Gopher 等服务器功能；运行在 NT 环境下，几乎能够支持所有的数据库软件；使用与 NT 一致的图形界面，安装简单，操作方便；提供集中式管理工具，可在同一台服务器管理其他服务器的 IIS 程序；具有良好的安全性，系统安全管理工具与 NT 系统安全管理工具相同；提供 CGI、ISAPA 和 ASP 等编程接口，可制作动态网页。

需要指出的是，目前尚未形成 Web 数据库工业标准，不同商家的产品各有长短。此外，许多第三方的 WWW 应用服务器产品纷纷出现，这些产品包括：Borland 公司的 IntraBuilder，Microsoft 公司的 Visual InterDev，Netscape 公司的 Visual JavaScript 1.0，NetDynamics 的 NetDynamics 4.0 以及 apple 公司的 Webojects enterprise 等，这些产品的特点是：具有 WWW 数据库应用的服务器特点；支持瘦客户机的 Internet 或 Intranet 访问，符合数据库的未来发展方向；具有友好的图形界面，用户只要按照程序所给出的向导，采用简单的拖拽就可以进行编程的开发方法，大大简化了开发过程；支持各种多媒体的数据格式。

4. 开发工具

常用的网络应用程序开发工具可分为集成编程工具、数据库开发工具、Web 开发工具等类型。

1）集成编程工具

集成编程工具可参见本书 6.1.1 节。

2）Web 开发工具

目前，市场上可以找到的 Web 开发工具越来越多，其功能差异也很大，下面仅简要介绍比较流行的几种 Web 开发工具。

（1）IntraBuilder。Borland 公司推出的 IntraBuilder 是一个基于 JavaScript 的可视化开发工具，它能快速生成和发布有关 Intranet/Web 数据库的应用。用户通过 Web 浏览器可以访问 IntraBuilder 应用程序。IntraBuilder 由 IntraBuilder Designer、IntraBuilder Server 和内置 Intranet 应用程序三个主要程序组成。其中 IntraBuilder Designer 是一个集成开发环境，利用它可以完成所有的 Web 应用开发工作，包括图形用户界面、程序自动生成工具 Experts 和可视化 RAD 设计工具；IntraBuilder Server 运行在 Web 服务器上，用来处理客户机的请求。

（2）Visual InterDev。它利用在 Windows NT 服务器执行的 IIS，使用 Active Server Page（ASP）技术，尽管它同时支持 Java 以及大部分 JavaScript 功能，但它还是侧重于

使用 VB、VBScript 以及 ActiveX 等相关技术。此外，该软件的数据库设计器也只能与该公司推出的 SQL Server 数据库服务器一起使用。Visual InterDev 集成了 Microsoft 的各种开发工具，它与 Office 97 具有相似的操作风格，并可与 VC++、VJ++等编程工具完善结合在一起使用。

（3）Domino/Notes。Lotus 公司推出的 Domino/Notes 是唯一的一套 Internet 或者 Intranet 站点创建和维护软件。Domino Web 服务器不但提供 Notes 数据库与 Java 代理软件（Java Agent）之间的相互结合功能，而且提供了一套基于浏览器的管理程序，从而大大减轻了学习 Notes 时遇到的困难。由于 Domino/Notes 具有集成的 Web 服务器、可程序化的结构、单一对象仓库，以及与 NT 的集成等特性，所以对使用 Notes 的各种用户来说，Domino/Notes 都是不错的选择。

3）Web 访问数据库的主要技术

（1）CGI 技术。CGI 是最早的 Web 数据库连接技术，几乎所有的 Web 服务器都支持 CGI。程序员可以选择 C/C++、Delphi、Visual Basic 或 Perl 来编写 CGI 程序。通过 CGI 实现客户端与服务器端之间的交互。这种技术最成熟，实现途径多种多样，并且易于掌握。CGI 可分为两种类型，一类是标准 CGI，另一类是 Windows CGI。标准 CGI 的请求数据放在环境变量中，Windows CGI 将请求数据放在文件中。环境变量在内存中存放，所以前者速度快一些，当然系统能够开销也会更大。如果条件允许，也可以使用提高 Windows CGI 速度的技术。标准 CGI 一般在运行于 UNIX 平台的 Web Server 上使用，Windows CGI 一般在运行于 Windows NT 操作系统的 Web Server 上使用。现在功能比较强大、运行于 Windows 系列操作系统上的 Web Server 基本上同时支持两类 CGI。CGI 程序是作为独立的外部应用程序来执行的，它与 Web 服务器上的其他竞争处理器资源，因此会导致运行速度缓慢。此外，用 CGI 开发 Web 应用是相当困难的，程序员不仅要掌握 HTML 语言，还要精通低级编程语言。每个 CGI 程序必须用某个特定数据库服务器专用的 SQL 语言来手工编写数据库接口程序，故其可移植性较差。

（2）Web API 技术。它通常以动态链接库（DLL）的形式提供，是驻留在 Web 服务器上的程序，其作用与 CGI 相似，也是为了扩展 Web 服务器的功能。用 Web API 技术开发的程序，性能大大优于 CGI 程序，这些 API 应用程序是与 Web 服务器软件处于同一地址空间的 DLL，因此所有的 HTTP 服务器进程能够直接利用各种资源，这显然比调用不在同一地址空间的 CGI 程序所占用的系统时间要短。程序员可以利用 API 分别开发 Web 服务器与数据库服务器的接口程序。Web API 的出现解决了 CGI 的低效问题，但用 API 编程比开发 CGI 程序更困难。开发 API 程序需要更多的线程，需要进程同步和直接协议编程等方面的知识。

（3）JDBC（Java Database Connectivity）技术是 JavaSoft 公司设计的 Java 语言的数据库访问 API，最初的 Java 语言没有数据库访问能力。JDBC 是第一个支持 Java 语言的标准数据库 API，其目的在于使 Java 程序与数据库服务器的连接更加方便。JDBC 与 Windows 中的 ODBC 在功能上相同，也是一组标准接口，它定义了数据库操作的原语，为程序员提供了统一的数据库访问接口。目前，JDBC 得到许多软件商的支持，包括 Oracle、Sybase、Borland 和 IBM 等。大多数流行的数据库系统都已推出了自己的 JDBC

驱动程序。JDBC 有两种主要实现方式，一种是直接 JDBC 方式，另一种是 JDBC-ODBC 桥的方式。前一种可以理解成 Java 中的 ODBC，它建立数据库在 Client 端和 Server 端之间传输和存放规约之上，所以它是面向具体产品的，也就是一个 JDBC 驱动程序对应一种具体的数据库产品。JDBC-ODBC 桥建立在 ODBC 的基础上。Sun 提供一个接口，用于把 JDBC 指令和操作翻译成 ODBC 驱动程序，就可以在 Java 中实现对数据库的操作。这种方式使 JDBC 有了存在的物质基础，但它的效率较低。JDBC 是一个与数据库系统独立的 API，它包含两部分：JDBC API 和 JDBC Driver API。JDBC API 提供了应用程序到 JDBC Driver Manager 与数据库驱动程序的通信功能。JDBC Driver API 支持 JDBC Driver Manager 与数据库驱动程序的通信。此外，JavaSoft 公司还提供了一个特殊的驱动程序 JDBC-ODBC 桥，该软件支持 JDBC 通过现有的 ODBC 驱动程序访问数据库服务器。

（4）ActiveX 数据库控件。该数据库控件的作用类似于 Java Applet，又有点像插件，它是介于插件和 Java Applet 之间的一种东西。一个控件在被使用之前要从网上下载到本地机上，不过只需下载一次，并自动安装。而它基于微软的 COM 技术，这种技术定义了访问和操作软件对象的标准接口协议。ActiveX 以二进制标准实现，代码执行效率也比 Java Applet 高，它不依赖于平台和编程语言。从理论上讲，它可以用任何语言进行开发，并被任何操作系统使用。但目前还只能在 Windows NT 平台上使用，开发工具也仅限于 Visual C++和 Visual Basic。ActiveX 控件代码的执行完全由本地的操作系统控制，浏览器不必介入。浏览器只在开始的时候激活 ActiveX 控件，使它装载到操作系统中，此后的执行过程和顺序就由操作系统决定了，与用户交互的显示嵌在浏览器中。ActiveX 控件的方式不但平衡了服务器与浏览器之间的负载，还更进一步平衡了本地机系统中浏览器与其他进程的资源分配。它付出的代价仅仅是第一次运行 ActiveX 控件时进行下载。

10.3 网络环境下信息系统的体系结构

10.3.1 网络环境下信息系统体系结构的发展

近年来，随着计算机技术与网络技术突飞猛进的发展，现代企业遇到了巨大的机遇与挑战。各企业纷纷开始建立新的管理信息系统或修订原有的管理信息系统。在此过程中，关于管理信息系统平台模式的选择是系统设计人员遇到的主要问题。

管理信息系统平台模式可分为主机终端模式、文件服务器模式、客户/服务器模式（C/S，Client/Server）和浏览器/服务器模式（B/S，Browser/Server）四种。

主机终端模式由于硬件选择有限，硬件投资得不到保证，已经逐步淘汰。而文件服务器模式只适用小规模的局域网，对于用户多、数据量大的情况就会产生网络瓶颈，特别是在互联网上不能满足用户要求。因此，现代企业的管理信息系统平台模式应主要考虑 C/S 模式和 B/S 模式。

10.3.2　客户/服务器模式

C/S 计算环境是 20 世纪 90 年代兴起的一个计算机应用系统的体系结构。近年来随着计算机与网络技术的迅速发展，C/S 技术的发展尤为显著。目前，国内有相当数量的应用系统是基于这一体系结构开发的，其应用的范围涉及企业、科研、教育、国防、航空、通信和金融证券等诸多领域。同样，C/S 结构在政府部门的信息系统建设领域也得到了非常广泛的应用。

C/S 模式以其开放性和灵活性，在众多管理信息系统体系结构中确立了领先的地位，充分说明了这种结构对于管理信息系统建设的适应性及优越性。

为了更好地理解 C/S 模式，这里需要把它和文件服务器模式做个比较。传统的文件服务器模式是小型局域网的一种常见模式。在这种文件服务器模式下，一般由一台性能比较优越的计算机作为文件服务器，其他的计算机作为终端机，它们通过网络设备及线路，共享文件服务器上的数据。通常，这些数据就是一个个单独的文件。这种方式虽有效，但其网络流量过大。对数据库而言，如果数据都存放在文件服务器上，那么当很多用户同时访问数据库时，势必会造成严重的性能问题，使文件服务器成为系统瓶颈。因为再好的服务器也无法应付如此大数据量的工作。

从网络结构上来说，采用 C/S 模式与普通的文件服务器模式相同，它们的区别仅在于处理机制上。一般来说，客户/服务器系统仅处理特定的、有用的数据，不像文件服务器系统那样处理的是整个文件。

C/S 模式主要由客户机应用程序（Client）、服务器管理程序（Server）和中间件（Middleware）三个部件组成。客户机应用程序是系统中用户与数据交互的部件。服务器管理程序负责有效地管理系统资源，如管理一个信息数据库，其主要工作是当多个客户机并发地请求服务器上相同的资源时，对这些资源进行最优化管理。中间件负责连接客户机应用程序与服务器管理程序，协同完成一个作业，以满足用户查询管理数据的要求。

10.3.3　Web 浏览器/服务器模式

B/S 模式是一种以 Web 技术为基础的新型的管理信息系统平台模式。它把传统 C/S 模式中的服务器分解为一个数据服务器及一个或多个应用服务器（Web 服务器），构成一个三层结构的客户/服务器体系。这种技术是 Internet 以及 WWW 服务发展的直接结果。

三层结构中，第一层客户机是用户与整个系统的接口。客户机的应用程序精简到一个通用的浏览器软件上，如 Internet Explore、Netscape Navigator 等。浏览器将 HTML（超文本标记语言）代码转化成图文并茂的网页。网页具备一定的交互功能，允许用户在网页提供的申请表上输入信息，提交给后台并提出处理请求。这个后台就是第二层的 Web 服务器。

第二层 Web 服务器将启动相应的进程来响应这一请求，动态生成一串 HTML 代码，其中嵌入处理的结果返回客户机的浏览器。当客户机提交的请求包括数据的存取时，Web 服务器还需与数据库服务器协同完成这一处理工作。

第三层数据库服务器的任务类似于客户/服务器模式，主要是负责协调不同的 Web 服务器发出的请求，管理数据库。

10.3.4 C/S 与 B/S 模式的分析比较

1. B/S 模式的优势

1）简化了客户端

B/S 模式无须像 C/S 模式那样在不同的客户机上安装不同的客户机应用程序，而只需安装通用的浏览器软件。这样不但可以节省客户机的硬盘空间与内存，而且使安装过程更加简便，网络结构更加灵活。假设一个企业的决策层要开一个讨论库存问题的会议，他们只需从会议室的计算机直接通过浏览器查询数据，然后显示给大家就可以了。

2）简化了系统的开发和维护

系统的开发者无须再为不同级别的用户设计开发不同的客户机应用程序，只需把所有的功能都实现在 Web 服务器上，并就不同的功能为各个组别的用户设置权限。各个用户通过 HTTP 请求在权限范围内调用 Web 服务器上的不同处理程序，从而完成对数据的查询或修改。相对于 C/S，B/S 的维护具有更大的灵活性。当版本变化时，无须再为每一个现有的客户机应用程序升级，只需对 Web 服务器上的服务处理程序进行修订就可以了。这样不但可以提高公司的运作效率，还省去了维护时协调工作的麻烦。

3）使用户的操作变得更简单

对于 C/S 模式，客户机应用程序有自己特定的规格，使用者需要接受专门培训。采用 B/S 模式时，客户端只是一个简单易用的浏览器软件。无论是决策层还是操作层的人员都无须培训，就可以直接使用，即便是培训也只是一次性的。B/S 模式的这种特性，使管理信息系统维护的限制因素更少。

4）更适用于网上信息发布

这是 C/S 模式所无法实现的，这种新增的网上信息发布功能恰好是现代企业所需的。这使得企业的大部分书面文件可以被电子文件取代，从而大大提高了企业的工作效率，简化了企业行政手续，节省了人力和物力。

鉴于 B/S 模式相对于 C/S 模式的先进性，B/S 逐渐成为一种流行的管理信息系统平台。各软件公司纷纷推出自己的 Internet 方案，如基于 Web 的财务系统，基于 Web 的查询系统。

B/S 模式的新颖与流行，以及在某些方面相对于 C/S 的巨大改进，使 B/S 成了管理信息系统平台的首选，也使人们忽略了 B/S 不成熟的一面，以及 C/S 所固有的一些优点。

2. C/S 模式的优势

1）交互性强

在 C/S 模式中，客户端有一套完整的应用程序，在出错提示、在线帮助等方面都有强大的功能，并且可以在子程序间自由切换。B/S 虽然由 Java 技术提供了一定的交互能力，但与 C/S 的一整套客户机应用程序相比显得太有限了。

2）更安全的存取模式

由于 C/S 模式是相对点对点的结构模式，且采用适用于局域网协议，因此安全性可以得到较好的保证。而 B/S 采用点对多点、多点对多点这种开放的结构模式，并采用 TCP/IP 这一类运用于 Internet 的开放性协议，其安全性只能靠数据服务器上管理密码的数据库来保证。现代企业需要开放的信息环境，需要加强与外界的联系，有的还需要通过 Internet 发展网上营销业务，这使得大多数企业将他们的内部网与 Internet 相连。由于采用 TCP/IP，他们必须采用一系列的安全措施，如构筑防火墙来防止 Internet 的用户对企业内部信息的窃取以及外界病毒的侵入。

3）降低网络通信量

B/S 模式虽采用了逻辑上的三层结构，但在物理上的网络结构仍然是原来的以太网或环形网。这样，第一层与第二层结构之间的通信、第二层与第三层结构之间的通信都需占用同一条网络线路。而 C/S 模式只有两层结构，网络通信量只包括 Client 与 Server 之间的通信量。所以，C/S 模式处理大量信息的能力是 B/S 模式所无法比拟的。

3. C/S 模式与 B/S 模式相结合的方案

在实际的选择中，针对 B/S 模式的先进性和 C/S 模式的成熟性，可将两种模式结合起来。

结合的方法是，开发者根据一定的原则，将系统的所有子功能分类，决定哪些子功能适合采用 C/S 模式，哪些适合采用 B/S 模式。

适合采用 C/S 模式的子功能具有以下特点：安全性要求高的模块，需要较强交互性的模块，只在局域网范围内使用的模块，大数据量处理的模块。

适用采用 B/S 模式的子功能具有以下特点：使用范围广，地点要求灵活部分；安全性和交互性要求不高的部分。

如果系统开发者在系统设计阶段决定采用这种 C/S 与 B/S 相结合的模式，那么在系统开发生命周期的如下各个阶段相对这种新模式都应有响应。

10.4　信息与信息系统安全

10.4.1　信息与信息系统安全性的主要威胁

1. 计算机病毒

从广义上定义，凡能够引起计算机故障，破坏计算机数据的程序统称为计算机病毒。《中华人民共和国计算机信息系统安全保护条例》第 28 条中明确指出：“计算机病毒，是指编制或者在计算机程序中插入的破坏计算机功能或者毁坏数据，影响计算机使用，并能够自我复制的一组计算机指令或者程序代码。”计算机病毒区别于通常程序，它通常具有寄生性、隐蔽性、非法性、传染性、破坏性和潜伏性等特点。

人们在感受计算机强大功能的同时，也时时受到计算机病毒的威胁，它像一个幽灵暗中滋生并快速传播蔓延，使众多计算机数据、软件受到侵袭，甚至造成系统的瘫痪。这不仅使广大计算机用户蒙受了巨大的经济损失，而且也给国家和社会带来了严重的危害。

2．恶意攻击

网络信息的安全与保密所面临的威胁来自很多方面，并且随着时间的变化而变化。这些威胁可以宏观地分为自然威胁和人为威胁。

1）自然威胁

自然威胁可能来自于各种自然灾害、恶劣的场地环境、电磁辐射和电磁干扰、网络设备自然老化等。这些无目的的事件，有时会直接威胁网络信息安全，影响信息的存储媒体。

2）人为威胁

人为威胁通过攻击系统暴露的要害或弱点，使得网络信息的保密性、完整性、可靠性、可控性和可用性等受到伤害，造成不可估量的经济和政治上损失。人为威胁又分为两种：一种是以操作失误为代表的无意威胁（偶然事故），另一种是以计算机犯罪为代表的有意威胁（恶意攻击）。

人为的恶意攻击是有目的的破坏。恶意攻击可以分为主动攻击和被动攻击两类。主动攻击是指以各种方式有选择地破坏信息（如修改、删除、伪造、添加、重放、乱序、冒充和制造病毒等）；被动攻击是指在不干扰网络信息系统正常工作的情况下，进行侦收、截获、窃取、破译和业务流量分析及电磁泄漏等。

由于人为恶意攻击有明显企图，其危害性相当大，给国家安全、知识产权和个人信息带来巨大的威胁。人为恶意攻击具有智能性、严重性、隐蔽性和多样性特性。

3．安全缺陷

假如网络信息系统本身没有任何安全缺陷，那么恶意攻击者即使有天大的本事，也不能对网络信息安全和保密构成威胁。但遗憾的是，现在所有的网络信息系统都不可避免地存在着这样或那样的安全缺陷。有些安全缺陷可以通过人为努力加以避免或者进行改进，但有些安全缺陷则是各种折中所必须付出的代价。

网络信息系统是计算机技术和通信技术的结合。计算机系统的安全缺陷和通信链路的安全缺陷构成了网络信息系统的潜在安全缺陷。计算机硬件资源易受自然灾害和人为破坏；软件资源和数据信息易受计算机病毒的侵扰、非授权用户的复制、篡改和毁坏。计算机硬件工作时的电磁辐射以及软、硬件的自然失效，外界电磁干扰等均会影响计算机的正常工作。通信链路易受自然灾害和人为破坏。采用主动攻击和被动攻击可以窃听通信链路的信息，并且非法进入计算机网络获取有关敏感性重要信息。信息系统的安全缺陷通常包括物理网络的安全缺陷，过程网络的安全缺陷及通信链路的安全缺陷三种。一些普遍存在的安全缺陷、安全问题和安全脆弱性包括网络的规模、电磁辐射和电磁泄漏、搭线和串音。

中国是一个发展中国家。我们的信息安全系统除了具有上述普遍存在的安全缺陷之外，还有其他一些独具特色的安全缺陷，比如由技术被动性引起的安全缺陷，人员素质问题引起的安全缺陷，缺乏系统的安全标准所引起的安全缺陷等。

4. 软件漏洞

由于软件程序的复杂性和编程的多样性，在网络信息系统的软件中很容易有意或无意地留下一些不易被发现的安全漏洞。软件漏洞显然会影响网络信息的安全与保密。软件安全漏洞主要包括陷阱、操作系统的安全漏洞、数据库的安全漏洞、协议的安全漏洞以及口令设置的漏洞等。

网络环境下信息与信息系统的安全性受到来自外部和来自内部两方面的威胁。来自外部的威胁包括由于好奇而去查看那些能获得的资源和数据；企图毁灭用户网络中的资源和数据；盗取用户网络中的资源或数据；无意中使用了不恰当配置的软件或者有错误的软件，阻止了其他合法用户访问相应的资源。来自内部的威胁包括蓄意的安全破坏和无意的安全破坏两种类型。

据美国 FBI 调查，美国每年因网络安全造成的经济损失超过 170 亿美元，而其中 50%的安全来自内部。无意的安全破坏更令人头疼，因为它发生的机会要更多。

10.4.2　信息与信息系统安全性的对策

网络信息安全与保密是一个涉及面很广的问题。要想达到安全与保密的目的，必须同时从法规政策、管理、技术这三个层次上采取有效措施。高层的安全功能为低层的安全功能提供保护。任何单一层次上的安全措施都不可能做到真正的全方位的安全与保密。

先进的技术是网络安全与保密的根本保证。用户对自身面临的威胁进行风险评估，决定其所需要的安全服务种类，选择相应的安全机制，然后集成先进的安全技术，形成一个全方位的安全系统。

严格的安全管理。各用户单位应建立相应的网络安全管理办法，加强内部管理，建立合适的网络安全管理系统，建立安全审计和跟踪体系，提高整体网络安全意识。

国家和行业部门要制定严格的法律和法规。计算机网络是一种新生事物，它的许多行为无法可依、无章可循，导致网络上计算机犯罪处于无序状态。面对日趋严重的网络犯罪，必须建立与网络安全相关的法律和法规，使非法分子慑于法律，不敢轻举妄动。

1. 重视安全检测与评估

从安全角度看，入网前的检测和评估是保障网络信息安全与保密的重要措施，它能够把不符合要求的设备或系统拒之门外。更为重要的是实际网络运行中的监测和评估。国际上已经为此制定了许多相关的标准，国内也已经建立了十几个不同专业的检测评估中心。

1）安全检测与评估

为了做好各类自动监测系统和网络与信息安全的全面评估，应该重点做好三个方面的工作：①把自动监测系统、网络管理系统和运行维护技术支持系统有机地结合起来；②重视安全检测和评估与安全技术研究的关系；③重视网络互联和互操作试验。

安全检测与评估是一项十分艰巨的任务。在网络环境下，许多因素是动态的、不确定的和随机的。有些因素还与敌对双方的技术水平、能力、各种威胁和攻击手段及对策相关。一种可行有效的思路是：先进行各个单项检测与评估，然后再进行综合检测与评估。

2）可靠性检测与评估

网络信息系统的可靠性检测与评估是一个难度较大，目前还是一个正被广泛探讨的重要课题。

对电信网络而言，可采用带有约束条件的解析法来进行可靠性检测与评估。但解析法不适用于大规模的公众网络。其他一些备选的网络可靠性检测与评估方法包括：①根据网络吞吐量和传输时延的阈值规定，用基于吞吐量和传输时延的概率指标作为可靠性的测度指标；②用全网络平均每个用户可用性作为可靠性指标；③采用在各种故障程度下的不可用性，长时间网络服务中断的发生频率，长时间网络服务中断发生时网络不可用性，以及短时间网络服务中断时网络不可用性等指标来衡量可靠性；④采用实验测试的方法对网络系统可靠性进行评估；⑤借用网络管理的相关功能进行可靠性评测是一种比较经济和容易实现的方法。

3）操作系统评测

计算机操作系统是网络信息系统的核心，其安全性占据十分重要的地位。因此，网络环境中计算机操作系统的安全检测和评估的重要性是显然的。

4）保密性的检测与评估

保密性的检测和评估涉及加密和破译两方面。加密和破译的技术能力都是在各自隐蔽的环境下进行技术对抗的。因此，绝对的保密性评估是不实际的，保密评测只是一种相对意义上的检测和评估。

2．建立完善的安全体系结构

1）OSI 安全服务

为了适应网络技术的发展，国际标准化组织（ISO）的计算机专业委员会根据开放系统互联参考模型（OSI）制定了一个网络安全体系结构，包括安全服务和安全机制。该模型主要解决对网络信息系统中的安全与保密问题。

2）网络信息安全系统的设计原则

虽然任何人都不可能设计出绝对安全和保密的网络信息系统，但是，如果在设计之初就遵从一些合理的原则，那么相应网络信息系统的安全和保密就更加有保障。设计时不全面考虑，消极地将安全和保密措施寄托在事后“打补丁”的思路上是相当危险的。从工程技术角度出发，在设计网络信息系统时，至少应该遵守一些必要的设计原则。

3）网络信息安全系统的设计和实现

网络信息安全与保密系统的设计和实现可以分为安全体制、网络安全连接和网络安全传输三部分。

3．制定严格的安全管理措施

安全管理既要保证网络用户和网络资源不被非法使用，又要保证网络管理系统本身不被未经授权者访问。网络安全管理的内容主要包括网络实体的安全管理（保证计算机设备和传输设备的安全）和软件的安全管理（保证系统软件、通信软件和应用软件的安全）。

网络信息系统的安全管理又可以分为技术管理和行政管理两个方面。技术管理主要有管理网络的安全和保密设备与密钥的管理。行政管理主要指安全组织机构、责任和监督、业务运行安全和规章制度、人事安全管理、教育和奖惩、应急计划和措施等。

1）管理网络的安全管理

管理网络是一个有关网络维护、运营和管理信息的综合管理系统。它集高度自动化的信息收集、传输、处理和存储于一体，性能管理（主要是提供对设备的性能和网络单元的有效性进行评价，包括性能测试、性能分析和性能控制等，并提出评价报告）、故障管理（是对网络的运行和设备故障进行监测、隔离和校正的管理，包括告警监测、故障定位、故障修复和测试等，并且提出相应的报告）、配置管理（其功能包括对网络单元的配置、业务投入、网络状况、业务状况等进行管理、控制和安装，并且提出相应的报告）、计费管理（主要提供网络中各种业务的使用情况及费用，并且提出相应的报告）和安全管理于一身。对于最大限度地利用网络资源，确保网络的安全具有重要意义。

2）保密设备与密钥的安全管理

保密设备的使用应与网络中被保护对象的密级相一致。密码算法、密钥和保密协议是核心内容，同步技术和工作方式的选择也很重要。保密设备的管理主要包括保密性能指标的管理，工作状态的管理，保密设备的类型、数量、分配和使用者状况的管理，密钥的管理等。

对保密设备和密钥的安全管理应遵循的原则是：对违约者拒绝执行的原则、非密设计和秘密全部寓于密钥的原则、用户满意的原则、完善协调的原则、最少特权的原则、特权分割原则、最少公用设备原则和经济合理原则。

为了加强密钥的安全管理，可以建立密钥的层次结构，利用密钥来保护密钥。重点保证最高层次密钥的安全，并经常更换各层次的密钥。

3）安全行政管理

安全行政管理的重点是：安全组织机构的设立，安全人事管理，安全责任与监督等。

是否拥有健全的安全管理组织机构，与网络信息的安全和保密密切相关。安全组织机构的设立可视网络信息系统的规模而定。安全组织机构的任务是统一规划各级网络系统的安全，制定完善的安全策略和措施、协调各方面的安全事宜等。

安全组织机构内需要多方面的人才。比如，需要有人负责确定安全措施，制定方针、政策和策略，协调、监督和检查安全措施的实施；还需要有人进行具体的管理系统安全工作，包括保安员（负责非技术的、常规的安全工作）、安全管理员（负责软、硬件的安装、维护和日常操作的监视，应急条件下的安全恢复等）、安全审计员（负责监视系统的运行情况，收集对系统资源的各种非法访问事件并进行记录，然后进行分析和处理；必要时，还要将审计的事件及时上报主管领导）、系统管理员（负责安装系统、控制系统操作，维护和管理系统等）。安全组织机构还应该有一个全面负责人，负责整个网络信息系统的安全与保密，他的主要任务包括对系统修改的授权、对特权和口令的授权、审阅违章报告，审计记录和报警记录、制定安全人员的培训计划并加以实施、遇到重大安全问题时及时报告主要领导等。

10.4.3 信息与信息系统安全性技术

从网络层次的角度来看，安全技术可面向两个方面服务。一方面，网络层保护网络服务的可用性。另一方面，应用层保护合法用户对数据的合法存取。网络层重点解决系统安全问题，应用层重点解决数据安全问题。通过网络层和应用层、系统安全和数据安全相结合，架构立体的防护体系。网络层上最常用的技术是防火墙技术，应用层采用的技术有身份认证、加密技术和内容检查等。

1. 防火墙

防火墙是设置在两个或多个网络之间的安全隔离，用于保证本地网络资源的安全。通常是包含软件部分和硬件部分的一个系统或过个系统的组合。防火墙不是单个的设备或软件。

根据防火墙的定义，防火墙应该具有以下四个基本功能。

1）限制外部网主机/用户

限制外部网主机/用户只能访问内部网提供的某些被安全政策所允许的服务。

2）限制内部用户

不允许内部用户访问外部网络某些危险的站点或使用某些危险的服务。

3）内部网用户访问外部网时的安全防护

在内部网用户访问外部网服务时，提供地址转换或端口转换的功能，对外部网屏蔽内部网细节，还可对通信内部进行检查，提供更严格的安全防护。

4）外部网用户访问内部网时的安全防护

在外部网用户访问内部网而必须经过不安全信道时，提供身份鉴别和机密性服务、完整性服务以及不可抵赖服务等，这主要是针对物理位置处于防火墙之外的用户而言。

从防火墙所采用的技术和不同的用户的需求来看，防火墙可以大致分为三种类型，即网络级防火墙、应用级防火墙和电路级防火墙。

防火墙是一种被动防卫技术，由于它假设了网络的边界和服务，因此对内部的非法访问很难进行有效的控制。防火墙不能防范不经由防火墙的攻击，不能防范人为因素的攻击，不能防范受病毒感染的软件或文件传输。

2. 加密技术

加密是一种主动的防卫手段。在网络应用中一般采取秘密密钥和公开密钥两种加密形式。采用何种加密算法则要结合具体应用环境和系统，而不能简单地根据其加密强度来做出判断。因为除了加密算法本身之外，密钥合理分配、加密效率与现有系统的结合性以及投入产出分析，都应该在实际环境中具体考虑。

对于秘密密钥（又叫私钥加密和对称密钥加密），其常见的加密标准有 DES 等。当使用 DES 时，用户和接收方采用 64 位密钥对报文加密和解密；当对安全性有特殊要求时，则要采取 IDEA 和三重 DES 等。作为传统企业网络广泛应用的加密技术，秘密密钥效率高。它采用 KDC 来集中管理和分发密钥，并且以此为基础验证身份，但是并不适合 Internet 环境。

在 Internet 中使用最多的是公钥系统，即公开密钥加密，它的加密密钥和解密密钥是不同的。一般对于每个用户生成一对密钥后，将其中的一个作为公钥公开，另外一个则作为私钥由用户自己保存。常用的公钥加密算法是 RSA 算法，加密强度很高。由于此种方法加密强度高，并且不要求通信双方事先要建立某种信任关系或共享某种秘密，因此十分适合在 Internet 上使用。

3．身份鉴别、验证和数字签名

虽然安全策略中规定了哪些是合法的用户以及不同类型用户拥有的权利，但攻击者常常采用冒名的方法入侵系统。这就需要对访问的用户进行身份的鉴别和验证，它是对用户身份认证、保证数据完整性的安全控制手段。其原理基于公用密钥密码系统。

身份验证的安全要求包括：在验证过程中，口令不得以明文方式传输；口令不得以明文方式存放于系统中；用户输入的口令在内存逗留的时间尽可能短，用后及时销毁；一次身份验证只限于当次登录，其寿命与会话长度相等；除了用户输入口令准备登录外，网络中的其他验证过程对用户是透明的。

解决数字签名最好的方法是利用公钥密码体制。公钥密码体制的优势在于它对发送方和接收方有非对称性，接收方可以从签名中验证签名的真伪。

4．VPN（Virtual Private Network）技术

防火墙技术实现了内部网络间的访问控制，从一定程度上保证了内部网络的安全。但是，由于组织内部物理上的分布化，即由简单的本地局域网或局域网连接发展为远地局域网连接，因此要保证整个企业网络的逻辑集中性和安全性。在此背景下，VPN 技术应运而生。

VPN 是指采用 TCP/IP 安全技术，借助现有的 Internet 网络环境，在公开网络信道上建立的逻辑上的组织专用网络。采用 VPN 技术的目的是为了在不安全的信道上实现安全信息传输，保证企业内部信息在 Internet 上传输时的机密性和完整性，同时使用鉴别方法对通过 Internet 进行的数据传输进行确认。

为了实现上述功能，实现 VPN 的部件必须处于内、外部网络的边界处，可以认为 VPN 是防火墙功能的延续，从功能上扩展了防火墙。

10.4.4　信息与信息系统安全解决方案

为解决信息系统的安全问题，综合网络安全解决方案正日益受到重视。例如，微软的 Internet 安全网络框架就应用于 IE 浏览器和 Windows NT 中，它将公钥密码技术和口令安全技术有效地结合起来加以应用，在商业环境中有很强的竞争力。

1．制定网络安全方案的一般步骤

制定网络安全方案的一般步骤是制定合理的目标和策略，选择可行的技术方案，确定可以接受的代价，选择适当的产品，制定相应的管理措施和相关的配套法律。

2．网络系统安全的功能

一般来说，一个完善的网络系统安全应该包括以下八种功能。

1）访问控制

通过特定网段服务建立的访问控制体系，将绝对大多数攻击阻击在到达目标之前。

2）检查安全漏洞

通过对安全漏洞的周期性检查，可使绝大多数攻击无效。

3）攻击监控

通过特定网段服务建立的攻击监控体系，可实时检测绝大多数攻击，并采取相应的行动，如断开网络连接、记录攻击过程和跟踪攻击源等。

4）加密通信

主动的加密通信可使攻击者不能了解、修改敏感信息。

5）认证

良好的认证体系可防止假冒合法用户的攻击。

6）备份和恢复

良好的备份和恢复机制，可在攻击造成损失时，尽快地恢复数据和系统服务。

7）隐藏内部信息

使攻击者不能了解系统内的基本情况。

8）设立安全监控中心

为信息系统提供安全体系管理、监控、保护及紧急情况服务。

不同组织的网络信息系统在结构、功能以及安全性要求上均会有所不同，所以选择网络安全解决方案时应根据自身的特点，综合考虑性能、风险、价格、适应能力等因素来加以确定。

解决信息安全问题涉及面很宽，它包括技术、管理、制度、人员和法律等诸多方面，基本策略是综合治理。从目前的情况来看，信息安全的主要漏洞不在于技术方面，而在于管理和人员方面。

世上没有最坚固的盾，也没有最锐利的矛。同样，也没有坚不可摧的信息安全防范体系。“魔高一尺，道高一丈”，在攻击与防范的较量中，信息安全技术将不断得到发展。

本章小结

所谓网络信息系统，是指在网络环境下利用网络操作系统和网络应用软件将各种硬件设备连在一起，具有信息的采集、存储、传输、处理和输出等功能的计算机信息系统。网络环境下信息系统的建设是指实现网络信息系统的过程。网络信息系统在信息管理上具有十分明显的优势。

在设计网络信息系统时，不仅要考虑网络信息系统建设的基本内容，而且要在网络信息系统建设的原则指导下进行。主要的建设原则有实用性、先进性、可靠性、安全性、扩展性、开放性、标准化和方便性原则。

同一般信息系统一样，网络信息系统的建设过程大体可分为系统规划、需求分析、系统设计和系统实现等阶段。

网络环境下信息系统的开发应用环境包括硬件环境和软件环境。信息系统的硬件开发应用环境涉及到网络服务器、网络工作站、网络传输介质和网络连接设备。这些设备在网络软件支持下，可以完成特定的网络功能。软件开发应用环境包括网络操作系统、关系型数据库软件、Web 服务器软件和网络应用程序开发工具。

网络信息系统平台模式主要有客户/服务器模式和浏览器/服务器模式。

信息与信息系统安全性的主要威胁来自计算机病毒、恶意攻击、安全缺陷和软件漏洞。要想达到安全与保密的目的，必须同时从法规政策、管理和技术这三个层次上采取有效措施。

从网络层次的角度来看，安全技术面向两个方面服务。一方面，网络层保护网络服务的可用性；另一方面，应用层保护合法用户对数据的合法存取。网络层重点解决系统安全问题，应用层重点解决数据安全问题。通过网络层和应用层、系统安全和数据安全相结合，架构立体的防护体系。网络层上最常用的技术是防火墙技术，应用层采用的技术有身份认证、加密技术和内容检查等。

为解决信息系统的安全问题，综合网络安全解决方案日益受到重视。一般来说，一个完善的网络系统安全应该具有访问控制，检查安全漏洞，攻击监控，加密通信，认证，备份和恢复，隐藏内部信息，设立安全监控中心等功能。

问题讨论

1. 什么是网络信息系统？
2. 网络信息系统建设的原则有哪些？
3. 网络信息系统的建设过程有哪几个步骤？
4. 自己动手安装网络操作系统和服务器软件。
5. 网络信息系统建设的硬件环境建设涉及哪几种硬件设备？
6. 比较 C/S 模式与 B/S 模式的优缺点。
7. 如何将 C/S 模式与 B/S 模式相互结合，进行系统开发？
8. 信息与信息系统的安全主要威胁有哪些？
9. 信息与信息系统安全性技术有哪些？
10. 结合具体案例开发一个网络信息系统。

案例分析 10.1

某市统计信息系统

1. 引言

城市统计信息系统作为一个复杂的应用系统，它是集统计科学、管理科学、信息科学、计算机与通信技术为一体的，由众多的管理人员与各类专业技术人员共同参与的复杂技术——社会系统工程。

建成的统计信息系统具有以下六个特点。

（1）该系统包括数据采集、数据处理、数据上报和信息查询、统计信息分析与预测、宏观决策支持、统计信息发布和服务等功能，实用性强，用户界面友好。

（2）采用 Internet/Intranet 技术，统计局内部信息处理采用 Client/Server 结构，外部上报采用 Browser/Server 结构，便于维护和使用。

（3）以构件技术为指导，进行应用软件开发，缩短开发周期，提高软件质量。

（4）以基本统计指标为基础，设计主题数据库，实现数据共享，统计指标与应用程序相对独立，增强系统的适应性。

（5）采用开放式应用体系结构，开发维护平台与运行操作平台分开，方便用户维护。

（6）提供多种输入/输出格式（包括 TXT 文件、SARP 文件、Excel 文件和 DBF 文件等），易于与其他系统连接；提供灵活多样的查询方式，便于广泛的信息交流。

2．系统调查

新系统是在现行系统基础上经过改建或重建而得的。因此，在新系统的分析与设计工作之前，有必要对现行系统做出全面、充分的调查研究和分析。

1）统计局组织结构

市统计局作为市政府主管全市统计、信息工作的综合职能部门，其组织结构如图 10.1 所示。

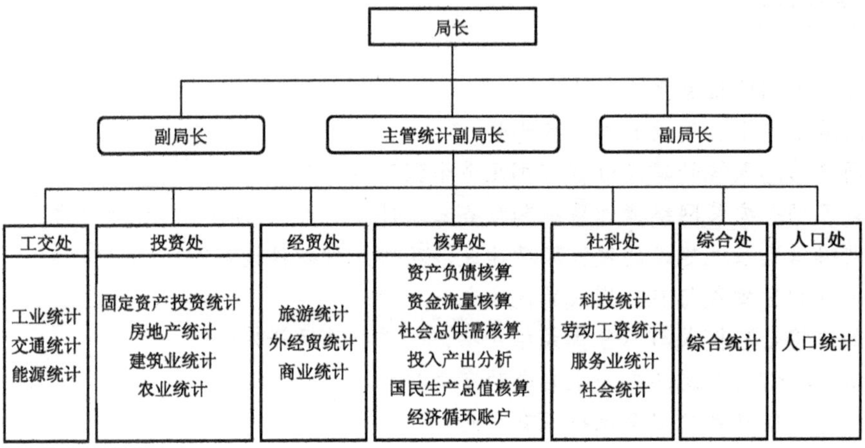

图 10.1　市统计局的组织结构

2）统计业务基本流程

统计过程是一个周而复始、循环往复的过程。针对各统计过程抽象地看，包括统计业务确定、统计设计、统计调查、统计资料整理、统计资料分析和统计资料应用六个环节。统计流程各环节之间的关系及数据流向如图 10.2 所示。

3．系统分析

系统分析既是新系统的逻辑设计阶段，也是新系统设计方案不断优化的过程。

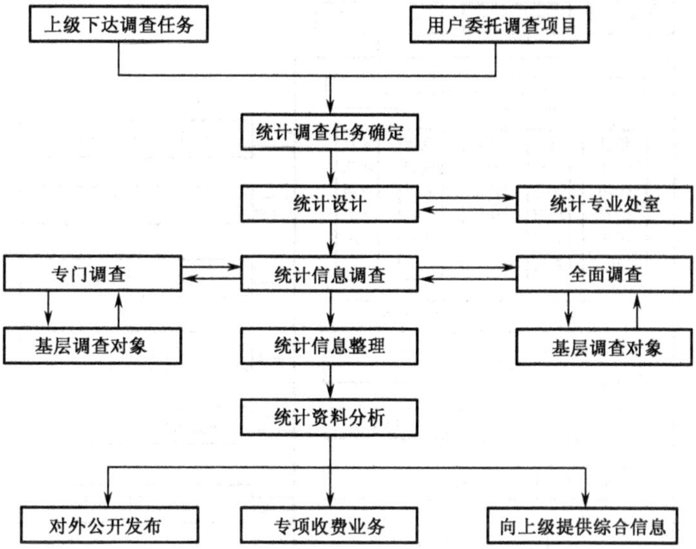

图 10.2　统计流程各环节之间的关系及数据流向

1）统计业务系统目标

市统计局的统计工作主要是从专业层收集和处理本市人口、资源、环境、社会、经济和科技等方面的统计数据，收集和整理国内各大、中城市或地区，以及部分国家的相关统计数据，为市委、市政府领导决策提供依据，为各级部门宏观调控和全面管理提供信息服务。

2）统计业务系统的功能分析

统计业务系统的功能包括：

统计月、季、年报处理，接收基层单位报表，接收下级统计部门综合报表，接收政府有关部门综合统计报表，分类、审核、修改和汇总接收的报表，综合、核算统计指标，产生统计分析报表。

统计专项调查、普查信息处理，采集、接收统计调查信息；分类、审核和编码接收的信息；综合、核算统计指标；产生统计分析报表。

统计分析预测，核算分析、常规统计分析、预测分析和综合评价。

统计信息发布和服务，发布统计快报、月报、年报和年鉴；提供电子信息服务。

4．系统设计

1）功能模型

城市统计信息系统的功能模型中包括了全市人口、资源、环境、社会、经济和科技等方面的数据统计，国内外各大、中城市或地区以及部分国家的相关数据统计。由于这些综合统计信息对政府决策、各局委办和企业的信息应用系统及社会公众服务系统显得尤为重要，因此提供方便、快捷的信息查询和交流功能是系统设计考虑的基础。

按照国家信息化战略要求，结合本市信息网络建设的实际情况，城市统计信息系统功能模型如图 10.3 所示。

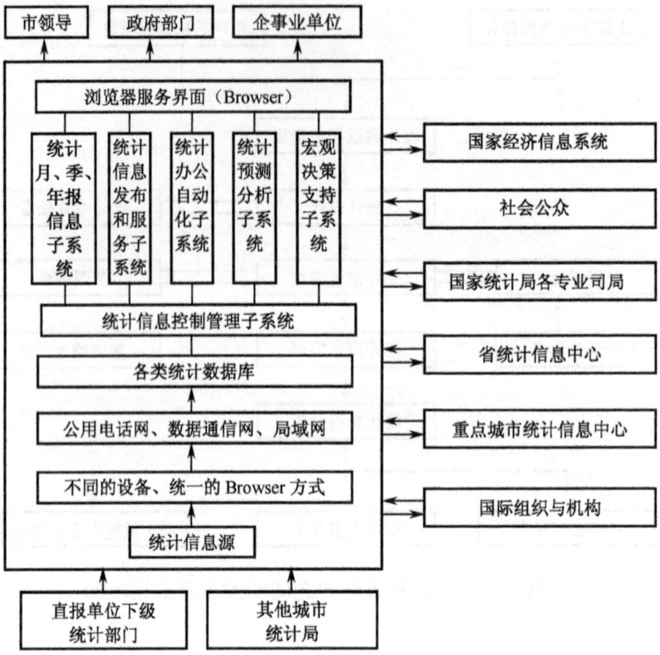

图 10.3　城市统计信息系统功能模型

统计信息系统的功能模型由下面六个子系统组成：

（1）统计信息控制管理子系统：全面管理其他五个子系统的正常运行和标准化控制，同时管理计算机网络系统的运行，确保整个系统安全可靠地工作。

（2）统计月、季、年报信息子系统：对常规统计报表进行集中统一的数据处理和管理，支持按专业进行联机或集中批处理的数据审核、分类、汇总及上报，支持 Internet 环境下的信息查询、打印和分析应用，支持对国民经济预警系统提供进度及综合统计信息。

（3）统计办公自动化子系统：办公自动化子系统是统计信息系统的重要组成部分。它重点支持统计局内的行政管理，以提高办事效率、规范办公流程。

（4）统计信息发布和服务子系统：支持以多媒体方式（文字、图像和声音等）对外发布信息和对社会公众、机关团体提供信息咨询服务。用户可以通过信息网或 Internet 进入统计信息系统进行信息查询。

（5）统计预测分析子系统：支持统计专业人员、社会有关团体对统计信息进行国民经济核算与分析、常规统计分析、经济统计预测分析、企业效益评价与分析和地区综合发展评价与分析等。

（6）宏观决策支持子系统：提供宏观经济和社会发展评估和预测数据，主要包括全市经济运行动态、发展趋势、政策效应等预测和预警数据，为经济和社会发展的监测、模拟和战略决策等提供必要的统计信息。

2）物理结构框架

全市信息网的骨干网已经建成，可以支持 ISDN、DDN、电话线、分组交换和有线电视网等多种方式的接入信息服务。它以国家金桥网为国际出口接入 Internet 服务，本统计信息系统利用了全市信息网的硬件环境，开展有关的统计业务。其物理框架如图 10.4 所示。

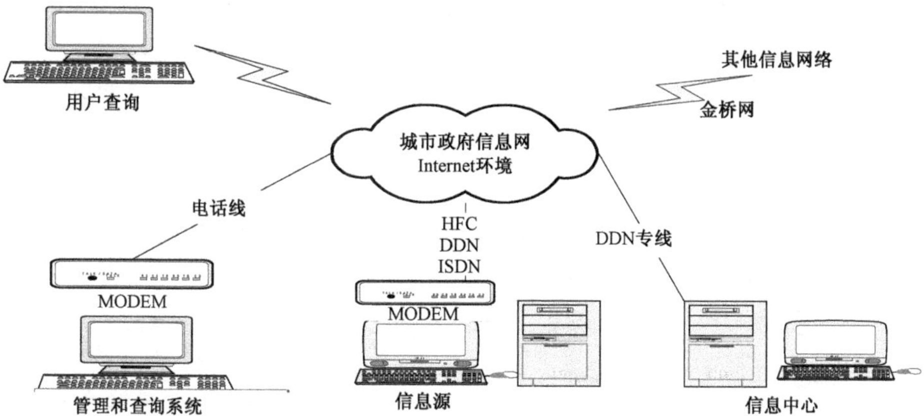

图 10.4　统计信息系统的物理框架

3）数据库设计

数据库设计以统计指标为单位，围绕基本数据建立结构稳定的数据库，以解决统计数据指标的经常变化。将指标以代码的形式存放在指标字典库，作为数据来处理；将报表的数据项目、审核关系、汇总方式、打印格式等参数放入报表模板数据库；实现数据与应用程序的分离，使指标的变化不会导致应用程序的更改。所有的指标数据通过统一的字典库利用指标代码检索，保证数据的唯一性和完整性，最大限度地降低数据冗余，实现统计数据的共享。

本市统计数据库系统采用与国家数据库系统相同的体系结构，它采用的是主机环境下客户/服务器方式。国家统计信息系统在纵向上分为国家、省、地（市）三个层次，本系统属于第三个层次，同样在横向上包含六个子系统和若干基本数据库。

统计信息控制管理子系统：包括统计指标体系字典库，统计调查单位名录字典库，统计报表制度字典库。

统计月、季、年报信息子系统：包括微观统计信息数据库，年度综合统计信息数据库，月、季报统计信息数据库。

统计办公自动化子系统：包括统计局内部的人事档案数据库，固定资产管理数据库，文件管理数据库，财务管理数据库。

统计信息发布和服务子系统：包括发布信息数据库，国际统计数据库，省、市、区情况数据库，统计法规数据库。

统计预测分析子系统：包括分析预测方法库，模型数据库。

宏观决策支持子系统：包括经济运行模型库，经济分析和模拟方法库，经济运行动态、发展趋势、政策效应等预测、预警、监测和模拟数据库等。

此外还应包括金融信息库、人才信息库、人口信息库、政策法规信息库、国土资源信息库、外商投资信息库等非传统统计意义上的信息资源。

4）系统平台设计

硬件平台设计：使用统计局现有的硬件平台，数据库服务器使用 DEC Alpha 8200，Web 服务器使用 DEC Alpha 2000。其系统网络拓扑结构如图 10.5 所示。

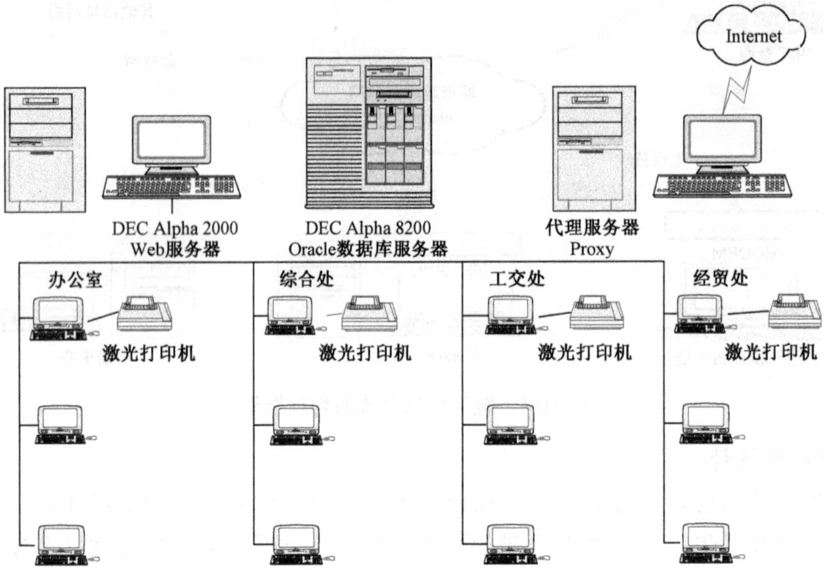

图 10.5　城市统计信息系统网络拓扑结构

软件平台设计：根据统计局现有及未来的数据量的规模，考虑和国家统计局总体规划一致，本系统采用 UNIX 环境下的 Oracle 8.0 大型数据库作为数据库平台。统计内部业务处理采用 PowerBuilder 作为开发工具，用户端以 Windows 为操作平台。Internet 环境下的软件采用 Netscape 的 Liveware 为数据库接口工具，后台软件用 Java 及 JavaScript 语言编写。Web 端采用 Netscape 或 Explorer 为系列服务器。其软件开发平台如图 10.6 所示。

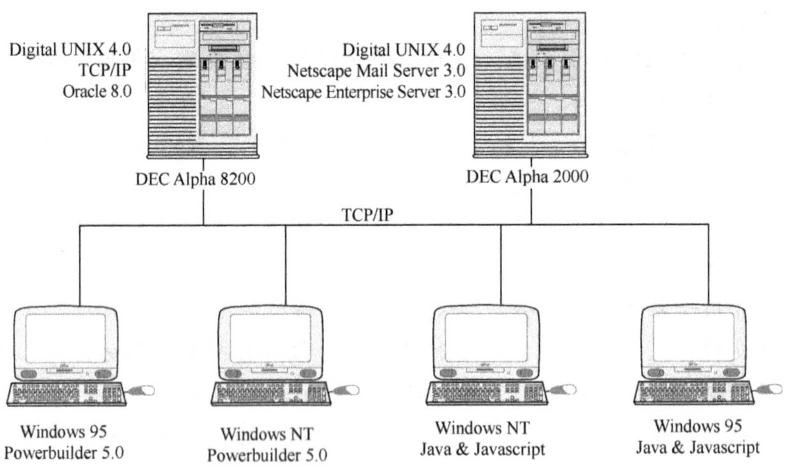

图 10.6　城市统计信息系统软件开发平台

5）安全性设计

安全性是指保护数据库，以防止不合法的使用，它与数据保密问题密切相关，主要涉及数据的存取控制、修改和传播的技术手段。安全措施在系统中将层层设置，包括用户标识和口令、DBMS 的存取控制、OS 一级的文件保密、数据库一级的密码存取等。数据库信息保护分为数据库保护、软件保护、通信网络保护、硬件保护、物理保护、管理操作保护，以及制定规章制度等保护办法。

通信网络安全性：当把本地网或内部网与外部网络或 Internet 相连接的时候，网络安全应当是网络建设首先要解决的问题。常用的方法主要有：容错方案、防毒软件、断电智能保护和防火墙技术等。

软件的安全性：应用软件的安全性依赖于硬件系统、操作系统、数据库以及网络通信系统的安全机制。同时在软件设计方法上，应当采用面向对象的方法，使数据和相关的操作局部在一个对象中，从而简化系统实现的复杂性。常用的方法主要有混合安全模式、用户权限管理、系统日志和数据备份等。

同时采用建立规章制度和系统实现上的保护手段，达到防止破坏、防止盗窃，防止非法输入，防止非法使用，防止非法修改或破坏文件，防止窃听的功能。

5．系统实施

开发和推广应用城市统计信息系统，涉及政府的各个部门及企业的各个方面。包括管理体制、现代统计方法与手段的应用、统计管理基础工作等，其本身就是一项庞大的系统工程，具有多层次的网络结构和分步实施的特点。为此，在系统的开发与实施过程中，始终坚持以系统工程理论为指导，严格按照总体规划、系统分析、系统设计、系统实施、系统运行与维护五个阶段，走一体化开发的道路，实现市—区—镇三级统计数据的自动传输和处理，在功能上使之聚合，设备上联网运行，资源上充分共享。

在系统的开发与实施过程中，始终坚持五条原则：①领导重视、全员参与的原则；②统筹规划、分步实施的原则；③遵循开发规律，做到开发一个，见效一个的原则；④紧密跟踪国际先进技术和国家统计改革动向，提高系统实用性的原则；⑤分工协作，密切配合的原则以及“四人三结合”的开发模式（即由局计算中心技术人员一名、软件公司开发人员两名与处室统计业务骨干一名组成开发小组，互相配合，共同承担系统的开发任务），做出详细的系统实施计划，涵盖 27 个专业统计信息子系统的十大实施步骤和内容：专业交流、方案设计、系统开发、内部交流、功能测试、基层联网试运行、工作小结、基层培训、正式运行和工作总结。

整个系统的实施采取了以下步骤：首先，实现纵向系统的自动化和网络化，即统计综合机关与各级统计机构、调查对象单位的联网与信息的自动交换；其次，实现横向系统的自动化和网络化，即统计部门与有关信息部门、决策机关的联网与信息的自动交换；再次，实现境内外的联网与信息的自动交换；最后，实现系统的优化集成。

案例分析 10.2

某市电子政务系统建设案例分析

1. 电子政务系统建设概况

1）系统建设目标

以信息安全为基础，以数据共享为核心，以政府专网为依托，构建全市统一的电子政务应用平台，为市、区、县及乡镇各级政府部门、企业和公众提供服务。具体目标包括：实现该市各级政府机构工作人员的电子化办公；实现政府上下级之间、政府部门之间的动态信息交换、信息共享和协同办公；实现政府信息发布和采集的网络化，建立政府与企业、公众之间的网络交互机制；为公众提供集电子政务和电子商务于一体的便利服务。

2）系统设计原则

按照总体建设目标，根据该市电子政务应用建设的特点，整个电子政务系统设计遵循如下原则：

（1）由外及里，由软及硬。即以外网应用带动并推进内网应用，以网上政务、网上办公、网上审批、便民服务等应用为基础，推进部门内部办公及业务系统建设。

（2）应用需求，驱动建设。系统的建设目标以构建电子政务应用基础平台为基础，建立政府专网门户网站、办公管理系统、公文处理系统、网上审批系统和社区信息服务系统等基础应用系统；以应用需求为驱动，逐步扩展应用规模，扩展市政府专网及部门网络系统建设。

（3）集中管理，分布使用。在市政府数据中心集中建设电子政务应用的物理中心，实现数据、业务、安全和系统的统一管理，各使用单位通过接入城域网以 B/S 模式使用各自办公业务系统，享受虚拟服务。

（4）高效实用，性高价低。既要考虑选择先进成熟的技术及产品，也要考虑该市的实际情况，以系统的性价比最优为设计原则。

（5）总体规划，分步实施。由于该市各部门信息系统建设的不平衡性，整个电子政务的推进必须遵循统筹规划，分步实施的原则。以小步快跑，以点带面；先试点，后推广；由外及里，先委办局，后区县，再乡镇，层层推进。

3）系统建设内容

根据对市电子政务应用系统的初步需求调研，按照“统一规划，统一建设，统一管理，分步实施”的原则，提出市电子政务系统工程的建设内容。

（1）建立统一的互联网门户网站。整合市政府各部门的网站资源，形成面向公众服务及网上政务的对外窗口；实现高效的信息采集与发布功能，提供政府与社会的动态交互机制。

（2）建设集中、统一的办公管理系统。为市各级政府机构提供通用和统一的办公管理系统，实现政府机关的电子化和网络化办公，提高政府机关的办事效率和管理水平。

（3）建设公文处理系统。完整实现政府电子公文管理的流程化和一体化。使各级政府部门的公文办理与办公管理达到深层次耦合，实现公文在政府部门内和政府部门之间的高效流转，促进政府范围内的信息共享与协同办公，从而达到提高政府办公效率的目的。

（4）建设网上审批系统。依托互联网和政府专网，建设集中、统一的网上审批系统，实现政府审批业务的网上受理、集中调度、分部门处理、统一结果反馈和监督监查的全流程电子化，建立政府各部门之间的协同办公机制，为企业和公众提供高效、优质的服务。

（5）建设社区信息服务系统。通过在全市范围内部署“E 点通”设备和服务软件，为公众提供电子政务和电子商务的信息服务。

（6）建设市政府数据中心，为电子政务应用及安全提供统一的支撑环境。

2．总体方案设计

市电子政务系统可以根据网络部署，划分为三个层次，即面向公众服务的外网门户网站，同时服务于外网门户网站和政府专网门户网站的内容发布管理系统，面向政府工作人员的政府专网门户网站及相关业务系统。其系统结构如图 10.7 所示。

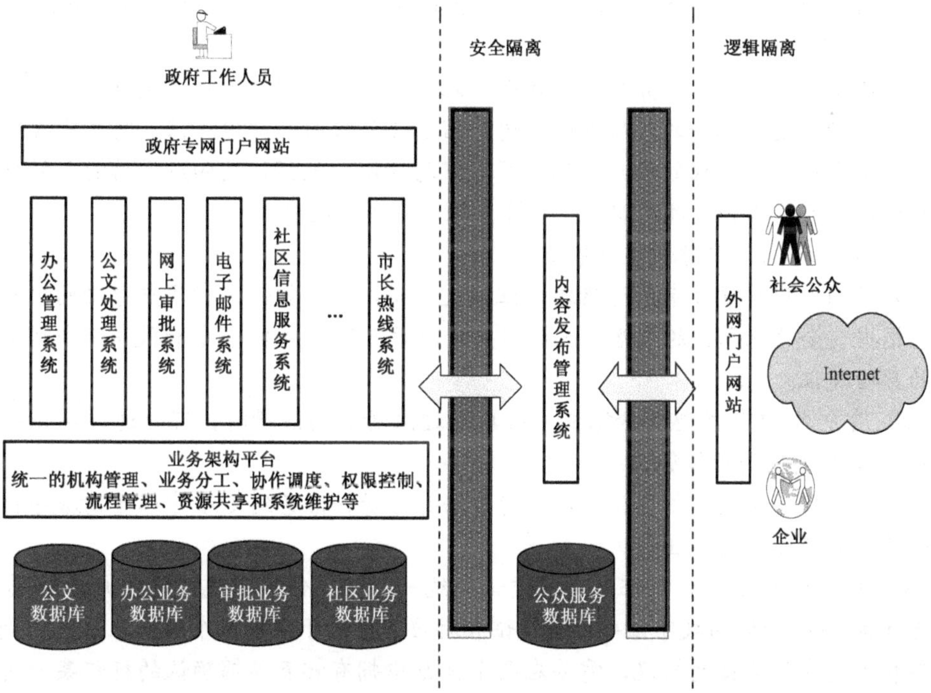

图 10.7　某市电子政务系统结构

1）外网门户网站

外网门户网站是社会公众和企业的访问入口，外网访问用户不仅可以访问网站公开发布的内容，还可以通过外网的授权访问获得网上应用系统的使用权力，从而使用户与外网实现互动访问，完成不同的管理功能。

2）政府专网门户网站

政府专网门户网站是所有政府工作人员、系统管理人员的统一应用入口，对任何应用系统的访问都必须经过内网门户的统一授权管理，使得所有应用系统的访问只需要进行一次身份的确认，并且便于应用系统之间进行协同工作和信息共享。所有的应用系统，包括以后建设的应用系统，都将通过政府专网门户网站提供服务。

政府专网与互联网之间采用安全隔离措施，通过安全网闸提供较防火墙更高级别的安全保障。

3. 用户管理

1）用户分类

对于外网门户网站，用户主要有社会公众和企业。社会公众和企业主要通过访问外网门户网站，浏览政务信息和办理政府审批业务；对于政府专网门户网站，用户主要有政府工作人员和系统管理员。

系统管理员主要指各种基础技术平台系统、应用系统的软、硬件环境的配置维护人员，以及公众服务系统的后台管理人员。

政府工作人员包含各级政府领导、政府公务员，以及事业单位工作人员。他们通过政府专网门户网站查询办公业务信息，使用各种应用系统功能处理日常行政事务。

2）统一用户管理

对于集中统一的电子政务系统的建设，无论外网门户网站用户还是政府专网门户网站用户，都必须遵循统一的管理策略。用户信息（包含用户身份凭证）将集中管理，为不同的应用系统提供一致的用户信息共享。信息资源（包括信息和应用功能）的访问控制，将依据政府机构和岗位的职能，允许多级、分布式授权。

3）用户注册与用户身份凭证申请

用户注册和用户凭证申请可借助认证网关实现，用户凭证是指用户身份的唯一标识信息。根据安全分级保护的策略，认证网关将同时支持用户名/口令和数字证书两类技术体系的身份凭证。

（1）用户名/口令类型身份凭证。用户通过注册页面注册时，可以通过认证网关获取用户名/口令类型的身份凭证。

（2）数字证书类型身份凭证。用户持合法身份资料信息到 CA 中心申请数字证书，经审核通过方可颁发数字证书。

（3）用户名/口令与数字证书身份凭证的统一。为了保证系统中的用户名/口令身份凭证与 CA 中心颁发的数字证书身份凭证相对应，不致于出现一个用户在系统中拥有两个互不相关的身份凭证的情况，需要在两个体系中拥有相互能够确认的标识某一用户的同一要素信息（如用户身份证号），该信息必须是固定的和唯一的。

（4）用户身份认证。所有外网用户将通过部署在外网的认证网关实行统一身份认证。政府专网用户的身份认证将通过专网上的认证网关处理。

4. 外网门户网站设计

1）建设目标

丰富网站的发布内容，提升网站的社会关注度和点击率；实现网络化政务服务，增强政府与企业和公众之间的互动机制，树立政府的为民服务形象；借助行政手段，落实网站内容维护到各业务部门，强化信息更新频度，促进政务公开；借助技术手段，提高门户网站和部门子网站的管理和维护水平，实现内容更新维护的技术无关化。

2）网站功能规划

政府外网门户网站主要包含以下功能：审批业务申报，进行内外网信息交换，统一导航功能，网上论坛，网站内容发布管理，Web 邮件服务，站内全文检索，网站访问计数。

3）主页设计

门户网站的首页发布网站的各主要栏目的更新内容，并有各个栏目的导航和子网站的详细链接，以及政府网上申报业务的接口和政府邮件系统的接口。该门户网站前台页面的框架采用“上、中、下”和“左、中、右”相结合的页面布局方式。在页面的上部统一设计网站的标志和宣传条幅，以及网站主要栏目的导航链接；在页面的中部又分为“左、中、右”三部分，将页面所要发布的主要信息和提供的功能接口按照设计的版式分别放置在左、中、右三部分中；在页面的下部则发布网站的版权信息和浏览注意事项，以及网络管理部门的联系方式和网站导航图等信息。

4）网站主要栏目设计

网站主要栏目包括新闻动态（国际新闻、国内新闻、XX 市新闻和焦点新闻）、政策法规（国家法律、XX 省法规和 XX 市管理规定）、XX 市风貌（地理环境、历史变迁、名胜古迹、风土人情和市容市貌）、XX 市政务（政府机构信息/职能信息、政府通告/公告、市长之窗、民意调查和绿色通道）、科教卫生（科技、文化、教育和卫生方面的成果、动态）、经济贸易（经济发展状况、工业、农业和商业的基本情况）、电子资料库（电子资料分类存放，系统提供全文检索功能）、便民服务（商品信息服务、社区服务、教育旅游服务、市场价格查询/咨询服务和住房服务）、电子政务（网上办公和网上审批接口）、链接导航（友好往来网站的链接和子网站的链接）、网上论坛 BBS（为市政府和公众提供一个自由交流的空间）和 Web 邮件等。

5. 办公管理系统

办公管理系统是市政府电子政务工程建设的重要组成部分。其建设目标是：实现政府各级部门的行政办公事务处理电子化、流程化和一体化，提高政府工作效率；实现政府部门内部和部门之间的协同办公机制，改善工作人员之间和政府部门之间的协作效率；提供丰富的信息服务手段和服务内容，方便政府工作人员的信息获取和互动交流；加强信息采集能力和提供数据分析功能，为领导提供决策支持。

6. 数据中心建设

政府数据中心建设的内容包括网络管理平台、安全平台、系统平台和应用支撑平台的建设，提供集中的互联网接入和政府专网的接入服务，提供集中的数据库服务，提供统一用户管理、协作调度、监督检查、数据交换和数据共享服务，为电子政务各类应用提供统一的运行环境。

1）电子政务应用网络管理平台

电子政务应用网络管理平台包括对政务内网、政府专网的管理，是政府信息数据及其他运行管理信息数据的传输和交换中枢。要求与市各委办（局）以及下属区、县、市连接。采用租用方式，通过招标确定网络服务提供商，采取 VPN 方式建立高速宽带的政府专网，以保证政府专网的安全。

2）电子政务应用安全平台

电子政务应用安全平台由 CA 认证系统、入侵检测系统、防火墙系统、防病毒系统以及网络管理系统等组成。鉴于 CA 认证系统投资大、运行维护费用高，考虑设立 RA，租用专业的 CA 公司的服务，其他系统自己投资建设。

3）电子政务系统平台

电子政务系统平台是各类应用的基石，主要包括硬件、操作系统、应用服务器和数据库服务器等。在硬件和软件的选择上，除了要考虑投资性价比外，还需要充分满足未来可预见用户数量、并发访问量、数据规模和数据吞吐率的峰值要求。

4）电子政务应用支撑平台

电子政务应用支撑平台主要包括统一用户管理系统、工作流管理系统、信息发布管理系统、统一消息系统、安全加密系统和全文检索系统等。电子政务应用支撑平台是所有电子政务应用系统的基础，所有电子政务应用逻辑的实现和事务处理都需要借助应用支撑平台来实现。

第 11 章

信息系统的发展及其影响

引言

随着计算机及相关技术的迅速发展，信息系统的内容与作用在深度与广度上都有了很大的发展。信息系统与管理思想及相关技术相结合，逐步产生了一系列用于某一领域的新型系统或信息处理技术。

企业的组织结构与信息系统存在着相互依赖和相互促进的关系，信息系统从原来的非主导地位逐渐变为主导地位，必将对组织的结构产生重要的影响。通过分布在各企业和组织机构中的信息系统所构成的信息网络也将对社会产生巨大的影响。

随着信息系统的发展，信息资源管理、信息道德问题和信息政策与法规等，也需要给予更多的关注。

通过本章学习，可以了解（或掌握）：

- 信息系统的发展；
- 数据分析技术的发展；
- 信息系统对组织结构与社会的影响；
- 信息资源管理；
- 信息道德；
- 信息政策与法规。

11.1 信息系统的发展

最近二十几年来，随着计算机及相关技术的迅速发展，信息系统的内容与作用在深度与广度上都有了很大的发展。信息系统与管理思想及相关技术相结合，逐步产生了一系列用于某一领域的新型系统或信息处理技术。例如，电子数据交换（EDI）、经理信息系统（EIS）、战略信息系统（SIS）、计算机集成制造系统（CIMS）、制造资源计划（MRP-Ⅱ）、企业资源规划（ERP）、客户关系管理（CRM）等。

11.1.1 电子数据交换

1. 电子数据交换的基本概念

电子数据交换（EDI，Electronic Date Interchange）可以使各贸易伙伴之间传递的商业交易资料不再是传统的纸面单证，而是电子单证，所以 EDI 也被称为“无纸贸易”。它已被经济发达国家普遍采用，成为经济活动信息传递和交换的新手段。

国际标准化组织将 EDI 描述为“将商业或行政事务处理按照一个公认的标准，形成结构化的事务处理或信息数据格式，从计算机到计算机的数据传输方法。”实际上，EDI 就是按照协议，用标准的格式把经济信息经过通信网络，在各商业贸易伙伴的计算机系统之间进行交换和自动处理，完成以贸易为中心的全部业务过程。

2. EDI 的组成

从 EDI 的定义和描述可以看出，EDI 的组成主要包括以下三方面内容。

1）数据标准化

由于 EDI 要在不同的国家、地区或不同的行业内进行，而他们的业务格式不同，每个公司都有自己习惯的报表格式。要实现通信网络的传输并由计算机自动处理，必须使 EDI 信息可以被任何用户的计算机所接收。因此制定统一的 EDI 标准，并按照此标准进行信息交换，是实现 EDI 的保证。

2）电子数据通信网络

在 EDI 中，商业信息必须通过网络来传输，即通过数据通信网络将分布于不同地点的用户计算机连接起来，构成一个计算机网络系统，是实现 EDI 的基础。

3）计算机应用

交易文件在贸易双方的计算机之间传输和交换是实现 EDI 的必要条件。计算机的应用使 EDI 与管理信息系统等结合起来，可以显著地提高经济效益。

综上所述，数据标准化、电子数据通信网络和计算机应用三者共同构成了 EDI 系统的基本框架，也是 EDI 实现的基础。EDI 系统结构如图 11.1 所示。EDI 系统是由报文生成及处理、格式转换、通信模块、应用程序接口和数据库组成的。

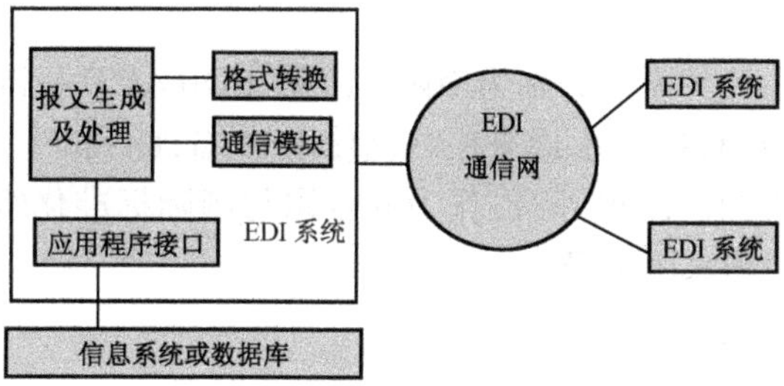

图 11.1　EDI 系统结构图

3. EDI 的发展

随着市场竞争日趋激烈，贸易空前活跃，随之带来的是各种交易文件数量的激增。企业之间的交易需要诸如订单、发票、运单、采购单、银行对账单等，而国际贸易还需要有报关单、商检证明、保单等更多的单证。交易文件需经过多个环节的传递和处理，如海关、商检、港口、运输、银行、保险等部门和企业。按传统的人工处理方式处理这些文件费时费力，传递速度慢，已经不能适应日益发展的贸易需要，成为影响贸易发展的一个突出因素。

正是在上述背景下，产生了以计算机应用、通信网络和数据标准化为基础的面向贸易活动的 EDI。使用 EDI，各种交易文件只需在起源企业一次性地输入计算机，从而大大减少甚至消除了传统的纸面文件，使人类贸易活动开始步入“无纸贸易”的时代。

自 20 世纪 70 年代开始，许多国家为了保证本国的商业利益和在国际上的经济地位，都把 EDI 作为具有战略意义的工具予以重视和推广应用。EDI 在欧美、澳大利亚、新加坡、日本、韩国，中国香港和中国台湾等地的发展都比较快。随着 Internet 在全球迅速发展，产生了基于 Internet 的商务模式，成为电子商务的组成部分。

4. EDI 的应用及其作用

EDI 是一种商业信息快速传递的手段，当它与管理信息系统及数据库结合在一起时，便成为非常有效的用于商务管理的信息处理技术。它可以通过计算机网络把制造商、贸易机构、航运公司、货运代理、银行、保险以及相关行业互相联系起来，形成一个面向贸易一体化的管理体系。因此，EDI 最适合应用到需要进行大量表格单证数据处理与交换的部门和企业。其中包括制造业、政府及公用事业，运输、石油及化学工业，金融机构、一般贸易业、进出口业及其他需要大量单据往来的行业。随着 EDI 的发展，将会有越来越多的企业加入到使用 EDI 的行列。

EDI 之所以得到迅速的发展，是因为使用 EDI 可以获得显著的经济效益。例如，美国通用汽车公司使用 EDI 后，生产每辆汽车节约成本约 250 美元。DEC 公司应用 EDI 后，使存货周期从 5 天缩短为 3 天，每笔订单的费用从 125 美元降低到 32 美元。新加坡全国贸易网 Tradenet 建成以后，一份进出口许可证可在 15 分钟内完成审批工作，大大缩短了贸易周期。使用 EDI 不仅可以显著提高交易文件的传输速度，降低交易成本，减少差错，而且还可增强企业与贸易伙伴的关系，改善企业形象以及提高企业竞争能力。

5．EDI 的标准

EDI 标准有两大主流体系，分别为国际标准的 EDIFACT 标准和美国的 ANSI X.12 标准。其中，EDIFACT 标准是由原来在欧洲使用的 GTDI 和在北美广泛使用的 ANSI ASC X.12 相结合形成的。EDIFACT 作为联合国与国际标准化组织联合制定的国际标准，正在被越来越多的国家所接受。

6．EDI 在中国的发展

中国 EDI 的起步从 20 世纪 90 年代开始的，这同欧美从 60 年代起就开始 EDI 技术的研究及应用相比，起步已经远远地落后了。但近年来，在政府部门及诸多企业共同作用的推动下，中国的 EDI 技术也已经取得了明显的进步。中国海关总署、商务部、商检局、中国银行、广东省和上海市等都不同程度地开展了 EDI 工作的试点和应用，并制定了标准、进行了系统的开发等科研工作。中国已经组成了中国促进 EDI 应用协调小组，并以中国 EDIFACT（EDI FOR ADMINSTRATION COMMERCE AND TRANSPORT）委员会的名义加入了亚洲 EDIFACT 理事会。从某种意义上来讲，EDI 是中国与世界经济接轨的通行证。EDI 的广泛使用，不仅会创造巨大的经济效益，而且必然会加快中国信息化建设的步伐。

11.1.2　经理信息系统

1．经理信息系统的基本含义

经理信息系统（EIS，Executive Information Systems）是 20 世纪 80 年代中期出现的针对高层管理者需求的信息系统解决方案。其最基本也是最重要的功能是为高层管理者提供企业内、外部关键的信息。EIS 有时也称为主管信息系统、高层管理信息系统或总裁信息系统等。高层管理支持系统（ESS，Executive Support Systems）是与 EIS 类似的系统。

EIS 在欧美等发达国家的研究与开发已有较大的发展。有不少学者都给 EIS 下过定义，从本质上看，EIS 实际上就是一个能满足组织高层管理者使用要求和管理决策信息需求的计算机信息系统。

2．EIS 产生的背景

随着市场竞争的日益激烈和企业内部管理的复杂化，对高层管理者的要求也越来越高，必须借助于信息系统才能有效地做出决策。高层管理者面临的问题更多地是具有非结构化的特征。而管理信息系统主要以处理结构化问题为特征，所涉及的信息多是企业内部的信息，它虽然能存储和处理大量的信息，但对高层管理者来说，这些信息并非都是他们所关心的信息。而大量的外部信息和一些关键信息难以从管理信息系统中获得。管理信息系统在很大程度上把用户规范到系统的结构化工作处理过程中，而高层管理者需要的是针对个人筛选、提炼、决策任务多、结构化程度低的支持工具。因此从整体来看，管理信息系统支持的对象主要是企业的常规运营系统而非高层管理者。决策支持系统虽然具有支持低结构化问题的决策功能，但其系统设计目标主要是支持决策者解决管理决策中的特定问题，其存储的信息也是与特定问题相关的重要信息或可选方案，由于企业的高层管理者缺乏使用计算机的经验和繁忙的业务活动等原因，使他们很少有时间坐在计算机前查阅系统提供的各种数据报告。企业的高层管理者关心的是分析的结果而非推理过程，决策支持系统却需要投入大量的时间进行操作，且要求具有一定的操作技术，因此不利于高层管理者直接使用。由此可见，管理信息系统和决策支持系统虽然有详尽的数据和数据—模型调用功能，却忽视了企业高层管理者的特殊信息需求和使用要求。正是在此背景下，提出了开发适合企业高层管理者需求的信息系统。高层管理者通过该系统能方便、及时地获得对管理和决策有价值的重要信息。这些信息能按要求进行筛选、提炼，成为适合用户个性需要的“关键”信息，并能以适合用户使用要求的形式提供出来。只有在用户认为需要的时候，他们才会“追根问底”，要求系统提供基础数据和细节，或调用问题分析功能以帮助解决更为复杂的问题。EIS 的概念结构如图 11.2 所示。

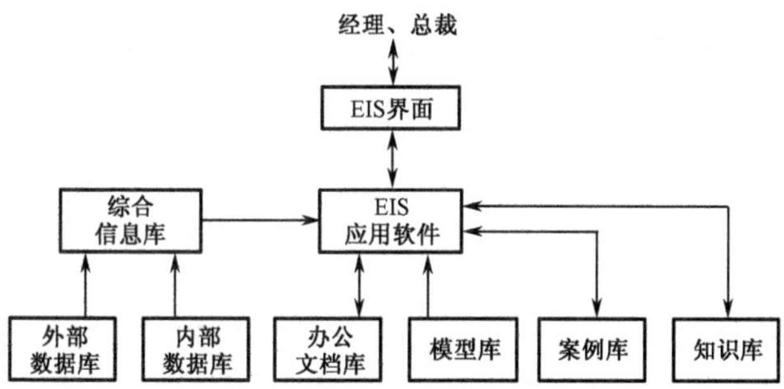

图 11.2　EIS 概念结构图

3. EIS 的特点

1）使用方便

EIS 是针对企业高层管理人员个性需求专门设计和开发的信息系统，界面友好，操作简单，高层管理者只需极少、甚至不需培训就能自己直接使用。

2）提供可逐级细化的内外信息

提供可逐级细化的内外信息的方式既能使用户迅速了解管理概貌，又允许用户以“追根问底”方式让用户了解局部细节。

3）多种方式的信息显示

EIS 可提供文字、表格、图形、声音及图像等多种方式的信息显示。

4）支持高层经理人员与内部和外部人员的电子通信

支持高层经理人员与内部和外部人员的电子通信功能包括电子邮件、计算机会议等方式。

由上述可知，EIS 具有许多与管理信息系统和决策支持系统不同的特点。由于 EIS 具有容易使用的特点，使高层管理者可以毫无困难地直接使用它，及时获取组织内外与经营、管理、决策最为相关的重要信息。多数的 EIS 还附带有电子邮件、决策支持系统、专家系统、计算机媒体会议及文字处理等功能，以便能更好地支持领导人的决策。

因此，在竞争日益激烈的情况下，EIS 将在企业中发挥越来越重要的作用。

4. EIS 在中国的发展

虽然 EIS 具有许多特点和开发价值，但它同时也是一个颇具开发风险的系统。在开发 EIS 的过程中，存在着许多需要解决的问题，包括关键需求信息的确定及一些技术问题等。因此，EIS 成功开发的比例很低。目前，EIS 在中国主要处于研究阶段。我们应该在认真总结开发管理信息系统及决策支持系统成功经验的基础上，循序渐进地进行 EIS 的开发和应用。

11.1.3 战略信息系统

1. 战略信息系统的基本含义

战略信息系统（SIS，Strategic Information System）首先由美国人查尔期·威兹曼（Charles Wiseman）于 20 世纪 80 年代后期提出。查尔斯·威兹曼的定义是“SIS 是利用信息技术，力图支持和形成企业战略上的竞争优势”。此后，国外的许多专家、学者都对此问题展开了讨论。可以将凡是以长期性的企业战略规划为出发点，为企业取得竞争优势的信息系统称为 SIS。在美、日等发达国家的企业界，SIS 已成为企业信息管理的新热点。

2. SIS 产生的背景

当今市场瞬息万变，竞争异常激烈。一个企业要在激烈的市场竞争中保持自己的优势，必须对急剧变化的市场做出快速反应，及时根据用户需要，生产和提供用户满意的产品和服务。因此，快速、准确和及时地掌握有关各方面的信息，为企业制定正确的经营战略，就成为当今企业取得竞争优势的一个重要问题。而由于管理信息系统主要按确定的流程处理信息，对企业外部的信息没有足够的重视等原因，因而不能适应企业的战略需求。正是在这种背景下，产生和发展了 SIS。

SIS 与传统信息系统的最大区别在于对信息资源的战略认识和应用上，它不是面向企业业务流程和办公事务来设计的，而是面向高层管理和竞争战略决策的需要开发出来的一类新型信息系统。SIS 的目标是通过改变企业的组织结构和经营策略等手段来提高其竞争能力，是信息系统发展到一定阶段的必然结果。SIS 的逻辑结构如图 11.3 所示。

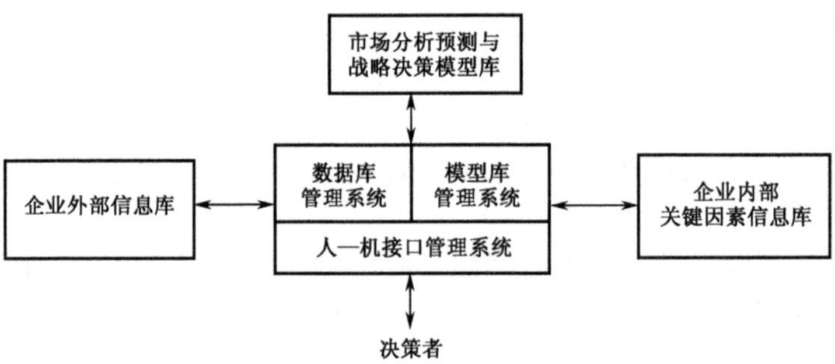

图 11.3　战略信息系统逻辑结构

3. SIS 的特点

与传统的信息系统相比，SIS 存在以下明显特点。

1）采用科学方法获得信息

SIS 采用科学方法，可以及时、准确地获得诸如政治、经济、社会、法律等与企业相关的战略信息。这就要求 SIS 不但要从企业内部，而且要从企业外部广泛开发、利用信息资源，这意味着需要建立包括与 Internet 相连接的广泛的信息网络。

2）SIS 是一种战略工具

传统的信息系统处理的大多是企业内部的日常事务信息，主要是为了提高企业内部事务处理的效率。而 SIS 要处理大量与企业的长远利益密切联系的战略信息，如市场信息以及与企业发展方向、产品更新换代、技术改造、竞争领域的拓展等相关的重要信息。因而 SIS 是一种战略工具，其目的主要是为了取得企业的竞争优势。

3）SIS 与企业战略思维关系密切

SIS 的开发以企业的战略目标为基础，通过对企业本身状况和企业外部环境的评价，预测未来的发展趋势，从而把握企业发展的战略机会。因此，SIS 的建立和应用，是企业战略管理工作的重要组成部分，是对企业战略决策的有力支持，可以使企业进一步降低成本，增加市场占有率，建立新兴事业与促使企业内部的创新。

4）SIS 的结构要求适应企业战略规划的各个环节

SIS 是为企业战略服务的信息系统。因此，SIS 的结构必须适应企业战略规划的各个环节。SIS 的建立能对企业内、外部环境进行评估，对战略决策选择能提供有力的支撑。因此，SIS 结构应包括内部信息系统、环境信息系统、专家系统和决策支持系统等。

4. SIS 的应用

SIS 虽然出现的时间不长，但已引起发达国家企业界的极大重视，美国和日本已有成功应用 SIS 的例子。SIS 对中国来说还是一个比较新的概念，随着中国企业信息化进程的不断加快和中国企业面临着越来越激烈的市场竞争，SIS 将在中国企业的市场竞争战略决策中发挥越来越重要的作用。

11.1.4　计算机集成制造系统

1. 计算机集成制造系统的基本含义

计算机集成制造系统（CIMS，Computer Integrated Manufacturing System）的概念自 20 世纪 70 年代提出以来，目前仍然处于研究和发展阶段，还没有统一的定义。它的基本含义是将原来独立运行的多个分系统，包括管理信息系统、计算机辅助设计（CAD）及计算机辅助制造（CAM）等集成一个协同工作的、功能更强的新系统，即 CIMS。

2. CIMS 迅速发展的原因

随着信息技术的发展和生产过程的自动化，计算机在企业生产的许多领域都得到了发展。产品的设计已普遍使用了计算机辅助设计（CAD，Computer Aided Design），产品的工艺设计使用了计算机辅助制造（CAM，Computer Aided Manufacturing）。在产品的加工过程中，使用了数控机床（NC，Numric Control Machine）和柔性制造系统（FMS，

Flexible Manufacturing System）。还有计算机辅助工艺生产（CAPP）、自动化/立体仓库（AS/RS）、成组技术（GT，Group Technique）、机器人（ROBOT）等。企业的良好运作除了要靠先进的设计与制造等技术外，还必须有先进的管理思想与方法，而管理信息系统或适用于制造业的 MRP II 能满足这一要求。因此，自然就考虑如何将这些独立运行的分系统集成起来，实现在计算机控制下的信息流自动化、物质流自动化和加工过程自动化。集成不是简单的连接，而是经过统一规划设计，分析原各分系统的作用和相互关系并进行优化重组而实现的。CIMS 集成的重点是信息集成，只有及时、准确和完善的信息支持才能做出及时、正确的决策，正确的决策也要通过信息来指挥和贯彻执行。CIMS 以管理信息系统为核心，将企业的工程设计、生产制造、企业管理等组合成一个完整的和统一的系统，能迅速响应需求变化，缩短制造周期，可以更有效地实现企业的经营目标。

CIMS 尤其适合多品种、中小批量生产型企业，并能在产品质量、生产成本和生产周期等方面达到整体优化，为企业带来更大的经济效益。在连续型生产企业中，发展趋势也是集成从原料输送、配方计算、过程控制、生产管理、成本分析等为一体的 CIMS。

CIMS 的应用可以显著提高企业综合效益，包括可量化的经济效益和难以量化的社会效益。因此 CIMS 的研究和应用开发，受到各发达国家政府和工业界的高度重视。美国的许多著名大学和企业部门，也都开展了 CIMS 的研究和实施工程。例如，美国通用汽车公司积极采用最先进的现代化制造技术，建立了适应于大批量生产的 CIMS，成为美国实施 CIMS 的先进企业之一。在欧洲共同体国家中，德国、英国和法国等西欧国家，都将 CIMS 作为战略目标中的重要部分，共同制定发展计划。

3．CIMS 的基本结构

同 CIMS 概念一样，有关 CIMS 的结构也远未定型。CIMS 的概念结构如图 11.4 所示。

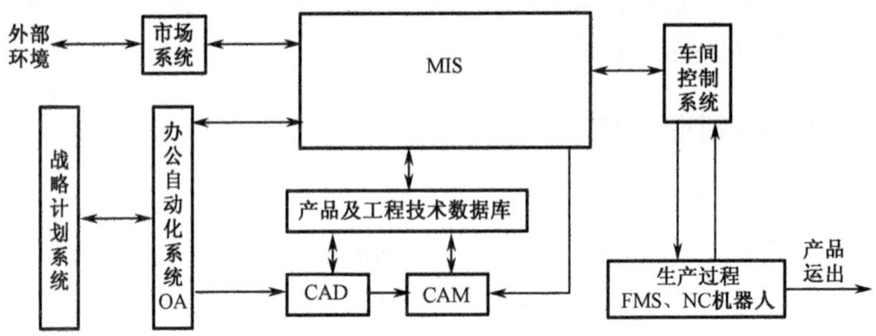

图 11.4　CIMS 概念结构

管理信息系统是 CIMS 的核心，它将 CIMS 的各个子系统有机地结合起来，达到互通信息、共享数据资源的目的。CAD 和 CAM 是 CIMS 的重要组成内容。

CIMS 的关键在于各分系统的集成。统一的操作系统和数据库及各种统一的标准和接口才能使整个系统和谐地运行。

4. CIMS 在中国的发展

中国对 CIMS 非常重视，并将其列入“863”计划。为实施“863/CIMS”计划，成立了 CIMS 主题专家组，经多年努力，CIMS 在一些企业的应用取得了较大的经济效益，发挥了良好的示范作用。但总体来说，CIMS 的应用还只是刚刚起步，有待于进一步发展。

11.1.5　制造资源计划（MRP-Ⅱ）

1. MRP-Ⅱ的基本含义

MRP-Ⅱ是广泛应用于制造业的一种管理思想和模式，是 20 世纪 70 年代在发达国家开始采用的先进的现代管理技术。它是一种在对一个企业所有资源进行有效的计划安排的基础上，以达到最大的客户服务、最小的库存投资和高效率的工厂作业为目的的先进的管理思想和方法。其管理目标是：通过反馈库存和车间在制品信息，制定生产计划，在保证按期供货的前提下，减少在制品和库存的资金占用。MRP-Ⅱ尤其适用于“小批量、多品种”制造企业管理，在解决制造企业物料供应与生产计划的矛盾、计划相对稳定与用户需求多变的矛盾、库存增加与流动资金减少的矛盾、产品品种多样化与生产活动条理化的矛盾等的过程中发挥了重要的作用。MRP-Ⅱ作为一种先进的管理思想也同样适用于连续型生产企业。

2. MRP-Ⅱ的形成与发展

在传统的生产管理中，存在着库存占用资金高的问题。由于一个企业生产的产品品种繁多，批量变化较大，为了及时生产出产品就必须保证一定的库存。早期一般采用监视库存的方法，一旦库存降低就重新订货，以保证不间断地生产。这种方法在企业生产较为复杂的情况下，常常造成库存占用资金过高的情况。在 20 世纪 30 年代初期，开始运用库存订货点理论控制库存数量的方法，为需求的每种物料设置一个最大库存量和安全库存量。最大库存量是为库存容量、库存占用资金的限制而设置的；安全库存量也叫最小库存量，物料的消耗不能小于安全库存量。由于物料的供应需要一定的时间（即供应周期，如物料的采购周期、加工周期等），因此不能等到物料的库存量消耗到安全库存量时才补充库存，而必须有一定的时间提前量，即必须在安全库存量的基础上增加一定数量的库存。应当保证当物料的供应到货时，物料的消耗刚好到了安全库存量。库存订货点理论的应用在当时的环境下，对限制库存资金起到了一定的作用。

库存订货点方法建立在历史数据环境上，用预测方法确定需求项目，适用于物料需求是连续不变的和库存消耗是稳定的情况。但随着市场的变化和产品复杂性的增加，它的应用受到一定的限制。由于订货点方法受到众多条件的限制，而且不能反映物料的实际需求，往往为了满足生产需求而不断提高订货点的数量，从而造成库存积压，库存占用的资金大量增加，产品成本也就随之较高，企业缺乏竞争力。20 世纪 60 年代，IBM 公司的约瑟夫·奥利佛博士提出了把对物料的需求分为独立需求与相关需求的概念。在此基础上，形成了“在需要的时候提供需要的数量”的重要认识。理论的研究与实践的推动，发展并形成了物料需求计划理论，也即基本的 MRP。这种思想提出物料的订货量是根据需求来确定的，这种需求应考虑产品的结构，即产品结构中物料的需求量是相关的。

在 MRP 的形成、制定过程中，考虑了产品结构相关信息和库存相关信息。但实际生产中的条件是变化的，如企业的制造工艺、生产设备及生产规模都是发展变化的，甚至要受社会环境的影响，如能源的供应等影响。基本 MRP 制定的采购计划可能受供货能力或运输能力的限制而无法保障物料的及时供应。如果制定的生产计划未考虑生产线的能力，经常会出现生产计划无法完成的情况。因此，利用基本 MRP 原理制定的生产计划与采购计划往往不可行。因为信息是单向的，与管理思想不一致。管理信息必须是闭环的信息流，由输入至输出再循环影响至输入端，从而形成信息回路。因此，随着市场的发展及基本 MRP 的应用与实践，在此基础上发展形成了闭环 MRP 理论。

闭环 MRP 理论认为主生产计划与物料需求计划（MRP）应该是可行的，即考虑能力的约束，或者对能力提出需求计划，在满足能力需求的前提下，才能保证物料需求计划的执行和实现。在这种思想要求下，企业必须对投入与产出进行控制，也就是对企业的能力进行校检和执行控制。

从闭环 MRP 的管理思想来看，它在生产计划的领域中确实比较先进和实用，对生产计划的控制也比较完善。闭环 MRP 的运行过程主要是物流的过程，但生产的运作过程，产品从原材料的投入到成品的产出过程都伴随着企业资金的流通过程，闭环 MRP 对这一点却无法反映出来。资金的运作会影响到生产的运作，如采购计划制定后，由于企业的资金短缺而无法按时完成，这样就影响到整个生产计划的执行。

1977 年 9 月，美国著名生产管理专家奥列弗·怀特（Oliver W.Wight）提出了一个新概念：制造资源计划（Manufacturing Resources Planning），其简称也是 MRP，但已经是广义的 MRP。为了与传统的 MRP 有区别，其名称改为 MRP-Ⅱ。MRP-Ⅱ是在闭环 MRP 的基础上增加了经营计划、销售、成本核算和技术管理等内容，围绕企业的基本经营目标，以生产计划为主线，产品的整个制造过程都伴随着资金流通的过程。通过对企业生产成本和资金运作过程的掌握，调整企业的生产经营规划和生产计划。因而，它是对企业制造的各种资源进行统一计划和控制的有效系统。

3. MRP-Ⅱ的总体结构

从 MRP-Ⅱ产生的过程可见，它是随着计算机技术和管理理论的发展不断完善和提高的。近 20 年来，国外已有数万个企业建立并运行了 MRP-Ⅱ系统。虽然各软件商的设计思路及方法不同，各种软件上所配备的 MRP-Ⅱ模块的划分也不完全一致，但由于 MRP-Ⅱ的原理是一致的，因此它们的逻辑功能是相同的。MRP-Ⅱ的主要逻辑模块如图 11.5 所示。

从图 11.5 中可以看出，MRP-Ⅱ的入口是订单及预测，由它们产生主生产计划 MPS；通过 MPS、制造标准中的物料清单和库存管理中的库存状况信息，建立物料需求计划 MRP；根据 MRP 和来自制造标准的信息，以及采购管理中的采购信息，生成能力需求计划 CRP；车间控制 SFC 接收 CRP 产生的相关信息、库存管理的入/出库信息和外委加工信息，以及制造标准的相关信息，建立派工单和作业指令，生成必要的生产报表；成本管理根据车间控制给予的生产信息、采购管理给予的采购信息和制造标准中的标准成本，核算实际生产成本，进行实际成本和标准成本的差异分析。实际成本信息进入总账；采购管理根据 MRP 提供的采购订单，生成采购计划和外委加工计划，进行外协加工、收料、检验、供应商和废料的管理。采购的订货费用计入应付账，采购入库的物料或外协加工产品，属于固定资产的，计入固定资产；库存管理接收来自采购管理的收料入库信息，为 MRP 提供库存状况信息，为 SFC 提供库存状况和外委加工订单信息；销售管理接收 MPS 的发货计划，进行发货处理，相应的销售收入进入应收账；应收账、应付账和固定资产的处理结果直接进入总账。此外，工资的处理结果也进入总账。

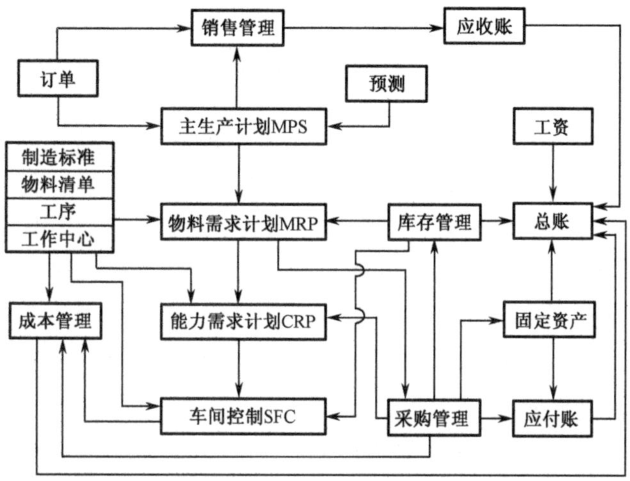

图 11.5　MRP-Ⅱ主要逻辑模块

MRP-Ⅱ系统具备一定的模拟功能，可以模拟将来物料需求而提出任何物料缺料的警告。可以模拟生产能力需求，发出能力不足的警告。这些警告为管理者提供了必要的信息和争取了时间，使管理者能及时地进行准备和安排。

综上所述，MRP-Ⅱ系统包含了销售管理、订单、预测、主生产计划、库存管理、制造标准、物料需求计划、能力需求计划、车间控制、采购管理、成本管理、总账、应收账、应付账、工资和固定资产模块。因此 MRP-Ⅱ是一个集成度相当高的信息系统。

4．MRP-Ⅱ的应用

MRP-Ⅱ理论自 20 世纪 80 年代初开始在企业中得到广泛的应用，它的应用与发展给制造业带来了巨大的经济效益。据 1985 年的不完全统计数字，美国有 160 多家计算机软、硬件公司，开发与提供了 300 余种 MRP-Ⅱ商品软件，已拥有数万家用户。到目前为止，由于 MRP-Ⅱ所独有的实用性、通用性和强大的生命力及广泛的市场需求，数百个计算机软、硬件公司，在不同的软、硬件环境下开发出功能各异的数百个商品化软件包。根据有关统计，在美国，80%以上的大型企业安装了 MRP-Ⅱ系统，50%以上中型企业安装了 MRP-Ⅱ系统，30%以上小型企业安装了 MRP-Ⅱ系统。

在中国，计算机辅助企业管理起步于 20 世纪 80 年代。1981 年，沈阳鼓风机厂率先引进 IBM 公司的 COPICS 系统，揭开了 MRP-Ⅱ系统在中国开始应用的序幕。到目前为止，中国国内已有近 200 家企业引进了十余种国外的 MRP-Ⅱ软件产品。但是，纵观这些企业 MRP-Ⅱ系统的应用状况可以看到，真正地全面实施并取得整体效益的企业并不多，其原因主要在于管理模式的差异和实施的质量等方面的问题。

11.1.6　企业资源规划（ERP）

1．ERP 的基本含义

ERP（Enterprise Resource Planning）是在现代管理技术、计算机技术进步的条件下 MRP-Ⅱ的发展。ERP 突破了 MRP-Ⅱ的局限，把供需链内的供应商等外部资源也看成是受控对象集成进来，并把时间作为一项关键的资源来考虑。同时，在 ERP 中，决策支持系统不仅提供对结构化问题的支持，而且能够辅助管理人员进行半结构化和非结构化决策。

ERP 是由美国 Gartner Group Inc. 咨询公司于 1990 年首先提出的。它是当今国际上先进的企业管理模式。其主要宗旨是对企业所拥有的人、财、物、信息、时间和空间等综合资源进行综合平衡和优化管理，面向全球市场，协调企业各管理部门，围绕市场导向开展业务活动，使得企业在激烈的市场竞争中全方位地发挥足够的能力，从而取得最好的经济效益。当前，EPR 作为一种体现现代管理思想的管理软件系统，正逐渐成为企业信息化的一支生力军和首选目标，受到国内、外广大企业的重视和青睐。

2．ERP 的形成及发展

随着全球经济趋向一体化和计算机网络技术的迅速发展，统一的国际市场已经形成，国际市场的竞争日益加剧，企业经营活动空间与范围进一步扩大。针对跨国界的销售和采购市场以及国际的供应链环境，MRP-Ⅱ由于不包括面向供应链管理等概念，显然已无法适应企业拓展国际市场的需要。在这种背景下，一种能够满足企业对内、外部资源全面管理的要求，又能提高企业国际市场竞争力的新型管理思想呼之欲出。于是体现企业管理整体资源管理思想的 ERP 随之产生。ERP 这一概念是在总结了当时企业应用的系统现状和经验提出的。由于它的核心思想体现了一种先进的企业管理思想和管理模式，满足企业提高管理水平和全面提升整体竞争能力的需求，同时，Internet、Intranet 和 Extranet 技术的进步为 ERP 的发展提供了强有力的技术支撑。所以，ERP 的概念和产品很快风靡一时。ERP 系统作为一种面向全社会资源管理优化的大型企业管理信息系统，适合全球经济一体化、客户需求多样化、产品生命周期短，以及市场竞争激烈这样一种环境要求。

ERP 的概念是在综合了价值链、敏捷制造、精益生产方式、企业业务流程重组、全面质量管理、电子数据交换、C/S 计算机技术，以及管理会计的最新理论等一系列先进管理思想的基础上发展起来的。ERP 是从 MRP-Ⅱ发展而来的，除了传统 MRP-Ⅱ系统的制造、财务和销售等功能外，还增加了分销管理、人力资源管理、运输管理、项目管理、设备维护、供应商管理、客户管理、仓库管理、质量管理、设备管理和决策支持等功能；支持集团化、跨地区、跨国界运行；同时也能够适应混合模式的生产方式，多货币、多语言、多税种、在线实时分析监控销售、生产、采购等各作业环节，可以及时提供决策信息。因此，ERP 理论不是对 MRP-Ⅱ的否认，而是继承和发展。

ERP 管理系统主要由六大功能目标组成：支持企业发展的战略经营系统，实施国际市场营销和集成化市场营销的管理系统，实现企业全面成本管理的系统，工程设计和新技术开发应用的管理系统，敏捷后勤管理系统，以及实施精益生产方式。ERP 管理系统的目的是实现企业内外的资源充分调配和平衡，达到人、财、物、供、产、销的全面结合与全面受控；实时反馈、动态协调；以销定产、以产求供，效益最佳、成本最低；流程式管理、扁平化结构，使企业在激烈的市场竞争中全方位地发挥足够的活力，从而赢得竞争优势。

随着国际市场竞争的激烈，企业变革的加剧，迫使企业特别是跨国集团更关注于企业外部业务流程的自动化和优化。因此，供应链管理（SCM，Supply Chain Management）和客户关系管理（CRM，Customer Relationship Management）的思想、方法、技术就成为 ERP 的重要内容。

知识链管理是 ERP 的另一发展方向。随着知识经济的来临，知识资源和信息资源已成为企业谋取竞争优势和获取最大利润的最重要的战略资源。如何有效对知识和信息进行开发、管理和利用，成为广大企业密切关注和研究的热点问题。因此，在实施 ERP 时，必须将企业或社会的知识资源纳入其管理之中，即把知识的创造、识别、获取、开发、分解、储存、传递、继承、共享、评判和使用等组织成一条与生产经营关联的知识链（Knowledge Chain），并进行有效和优化的管理，从而提升和挖掘知识的内在价值。随着网络技术的飞速发展、电子化企业和虚拟企业管理思想的出现，促使它采用最新的信息技术，呈现出数字化、网络化、集成化、智能化、柔性化、行业化和本地化的特点，以适应新时代的来临。网络和电子商务时代的 ERP，不但使企业适应全球化竞争和新技术所引起的管理模式的变革和调整，还将围绕如何为企业提供电子商务解决方案，迎接数字化知识经济时代的到来。ERP 系统还将充分利用 Internet 技术及信息集成技术，将供应链管理、客户关系管理、企业办公自动化等功能全面集成优化，以支持产品协同商务等企业经营管理模式。

3. ERP 的应用

目前，ERP 的概念和产品风靡全球。发达国家的大多数跨国企业集团，也包括相当多的中型企业，都已经实施或正在实施 ERP 及其相关技术。据统计，全球 500 强企业有 80%实施了 ERP，全球共实施 30 多万套、3 万多个公司，其中日本约 4 000 多个公司。相关资料显示，全球市场需求在 1999—2000 年间增长率超过 30 %。

ERP 在中国的发展和应用也迅速增长。1998 年时中国 ERP 市场的产品销售及实施服务收入已达到 4.2 亿元人民币，2006 年中国 ERP 市场规模达到了 40 亿元人民币。国外著名的 ERP 厂商逐步进入了中国市场，国内著名软件企业也纷纷推出 ERP 产品。ERP 已经在海尔、TCL、康佳、美的、长虹、一汽大众、云南红塔等国内企业有计划地得到应用。联想等一批 IT 厂商也已开始实施 ERP 系统，并且已经取得了较好的成效。

信息化已成为企业生存和发展之本，成为企业经营战略的重要目标。随着中国越来越多的企业逐渐认识 ERP 和积极应用，不但会提高中国企业的管理水平，推动中国企业管理现代化的进程，提升中国企业在国际市场的竞争力，而且还会加快中国工业信息化的进程。

11.1.7 客户关系管理（CRM）

1. 客户关系管理的内涵

客户关系管理（CRM，Customer Relationship Management）是一种以客户为中心的经营策略。它以信息技术为手段，并对工作流程进行重组，以赋予企业更完善的客户交流能力和最大化客户的收益率。

客户关系管理的目标就是提高效率、拓展市场和保留客户。所谓提高效率，就是通过采用信息技术，提高业务处理流程的自动化程度，实现企业范围内的信息共享，使原本“各自为战”的销售人员、市场推广人员、电话服务人员、售后维修人员等开始真正地协调工作，成为围绕着“满足客户需求”这一中心的强大团队，提高企业员工的工作能力，使企业内部能够更高效地运转，降低企业经营成本；所谓拓展市场，就是通过新的业务模式，如电话、Web、E-mail 和传真等，扩大企业经营活动范围，及时把握新的市场机会，占领更多的市场份额；所谓保留客户，就是客户可以选择自己喜欢的方式同企业进行交流，方便地获取信息并得到更好的服务，提高客户满意度以帮助企业保留更多的老客户，并更好地吸引新客户。

CRM 的产品表现为一套管理软件和技术，但它更是一种管理思想的反映。CRM 是在信息技术发展的基础上，以现代管理思想为基础来管理企业与客户之间的关系。

2. CRM 的产生与发展

随着信息技术的发展，传统的商业模式发生了根本性的变化。在很多行业，所提供的产品和服务日益商品化，产品的同质化倾向越来越强，独特的竞争优势越来越难以获得，业务比以前更具竞争性。与此同时，客户的期望也在快速变化。由于计算机、通信技术和网络的飞速发展，客户完全可以控制选择谁、何时选择和如何选择。客户选择摆脱了传统地理关系的限制，如可以在网上购物。客户要求更高的及时周到的服务，对质量、个性化和价值的要求更挑剔。在这种环境下，客户的忠诚度是取得成功的重要因素，建立和维持客户关系成为企业取得竞争优势的最重要的基础。

为了提高客户满意度，企业必须完整掌握客户信息，准确把握客户要求，快速响应个性化需求，提供便捷的购买渠道、良好的售后服务与经常性的客户关怀等。而在传统的客户关系管理中，客户信息分散在销售、客户服务、市场、制造和库存等不同部门，各部门对客户的定义和理解有很大区别，难以在统一信息的基础上面对客户。这种客户信息的分散性和片段性给企业的经营活动造成了极大的困扰，浪费了很多资源，失去了很多机会，在市场竞争中处于不利的地位。因此，加强客户关系管理的研究具有重要意义。

CRM 在国外的发展已有十余年的历史背景。约在 20 世纪 90 年代初，最初的 CRM 开始投入使用。它们是“独立”的解决方案，如销售队伍自动化（SFA）和客户服务与支持（CSS）。这些基于部门的解决方案增强了特定的商务过程，但却不能为公司提供他们与个体客户间的完整信息。鉴于此，CRM 软件制造商在 20 世纪 90 年代中期开始把独立的应用组合到具有综合功能的 CRM 解决方案中，CRM 逐渐成为查看和管理整个公司与客户关系的工具。90 年代后期，Internet 应用的迅猛发展激励了 CRM 的进一步发展。

3．CRM 的主要功能

1）操作层次的 CRM

操作层次的 CRM 实现了销售、营销和客户服务三部分业务流程的自动化。销售自动化（SFA）用于解决方案管理和客户之间的关系，一般包括工作日历和日程表安排、联系人和客户管理，销售预测、建议书制作和管理、定价等。营销自动化的着眼点在于通过设计、执行和评估市场营销行动及其他相关活动的全面框架，赋予市场营销人员更强的能力。它作为 SFA 的补充，提供一些独有的功能，主要有促销宣传管理和内容管理等。具体来讲，包括基于 Web 的和传统的市场营销宣传行动策划、执行和分析功能；宣传品的生成和市场营销材料管理功能；对有需求客户的跟踪、分配和管理功能等。客户服务是客户关系管理中的核心内容之一，企业提供的客户服务是能否保留满意的忠诚客户的关键。随着上网用户的增多，自助服务的要求与客户积极主动的关系成为客户服务的重要组成部分。客户服务自动化能够处理客户各种类型的询问，包括有关的产品、需求的信息、订单请求、订单执行情况，以及高质量的现场服务。

2）接触中心

接触中心将传统的电话呼叫中心与网站、电子邮件、传真、信件、直接接触和客户喜欢使用的其他方式有机结合，形成可以处理各种通信媒介的客户服务中心。客户可以采用任何一种自己喜欢的方式与企业进行有效的信息沟通和互动。

3）分析层次的 CRM

分析层次的 CRM 将接触中心和操作层次 CRM 产生的信息通过共享的客户数据仓库把销售、营销和客户服务连接起来。基于统一的客户数据和融入所有企业业务应用系统的分析环境，CRM 就可对其进行加工处理，提供既定量又定性的即时分析，然后将分析结果反馈给管理层和整个企业内部。这样便增加了信息分析的价值，为企业的战略决策提供了支持，企业决策者会权衡这些信息做出更全面和及时的商业决策。

4．CRM 与 ERP 的关系

CRM 与 ERP 之间存在着相互支持和相互依赖的关系。首先，ERP 为 CRM 中的数据仓库提供了丰富的数据。其次，CRM 的分析结果和对市场发展的预测给 ERP 系统提供了决策数据。再次，CRM 从改善客户关系的角度，而 ERP 从帮助企业实现内部资金流、物流与信息流一体化管理的角度来提高企业的竞争力和利润。最后，CRM 作为 ERP 系统中销售管理的延伸，借助 Internet 技术，突破了供应链上企业间的地域边界和不同企业之间信息交流的组织边界，建立起企业自己的 B2B 网络营销模式。CRM 与 ERP 系统的集成运行，将客户、经销商、企业销售结合起来，实现了企业对客户需求的快速响应。同时也帮助企业清除了营销体系中的中间环节，通过新的扁平化营销体系，缩短响应时间，降低销售成本。

11.2　数据分析技术的发展

随着数据分析在信息系统中重要性的不断提升，各种数据分析技术正在不断地成熟之中，尽而为信息系统的未来发展开辟了更广阔的空间。数据仓库、联机分析处理、知识发现等就是几种有代表性的数据分析技术。

11.2.1　数据仓库

1. 数据仓库的产生

20 世纪 80 年代，随着决策支持系统应用的日趋广泛，人们发现其应用结果与原来的期望相去较远。许多决策支持系统实际只是一个查询或报表系统，不能给决策人员提供充分有效的决策信息。同时，在决策支持系统发展过程中还一直存在着很多问题。

长期以来，虽然数据库技术逐步成熟，但数据库的数量及数据库中的数据量都很少，决策支持系统一直未能得到大量可靠的数据供进行决策分析。从企业发展的角度来看，在不同历史阶段，企业内部各部门建立的各自信息处理系统之间相互隔离，结构各异，企业的决策者很难得到企业全局的决策信息。

决策支持系统是面向分析的，其所需的数据与面向事务处理的数据有很大不同。决策信息涉及多方面的数据，而传统数据库系统难以集成不同系统的数据。同时，企业的高层管理者需要使用数据（历史的和现在的）进行各种复杂分析，如长期趋势分析等。从大量的历史数据中获取信息，要求系统保存大量的历史数据，而且还要进行复杂的分析处理。这些应用对于处理频繁的数据库系统来说是沉重的负担。由于传统的数据库系统访问数据的能力不足，对大量数据的访问性能明显下降。因而，传统关系数据库不能充分满足决策支持系统的需要。

数据是重要的决策资源。但是基于数据库的分析工具尚不成熟，未能形成有效的产品。虽然 20 世纪 80 年代出现了很多第四代开发工具，但这些工具都是用于开发联机事务处理系统或管理信息系统，不能在以数据库为核心的环境中进行决策分析，而用户自己开发的决策支持系统的分析程序适应范围窄、效果差。

数据仓库（DW，Data Warehouse）技术产生于 20 世纪 90 年代初，其目标是进行决策支持。数据仓库的产生是多方面因素综合作用的结果。数据库技术和分布式处理技术的发展、企业对信息的需求和决策支持系统的不足导致了数据仓库的产生。

2. 数据仓库的概念

20 世纪 90 年代以来，计算机技术、尤其是数据库技术和分布处理技术的发展为决策支持系统提供了新的技术平台；激烈的市场竞争促进了高层决策者对决策支持系统的实际需求。在这种情况下，信息处理开始以支持决策为目标，从事务型数据库中提取数据，将其整理、转换为新的存储格式。这种支持决策的数据存储被称为数据仓库。

1992 年，William H. Inmon 在《建立数据仓库》（Building the Data Warehouse）一书中首先提出了数据仓库的概念，并对数据仓库作了如下定义：数据仓库是管理决策过程中面向主题的、集成的、稳定的、与时间相关的数据集合。William H. Inmon 还对数据仓库作了进一步的描述：数据仓库提供集成化的和历史化的数据，它集成种类不同的应用系统，并从事物发展和历史的角度来组织和存储数据，以供信息化和分析处理之用。

3. 数据仓库的结构

1）数据仓库的体系结构

数据仓库的建设有多种实施方案，其所采用的体系结构有所差别。其中，斯坦福大学在对数据仓库研究时提出了一种有代表性的体系结构，如图 11.6 所示。

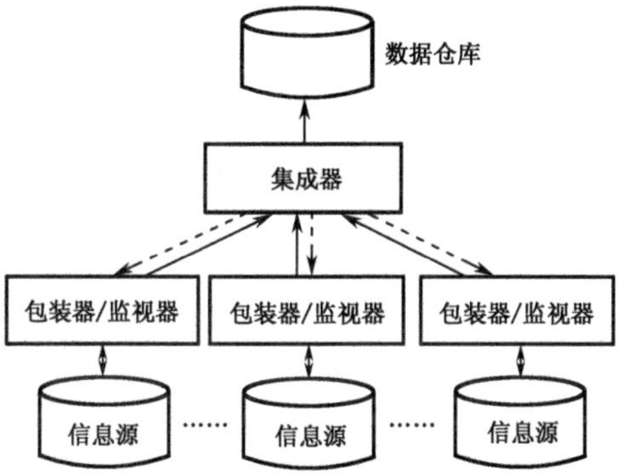

图 11.6 数据仓库系统的体系结构

在图 11.6 中，最低层为信息源，信息源既包括常见的数据库，也包括文件、HTML 文件和知识库等各种信息源。

连接信息源的是包装器/监视器。包装器负责把信息从信息源的数据格式转换成数据仓库系统使用的数据格式和数据模型，监视器负责自动监测信息源中数据的变化并把这些变化上报给集成器。

每当有新的信息源挂上数据仓库系统，或者每当信息源中相关信息发生变化时，这些数据就传送给集成器，集成器对这些信息进行过滤、总结，或者和其他信息源的信息进行合并处理，再放置于数据仓库中。为了把新信息准确地集成到数据仓库中，集成器可能还要从原来或相关的其他信息源中获取进一步的信息。图 11.6 中向下的虚线箭头表示这种行为。

2）数据仓库中数据的层次结构

为更好地支持决策，数据仓库中的数据被分为不同的层次，这些层次包括当前基本数据（Current Detail Data）、历史基本数据（Older Detail Data）、轻度综合数据（Lightly Summarized Data）、高度综合数据（Highly Summarized Data）和元数据（Metadata），如图 11.7 所示。

其中，当前基本数据是最近时期的测量数据，是数据仓库中数量最大的数据。随着时间的推移，当前基本数据成为历史基本数据，并被转存到转换介质中；对当前基本数据在某些时间、某些数据属性和某些内容上的综合提取形成轻度综合数据；高度综合数据是最高层数据，它是对轻度综合数据的进一步综合，因而最为概括和精练，是数据仓库中的准决策数据；元数据负责整个数据仓库的组织。

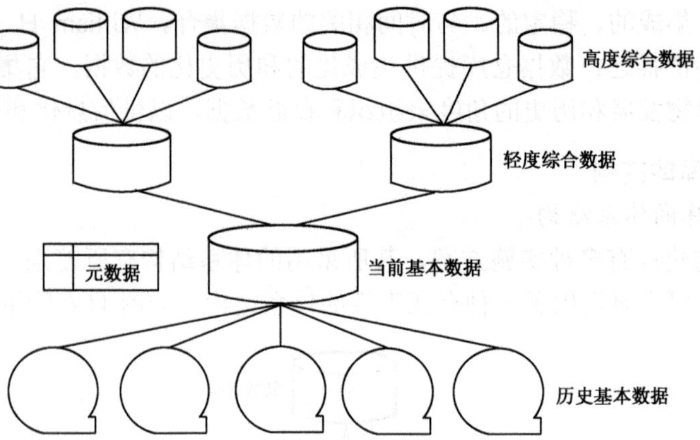

图 11.7　数据仓库的层次结构

4. 数据仓库的组织

1）数据仓库的数据概念模型

概念模型是对事物的概括和抽象。概念模型独立于机器，反映了事物和事物之间的联系，具有简明和易理解的特点。

数据仓库的数据概念模型是多维数据模型。数据仓库的数据空间由一些测量而得的基本数据构成。这些基本数据往往依赖于一些相关因素，即这些相关因素构成了基本数据的存在环境和组织结构。例如，销售量与地区、产品和销售时间等因素有关，这三个因素可以唯一决定销售量的值。相关因素组成了数据空间的“维”。在现实生活中，维是人们观察世界的角度。例如，对于零售商而言，商品、时间和地区是考察销售业务的因素。零售商可能希望了解某个商品在某个商店和某段时间的销售情况。这里，商店、时间和商品都是维。在数据仓库中，维是同类数据的集合，是组织数据的变量，也是重要的决策因素。多个相关因素组成的数据空间形成了数据仓库的多维数据模型。多维数据模型提供了测量值的组织结构，并向用户提供了不同层次的数据分析角度，即多维数据视图。

在多维数据模型中，可以对一维或多维进行集合运算。一般来说，多维数据模型包括一个时间维，它对决策中的趋势分析具有重要的意义。

图 11.8 是数据仓库的多维数据模型的示例。它由城市、商品和日期构成多维数据空间，其中小格内的数据是商品的销售量。

2）数据仓库的数据组织

数据仓库的数据组织方式分为虚拟存储方式、基于关系的存储方式和多维数据库组织存储三种。

基于关系的存储方式将数据存储在关系型数据库的二维表结构中，并由元数据进行控制管理。在这种方式下，分析员通过系统提供的操作界面从源数据库中选择有关的内容，定义多维数据模型，然后编制程序将源数据库中的数据抽取到数据仓库的结构中。在基于关系的存储方式中，以“维表—事实表”构成的关系型数据仓库最为常见。

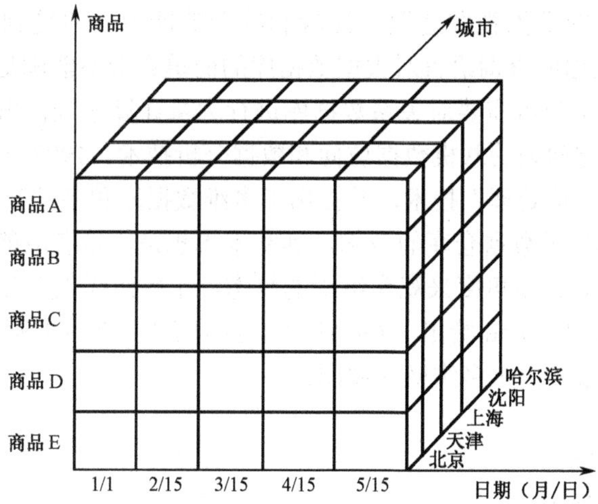

图 11.8　数据仓库的多维数据模型

基于关系的存储方式存在的主要问题是需编制独立的程序，从数据库中抽取数据，因而通用性差、难以维护。

在虚拟的存储方式中，数据仍然保存在源数据库中，数据仓库没有自己专门的数据存储机制。对数据仓库而言，数据的组织是一种“虚拟的”形式。使用数据时，根据用户需求形成多维视图，然后在源数据库中找出所需数据，完成多维分析。虚拟存储组织方式简单且灵活，但它要求源数据库数据组织规范、数据完备且没有冗余，接近多维数据模型。这样，虚拟数据仓库的多维语义层才容易定义。对于组织关系复杂、存在数据冗余和冲突的数据库，虚拟存储方式难以建立起有效的决策数据支持。

5．数据集市

数据仓库的工作范围和成本常常十分巨大，因此结构更紧凑、代价更低的数据分析工具应运而生。数据集市（Data Marts）是一种规模更小、更集中的数据仓库。数据集市面向特定应用，主要针对具体的、部门级的应用。

数据集市具有以下特征：规模小，面向部门，有特定的应用；由业务部门定义、设计、开发、管理和维护；能够快速实现；购买较便宜，投资回收快；具有工具集紧密集成的特点；能提供更详细的、预先存在的、数据仓库的摘要子集；可以升级到完整的数据仓库。

11.2.2　联机分析处理

1．联机分析处理的概念

联机分析处理（OLAP，On Line Analytical Processing）是在传统的联机事务处理（OLTP，On Line Transaction Processing）基础上发展起来的一种数据分析技术，又称多维分析或共享多维信息的快速分析技术。它用于完成基于某种数据存储的数据分析功能。

随着用户对数据分析要求的增加，联机事务处理已不能完全满足用户的需求。关系数据库虽然具有一定的数据视图选取、比较和综合的能力，但受到数据分析能力的制约。例如，SQL 等数据库查询语言对大型数据库的简单查询不能满足决策者提出的对信息的需求，用户的决策分析需要对关系数据库进行大量计算才能得出结果。为解决这些问题，产生了针对特定问题的联机数据访问和数据分析技术。1993 年，E. F. Codd 将这种技术命名为“联机分析处理”技术，并提出了多维数据库和多维分析的概念。

OLAP 是一种独立于数据仓库的技术。其基本思想是决策者应能灵活地操纵数据，以多维的形式从多方面和多角度来观察组织的状态，了解组织的变化。为了更好地指导 OLAP 工具的开发，E. F. Codd 给出了 OLAP 工具应具有的 12 条准则：

（1）OLAP 模型必须提供多维概念视图；
（2）透明性准则；
（3）存取能力准则；
（4）稳定的报表性能；
（5）客户/服务器体系结构；
（6）维的等同性准则；
（7）动态稀疏矩阵处理准则；
（8）多用户支持能力准则；
（9）非受限的跨维操作；
（10）直观的数据处理；
（11）灵活的报表生成；
（12）非受限的维与维的层次。

2. 多维数据分析

对终端用户而言，OLAP 展示的是多维视图。由于人们更习惯二维和三维结构，所以 OLAP 通常对多维结构数据进行切片，显示其中的某一平面。多维数据分析方法有切片和切块、钻取及旋转三种。

1）切片和切块

切片和切块是根据限定做投影、选择等数据库操作，从而获取数据。在多维数据结构中，按二维进行切片，按三维进行切块，可得到所需要的数据。例如，在图 11.8 给出的“城市、商品、日期”三维立方体中进行切块和切片，可得到如图 11.9 所示的各城市、各产品的销售情况。

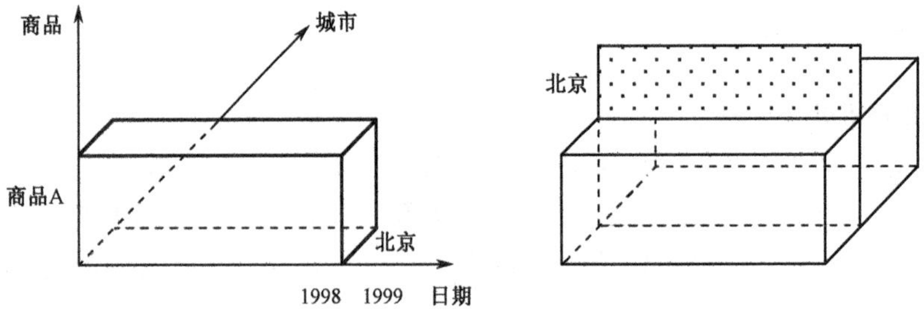

图 11.9　三维立方体切片和切块示意图

2）钻取

钻取包含向下钻取和向上钻取操作，用来提升或降低数据的观察层次。

3）旋转

旋转是将表格的横、纵坐标交换 $(x, y) \to (y, x)$。通过旋转可以得到不同视角的数据。

多维分析视图突破了物理的三维概念，采用高维可视化技术在平面上展示多维视图的结构，使用户能直观地理解和分析数据。

11.2.3　知识发现

1．知识发现的概念

由于数据库存储的大量数据中隐藏着许多重要的信息，人们希望能对其进行更高层次的分析，以便更好地利用这些数据。传统的数据库系统能高效地实现数据的录入、存储、查询和统计等功能，但缺乏提取数据中隐藏知识的手段，因而无法发现其中的关系和规则，也无法据此预测未来的发展趋势，结果出现了“丰富的数据，贫乏的信息（Rich Data Poor Information）”的现象。

为了从数据库中提取有用的信息，人们开始借助人工智能的成果进行数据分析。20 世纪 80 年代末，机器学习方法在数据分析中的应用导致了数据库知识发现（KDD，Knowledge Discovery in Database）的产生。1996 年，Fayyad 等人给出了知识发现的定义，即知识发现是从数据集中识别有效模式的非平凡过程，该模式是新颖的、有潜在应用价值的和最终可理解的。该定义得到了大多数人的认同。

知识发现所得到的模式蕴含了数据集中对象之间的特定关系，揭示出一些有用的信息，可为经营决策、市场策划、金融预测等提供依据。目前，知识发现在众多的领域中得到应用。

2．知识发现的过程

知识发现是从数据中发现有用知识的过程，它使用一定的算法从数据集中识别、抽取出以模式表示的知识。整个处理过程由数据准备、数据挖掘、评估模式模型、巩固知识和运用知识五个步骤组成，各步骤之间相互连接、处理中反复调整，形成一个螺旋式上升的人—机交互过程。

1）数据准备

数据准备是知识发现的第一个步骤，数据准备工作的质量将影响数据挖掘的效率、准确度及最终模式的有效性。知识发现的处理对象可以是数据仓库，也可以是数据库系统。对于数据库系统，其长期积累的数据往往不能直接用于知识挖掘，而需要做一定的数据预处理工作。数据准备工作一般包括以下五个方面的内容。

选择：选择相关的数据。

净化：消除噪声、冗余或无关数据。

推测：推算缺失数据，去除空白数据域，考虑时间顺序和数据变化等。

转换：离散值数据与连续值数据之间的相互转换，数据值的分组分类，数据项之间的计算组合等。

缩减：减少数据量，找到数据的特征表示，用维变换或转换方法减少有效变量的数目或找到数据的不变式。

2）数据挖掘

数据挖掘是知识发现最关键的步骤。数据挖掘根据知识发现的目标，决定数据挖掘的目的，用相关的准则，选择某个特定数据挖掘算法搜索数据中的模式，然后选取相应算法的参数，分析数据，产生一个特定的模式或数据集，从而得到可能形成知识的模式。采用较多的方法有决策树、分类、聚类、粗集、关联规则、神经网络和遗传算法等。

3）评估和解释模式

经数据挖掘所得到的模式，可能是没有实际意义的，也可能不能准确反映数据的真实意义，甚至与事实相反，因此需要评估，以确定有效、有用的模式，去掉不切题意的模式，将其转换成有用的模式。对不同的模式可采用不同的评估方法，如根据用户经验评估或直接使用数据检验。此外，该步骤还包括解释模式，即将模式以易于理解的方式呈现给用户。

4）巩固知识

经过对模式的评估和解释之后，用户对可理解的、符合实际和有价值的模式形成了知识。巩固知识将知识结合到运行系统中，用预先、可信的知识检查，解决冲突的地方，获得新知识的作用或证明这些知识，从而完成对知识的一致性验证，使得到的知识加以巩固。

5）运用知识

发现知识的目的是为了运用知识。运用知识的方法主要有两种：一种是直接通过知识本身所描述的关系或结果提供给决策支持；另一种是要求对新的数据运用知识，由此可能产生新的问题，而需要对知识做进一步的优化。知识发现过程可能需要多次的循环反复，每一个步骤一旦与预期目标不符，都要回到前面的步骤，重新调整，重新执行。

11.2.4 数据挖掘

1. 数据挖掘的概念

数据挖掘（Data Mining）又称数据采掘或数据开采，是知识发现的关键步骤。通常情况下人们往往不严格区分“数据挖掘”和“知识发现”。一般在理论研究中使用“知识发现”，而在工程实施与算法研究时使用“数据挖掘”。数据挖掘采用机器学习和统计等方法进行知识学习，其研究的主要内容是数据挖掘算法和数据挖掘应用。因此，数据挖掘是从大量的、不完全的、有噪声的、模糊的和随机的数据集合中提取知识的过程，这些知识是新颖的、有潜在应用价值的。数据挖掘的对象是数据集合，它包括数据库、文件系统或其他组织在一起的数据集合，如 WWW 信息资源等。所提取的知识表示为概念、规则和规律等模式形式。

数据挖掘处理的数据规模十分巨大。规则的发现主要基于大样本的统计规律，发现的规则不必适用于所有数据，当达到某一阈值时便可认为规律成立。在一些应用中，由于数据变化迅速，因此要求数据挖掘能做出快速反应以提供决策支持。数据挖掘既要发现潜在规则，还要管理和维护规则。

2．模式

数据挖掘的任务是从数据中发现模式。模式是用某种语言形成的表达式，它可用来描述数据集中数据的特性，表达式所描述的数据是数据集的一个子集。作为一个模式，表达式应比简单列举数据子集中的所有元素更具概括性。例如，"如果成绩在 81～90 分之间，则成绩优良"是一个模式，而"如果成绩为 81、82、83、84、85、86、87、88、89 或 90 分，则成绩优良"就不是一个模式。

模式有很多种类型，在实际应用中，往往根据模式的实际作用分为以下六种。

1）分类模式

分类是按一定标准把对象划归到所属类别中。分类模式是一个分类函数，又称为分类器，它能够把数据集中的数据项映射到某个给定的类上。分类模式往往表现为一棵分类树，根据数据的值从树根开始搜索，走到树叶就能确定类别。分类模式是数据挖掘的基本模式。

2）回归模式

回归模式的函数定义与分类模式相似，它们的差别在于分类模式的预测值是离散的，回归模式的预测值是连续的。例如，给出某种动物的特征，可以用分类模式判定这种动物是哺乳动物还是鸟类；给出某个人的教育情况、工作经验，可以用回归模式判定这个人的年工资在哪个范围内，是在 6 000 元以下，还是在 6 000～10 000 元之间，还是在 10 000 元以上。

3）时间序列模式

时间序列模式根据数据随时间变化的趋势预测将来的值。这里要考虑到时间的特殊性质，如周期性的时间定义，不同的时间可能造成的影响（如节假日），日期本身的计算方法，时间前后的相关性（过去的事情对将来的影响力）等。只有充分考虑时间因素，才能更好地预测将来的值。

4）聚类模式

聚类模式把数据划分到不同的组中。与分类模式不同，聚类不包含预定义的或隐藏的关系及模式，所有对象的类属关系却是未知的，即聚类前并不知道要划分成几个组，也不知道根据哪些数据项来定义组，而是依据对象间的相似性来形成类别关系。一般来说，业务知识丰富的人能理解聚类结果的含义，如果产生的模式无法理解或不可用，则该模式可能是无意义的，需重新组织数据。聚类模式一经发现将极具价值。

5）关联模式

关联模式是数据项之间的联系规则。联系是事件驱动的，即联系存在于两共生的事件之间，A 事件的完成也预示着 B 事件的存在。例如，关联规则可以是如下形式的一种规则："在无力偿还贷款的人当中，60%的人月收入在 3 000 元以下。"

6）序列模式

序列模式表示数据之间时间的关联性。与关联模式类似，序列模式也是事件驱动。为了发现序列模式，不仅需要知道事件是否发生，而且需要确定事件发生的时间。例如，60%的购买彩电的人会在 3 个月内购买影碟机。

在解决实际问题时，经常要同时使用多种模式。分类模式和回归模式是使用最普遍的模式。由于在建立模式前数据的结果是已知的，所以分类模式、回归模式、时间序列模式也被认为可以直接用来检测模式的准确性。一般在建立这些模式时，使用一部分数据作为样本，用另一部分数据来检验、校正模式。聚类模式、关联模式、序列模式在模式建立前是未知的，模式的产生不受任何监督。

3．数据挖掘的方法

目前，数据挖掘的过程采用了机器学习的思想，主要的方法有决策树方法、粗集方法、概念树方法、遗传算法、神经网络方法、覆盖正例排斥反例方法、公式发现和统计分析方法等。现对常用的前四种方法加以简单介绍。

1）决策树方法

决策树方法是以信息论为基础的一种方法。其中，一种较有影响的基于交互信息的决策树方法是 ID3 方法。ID3（Interactive Dichotomic version3）方法是由 J. R. Quinlan 于 1986 年提出的。其基本思想是：在实体世界中，每个实体由多个特征来描述。ID3 方法检验所有特征，选择信息增益（Information Gain）（即互信息）最大的特征产生决策树节点，由该特征的不同取值建立分支；对各分支的实例子集递归，用该方法建立决策树节点和分支，直到某一子集中的例子属于同一类。

决策树方法对大量实例的特征进行分析，计算各特征的互信息，找出反映类别的重要特征，是一种较为有效的数据挖掘方法。在决策树方法中，所分析的数据量越大，决策树方法的效果就越明显。

2）粗集方法

粗集（Rough Set）的概念是由 Z. Pawlak 于 1982 年中提出的。粗集理论和模糊集理论都是用于解决不确定性问题的。粗集是对某一对象集合的近似。用粗集理论来处理不确定性问题的最大优点在于，它不需要关于数据的预先的或附加的信息，而且容易掌握和使用。

粗集理论中的一些概念和方法可用来从数据库中发现分类规则。其基本思想是将数据库中的属性分为条件属性和结论属性，对数据库中的元组根据不同的属性值分成相应的子集，然后根据由条件属性划分的子集与由结论属性划分的子集之间的上下近似关系生成判定规则。

3）概念树方法

在数据库中，许多属性都可以进行数据归类，以形成概念汇聚点。各属性值和概念依据抽象程度不同可构成一个层次结构，通常称为概念树。概念树一般由领域专家提供，与数据库中特定的属性有关。它将各个层次的概念按从一般到特殊的顺序排列。在概念树中，最一般的概念是没有具体特性的概念，用 Any 表示；最特殊的概念（叶节点）对应数据库中具体的属性值；而处于概念树中间层次的概念是对属性值归纳所产生的概念。

基于概念树的知识发现方法是一种归纳方法，其基本过程为：首先，一个具体的属性值被该属性所对应概念树中的父概念所替代；然后，对二维表中出现的相同元组进行合并，构成更宏观的元组，并且计算宏元组所覆盖的元组数目。如果归纳生成的宏元组数目仍然很大，那么用这个属性的概念树中更一般的父概念去替代，或者根据另一个属性进行概念树的提升操作，生成覆盖面更广、数量更少的宏元组。

4）遗传算法

遗传算法（GA，Genetic Algorithm）是一种对生物界自然选择和遗传机制进行模拟的算法。遗传算法是由美国 Michigan 大学 J. Holland 等人于 1975 年提出的，他提出用简单的位串编码表示复杂结构，并用简单的变换来改进这种结构，从而证明了遗传算法可以在搜索空间中收敛到全局最优解。

遗传算法的求解过程被看成是一个在候选解空间寻找满足问题要求的解或近似解的搜索过程。算法将问题的可能解按某种规则形式进行编码，编码后的解称为染色体。随机选取 N 个染色体构成初始种群，再根据预定的评价函数对每个染色体计算适应值，使性能较好的染色体具有较高的适应值。选择适应值较高的染色体进行复制，通过遗传算子产生新一代更适应环境的染色体，形成新的种群。如此遗传、进化，最后算法收敛到一个最适应环境的个体上，从而求得问题的最优解。

11.3　信息系统对组织与社会的影响

企业的组织结构与信息系统存在着相互依赖和相互促进的关系，信息系统从原来的非主导地位逐渐变为主导地位，必将对组织的结构产生重要的影响。通过分布在各企业和组织机构中的信息系统所构成的信息网络也将对社会产生巨大的影响。

11.3.1　信息系统对组织结构的影响

企业的组织结构与信息系统存在着相互依赖和相互促进的关系。在一般情况下，企业的组织结构是相对稳定的。随着企业间竞争的加剧，对信息系统的要求和依赖越来越高，信息系统从原来的非主导地位逐渐变为主导地位。同时，这种要求和依赖又对信息系统的发展起到促进作用。信息系统的应用对组织结构的影响主要体现在以下四个方面。

1. 促使组织结构的扁平化

传统的组织结构大多是集权式金字塔形的层次结构，位于组织高层的领导靠下达命令指挥工作，他们主要从中层领导那里得到关于企业运作情况的信息，却难以得到迅速及时的基层信息。现在的信息系统已能向企业各类管理人员提供越来越多的企业内、外部信息和各种经营分析及管理决策功能。当新信息系统建立以后，高层领导可以方便地得到详尽的基层信息，同时许多决策问题也不必再由上层或专人解决，因此对中层及基层的管理人员的需要将会减少，这种趋势导致了企业决策权力向下层转移并逐步分散化，从而使企业的组织结构由原来的金字塔型向组织结构扁平化发展。

2. 组织结构更灵活和有效

企业为适应市场需求瞬息万变、竞争日益激烈的环境，要求企业能通过组织结构的灵活应变来实现对生产的经营管理。处于不同地域的企业部门、分支机构或管理人员可借助有关信息的分析与判断，直接对生产经营问题做出决定。这种组织结构在信息网络的环境连接下更加灵活和有效，因为它可以消除组织结构中的僵化和滞后效应。还有一些公司采用非固定型组织结构，他们主要根据当前产品来确定组织的结构，由于网络和方便的信息系统的支持，可以迅速建立起小型的以产品为中心的组织结构，比起过去的做法更为灵活。

3. 虚拟办公室

随着互联网的发展和移动通信的普及，管理人员可以在旅途中处理公务，与同事或上下级进行方便的联系，甚至可以在家中工作。近年来，一些公司取消了固定办公室，员工们主要依靠计算机来办公，他们在办公室里没有固定的座位，在任何办公桌上使用计算机就可以工作。这种办公室称为虚拟办公室。有些公司干脆成为虚拟组织。由于现代社会通信和信息交换的方便性，虚拟组织可以像实体组织一样进行公司业务运作。

4. 增加了企业过程重组的成功率

由于企业外部环境众多因素的快速变化，企业的对策已不能仅停留在原管理过程处理速度提高等要求上，而应考虑运作方式及管理过程等的彻底重新设计，其中也包括组织结构的重新设计，这也是“企业过程重组（BPR，Business Process Reengineering）”的起因和基本思想。信息系统除了对企业管理效率的提高和成本的降低具有显著作用外，实际上还有更深层次的促进企业运作方式和管理过程的变革等作用，这些作用是通过遵循信息的规律，采用全新的信息资源开发与利用方式，安排合理的信息流转路径来实现的。因此，信息系统对BPR起到关键作用，它是BPR的技术基础，也是BPR成功的保证。信息系统的建设与BPR同步或交错开展可明显地提高BPR的成功率。

11.3.2 信息系统对社会的影响

信息系统不仅可以给企业和组织机构带来明显的效益，通过分布在各企业和组织机构中的信息系统所构成的信息网络也会对社会产生巨大的影响，这种影响涉及人类活动的各个方面。信息系统对社会产生显著影响主要体现在以下七个方面。

1. 对产业和经济发展的影响

经济学家通常把国民经济看做是第一、二、三产业的综合体。随着信息技术的发展已经形成了信息产业。在美国，信息产业产生的价值已超过国民生产总值的50%。由于信息技术的发展，信息服务的对象可以扩大到社会需要的各个领域，如金融信息网、贸易信息网、经济信息网、科技信息网、政务信息网等，使信息服务呈多元化。所以，信息产业在国民经济总产值中的比重迅速增大，从而促使产业结构的组成发生变化。信息技术在改造传统产业方面也起到重要的作用。此外信息技术与信息系统的应用使就业结构发生变化，从而需要大批从事信息系统的工作人员。

信息系统在工业、农业和服务业等部门的应用，可以显著提高工作效率。例如，企业可以通过各种信息网获得多方位信息，可以及时地掌握国际市场行情，推销自己的产品，寻找合作伙伴，了解竞争对手的优势和劣势，降低企业管理成本，不断提高和完善产品质量，使传统企业逐步具有国际竞争能力。

2. 对政府办公效率的影响

在各级政府应用的信息系统将有助于节省办公费用，提高办公效率和改善服务质量。创立包括各种公众所关心信息的集成化政府信息和服务系统，使人们可以利用这些系统了解政府各项政策和得到各种信息，从而促进政务公开，大大增加社会透明度，保证社会公平，抑制社会、政治和经济生活中的不正之风。通过建立国家公安信息网络，以保证各级公安部门信息的迅速传递，使公安人员能对各种犯罪案件更好地进行有效联络和统一行动。通过政府信息系统，可以加强政府部门间的信息交流，保证各种信息能迅速有效地在政府各部门之间、个人和团体之间快速传递，提高管理效能和加强政府官员和民众之间的联系。随着政府信息系统的普及和远程多媒体会议等的推广应用，还可以节约大量的时间和出差费用。

3. 对金融贸易的影响

通过电子数据交换（EDI）系统，可以把海关、商检、银行、保险、交通和运输等部门连接在一起。EDI 可以很快地自动完成订货、生产、销售和贸易的全过程。采用 EDI 与烦琐的纸面文件相比，可明显减少纸张文件处理成本，避免重复工作和处理中的人为差错，缩短时间，提高工效，使企业可以参与国际贸易并直接参与国际竞争，加速了国际贸易的发展，大大推动了经济活动的跨国化和全球化。随着各种信用卡的普及和网络的发展以及银行业务网络的建立和完善，人们可以通过各种金融信息系统来付账、转账及从事其他金融业务。

4. 对科技的影响

通过各种科研、科技信息系统，可以大大提高科研活动的效率，加快科技成果的转化，对科研、科技产生重大影响。通过科研、科技信息系统可以加快信息的获取，使科研选题的正确性提高，借鉴所研究课题的相关方法和手段，缩短科研过程。通过互联网，科研人员可以不受地域的限制进行各种跨学科、甚至跨国界的进行广泛学术交流、学术会议，联合从事“重大难题”的攻关。不同地域、不同国家之间可以共享科研数据资源，各公司和企业通过上网访问，可以迅速寻找到自己所需要的各种科技成果信息和合作单位，可以加速科技成果的转化。

5. 对教育的影响

利用远程教学系统可以充分利用现有的教育资源条件，包括师资、图书资料、教学实验设备等，从而降低教育成本，提高教育效率，克服教育资金投入不足等因素的制约，这对于因残疾、交通等因素影响的人参与学习非常有帮助。通过远程教育系统还可以促进基础教育、职业教育、高等教育和成人教育的发展，促进国际、区际、校际之间的教学交流，促进教学方式和教学手段的改革，可以提高教学水平，从而将显著改善国民教育，提高教育素质。通过网络，学生还可以在家里浏览世界各国的图书馆存书，查寻各种学习资料。这种新的教学和授课方式，将更有利于培养知识全面的高素质人才。

6. 对医疗保健的影响

通过远程医疗保健系统将使医疗保健的服务质量得到明显的改善，这将使远离诊室的专家对病人进行联合会诊成为可能，获取所需的知识和患者病情资料，作为确定医疗方案和指导手术的依据。通过家庭计算机与远程医疗服务系统，病人也可以在家里接受外地医生的询问和诊断。经常需要保健服务的家庭应用医疗保健系统后，该系统会根据服务对象的病历和症状，向他们提出自我照顾、同医生对话和安排就诊等建议，促进了病人自我照顾和医疗保健的及时性。通过远程医疗保健系统，人们可以充分、有效地利用现有的先进医疗条件，克服资金投入不足以及交通等条件的制约。同时，可以使医务人员和医疗专家系统互为补充，以弥补医生在知识和医术方面的不足，边远地区的医生，可以从高技术医疗中心取得数据资料，提高医疗服务的水平和效率。

7. 对生活方式的影响

通过各种信息网络系统，人们可获得新闻、体育、娱乐、旅游、交通、股票、购物和教育等各种信息。通过家里的计算机，可以随时点播自己想看的影视节目，查阅感兴趣的世界各地的电子报刊，阅读世界各地图书馆和数据中心的有关资料。如果你想购买商品，就可以通过各种商务信息系统寻找你所需商品的型号、性能和价格信息，如果选中某一商品，只需网上订购，商品就会很快送上门来。信息系统使人们之间的交流不再受时间与地域的限制，可以在家里办公，并保持与同事的联系与协调，使人们突出了以家庭为中心的观念。信息系统的广泛应用，改变了人们的生活及工作方式，给人们的生活习惯和心理带来了深远的影响。

11.4 信息资源管理

随着信息开发与利用的深入发展，信息在社会经济中的作用越来越重要，成为继能源、物资、资金和人力之后的又一种重要的资源。为了充分地开发和利用信息资源，必须对其进行科学系统的管理，由此产生了信息资源管理的概念。

11.4.1 信息资源管理的定义及特点

1. 信息资源管理的定义

信息资源管理（IRM，Information Resources Management）是一种仍在发展中的概念，它有多种定义。从不同的角度看，对 IRM 有不同的理解。从政府信息管理的角度看，认为 IRM 是与政府信息有关的规划、预算、组织、指导、培训和控制管理；从企业信息管理的角度看，IRM 是使信息资源得到最大利用的一门管理各种相互联系的技术群的艺术或科学；本书采用 R. Mclead 在他的著作《MIS——基于计算机的信息系统的研究》中所引用的 M. Khosrowpour 对 IRM 下的定义：IRM 是对包括信息、信息技术、信息人员和信息设备等在内的信息资源的管理。

2. IRM 的特点

1）强调重视人文因素

IRM 强调信息管理不能单靠技术因素，必须重视人文因素，强调信息管理不能局限于对信息或技术的管理，要突破对物的管理，走向对人和物的多因素的集成管理。

2）强调信息商品和信息经济的概念

突出从经济角度进行信息管理，侧重信息领域的经济学理论的运用。

3）强调面向组织机构的信息管理

IRM 追求组织中信息管理的完善与优化，突出在组织中发挥信息的资源作用。

4）强调信息的战略管理和高层管理

IRM 强调不满足仅仅在操作层次和执行层次实施信息管理，而要在战略决策和规划的高层次上强化信息管理。首席信息执行官（CIO，Chief Information Officer）这一职位的出现，标志着信息管理开始进入上层管理。

IRM 的概念扩充了管理信息系统的传统定义。目前，国外一些企业使用 IRM 定义，重新组织内部功能，其想法就是信息管理不应局限于当前已电子化信息的部分，而应进一步将所有信息资源作为一个整体，以发挥资源的整体效益。

3. IRM 的产生和发展

20 世纪 70 年代末，以美国为代表的发达国家开始从工业经济向信息经济转化。为了更好地发挥信息对经济发展和社会进步的作用，必须对信息有深刻的认识，再对信息进行管理。IRM 这一概念在美国被提了出来。在随后的 80 年代，IRM 的研究得到了迅速的发展，90 年代信息高速公路概念的出现，更进一步带动了 IRM 的发展。

信息技术的迅速发展也从客观上为 IRM 提供了有力的工具和手段。在工业化时代，信息是作为某种参考的形式出现，尚未上升到资源的高度。随着管理信息系统等信息系统和网络技术的发展，对信息的管理上升为对信息资源的管理，管理信息系统的管理内容也列入了 IRM 的管理范围。信息产业、信息商品和信息市场的形成为 IRM 提供了坚实的经济环境。

目前，IRM 的发展引人注目，已成为国际范围内信息研究的热点领域。

11.4.2 IRM 与信息系统的关系

1. 信息资源的概念与特征

信息资源有两种定义，即狭义信息资源和广义信息资源。狭义信息资源是指信息的集合，即认为随着信息的大量生产和它所具有的不易损耗性使得信息激增成为资源。广义信息资源包括信息、信息技术、信息生产者和信息设备等。我们一般都采用广义信息资源的概念。

信息资源具有与其他资源的相似特征。与原材料、劳动力、固定资产一样，信息资源具有基本价值；具有可鉴别和可度量性；具有多种用途和作用；为了增加价值需要进行深加工；从获得到使用需要经过传递和交换环节；可利用合成替代物；既可以消耗，又可以用做资本。

信息资源又有与其他资源的不同特征，表现在如下三个方面。

1）储量无限性

作为资源，信息的“储量”是无限的，永不枯竭的。由于信息资源产生于人类的社会经济活动之中，而人类的社会经济活动是一个永不停歇的运动过程，因此信息也总是处在不断产生、不断积累的过程中，因此信息资源总是呈现出不断丰富、不断增长的趋势。

2）增值性

信息可以被多次利用、多次开发，不但不会被消耗，反而会不断生成新的信息。而自然资源的利用往往是一次性的，每用一次就要消耗一部分，更不可能增加。

3）主导性

信息资源具有开发和驾驭其他资源的能力。例如，无论是新材料还是新能源，其开发都有赖于信息的利用，信息在人类认识和实践过程中有着特殊的意义。

2．信息资源管理与信息系统的关系

1）信息系统是对信息资源各要素的结合

信息资源中的信息、信息技术和信息人员等要素中任何一个都难以单独存在并发挥作用，必须把它们按一定的原则加以配置组成一个信息系统，才能显示其价值，信息系统是对信息资源各要素的结合。

2）管理信息资源通过信息系统的管理实现

对信息资源进行管理，主要任务是对信息系统的管理。信息系统的效益主要取决于是否充分发挥了信息资源的作用。

3）IRM延伸和发展了管理信息系统

IRM 保留了管理信息系统中的“信息（I）”和“管理（M）”，而将“系统（S）”扩展为“资源（R）”，并把传统的信息扩展为信息、信息技术、信息设备和信息人员等全部信息资源。IRM 的研究也延伸到了信息系统之外的环境，包括信息政策、信息经济和组织机构等问题。

11.4.3　IRM的目标与研究内容

1．IRM的目标

1）维护信息的资源观念

应当改变对信息的传统观念和政策，使信息在组织机构的各项活动中被视为一种资源、一种重要的财产，并建立起一种环境，使组织中的全体信息作为一个整体被对待。

2）建立信息管理的职业地位

需要设立CIO这一高级职位，使信息管理和信息管理者地位合法化。

3）综合管理全部信息资源

将信息、信息技术、信息设备、信息部门和人员合成一体，统一配置、综合管理。

2．IRM 的研究内容

1）组织中的信息管理

（1）组织中的信息环境分析，包括对组织的结构、目标、管理观念、决策类型和评价方法的分析。

（2）信息资源对组织机构的影响，包括各种信息资源对组织机构所产生的革命性影响，特别是信息对一个组织机构最高层决策的潜在影响。

（3）信息与组织中的战略规划，强调信息能够而且必须满足组织机构总体战略目标需求，关注信息如何作为战略武器使一个组织取得竞争优势，研究信息资源与战略规划的关系。

（4）信息构架的研究，研究如何在组织中建立信息构架使各类信息资源获得协调一致的发展，从而支持各种资源的合理分配，并提高资源利用的可靠性。

2）信息管理中的技术与人文因素结合

（1）信息技术的综合管理。IRM 比管理信息系统更为重视各种集成化技术、远程通信和办公自动化的管理等，并认为应把它们作为一个整体看待。

（2）信息系统设计思想。IRM 提出了新的信息系统设计思想，未来的信息处理将是分散型的，信息管理的焦点将由集中管理转移到用户能力上。强调人在信息系统中的作用，努力研究集中与分散信息管理的平行问题和人在信息系统中新的角色问题。

（3）信息政策。信息政策是对信息资源进行管理的一种基本手段，也可以有效地保证合理分配信息技术。信息政策应优先发展，需要研究信息政策、信息搜集、信息产生、信息所有权、信息完整性和可靠性的关系，也要研究与信息处理设备、软件维护、系统实现、信息财产管理人员与用户的关系。

（4）信息法律。高度重视信息法律对信息管理的巨大作用，针对信息系统的安全问题、全球信息差距和国家信息主权开展研究。

（5）人的信息行为与信息心理分析。研究信息系统开发过程中的用户心理，开发者与用户的位置关系，信息系统中的人员配备和责任义务等。

3）信息资源开发和利用中的经济问题

（1）信息价值与成本测算。研究信息价值如何像其他资源一样能被计算，并把信息作为财产来管理作为一项主要原则。

（2）信息资源的合理配置。研究信息资源配置的特性以及信息资源在信息生产、物质生产等过程中的配置方法与规律。

（3）信息市场与信息产业。研究信息市场的形成、发育及特征，研究信息产业的概念、结构、成长环境、目标模式与发展战略。

（4）信息的经济关系。研究信息生产、流通和利用中的经济关系和经济利益问题。

4）信息管理的实施战略与实施体制

（1）信息管理的实施战略，包括制定数据标准作为公共财产的数据使用规划，研究从软件生产率到信息生产率的转变，研究 IRM 的手段和功能建设。

（2）信息资源的管理体制，包括数据资源计划管理、系统生产周期管理、数据利用服务管理和数据存储管理等。

（3）信息管理的职业地位。信息管理应进入高层管理，应在权力结构中得以确定，对 CIO 的职能、地位和特征等进行研究。

11.4.4 信息资源的开发、组织和利用

1．信息资源的开发

信息资源的开发包括信息的开发——努力发现信息源，开拓信息流通渠道，扩大信息存储量和提高信息的时效性和准确性等；信息技术的开发——不断研究新的信息存储技术，传输技术和加工技术等；信息管理人员的开发——大量培养不同层次的信息管理人员，特别是系统分析员和相当于 CIO 的高层信息管理人员。

2．信息资源的组织

信息资源的组织包括信息的整理与分置，信息设备与管理人员的协调调配等，信息资源的组织要使信息资源始终处于良好的可用状态。

3．信息系统的建设

信息系统的建设包括各种信息系统的规划、开发与集成，信息系统的管理与维护等。

4．信息资源的利用

信息资源的利用包括信息资源在组织运作状况分析评价与组织战略决策支持等方面的应用等。

11.5 信息道德

随着信息系统的发展，信息道德问题得到越来越多的关注。在信息时代，信息为人类创造了巨大的物质财富和精神财富，但如果使用不当，也会给社会造成一定程度的混乱。社会和道德的发展通常很难跟上技术革命的迅猛步伐。如果人们不能意识到管理信息的过程中出现的混乱，它们与道德之间的关系，以及可能存在的道德风险，那么将为迅猛的技术进步付出日益增长的社会代价，所以在信息时代关注已经出现的或极可能出现的道德问题是十分必要的。

11.5.1 信息道德的概念与内容

1．信息道德的概念

道德是关于对或错的信念习惯。道德是历史的习俗，有一系列规则，这些观念和习俗是从小不断学习积累所得到的。信息道德指调整人们之间以及个人和社会之间信息关系的行为规范的总和。它不是国家强行制定和执行的，而是依靠社会舆论的力量、人们的信念、习惯、传统和教育的力量来维持的。信息道德并不简单地等同于道德，它的判断标准必须与信息时代这个环境相吻合。信息道德是建立在如何使信息产业能够适合整体的和现代社会的基础上的，它是信息时代的哲学。

起初，由于计算机的应用发生了许多侵犯个人隐私权的问题，在商业领域就是侵犯版权的问题。这些侵犯招致每年几十亿美元的损失。然而信息道德问题远不止侵犯版权的问题。因为计算机是强有力的社会工具，它可以帮助社会，也可以损害社会，这完全取决于人们如何使用它。

法律是引导行为的至高无上的正式规则，它是由政府强行实施的。由于计算机是新事物，而且自身还在不断地演变，因而目前关于计算机的法律还不健全。

计算机应用于企业，信息道德和立法起着很大的作用。道德问题和法律问题不同，法律问题一方面要加强法律观念教育，一方面要按照法律条文严格执法；道德问题只能通过长期的潜移默化的教育。

2. 信息道德的主要内容

信息道德主要涉及隐私问题、正确性问题、产权问题和存取权问题。

1）*隐私问题*

要树立标准，在什么安全保障条件下，关于个人或单位的什么信息必须由他们自己发布，什么样的信息他们自己可以保存，不被强迫发布。

2）*正确性问题*

谁有责任保证信息的权威性、可信性和正确性？谁来统计错误并解决它们？

3）*产权问题*

谁拥有信息？信息交换的公平价值是什么？谁拥有传输信息的渠道？如何分配这些稀有的资源？

4）*存取权问题*

什么人对什么信息有特权取得？在什么条件下有什么安全保障？

11.5.2　信息道德的建立

1. 建立信息道德的步骤

企业要兴旺发达，就要很好地建立企业的道德文化。尽管企业道德文化的建立有各种各样的形式，但也有一些一般性的规律。为建立企业道德文化，企业领导一般自上而下执行三个步骤，一直到每一个职工，见图 11.10。

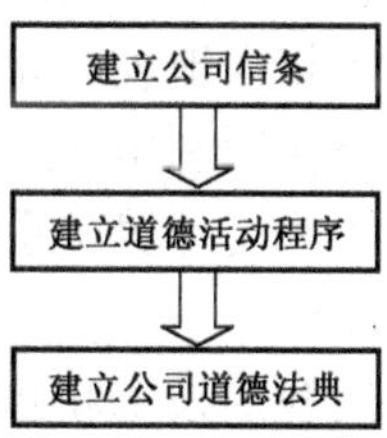

图 11.10　企业道德文化建立过程

1）*建立公司信条*

信条是公司希望提倡的反映公司价值观的简明的语言。其目的是提醒公司内、外的人员和组织，知道公司的价值观。它又反映在各个方面，如对顾客的承诺，对员工的承诺，对股东的承诺，对社会的承诺等。

2）*建立道德活动程序*

道德活动程序中有些活动主要用来进行道德精神教育，如新员工培训等。还有道德审计，审核各部门如何落实公司信条等。

3）建立公司道德法典

道德法典在公司法典中划出一部分专门用来规定道德标准。有些专业的信息组织也规定了这些道德准则。

例如，在努力减少盗版、侵权、非法使用和不正确记录的过程中，计算机道德组织规定了 10 条行为准则：

- 你不应该使用计算机伤害其他人；
- 你不应该干涉其他人的计算机文件；
- 你不应该窥探其他人的计算机文件；
- 你不应该使用计算机合理偷窃；
- 你不应该使用计算机做伪证；
- 你不应复制和使用你没有付钱的私有软件；
- 你不应该不经许可或适当的弥补就使用他人计算机资源；
- 你不应该占用其他人的智力成果；
- 你应该考虑你编写的程序或你设计的系统的社会后果；
- 你使用计算机应考虑并尊重他人。

2. 信息专业组织和协会建立信息道德的情况

一些信息专业组织和协会推行信息系统使用的道德责任并制定道德规范。这些组织包括：DPMA（Data Processing Management Association）、ACM（Association for Computing Machinery）、ICCP（Institute for Certification of Computer Professional）和 ITAA（Information Technology Association of America）等。下面仅以数据处理管理联盟（DPMA）的专业标准为例作一介绍。

1）对业主

（1）尽一切努力保证自己具有最新知识和正确的经验，以适应工作的需要。

（2）避免兴趣上的矛盾，并保护业主已意识到的任何潜在的矛盾。

（3）保护委托给我的信息的隐私性和机密性。

（4）不错误地表达和删除源于实情的信息。

（5）不企图利用业主的资源获得自己的好处，或做任何未经正式批准的事情。

（6）不利用计算机系统的弱点得到个人的好处或达到个人的目的。

2）对社会

（1）用我的技术和知识传播给公众。

（2）尽我最大努力，保证产品得到社会的信任和应用。

（3）支持、尊重和服从地区、州和联邦法律。

（4）不错误地表达和删除公众关心的源于问题和实情的信息，也不允许这种已知的信息搁置作废。

（5）不利用个人性或秘密性的知识，不以任何非法的形式得到个人的好处。

3）对专业

（1）忠于自己所有的专业关系。

（2）当看到非法的不道德的事件时，应采取合适的行动。然而当我反对任何人的时候，必须坚信自己是有理的、正确的和负责任的，并不带任何个人情绪。

（3）尽力与人共享我的专业知识。

（4）与他人合作以达到了解和识别问题。

（5）在没得到特殊许可和批准的情况下，不利用信誉去做其他工作。

（6）不利用他人缺乏经验和缺乏知识的机会去占便宜，以得到个人好处。

信息技术对社会产生了巨大的影响，从而也产生了许多道德问题。显然，信息技术有有利一面，但也有不利一面。应当使负面影响最小，而使受益尽可能大。因此，在信息社会，我们应当清楚什么是道德的和合法的行为。作为企业高层领导者，在企业中应注重建设信息道德文化，信息专家应履行他们的职责，企业的信息主管也要注重信息道德，应当制定一个实施策略。随着中国信息化进程的加快，信息道德问题将会引起越来越多的关注。

11.6　信息政策与法规

信息政策是指国家用于调控信息产业的发展和信息活动的行为规范的准则，它涉及到信息产品的生产、分配、交换和消费等各个环节，以及信息产业的发展规划、组织和管理等综合性的问题。信息法规是由信息法律和信息规章制度共同构成的，即信息法规是通过法律程序对各项信息政策予以确立，使之规范化，具有约束力，是保障信息政策得以贯彻、实施的重要法律手段。信息政策与法规对未来信息系统的发展具有至关重要的影响，需要给予更多的关注。

11.6.1　信息政策体系的构建

在信息环境中，信息、人、信息技术和信息政策四个要素相互作用，推动着人类社会信息化进程的加快。信息政策作为国家管理和发展信息产业的方针措施及行为准则，已成为国家对信息活动施以宏观管理的重要手段。当今时值发展信息产业，提高国家整体经济素质及实力，大力促进经济增长的时期，如果没有相应的方针政策，新的经济职业的创建是根本不可想象的。可见，制定信息政策已成为国家宏观管理的当务之急。信息政策体系主要包括信息政策主体、信息政策的目标和信息政策的内容体系等。

1. 信息政策的主体

国家或政府是信息政策的主体。要全面构建中国的信息政策体系，不仅涉及政治、经济、文化和教育等广泛领域，而且触动社会各阶层、集团和组织的利益。因此，政府应该筹建一个机构完善、结构合理、上行下效、开放敏捷、恪尽职守的主管机构来负责信息政策的制定，只有这样性质的职能部门，才能起到让管理机制真正运作的关键作用。

2. 信息政策的目标

国家应根据中国经济形势的发展阶段、信息产业层次水平、技术结构的演进，采取相应的具有引导、扶植性质的信息政策，引导产业体系向民族支柱产业体系演进，以现有经济实力倾斜发展高新技术开发产业、信息服务业、信息应用技术；加大法制力度，维护国家利益，使中国国际竞争力提高到一个新的水平，在全国确立与推行信息活动制度，鼓励创新与公平竞争。

3．信息政策的内容体系

随着信息交流国际化的发展，信息技术的无限渗透、信息资源开发与利用、组织与管理越来越复杂化，呈现多维动态性。作为对信息活动宏观调控的信息政策必须在内容体系上对信息环境的诸多因素进行多角度和不同层面的分析、综合、提炼和论证。政策的制定既要以事实为依据，又要有立场，讲原则；既要兼顾国家的利益，又不能忽略政策与国际接轨的跨国协调。据此，信息政策应包含以下六个方面的内容。

1）信息产业政策

信息产业政策是从社会信息环境和整个国家政策的高度来确定信息产业的发展目标和发展战略，保证其发展方向的正确性、发展规模的适度性的；确定产业结构调整的原则与方向，即向成长快、具有主动作用的先导产业倾斜；重点扶植有潜力的企业，造就一批大型的跨国经营的龙头产业，以参与国际分工、国际竞争，打破资源的本土观念，竞争全球的信息、技术和人力资源。

2）信息技术政策

信息产业是以信息技术应用为基础的高科技的主导产业。信息技术产业又是信息产业的先导产业。在技术应用领域，技术政策发挥着极其重要的作用。国家可以鼓励关键性技术和战略性技术超常规自主开发，建立起以知识、技术武装的技术攻关的队伍，这对发展民族技术产业至关重要。信息技术的政策涉及信息技术的发展战略、信息技术的选择及应用范围、信息设备配置与网络建设、信息技术的开发与创新、信息技术的引进与转化吸收、信息技术标准等问题。

3）信息市场政策

信息市场包括信息商品化，信息技术转让，信息服务提供，信息生产、流通、消费、分配，信息用户，信息价格，信息竞争机制与规则等众多因素。信息市场政策的功能就是要对信息市场实施有序化管理，规范信息交流行为，培育配套协调的信息市场体制，包括供求关系、价格机制、竞争机制、风险机制和投资机制等。

4）信息交流与合作政策

信息交流与合作政策包括信息交流活动的行为规范、多边信息交换与合作的协调、国际信息交流中国家主权的维护、跨国数据转换与控制、知识产权保护，还包括信息交流有序环境的共建。必须对涉外信息交流与合作施以必要的调控与管理，防止信息泄露与侵权，防止信息强国对信息弱国的经济文化侵略和信息侵犯。信息具有流动性、共享性，信息通过交流实现信息效用的倍乘效应。人才聚集、信息交流频繁、创新思维融会的区域，是信息、人才整合功效辐射最强的地区，美国的硅谷就是最好的例证。国家信息政策有必要采取类似于经济特区的优惠政策，发展科技园区，以带动整个民族科技产业的发展。

5）国际网络政策

随着网络规模的进一步扩大，网络将成为社会发展的一种重要需求。伴随网络应用的普及和深化，网络安全将引起国家和社会的极大关注。网络管理、网络政策应运而生。中国发展网络产业最重要的是顺应潮流，量力而行。利用互联网络，关键要善于驾驭，引向民族化。网络民族化要解决的问题一是在 Internet 上构造一个规范化的中文信息平台；二是因地制宜，趋利避害；三是通过网络互联，优化配置中国的信息资源；四是重点扶植科技园、邮电网等民族网络产业；五是发展网络贸易——中国的电子商务，开拓中国的网络经济时代，积极参与经济全球化过程。

6）信息人才政策

人才被视为企业的第一资源，其拥有的知识、技能和创造性是企业最宝贵的财富。在社会财富的创造中，人才的作用越来越重要。现代企业之间的竞争归根结底是人才与技术的竞争，而人才又是决定性因素，人才成长是产业变化的重要动力。因此，国家必须对信息人才的培养与人才战略作出明确的政策选择，针对日趋激烈的全球人才竞争，构建中国的人才高地。最佳的人才战略应该是发展教育，信息资源和人力资源的开发主要依靠教育。总之，立足教育、发展科技、培养人才是信息人才政策的基础。

11.6.2　信息法规体系的构建

1. 信息法规与信息政策的关系

信息法规和信息政策两者是既有区别又有联系的两个概念，主要区别在于如下三个方面。

（1）本质不同。信息政策代表政策制定者的利益和意志，不具备强制性；信息法规代表国家的利益和意志，具有强制性。信息政策可以通过特定的程序被国家相应机关制定或认可为法律。

（2）性质不同。信息政策作为社会信息活动的宏观性指导原则，在执行过程中允许有灵活性，并且随着信息环境的变化而不断补充、修改和完善；信息法规是在长期实践和经验累积的基础之上确立下来的比较固定的行为规范，而且其制定、修改和废除都需要经过严格复杂的法律程序，因而稳定性较强。

（3）功能不同。信息政策的基本功能是“导向”，即运用行政手段鼓励和支持社会的信息活动达到信息政策目标；而信息法规的基本功能是“制约”，即运用法律手段限制和约束社会的信息行为以保护信息活动的健康发展。

同时，信息政策与信息法规又是互相联系的，两者的联系表现在信息政策是信息法规的基础，信息政策对信息法规的确定具有指导作用。

2. 信息法规的内容体系

关系信息法规内容体系的构建近年来成为信息界、法学界研究的热点，取得了不少优秀成果，很多专家都提出了较有代表性的体系框架，信息法规的内容包括以下九个法规制度。

（1）信息基本法。信息基本法是规范和调整整个信息化活动和信息化关系的法律总称，它将以宪法为依据，对信息法律的立法宗旨、基本原则、调整对象及范围、信息化法律关系、奖惩原则等做出明确的规定。信息基本法是信息法规体系的基础和准则，对各种具体法律规定的制定起指导作用。

（2）信息产业法律制度。虽然中国在20世纪50年代后期提出了一些发展信息产业的举措，但一直没有制定出明确的信息产业法规，致使中国某些信息技术领域的优势很难转化为相应的产业优势。因此，制定以《信息产业法》为主体的信息产业法律制度已经成为信息产业发展的迫切需要。例如，制定《信息产业发展法》、《信息产业投资管理条例》、《信息工程建设投资管理条例》、《信息设备制造法》等。《信息产业法》是信息产业可持续发展的根本法律保障。

（3）信息技术法律制度。信息技术在科学技术中占有独特的位置，影响越来越大，信息技术活动在信息化社会中也越来越占据重要的位置。因此，将信息技术区别于其他的科学技术，将有关信息技术的立法纳入到信息法体系具有重要意义。

（4）信息资源管理法律制度。在信息资源法律制度的构建中，应重点制定《信息资源法》，规定政府信息和其他公用信息开发利用的具体规则，促进和保护合法信息的开发利用；规定新闻出版与信息的传播具体规则，约束非法信息的传播；规定信息传输与数据交换的具体规则，确保信息传输过程中的物理安全等内容，如新闻法、广告法、信息传播法、电信法、数据通信法、计算机信息网络国际联网管理规定等。

（5）信息市场管理法律制度。保障信息流通渠道畅通和信息市场秩序是发展信息经济的重要环节。今后在加强对已有法律修改完善的同时，还应以规范信息市场主体、维护信息市场体系和秩序为出发点，健全信息市场管理法律制度，改变目前信息市场无章可循、无法可依的局面。

（6）信息安全法律制度。信息安全问题是信息化社会中最为重要的问题之一，主要涉及计算机信息系统、信息流的安全问题。现有的《保守国家秘密法》、《档案法》等有关国家秘密信息权的法律法规均应纳入信息安全法律制度。

（7）信息产权法律制度。随着现代信息技术的发展和广泛应用，域名、网络知识产权等新的知识产权现象将原先的知识产权概念大幅度地扩充，网络环境下信息产品的知识产权保护等新问题对知识产权法律制度提出了新的要求。因此，必须修改、完善保护知识产权的有关法律法规，并将其纳入信息法体系。

（8）电子商务法律制度。电子商务是当前信息法律体系的重点，发达国家都是从战略发展的角度来规范建立电子商务立法的。中国的电子商务发展很快，立法工作必须跟上。

（9）国际信息交流和合作法律制度。以法律形式对信息的跨国流动做出限制性的规定，在保障信息自由流动的同时确保国家的信息主权。例如，涉外信息交流法、跨国数据传输管理规定、国际信息交流合作协议等。

11.6.3 信息政策与法规的实施

在信息日益影响一国经济和社会发展的背景下，建立一套信息政策与法规的实施保障机制是中国信息资源管理的当务之急。中国信息政策法规的建设尚处在起步阶段，还存在许多不足，有待改进。各界专家经过多年的实践探索和理论研究，总结了许多宝贵的经验，也提出了不少可行的建议，认为保障信息政策与法规的实施应从以下四方面着手。

1．建立专门的信息政策与法规制定机构

中国现行的大量信息政策与法规出自众多的部门，如国务院、国务院办公厅及其他有关部委；各地方政府出台的地方性法规，也常常出自不同的部门。因此，应尽快在信息流域相关的各行政职能部门之上，建立一个权威、稳定的信息政策与法规领导机构——国家信息政策与法规委员会，负责中国信息政策与法规建设的总体规划及整体协调与管理。为了确保该机构的权威性，委员会成员不仅应该有国家高层领导，而且应该符合专业性与协调性相统一的原则，吸收法律、信息管理、信息技术、经济学等多个领域的专家。这一机构的设立将有助于信息政策与法规的专业性、严谨性、公平性和统一性，有利于信息立法质量的切实提高。

2．实施科学规划的信息政策与法规制定程序

中国现行的信息政策与法规制定实施程序存在许多弊端，无法体现政策法规应有的科学性、客观性和公正性，导致国家信息政策与法规整体效力低下，执法混乱。因此应从以下四方面入手，完善信息政策与法规的制定程序。

首先，做好充分的信息政策和法规调研工作，包括对信息政策和法规的适用环境和运作条件的调研，对信息政策法规现状的调研。

通过分析调研，可以为信息政策和法规的制定奠定良好的理性基础，确立准确的发展方向，形成完备的编制指南，使信息政策法规的制定建立在科学分析和全面的了解之上。

其次，建立健全信息政策法规的反馈机制，明确规定各信息政策法规执行部门的信息反馈职能，自下而上收集信息政策法规运行的有关信息，以保证国家信息政策法规的制定实施建立在现实和科学的基础上，使信息政策法规在运行中保持动态的平衡状态。

再次，重视信息政策法规的宣传推广工作，充分利用电视、广播、报刊以及互联网等媒介，向公众系统地说明该项政策法规的重要性，使有关团体和个人准确地了解其基本目的和内容，为政策法规的具体执行争取广泛的认同感和良好的氛围，从而达到“人人知晓、人人应用、人人维护”的效应，促进信息法规的执行效果。

3．注重信息政策法规的计划性、超前性和兼容性

信息化建设、信息产业的发展、信息技术的进步以及大量的信息化活动本身都具有很强的规律性和计划性。如果信息政策法规缺乏科学的计划，就会永远落后于实践发展的需要。中国目前信息政策法规空白很多，制定任务相当繁重，区分轻重缓急，有计划、按步骤地进行尤为重要。

在信息立法中要注重立法的超前性，要站在发展知识经济的角度上，在深刻认识信息化、信息产业和信息技术发展规律的基础上，准确把握各种信息化活动和信息化关系的发展趋势，有根据地“超前立法”，保证信息法律和法规在一定时期内能够适应信息化活动和信息化关系的发展、变化，对不断出现的新情况和新问题予以足够的规范和调整。

与国际接轨是各国制定信息政策法规的一个基本原则。欧美发达国家已认识到信息

政策法规的研究对经济、社会发展的重要意义，以及信息政策法规体系要日臻完善，其涉及的范围需不断拓展。而中国现有的信息法律体系与发达国家的法律制度、国际惯例、国际公约等不能很好地衔接，缺乏兼容性。因此中国的信息法律建设必须树立大信息、大网络的概念，充分考虑到信息技术的发展和国际信息交流的需要，在制定信息法律和法规，确定信息管理方式和技术标准方面都必须符合国际惯例。可以从三个方面着手：一是与国外法律制度的某些“共性”接近；二是加强涉外法律的制定，保障国际准则、国际惯例和国际公约在国内的实行；三是在某些原则上吸收国外法律中科学的成分。

4．充分考虑本国国情，制定有中国特色的信息政策法规体系

作为指引和调控中国信息化发展的信息政策法规必须符合中国具体国情，不符合国情的信息政策法规体系如果出台，则可能延缓、甚至阻碍信息事业的发展；如果将其付诸实施，则会造成严重的社会后果。因此，实际信息政策法规制定机构对国情、信息化发展情况应有较完整的了解和掌握，以具体国情来指导信息立法工作。

当前，中国信息化水平还较低，公民信息意识还较为薄弱，这一切决定了不能全盘照搬欧美发达国家的信息政策法规。国家信息化领导小组第四次会议上确定了信息化建设的总体框架，应以此为出发点，将制定信息政策法规的重点放在信息资源管理、电子商务、电子政务和信息安全四个方面，形成一套有中国特色的信息政策法规体系。

本章小结

本章主要介绍了信息系统的发展及对组织结构和社会的影响，并对信息资源管理和建立信息道德问题作了论述。

最近二十几年来，随着计算机及相关技术的迅速发展，信息系统的内容与作用在深度与广度上都有了很大的发展。信息系统与管理思想及相关技术相结合，逐步产生了一系列用于某一领域的新型系统或信息处理技术。例如，电子数据交换（EDI）、经理信息系统（EIS）、战略信息系统（SIS）、计算机集成制造系统（CIMS）、制造资源计划（MRP-Ⅱ）、企业资源规划（ERP）、客户关系管理（CRM）等。

EDI 是按照协议，用标准的格式把经济信息经过通信网络在各商业贸易伙伴的计算机系统之间进行交换和自动处理，并完成以贸易为中心的全部业务过程。使用 EDI 可以使各贸易伙伴之间传递的商业交易资料不再是传统的纸面单证，而是电子单证，所以 EDI 也被称为“无纸贸易”；EIS 是一个能满足组织高层管理者的使用要求和管理决策信息需求的计算机信息系统。

SIS 是以长期性的企业战略规划为出发点，为企业取得竞争优势的信息系统。

CIMS 的基本含义是将原来独立运行的多个分系统，包括管理信息系统、计算机辅助设计（CAD）及计算机辅助制造（CAM）等集成一个协同工作的、功能更强的新系统。

MRP-Ⅱ是广泛应用于制造业的一种管理思想和模式，它是在对一个企业所有资源进行有效的计划安排的基础上，达到最大的客户服务、最小的库存投资和高效率的工厂作业为目的的先进的管理思想和方法。

ERP 是在现代管理技术、计算机技术进步条件下 MRP-Ⅱ的发展，ERP 突破了 MRP-Ⅱ的局限，它是当今国际上先进的企业管理模式。其主要宗旨是对企业所拥有的人、财、物、信息、时间和空间等综合资源进行综合平衡和优化管理，面向全球市场，协调企业各管理部门，围绕市场导向开展业务活动，使得企业在激烈的市场竞争中全方位地发挥足够的能力，从而取得最好的经济效益。

CRM 是一种以客户为中心的经营策略，它以信息技术为手段，并对工作流程进行重组，以赋予企业更完善的客户交流能力和最大化的客户收益率。CRM 的产品表现为一套管理软件和技术，但它更是一种管理思想的反映。CRM 的作用是在信息技术发展的基础上，以现代管理思想为基础管理企业与客户之间的关系。

20 世纪 90 年代以来，计算机技术，尤其是数据库技术和分布处理技术的发展为决策支持系统提供了新的技术平台；激烈的市场竞争促进了高层决策者对决策支持系统的实际需求。在这种情况下，信息处理开始以支持决策为目标，从事务型数据库中提取数据，将其整理、转换为新的存储格式。这种支持决策的数据存储被称为数据仓库。数据仓库的建设有多种实施方案，而所采用的体系结构有所差别。其中，斯坦福大学在数据仓库研究时提出了一种有代表性的体系结构。为更好地支持决策，数据仓库中的数据被分为不同的层次，这些层次包括当前基本数据、历史基本数据、轻度综合数据、高度综合数据和元数据。数据仓库的数据概念模型是多维数据模型，在多维数据模型中，可以对一维或多维进行集合运算。一般来说，多维数据模型总包括一个时间维，它对决策中的趋势分析具有重要的意义。数据仓库的数据组织方式分为虚拟存储方式、基于关系的存储方式和多维数据库组织存储三种。

联机分析处理是在传统的联机事务处理基础上发展起来的一种数据分析技术，又称多维分析或共享多维信息的快速分析。它用于完成基于某种数据存储的数据分析功能。

为了从数据库中提取有用的信息，人们开始借助人工智能的成果进行数据分析。20 世纪 80 年代末，机器学习方法在数据分析中的应用导致了数据库知识发现的产生。知识发现是从数据集中识别有效模式的非平凡过程，该模式是新颖的、有潜在应用价值的和最终可理解的。

数据挖掘，又称数据采掘或数据开采，是知识发现的关键步骤。通常情况下人们往往不严格区分“数据挖掘”和“知识发现”。一般在理论研究中使用“知识发现”，而在工程实施与算法研究时使用“数据挖掘”。数据挖掘采用机器学习、统计等方法进行知识学习，其研究的主要内容是数据挖掘算法和数据挖掘应用。

企业的组织结构与信息系统存在着相互依赖和相互促进的关系，信息系统的应用对组织结构的影响主要体现在促使组织结构的扁平化、使组织结构更灵活和有效、虚拟办公室和增加了企业过程重组的成功率四个方面。通过分布在各企业和组织机构中的信息系统所构成的信息网络也会对社会产生巨大的影响，这种影响涉及人类活动的各个方面。

信息资源管理（IRM）是对包括信息、信息技术、信息人员和信息设备等在内的信息资源的管理。信息资源管理延伸和发展了管理信息系统，并把传统的信息扩展为信息、信息技术、信息设备、信息人员等全部信息资源。信息资源管理的研究也延伸到了信息系统之外的环境，包括信息政策、信息经济、组织机构等问题。

随着信息系统的发展，信息道德问题得到人们越来越多的注意。信息道德指调整人们之间以及个人和社会之间信息关系的行为规范的总和。信息道德主要涉及隐私问题、正确性问题、产权问题和存取权问题。

信息政策是指国家用于调控信息产业的发展和信息活动的行为规范的准则，它涉及到信息产品的生产、分配、交换和消费等各个环节，以及信息产业的发展规划、组织和管理等综合性的问题。信息政策作为国家管理和发展信息产业的方针措施及行为准则，已成为国家对信息活动施以宏观管理的重要手段。因此应该制定信息政策及法规体系，并保障信息政策与法规的实施。

问题讨论

1. EDI与传统的交易文件传递相比，有哪些优点？
2. EIS和SIS的基本含义？
3. CIMS是由哪些分系统组成？
4. 简述MRP-Ⅱ的含义和发展过程。
5. 简述MRP-Ⅱ与ERP的关系。
6. 简述CRM的内涵及与ERP的关系。
7. 什么是数据仓库？数据仓库具有怎样的结构？
8. 数据仓库如何进行数据的组织？
9. 什么是联机分析处理？
10. 多位数据分析的方法有哪些？
11. 什么叫知识发现？知识发现的过程如何？
12. 什么是数据挖掘？数据挖掘的方法有哪些？
13. 信息系统对组织与社会的影响表现在哪些方面？
14. 简述信息资源的特点。
15. 信息资源管理与信息系统具有怎样的关系？
16. 如何进行信息资源的开发、组织和利用？
17. 简述信息道德的主要内容。
18. 如何建立信息道德？
19. 什么是信息政策？如何构建信息政策体系？
20. 什么是信息法规？信息法规的内容体系包括哪些内容？
21. 信息政策与法规的实施应当从哪些方面着手？

案例分析 11.1

上海二纺机股份有限公司实施MRP-Ⅱ的经验

上海二纺机股份有限公司（简称上海二纺机）是中国大型的天然纤维纺纱机和合成纤维纺丝机械生产企业。目前公司的主导产品在国内市场占有率为 40%左右，产品还出口印度尼西亚、巴基斯坦、泰国等东南亚国家。公司自 1992 年 3 月改制为股份制企业以来，通过出资收购，投资控股及合作和合资等方式，组建了 11 家多元化经营的全资或控股子公司，已具集团化雏形。同时，积极与国际知名企业进行合作，先后与德国巴马格公司合作生产涤纶长丝高速纺丝机，从德国引进赐来福公司技术，生产具有当代国际先进水平的自动络筒机。

围绕公司的经营目标，上海二纺机的经营策略是：

（1）推行以资金积累、人才开发、产品开发、技术进步以及现代管理为主的“科技兴厂”方针。

（2）通过依靠人才、技术和管理来实现从生产型向生产经营型转变。

（3）从劳动密集型向技术密集型转变，从内向型企业向外向型企业转变。

（4）业务以产品开发为主，生产关键零部件为主及产品装配为主。

（5）市场销售以内销为主，逐步向内、外销并重发展。

该公司的生产经营有以下一些特点：

在上海二纺机的三大类产品中，产值占 60%和利润占 70%的细纱机系列产品属中等批量与多品种的生产类型；纺丝机系列属小批量高精度（IT5－IT6）生产类型；染色机属多品种小批量的不锈钢压力容器焊接生产类型。产品三化（标准化、通用化和系列化）程度高，其中细纱机系列可由 3 000 种零件组合成 30 种机型的棉、毛、绢、苎麻细纱机。长、短丝纺机逐步实现了通用化、系列化，染色机也有系列规格产品。

自 1998 年上海二纺机获外贸自主权后，出口创汇值逐年上升，产品销售开始从国内市场向国际市场转移。与国外一些厂家同类产品相比，上海二纺机的产品质量还不够稳定，外观质量差距还较大，在国际市场上的占有量十分有限。若要增强在国际市场上的竞争能力，必须缩短交货期，提高产品的质量，加快产品的更新换代。1990 年，上海二纺机被列为 863/CIMS 重点应用工厂。生产部分采用了以 MRP-Ⅱ为核心的管理信息系统。

生产部分实施 MRP-Ⅱ后的效益有表现在以下六个方面。

（1）生产管理秩序大为改观。由于 MRP 计划实行对领料、投入、装配到入库各环节的信息进行跟踪，改变了过去按装配缺口调度生产的方式，并实行 MRP“推”的计划方式，使生产管理秩序变得井然有序。

（2）库存资金压缩 6 000 万元。MRP-Ⅱ全面推开后，开始逐步扣减库存。整个压缩库存工作取得了较大的成效。

（3）细纱机交货周期由 3.5 个月缩短到 3 个月。通过 MRP-Ⅱ的应用，整顿编码，改善 TDS 功能，建立新库，改进用户界面，使目前细纱机合同的技术准备周期缩短为 4～7 个工作日，其中设计为 3～5 个工作日，工艺为 1～2 个工作日。

（4）生产管理人员减少，MRP-Ⅱ的运行建立了生产管理的新体系，生产管理人员比原体系减少了 1/3 左右。

（5）自动化车间已分两班并正常运行。1994 年年底至今，自动化车间一直是两班运行，FMS 三班运行时间最长达 6 个月。目前车间人员共 42 人，人员素质远高于普通车间。自动化车间 1995 年总加工量为 111 万个工分，1996 年生产任务饱满，承担公司加工任务 50%以上。

（6）自动化车间的建立极大地提高了关键零件的制造质量，使箱体类零件的加工从多工序、多机床和多次装夹改变为一两次装夹便加工完毕，使尺寸公差和形状公差更精确地达到设计要求。

案例分析 11.2

国内企业实施 ERP 失败的教训

虽然多年来 ERP 发展普及的速度较快，但许多企业实施 ERP 却出现了失败的事实。有许多成功案例的报道，但是有关失败的案例却很少。ERP 失败案例也许比正面的借鉴更为有效。下面通过两例 ERP 失败案例的分析，将有助于避免企业在实施 ERP 的过程中重蹈覆辙。

案例一：北京市 A 厂在 1998 年 3 月 20 日与国内大型软件开发商 B 签订了 ERP 实施合同。合同中 B 公司承诺 6 个月内完成实施，如不能按规定时间交工，违约金按 5‰来赔偿。ERP 软件是 B 公司独家代理瑞典 Intentia 公司的 MOVEX。合作的双方，一方是化妆品行业的著名企业，另一方是国内 IT 业领头羊的直属子公司，但因为 Intentia 软件产品汉化不彻底，导致一些表单无法正确生成等问题，使得项目实施出现了问题。后虽经再次的实施、修改和汉化，包括软件产品提供商 Intentia 公司也派人来 A 厂解决了一些技术问题。但是由于汉化、报表生成等关键问题仍旧无法彻底解决，最终导致项目的失败。合作的结果是不欢而散，双方只得诉诸法律。在经历了 15 个月的 ERP 官司之后，A 厂接受了退还有关计算机管理信息系统软、硬件和获得 200 万元人民币补偿的庭内调解方式。

案例二：2000 年，哈尔滨 C 集团决定上 ERP 项目，参与其软件争夺的两个主要对手是 Oracle 公司与利玛公司。一开始，两家公司在 ERP 软件上打得难解难分，一年之后，Oracle 公司击败利玛公司，C 集团决定选择 Oracle 公司的 ERP 软件。然而事情发展具有戏剧性的是，尽管软件选型已经确定，但是，为了争夺 C 集团实施 ERP 项目的“另一半”任务，2001 年 10 月，利玛公司联手哈尔滨 D 公司击败了哈尔滨本地的一家公司，成为 C 集团 ERP 项目实施服务的“总包工头”。到了 2002 年 3 月，C 集团 ERP 实施出现了更加戏剧性的变化，利玛公司在 C 集团 ERP 项目的实施团队人员全部离职。城门失火，殃及池鱼，整个 C 集团 ERP 项目因此也被迫终止。

由上述案例可以看出，ERP 项目的失败主要是项目实施过程的失败。其原因大多与软件功能和实施服务质量有关。A 厂的主要问题出在软件方面，而 C 集团则在于实施服务方面。A 厂的失败是因为 ERP 软件的“水土不服”，导致项目半途而废；C 集团的失败是因为 ERP 实施服务提供商的突然兵变，引发项目中途停止。而深层原因是：对于 A 厂，在 1998 年的时候，无论是对于用户企业还是实施服务企业来说，对 ERP 的认识还远未成熟，双方在合作 ERP 项目时，大家对 ERP 的认识还不是特别深刻，仍然停留在“计算机管理信息系统硬件及软件”层面；对于 C 集团来说，在选择实施服务商时，一些熟悉 Oracle 产品的老牌著名咨询公司竟然未能入局，而缺乏 Oracle 产品实施经验的公司却能够中标，这本身就已经埋下了 C 集团失败的定时炸弹。

还有一些企业实施 ERP 的失败则是应用过程的失败。ERP 系统上线运行后能够正常切换到 ERP 系统的控制，从而完全替代原有手工工作流程，那么应用基本上是成功的。否则，视为失败。不管是项目实施的失败，还是应用的失败，都与用户企业和实施服务提供方是否有效沟通密切相关。并且，即使项目成功了，软、硬件都没问题，但是实际应用没有效益，那么再炫耀成功，也缺乏说服力。

从技术上来说，国内的 ERP 项目实施之所以失败的原因主要是一些 ERP 软件公司自身设计能力不足，或者开发过程中与客户沟通不够导致的失败。从用户的角度来看，特别是对于企业用户来说，与用户没有深入了解 ERP，不清楚自己要什么有关。同时，实施 ERP 系统对流程和数据有严格的要求，一些企业管理上的随意性也是 ERP 实施失败的原因之一。此外，由于 ERP 项目本身也是个权力再分配的过程，因此利益诱惑力很大，也会导致实施 ERP 的难度特别大。

参 考 文 献

[1] 黄梯云. 管理信息系统[M]. 北京：高等教育出版社，2000.

[2] Raymond Mcleod，Jr. George Schell. 管理信息系统—管理导向的理论与实践（第 8 版）[M]. 张成洪，等译. 北京：电子工业出版社，2002.

[3] Stephen Haag，Maeve Cummings，McCubbrey Donald J. 信息时代的管理信息系统（第 4 版）[M]. 严建援，等译. 北京：机械工业出版社，2005.

[4] James A. O'Brien. 管理信息系统概论（第 11 版）影印版[M]. 北京：高等教育出版社，2002.

[5] 薛华成. 管理信息系统（第三版）[M]. 北京：清华大学出版社，1999.

[6] 邵培基. 管理信息系统[M]. 成都：电子科技大学出版社，2001.

[7] 安忠，吴洪波. 管理信息系统[M]. 北京：中国铁道出版社，1998.

[8] 甘仞初. 管理信息系统[M]. 北京：机械工业出版社，2002.

[9] 易荣华. 管理信息系统[M]. 北京：高等教育出版社，2001.

[10] 耿骞，袁名敦，肖明. 信息系统分析与设计[M]. 北京：高等教育出版社，2001.

[11] 张金城. 管理信息系统[M]. 北京：北京大学出版社，2001.

[12] 葛世伦，代逸生. 企业管理信息系统开发的理论和方法[M]. 北京：清华大学出版社，1998.

[13] 邝孔武，王晓敏. 信息系统分析与设计[M]. 北京：清华大学出版社，1999.

[14] 吴迪. 企业管理信息系统（MIS）基础[M]. 北京：清华大学出版社，1998.

[15] 陈景艳. 管理信息系统[M]. 北京：中国铁道出版社，1994.

[16] 章祥荪，赵庆祯，刘方爱. 管理信息系统的系统理论与规划方法[M]. 北京：科学出版社，2001.

[17] 张基温，王一平. 信息系统开发案例（第一辑）[M]. 北京：清华大学出版社，1999.

[18] 张基温. 信息系统开发案例（第三辑）[M]. 北京：清华大学出版社，2001.

[19] 佐佐木宏，李东. 图解管理信息系统[M]. 北京：中国人民大学出版社，1999.

[20] 李东. 管理信息系统的理论与应用[M]. 北京：北京大学出版社，1998.

[21] Robert Schultheis，Mary Sumner. 管理信息系统[M]. 李一军，卢涛，祁巍，等译. 大连：东北财经大学出版社，2000.

[22] 王守茂. 管理信息系统的分析与设计[M]. 天津：天津科技翻译出版公司，1993.

[23] 周英. 信息技术与图书馆业务流程重组[J]. 四川图书馆学报，2001(3):14-17.

[24] Peter Coad Edward Yourdon. 面向对象的设计[M]. 北京：北京大学出版社，1994.

[25] 王燕. 面向对象的理论与 C++实践[M]. 北京：清华大学出版社，1997.

[26] 邵维忠，杨芙清. 面向对象的系统分析[M]. 南宁：广西科学技术出版社，1998.

[27] 陈涵生，徐智晨，沈怡. 面向对象开发技术及其应用[M]. 上海：上海科学技术出版社，1995.

[28] 张刚. 信息系统开发实践教程[M]. 成都：电子科技大学出版社，2001.

[29] 张海藩. 软件工程导论（第三版）[M]. 北京：清华大学出版社，2000.

[30] 郑人杰，殷人昆. 软件工程概论[M]. 北京：清华大学出版社，1998.

[31] 郑淑珍，杨文龙. 软件工程[M]. 北京：机械工业出版社，1996.

[32] 冯玉琳，赵宝华. 软件工程[M]. 合肥：中国科学技术大学出版社，1992.

[33] 陈佳. 信息系统开发方法教程[M]. 北京：清华大学出版社，1998.

[34] 张德群，李晓东，张庆范. 房地产管理信息系统[M]. 北京：中国建筑工业出版社，1995.

[35] 武波，马玉祥. 专家系统[M]. 北京：北京理工大学出版社，2001.

[36] 孟波. 计算机决策支持系统[M]. 武汉：武汉大学出版社，2001.

[37] Mallach Efrem G. 决策支持与数据仓库系统[M]. 李昭智，李昭勇，等译. 北京：电子工业出版社，2001.

[38] 陈文伟. 决策支持系统及其开发[M]. 北京：清华大学出版社，南宁：广西科学技术出版社，2000.

[39] 陈文伟. 智能决策技术[M]. 北京：电子工业出版社，1998.

[40] 诸鸿文. 电子数据交换（EDI）技术[M]. 北京：科学出版社，1994.

[41] 王冠虹，李勇，陈晓兵. 对 EIS 信息分析与设计的应用研究[J]. 管理信息系统，1999(6).

[42] 陈学广，朱明富，费奇. 高层管理信息系统（EIS）及其开发策略的研究[J]. 系统工程理论与实践，1997(1).

[43] 朱志坚. 企业战略信息系统初探[J]. 江苏图书馆学报，1996(6).

[44] 邱均平，刘焕成. ERP:中国企业信息化的发展方向[J]. 情报科学，2001(10).

[45] 陈旭. CRM 综述[J]. 计算机应用研究，2001(8).

[46] 胡海棠. 信息高速公路——通向 21 世纪的康庄大道[J]. 国际技术经济研究，1997(10).

[47] 姚丽霞，王日钢，李勇. 信息时代的道德[J]. 科技进步与对策，2001(6).

[48] 姜旭平. 信息系统开发方法——方法、策略、技术、工具与发展[M]. 北京：清华大学出版社，1997.

[49] 张毅. 制造资源计划 MRP－II 及其应用[M]. 北京：清华大学出版社，2000.

[50] 罗鸿. ERP 原理 • 设计 • 实施[M]. 北京：电子工业出版社，2002.

[51] 柳树春，廖孟扬，王思贤，等. Browser/Server 模式管理信息系统的设计与实现[J]. 计算机工程与应用. 2000(6).

[52] 厦骄雄，陆菊康，施振夏. Intranet 与管理信息系统[J]. 计算机工程与应用. 2000(3).

[53] 于重重. 基于三层 Client/Server 结构的管理信息系统的实现[J]. 计算机应用研究. 2000(7).

[54] 韩雅鸣. 基于 Intranet 的管理信息系统建设[J]. 山西财经大学学报. 2000(2).

[55] 厦骄雄，陆菊康，吴耿锋. 基于 Intranet 的管理信息系统[J]. 小型微型计算机系统. 2001(4).

[56] 胡道元. 计算机局域网[M]. 北京：清华大学出版社，1996.

[57] 肖联民. 银行计算机网络及其应用[M]. 西安：西安交通大学出版社，1996.

[58] 汤子瀛. 计算机网络技术及其应用[M]. 成都：电子科技大学出版社，l996.

[59] 陈兵. 网络安全与电子商务[M]. 北京：北京大学出版社，2002.

[60] 杨波. 网络安全理论与应用[M]. 北京：电子工业出版社，2002.

[61] 刘士兴，张永明等. 城市公共安全应急决策支持系统研究[M]. 安全与环境学报，2007(2).

[62] 王延东．ERP 败局启示录[M]. 企业管理，2003(3).